Karl Müller

Wastl Fanderl
Volkskultur im Wandel der Zeit

Karl Müller

Wastl Fanderl
Volkskultur im Wandel der Zeit

Herausgegeben vom Volksmusikarchiv
des Bezirks Oberbayern

Quellen und Schriften zur Volksmusik, QSV 19

Salzburg 2012 · Otto Müller Verlag

Einleitung	9

Aspekte eines Lebens für die Volkskultur 12

Herkommen – Familie, Kindheit, Jugend

Mutter, Vater – sängerische Leute	31
Der Volksschüler, erste Berufswünsche	39
Fanderl begegnet Kiem – begegnet Kiem Fanderl? (1927)	42

Volkskulturarbeit während der NS- und Kriegszeit

Erste Karriereschritte: Die 1930er Jahre bis zur Musterung	53
Kriegsschauplätze	95
Kulturelle Tätigkeiten im Überblick	99
Das leibhaftige Liederbuch (1938)	104
Hirankl – Horankl (1943)	110
Fanderls NSDAP-Mitgliedschaft	111
Die Salzburg-Episode	115
Privates – verliebt, verlobt, verheiratet	120

Volkskultur im Umbruch seit 1945 – Kontinuitäten und Zäsuren

Ende und Neubeginn	125
Spannungs- und Konfliktfelder	131
Entwicklungsphasen, Projekte im Überblick	146
Familiäres	151
Sieben Jahre nach dem Krieg – oberbayerisch und inter-national	156
Auf dem Weg zum Szene-Star – Fanderls Musterkofferl	165
Das Repertoire – der Veranstaltungsreigen	170
Die Volkskulturbewegung und die katholische Kirche	174
Die Fanderl-Singwochen	179
Das Erreichte wird gefestigt	193
Die „Sänger- und Musikantenzeitung"	206
Der Sammler und Liedermacher	224
Die mediale Konstruktion der Ikone „Fanderl Wastl" – Rundfunkarbeit	231
Fanderl und das Fernsehen	242
Einzug im „Martlhof" auf dem Stelzenberg in Frasdorf (1963)	249
Gerichtsverhandlung (1965)	251
Fanderl und die Schallplatten	253
Volksmusikpfleger des Bezirks Oberbayern (1973–1981)	257

Zeit der Ehrungen und Auszeichnungen	260
Die Familien-Jahrbücher der 1970er Jahre	263
Die letzten Jahre	266
Anmerkungen	272

Die Beilagen

Beilage 1: Kiem Paulis Wanderungen seit 1925	304
Beilage 2: Veranstaltungen und Aktivitäten in den 1930er Jahren	305
Beilage 3: Das leibhaftige Liederbuch	311
Beilage 4: Hirankl – Horankl	313
Beilage 5: Die Fritz-Jöde-Hefte	313
Beilage 6: Das Bairische Liederstandl	314
Beilage 7: Die Liederbogen	316
Beilage 8: Veranstaltungen nach 1945	318
Beilage 9: Die Fanderl-Singwochen	329
Beilage 10: Die Dombergsingen in Freising	334
Beilage 11: Internationale Volksmusiktreffen	335
Beilage 12: Die Münchner Treffen	336
Beilage 13: Wastl Fanderl und seine Fernseharbeit	337

Beilage 14: Wastl Fanderl im Hörfunk – Sendereihen   344

Beilage 15: Die Sänger- und Musikantenzeitung   346

Beilage 16: Annamirl Zuckerschnürl   368

Beilage 17: Is's a Freud auf der Welt. Lieder von Wastl Fanderl.   368

Beilage 18: Schallplatten und CDs   369

Beilage 19: Der Verein für Volkslied und Volksmusik   372

Beilage 20: Ehrungen, Auszeichnungen, Geburtstage   373

Beilage 21: Liedersammlungen und Anthologien   374

Beilage 22: Sänger und Musikanten in der SMZ (1958–1988)   377

Quellen- und Literaturverzeichnis   384

Personenverzeichnis   398

„I taat so gern a Buach schreib'n über das, was ich erlebt hab'…"
(Wastl Fanderl 1980)

Einleitung

Wer eine Biographie zu schreiben versucht, muss dies im ständigen Bewusstsein tun, dass „die biographische Wahrheit […] nicht zu haben"[1] ist. Er muss wissen, dass er sich, so sehr es auch seinem Wollen fremd sein mag und seinen ehrlichen Absichten zuwider läuft, „zur Lüge, zur Verheimlichung, Heuchelei, Schönfärberei und selbst zur Verhehlung seines Unverständnisses"[2] verpflichtet, wie Sigmund Freud zugespitzt und zur Warnung an jeden naiven Wahrheitsapostel formuliert. Der Biograph befindet sich also kraft seiner konstruierenden, auswählend-ordnenden und interpretierenden Tätigkeit in einer prekären Lage. Er muss sich ernsthaft überlegen, ob er diese Arbeit überhaupt betreiben will, sind ihm doch von allem Anfang an alle nur erdenklichen Arten des Scheiterns prophezeit, kann er doch – noch dazu im Nachhinein – immer nur Teile und Fragmente eines ihm letztlich mehr oder weniger fremd bleibenden Lebens wahrnehmen und berücksichtigen. Und doch treibt ihn sein forschender Geist, seine Erkenntnis-Neugierde an, will er doch – sozusagen analog zum sich selbst erkundenden Autobiographen, wie Johann Wolfgang von Goethe einer war – nichts anderes tun, als sich um seine „Hauptaufgabe" mit bestem Wissen und Gewissen zu bemühen. Im Vorwort zu Goethes „Dichtung und Wahrheit" kann man dazu lesen:

„Denn dieses scheint die Hauptaufgabe der Biographie zu sein, den Menschen in seinen Zeitverhältnissen darzustellen, und zu zeigen, inwiefern ihm das Ganze widerstrebt, inwiefern es ihn begünstigt, wie er sich eine Welt- und Menschenansicht daraus gebildet [...]. Hiezu [sic] wird aber ein kaum Erreichbares gefordert, daß nämlich das Individuum sich und sein Jahrhundert kenne, sich, inwiefern es unter allen Umständen dasselbe geblieben, das Jahrhundert, als welches sowohl den Willigen als Unwilligen mit sich fortreißt, bestimmt und bildet, dergestalt, daß man wohl sagen kann, ein jeder, nur zehn Jahre früher oder später geboren, dürfte, was seine eigene Bildung und die Wirkung nach außen betrifft, ein ganz anderer geworden sein."[3]

Der Biograph ist also dazu angehalten, „den Menschen in seinen Zeitverhältnissen darzustellen", „Individuum" und „Jahrhundert" in wechselseitiger Beleuchtung zu verstehen, nach den entscheidenden Prägungen, den Schlüsselerfahrungen der Persönlichkeit und ihrer Entwicklung zu fragen. Goethe gibt aber noch andere für jeden Lebensgeschichten-Erzähler hilfreiche Hinweise aus der Sicht des Selbstbiographen. Es gehe darum, „das eigentliche Grundwahre"[4], das in seinem Leben „obgewaltet hatte, möglichst darzustellen und auszudrücken."[5] Die „erzählten einzelnen Fakta" dienten bloß dazu, „eine allgemeine Beobachtung, eine höhere Wahrheit zu bestätigen". Denn, so Goethe im Gespräch mit Johann Peter Eckermann am 30. März 1831, „ein Faktum unseres Lebens gilt nicht, insofern es wahr ist, sondern insofern es etwas zu bedeuten hatte."[6]

Solche Überlegungen sollen auch für mich als Erzähler der Lebensgeschichte des Sebastian (Wastl) Fanderl bestimmend sein. Im Mittelpunkt werden die vielfältigen „beruflichen" Aspekte dieses besonderen Lebens und Wirkens stehen – Wastl Fanderl als Sänger, Musikant, Komponist (Liedermacher), Textdichter und Volksliedsammler, als Veranstalter und Organisator, Moderator und Conférencier, als Verleger, Publizist und Herausgeber, als Vortragender, Lehrer und nicht zuletzt als bayerischer

Amtsträger (erster Volksmusikpfleger des Bezirkes Oberbayern seit 1973). Die verschiedenen Stationen seines Lebens sollen jeweils in ihrer Eigenart und zugleich als Kennzeichen einer (kultur)historisch bemerkenswerten Entwicklung auf dem Gebiete der bayerischen Volkskultur oder als Ausdruck von Zeitverhältnissen und geistig-kulturellen Bewegungen beschrieben werden. Wastl Fanderl wird auf diese Weise – neben Kiem Pauli, Annette Thoma und Kurt Huber – als einer der einflussreichsten Kulturarbeiter der oberbayerischen Volkskulturbewegung des 20. Jahrhunderts porträtiert. Er soll fassbar werden als „Kind seiner Zeit" und zugleich als facettenreiche, charismatische und außergewöhnlich aktive Persönlichkeit, die über Jahrzehnte hinweg ein Vorbild für die alpenländische Volkskulturbewegung darstellte.

Diese Arbeit kann nicht nur die reichhaltige Stoffsammlung von Erich Mayer[7], eines Freundes und späten Weggefährten Fanderls, verwenden, sondern auch auf die umfangreichen Nachlassbestände der Familie zurückgreifen, die Fanderls Tochter Monika[8] zugänglich gemacht hat (Lebensdokumente verschiedenster Art: Briefe, private Dokumente, Pressezeugnisse, Fotos). Auch die Broschüren und Bestände des Fanderl-Nachlasses im Volksmusikarchiv des Bezirks Oberbayern und viele andere Archivmaterialien aus Deutschland und Österreich zu allen Phasen von Fanderls Leben und Wirken sind Grundlage für diese erste wissenschaftliche Biographie. In der Folge wird der Versuch unternommen, Wastl Fanderls Leben und Werk weitgehend in chronologischer Abfolge der Ereignisse, aber zugleich mit Blick auf „Schlüsselerlebnisse" oder prägende Lebensstationen zu erzählen.

Einige der wichtigen Aspekte, Eckpfeiler und Spannungsfelder, denen wir begegnen, seien in einem ersten kursorischen Überblick skizziert.

Aspekte eines Lebens für die Volkskultur

Fanderl, der aus kleinen Verhältnissen kam, hatte seine ersten Begegnungen mit der jungen oberbayerischen Volkslieder- und Sammelbewegung in den 1920er Jahren. Kiem Pauli[9] war auf einer seiner Sammelreisen auch in Fanderls Geburtsort Bergen gekommen und machte nachhaltigen Eindruck auf den damals zwölfjährigen Buben.

Das Faszinosum Volkslied – Sammeln, Bewahren, Pflegen, eigene musikalische Aktivität – sollte Fanderl sein Leben lang nicht mehr loslassen. Der Bub hatte Feuer gefangen, später kamen Verpflichtung und Verantwortung dazu.

Der junge Wastl Fanderl in den 1930er Jahren

Wastl Fanderl war hineingestellt in die deutsche Zwischenkriegszeit nach 1918, er durchlebte die politischen und ideologischen Instrumentalisierungen und Aktivitäten der NS-Zeit und des Zweiten Weltkriegs. Nach einer kurzen Zeit der Diskreditierung wurde er schließlich in den deutsch-bayerischen Nachkriegsjahren überaus aktiv und erfolgreich tätig, in den Jahren des deutschen Wirtschaftswunders, letztlich bis zum Werden einer europäischen Friedensordnung. Seinen außergewöhnlichen Weg hatte Fanderl schon vor dem Beginn der NS-Herrschaft begonnen. Kontinuierlich seit 1933 war er zu einer festen und bekannten Größe der oberbayerischen Volkskultur geworden. Sogar die Kriegszeit bedeutete keine Unterbrechung seines Engagements für die „Heimat", auch wenn es sich dabei fast ausschließlich um „heimatliche" Kulturarbeit innerhalb der deutschen Wehrmacht handelte. Seit Mitte der 1950er Jahre konnte Wastl Fanderl schließlich zunehmend als charmantnobler Mittelpunkt einer großen, weit über seine oberbayerische Heimat hinausreichenden, generationen- und schichtenübergreifenden Volkslieder- und Volksmusik-Gemeinde reüssieren und sie faszinieren. Dadurch verschaffte er seinem Projekt erhebliches Ansehen und lange anhaltendes Prestige. Dies gelang nur mit außergewöhnlichem persönlichem Einsatz, bei dem Fanderl in zunehmendem Maße über seine Tätigkeit, seine Werte und Maßstäbe selbstkritisch reflektierte. Er war im bayerischen Raum zu einer der entscheidenden Persönlichkeiten für das nach 1945 stetig steigende Ansehen volkskulturellen und damit identitätsstiftenden „heimatlichen" Wirkens geworden.

Schon Kiem Pauli, der väterliche Freund und das entscheidende Vorbild für Fanderl, hatte eine Steigerung des Ansehens für die „bodenständige", überlieferte Volkskultur als seine Lebensaufgabe verstanden und war glücklich zu sehen, wie diese zunehmend gelang. Es ist kein Zufall, dass Wastl Fanderl von Kiem Pauli selbst als sein volkskultureller „Erbe"[10] bezeichnet wurde. Das war kurz vor Kiems Tod im Jahre 1960, anlässlich eines vom Bayerischen Rundfunk übertragenen Erinnerungstreffens an das erste, von Kiem Pauli veranstaltete Volksliedpreissingen am 29./30. März 1930 im Gasthof „Überfahrt" zu Egern. Fanderl verstand sich zeitlebens als geistiges Kind Kiems und versuchte, seinem „Vater" nachzueifern, dem Vorbild gerecht zu werden. Er tat dies allerdings den jeweiligen Zeitumständen entsprechend und auf seine ganz spezifische Weise. Fanderls Identifikation mit Kiem Pauli ging sehr weit. Er zitiert gerne aus den Erinnerungen Kiems und markiert in seinen Rede- und Vortragsmanuskripten – gewissermaßen als Identifikationszeichen für sich selbst – die Wörter „selbst erziehen", „oben", „unten" und „Freude": „Drei kleine Musikanten, die sich bis ins hohe Alter selbst erziehen mußten, wurden schön

Kiem Pauli um 1930

langsam auch Erzieher für Volksmusik und Gesang. Unser Weg war nicht leicht, aber auch nicht uninteressant. Er führte uns von der kleinen Kneipe bis in königliche Gemächer. Wir haben oben und unten wahre Freunde gewonnen, und wenn wir einmal in die Grube steigen müssen, dann können wir sagen, daß wir mehr Freude als Ärger gestiftet haben. Das kann nicht jeder sagen, der sich verabschiedet!"[11]

Der junge Fanderl fand sich von Beginn an in ein scheinbar festes Gefüge volkskultureller Auffassungen hineingestellt. Er wusste um das Selbstverständnis der heimatlichen Volkskulturbewegung, die – in Oberbayern – unter der traditionsbewussten Patronanz von Kiem Pauli, Annette Thoma und Kurt Huber stand und teilweise von den Wittelsbachern gefördert wurde. Man orientierte sich – unter bewusstem Rückgriff auf Johann Gottfried Herder und seine „Stimmen der Völker in Liedern"[12] – am Vorbild des gesamtdeutsch und deutsch-national ausgerichteten Wiener „Deutschen Volksgesang-Vereins" (gegründet 1889) und der seit 1899 von Josef Pommer herausgegebenen Zeitschrift „Das deutsche Volkslied"[13] bzw. an dem 1904 ins Leben gerufenen Österreichischen Volksliedwerk. Fanderl sollte später denn auch vor allem Josef Pommer, Raimund Zoder und Karl Magnus Klier als für ihn wichtige „Lehrmeister" nennen – alle vermittelt durch Kiem Pauli.[14] Wiederholt kam Fanderl aber auch auf Konrad Mautner zu sprechen, dessen Sammlung „Steyerisches Rasplwerk" (1910) im Jahre 1919 durch Ludwig Thoma an Kiem Pauli vermittelt wurde und so später auch den Weg zu Fanderl fand.

Er ließ sich zu einem Zeitpunkt von der Volks- und Heimatkulturbewegung faszinieren, als die oberbayerische Volkskulturarbeit eine neue Blütezeit erlebte, insbesondere was die Arbeit am Volkslied betrifft.

Schon gegen Ende des 18. Jahrhunderts hatte sich in bürgerlichen Schichten ein Volksliedbewusstsein entwickelt, das sich in der ersten Hälfte des 19. Jahrhunderts im Kreis um Herzog Maximilian („Zithermaxl") fortsetzte und seit den 1860er Jahren in eine bewusste Volkskulturpflege mündete, die vom Königshaus als Beitrag zur Bildung und Stärkung bayerischen Nationalbewusstseins gerne gesehen und auch gefördert wurde. Dennoch sprach Fanderl in vielen seiner Interviews, Stellungnahmen, Referaten und Publikationen von einer gewissen „Verspätung" Bayerns auf dem Gebiete der Volkskultur, indem er — wohl nicht zuletzt als noble Verbeugung vor dem Nachbarn — auf die Vorreiterrolle der frühen österreichischen Volksliederbewegung hinwies. Wichtig ist auch, dass die sich nach dem Zweiten Weltkrieg noch verstärkt entwickelnde oberbayerische Bewegung ohne die geistig-seelischen und mentalen Voraussetzungen einer nach heimatlicher Identität dürstenden und Halt suchenden Nachkriegsgesellschaft nicht zu denken ist. Diese verstand sich als nach-revolutionär, bewusst „anti-städtisch" und verhielt sich skeptisch bis feindlich gegenüber der „modernen" Zivilisation.

In den Diskussionen um Fanderl stellt sich auch die Frage nach seiner Rolle für die NS-Bewegung. Angesichts der schon in den 1920er Jahren erkennbaren deutsch-nationalistischen Tendenzen verwundert es nicht, dass — spätestens ab 1933 — auch die oberbayerische Volkslieder-Bewegung und mit ihr der inzwischen jugendliche und bereits erfolgsverwöhnte Wastl Fanderl zunehmend in das ideologische und organisatorische Netzwerk der NS-Bewegung geriet. Später sollte er in die sogenannte „Kultur- und Frontarbeit" der sich im Krieg befindlichen Deutschen Wehrmacht eingebunden werden. Denn die sich als „volksverbunden" gerierenden Nationalsozialisten setzten auf alles, was „Volk" und „Heimat" im Namen trug — mit offener oder auch verdeckter rassistischer Ausrichtung und totalitär nationalem Anspruch.

Hinzu kam, dass die Nationalsozialisten etwa das „Bauerntum" nicht als „Sozialschicht" verstanden, sondern aus diesem Teil des „Volks" die „völkische Erneuerung" des Germanentums entstehen lassen wollten.[15] Die Nazis konnten „naht- und bruchlos" erben, mussten nicht neu aufbauen oder „von außen" einbrechen, denn der Boden war seit dem Ende des 18. und zunehmend seit dem 19. Jahrhundert – gut ablesbar an der Entwicklung der „deutschen Volkskunde" als eines „Geschöpfs des Nationalismus" – entsprechend vorbereitet.[16] Die moderne kritische Volkskunde, Kulturanthropologie und europäische Ethnologie verweisen in diesem Zusammenhang auf den oft verdeckten antijüdischen Diskurs, den jeder Kulturwissenschaftler oder Biograph, der über diese Zeit arbeitet, stets mitzudenken hat: „Die mit der Geburt der Volkskunde verbundene Fokussierung auf eine national-konfessionalistische Sichtweise von Volks- und Alltagskultur kann mit Blick auf die Juden als ‚stummer Antisemitismus' bezeichnet werden."[17]

Spätestens nach dem Ersten Weltkrieg ist die Zunahme des offenen antijüdischen und schließlich antisemitischen Diskurses und der daraus folgenden Ausgrenzungshandlungen festzustellen. „Der Jude" und „das Judentum" werden in diesem Diskurs als Inbegriff des Anderen, als „Zerrbild, als Antibild, als Schreckgestalt, als Nomade, Betrüger, Ritualmörder, als Untermensch" betrachtet, „kurzum als das Gegenteil zur Wohlanständigkeit jener deutschen, katholischen, bisweilen protestantischen, hart auf dem Feld oder als Handwerker arbeitenden, schließlich sogar zu Ariern geadelten Herrenmenschen, denen sich die Volkskunde [...] seit dem letzten Drittel des 18. Jahrhunderts zugewandt hatte."[18]

Wastl Fanderls Lebens- und Wirkungszeit fiel schicksalhaft in die Phase dieses grassierenden, zuerst wortaggressiven und schließlich gewalttätig-mörderischen „offenen" Antisemitismus.[19] Fanderl, ein einfacher Mann aus dem Volke und nicht akademisch gebildet, arbeitete und handelte, gerade weil er sich um solche Dinge wohl wenig gekümmert und darüber auch nicht viel nachgedacht haben dürfte, als volksliedbegeistertes „Kind seiner Zeit" in einem ideologisch zugespitzten Klima. Dass er sich – im Unterschied zum etwa zehn Jahre älteren Salzburger und späteren Freund Tobi Reiser – eine Art geistiger, wenn schon nicht praktisch handelnder Reserve gegenüber der gerade die „Volkskultur" rassistisch und national instrumentalisierenden NS-Bewegung bewahrte, bleibt bemerkenswert. Es könnte durchaus sein, dass ihm hier der reifere Kiem Pauli väterliche, konservative und zugleich moralische Orientierung gewesen ist.

Die bisherige Einschätzung von Fanderls Haltung nach 1933 durch die jüngere kritische Volkskunde muss differenziert werden. Ernst Schusser zum Beispiel nennt u.a. Wilfrid Feldhütter, Cesar Bresgen, Tobi Reiser und eben auch Wastl Fanderl noch in einem einzigen Atemzug:

„Die von den Nationalsozialisten sofort nach ihrer Machtergreifung 1933 begonnene Gleichschaltung und Umgestaltung des Rundfunks in Deutschland berührte die Volksmusiksendungen in Bayern in ihrer Substanz. Bis dahin waren sie Ausdruck föderativer Gedanken auf volkskulturellem Gebiet. Nunmehr hatte sich die Rundfunkarbeit den Zielsetzungen der Partei unterzuordnen. [...] Unter dem schon im 19. Jahrhundert gebrauchten Schlagwort ‚Bayern unsere Heimat – Deutschland unser Vaterland' erlebte die bayerische Volksliedbewegung einen ungeheuren Aufschwung, wenn auch um den Preis der Unterordnung unter die Staatsinteressen. Dies führte zu einem Rückzug bedeutender Volksmusikforscher und -pfleger (u.a. Kiem Pauli), die die Konsequenzen rechtzeitig erkannten. Mißliebige Meinungen

(Kurt Huber) wurden dadurch unterdrückt, daß man ihnen die Arbeitsbasis entzog. Dagegen gab es eine große Anzahl von Volksmusikleuten, die sich mit den neuen Verhältnissen ‚arrangierten', sich mit der Führungsrolle der Partei auch in diesem Fall einverstanden erklärten (Feldhütter, Bresgen, Fanderl, Gottner, Reiser, Seidl …). [...] Die Volksliedbewegung, die von Kiem Pauli initiiert worden war, wurde in der Mitte der Dreißiger Jahre von der Partei übernommen, gleichgeschaltet, da sie die Kraft dieser Bewegung erkannt hatte. Die Führungsrolle ging organisatorisch in die Hände der NS-Organisation ‚KdF' [Kraft durch Freude] über, die ab 1936 für sämtliche öffentliche Volksmusikveranstaltungen zuständig und weisungsberechtigt war."[20]

Bei näherem Zusehen wird man jedoch feststellen können, dass sich Fanderls Habitus von dem etwa des Tobi Reiser doch erheblich unterschied: Zwar zeigten beide stark didaktisierende Züge, aber der autoritäre Gestus des Pongauers Tobi Reiser war unvergleichlich bestimmender als jener des Oberbayern Wastl Fanderl. Die insbesondere nach 1945 so überaus populär gewordenen Singwochen Fanderls – ihr Präzeptor Wastl wurde geliebt, nicht nur geschätzt – waren nicht die Sache Tobi Reisers. Sicher hatte Wastl Fanderl den ehrlichen Wunsch, ungeachtet der NS-Diktate – z.B. Primat der Partei, Zentralisierung und staatliche Kontrolle, Leistungsgedanke, Nationalisierung und ideologische und praktische Rassifizierung, völkische Sing- und Spielscharbewegung, neues Liedschaffen der „Bewegung" – bei Veranstaltungen und Rundfunk-Übertragungen mit seiner Stimme weiterhin erfolgreich präsent zu sein. Denn er sah ja auch, dass es eine bewusste kulturpolitische Aufwertung von Volksmusik und Volkslied durch den NS-Staat[21] gab, was ein attraktiver „Köder" für den jungen Mann gewesen sein mochte. Dennoch blieb Fanderl offensichtlich in seinen Volkslied-Auffassungen der konservativen Kiem-Pauli-Linie verbunden. Aus Fanderls Feder stammen – nach derzeitigem Wissen – keine rassistischen, antijüdischen und antisemitischen Publikationen und Äußerungen, was etwa von Tobi Reiser nicht behauptet werden kann. Reiser betätigte sich in vielen Äußerungen offen antisemitisch.[22]

Werfen wir einen Blick auf die Rolle Fanderls nach 1945, als er es mit großem Geschick und Können verstand, seine in der skizzierten Tradition verankerten Vorstellungen qualitätsvoller volkskultureller Arbeit zunehmend erfolgreich umzusetzen und nicht zuletzt als zentralen Bestandteil bayerischer Identität zu festigen. Dies scheint nur auf den ersten Blick ein konfliktloser Weg gewesen zu sein. Bei genauerem Zusehen zeigen sich doch auch Spannungsfelder, in denen Fanderl handeln und Position beziehen musste. Dabei waren es insbesonders drei Aspekte, mit denen Fanderl sukzessive, verstärkt seit den späten 1960er Jahren, konfrontiert war: Die Fragen nach der Rolle, die die Volkskulturbewegung als wichtiger Bestandteil der Kultur in der NS-Zeit gespielt hatte, weiters das traditionelle pflegerische Kulturverständnis, das Fanderl vertrat, und die Bedeutung der neuen Medien, mit denen Fanderl intensiv wie sonst keiner auf seinem Gebiet zusammenarbeitete.

Die volkskulturellen Entwicklungslinien hinein in die Zeit nach 1945 zeichnen sich durch prekäre Kontinuitäten und Koalitionen aus. Es wurde mit großem Erfolg versucht, die nazistisch belasteten „alpenländischen Volkskulturen" Bayerns, der Bundesländer Österreichs und Südtirols durch eine Art republikanischer „Reinigung" und Entsorgung rassistischer Sprachbestände neu zu

Fanderl mit Kathi Greinsberger, Wachau 1966

Singwoche am Ritten, Ostern 1972

entwickeln. Alt-Nazis, Kulturkonservative, „innere Emigranten" und Unpolitische saßen jetzt in einem Boot. Nun wurde eine Persönlichkeit wie Wastl Fanderl offenbar besonders gebraucht, einer, der viele Qualitäten in sich vereinigte. Denn der mit Fähigkeiten als Mediator, mit Augenmaß und Sensibilität ausgestattete, intelligente, nicht akademisch gebildete Wastl Fanderl leistete nun auf dem oberbayerischen Volksmusik-Terrain mit zum Teil neuen Strategien und Methoden, die er vor allem im Bereich der neuen Medien geschickt und zielgerichtet anwandte, Hervorragendes und Nachhaltiges. Dabei halfen ihm seine Frau Lisl und viele MitarbeiterInnen, WeggefährtInnen und FreundInnen sowie Menschen aus verschiedenen politischen Lagern, aus Wirtschaft und Kirche. Er konnte dies auch deswegen erreichen, weil er sich als nicht-fundamentalistischer Praktiker erwies, dem es letztlich darum ging, die immer wieder neu zu erweckende Lebendigkeit und Schönheit des Volksliedes und der Volksmusik – ein Genre, das, wie alle kulturellen Äußerungsformen, historisch bedingter und entsprechend veränderbarer Geschmacksbildung unterworfen ist – zu fördern und es sozusagen als lebensreformerisches „Nahrungsmittel" in Zeiten der „Kälte" zu verankern.

Fanderl verstand sich als Garant für die umfassende Pflege einer reichen Überlieferung aus dem Volke. Allein seine Sammlung an Büchern, Heften, Dokumenten, Lexika, Zeitschriften sowie Lied- und Musikhandschriften zu den alpenländischen Volkskulturen, die er 1988 dem Volksmusikarchiv des Bezirks Oberbayern in Bruckmühl übergeben hat, umfasst an die 280 bibliographische Eintragungen, ganz in der Tradition des Sammlervorbildes Kiem Pauli.[23] Andererseits trug zur lebendigen Praxis auch sein volksmusikalisches Schaffen bei, die eigenschöpferische, der Tradition zwar verpflichtete, aber in Maßen zeitgemäße Erweiterung der Überlieferung durch eigene Kompositionen und

Liedertexte. Dabei vertraute er einer zum „guten Geschmack" erzogenen volksmusikalischen Sänger- und Musikantengemeinschaft und deren Fähigkeit, Wertvolles und Lebendiges von Plattem, Uninteressantem und Sentimentalem zu unterscheiden. Fanderl legte zudem mit seinen Sing- und Musiziergruppen – ähnlich dem „Musterkofferl" des Kiem Pauli (Sontheim, Burda, Treichl, Vögele als „Viergesang" im neuen Singstil) und den schon seit den 1930er Jahren bestehenden „Flachgauer Musikanten" des Tobi Reiser sowie des späteren Tobi-Reiser-Ensembles – ein bestimmtes musikalisches Niveau fest und gab damit auch einen gewissen künstlerischen Standard vor; zugleich aber ließ er das Spezifische, das Individuelle als wesentliches Element in der Sing- und Musizierpraxis gelten.

Fanderls Leben gerät auf diese Weise über lange Strecken in einen ständigen Konflikt. Seine Arbeit wird sichtbar als eine heikle Auseinandersetzung, eine stete Gratwanderung zwischen den Kräften sturer Bewahrung, musealer Volkslied-Pflege sowie technik- und medienfeindlicher Abschottung einerseits und einer sich als modern ausgebenden, die Überlieferung gering schätzenden „Fortschrittlichkeit" bzw. einer positionslosen Beliebigkeit andererseits, meist Ausdruck eines gewinnträchtigen Kalküls, das traditionelle ästhetische Kriterien vernachlässigte. Zwar hegte Fanderl – als moderater Konservativer bzw. maßvoller Erneuerer – erhebliche Bedenken im Hinblick auf kulturindustriell vermittelte Moden des Alltags und hatte wohl verstanden, dass seine eigene intensive Arbeit für Rundfunk und Fernsehen Teil dieser Kulturindustrie geworden war. Zugleich aber wurde er zunehmend liberaler und offener und konnte oder wollte sich nun anderen volkskulturellen Ausdrucksformen nicht vollständig verschließen. Es scheint so, als ob Fanderl einen der für die frühe oberbayerische Sammlergeneration prägenden Leitsätze des Kiem Pauli zeitlebens präsent gehabt hätte. Dieser hatte

Fanderl-Karikatur von Wolfgang Günther

– delikat politisierend – über die nach 1918 im nicht-städtischen Bayernland neu aufkommenden „internationalen" Moden und ihre damals unvertrauten, fremd wirkenden Alltagserscheinungen (Bubikopf, „sinnliche Schlagerlieder", „Seidenstrümpfe und Russenstiefel") Folgendes festgehalten: „Was gesund ist an der neuen Zeit, dem wollen wir uns nicht verschließen, aber das Herz darf es nicht kosten!"[24] Dieser Leitsatz, eine später gern als „Gründungsurkunde" der oberbayerischen Volksliedpflege deklarierte Äußerung von Kiem Pauli, war dem kulturkonservativen Diskurs von „gesunder" versus „kranker" Kultur geschuldet und entsprang einem patriarchal geprägten Ressentiment. Dennoch hätte dieser Satz – gemäß der Zeit nach 1918 – sogar noch reaktionärer ausfallen können. Er könnte aber auch als ein Rest von Kiem Paulis Sozialisation gelesen werden, hatte dieser doch zu Beginn seiner Karriere als Schauspieler und Mitakteur in bauern- und kirchenkritischen Stücken des Ludwig Anzengruber und des frühen Ludwig Thoma sowie des Karl Schönherr vor dem Ersten Weltkrieg fungiert.[25] Im unmittelbaren Kontext des zitierten Satzes finden sich jedoch – bezogen auf die Zeit nach 1918 – noch folgende aufschlussreiche, die Defizite der Moderne thematisierende Äußerungen Kiems, die die Waage halten zwischen defensiver kulturkonservativer Abschottung und offensiver kultureller Gegenstrategie:

„Von Paris brachten Leute moderne Musikinstrumente mit und sagten zu uns [den Musikern und Sängern], daß wir nicht rückständig bleiben dürften, wenn wir leben wollten. Wir müßten uns umstellen usw.! Erste Begegnung mit dem Bubikopf. […] Seidenstrümpfe und Russenstiefel konnte man bei Bauerndeandln sehen! […] Glaubt ein Mensch mit halbwegs gesundem Verstand, daß eine derartige Lebensweise unserem Landvolk anregend für seine Pflichten sein kann? Anzengruber sagt einmal so klug: ‚Wenn der Hund amal Leder g'fress'n hat, na is koa

Schuach mehr sicher vor eam!' Schwand mit diesen Krankheiten nicht auch der Stolz und die Liebe zur Heimat? Was die Großstadt treibt, kann uns unter Umständen gleichgültig sein, aber unser Gebirgsvolk, unsere Bauern, mit ihren schönen Trachten, Liedern, Sitten und Bräuchen dürfen doch nicht so abwärts sinken! Mein Weg war mir klar [...]. Ich verspottete mit selbstgemachten Liedern und Gstanzln die Auswüchse der einheimischen Bevölkerung, sang Almlieder, spielte mit meinen Freunden Landler, Mozart, Haydn, die alten Bauernmenuette [...]."[26]

Fanderl hatte offensichtlich auch Kiems vorsichtiges Plädoyer für Toleranz und Offenheit gelesen, so dass „Jazz" und gute moderne Unterhaltungsmusik für ihn zunehmend keine feindlichen Mächte mehr waren – im Unterschied zu vielen seiner Kollegen aus der Volkskulturszene. Fanderls Arbeit und Einsatz für das alpenländische Volkslied und die alpenländische Volksmusik konzentrierte sich zunehmend auf den kulturellen Wert seiner „Gegenstände" an sich, sozusagen im kulturellen Anerkennungs-Wettstreit mit allen anderen „nicht-volkskulturellen" Phänomenen.

Fanderl war durch seine jahrzehntelange konsequente Arbeit zu einer verbürgten Marke geworden, für viele zur bewunderten volkskulturellen Ikone Bayerns und zum Garanten des Authentischen und Wertvollen, was ihm schließlich – wohl spätestens seit den 1970er Jahren – seine fast hegemoniale und mehrfach gewürdigte Stellung auf dem Gebiet der oberbayerisch-alpenländischen Volkmusik sicherte: Wastl Fanderl als ein zu überregionaler und übernationaler, parteien- und schichtenübergreifender Anerkennung und zu Ehren gekommener Volksliedsänger und -pfleger, sein „Leben – ein einziger Gesang."[27] Andere hingegen sprechen heute – mit sehr kritischem Unterton – von einem „Doyen des alpenländischen Volksliedes" und bezeichnen ihn sogar als „Wortführer einer in fremder Sprache redenden ausländischen Gesandtschaft, und zwar in seiner autoritären wie vermittelnden Funktion."²⁸

Ein einheitliches Fanderl-Bild ist nicht zu haben. Es sind unterschiedliche Sichtweisen auf seine Person und sein Wirken zu berücksichtigen, einerseits jene der das Bild Fanderls für sehr lange Zeit prägenden und mächtigen „Fanderl-Gemeinde" – manche sprechen neuerdings umstandslos von „der ihn umgebenden lobbyistischen Bewegung"²⁹ – und andererseits jene von Fanderls Kritikern, deren Stimmen seit seinem Tod 1991 an Zahl zugenommen haben und lauter geworden sind, die aber auch eine neue Möglichkeit wissenschaftlicher Diskussion über ihn und sein Werk eröffnen. Beide Positionen abzuwägen versucht dieses Buch zu leisten.

Ernst Schusser etwa, einer der Nachfolger Wastl Fanderls als Volksmusikpfleger des Bezirks Oberbayern, hat in einem der ersten wissenschaftlich fundierten Artikel über die Leistungen seines Vorgängers die konfliktreichen Spannungsfelder zumindest beim Namen genannt: „Überlieferung und Erneuerung", „Ideologie und Idealismus", „Lebensverbundenheit und mediale Darstellung". Vorsichtig gab er seinem Vortrag³⁰ noch den Untertitel „sporadisch-populäre Einlassungen" und reicherte ihn mit einer Reihe von Hinweisen an, die – präzise aus dem Nachlass Fanderls erarbeitet – die wichtigsten Stationen in Fanderls Leben für die Volkskultur dokumentierten, aber noch nicht ins Detail gingen. Welche Sprengkraft ein solcher Spannungsbogen haben kann, mag man ermessen, wenn man noch jüngere Publikationen betrachtet. Denn inzwischen haben sich – weniger vorsichtig, sondern im Gegenteil ziemlich direkt – noch jüngere Volksmusikforscher zu Wort gemeldet. Dazu gehört etwa Josef Focht, einer der Nachfolger Wastl Fanderls als Redakteur der ehemaligen Fanderl-Zeitschrift „Sänger- und Musikantenzeitung".³¹ Sie nehmen bestimmte volkskulturelle Kontinuitäten, etwa die Fanderlsche „Singmode aus der Zwischenkriegszeit", aber ganz besonders die Verbindungslinien der NS-Zeit in die bayerische Nachkriegszeit in ihren Fokus. Aber auch andere Themen werden darüber hinaus kritisch kommentiert, etwa die Verantwortung Fanderls für die Entwicklung der „alpenländische[n] Musik zur populären Unterhaltung", weiters die überwiegend als bedenklich eingeschätzten Folgen der Vereinnahmung des Volksliedes besonders durch das deutsche Fernsehen.

Dazu gehört beispielsweise die Kritik an der Herstellung von „stereotype[n] Klischees etwa von Oberbayern, vom alpenländischen Alltag oder von der Volksmusik" generell, die „in den touristisch hochfrequentierten Regionen des oberbayerischen Alpenvorlandes [...] bis heute vorgeführt"[32] würden. Insgesamt handle es sich dabei – so die neueren kritischen Positionen – gewissermaßen um volkskulturelle Sündenfälle des Wastl Fanderl, deren Zahl noch durch andere Aspekte – unter derselben kritisch-angriffigen Konnotation – erweitert werden könne. So stellt man heraus, dass sich Fanderl hinsichtlich verantwortlicher Autorschaft (Komposition und Text) „dem romantischen Historismus seiner Anhänger" einfach untergeordnet habe und – sich fügend und nachgiebig – „in der Nachkriegszeit in den Fokus derer [geraten sei], die sich pflegerische Aktivitäten im Sinne der Jugendmusik- und Lebensreformbewegung auch für den Bereich des Volksliedes wünschten."[33] Fanderls „modischer Personalstil" schließlich, zweifellos eine seiner Stärken, die auf seiner nicht nur von der „Gemeinde" bewunderten persönlichen Ausstrahlung beruhte und ihm jene von seinen Kritikern attestierte „charismatische Bühnenpräsenz" verlieh, fand auch keine ungeteilte Zustimmung. Er habe damit bedenkliche volkstümliche Moden befördert: „Oberbayern-Klischees mit identitätsstiftender Wirkung"[34].

Würdigung von Kurt Becher zu Fanderls 65. Geburtstag 1980

Die kritische Volkskunde hat mit Recht auf die antisemitischen Bestandteile der volkskulturellen Überlieferung hingewiesen. Dass in diesem Zusammenhang das Beispiel Fanderl – im Unterschied etwa zum Salzburger Tobi Reiser – ein wenig geeignetes Objekt der Forschung darstellt, ist auch schon erkannt worden. Es ist natürlich verständlich, dass Fanderl als langjähriges Leitbild der oberbayerischen Volkskulturbewegung nach 1945 auch hinsichtlich der genannten beklemmenden Traditionen besondere Aufmerksamkeit auf sich ziehen musste. Aber in der kritischen Auseinandersetzung um Fanderl ist – darüber hinaus – bisweilen auch ein Zungenschlag spürbar, der Fanderls Leistungen des Bewahrens und Vermittelns als altmodisch und ideologisch prinzipiell in Frage stellt und auch mit ironisierendem Unterton behandelt. Dies allerdings hat Fanderl nicht verdient. Dass er sich nach 1945 gezwungen sah, sich in einem Umfeld auch von „Ehemaligen" zu bewegen, die sich über ihre Rolle vor 1945 konsequent ausschwiegen bzw. ihrer Verantwortung nicht stellten und aufgrund der Zeitumstände auch nicht zu stellen brauchten, ist dagegen unbestreitbar.

Fanderls Aktivitäten werden also von einigen Kritikern letztlich als ein kontraproduktiver und bedenklicher Beitrag zur oberbayerischen Volkskultur betrachtet. Was dabei allerdings außer Acht bleibt, sind seine selbstkritischen Stellungnahmen zu diesen Themenkomplexen. Sicher war er eine der Führungsfiguren der Volkskultur und konnte vieles mitbestimmen, gewann sogar zeitweise eine Art Definitionsmacht. Aber kann man ihn deshalb allein verantwortlich machen für alle angeblichen Defizite und Fehlentwicklungen der Volkslied- und Volksmusikbewegung? Bleiben seine Kritiker dabei nicht zu sehr auf ihn fixiert? Konnte Fanderl denn alles selbst zur Gänze steuern, so als ob seine Kulturarbeit im luftleeren, geschichtslosen Raum ohne leibhaftige Menschen und deren Bedürfnisse und Ansprüche stattgefunden hätte?

Fanderl bei der Singwoche zu Pfingsten 1971
in Klobenstein am Ritten / Südtirol

Die Fanderl-Gemeinde beherrschte zumindest bis zum überraschenden Tod ihres verehrten Idols den Diskurs über das Phänomen Fanderl und kann – im Wesentlichen – folgendermaßen beschrieben werden.[35] Sie ist fasziniert von Fanderls Charme und vom Charisma, von seiner heiter-noblen Art, sie erzählt wiederholt von seiner begeisternden Kraft, Volkslieder als verinnerlichten „Lebensausdruck" erklingen zu lassen. Die Gemeinde weiß Fanderls Leistungen auf dem Gebiet der Geselligkeit zu loben – Fanderl als das unbestrittene Vorbild des „offenen Singens". Die Anhänger lieben seine unkomplizierte „natürliche" Kommunikationsform auf gleicher Augenhöhe (Meister der „Einbindung"), seine Leichtigkeit und Eleganz im gesellschaftlichen Umgang, sein volkskulturelles Wissen, seine volksbildnerische Begabung und die Art seines moderierenden Erzählens und Erläuterns, seinen Humor und seine Liebe zum Gereimten, auch zum witzigen Reim und zum Kinderspruch, sie heben das sympathisch gehaltene Gleichgewicht zwischen Wissenschaft, Pflege und Volksliedpraxis hervor.

Die Volksmusikforschung hat besonders Fanderls Leistung bei der Verbreitung der „enggeführten Dreistimmigkeit" im Vokalsatz betont, die er wohl seit Mitte der 1930er Jahre über Karl Kronfuß' und Alexander und Felix Pöschls „Niederösterreichische Volkslieder und Jodler aus dem Schneeberggebiet"[36] über Vermittlung von Kiem Pauli kennengelernt hatte. Noch während der Kriegszeit hat er sie in seiner Sammlung „Hirankl Horankl" verwendet und populär gemacht. Fanderl habe den neuen Volksliedvortrag für Bayern schließlich „zur Norm" erhoben und damit ein „neues Singen in Familie, Geselligkeit, Kirche und Konzertsaal"[37] entscheidend geprägt. Aber dies hat die nicht-wissenschaftlich orientierte Fanderl-Gemeinde wohl weniger interessiert – diese hatte einfach Freude am wohlklingenden Singen.

Geselligkeit, Leichtigkeit und Eleganz sind, wie gesagt, einige der Leitwörter, die Menschen einfallen, wenn sie an Wastl Fanderl denken; ebenso das Nicht-Schulmeisterliche in seiner Art zu lehren, etwa seine Weigerung, „Lehrgänge" in „Schulungsheimen" abzuwickeln, oder sein Plädoyer für die Lebendigkeit einer fast aussterbenden Wirtshaus-Kultur. Als weitere Mosaiksteine im Wesen der Ikone und des Idols vieler Volksmusikfreunde sind zu nennen: Fanderl habe sich immer auf seinen als untrüglich geltenden Sinn für das Unverfälschte und Richtige verlassen können, auch für das Poetische der Überlieferungen habe er Sinn gehabt. Es sei ihm gelungen, „den Sinn für das Verborgene im Lied zu eröffnen"[38], meinte etwa Walter Deutsch. Generell lobt man seinen sicheren Geschmack – „das rechte Lied zur rechten Zeit" –, schätzt seinen Spürsinn für noch Unentdecktes und natürlich seine Energie und seinen unentwegten Einsatz, seine Unterstützung, seine Anregungen und sein beratendes Wort. Fanderl habe durch seine Arbeit dem Volksliedsingen und Musizieren große gesellschaftliche Achtung verschafft, an der alle Mitglieder seiner großen Gemeinde teilhaben konnten.

Ein differenziertes Lebensbild Fanderls wird man ohne die genannten Positionen – hagiographische Bewunderung und kritische Beurteilung – nicht zeichnen können. Neigt die Fanderl-Gemeinde zu positivistischer Auflistung ihrer Liebe und zu dokumentaristischer „Totalerfassung", gibt sie gerne und zahlreich mündliche Überlieferungen, Anekdoten und „Erinnerungen", und „ewigkeitsgesättigte" Diskurse über ihr Idol weiter, so pflegen einige kritische Volkskundler eine besondere Vorliebe für tendenziell ideologiekritische und kulturhistorisch verortende Verfahren, freilich unter Verzicht auf oder unter Selektion von bestimmten, nicht ins Konzept passenden Fakten.

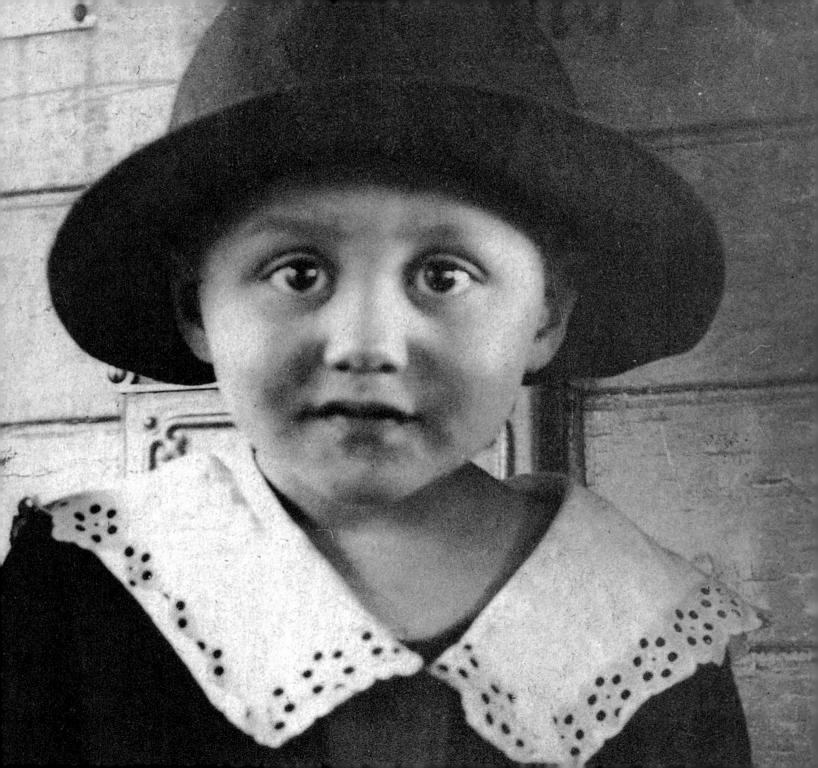

Herkommen – Familie, Kindheit, Jugend

Mutter, Vater – sängerische Leute

Lassen wir Wastl Fanderl in einer frühen autobiographischen Aufzeichnung vom 17. Dezember 1952 selber sprechen. Im „Hausbuch der Familie Fanderl" fasst er erstmals einige Fakten zu seiner Herkunft zusammen:

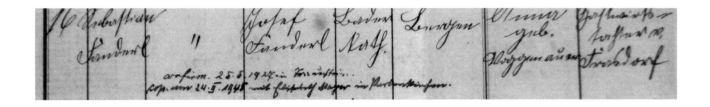

Auszug aus dem Taufbuch: Geburtsregister Nr. IX 1908–1963, Jahrgang 1915, Nr. 16 Katholisches Pfarramt Bergen – St. Ägidius

„Ich bin das 5. und letzte Kind der Baders- und Friseurseheleute Josef und Anna Fanderl. Meine Mutter war eine geborene Voggenauer, Wirtstochter von Frasdorf bei Rosenheim. Mein Vater stammte aus Dietfurt im Altmühltal in der Oberpfalz. Ich kam am 24. Juni 1915 in Bergen im alten Schulhaus (das heutige Gemeindeamt) im ebenerdigen Südzimmer auf die Welt. Mein Vater, ‚Der Bader Fanderl', war ein recht beliebter Mann. Er war Gründungsvorstand des Gebirgs-Trachten-Erhaltung-Vereins Bergen [gegr. 1895]. Ich habe ihn leider nur noch als kranken Mann in Erinnerung. Im Oktober 1924 starb er.

Meine Mutter führte das Friseurgeschäft weiter und hatte nur einen einzigen Wunsch: daß ihr jüngster Sohn Sebastian das Friseurhandwerk lernt und das Geschäft übernimmt. Ich habe es ihr zuliebe getan, war aber nicht glücklich dabei. Sie starb im

Die Eltern: Josef Fanderl und Anna Fanderl, geb. Voggenauer, Hochzeitsfoto vom 26.9.1898 in Bergen ↓

Fanderls Geburts- und Bergener Gemeindehaus →

Vater Josef Fanderl (vor 1915) ↘

Traunsteiner Krankenhaus im Jahre 1948 und liegt im dortigen Friedhof begraben."[39]

Sebastian, der „Nachzögling" und nach Schwester Maria, Bruder Josef, Schwester Anna und Bruder Georg das jüngste Kind in der Familie, wurde mitten im Krieg von einer schon 43jährigen Mutter geboren und war der Sohn eines 47jährigen Vaters. Die Geschwister waren also bei Sebastians Geburt schon zwischen acht und sechzehn Jahren alt.[40] Im Dorf Bergen dürften um 1915 ca. 250 Menschen gelebt haben und der Vater, der anerkannte örtliche Bader, hatte es wohl im gesamten Gemeindegebiet mit etwa 1500 Leuten zu tun.[41]

Die Eheleute Fanderl heirateten am 26. September 1898 in Bergen und stammten beide aus weit verzweigten Familien. Vater Josef war auf Handwerker-Wanderschaft, auf der Walz, auch ins oberbayerische Frasdorf gekommen und hatte dort Ende des 19. Jahrhunderts seine zukünftige Frau Anna, die Wirtstochter der Voggenauer-Leute (Johann Georg und Anna Maria[42]) vom Gasthof Hochries (Zum alten Wirt) in Frasdorf kennengelernt. Vater Josef, ein trachtenbewusster, volksverbundener Mann, der auf seine Art, die sein Sohn später eher ironisch kommentierte, auch ein Volkssänger gewesen war, hatte (mindestens) sechs Brüder[43], und Anna, seine Frau, insgesamt neun Geschwister und Halbgeschwister, von denen die meisten im Kleinstkindalter oder ganz jung verstorben waren. Sebastians Vater Josef war als approbierter Bader ein besonders anerkannter „Zahnreißer" und Friseur.

Wohl im Jahre 1920, als Sebastian fünf Jahre alt war, verließen die Fanderls das Gemeindehaus, das in den Jahren

1899/1900 von einem italienischen Architekten erbaut worden war. Neben den Wohnungen einer Arztfamilie und der Familie Fanderl waren darin auch die Gemeindekanzlei, einige Schulräume und eine Krankenstube untergebracht. Der Familie Fanderl stand zeitweise ein Kindermädchen oder auch eine Krankenschwester als Helferin zur Verfügung. Sie übersiedelten in das Haus des Vinzenz Hallweger hinter dem Gasthaus zur Post. Nach dem Tod des Vaters am 12. Oktober 1924 – er war 56 Jahre alt geworden – und nach dem Besuch von Kiem Pauli am 14. November 1927, der auf einer seiner Sammelreisen die ehemalige Sennerin „Hallweger Moidl"[44] dort besucht hatte, zog die Witwe Anna Fanderl mit einigen Kindern in das Haus Buchner „Zum Steinbruckner" in Bergen, wo sich bis 1945 auch das Friseurgeschäft Fanderl befand. Das Geburtshaus Fanderls wurde 1955 abgerissen.[45]

Zu seinen Brüdern hatte Wastl Fanderl kaum Kontakt – sie seien von „ganz anderer Lebens- und Wesensart"[46] gewesen. Aber gesungen wurde in der ganzen Familie, offenbar besonders viel von seiner Schwester Anna und auch von seinen Eltern. Die Jodlerin Maria Hellwig[47], mit der Wastl Fanderl später während des Krieges zusammengearbeitet hat, erinnert sich in einem Brief, dass sich im Hause der Anna in der Zwischenkriegszeit die „musikalische Jugend von Reit im Winkl getroffen hat, um alte Volkslieder zu lernen und zu musizieren."[48] Der junge Wastl habe mit der Zither gespielt.[49] Die hier gehörten Lieder habe Maria Hellwig als junge Schauspielerin auch auf der Bühne des Bauerntheaters gesungen.

Aufschlussreicher sind Fanderls differenzierte Erinnerungen an Vater und Mutter und ihre volkssängerischen Orientierungen und Aktivitäten – sozusagen Spuren früher Prägungen. Wastl Fanderl unterscheidet im Rückblick auf seine Kindheit genau und rekonstruiert auf diese Weise in seinen Erinnerungen jene Auseinandersetzungen, die damals in den Sammlerkreisen um Kiem Pauli und Kurt Huber zwischen „echt und wertvoll" und „unecht und Kitsch" ausgetragen wurden. Fanderl berichtet: „Beide haben gerne gesungen. Meine Mutter hat Lieder gewußt, die sie im elterlichen Wirtshaus gehört hat. Mein Vater hat Lieder gewußt, die er auf der Walz gelernt hat. […] Jetzt, beim Vater, da war die Ernte sehr schwach. […] Doch bei der Muatter, da hab' ich schon Liadl g'funden, die wir heute als Volkslied bezeichnen."⁵⁰

Familie Josef und Anna Fanderl, Kinder und Hausmädchen in Bergen vor 1915 (Kinder v.l.: Maria, Georg, Anna, Josef)

Wiederholt berichtet Fanderl – fast ein halbes Jahrhundert zurückblickend und immer in liebevoll-ironisierendem Ton – von den bescheidenen musikalischen Qualitäten und dem bedenklichen Musikgeschmack seines Vaters: „Ungeeignet", eben nur auf der Walz gehört und gelernt, seien die Lieder gewesen, die sein Vater gesungen habe. Dabei erwähnt er immer wieder drei von ihnen: Zwei Texte, so stellt sich bei näherer Recherche heraus, stammen aus der Feder des Josef Victor von Scheffel aus den Jahren 1845 und 1847. Sie werden auf eine martialische Melodie (Kriegers Lust.

Fest-Marsch) von Josef Gungl (1810-1899) und nach der Melodie eines Anonymus „War einst ein jung jung Zimmergesell" gesungen. Ein Scheffel-Text gehört dem deutsch-nationalistischen Bestand an und bedient den germanischen Teutoburger-Wald-Mythos („Als die Römer frech geworden/simserim simsim simsim"), der zweite Liedtext ist von nicht minder platter Façon: eigentlich ein Sauflied mit christlicher Kreuzzugsfahrer-Ideologie („Im schwarzen Walfisch zu Askalon/da trank ein Mann drei Tag"). Die Scheffelschen Lieder waren seit Mitte der 1850er Jahre in mehreren Liederbüchern überliefert und gehörten, wie auch Fanderls Erinnerungen nahelegen, offenbar zum festen Bestand dessen, was man „deutsches Liedgut" nannte – Abteilung Verherrlichung kriegerischen Kampfes und männlichen Saufens. Das dritte Lied, das Fanderl zitiert, ist der Andreas-Hofer-Text „Zu Mantua in Banden" von Julius Mosen (1831) mit der Melodie von Leopold Knebelsberger (1844), das nicht zuletzt anti-französischem Ressentiment und deutsch-nationalem Selbstverständnis geschuldet war und der Kriegserziehung schon vor dem Ersten Weltkrieg und danach diente – es hat sich in diversen Liederbüchern bis heute erhalten.[51]

Vieles deutet darauf hin, dass Fanderl damals zwischen den verschiedenen Volkslied-Qualitäten noch nicht zu unterscheiden wusste. Nicht zuletzt sind, wie wiederum er selbst behauptet, seine ersten kindlich-naiv begonnenen Sammelaktivitäten ab 1927, bei denen er offensichtlich dem Kiem Pauli nacheiferte, ein Spiegel dieser Unsicherheit: Kiem Pauli soll mit den Ergebnissen nicht einverstanden gewesen sein, wie Fanderl immer wieder erzählte: Wahrheit oder Legende? Von Kiem Pauli gibt es jedenfalls keine entsprechende Aussage. Man muß sich fragen, ob Fanderls Erinnerungen nicht ohnehin nur dazu dienen, sich selbst zu loben, weil er offenbar so zügig und schnell sein Wissen und seinen Geschmack zu verbessern gewusst hatte.

Der Öffentlichkeit war lange nicht bekannt, dass Fanderls Vater als Handwerksbursch auf der Walz ein eigenes Liederbuch (datiert 1898) angefertigt hatte. Erst in seiner letzten Liedersammlung „Oberbayerische Lieder" lüftete Wastl Fanderl dieses Geheimnis und bot als einziges Beispiel das „Kramerstandl"-Lied

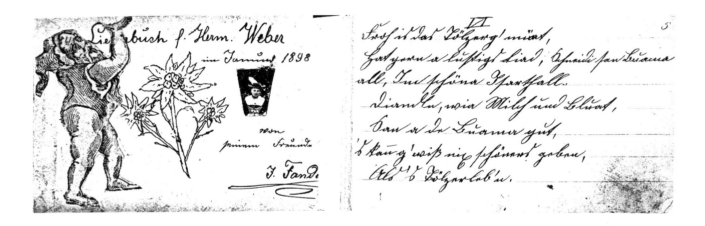

Titelseite des Liederbuchs für Herm. Weber von J. Fanderl (Januar 1898)

(„Habn kinnts an meinem Standl ...") in der von Josef Fanderl aufgezeichneten Fassung. Schon 50 Jahre früher war es durch Walter Schmidkunz[52] in die Sammlung „Das Leibhaftige Liederbuch", an der Fanderl mitgearbeitet hatte, aufgenommen worden, allerdings in einer etwas anderen musikalischen und textlichen Fassung und ohne jeden Hinweis auf Josef Fanderls Liederbuch.[53]

Bei diesem handschriftlichen Liederbuch von Vater Josef Fanderl handelt es sich um ein besonders kostbares Stück. Der Vater hatte es im Jänner 1898 seinem „Freunde" Herm[ann] Weber überreicht – mit eingeklebtem Zwerg, gemaltem Edelweiß, Foto eines Trachtendirndls und, man staune, mit Porträts von Johann Wolfgang von Goethe und Wolfgang Amadeus Mozart. Das gibt denn doch auch noch ein anderes Bild vom Musikgeschmack des Vaters. Auf über 200 Seiten enthält das Liederbuch etwa 80 Lieder, die den – aus der Perspektive von Wastl Fanderl – sicher bedenklichen Lied-Geschmack der Generation seines Vaters auf beeindruckende Weise festhalten.

Es enthält größtenteils hochsprachliche Texte und – trotz des offensichtlichen Bildungsanspruchs – meist sentimentale und martialische Massen-Ware des 19. Jahrhunderts.[54] Es sind Lieder aus allen Sparten: Vortragslieder, Couplets, Parodien, Balladeskes, Operettenmelodien, Soldaten-, Wander-, Heimat-, Wiener- und Liebeslieder. Erst wenn man dieses Liederbuch gesehen hat – nur Texte sind verzeichnet, keine einzige Melodie, wie so oft in solchen der bloßen Gedächtnisstütze dienlichen Gebrauchsbüchlein –, wird man Fanderls Distanz zum Vater auf diesem Gebiet verstehen. Das Liederbuch des Vaters sollte – bis auf die einzige genannte Ausnahme – in den weiteren Arbeiten Fanderls keine Rolle mehr spielen.[55] Dass jene Lieder, die sein Vater angeblich immer gesungen hat, wie Fanderl wiederholt behauptet, im Liederbuch des Vaters gar nicht vorkommen, überrascht. Entweder waren sie dem Vater so geläufig, dass er deren Texte nicht zu notieren brauchte, oder er lernte sie erst nach 1898 kennen, was unwahrscheinlich ist. Vielleicht aber mischen Fanderls Erzählungen Wahrheit und Fiktion und sollten eher unter dem Vorzeichen: „Ich gehöre zu den qualitätsvollen Kiem-Pauli-Jüngern der 1920er und 1930er Jahre und bin kein Kitsch-Apostel" verstanden werden.

Ganz anders fallen Wastl Fanderls Erinnerungen an seine Mutter als Liedsängerin aus. Sie war eine Wirtshaustochter und hatte sicher viele Lieder in der Wirtsstube ihrer Eltern gehört. Seit den 1970er Jahren erzählte Fanderl wiederholt von seiner sangesfreudigen Mutter, aber schon viel früher – seit der Sammlung

„Hirankl-Horankl" von 1943 – gehörten zumindest zwei ihrer Lieder zum festen Repertoire seiner Sammlungen, etwa die Verse „Luziver/Kruziver/kurzschwanzada/Höllenbär!" Diese habe sie ihren Kindern auch oft vorgesungen, erzählte er. Erst als junger Mann konnte er ihre Qualität entdecken, etwa bei dem „gesungenen Wiegenreim" „Heita, mei Büabei (Dianei) tuat schlafa"[56] oder beim vergnüglichen „bäuerlichen Couplet"/"Kettenlied", das seinem Sinn für Sprach-Rhythmen und Reimklänge besonders entgegenkam und das er auch mehrfach in Sammlungen abdruckte: „Oans, zwoa und drei/alt is net nei". Es mag Fanderls Idealvorstellungen geschuldet sein, wenn er dazu meinte: „Und was a Muatta an Kind in d' Wiagn oder ins Bettstadl oder auf'm Schoß vorsingt oder betet oder redt überhaupt, des vergißt ma's ganze Leben net. [...] Und wenn i mir denk, was inzwischen alles an Gelehrsamkeit verbreitet wird, wie man mit Kindern umgehen soll. Ich glaub', früher hab'n s' es schon von Natur aus richtig g'macht. Vom Gefühl her richtig g'macht."[57]

Anna Fanderl, die Mutter von Wastl (vor 1915)

Von Fanderls Mutter ist zwar kein handschriftliches Liederbuch überliefert, aber sie hatte ihre Lied-Erinnerungen sozusagen präsent, auch solche, die man „heut' unter ‚volkstümlich' einordnen tät"[58], wie Fanderl einmal festhielt. Er bezog sich dabei konkret auf den in mehreren Varianten vorhandenen Liedtext „Mein Lieb ist eine Alpnerin, gebürtig aus Tirol" („Mei Liab, des is a Almerin") von M. Öttinger mit der Musik von Karl Karow aus den 1830er Jahren.[59] Mehrfach nahm Fanderl in seine seit 1943 publizierten Sammlungen das mütterliche Wiegenlied „Heita mei Büabei tuat schlafa", die „Schiffleut – Kettengsangl" und das Frühjahrslied „Is der Winter gar" („Almauftrieb") auf, die seine Mutter aus der „Familienüberlieferung" kannte.

Die Mutter hatte natürlich auch Lieblingslieder, die sie immer wieder gerne sang. Fanderl erwähnte vor allem das schon von

Konrad Mautner in seinem „Steyrischen Rasplwerk" aufgezeichnete Lied „Der Waldbua", das schließlich auch in jener ersten Sammlung, für die Fanderl mitverantwortlich zeichnete, im „Leibhaftigen Liederbuch" abgedruckt wurde – das Werbelied eines jungen Mannes: Es geht um unverfälschte Liebe ohne Gedanken an eine reiche Partie, es geht um die „Manierlichkeit" des Mädchens und um die verschämte Aufforderung, für das Liebesspiel doch die Schürze auszubreiten.

Obwohl die Erinnerungen an seine Mutter nicht in allem ungetrübt waren – entgegen den Wünschen ihres Sohnes wollte sie, dass er einen „anständigen Beruf" ausüben sollte –, blieb ihr Fanderl liebevoll verbunden. Auch seine Beschäftigung mit der legendären, „wunderlichen" Bauerntochter Maria Furtner (1823-1884), der „Wassertrinkerin von Frasdorf", der er in seinem letzten Lebensjahrzehnt sogar eine kleine Biographie und heimatkundliche Studie widmete, war letztlich von den Jugenderinnerungen seiner Mutter angeregt worden, die gern Geschichten erzählte.[60] Auch in diesem Buch findet man unter dem Titel „Gesungenes und Gereimtes aus dem Priental" wohlklingende Reime und lustige Sprüche aus dem Repertoire seiner Mutter.

Der Volksschüler, erste Berufswünsche

Fanderl trat im Schuljahr 1921/22 in die Bergener Volksschule ein, eine „richtige Bauernschule", wie er einmal sagte, und besuchte sie bis zur siebten Klasse. In den einzelnen Klassen saßen Kinder aus zwei Jahrgängen. Während der Bergener Schuljahre des Wastl Fanderl dürften etwa 190 Schülerinnen und Schüler die Volksschule besucht haben. Erst in der achten Klasse musste Fanderl nach Traunstein fahren, denn die gab es in Bergen offensichtlich nicht. Das war in den Jahren 1928/1929. Sodann

Dritt- und Viertklässler der Volksschule Bergen (1923) Pfeil: Sebastian Fanderl

lernte er, auf dringlichen Wunsch seiner Mutter, das Gewerbe des Vaters – Bader und Friseur. „Meine Mutter hat es nicht gerne gesehen, daß ich mich mit der Musik beschäftige." So wurde der Bub in Traunstein in die Berufsschule und drei Jahre lang „gegenüber vom Bahnhof" beim Friseurmeister Pflieger in die Lehre geschickt.[61]

Fanderl war damit nicht glücklich und sollte schließlich seinen erlernten Beruf nur bis 1937 ausüben, dann wurde er nämlich zum Militär eingezogen. Davor schon – wohl spätestens seit November 1927 – hatte er begonnen, seine wirkliche Neigung als Volksliedssänger und -sammler und als freier „Künstler" zu entwickeln: „Ich war ein schlechter Friseur! [...] Ich habe mich so sehr in dem weißen Friseur-Kittel geschämt [...]." Alten Bergenern blieb er als unzuverlässiger Barbier, aber zugleich als faszinierender Sänger im Gedächtnis.[62]

Kinder aus Bergen (um 1925/26).
Letzte Reihe, 1. v. r.: Sebastian Fanderl

In seinen Erinnerungen tauchen auch eine Reihe von Episoden auf, die zeigen, wie der Bub in das dörfliche Leben integriert war – er hatte an „Preisranggeln"-Veranstaltungen teilgenommen, als Orgelaufzieher bei Begräbnissen und Hochzeiten fungiert sowie als Glockenläuter, Ministrant und „Totenkreuz-Träger" bei der Fronleichnamsprozession mit kleinen Verdienstmöglichkeiten. Weiters finden sich in seinen Erinnerungen dörfliche Alltagsbegebenheiten beschrieben, etwa das Bierholen, das er später in einer eigenen Strophe des zum Volkslied gewordenen Hufschmiedliedes „Aba Hansl, spann ei'"[63] festhielt, auch verschiedene familiäre Gepflogenheiten und Bräuche sowie Rückblicke auf seine Berufswünsche als Kind – er wollte Komiker wie Karl Valentin[64] werden, Schauspieler oder

Archäologe[65]. Dass Wastl Fanderl, der jugendliche und drahtige Kerl mit dem ausgeprägten Hang zu Freundschaft und menschlicher Nähe auch Leichtathlet (beim TSV Prien) und sogar bayerischer Meister im 1000-Meter-Lauf und „Schrittmacher" für den Langläufer Willi Bogner sen. war – „vogelwild geübt, für mich alleine, hinterm Wirtsstadl"[66] – ist kein Gerücht.

Fanderl begegnet Kiem – begegnet Kiem Fanderl? (1927)

Mit dem Jahr 1927 kam Kiem Pauli ins Leben Fanderls. Es deutet vieles darauf hin, dass Fanderl seinem Idol und zugleich dem Idol einer ganzen volkskulturbewegten Generation am 14. November 1927 zum ersten Mal begegnet ist. Dieser Tag, so die Erinnerungen Fanderls, wohl zwischen Dichtung und Wahrheit angesiedelt, sollte sich für den Zwölfeinhalbjährigen als ein glückhafter und zugleich folgenreicher erweisen. Zumindest wurde dies von Fanderl im Nachhinein so konstruiert. Dieser Moment, den er seit den 1950er Jahren in oft wiederholter und nur leicht variierter Weise darstellt und dessen Folgen er in fast allen Stellungnahmen, vielen Interviews, Vorträgen und Gesprächen kommentiert, steht unter dem Vorzeichen einer

Die Tegernseer Musikanten: Hansl Reiter, Karl Holl, Kiem Pauli (um 1925)

augenblicklichen Verwandlung des Buben. Man könnte auch sagen, eine Art Faszinosum, ja sogar etwas Erotisierendes, ist im Spiel.

Dabei ist sekundär, ob diese Begegnung in der beschriebenen Form nachweislich stattgefunden hat oder ob es sich dabei um eine legendenhafte (Selbst-)Stilisierung Fanderls handelt. Es ist anzunehmen, dass Fanderl sich gewissermaßen eine geistige Geburtsstunde schafft oder eine solche erträumt.

Kiem Pauli selbst erzählt in den 1950er Jahren von seiner „Wanderzeit"[67] ab 1925: auf seinen drei Reisen sei er in nicht weniger als 30 oberbayerischen Orten und Weilern meist mit dem Rad unterwegs gewesen und habe mit etwa 80 Gewährsleuten gesprochen, mit Sängerinnen und Sängern, Bauern, Handwerkern, Arbeitern *(vgl. Beilage 1)*. Kiem nennt alle Ortschaften und Kontaktpersonen. Kursorischer fällt sein Reisebericht an anderen Stellen, etwa in seinem „Lebensrückblick"[68] aus. Bei seiner zweiten Sammelreise habe er zuletzt auch in Bergen Station gemacht – bei der Hallwegermutter, der ehemaligen Sennerin: „1927 kam ich nach Bergen bei Traunstein. Meinen lieben Freund Fanderl konnte ich leider nicht begrüßen, er war ja damals noch a Bua." Wastl Fanderl hat dem mehrfach entgegen gehalten: „Hier irrt der Pauli, da muß ich mich schon rühren!"[69]

So eigenartig es klingen mag, aber gerade an dieser kleinen, in ihrem Wahrheitsgehalt umstrittenen Episode des persönlichen ersten Kennenlernens lässt sich zeigen, wie sehr sie für Fanderl in allen Aufzeichnungen, Gesprächen, Interviews und Publikationen dazu dient, sich seiner eigenen Identität als Kiem-Pauli-Jünger – und damit als Vertreter der „wurzelechten Lieder"[70] – zu versichern. Dies mag er seiner Klientel, seiner Singgemeinde schuldig gewesen sein, aber vielleicht auch dem nicht nachlassenden Bedürfnis, sich selbst unentwegt die Wichtigkeit und den Wert der eigenen Tätigkeit zu bestätigen.

„Wurzelecht" war gewissermaßen ein Zauberwort der Heimat- und Volkskulturbewegung und sollte spätestens seit den 1920er Jahren zunehmend politisch und ideologisch in Dienst genommen werden. Man sollte sich jedoch daran erinnern, dass Kiem Pauli – trotz seiner Verehrung für den deutsch-nationalen, aber eben auch lebensreformerischen Josef Pommer (1845-1918) und dessen Zeitschrift „Das deutsche Volkslied" (1899-1945/1949) – in seinen letztlich übernational ausgerichteten Gedanken von den Volksliedern als „Spiegel der Volksseelen" gesprochen hat. Kiem war sozusagen ein Johann-Gottfried-Herder-Jünger, dessen Sprache von einer spätromantischen Diktion beherrscht war, wohl auch versehen mit einem zeitkritischen rückwärtsgewandten Sentiment, aber eben noch nicht vereinnahmt von deutsch-völkischer Ideologie. Sein Freund und Sammlerkollege Kurt Huber, der Akademiker, pendelte allerdings heftig zwischen den beiden Auffassungen und Sprechweisen. Für Kiems Liebeserklärungen an das „Volkslied" mögen – man erinnert sich an seine von ihm als „schrecklich" erlebte, mutterlose Jugendzeit[71] – noch andere Gründe eine Rolle gespielt haben – etwa die Bewältigung tiefer psychischer Verletzungen, die ihn die Schönheiten dessen, was er als „Volkslied" begriff, geradezu fetischhaft artikulieren ließen. In seinem Essay „Vom echten Volkslied" heißt es deswegen, gerichtet auch an die Sammler, Verbreiter, Pfleger und Volkslied-Verliebten:

„Das Ohr muß gestimmt sein für die Laute der Heimat und das Herz muß warm schlagen für das Landl, das uns mütterlich im Arm hält. [...] [Unsere Lieder] kommen aus derselben Wurzel, an ihren Blüten aber zeigen sie den ‚bunten Abglanz', an dem wir, nach Goethe, das ‚Leben haben'. Tauchen wir nun von diesem unserem speziellen Volksliedbereich hinab in die großen Werke, die uns Herder und Goethe [...] u.a. geschenkt haben, so wissen wir, daß nicht nur im alpenländischen Raum, nicht nur in Bayern die Bächlein des echten Volkslieds sprudeln, sondern daß allenthalben in deutschen Landen Quellen darauf warten, daß die rechte Hand an den Felsen schlage."⁷²

Hier klingt – ähnlich wie in Fanderls Erinnerungen an Mutter und Vater – der „Orgelton" des Volksliedsammlers und -pflegers an: die Auseinandersetzung einerseits um „das echte, das bodengewachsene Volkslied, das zum Menschen gehört wie die Welt, in der er lebt: die Berge oder die Heide, der Troadboden oder das Moor, der hohe Wald, die Düne, das Meer", und andererseits um jenes „,klingende Band', das alle deutschsprachenden Länder und Völker verbindet", jene „allgemeinen deutschen Volkslieder", die „in Wien nicht anders gesungen [werden] als in Luzern oder Bremen" – also „deutsche Lieder im Volkston".⁷³ Dass Kiem Pauli das „echte, bodenständige Volkslied" nicht dogmatisch gegen das „deutsche Lied im Volkston" ausspielen wollte, belegt seine mehrfach bezeugte Unbekümmertheit, in passenden Momenten auch geschätzte Lieder dieses Formats im Volkston anzustimmen, etwa das Lied „Wahre Freundschaft soll nicht wanken".⁷⁴ Als bei einer vom Bayerischen Rundfunk mitgeschnittenen Erinnerungsveranstaltung zur Wiederkehr des 50. Jahrestages des 1. Oberbayerischen Preissingens in Egern (1930) Wastl Fanderl durch das Programm führte, schlug er deswegen vor, das von Kiem Pauli gerne angestimmte Lied zu singen: „Das hat der Pauli immer dann ang'stimmt, wenn man auseinander gegangen ist [...] auch bei einer Hochzeit."⁷⁵

Kiem Pauli und der junge Fanderl bei der Singwoche (1937 auf der Herreninsel)

Titelblatt von Kiem Paulis „Sammlung Oberbayrischer Volkslieder" (1934)

Kehren wir zu unserem Ausgangspunkt in das Jahr 1927 zurück. Kiem Pauli selbst lässt offen, ob er den Buben Wastl wirklich getroffen hat. Fanderl schreibt: „Wie das hagere Manndl mit Lodenjoppe und Nickelbrille dann von der Hallwegerin ein Almlied aufschrieb, wie er selber gesungen und geredet hat – ich war einfach hingerissen! [...] Der Kiem Pauli hat den Funken gezündet, der sofort zur lodernden Flamme wurde", heißt es 1979 in Fanderls Vortrag „Meine Erfahrungen im Umgang mit dem Volkslied".[76] Ähnlich lautende Sätze über dieses Schlüsselerlebnis und die Nachwirkungen finden wir an vielen Stellen von Fanderls Aufzeichnungen und Publikationen: „[...] Ich habe mich für's ganze Leben in das Volkslied verliebt, habe getan dafür, was ich konnte und ich war und bin glücklich!"[77] Oder: „Und wenn man so eine Liebe ins Herz kriagt, dann bringt man das nicht mehr weg."[78] An anderer Stelle heißt es: „Der Pauli ist durch unser Bayerland gezogen und hat die Liebe zum Volkslied in die Herzen gelegt. Und überall dort, wo in überfüllten Sälen ihm und seinen Sängern gelauscht wurde, blieb ein Samenkorn seiner Arbeit zurück."[79]

Die Erinnerung an Kiem Pauli ist bei Fanderl eng verbunden mit Bildern des Organischen, des Bebauens, Hegens und Pflegens – mit Bildern von Saat und Ernte.

Kiem sollte schließlich – wie für so viele, die sich für das Volkslied und die Volksmusik begeisterten – väterliches Vorbild werden, dem Fanderl sogar im äußeren Erscheinungsbild nacheiferte (Pfeife, Hut), darüber hinaus Wegbegleiter, Mentor und letztlich sogar „Erblasser."[80] Kiem Pauli verkündete – offensichtlich zur Überraschung von vielen – im Jahre 1960 anlässlich der schon erwähnten Veranstaltung zur Erinnerung an das 1. Preissingen von Egern am Tegernsee, als „der Volksmusik [in Oberbayern] die Stunde ihrer öffentlichen Wiedergeburt"[81] geschlagen hat: „Wastl, ich übergebe dir das Erbe. Schau drauf!"

Aus Wastl Fanderl, dem „wenig instinktsicher-herumtappenden Schüler", war der „geschmackssichere Meister"[82] geworden. Fanderl relativiert diese Art des „Erbes", wohl nicht nur aus rhetorischer Bescheidenheit: „Das hat mir großen Verdruß bereitet. Es war vielen Menschen nicht recht. Und ich wollt' es auch nicht. Ich bin kein Nachfolger vom Kiem Pauli. Ich verehre ihn so sehr, daß ich sage: Es gibt überhaupt keinen Nachfolger vom Kiem Pauli. Es gibt nur mehrere Menschen, die versuchen, jeder auf seine Weise, das Werk vom Pauli fortzuführen. Und wir alle müssen bemüht sein, die Art und Weise, wie's der andere versucht, zu achten und zu ehren."[83] Dazu kommt das zunehmende Bewusstsein Fanderls, dass jede Zeit ihre eigenen Methoden entwickeln muss: „Der Pauli war in *der* Zeit ungeheuer wichtig. Und der Pauli hat halt das Gute gesucht, das, was er für guat g'funden hat. Er war konsequent."[84]

Der Kiem Pauli war bereits 43 Jahre alt, als er mit seiner aufklappbaren Zither in das Bergener Wohnhaus der Fanderls gekommen sein soll, um die (Maria) Hallweger Moidl zu besuchen.[85] Kiem hatte von Kindheit an eine Beziehung zum Dorf Bergen, kam doch seine „Erziehungsmutter", Gertraud Schlosser, aus diesem Ort. Sie kümmerte sich nach dem frühen Tod der leiblichen Mutter Anna Katharina (1888) um Paul und seine Brüder.[86] Fanderl erzählte wiederholt die Geschichte, wie er dem Kiem Pauli auf der Zither vorgespielt habe. Beliebte Unterhaltungsmusikstücke „mittelschwer" habe er dem Besucher anbieten müssen bzw. dürfen, etwa den Walzer „Erinnerung an Herkulesbad" von Jakob Pazeller: „Noch wie im Traum kommt's mir vor, daß ich dich ganz verlor/du mein entschwundenes Glück, kehr zurück, kehr zurück". Auch von einem Fremdenlegionärslied „Nach Sitt' der Fremdenlegionäre" ist die Rede oder von dem in verschiedenen Arbeiterliederbüchern seit dem Ende des 19. Jahrhunderts verbreiteten „Nach Sibirien mußt ich einst reisen, mußt verlassen die blühende Welt, schwer beladen mit sklavischen Eisen harren meiner nur Hunger und Kält. ..."[87] Der Kiem Pauli sei mit der musikalischen Qualität oder vielleicht auch mit der ideellen Ausrichtung dieser Stücke nicht glücklich gewesen und habe versprochen, dem Buben einfach einige schöne Zither-Ländler zu schicken, die er ja schon in großer Anzahl gesammelt oder selbst geschrieben hatte.[88]

Kiems eigene Aufzeichnungen aus Bergen haben reiche Früchte getragen. In seiner bahnbrechenden „Sammlung Oberbayrischer Volkslieder" tauchen einige Lieder von seiner Zwischenstation in Bergen auf, Texte, Melodien und deftige, erotische, aber auch das bedrängende Alltagsleben thematisierende Gstanzln des Josef Buchner und der Maria Hallweger[89], auch ein kleiner Hinweis auf Spottverse über die Bergener Bevölkerung, die wegen des Bohnenanbaus in ihrem Ort auch „Bohnenstangler" genannt wurden, fehlt nicht.[90] Aus dem sicher reichhaltigen Repertoire des „Gamsei" (Josef Buchner) nahm Kiem zwei Beispiele auf, „An Land heraußd gfreuts mi gar nimma" und „Wenns nur was z'lacha gibt!"[91] Dies ist sicher kein Zufall: Sie handeln – komödiantenhaft, ironisch, derb und aus konservativer Sicht – vom rapiden ökonomischen Wandel im Bauernstand

Das Gamsei-Trio aus Bergen
(v. l.: Albert Steiner / Scheuerl,
Josef Buchner / Gamsei,
Andreas Bauer / Bräubauer)

sowie von neuen extravaganten Moden auf dem Land. Josef Buchner, auf seine Weise sicher ein Original, ein begabter Dialekttexter und Spötter, hat ein Lieder-Textbuch geführt, das er dem Kiem Pauli, dem „Volksliada-Pirscha", wie er ihn nannte, vorlegte. Es ist leider unauffindbar. „Gamsei" war des „Notenschreibens unkundig"[92], wie Wastl Fanderl berichtet. Aber einige Vierzeiler (sechs Strophen) auf Kiem Pauli hat er verfasst, welche sich erhalten haben – in respektvoller Erinnerung an Kiems Besuch im Bergener Gasthaus „Bräu"[93]. Der „Gamsei" selbst hatte natürlich auch seine eigenen Gewährsleute, wenn es darum ging, neue Lieder zu hören und selbst zu singen: Es waren hauptsächlich Arbeiter der in Bergen ansässigen Maxhütte[94], Wanderarbeiter aus dem Zillertal und ein Kunstschmied, gebürtig aus Tittmoning, Martin Hausstätter (gest. 1913).

Zwischen Fiktion und Tatsächlichkeit sind wohl auch Fanderls weitere Erzählungen angesiedelt. Unmittelbar nach seiner Begegnung mit Kiem Pauli habe er diesen nachzuahmen versucht und begonnen, in seinem Dorf Lieder zu sammeln. Denn er habe ja gewusst, wo der Pauli gewesen und vor allem wo er nicht gewesen war: „Ich wußte auch, wo ich hingehen muß. Die singerischen Leut' vom Bergener Tal waren mir vom Hören her bekannt. [...] Da hab i mir denkt, was der [der Kiem Pauli] da macht, des kann ich aa. [...] Na hab i 30 Liada aufg'schriebn, sogar mit Noten und mit der Zither a bißl mühsam z'sammklaubt." In einem unpublizierten Typoskript, als Vorbereitung auf einen Vortrag beim „2. Seminar für Volkmusikforschung und -pflege" (September 1979) geschrieben, weiß er auch noch von vier „singenden Familien" in Bergen und deren Singpraxis zu berichten: „Oft habe ich in meiner Chiemgauer Heimat Sänger gesehen, beispielsweise den [...] Buchner Sepp [...] mit seinen Sangesfreunden, wie sie aus Liederbüchern gesungen haben. [...] Im Wirtshaus oder bei Hochzeiten [...] sangen sie ohne Buch.

Neben bevorzugten Stammliedern, die sie zeitlebens anstimmten, das waren etwa zehn. Nur höchst selten kam ein neues dazu. Auch bei singenden Familien [...] lag das Liederbuch stets auf dem Tisch, für Mitsänger, die nicht textsicher waren."[95]

Ein Jahr später („es war 1928") – an anderer Stelle ist von „ein paar Jahr' später" die Rede – sei der Kiem Pauli wieder gekommen. Von Fanderls 30 gesammelten Liedern habe Kiem 29 „zerrissen" und nur eine ihm bis dahin angeblich unbekannte Strophe des Liedes „Heut ist die Samstagnacht" „gelten" und „leben" lassen, eine Dirndlstrophe, die die Vorfreude auf die Ankunft des Geliebten beschreibt.[96] „Das traf mich wie ein Schlag und mir kamen Zweifel, ob dieser Mensch [Kiem Pauli] wirklich was versteht vom Volkslied. Meine Lieder waren doch im ‚Volk' aufgezeichnet", bekennt Fanderl. Ein „fataler Mißerfolg" sei dieser „erste Start" gewesen.[97] Aus Kiems Mund erfahren wir über diese Begebenheit allerdings gar nichts. Wir wissen nicht, um welche Lieder es sich gehandelt hat. Die Erzählung belegt einmal mehr: Die Geschmacks-Autorität des Kiem Pauli muss prägend und nachhaltig gewesen sein. Die erwähnten Aufzeichnungen Fanderls vom Ende der 1920er Jahre sind leider nicht erhalten geblieben. Wenn

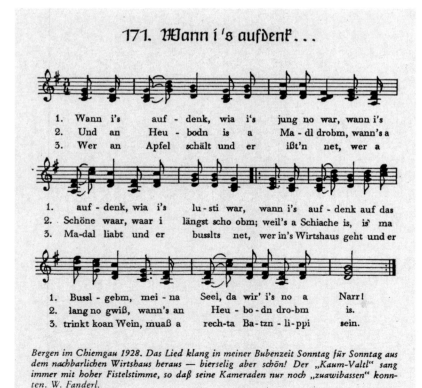

Aus Wastl Fanderls „Liederbogen" Nr. 39 (Bairisches Liederstandl)

Bergen im Chiemgau 1928. Das Lied klang in meiner Bubenzeit Sonntag für Sonntag aus dem nachbarlichen Wirtshaus heraus — bierselig aber schön! Der „Kaum-Valtl" sang immer mit hoher Fistelstimme, so daß seine Kameraden nur noch „zuawibassen" konnten. W. Fanderl.

wir aber an jene Lieder denken, die er aus seinem Bergener Umfeld kannte und später in seine eigenen Sammlungen aufgenommen hat, ist nur schwer vorstellbar, dass Kiem Pauli diese nicht geschätzt hätte. Sie würden im Gegenteil seinem Geschmack entgegengekommen sein.

Verbürgt ist, dass Fanderl Jahre später doch eine erhebliche Anzahl von in der Chiemsee-Region „eingesungenen" Liedern, nicht zuletzt von „Bergener Sängern" in seine verschiedenen Sammlungen aufgenommen hat.[98] Eine breite Palette von – aus heutiger Sicht – moralisch durchaus nicht lupenreinen Texten wird da sichtbar, die aber eben auch Belege sind für den patriarchalen Denk- und Gefühlsraum dieser Überlieferungen. Unklar ist, wann genau Fanderl diese Lieder wirklich zum ersten Mal gehört und schließlich für wert befunden hat weiterzugeben. Bei einigen sagt er nur: „in den 1930er Jahren". „Als einem seiner [Josef Buchners] Mitbürger sind mir einige seiner Lieder im Ohr geblieben, leider nicht alle [...]."[99]

Volkskulturarbeit während der NS- und Kriegszeit

Erste Karriereschritte: Die 1930er Jahre bis zur Musterung

Die achte Klasse Grundschule besuchte Fanderl im nahen Traunstein, bevor er dort während der Schuljahre 1929-1931 die Berufsschule absolvierte – Friseur und Bader sollte er werden, Berufe, die er schließlich bis zum Beginn seiner Arbeitsdienstzeit in Schönram bei Laufen und dem Beginn seiner Militärzeit im November 1937[100] auch im elterlichen Geschäft in Bergen ausübte. Er selbst erzählt am 17. Dezember 1952 im „Hausbuch" der Familie Fanderl:

„Bergen hatte nur 7 Volksschulklassen. Ich besuchte die 8. Klasse freiwillig in Traunstein. Für Singen hatte ich nichts übrig. Der Lehrer [Anton Sausgruber, genannt der „Sausei", Schulleiter zwischen 1918 und 1936] ließ mich nicht mit der Klasse mitsingen, weil ich so schlecht sang. Sie haben es noch erlebt, daß ich im Rundfunk sang. Anschließend an die 8. Klasse ging ich auf drei Jahre in die Lehre beim Friseurmeister Pflieger in Traunstein.[101] Nach kurzen Gesellenzeiten bei verschiedenen Meistern ging ich heim ins mütterliche Geschäft. Mit 18 Jahren machte ich einen Kurs in Berlin für das Damenfrisieren. Nicht einen Tag aber freute mich mein Handwerk. In Berlin verließ ich den Kurs, spielte Theater und war mitunter bitterarm. 1936 wurde ich zum „freiwilligen Arbeitsdienst" in das Barackenlager Schönram bei Teisendorf eingezogen. Hitler hatte diese militärähnliche Einrichtung gegründet, sie dauerte ein halbes Jahr. Wir machten eine Flußregulierung. Ich schied mit schlechter Beurteilung aus dieser Formation, wo ich mir eine Krankheit zuzog. Man hat mich im Krankenhaus Laufen bereits versehen und die ‚letzte Ölung' gegeben. 1937 rückte ich ein [...]."

Lehrzeugnis für Sebastian Fanderl als Friseur (1932)

Was hier im Nachhinein so nüchtern klingt, war nicht immer ein leichtes Leben für den jugendlichen Fanderl. Genugtuung klingt durch, dass er es seinen offensichtlich nicht sehr verständigen Lehrern und der kunstfernen Berufsschule doch noch gezeigt hat: „Sie haben es noch erlebt, daß ich im Rundfunk sang." Die Ausübung der erlernten Berufe war für ihn Folge des mütterlichen Zwangs, er schämte sich ob des „weißen Kittls" und ekelte sich vor der Arbeit des Baders. In vielen mündlichen Aufzeichnungen erinnert sich Fanderl schmerzlich an diese Jahre. Es gab Gerüchte im Dorf, auch Spott und Hohn wegen des „unordentlichen", wenig ehrgeizigen Baders und Friseurs, der eben viel lieber sang und musizierte und der sukzessive begann, sich ein Leben als „Liederlehrer", als Volkskultur-Veranstalter („Heimatabende", „Singstunden", „Feierabendsingen"), besonders für sangesfreudige Bauernmädchen und Kinder aufzubauen. Darüber hinaus war er noch als oberbayerischer fescher Bursch bekannt – kein Foto von Wastl Fanderl als jungem Mann ohne Lederhose, Jankerl, pfiffig schief aufgesetzten Hut und Kiem-Pauli-Pfeife – so zeigte sich die Marke Fanderl in den 1930er Jahren. Vor Annette Thoma musste er sich wegen seiner sängerischen Leidenschaft und seiner beruflichen Pflichtvergessenheit der Mutter und dem Friseurgeschäft gegenüber verantworten. Fanderl zeichnet rosarot:

„Immer muß ich hören, ich soll mein Geschäft nicht im Stich lassen, meine Mutter ehren usw. Das sind doch Gebote, die man schon in der Schule lernt und ich befolge sie auch. Vielleicht hat da jemand dumm geredet, jedenfalls bin ich immer im Geschäft und mit Herz und Seele dabei. Vielleicht nehmen die Leute das an, weil ich trotz meines Berufes, besonders im Winter sehr viel freie Zeit habe. Und die will ich mit meiner Liedersache ausnützen. Das geht ohne weiteres. Eigentlich freut's mich, wenn Sie [Annette Thoma] und der [Kiem] Pauli so nett mit mir reden und es mit mir so gut meinen, aber schließlich muß ich doch annehmen, daß Ihr von einer Seite falsch unterrichtet worden seid."[102]

Noch in seiner Berufsschulzeit, wahrscheinlich im Jahre 1931, als Fanderl 16 Jahre alt war, soll es zu ersten Rundfunkaufnahmen im Münchner Sender gekommen sein. Aber dies mag der ungenauen Erinnerung geschuldet sein – es gibt keine Dokumente, die das belegen würden. Vermutlich hatten er und sein Sängerfreund Martl Meier bei Bruno Aulich[103], der seit 1929 beim Bayerischen Rundfunk arbeitete, „vorgesprochen", so dass, wie sich Ernst Schusser ausdrückt, „das Mikrophontalent des jungen Fanderl"[104] zu dieser Zeit zum ersten Mal wahrgenommen wurde.

Aber bevor die erstaunliche und vielfältige Karriere des Wastl Fanderl in Bayern starten konnte, musste er durch die anstrengende Zeit der Pubertät. Das hieß z.B. jugendliches Austoben als Sportler – bayerischer Landesmeister über 1000 Meter[105] –, da hieß es aber genauso Flagge zu zeigen als junger Liebhaber und Mädchen-Schwarm[106] und einen bis heute auch geheimnisvollen und obskuren „Berlin-Ausflug" zu überstehen. Wastl Fanderl gibt seit den 1970er Jahren zwar öffentlich und privat einiges zu Protokoll, aber viel Licht kommt dennoch nicht in diese Sache:

„Mit 17 Jahren bin ich nach Berlin. Drei Gründe waren es, warum ich dorthin gegangen bin: Erstens: Ich sollte das Damenfriseur-Handwerk erlernen und dort einen Kurs machen. Meine Mutter wollte das. Zweitens: Ich wollte im Sport weitermachen. Aber da ist dann nichts mehr gegangen. Und schließlich hat mich eine Schauspielerin, sie war vielleicht zehn Jahre älter als ich, dorthin ‚entführt'. [...] Damals bin ich ‚ausgeglitten'. Ich bin Schauspieler in Berlin geworden. Ich habe auch tatsächlich Theater gespielt und war sogar namentlich mit berühmten

Widmungsfoto Fanderls: „Dem Volksliedsänger Meier Martl von seinem singerischen Kameraden!" (1935)

Leuten auf einem Plakat gestanden. Allerdings, 41 Mitwirkende waren es und ich war der zuletzt Genannte. [...] Mit der Schauspielerei habe ich auch den Paul Hörbiger kennengelernt. [...] Ungefähr ein halbes Jahr war ich in Berlin. Da hab' ich gemeint, ich müßte mich dort auch so einem bayerischen Heimatverein anschließen. Aber da bin ich gleich wieder raus, denn die haben es ja mit der Tracht und mit dem Gewand noch viel genauer genommen als unsere Trachtler daheim. [...] Ich habe aber trotz allem bei einem Kurs in Berlin auch einen Preis fürs Wasserwellen-Machen gekriegt. Wasserwellen waren damals noch üblich und modern und die Dauerwellen zu teuer."[107]

Fanderl mit Gitarre („Jugend") – um 1930

Die Familienlegende will es, dass die „Verführung" auf das Konto der später sehr berühmten Schauspielerin Elisabeth Flickenschildt gegangen sein soll. Aber das bleibt Vermutung. Nach 1945 pflegte Flickenschildt mit Wastl Fanderls Familie immer wieder Kontakt: Die Gustav-Gründgens-Vertraute kam als ein gern gesehener und prominenter Gast wiederholt in das Haus der Fanderls nach Bergen. Dass Fanderl in Berlin auch Paul Hörbiger begegnet ist, klingt plausibel, war doch Hörbiger seit den 1920er Jahren an verschiedenen Berliner Theatern tätig, u.a. am Deutschen Theater. Wahrscheinlich war dieses aber nicht der Begegnungsort mit Fanderl. Schon eher war es das „Kabarett der Komiker" (KadeKo) am Lehniner Platz, wo man 1932 die erste „Kabarett-Oper" mit zahlreichen Komparsen aufgeführt hat. Agierte Fanderl als einer von ihnen? Auch mit Karl Valentin sei er einmal auf der Bühne gestanden, erinnert sich Fanderl. Aber das kann wohl nicht in Berlin gewesen sein, denn Valentin hatte schon 1928 eines seiner Gastspiele im „Kabarett der Komiker" gegeben (u.a. „Tingeltangel") – oder war er später noch einmal in Berlin? Vieles bleibt im Dunkeln. Fanderl dürfte von der bis 1933 ungemein reichen und „verruchten" Theaterszene und Kabarettlandschaft Berlins sehr fasziniert gewesen sein, aber seine oberbayerische Provinz-Herkunft machte ihn mit Sicherheit zum Außenseiter und Fremdkörper in diesem multikulturellen Bohemien-Milieu.[108]

Um die Jahreswende 1932/33 ist Fanderl wieder daheim im Oberbayerischen. Aber bevor er seinen „Berliner Ausflug" absolvierte und – wohl ernüchtert und erwacht aus seinen Berliner erotischen und Theaterkarriere-Träumen – zurückkehrte, hatte es für den 16jährigen im August 1931 noch ein weiteres Schlüsselerlebnis gegeben, dessen Eindruck er schon nach Berlin mitgenommen hatte: Das Traunsteiner Preissingen vom 15./16. August 1931. Fanderl kam später wiederholt in unterschiedlichen Zusammenhängen darauf zurück.[109] Die Kernsätze in der ersten Typoskript-Fassung eines Vortrages, den Fanderl unter dem Titel „Meine Erfahrungen im Umgang mit dem Volkslied" für ein Seminar im Jahre 1979 ausarbeitete, lauten: „Nach dem Erlebnis des bereits erwähnten Traunsteiner Preissingens bin ich im Erkennen des Volksliedes sicherer geworden. Mehr noch, als ich auch Bezieher der 1899 von Josef Pommer begründeten Wiener Zeitschrift ‚Das deutsche Volkslied' wurde. (Jene Monatsschrift, die Ludwig Thoma über eine Wirtin von Rottach-Egern kennenlernte und [die] ihn wohl auf den Gedanken brachte, das Sammeln von Volksliedern in Oberbayern anzuregen. Er wurde in Sachen Volkslied erster Lehrer des Musikers Kiem Pauli.) Der Kiem Pauli hat veranlaßt, daß mir Probehefte des ‚Deutschen Volksliedes' zugeschickt wurden."[110]

Tatsächlich war das Traunsteiner Preissingen eines der ersten „Highlights" der in der ersten Hälfte der 1930er Jahre gerade in Mode kommenden Wettsingen im bayerischen und österreichischen Raum. Erst in den letzten Jahren hat sich auch die kritische Volkskultur-Forschung systematisch mit diesem Phänomen beschäftigt, das an die Traditionen des „frühneuzeitlichen protestantischen Meistersangs", des „deutschnationalen Chorwesens des 19. Jahrhunderts" und des „instrumentalen oder vokalen Wertungsspiels in wettkampfartiger Konkurrenz" anschloss.[111] Als in jeglicher Hinsicht stilbildendes Vorbild muss das von Kiem Pauli veranstaltete „Egerner Preissingen" gelten[112], dem im bayerischen, deutschsprachig slowenischen und österreichischen Alpenraum bis 1936 nicht weniger als zwölf Preis- oder Wettsingen folgen sollten.[113] Dabei ist von erheblicher Bedeutung, dass die örtlichen Veranstalter meistens von wissenschaftlichen, wenn auch nicht sine ira et studio arbeitenden Institutionen wie etwa der „Deutschen Akademie – Akademie zur wissenschaftlichen Erforschung und Pflege des Deutschtums" (Kurt Huber)[114] und dem damals modernen Medium des Rundfunks unterstützt wurden: Hohes Ansehen und weite Verbreitung waren dadurch garantiert.[115] Dazu kommt, dass diese „Wett-, Volkslied-, Ausscheidungs- bzw. Heimatsingen"[116] in eine Zeit sozio-ökonomisch und politisch katastrophaler Zustände fielen, so dass diese offensichtlich dazu dienten, das Alltagsleben und die Sorgen der Zeit vergessen[117] zu machen. Diese Veranstaltungen sind nicht zuletzt deswegen von Bedeutung, als sie in den von vielen Volksliedbewegten als euphorisch erlebten Anfangsjahren des Hitler-Regimes

„Volkswettsingen"-Mode:
Niederbayerisches Preissingen Landshut
20. Juni 1931 (Veranstalter: Deutsche Akademie, Bayerischer Rundfunk).
Intendant Kurt von Boeckmann (links),
Kiem Pauli, Dr. Kurt Huber (Mitte)

stattfanden: Die Nationalsozialisten verstanden es „naturgemäß" hervorragend, diese Bewegung sofort für ihre politisch-ideologische „Heimat"- und Volkstumspropaganda einzuspannen, so dass dem Ausbau des neu entwickelten kulturellen Feldes zur Massenattraktion nichts mehr im Wege stand. Die Begeisterung wurde auch durch eine intensive und positive Berichterstattung gelenkt, etwa durch die Zeitschrift „Das deutsche Volkslied", die damals, wie schon erwähnt, zum geliebten Leibblatt Fanderls avancierte. Dort konnte man auch den ausführlichsten Bericht über das Traunsteiner Event lesen, in dem – nicht zufällig – die überregionale Bedeutung sowie vor allem die „richtige" geschmackliche Ausrichtung gepriesen wurden. Wogegen angeschrieben wurde, war klar: Es ging gegen die „kunstmäßig frisierten Volkslieder oder überhaupt Kunstlieder"[118], wie die Sprachregelung hieß. „Natürlich", unverbraucht, frisch und „urig" mussten die Darbietungen sein, und das Repertoire sollte zumindest den Anschein anonymer, kollektiver Verfasserschaft erwecken: „Hirten- und Krippenlieder, Foppieder, Almlieder, Holzhacker-, Fischer-, Schiffer- und Fuhrmannslieder, alte coupletartige Scherzliedeln"[119]. Jedenfalls musste das „Unechte und Mangelhafte"[120] geradezu in einer Art politischem Missionsauftrag „am Volkslied" eliminiert werden: „Bodenständiges Singen als politische Waffe im Kampf um die Erhaltung des Deutschtums"[121], wie Kurt Huber, der romantische Volkskultur-Apostel und seit Ende der 1930er Jahre zugleich aktiver Anti-Nazi, es formulierte.

Das massive und gesteuerte Zusammenspiel von Wissenschaft, Politik, Medien, Vereinen, öffentlichen Einrichtungen und begeisterten Einzelpersonen musste demnach zum Erfolg führen – und Wastl Fanderl sollte das „Gelernte" in allen Aspekten tief verinnerlichen und seine Erfahrungen spätestens ab 1935 in die eigenen Planungen und Projekte einbringen, wie noch gezeigt werden wird.

Prof. Kurt Huber (1893–1943)

Porträt Kurt Huber und seine Auffassung „Vom echten Volkslied"

Zeitungsbericht vom 6. Oktober 1937: „Chiemgauer Sänger im Pinzgau begeistert aufgenommen"

Die Österreicher machten es den bayerischen „Stammesbrüdern" nach: 1932 war es der aus der Steiermark kommende Arbeiter, Tanzlgeiger und Vereinsgründer Georg Windhofer (1887-1964), der als konservativer, ganz der volkskulturellen Überlieferung hingegebener sowie gegenüber parteipolitischer, sprich nazistischer Orientierung für lange Zeit resistenter Volksliedfreund in St. Johann im Pongau das erste österreichische Wettsingen zustande brachte. Man muss nicht unbedingt den Musikwissenschafter Kurt Huber, den damals führenden bayerischen Volkskulturideologen, zitieren, der in der Abwehr „unwahren Salontirolertums", „modischer Musik" und „billiger Gassenmelodik" die „Echtheit der Empfindung", „frische Kraft" und „schlichte Einfalt, Innigkeit" beschwor, um „alte deutsche Stammesart" und „wahre, deutsche Kultur" zu fördern.[122] Man kann auch die Stimme eines österreichischen „Stammesart-Vertreters" hören – jene von Dr. Curt Rotter[123], seit 1918 Vorsitzenden des „Österreichischen Volksliedunternehmens". Was damals in volksliedpflegerischen Kreisen und von Vertretern der zeitgenössischen „Volkstums-Wissenschaft" einerseits als wertvoll und echt, andererseits als schädlich bzw. ablehnenswert galt und mit welchen Bezeichnungen das dargestellt wurde, kann Curt Rotters Bericht über „Das Volksliedwettsingen in St. Johann im Pongau" (August 1932) andeuten. Er schrieb damals – eingebettet in den üblichen Diskurs von „Krankheit/Stadt" versus „Gesundheit/Land" bzw. „Unfruchtbarkeit" versus „Fruchtbarkeit" – über die ausgesuchten Gesangsstücke: „[...] daß nur ein geringer Teil von Couplets, volkstümlichen Liedern, Liedern im Volkston, von volkstümlichen Banalitäten und Zweideutigkeiten sowie von musikalischen Effekthaschereien, die diesem Kreise entspringen und die soviel zur Geschmacksverwilderung beigetragen haben"[124], dort zu hören waren. Dies müsse man als großen Erfolg der kontinuierlichen Geschmacksarbeit verbuchen. Rotter hob auch die damals gerade in Mode gekommene und schließlich verbindlich werdende „neue Mehrstimmigkeit" beim „Zusammensingen" hervor und sprach sein deutsch-stammesbrüderschaftliches Verdikt gegen ein „vereinsgemäß [...] fein eingelernt[es]" Singen „aus Partitur oder Stimmen" bzw. „kunstsanggemäße Einstudierung und konzertmäßigen Vortrag".[125]

Was Curt Rotter zu formulieren versuchte, war die geistige Verdichtung all dessen, was die damalige Volkskulturbewegung seit dem 19. Jahrhundert als zeitlose, mit Absolutheitsanspruch versehene Wahrheit verkündete und flächendeckend in die Musizier- und Gesangspraxis umzusetzen trachtete. Dabei wurde der Diskurs mit Vorstellungen vom ewigen „bäuerlichen Menschen" angereichert und von der Wiederentdeckung „halbversunkenen Kulturgutes des alpenländischen Volkes" sowie der Wahrnehmung „einer zeitlosen, nicht unzeitgemäßen Welt inmitten unseres von der Zeit beherrschten Zivilisationslebens" gesprochen. „Lebendige Volkskunde" sei dies, denn es gelte, „den Menschen unserer Zeit" zu suchen, dessen „Leben durch seine Verbundenheit mit der Väterreihe, durch seine Gebundenheit an die Umwelt noch tiefer in den magischen Kreis des Naturgeschehens verflochten ist als das des Städters, des eigentlichen Repräsentanten unseres technischen Zeitalters"[126]. Auch hier in Österreich war der Rundfunk, der Wiener Sender, zur Stelle.

Wie sollte sich ein aufstrebender junger Mann, der dem Volksliedsingen der neuen Art sehr zugeneigt war, gegen die massive Propaganda und die flächendeckende Definitionsmacht der bestimmenden Instanzen der Volkskultur wehren? Wie stark und nachhaltig dieses Traunsteiner Preissingen auf Wastl Fanderl hinsichtlich Idee und Ideologie, aber wohl auch bezüglich der Durchführungs-Modalitäten dieses volkskulturellen Formats gewirkt haben mochte, lassen die Worte erahnen, die die „Mutter" dieser Bewegung Annette Thoma dafür noch im Jahre 1968 fand.

Sie sprach ganz im erlernten Duktus von romantischer „Reinheit", beschwor die „volkliche Einheit" und eine „Volkheit ohne Neid". Denn für sie ging es letztlich um eine „Feierstunde der traditionsgebundenen Volksschichten" und um ein „wirksames Mittel", „die revolutionär-ungeistigen Eigenschaften der gesichtslosen Masse zu bekämpfen". Der wohl angstbesetzte Kampf gegen das „gesichtslos" Anonyme der „Masse" war virulenter und nicht nur auf dem Feld der völkischen „Volkskulturbewegung" ausgetragener Ausdruck der zeittypischen Bestrebungen, das Einzigartig-Individuelle zu bewahren bzw. das „individuell Stammesmäßige" der deutschen Landschaften und Kulturräume zu schützen. Annette Thoma feierte eine angeblich nicht-neiderfüllte „Konkurrenz", also „ein freundschaftliches Nebeneinander, das die Jungen aneifert, es den ‚Gestandenen' nachzutun und sich immer und überall einzusetzen als Gegengewicht gegen die Verzerrung und Entwürdigung dessen, was wir als unsere Volkskultur rein zu erhalten verpflichtet sind"[127].

Martl Meier und Wastl Fanderl, um 1936

Fanderl erzählt, dass das erste Lied, das er gemeinsam mit seinem aus St. Georgen i. Chiemgau kommenden Berufsschulfreund Martin (Martl) Meier[128] in der Traunsteiner Schule einstudiert habe, ausgerechnet das Traunsteiner Siegerlied der Chieminger „Gruppe Kurz"[129], das Chieminger Hirtenlied „Auf, auf ihr Hirten", gewesen sei. Das lässt aufhorchen, denn erneut stellt die Erzählung eines der zentralen Anliegen der volkskulturellen Bewegung der 1920er/1930er Jahre, nämlich Geschmacksbildung, „Echtheit" und Authentizität in den Vordergrund: Martl Meier soll, als der Berufsschullehrer Drexler eine Adventfeier mit Liedern gestalten wollte, ausgerechnet das ideologisch rechtsgerichtete, satirische „Revoluzzerlied" (1917/1918) des Weiß Ferdl[130] vorgeschlagen haben, das – unabhängig von der gegen die politische Linke gerichteten Botschaft – nicht der Geschmacksvorstellung der jungen „authentischen" Volksliederbewegung entsprach.[131] Er selbst, Fanderl, habe stattdessen das erwähnte Hirtenlied vorgeschlagen, also ein religiöses Lied, ganz im Stile der neuen Singbewegung.[132]

Das „Erlebnis Traunstein 1931" war also nachhaltig für Wastl Fanderl. Es ist sicher kein Zufall, dass er in den seiner Sammlung „Oberbayerische Lieder" angefügten Essays wiederholt darauf zurückkommt – etwa im Zusammenhang mit Martl Meier und der Gesangsgruppe Kurz, aber auch mit dem Bergener „Gamsei-Trio", weiters mit Alfons Schreiber, der in Traunstein das Hirtenlied „Geh, Loisei, geschwind und lauf" gesungen hat, und mit den alten und jungen Neukirchnern, die in Traunstein 1931 ebenfalls vertreten waren.[133] Wastl Fanderl hat zeitlebens nicht nur mit großem Respekt über den schlanken, klaren und hohen Tenor Martl Meiers gesprochen, seines ersten Gesangspartners („Bergener Volkslieder-Duett", dann auch im Quintett „Bergener Volkslieder-Sänger"[134]), mit dem er auch erste Schallplatten und Rundfunksendungen machte[135], sondern auch über die Traunstein-Sieger „Gruppe Kurz" (Nanni, Liesl und Lois Kurz[136] und Franz Raffl). In seiner Sammlung „Oberbayerische Lieder" hat er diesem Quartett später ein Denkmal gesetzt, indem er einige der von ihnen gesungenen Lieder abdruckte und über die Gewährsleute sowie

Fanderls Sängerfreunde der 1930er Jahre
(v. l.: Aiblinger Schorsch, Meier Martl, Wastl Fanderl, Wimmer Schorsch, Aiblinger Bartl)

die „Wanderung" von wertvollen Liedern berichtete.[137] Eng mit dem Namen Martl Meier verbunden sind Fanderls Erinnerungen an die damalige Praxis des Singens im Wirtshaus, das zwischen „gefühlsbetonten", kitschigen („Der Mensch braucht das") und „besseren" Liedern pendelte. Sollte der Volksmusikpfleger Fanderl die Volksliederbewegung später wieder zu diesen Wirtshaus-Ursprüngen zurückführen wollen?

Zumindest die äußeren Voraussetzungen für den beispiellosen Aufstieg des Wastl Fanderl ab etwa 1935, de facto dem „Gründungsjahr" seiner öffentlichen Präsenz, sind damit skizziert – er ist 20 Jahre alt und hauptberuflich noch sehr unglücklich als Friseur tätig. 1935 war Adolf Hitler seit zwei Jahren Reichskanzler und versuchte, sein NS-Regime als „tausendjähriges Reich" zu etablieren und es mit „geistigem" und „kulturellem" Totalanspruch zu stabilisieren. Dieses Jahr markiert den professionell anmutenden Eintritt Wastl Fanderls in das volkskulturelle Geschehen Oberbayerns. Will man den nun folgenden Aufstieg Fanderls möglichst realitätsnahe rekonstruieren, ist man auf unterschiedliche Quellen angewiesen – zeitgenössische Dokumente aus dem Familien-Nachlass, Zeitungsberichte der Zeit, Fanderls eigene Erinnerungen und die seiner WegbegleiterInnen. Dabei wird schnell klar, dass sich Fanderls vielfältige Aktivitäten (Sänger, Musikant, Organisator, Veranstalter, Lehrer, Sammler, Texter, Moderator) gegenseitig stützen und ergänzen und jeweils im Zusammenhang betrachtet werden müssen. Fanderls Karriere vollzog sich – gleichzeitig – in mehreren Bereichen auf dem volkskulturellen Feld, das sich als weithin anerkannte Teilkultur zu etablieren begann:

– Fanderl wurde eigenständiger Organisator und kreativer
    Veranstaltungs-Planer mit dem hauptsächlichen Zielpublikum
    Kinder und Frauen/Mädchen, wobei die „Fanderl-Singwoche"

(Jahreswechsel 1936/37), die stilprägend und ein Markenzeichen werden sollte, eine wichtige Rolle spielte,
- Fanderl trat als Sänger in mehreren Formationen auf, als Musikant und Medienkenner (Radio, Schallplatte, Zeitungsberichterstattung) sowie als Lied-Erzieher,
- Fanderl war als Moderator und sprachbegabter Vermittler volksmusikalischer Überlieferungen tätig,
- Fanderl gelang es, erstmals bayerische Volkskultur im Ausland zu präsentieren,
- Fanderl fungierte als Sammler und Entdecker[138] nach dem Vorbild des Kiem Pauli, als sich sukzessive etablierende Instanz in Stil- und Geschmacksfragen, er bemühte sich um die attraktive Erneuerung versunkenen Brauchtums und um die Erinnerung an dörfliche Rituale,
- Fanderl knüpfte entscheidende Kontakte mit zentralen Persönlichkeiten der Volkskultur (Kiem Pauli, Annette Thoma, Kurt Huber, Walter Schmidkunz, einige Radioleute in München: Bruno Aulich, Karl List[139], Wilfried Feldhütter[140]).

Fanderl mit Karl List (Klavier) und Sepp Burda, Sepp Sontheim und Josef Schweiger im Münchner Funkhaus (1930er Jahre)

Damit einher geht auch die systematische Profilierung und Selbstvermarktung seiner Person als „frisch-fesche", gesund-urwüchsige Ikone der Volksliederbewegung und parallel dazu die Herstellung der Publizität seines Heimatortes Bergen, also die Formatierung einer Art frühen touristischen Markenzeichens. Dies war zwar für die damalige „Aufbruchszeit" nichts Außergewöhnliches, aber Fanderl hatte den Zug der Zeit besonders gut verstanden und tat – bewusst oder auch unbewusst – das jeweils Richtige, Passende, Hilfreiche für sich selbst und die Bewegung.

Dass seine forsche Art den Konservativen und Traditionalisten der aufstrebenden Volkskultur-Bewegung nicht ganz behagte, weil sie sich zu geplant und „kalt" anfühlte, kann ein Antwortbrief des Wastl Fanderl an Annette Thoma aus dem Jahr 1935 verdeutlichen:

„Für Ihren netten Brief lieben Dank! So mag ich's! Das heißt, natürlich soll nicht jeder so revolutionär geschrieben sein. Aber ich will mir die Worte zum größten Teil zu Herzen nehmen. Die ‚Nachtigall' [„O, du scheane, süaße Nachtigall" oder auch „O du mei liabe Nachtigall"[141]] wird allmählich verschwinden, ich mag sie selber nicht mehr recht. Betreff Rhythmus werde ich auch obacht geben, obwohl ich sag: gscheiter ist doch ein bisserl frisch als loamig. Und die Lieder gefallen doch frisch immer am besten. Ganz geht mir noch Ihre Ansicht mit dem Publikum nicht ein. Gewiß man soll nicht nur beifallsichere Lieder singen, aber einerseits muß man doch darauf achten, möglichst viel Freunde für unser Volkslied zu gewinnen und das geht doch mit diesen Liedern am besten. Aber ich will natürlich Ihren Lehren nicht widerreden. Zum Hadnlied haben die Meinigen, aufgrund der erst kurzen Lebensdauer des Liedes in unserer Gruppe, noch keine Schneid gehabt.
Nun die Tracht. Da bin ich ja nun ein bisserl enttäuscht. Kiem Pauli sagte mir, ich solle diese Sachen wie hellgraue Joppe, gestreifte Hosen, breite Hüte usw. ablegen, sie seien überhaupt nicht wertvoll. Ich kenn mich jetzt nicht mehr recht aus. Die Hauptsache ist doch das Singen, drum reden wir später wieder einmal über diesen Punkt. [...] Eigentlich freut's mich, wenn Sie und der Pauli so nett mit mir reden und es mit mir so gut meinen, aber schließlich muß ich doch annehmen, daß Ihr von einer Seite falsch unterrichtet worden seid. Ich predige ja selber immer vom Feierabendsingen. [...] Am 31. August ist der Pauli in Burghausen, soviel wir gehört haben. Schade, daß wir für diesen Tag

nach Augsburg kommen zu den Kneippianern, da können wir nicht mehr gut absagen. Eigentlich finde ich es nicht sehr recht, wenn jetzt auf einmal jeder Heimatsingen veranstalten will. Es ist eine Mode geworden. Aber wenn da der Pauli dabei ist, ist's was anderes. Mich wundert's nur, daß er hingeht. Was wär's, Frau Thoma, wenn Sie einmal die Kinder zusammenrufen würden zum Singen? An geeigneter Stelle und Zeit! Da habe ich schon oft daran gedacht. Die herzlichsten Grüße Wastl Fanderl"[142]

Dieser Brief dürfte für die Themen, die damals in der Lehrzeit Fanderls diskutiert wurden, repräsentativ sein. Fanderl korrespondierte also mit Kiem Pauli und Annette Thoma. Mit wem noch stand er in Verbindung? Es fehlen die Korrespondenzen, etwa die „Paulibriefe", die „nicht immer Liebesbriefe"[143] waren, weitgehend: Sie wurden vernichtet – warum? „Jung und Alt", Erfahrung und Heißspornigkeit treffen hier aufeinander – Fragen des Geschmacks, der Stilistik des Vortrags, des Veranstaltungs-„Designs" und des Verhältnisses zum Publikum werden kontrovers gesehen sowie Fragen des Repertoires thematisiert. Selbstkritisch heißt es am Ende seines Lebens sogar: „[...] bin auch ein bißl arg aktiv word'n" oder: „Ich hab' alles mit jugendlichem Übereifer o'packt."[144]

Der junge Fanderl ist zwar in der Verteidigungsposition, er spielt den Unerfahrenen, aber Gelehrigen, findet Ausreden, weiß aber auch schon, wie man sich Kritiker zu Freunden macht. Dass ihm das modische „Heimatsingen" nicht ganz geheuer erscheint, mag vorerst – angesichts seiner eigenen zahlreichen Veranstaltungsinitiativen – überraschen, ist letztlich aber auch Teil seiner lebenslangen Wettbewerbs- bzw. Bühnen-Skepsis. Das „demokratische Wirtshaus" bleibt letztlich doch sein Ort, auch jene „Stille", die Fanderl am Ende seines Lebens als Ort des Volksliedes beschwört.

Fanderl mit Lisl Gschoßmann.
Widmung: „Zur frdl. Erinnerung!
Wastl Fanderl. Bergen 1935."

Die NS-Presse berichtet ausführlich,
Artikel vom 24.11.1935

Am Anfang stand bei Fanderl sicher die Lust am Singen selbst, am gemeinsamen Volksliedersingen in verschiedenen Kombinationen, im Duett (mit Lisl Gschoßmann oder Martl Meier), im Quartett, Quintett oder Oktett. Noch gab es keine festen Namen für diese Singgruppen und die Bezeichnungen wechselten, was auf die noch nicht sehr fortgeschrittene Professionalisierung in der Volksliedszene hinweist, die erst später auf Wiedererkennbarkeit, Markennamen, verkaufbares Endprodukt Wert legen würde.[145] „Bergen" war damals noch die vorherrschende Marke, nicht unbedingt die Marke „Fanderl". Entsprechend ist es wenig erstaunlich, dass sehr bald von einem den völkischen Nazi-Diskurs subkutan bedienenden Münchner Blatt anlässlich der „Woche der Hausmusik" in großer, altdeutscher Aufmachung und unter dem Titel „Bergen, das Dorf der tausend Lieder"[146] anonym „reportiert" wurde: Das Bildnis des Sängers Andreas Bauer, neben dem „Gamsei" und dem Bräu-Anderl einer der Liederväter aus der Bergener Gegend, firmiert gewissermaßen als Abbild des sakral anmutenden Urbauern, aus dessen Antlitz man „die ganze Liebe zum Heimatlied" ablesen könne und dazu noch drei – dem Ideologischen verpflichtete – Fotos: Feierabend und Volksgemeinschaft beim „Volksliederheimgart" (Männer, Frauen, Kinder), weiters der in sein Zitherspiel versunkene „Meister" Wastl Fanderl mit fünf „andachtsvoll" lauschenden Kindern um ihn herum, der die völkischen NS-Bemühungen um die Jugend vertritt, sowie ein Bildnis des demütig vor dem Papst knienden Minnesängers Tannhäuser, der erst im Chiemgau von den Bedrängnissen Roms erlöst worden sei, ganz nach dem Motto: Das Liedersingen liegt der Gegend seit „Urzeiten" im Blute und die Ahnenkette kann nicht unterbrochen werden.[147]

Diese Reportage ist ein eindrucksvolles Beispiel von ideologisch geprägter Werbung und klischeehaftem, aber bekannt romantizistischem Sprechen über das Volkslied als über einen anonymen, ungekünstelten „Naturlaut": „Keiner kennt die Noten; denn der Reim des Volksliedes ist Mundart und die Melodie Naturlaut". Der „Bericht" bedient die Vorstellungen des heilen Landes und des „Heimwehs nach dem Liede der Heimat" im antikapitalistischen Ressentiment und er feiert Bergen als „liederischen", ja magischen Ort des Heimatklangs – „in jeder Bauernstube und in jeder Holzknechtkammer hängt eine Klampf'n, ist eine Zither oder ‚Ziach' [...] Jede Sangesgruppe kennt dreißig, vierzig, ja hundert und zweihundert Lieder [...] Wohl tausend Volkslieder sind es, die in diesem Bergdorfe heimisch geworden sind". Schließlich werden alle Kulturträger der Gegend – im Zentrum der zum Inbegriff dieses „Bergener Wunders" stilisierte Wastl Fanderl – auch namentlich genannt. Fanderl ist der einzige, aus dessen „Volksliedthesen" zitiert wird: „Unser Singen muß Feierabendfreude bleiben ...!" – wieder jener Satz, den jedoch die zum selben Zeitpunkt intensiv anlaufende Veranstaltungswelle am Ende konterkarierte, auch wenn es das stille „Feierabendsingen" gegeben haben mag.

Fanderl singt mit einer BdM-Gruppe und unterhält sich mit Kiem Pauli, Juli 1937

Wie schon erwähnt, werden Fanderls volkskulturelle Aktivitäten im Jahre 1935 in vielen Dokumenten (Presse, Rundfunk, Nachlass-Materialien) nachweislich greifbar. Die ersten Berichte beziehen sich auf seine Aktivitäten im Jahr 1934, als er schon mit einer Bergener „Kinderschar" (darunter die später bekannt gewordene Jodlerin Maria Hellwig) Volkslieder einstudierte und

Die Bergener Sängergruppe singt und jodelt Annette Thomas „Deutsche Bauernmesse", wahrscheinlich in der Frühmesse am Christtag 1935

Einladung zu einer der ersten Fanderl-Singwochen 1936/1937

sich mit dieser Gruppe einige Zeit später sogar erfolgreich bei einem Singwettbewerb (9./10. Mai 1936 in Burghausen) präsentierte.[148] Dazu kommt sein Mitwirken als Sänger bei einer Aufführung der „Deutschen Bauernmesse" (1933) von Annette Thoma mit den „Kirchensängern", darunter sein Freund Martl Meier. Die Messe wurde wohl zum ersten Mal schon am Christtag des Jahres 1934 gegeben und danach mehrfach wiederholt.[149]

Im Folgenden sollen Fanderls Aktivitäten bis zu seinem Arbeitslagereinsatz, seiner Musterung und Einberufung zur ersten Wehrdienstzeit ab November 1937 und letztlich seiner Einberufung zum Kriegsdienst im August 1939 beschrieben werden. *(vgl. Beilage 2)*

Seit dem Jahr 1935 wird eine immense Umtriebigkeit Fanderls sichtbar, die ihn zunächst in einer mitwirkenden, zunehmend aber auch in einer leitenden Rolle zeigt. Neben seiner Präsenz im Rundfunk, als Sänger wie als Moderator, taucht Fanderl nun auch bei Sängertreffen auf, bei Wett- und Preissingen für Kinder, weiters bei diversen Singwochen und schließlich als eigenverantwortlicher Leiter des neuen Formats einer „Fanderl-Singwoche" (1936/1937). Dieses sollte er – unterbrochen durch den Weltkrieg – erfolgreich in die Zeit nach 1945 mitnehmen.

Fanderl betätigt sich auch als Lehrer und Vorsänger in „Ferienlagern", die von NS-Institutionen wie Reichsnährstand-Kreisbauernschaft, NS-Gemeinschaft „Kraft durch Freude" (KdF), Bund deutscher Mädel (BdM) veranstaltet wurden. In dieser Funktion als Lehrer und Sänger tritt er sogar im französischen und im österreichischen Ausland auf, etwa – auf dem Weg nach Nizza – in Zürich, Genf, Grenoble und Avignon, weiters in Lofer im Salzburger Pinzgau als Abgesandter der oberbayerischen Volksliedkunst.[150] Weiters wird Fanderl sichtbar jemand, der – auf private

Initiative – alte, schöne Bräuche aufgreift und sie neu belebt, etwa als kreativer und sympathischer Hochzeitslader bei seinem Freund Martl Meier im Oktober 1937. Zudem tritt er nicht nur als Kenner von bekannten Liedersammlungen[151] hervor, sondern zum ersten Mal auch – knapp über 20 Jahre alt – als Sammler und Publizist, besonders natürlich als Mitarbeiter von Walter Schmidkunz beim Projekt „Das leibhaftige Liederbuch".

Aus all den historischen Dokumenten seien nur einige Aspekte ausgewählt, die typisch sind für die sich konsolidierende Volkskulturszene und auch für das Spannungsfeld, in dem sich Fanderl und mit ihm die gesamte Organisation bewegen. Fanderl ist dabei nicht nur der jüngste, sondern – neben Kiem Pauli und Kurt Huber – auch der repräsentativste und bekannteste Vertreter der oberbayerischen Bewegung, stets balancierend auf dem Grat zwischen freier ziviler Eigenständigkeit und politischer, nazistischer Vereinnahmung. Dabei ist immer zu bedenken, dass die genannten Aktivitäten in die Frühphase der NS-Herrschaft fallen und sich – noch – zwischen autonomer Zivilkultur und nazistischer kulturpolitischer Instrumentalisierung abspielten. Die freien Handlungsspielräume wurden jedoch durch die rigide NS-Kulturpolitik immer enger, denn die Nazis vereinnahmten zunehmend die gesamte Volkskulturbewegung ideologisch und praktisch. Dabei konnten die Nationalsozialisten auf dem deutsch-konservativen Verständnis der Volkskulturbewegung aufbauen. Man feierte die „deutschen Sänger als [...] Sprecher des deutschen Volkstums", so Adolf Hitler beim 12. Sängerbundesfest in Breslau (29. Juli bis 1. August 1937).[152] Die Vorstellung

Fanderl und Martl Meier beim Welttrachtentreffen in Nizza 1937

von der „Verabreichung ‚seelischer Nahrung'" zum Zwecke der „Pflege deutscher Volksgemeinschaften und Förderung deutschen Volkstums"[153] war das ideologische Fundament.

Fanderl als Liedlehrer für junge Bäuerinnen. Wahrscheinlich 1. Bäuerliche Singwoche – Schloss Schwindegg bei Mühldorf (12.–15. Januar 1936)

Im nicht-nazistischen, aber ganz ähnliche sprachliche Formeln verwendenden Duktus der Annette Thoma, dieser aus einem jüdischen Hintergrund[154] kommenden Christin, die in ihrem Ressentiment gegen moderne „Überfremdung" der „erfreulichen Wendung" hin zur „Pflege des Gesunden, Echten, Bodenständigen"[155] das Wort redete, ging es um bahnbrechende Erinnerungsarbeit an „die alten lieben Lieder unserer bäuerlichen Vorfahren"[156] sowie zugleich um die Selbst-Tätigkeit als Sänger oder Sängerin – eine lange Tradition jugendbewegten Singens und Musizierens aufgreifend. Dies äußerte sich nicht zuletzt darin, dass einige volksliedbegeisterte Mädchen eigene, zum Teil liebevoll gestaltete Liederbüchlein handschriftlich anlegten und kommentierten.[157] Sie sind uns heute sehr wertvolle Quellen für das nicht zuletzt von Wastl Fanderl vermittelte, gefragte und beliebte Singgut. Prinzipiell wurde die Bewegung, wenn es um das Chorsingen ging, hauptsächlich von Mädchen und Frauen getragen. Bei den Gesangsgruppen hingegen waren etwa die damals zu weiblichen „Stars" aufsteigenden „Aschauer Dirndl"[158] eine

Ausnahme – die Volkskulturbewegung ist nicht zuletzt ein Spiegel der von Männern dominierten gesellschaftlichen Geschlechterverhältnisse.

Die wohl nur unterschwellig merkbaren Spannungen zwischen konservativen einerseits und nationalsozialistischen Positionen andererseits scheinen – bei genauer Lektüre – zeitweise durch, etwa wenn es den „Konservativen" um die Schönheit des Volksliedes selbst ging, auch um das Singen im Kirchenraum und bei katholischen Messen (das kam einer Innovation gleich und war kirchlicherseits umstritten[159]), weiters um das Singen und Musizieren im kleinen Kreis, vielleicht auch im „demokratischen" Wirtshaus und im Kreise der Familie. Von den nazistischen Institutionen wurde dagegen das „deutsche Volkstum" beschworen und der Massen-Event, und – damit eng verbunden – auch der Leistungsgedanke als massentaugliches Spektakel favorisiert: Deutsche Volksgemeinschafts-Ideologie.[160] Es ist kein Zufall, dass sich die weitgehend gleichgeschaltete Presse an den Abertausenden berauschte, die in die bereitgestellten Festzelte geströmt waren – die Faszination der anonymen Masse als Herrschaftsinstrument. Man darf wohl nicht von einem Abgrund zwischen konservativer und nazistischer Volkslieder- und -musikpflege sprechen, aber eine

Fanderl und Martl Meier gemeinsam mit zwei Unbekannten, um 1937

Trennlinie zeigt sich doch: hier die ästhetische Dimension eher im Lichte, dort mehr das politisch-manipulative Geschehen.

Fanderl war trotz seiner jungen Jahre als Spezialist bereits gefragt. Er bewegte sich souverän auf allen Aktionsfeldern, nicht zuletzt auch deswegen, weil er sich seine Kompetenzen ganz in der Tradition Kiem Paulis und Kurt Hubers als autonomer Organisator von größeren Sängertreffen und schließlich sogar bei seiner ersten eigenständigen „Fanderl-Singwoche" in Bergen (Jahreswechsel 1936/37) erworben hatte. Die Singwochen versuchte er von Anfang an als familiäre, intime Erlebnis- und Singstunden zu gestalten, zum Teil in freier Natur – ganz so, wie es die Wandervogel- und Jugendmusikbewegung seit dem Ende des 19. Jahrhunderts als Befreiung propagierte und praktizierte. Er war in prinzipiell leistungsskeptischer Haltung gegen das strenge Schulen bzw. Pauken und förderte die mentalen Reserven der Teilnehmer gegenüber dem Massenhaft-Eventmäßigen. Freude und Selbsttätigkeit sollten in den Mittelpunkt gerückt werden. Zugleich wollte er dosiertes Wissen über versunkenes Kulturgut vermitteln. Das unterhaltsame Gestalten eines Abends mit gemeinsamem Singen, mit Geschichtenerzählen, mit lustigen Spielen und theatralen Elementen – das war Fanderls attraktives und die politischen Umbrüche überdauerndes Konzept. Diese Mischung bildete das Geheimnis seines Erfolgs und seiner rasanter Anerkennung. Sie befriedigte das Bedürfnis der TeilnehmerInnen nach sinnvoller, erlebnisreicher, sicherlich auch erotisch-sinnlicher Stimmung beim Singen der Volkslieder. Fanderl dürfte die Traditionen und Praktiken der „deutschen Jugendbewegung" über die Zeitschrift „Das deutsche Volkslied" durchaus gekannt haben, in der wiederholt über die Singwochen auf der Wülzburg bei Weißenburg in Mittelfranken berichtet wurde.[161] Aber bei den von ihm adaptierten „bäuerlichen Singwochen" dürfte er doch ganz eigene jugendliche

Gemeinschafts-Bedürfnisse gepflegt haben. Er schuf mit den Singwochen zugleich ein neues soziales Segment, indem er nämlich die bäuerliche, fast ausschließlich weibliche Jugend der bürgerlichen und bündischen sowie der linken Jugendbewegung gleichstellte, wenn auch nicht mit vereinsmäßiger Verankerung. Man könnte von einer Art bäuerlicher Emanzipationsbewegung sprechen – diese war weiblich, jung, musikalisch und romantisch. Für viele aus dem bäuerlichen Milieu kommende Mädchen und Frauen bedeutete dies wohl eine Art Befreiung aus patriarchalen Zwängen und Ordnungen, wenn auch nur für wenige Stunden. Fanderl fungierte sozusagen als der attraktive „Musaget", der Musenführer.

Die Entwicklung der Volksliederbewegung im oberbayerischen Raum unterscheidet sich von jener im österreichischen Raum. Konflikte mit der ebenfalls dem Volkslied zugeneigten Arbeiterkultur sind für Oberbayern unbekannt. Die österreichischen Arbeiter-Trachtler beobachteten an den konservativen und deutsch-nationalen „Reichsverbändlern" versteckten oder offenen Nationalismus und plädierten – verhältnismäßig modern – für eine Dialektik zwischen „Internationalismus und Heimattreue". Sie agierten zeitgemäß nach dem Motto: „Kenne ich die Heimat und mein Volk, mit allem Guten und allen Fehlern, wie leicht fällt es mir da, auch die anderen Nationen und Völker mit ihren Vorzügen und Schwächen zu verstehen. Das paßt natürlich unseren Kriegshetzern und Waffenindustrien nicht. Gar erst das Schlagwort Nationalismus. Welch riesenhafter Schwindel verbirgt sich dahinter. Es gehört schon ein ziemliches Maß Eigendünkel dazu, sich einzubilden, daß der eigene Wert gestiegen ist nur deshalb, weil die Keimzellen der Eltern sich diesseits der Grenzmale vereinten, und daß man dadurch befugt ist, die Menschen jenseits dieser Grenzen als minderwertig anzusehen oder durch rohe Gewalt zu unterjochen."[162]

Liederverzeichnis von Loni und Martl Meier

An der Freundschaft mit Fanderls frühem Sängerfreund Martl Meier und seiner Frau, den „Wirtsleuten von St. Georgen", lassen sich einige schon erwähnte Züge der frühen oberbayerischen Volksliederbewegung gut illustrieren.[163] Zu beachten ist dabei die breite Skala der von den beiden Wirtsleuten gepflegten Genres, spiegelt sie doch repräsentativ die Geschmackslage und die Praxis des volkstümlichen und Volkslied-Singens Mitte der 1930er Jahre sowie den oft praktisch orientierten freihändigen Umgang mit dem überlieferten oder auch nur gehörten Liedgut: „gesellige Lieder", „Couplets nach Art und Vorbild der Münchner Volkssänger", „sentimentale Lieder", die „Lieder der Volksliedpflege nach Vorbild von Wastl Fanderl", „aktuelle Lieder, teils aus der Schlagerbranche der 30er Jahre"[164] – so gemäßigt bunt war die Szene. Loni und Martl Meier haben vieles handschriftlich festgehalten. Sie verzeichnen etwa 70 Lieder aller Art[165] – das Archiv des Bayerischen Rundfunks hat 30 aufbewahrt, die mit ihnen aufgezeichnet wurden.[166] Wie stark der selektive Überlieferungsprozess wirkte, zeigt etwa die Tatsache, dass Fanderl letztlich nur drei Lieder des Duos für repräsentativ hielt und der „Deutsche Musikrat" (unter der Leitung von Walter Wiora und Johannes Künzig) für seine Schallplattenausgabe „Deutsche Volkslieder" (1961) ein einziges Beispiel des Duos auswählte („Lustig ist das Köhlerleben"). Ernst Schussers Hinweis, dass die Meier-Wirtsleute „nicht aus dem ‚luftleeren' Raum zur Volksliedpflege" gekommen seien, ist bemerkenswert, weil damit erneut die spezifische, volksliedpflegerische Erzieher-Rolle Fanderls in den 1930er Jahren angesprochen wird: „[...] ein Leben lang hatten sie [Loni und Martl Meier] schon gesungen im Wirtshaus, in der Küche, in der Geselligkeit, bei der Arbeit, in der Kirche [...]. Durch Wastl Fanderl fanden sie Eingang in die [...] neu erstehende Form der Darbietung ausgewählt ‚echter Volkslieder' auf Veranstaltungen, im Rundfunk, im In- und Ausland."[167] Jene „Professionalisierung", die Fanderl durchmachte, war für die

Wirtsleut' offenbar nicht der ihnen gemäße Weg: „... bei Loni und Martl Meier blieb zudem noch ihr Wirtshaus, ihre Arbeit, ihr Singen im Leben."[168]

Letztlich aber wurde auch das sogenannte Private von der NS-Strategie eingeholt: Fanderl gestaltete seinem Freund Martl, einer „Stütze und Säule der ‚Bergener Volksliedsinger'", eine außergewöhnliche „Sängerhochzeit". Sein im Kunstdialekt gehaltenes, launiges und charmantes „Ladschreiben" zur „Nachhochzeit" forderte etwa „frischen Humor" der Hochzeitsgäste ein, aber „koan politischn", und wollte die Gäste in feiner Tracht herausgeputzt sehen – gerichtet gegen das Neumodische. Es wurde Annette Thomas „Deutsche Bauernmesse" gesungen, sodann gab es eine Fülle von musikalischen Präsentationen, sogar ein Wettsingen. Doch auch der schon nazistisch gleichgeschaltete Reichsrundfunk war von Fanderl medienbewusst zur Hochzeit geladen geworden: Der Leiter des Reichssenders Wilfrid Feldhütter ließ brieflich mit „Heil Hitler" grüßen. Ob diese Einladung dem Hochzeitspaar gefiel? Die NS-Propaganda verstand es in der Folge, die „Sängerhochzeit" als vorbildliche Erbhofbauern-Hochzeit zu verbreiten – so blieb die Veranstaltung von politischer Verwertung nicht verschont.

Fanderls Persönlichkeitsentwicklung in den 1930er Jahren, sein späterer Erfolg, seine Bekanntheit, aber auch seine wachsende Versiertheit sind ohne seine durchaus zeitgeistige Vorliebe für die damals modernen Massenmedien (Rundfunk und Schallplatten/ Schellacks) nicht zu verstehen: Fanderls Weg zum Medienprofi ist in den 1930er Jahren am besten zu beobachten. Wahrscheinlich profitierten beide Seiten von seiner Präsenz – der Bayerische Rundfunk, ab 1933 „Reichssender München", konnte sich mit Hilfe Fanderls in seinem volkskulturellen Programm nicht zuletzt als jung, frisch und aktuell geben, und Fanderl

Die NS-Bauernzeitung berichtet:
„Jetzt erfolgt der Einsatz aller" (1937)

selbst profitierte durch seine steigende Popularität. Viele Türen gingen aus diesem Grund für ihn wohl leichter und schneller auf. Er dürfte über den Rundfunk einerseits viele stilprägende SängerInnen und Musikanten aus dem gesamten bayerischen Raum kennengelernt oder sie dort wiedergesehen haben[169] und andererseits – viel entscheidender – zahlreichen wichtigen Verantwortlichen des Rundfunks, wie etwa Dr. Wilfrid Feldhütter, Bruno Aulich und Karl List begegnet sein.[170] Wie Ernst Schusser in seiner zweibändigen, penibel recherchierten Arbeit „Die Volksmusik im Bayerischen Rundfunk von 1924-1945 und die Popularisierung des Heimatgedankens"[171] zeigen konnte, waren im Untersuchungszeitraum neben den ca. 175 Gruppen, die aus ganz Bayern, aber auch aus Österreich bzw. der späteren „Ostmark" im Rundfunk erfolgreich waren, immer wieder auch Sänger und Musikanten aus Fanderls Heimatort Bergen im Studio.[172] Fanderl sang 1935/36 in einem Quartett oder Quintett („Bergener Sänger" oder „Bergener Buam"): „Von dö Alma. Liabsleut und Jagersbuam". Bemerkenswert ist, dass er 1935 und 1937 drei Mal die Chance bekam, fast einstündige Sendungen zu leiten und zu moderieren: „Schöne Volksmusik aus Bergen am Hochfelln" nannte sich seine Premiere. Sie wurde in der oberbayerischen Presse hymnisch gefeiert – mit deutlicher Spitze gegen sonstige heimatliche Sendungen des Münchner Senders: „Es ist bestimmt nicht alles ‚echte' Volkskunst, was vom Münchener Sender als solche ausgegeben wird und es ist eine bittere Tatsache, daß viele Hörer es vorziehen, sich alpenländische Musik aus Beromünster oder Wien und – auch sehr häufig – aus Berlin oder Königswusterhausen heranzuholen, von den ‚Bunten Abenden' ganz zu schweigen."[173] Die zweite, eine adventliche Sendung nannte sich „Ein Dorf singt und spielt. Volksmusik aus Bergen am Hochfelln im Chiemgau" und wurde sogar überregional im Deutschlandsender übertragen. Schließlich konnte Fanderl am 29. Mai 1937 während seiner Arbeitsdienstzeit in Schönram und ein halbes Jahr vor seinem ersten Wehrdienst eine weitere Sendung leiten: „G'wachsne Sachen vom Oberland. Einen Rucksack voll echter oberbayerischer Liedl und Sprüch' und Kinderreime bringen euch die Haushamer und Miesbacher Madln". Hier nutzte Fanderl zum ersten Mal im Rundfunk seine Sammelleidenschaft für einfache Sprüche und Kinderreime. Während der Kriegszeit konnte er seine Erfahrungen bei verschiedenen Soldatensendern der Wehrmacht fortsetzen.

Im Unterschied zu Tobi Reiser bricht Fanderls Tätigkeit während seiner Wehr- und Kriegsdienstzeiten für den Münchner Sender ab, während Reiser von der Annexion Österreichs medial profitiert und ab März 1938 nicht weniger als elf Mal mit seiner „Flachgauer Spielmusik", seinem Gitarrentrio und Dreigesang präsent sein kann.[174] Die schon für die Zeit vor 1938 datierbare Parteinahme Reisers für den Reichssender München zeigt diesen – auch in seiner „Medienpolitik" – zielsicher auf dem Weg zum potenten NS-Sender, ein Wunsch, der sich eben nach dem März 1938 in größerem Ausmaß erfüllte. Schon seit dem Mai 1937 war der Salzburger Musikant und Sänger gern gesehener Gast im Münchner Rundfunk.[175]

Fanderl hatte verstanden, dass man die eigenen Leistungen auf Schallplatten festhalten musste. So kann man heute frühe Schellack- und Tonbandaufnahmen hören, die Fanderls Art des Singens in verschiedenen Besetzungen aus dem Winter 1935/36 dokumentieren.[176] Heute ist es aufschlussreich zu hören, wie Fanderls Gesang und das Zusammensingen professioneller wurden, aber auch wie sich die technischen Möglichkeiten verbesserten. Die ersten Aufnahmen lassen ein wenig sensibles und eintöniges Drauflossingen erkennen ohne Gefühl für Tempo oder für saubere Intonation und sie sind unterlegt von einem gehetzten und zum Teil süßlichen Zitherspiel, aber dies sollte sich zum Positiven verändern.[177] Nach 1945 wird Fanderl diese frühen Erfahrungen, nun in anderen Besetzungen, mit neuen Sängerfreunden und unter neuen Ensemble-Bezeichnungen fortführen. So sind zwischen 1949 und 1959 eine große Anzahl von Tonbandaufnahmen für den Bayerischen Rundfunk entstanden.[178]

Die immer stärkere Verankerung Fanderls im NS-Volkstumsbetrieb wurde von einigen Konservativen, wie etwa von Annette Thoma oder auch Kiem Pauli, skeptisch gesehen, auch wenn sie ihm letztlich und – gerade im Nachhinein – zugute hielten, dass er weiterhin dem „aufgelockerten, fröhlichen Singen" verpflichtet war, „da man in streng politisch ausgerichteten Jugendorganisationen das tendenziöse Lied über das andere stellen wollte"[179]. Aber man kann durchaus auch von einem „Sündenfall" des Wastl Fanderl sprechen. Denn Fanderl war in seinem jugendlichen Übermut, wegen seiner politischer Unbedarftheit und in blinder Begeisterung für die Volksliedbewegung wohl im Grunde ungewollt Teil des nazistischen, d.h. rassistischen (seit 1939 galt im BdM der Ariernachweis) und eugenischen „Erziehungswerkes" geworden (Hitlerjugend/HJ, Bund deutscher Mädel/BdM). Denn zu den genuinen Aktivitäten dieser nazistischen Jugendorganisationen gehörte nicht zuletzt der Gemeinschaftsgesang. Fanderl verhielt sich der Partei, ihren Organisationen und dem Regime gegenüber im Prinzip „stromlinienförmig" und war sich – zumindest nach dem Krieg – dieser zweifelhaften Haltung bewusst, was ihn später nicht nur in den generationsspezifisch typischen selbstentlastenden Diskurs einstimmen ließ, sondern ihm ab und zu auch leise Selbstkritik abverlangte, auch wenn er diese schnell wieder ins humoristisch Verharmlosende zog: „Ich wurde nicht gezwungen hinzugehen, ich ging gerne, denn unser Singen war in diesem Verband [dem BdM] gewiß der beste und gesündeste Programmpunkt [in Königsdorf]. Das hat mir später sogar die Spruchkammer geglaubt."[180]

Das mit der Spruchkammer war bisher nicht bekannt: Fanderl musste sich offenbar nach dem Krieg einem Entnazifizierungsverfahren stellen, aber nicht wegen seiner Singrunden im Rahmen des BdM, sondern weil er während des Krieges unter nicht mehr ganz aufklärbaren Umständen in die NSDAP eingetreten bzw. von ihr aufgenommen worden war. Darüber wird noch zu berichten sein, so wie über seine generelle Haltung der NSDAP und diesen „deutschen Zeiten" gegenüber.

Arbeits- und Wehrdienst

Es sind Quellen unterschiedlicher Art und Herkunft, die es erlauben, die Biographie Fanderls auch in dieser Phase seines Lebens annäherungsweise zu rekonstruieren: Archivmaterialien, Publikationen mit Fanderl-Bezug (Bücher, Zeitungs- und Zeitschriftenausschnitte) und Restbestände von Korrespondenzen aus dieser Zeit (z.B. Feldpostbriefe), sowie Erinnerungsmaterialien unterschiedlichster Art und Qualität aus der Zeit nach 1945. Diese Recherchen wurden notwendig im Bewusstsein, dass gerade die von der betroffenen Kriegsgeneration verbreiteten Darstellungen eine hohes Maß an fehlender Reflexion, verharmlosender Selektion und nazistischer Propaganda zeigten, die mit dem Ende des Krieges nicht „entsorgt" wurden, sondern weiterhin virulent waren. Es handelt sich also um den Versuch, „harte" Faktizität und „weiche" Erinnerung, Fanderls äußeres und inneres Leben während der Vorkriegs- und Kriegsjahre zu vergegenwärtigen. Der Überblick dokumentiert seinen Wehrdienst, den militärischen Einsatz- und Kriegsdienst in vielen europäischen Ländern wie Österreich, Tschechoslowakei, Norwegen, Griechenland (Kreta), Sowjetunion (Leningrad), Süditalien und Deutschland sowie die damit verbundenen „Front-Kulturaktivitäten". Weiters wird Fanderls bisher noch unklares Verhältnis zur NSDAP und zur

Reichsschrifttumskammer in den Blick zu nehmen sein, wobei letzteres in engem Konnex mit seiner Sammel-, Kompositions- und Publikationstätigkeit während des Krieges steht; schließlich werden einige überraschende Fakten zu Fanderls Lebensplanungen für die Zeit nach dem „Endsieg" (etwa die Aussicht, „Volksmusikbeauftragter im Lande Salzburg" zu werden) und natürlich die private Seite seines Lebens betrachtet.

Das Jahrzehnt zwischen 1936 und 1945/46 – Arbeitsdienst seit 1936, Wehrdienst seit November 1937, Kriegsdienst seit August 1939 und Entlassung aus amerikanischer Kriegsgefangenschaft 1946 – unterbricht Fanderls bis dahin so erfolgreiches volkskulturelles Leben. Zunächst scheint es, als ob er seine vielfältigen Aktivitäten ohne große Unterbrechungen und inhaltliche Veränderungen weiterführen könnte: Er ist weiterhin als Sänger und Musikant *(vgl. Beilage 2)* bei Veranstaltungen und im Reichssender München tätig, auch als Organisator und Veranstalter, allerdings immer stärker unterstützt, bestimmt, kontrolliert und wohl auch belästigt von der NS-Maschinerie (NSDAP, BdM, SS, Reichsrundfunk München, Reichsschrifttumskammer/RSK, Wehrmacht und deren „Kulturprogramm"). Sogar eine verstärkte Sammeltätigkeit ist zu beobachten, eine erste repräsentative Publikation mit ihm als Mitherausgeber erscheint („Das leibhaftige Liederbuch"), auch wenn Fanderls Rolle dabei nicht vorrangig ist, denn Walter Schmidkunz stellt die treibende und hauptverantwortliche Kraft dar.[181]

Dennoch – wenig bleibt am Ende so wie bisher. Immer stärker greift die NS-Bewegung auf die immer populärer werdende, den Nationalsozialisten sympathische, weil auch Massen begeisternde Volksliedbewegung zu. Die NS-Bewegung gerierte sich als Garantin der Kultur des deutschen „Volkes" und dessen „Stammeseigentümlichkeiten". Dabei lag es nahe, das

Volkslied im Rahmen von imposanten und auf Überwältigung abzielenden Massenveranstaltungen machtvoll zu präsentieren. Fanderl sträubt sich nicht, er schwimmt mit, sieht Chancen, hat beträchtliche Erfolge, wird zu einer umschwärmten Größe und zunehmend auch von den Parteigranden, zum Beispiel vom Reichsführer SS umworben.[182]

Im „Hausbuch" der Fanderls aus dem Jahr 1952 sind die Erinnerungen sicher noch frisch. Über die erste Etappe dieser neuen Lebensphase Fanderls heißt es: „1936 wurde ich zum ‚freiwilligen Arbeitsdienst' in das Barackenlager Schönram bei Teisendorf eingezogen. Hitler hatte diese militärähnliche Einrichtung gegründet, sie dauerte ein halbes Jahr. Wir machten eine Flußregulierung [Sur-Begradigung]. Ich schied mit schlechter Beurteilung aus dieser Formation, wo ich mir eine Krankheit zuzog. Man hat mich im Krankenhaus Laufen bereits versehen und die ‚letzte Ölung' gegeben."[183] Zwischen 1933 und ca. 1940 hatten die Nazis – erwartungsgemäß in autoritärer Umsetzung älterer sozial-karitativer und bündischer Ideen des freiwilligen Arbeitsdienstes – diesen als Zwangsdienst (Reichsarbeitsdienst RAD) eingeführt und in Schönram ein entsprechendes Lager errichtet. Warum Fanderl eingezogen wurde, ist nicht bekannt, auch sind keine Unterlagen dazu erhalten geblieben.[184] Fanderl selbst verweist in seinen Erinnerungen auf die Verpflichtung, als Jahrgang 1915 zwangsweise Arbeitsdienst leisten zu müssen.[185] Diese Tätigkeit dürfte aber seine Begeisterung für seinen Hauptberuf, das Liedersingen, nicht beeinträchtigt haben, auch wenn der Zwangsdienst seine Gesundheit zum ersten Mal lebensbedrohlich schädigte. Sogar in der Arbeitsdienst-Uniform sei Fanderl aufgetreten und habe moderiert.[186]

Dann aber kam die Kriegszeit. Fanderl erinnert sich: „1937 [am 5. November, K.M.] rückte ich ein und machte als Gebirgsjäger

Brief des Kiem Pauli an Fanderl in Kreta (Juli 1941) mit Fanderl-Kommentar nach 1945

von Sonthofen nur die Einmärsche in Österreich und im Sudetenland mit. Mein Kommandeur hieß Dietl und war später sehr berühmt. Beim Arbeitsdienst und beim Militär hatte ich immer Gesangs- und Musikgruppen. Ich machte auch Soldatenlieder. Eins davon übernahmen alle Gebirgstruppen („Den Rucksack auf dem Buckel und die Büx"). Auch Soldatensendungen im Rundfunk führte ich durch. 1939 im Sommer [es war der 20. März, K.M.] beendete ich meine Dienstzeit, aber bei der Mobilisierung 1939 ging's gleich wieder dahin. [Neuerliche Einberufung, jetzt zum Kriegsdienst am 30. August 1939, K.M.] Vorerst kam ich zum Ersatz der 100er Jäger in Bad Reichenhall. Eine schöne Zeit. Gefreiter wurde ich nicht wegen militärischer, sondern wegen ‚truppenbetreuender Leistungen'. Ich mußte furchtbar viel ‚bunte Abende', Weihnachtsfeiern u.s.w. aufziehen. Im Krieg kam ich nach Kreta. Diese herrliche Insel möchte ich gern noch einmal besuchen. In dem Buch der Gebirgsjäger vom Balkanfeldzug und in Zeitungen veröffentlichte ich viele Erlebnisberichte. Auch machte ich Sendungen in den Soldatensendern Athen und Belgrad (später in Minsk/Rußland, Reval/Estland, Rom und Oslo). Zeitweilig reiste ich mit Frontbühnen. Auf die Insel Kreta kam ich erst, als die Kampftage vorüber waren. Dafür wurde ich später bei Leningrad und in den Abruzzen (Süditalien) umso besser beschossen. Über meine Erlebnisse auf Kreta könnt ihr, liebe Kinder, mehr von meinen gedruckten Geschichten erfahren, von denen Mami noch einige besitzt. Im Ganzen hatte ich Glück im Krieg. Lediglich die Malaria erwischte mich ein bisserl auf Kreta. In Leningrad, d.h. vor dieser Stadt bekam ich noch Ruhr und kam ins Lazarett nach Narva (Estland). Von Italien brachte ich als Andenken die Gelbsucht mit, die ich etliche Monate in Bad Reichenhall, wo ich eure Mami kennen lernte, ausheilte. Gegen Ende des Krieges wurde ich Hüttenwart im Karwendelgebirge. Den Krieg beendete ich als solcher auf der Knorrhütte (Zugspitze). Der Amerikaner besetzte unsere Heimat und wiederum hatte ich Glück: während alle Soldaten gefangen genommen wurde und zum Teil in Bergwerke nach Frankreich und Belgien kamen, konnte ich mich auf der Knorrhütte verstecken. Als es ruhiger wurde, übernahmen mich die Amerikaner in ihre Schischule auf der Zugspitze (Schneeferner-Haus)."[187]

In diesen Jahren stand es nicht immer gut um Fanderls Gesundheit: Während seines Arbeitsdienstes in Schönram 1936 wurde ihm die „letzte Ölung" gespendet, 1942 wurde er schwer verwundet („Verwundetenabzeichen in Schwarz" am 20. September 1942) und im Jahre 1943 erkrankte er vor Leningrad an der Ruhr. Deswegen kam er in ein Lazarett (Einlieferung in die Krankensammelstelle Narwa am 18. August 1943 und schließlich Überstellung in das Artillerie-Feldlazarett 502 Hungerburg bis Ende August 1943, dann wieder „dienstfähig zur Truppe"). Auf Kreta erkrankte er an der Malaria.[188] Wegen Gelbsucht anlässlich eines Fronturlaubs (Italien-Einsatz) brauchte er nicht mehr zur Truppe zurückzukehren und konnte in Bad Reichenhall bleiben, wo er in amerikanische Kriegsgefangenschaft geriet. Schließlich fand offensichtlich nach 1946 ein Entnazifizierungsverfahren statt, worüber Fanderl selbst – nur andeutungsweise – in seinen Erinnerungen berichtet. Wiederholt ist von der „Spruchkammer" die Rede. Darüber waren allerdings trotz intensiver Bemühungen u.a. im Staatsarchiv München, keinerlei Dokumente mehr aufzufinden.[189]

Das Interesse richtet sich zunächst auf Fanderls „Wehrmachtszeit" und die Liste der harten, aber zugleich dürren und unvollständigen Fakten, wie sie die „Deutsche Dienststelle (WASt)" Berlin zur Verfügung stellte:

– 1937–1939: Erste Dienstzeit in der Deutschen Wehrmacht: 5. November 1937 – 20. März 1939 in der 11. Kompanie Gebirgsjäger-Regiment 99

- 1939–1945: Zweite Dienstzeit: Einberufung am 30. August 1939, Erkennnungsmarke 40 in der 3. Kompanie des Gebirgsjäger-Ersatz-Bataillons 100 – ab dem 30. August 1939 in der 3. Kompanie des Gebirgsjäger-Ersatz-Bataillons 100, Bad Reichenhall (diese unterstand der 157. Division)
- Laut Meldung vom 7. Februar 1940 und vom 4. Juni 1940 in der 5. Kompanie des Gebirgsjäger-Ersatz-Bataillons 100 – Ab dem 6. Juni 1940 und mindestens bis 20. November 1940 im 1. Gebirgsjäger-Ersatz-Bataillon 100 (Bad Reichenhall)
- Ab dem 21. November 1940 und mindestens bis 1. Februar 1941 in der 5. Kompanie des Gebirgsjäger-Regiments 100
- Laut Meldung vom 18. August 1943 und mindestens bis 20. November 1944 in der Stabskompanie 1. Kompanie Gebirgsjäger-Regiment 100 (zur Wachkompanie Armee-Ober-Kommando 10) – In der Folge keine weitere Meldungen mehr[190]
- 1939–1943 Dienstgrade: 1. November 1939 (Gefreiter), 1. Mai 1940 (Obergefreiter), 1. Jänner 1942 (Oberjäger), laut Meldung vom 18. August 1943 Unteroffizier (kein Beförderungsdatum); Kriegsgefangenschaft (keine Unterlagen)
- 1942 Orden und Ehrenzeichen: 1. September 1942 Ostmedaille (Winterschlacht im Osten 1941/42), 1. September 1942 (Kriegsverdienstkreuz 2. Klasse mit Schwertern) und 20. September 1942 (Verwundetenabzeichen in Schwarz)
- 1943 Lazarettaufenthalte: 18. August 1943 Krankensammelstelle Narwa (Ruhr) – ins Artillerie-Feldlazarett 502 Hungerburg, am 31. August 1943 dienstfähig zur Truppe.[191]

Dürre Fakten also, die unvollständig sind und das Entscheidende nicht enthalten: Nach Fanderls erster Dienstzeit von Ende 1937 bis Frühjahr 1939, während der er seine militärische Ausbildung in Bad Reichenhall und Sonthofen erhielt und zugleich die deutschen Annexionen in Österreich und im Sudetenland vom März und Oktober 1938 mitmachte[192], hatte er es gerade einmal für etwa fünf Monate nicht mit dem Militär zu tun. Fanderl gehörte während seiner ersten Dienstzeit dem Gebirgsjäger-Regiment 99 an, und zwar dem III. Bataillon/11. Kompanie. Dieses wurde 1935 aufgestellt und war schließlich in Sonthofen stationiert. Aufgaben hatte es freilich im Jahr 1938 – in sogenannten „Friedenszeiten" – schon einige, denn es musste zwei völkerrechtswidrige Annexionen Hitler-Deutschlands militärisch mittragen und mithelfen sie abzusichern. Das „Lexikon der Wehrmacht" hält Folgendes fest, was sich mit Fanderls Erinnerungen nur teilweise deckt: „Zur Besetzung Österreichs rückte das Regiment am 11. März 1938 an die bayerisch-österreichische Grenze vor. Aufgabe des Regiments sollte der Marsch auf Hallein sein. Durch den friedlichen Einmarsch zog das Regiment am 12. März 1938 in Salzburg ein. Weiter ging es nach Wien, wo das Regiment bis zum 31. März blieb. Dann verlegte es zurück in seine Standorte. Ab dem 9. April 1938 unterstand das Regiment der 1. Gebirgs-Division."[193]

„Kaum grüsst der erste Sonnenstrahl". Marschkomposition Wastl Fanderls (1938, Einsatz Österreich, 11/ Gebirgsjägerregiment 99)

Fanderl erinnert sich an lange und mühselige Märsche von Sonthofen nach Berchtesgaden und über die österreichische Grenze – er sei als „Meldefahrer" eingeteilt gewesen. Er erwähnt auch, dass er während des Einmarsches in Bad Aussee den NS-freundlichen steirischen Volksmusiksammler Hans Gielge getroffen habe[194] und in Graz Prof. Viktor von Geramb. Letzteres brachte dem Soldaten Fanderl Probleme ein, weil die Nationalsozialisten mit Professor Geramb auf nicht gerade freundlichem Fuß standen.[195] Näheres ist über diesen Vorfall nicht bekannt.[196]

Der damalige Regimentskommandant Oberst Eduard Dietl, ein begeisterter Volksmusik-Anhänger, hatte am 1. Januar 1934 das Kommando über das Gebirgsjägerregiment 99 in Füssen übernommen und gab dieses nach dem Einmarsch in Österreich ab, weil er – Hitler-Vertrauter spätestens seit dem versuchten Hitler-Putsch 1923 in München und schon 1921 NSDAP-Mitglied – zum Divisionskommandanten der 3. Gebirgs-Division in Graz aufstieg. Dietl war also bis 1938 der oberste militärische Vorgesetzte Fanderls. Später stieg er zum General auf, war ein höchstdekorierter nazistischer Militär, der für kriegsverbrecherische Aktionen verantwortlich zeichnete (Feldstraflager in Finnland und Norwegen, Übergabe von Kriegsgefangenen zur Erschießung an den Sicherheitsdienst der SS). Es passt ins Schema der Erinnerungskultur ehemaliger Soldaten, dass Fanderl noch lange nach dem Krieg positiv über Dietl spricht. Dieser war für ihn seit dem Norwegen-Feldzug (1940) zu einer Art volkstümlichem Wehrmachtsheroen geworden.

„Im Oktober 1938 wurde das Regiment [Gebirgsjäger-Regiment 99] zum Einmarsch in die Tschechoslowakei bereitgestellt, zum Einsatz kam es aber nicht."[197] Fanderl erinnert sich allerdings anders: Er sei mit seiner Truppe bei der „Sudetenland-Besetzung" durchaus aktiv gewesen. Er berichtet sogar 40 Jahre später über einige Orte auf der Route des Regiments in die Tschechoslowakei: Waldkirchen im Bayerischen Wald, wo Fanderls Name als Leiter von Singstunden für den BdM bekannt war[198], und über den Ort Lenora im Böhmerwald: „Hier in Lenora war ich beim Einmarsch 1938 einquartiert. Unsere Einheit gehörte zur Spitze. Wir haben somit gleich jenseits der Grenze [nahe dem heutigen Grenzübergang Philippsreuth] halt gemacht, während die nachfolgenden

Truppen an uns vorbei weiter ins Land gezogen sind. Hier gab es das Eleonorenheim, ein Heim für Frauen. Und diese Frauen haben uns empfangen, als wären wir ihre Erretter von allem. Uns ist es dort mehr als gut gegangen. Wir sind bewirtet worden mit den köstlichsten Sachen, die sie zu bieten hatten."[199]

Die kurze Phase zwischen Wehr- und Kriegsdienst – also zwischen Ende März und Ende August 1939 – ist nicht dokumentierbar. Wir wissen nicht, wofür Fanderl diese Zeit nutzte.

Am 30. August 1939, am Vorabend des Überfalls Hitler-Deutschlands auf Polen, der letztlich den Zweiten Weltkrieg entfachte, wurde Fanderl nach Bad Reichenhall zum Gebirgsjäger-Ersatz-Bataillon 100 einberufen. Er gehörte zuerst der 3. Kompanie, dann der 5. Kompanie an. Dieses Bataillon stellte für verschiedene Kampftruppen den Ersatz, u.a. auch für das Gebirgsjäger-Regiment 100, in dem Fanderl ab Ende November 1940 diente, also unmittelbar nachdem dieses von der 1. Gebirgs-Division[200] zur 5. Gebirgs-Division kam, deren Kommandant bis Februar 1944 der aus Kärnten stammende Julius Ringel war.[201] Diese organisatorische Umstellung sollte sich – nicht für Fanderls Einsatz im Krieg, sondern auch für das Gebirgsjäger-Regiment 100 als Ganzes – am Ende nicht nachteilig auswirken, verstrickte sich doch die 1. Gebirgs-Division unter Hubert Lanz in Kriegsverbrechen und Verbrechen gegen die Menschlichkeit, besonders auf dem Balkan, in Griechenland und Italien. Nach 1945 wurde Lanz dafür einerseits vom Tito-Regime und ab 1946 andererseits von den Westalliierten verurteilt.

Die 5. Gebirgs-Division war am 25. Oktober 1940 unter Julius Ringels Kommando im Raum Salzburg und Zell am See aufgestellt worden, hatte einen Gamsbock als Truppenkennzeichen in ihrem Insignium („Gamsbock-Division") und sollte mit ihren Einheiten auch Fanderls Kriegsschicksal entscheidend mitbestimmen. Ab Mai 1941 war die Division und mit ihr Wastl Fanderl im Kriegs- und Besatzungseinsatz auf Kreta. Dann folgte – nach einer etwa halbjährigen Zwischenstation und „Auffrischung" des Regimentes in der Heimat[202] – der mehr als eineinhalb Jahre dauernde Einsatz im Krieg gegen die Sowjetunion (zwischen Februar 1942 und November 1943), und zwar im Zusammenhang mit der als Kriegsverbrechen geltenden, aber nach 1945 nie rechtlich geahndeten „Leningrader Blockade" der Deutschen Wehrmacht zwischen September 1941 und Jänner 1944, an der Fanderl spätestens ab 11. Mai 1942 bis November 1943 beteiligt gewesen sein muss (u.a. im Raum Ladogasee).

Im Jänner 1943 war Fanderl zu Hause auf Fronturlaub, bei dem er seine spätere Frau Liselotte (Lisl) Mayer zum ersten Mal traf.[203] Bei seinem nächsten Fronturlaub im Oktober 1943 stand für die beiden fest: Sie wollten heiraten.[204]

Kurz danach, im November 1943, wurde die 5. Gebirgs-Division aus Leningrad abgezogen, um ein Jahr lang auf dem italienischen Kriegsschauplatz (Kalabrien, Schlacht um Monte Cassino, Abruzzen) eingesetzt zu werden. Während des Italieneinsatzes war Fanderl offenbar mit Erlebnissen konfrontiert, über die er nach dem Krieg stets mehr andeuten als erzählen wollte. Im Juli 1944 erhielt er erneut Urlaub von der Front. Fanderl und Lilo, wie sie damals noch gerufen wurde, verlobten sich bei dieser Gelegenheit am Tag der Silberhochzeit von Lisls Eltern im Taubenseer Forsthaus.[205] Einen Tag danach erkrankte Fanderl an Gelbsucht und kam in ein Lazarett in Bad Reichenhall, wo auch zivile Bombenopfer aus München untergebracht waren. Fanderl blieb bis November 1944 in Bad Reichenhall und musste nicht mehr zurück an die italienische Front.[206] Stattdessen erlebte er das Kriegsende als „Gebirgsjägerhüttenwart" auf der sogenannten „Knorrhütte" im Wettersteingebirge. Dies soll, so die Behauptung Fanderls, ein militärisches Kommando gewesen sein. Man darf es bezweifeln. Wehrmachtsintern war Fanderl am 20. November 1944 zur Wachkompanie des Armee-Ober-Kommandos 10 überstellt worden. Den Jahreswechsel 1944/45 verbrachte er – offenbar schon wieder gesund – auf der Gröbl-Alm in Mittenwald, wo er auch seinem Neffen, dem Leutnant Bertl Witter, begegnete. Mit ihm sang er nach dem Krieg gemeinsam im Fanderl-Trio und in anderen Formationen bei zahlreichen Auftritten.

Kriegsurlaubsschein für den Oberjäger Fanderl Wastl vom 21. Februar 1945

Wastl und Lisl (damals Lehrerin am Kindergärtnerinnenseminar in Leoni am Starnberger See)[207] beschlossen, am 24. Februar 1945 im St. Anton-Kircherl bei Garmisch-Partenkirchen zu heiraten. Der dafür ganz offiziell ausgestellte „Kriegsurlaubsschein" der „Versuchskompanie Geb.Jäg.Schule" in Mittenwald ist mit 21. Februar 1945 datiert und erlaubte Fanderl die Abwesenheit von der Truppe vom 23.-28. Februar 1945. Fanderls Braut war damals mit ihrem ersten Kind schwanger (Monika Elisabeth, geb. 12. Juli 1945 in Bischofswiesen). Im Nachlass hat sich ein bewegender Brief Fanderls vom 16. Februar 1945 erhalten, den der zukünftige Vater ein paar Tage vor seiner Hochzeit mit Lisl Mayer in großer Liebe an sein noch ungeborenes Kind richtet. Es ist ein in gestochener Schönschrift verfasster, mit viel Humor und Selbstironie gespickter Brief voll jubelnder Vorfreude auf sein Kind, von dem er nicht wissen konnte, dass es sich um ein Mädchen handeln würde. Jedenfalls, so der glückliche Vater, möge es sich auch für die „Volksmusi" interessieren.

„Verlobt" 1944

Um das Jahr 1945 – Fanderl war seit Juni 1944 wieder in der Heimat als Gelbsuchtkranker, Wehrmachts-Soldat, Verliebter, Verlobter und Hochzeiter – ranken sich eigenartige Erinnerungen des „Folkloristen", wie Fanderl im Hochzeits-„Aufgebot" und in den zahlreichen Medienberichten übereinstimmend genannt wurde: „Da hat mich der Oberstleutnant N.N. [sein Name war nicht mehr zu eruieren, K.M.] angerufen und gesagt, ich soll mich nach meiner Genesung in Mittenwald bei der Einheit [unklar bleibt, bei welcher, K.M.] melden; es würde eine Einheit zusammengestellt werden, die Filme machen soll. Für Unterkunft sei im Hotel [kein Name mehr eruierbar, K.M.] gesorgt. Das war etwas Außergewöhnliches. Ich, als Unteroffizier, soll in einem Hotel übernachten?! [...] Ich hab' mich dann in Mittenwald gemeldet. Aber mit den Filmaufnahmen war nichts mehr. Der Krieg war schon zutiefst in unserem Lande. Der Oberstleutnant hatte aber eine neue, andere Aufgabe für mich. ‚Fanderl, Sie übernehmen das Kommando über die Knorr-Hütte auf der Zugspitze!' Daraufhin wurde ich mit sechs Gefreiten auf die Zugspitze abgeordnet und ich entdeckte als erstes, daß dort viel Sekt und Essen eingelagert war und dahinter aber noch viel mehr Waffen und Munition. Erst viel später, nach dem Krieg, erfragte ich, daß das das Arsenal einer bayerisch-alpinen Widerstandsbewegung war. Der Oberstleutnant war einer ihrer Anführer. [...] Wenn man so will, dann war ich einmal ‚Hüttenwart' auf der Knorr-Hütte. Ich war zu Kriegsende als Soldat abkommandiert, die Knorr-Hütte zu bewachen. Aber ich habe bis heute nicht gewußt, daß diese mit dem Münchner Großkaufmannsgeschlecht Knorr[208] zu tun gehabt hat. [...] Aus organisatorischen und möglicherweise auch aus Besoldungsgründen war ich natürlich einer Kompanie zugeordnet. Von dort bekam ich die Order, ich solle mich bei ihr zurückmelden. Ich ließ aber wissen, daß ich die Weisung habe, von niemandem Befehle anzunehmen, außer vom Oberstleutnant N.N. Daraufhin wurde ein Feldwebel zu mir geschickt, und der hat gesagt: ‚Fanderl, ich habe den Befehl, dich mit der Waffe zur Einheit zu bringen.' Frech war ich schon. Ich kannte diesen Feldwebel und ich hab' dann zu ihm gesagt: ‚Schau, die Amerikaner sind jetzt schon in Weilheim und Murnau, und bald ist der Krieg zu Ende. Sollen wir uns da noch auseinandersetzen? Es gibt jetzt verschiedene Möglichkeiten. Entweder du machst von deiner Waffe Gebrauch, dann habe ich aber auch einen Revolver, zu dem ich greifen werde, oder du kehrst zurück und erzählst einfach, du hast den Fanderl nicht mehr angetroffen.' Der Feldwebel hat dann aber von einer dritten Möglichkeit Gebrauch gemacht. Er ist auf der österreichischen Seite der Zugspitze hinunter nach Erwald, wo er vielleicht eine Freundin gehabt hat, und hat sich dort versteckt und das Kriegsende abgewartet. Ich habe ihn leider nie mehr gesehen. [...] Ja, und dann nach'm Krieg bin i g'fangt word'n, von einem musikfreundlichen Amerikaner auf der Zugspitz. [...] Der Oberstleutnant N.N. hat mir viele, viele Jahre danach wieder geholfen. Als es um die Festlegung meiner Rente ging, fehlten mir einige anrechenbare Monate. Er hat mir dann bestätigt – eigentlich illegal – daß ich vier Monate länger beim Militär war, als das den offiziellen Stellen bekannt war."[209]

Fanderls spärliche Erzählungen über militärische Einsätze auf Kreta, vor Leningrad und in Italien schildern wiederholt, was heute nur schwer verständlich ist, aber wohl männerbündlerisch gang und gäbe war, humorvoll gemeinte Vorkommnisse aus dem angeblich flotten Soldatenleben. Ab und zu lassen sie im Anekdotischen aber auch Schreckliches aufscheinen: Nicht nur von Hunger, Kälte und – in kritischer Distanz – von ihm bezeugten Erschießungen von russischen Frauen im Russlandfeldzug sowie von gegen ihn gerichteten kriegsgerichtlichen Befragungen ist die Rede, sondern auch von Gefangennahmen griechischer ZivilistInnen, von militärisch befohlenen Partisanen-Erschießungen in Italien und von der Bewachung von Kriegsdienstverweigerern.²¹⁰ Fanderls „Geschichtsaufarbeitung" bleibt im bekannten und üblichen Korsett der Soldatengeneration stecken:

„Im Krieg haben wir es in Italien auch mit den Partisanen zu tun gehabt. Und die haben unsere Soldaten, wenn sie sie gefangen haben, massakriert: die Augen ausgestochen, die Glieder abgeschnitten und, und... Da hat dann unser Major gesagt (und befohlen): ‚Die zwoa Häuser dort droben (wo sich die Partisanen verschanzt gehabt haben), werden morgen ausgeräuchert!' [...] Wenn ich über mein Kriegsdasein hätte schreiben müssen, ich hätte es verschwiegen, daß ich dabei war. Kurt Waldheim ist [1986] bei der Wahl zum österreichischen Bundespräsidenten heftig angegriffen worden, im Inland und im Ausland, speziell von den Israelis. Er hat a u c h Dinge verschwiegen, an denen er im Krieg beteiligt war – und das war sein Fehler. Trotzdem, oder gerade deswegen, weil das Ausland sich so intensiv eingemischt hat, ist er von den Österreichern gewählt worden. Jedes Volk hat seinen eigenen Nationalstolz. Darum habe ich auch nie verstanden, daß bei den Nürnberger Prozessen Ausländer zu Gericht gesessen sind. Wenn schon, dann hätten wir, die Deutschen selbst, unsere Verbrecher aufhängen müssen und nicht die anderen."²¹¹

Über Fanderls Wehr- und Kriegsdienst zu sprechen, heißt aber auch, über seine nicht-militärischen Aktivitäten (in Uniform) zu berichten – also über seine „unpolitischen", volkskulturellen und volkstümlichen Veranstaltungen an der Front und seine Mitarbeit in diversen Soldatensendern (Front- und Heimatfrontbetreuung)²¹², dazu über seine Sammel-, Komponier- und Publikationsarbeiten. Sein Verhältnis zur NSDAP muss ebenfalls genauer beleuchtet werden, nicht zuletzt im Zusammenhang mit dem Erscheinen seiner Bücher seit 1938.

Davor ist noch von eigenartigen Vorkommnissen des Jahres 1942 zu berichten: Fritz Jödes und Fanderls Plan eines Studienurlaubs sowie die ihm vom Salzburger Regierungspräsidenten und Gauhauptmann SS-Oberführer Dr. Albert Reitter angeblich in Aussicht gestellte Aufgabe als „Volksmusikbeauftragter für den Gau Salzburg" nach dem „Endsieg". Fanderl hatte das Glück, wie er es selbst bezeichnet, weitgehend kontinuierlich als volkstümlicher „Kulturarbeiter" – in einem der Programme firmierte er als „Münchener Humor-Jodler" – im Rahmen der Wehrmacht eingesetzt zu werden und dadurch für jeweils einige Zeit von der Front loszukommen. Dies wurde vom „Reichsministerium für Volksaufklärung und Propaganda" des Joseph Goebbels gesteuert. Auch die „Frontbühnen" gehörten zu den Kontrollbereichen dieses Ministeriums. Es galt, die Truppen mit ablenkender Unterhaltung zu versorgen, die wohl auch zur Kräftigung des Kampfwillens beitrug, weil sie den Soldaten heimatliche Identität vermittelte und somit die Verbindung zur „Heimatfront" nicht abreißen ließ – ein affirmatives Herrschaftsinstrument.

Fanderl mit einem Kameraden im Gefechtsunterstand (Ladogasee 1942/43)

Kriegsschauplätze

Der erste Kriegschauplatz, auf dem Fanderl eingesetzt war, war Norwegen, nachdem das Land zwischen April und Juni 1940 unter dem Kommando von Eduard Dietl, dem ehemaligen Vorgesetzten Fanderls während seiner Ausbildungszeit, durch die 3. Gebirgs-Division besetzt worden war. Im Nachlass Fanderl finden sich Erinnerungen an erste Front-Kultureinsätze gemeinsam mit Maria Hellwig. Fotos zeigen Fanderl 1940 in Zivil mit Pfeife z.B. am Holmenkollen, auf einem der Bilder könnte er auf der „Frontbühne" mit Gitarre und singend zu sehen sein: „Die Frontbühne stand unter der Leitung des Reichspropagandaministeriums. Mir san da ohne Uniform g'fahr'n. [...] Einmal waren wir in Norwegen. Da haben wir in der Hauptsache vor Offizieren und vor Luftwaffeneinheiten gespielt. Da war auch die Maria Hellwig dabei, und mit der hab' ich das Streitlied ‚I bitt di, geh Franzl, schau mi nimmer o...' gesungen und gespielt."²¹³

Fanderl auf Kreta 1941

Maria Hellwigs Erinnerungen gehen darüber hinaus. Fanderl sei bei einer Tournee zur Soldatenbetreuung dabei gewesen. Der Titel des für die alpenländischen Gebirgsjäger passenden Programms: „Rosen aus Tirol", hauptsächlich mit Melodien aus der Operette „Der Vogelhändler", aber auch mit Jodlern und volkstümlichen Duetten. Eines davon war „Der Ehestreit". Maria Hellwig weiß lange Jahre nach dem Krieg sogar noch die Besetzung zu nennen und erinnert sich, dass die Truppe in Tracht aufgetreten ist – seichter Unterhaltungskitsch für die Truppe: Maria Hellwig und Wastl Fanderl traten als Liebespaar auf der Bühne zwischen Oslo und Nordkap auf. Zusätzlich moderierte Fanderl beim Soldatensender Oslo eine der beliebten Wunschkonzertsendungen.²¹⁴ Man hielt ihn offenbar für qualifiziert genug, immerhin konnte er seine Moderations-Erfahrungen am Münchner Rundfunk seit den 1930er Jahren einbringen. Auch „Rosen aus Tirol" sei in der gesamten Länge über den Osloer Sender ausgestrahlt worden. Maria Hellwig erzählt auch, dass man sie und Fanderl aufgefordert habe, ein Stipendium als Opernsänger anzunehmen, was Fanderl aber abgelehnt habe. Etwa fünf Monate sei man in Norwegen unterwegs gewesen.²¹⁵

Zeitlebens hat Fanderl sich für diese Aktivitäten im Rahmen der Truppenbetreuung geniert, allerdings nicht aus politisch-ideologischen, sondern aus geschmacklich-ästhetischen Gründen: „Es ist nie ohne Singen gegangen und ohne Musizieren.

Aber nicht immer war alles hasenrein. Ich werde manchmal rot, wenn ich daran denke, was wir alles gesungen haben beim Militär. [...] und wir haben das sogar alles schön gefunden"²¹⁶, auch das Lili-Marleen-Lied.²¹⁷

Griechenland, Athen – Leningrad: Dürftige Daten über Veranstaltungen und Sendungen Fanderls gibt es aus der Zeit in Kreta (1941/42; Soldatensender Athen) und nur ungenaue Erinnerungen an offenbar unzählige Wehrmachts-Weihnachtsfeiern an der Front bei Leningrad im Winter 1942/43, für die sich sogar die SS interessiert habe, wie Fanderl berichtet.²¹⁸ Aus Kreta sei er, so erzählt Fanderl, zum Athener Sender geflogen worden, um dort sozusagen aus dem Stegreif eine zweistündige Sendung zu machen: „Ich habe da eine Geheimnummer gehabt und den Auftrag, mich im Funkhaus, beim Soldatensender zu melden, um eine Sendung zu machen. Ich habe dann dort gefragt, was ich genau machen soll, wie die Sendung gestaltet sein soll und wie lange das Ganze dauern darf. ‚Zwei Stunden lang schon', hat man mir daraufhin gesagt. Gut, zwei Stunden san's dann net g'word'n, aber anderthalb hab' ich schon z'sammbracht. Ich hab' einfach alles erzählt, was ich g'wußt hab'. Danach bin ich wieder ‚heimgeflogen' (zu meiner Einheit), per Anhalter sozusagen, mit einer Militärmaschine."²¹⁹

Italien: Auf dem italienischen Kriegsschauplatz, wo Fanderl sich zwischen November 1943 und Juli 1944 befand, arbeitete er ebenfalls als

Die Nussknacker. Soldaten-Bühne der Armee. Fanderl als Gitarrist in Wehrmachtsuniform (Südfront Italien 1944)

Fanderl mit einem Kameraden (Russland 1942)

Fanderl und Lois Kranz auf Kreta 1941
(Rethymno, Hans-Moser-Porträt an der Wand)

Frontbühnen-Aktivist. Er war sich seiner spezifischen Rolle wohl bewusst. Geschämt hat er sich allerdings im Nachhinein dafür: „Schmarrn" nannte er, was die Generalität dagegen als „hervorragenden humorvollen Spieltrupp"[220] schätzte: „Viele Leute kennen mich tatsächlich von einer ganz anderen Seite. Ich hab' ja bei den Soldaten oft Conferencier gemacht und da hab' ich natürlich auch viel Gaudi gemacht und viel Schmarrn verzählt. [...] Wir vom Fronttheater haben halt gegenüber den anderen Soldaten doch ein schöneres Leben gehabt. Wir sind viel herumgekommen und haben auch viele Freiheiten gehabt."[221]

Belegt ist Fanderls Tätigkeit als leitendes Mitglied der „Soldaten-Bühne der Armee" mit dem Titel „Nußknacker". Sie tourten in Italien und boten vor den Landsern „Meisterabende froher Unterhaltung". Erhalten geblieben ist ein Programmfolder, auf dem die Erstaufführung des Programms „In meinem Feldpostpackerl vom Mariandl..." angekündigt ist – harmlose Worte und eine unbekannte Melodie von Wastl Fanderl.[222] Fotos belegen die Aufführung des Stückes auf einem Lastwagen, der zur Bühne umfunktioniert wurde. Andere Fotos zeigen, dass die Truppe aus zehn Musikern, Sängern und Künstlern bestand, die sowohl uniformiert als auch in Zivil auftraten. Auch die Namen sind bekannt. Fanderl kommentierte die Leistungen seiner Kollegen durchaus kritisch: Akkordeon, Saxophon, Klarinette, Gitarre (die Fanderl recht und schlecht spielte, wie er selber zugibt), Kontrabass, Schlagzeug, Bariton, Bass, Tenor, Mimiker, ein „seltsamer Haufen" insgesamt, mancher ein „Windhund", wie sich Fanderl ausdrückt, „aber ein großer musikalischer Könner" oder „leider ein schlechter Kamerad" – „mehr Angst als

Die Nussknacker. Soldaten-Bühne der Armee. Fanderl als Gitarrist in Zivilkleidung (Südfront Italien 1944)

vaterlandslieb". Dann wieder spricht er von seinen Kameraden als „ernsthaften Künstlern". Auch der „umwerfende Humor" der Soldaten blieb ihm in Erinnerung. Über sich selbst meinte er bloß: „mäßiges Können" und – selbstironisch: „preußenkritisch". „Außerdem behauptet er ständig", so Fanderl über sich selbst, „dass er das prächtigste Madel in der Heimat hat."

Werner Finck, der ehemalige Gründer und Leiter des Berliner Kabaretts „Die Katakombe", soll diese Frontbühne gegründet haben. Fanderl erinnert sich an systemkritisch auslegbare Texte des Werner Finck, auch an das verbotene Hören von Feindsendern, was Finck Probleme mit der Gestapo eingebracht habe. Dies mag plausibel erscheinen, denn Finck hatte als politisch-satirischer Geist und Intellektueller Schwierigkeiten mit Goebbels' Reichskulturkammer, er wurde als „Kultur-Bolschewist" verhaftet, die „Katakombe" 1935 aus politischen Gründen geschlossen.[223] Fanderl soll nach 1945 die Karriere Fincks genauer beobachtet und dessen intellektuelle Brillianz bewundert haben. Er berichtet: „Eines Tages war er verschwunden. Wir wußten nicht, hat man ihn ‚geholt' oder eingesperrt, oder was sonst war. Ich habe ihn nach dem Krieg wieder getroffen und ihn angeredet, aber er ist dann, ohne mich zu beachten, einfach weiter gegangen."[224]

Programmzettel der Soldaten-Bühne der Armee. Meisterabend mit den Nussknackern

Kulturelle Tätigkeiten im Überblick

Ganz frisch war aber die Erinnerung noch, als 1940 die Zeitschrift „Das deutsche Volkslied" Fanderls Bericht „Gebirgsjäger singen"[225] abdruckte. Darin beschreibt er ziemlich detailliert, wie er – nach dem ersten Einrücken in Sonthofen 1937 – mit offenen Ohren hörte, was da alles so gesungen, gemurmelt, gepfiffen und gejodelt wurde, wie spontan gemeinsam musiziert wurde. Schließlich fanden sich einige sangesfreudige Rekruten offenbar unter seiner Leitung schnell zusammen, ein Quartett und eine Singgemeinschaft wurden gebildet, die sogar Zeit fürs Proben zugestanden bekamen und Weihnachtsfeiern mit alpenländischen Liedern und Jodlern gestalteten. Fanderl aber zeichnete das ihm wertvoll Erscheinende auf und sammelte in volkspädagogischem Eifer: „Der ganze Liederstrauß ist mir – wo ich doch nur gute, echte Liadl hören wollte – vorgekommen wie ein Guglhupf mit recht wenig Weinbeerl drinnen. Nun, ein paar Weinbeerl sind besser als gar keine. [...] Am andern Tag haben sich zwei Zigarettenschachterl nicht schlecht gewundert, als aus ihnen plötzlich Notenblattl wurden, auf denen einer voll Begeisterung Köpfchen malte. Volkslied, wenn nur in jeder Kompanie einer wäre, der sich darum annähme. Es gehört nur ein klein bisserl Liebe dazu."[226]

Wiederholt berichtet Fanderl auch, wann, wo und von wem ihm Lieder und Jodler während des Militär- und Kriegsdiensts vorgesungen wurden und welche davon er für wert befand aufzuzeichnen. Immer wieder hat er solche textlichen und musikalischen Notizen bearbeitet und umgestaltet, hat sie z.B. um weitere Strophen ergänzt oder neue Melodien zu Texten erfunden bzw. Texten andere Melodien unterlegt.[227] Fanderl erinnert sich besonders an die Allgäuer Bauernburschen Hintersteiner und ihre gegen jedes kehlkopfakrobatische Meisterjodeln gerichtete Art des Jodelns – „langsam und langgezogen gesungen und mit starken Bässen untermalt. Schön, fast feierlich, hört sich das an. Die Singart hat mich oft an das kärntnerische Singen erinnert"[228]. Außerdem gab es den ihm lieb gewordenen Kameraden Göttle Toni (Oberstdorf), der ihm 1937 den Jodler „Da Schöne" zum ersten Mal vorgesungen hat, auch den „Burgberger"- und den „Fischinger"-Jodler, die Fanderl schießlich mit einigen anderen Melodie- und Text-Aufzeichnungen aus der Zeit zwischen 1936 und 1940 in seiner Sammlung „Hirankl – Horankl" publizierte.

Wastl Fanderl als Mitarbeiter der Zeitschrift „Das deutsche Volkslied" (1941)

Diese Sammlung sollte schließlich auch einen Großteil der von ihm seit Mitte der 1930er Jahre gesammelten Kindersprüche, Kinderverse, „Dorfgedichtl" und z. T. gereimten Witze enthalten, für die Fanderl besonders aufgeschlossen war, weil er ihren eingängigen Rhythmus, den Klang des Reimes, die überraschende Wendung liebte, die freilich bei Fanderls Beispielen nie eine intellektuell erhellende ist. Ebenso mochte er die harmlos klangreiche Unsinnspoesie des „Volksmundes".

Seit 1935 hatte er in mehreren kleinen Beiträgen die Zeitschrift „Das deutsche Volkslied" mit solchen Textchen versorgt[229] und stand damit in einer bis in die Monarchie zurückreichenden Tradition des volkspädagogischen Interesses bzw. Auftrags der Volkskulturbewegung, die vor allem das Kindersingen und die Belehrung der Kinder stärken wollte.[230] Fanderl orientierte sich dabei sicherlich auch an der für ihn vorbildhaften Sammelleidenschaft der Josefa Schiefer aus Laufen, die schon 1933 solche Texte in der genannten Zeitschrift vorgelegt hatte[231], aber ganz besonders an Annette Thoma mit ihrem 1935 publizierten Plädoyer „Vom bäuerlichen Kindersingen".[232] Fanderl war Thomas gelehriger Schüler in seiner Singpraxis mit den „Bergener Kindern". An einer Stelle seiner Sprüche ist Fanderl allerdings bewusstseinsloser und geschichtsvergessener Vertreter seiner antijüdisch und antisemitisch geprägten Generation, wenn ihm in seinem Beitrag „Lustige Kindersprüchl zwischen Inn und Salzach" auch jenes unselige „Auf dem Berge Sinai sitzt der Schneider Kikeriki, zupft sei rote Hosn aus, hupft ein großer Floh heraus" unterläuft. Das Sinai-Kikeriki-Bild gehörte zum festen Bestandteil antijüdischen Ressentiments. Tatsächlich wusste die damalige Volkskunde genau, was es damit auf sich hatte. In einer zwischen „Dokumentation" und deutsch-völkischen bis rassistischen Untertönen schwankenden Dissertation hat Fritz Kynass 1934 viele historische Belege und Varianten für diesen „Abzählreim" aufgelistet.[233]

Während der Leningrader Belagerung 1942/43, berichtet Fanderl, habe er schließlich unter katastrophalen, widerwärtigsten Umständen und angesichts des Leidens und des alltäglichen Todes „plötzlich Kinderlieder" komponiert. Dies ist aus psychologischen Gründen bemerkenswert: „Von meinen Kameraden habe ich sie mir vorsingen lassen, damit ich es gehört habe, wie sie klingen. [...] Vor unserem Graben lag ein Toter, bereits steif von Totenstarre. [...] Dann ist der steif neben uns gestanden und wir haben an Kinderlieder gedacht. [...] Ich hab' vorher so alte Kinderreime gesammelt g'habt – da hab ich sie in so kloane Melodien g'faßt und hab s' dann an Bresgen g'schickt. [...] Bresgen war hart in seinem Urteil und wollte nur solche Kinderlieder gelten lassen, die nur zwei oder drei Töne haben [...]. Und wenn er eines zurückgeschickt hat, dann habe ich es verbessert und weiter daran gearbeitet."[234]

Feldpostbrief an Lisl vom 1.10.1943 mit eingeklebtem Wiegenlied

In eine aus heutiger Sicht ähnlich bedenkliche Kategorie wie ein kleiner Teil seiner Sprüche und Reime aus der Kriegszeit gehören seine „Frontbriefe", die er als Wehrmachtssoldat unter dem Titel „A Rucksackl voll Gstanzl" an die „Münchner Feldpost" geschickt hatte.[235] Fanderl wusste, dass er die Kameraden mit von ihm aufgezeichneten und wohl auch bearbeiteten Beispielen „aus der unteren Schublad'n" bediente, wenn auch nicht aus der untersten, wie er meinte, eben mit „Halbseidene[m]" aus dem Volke, wie er sich ausdrückte. Das ist freilich beschönigend gesprochen, denn es handelt sich dabei meist um Frauenfeindliches der üblen Sorte, besonders dem „Osten" gegenüber, um einen unerträglichen Kameraden- und Männerton. Dass ihn manche der damaligen

„Kameraden" nach dem Krieg offenbar noch immer mit diesem Niveau identifizierten, muss ihm peinlich gewesen sein – besonders als Herausgeber der „Sänger- und Musikantenzeitung".[236] Dass Fanderl wiederholt in Feldpostbriefen und auch im Vorspann des „Frontbriefs" virtuell einen Jodler auf den „Sieg" anstimmen wollte, gehört in die Kategorie sprachlicher Stromlinienförmigkeit der Zeit – „Werkzeug propagandistischer Kriegsführung."[237]

Im privaten Fanderl-Archiv sind auch noch zwei Erzählungen aus seiner Kriegsdienstzeit erhalten geblieben, die ebenfalls nicht zu den Glanzstücken seines Schaffens zählen: „Akropolis. Heitere Skizze" und die „Gebirgsjägergeschichte auf Kreta" mit dem Titel „Der Zigudia"[238] (Traubenschnaps). Es handelt sich um wahrscheinlich ungewollt dekuvrierende, literarisch misslungene Charakterskizzen einer dumpf-brutalen Soldateska in Griechenland, um den Zusammenprall von „Tiroler" und „griechischer Kultur", um die Ausschmückung bzw. allzu breite Darstellung frauengeiler und bildungs- und seelenloser Charaktere. Wusste Fanderl, was er schrieb? Der „Münchner Feldpost" und ihren Lesern gefiel solches offensichtlich. Dass er solche Ergüsse nach 1945 nicht gänzlich entsorgte, so wie dies mit fast allen Feldpostbriefen letztlich geschehen ist, die es zumindest zu Beginn der 1950er Jahre noch gegeben hat, könnte auf eine Art schaffensgeschichtliches Dokumentations-Bewusstsein schließen lassen.

Fanderl als Autor: Akropolis. Heitere Skizze

Während seiner ersten Wehrdienstzeit ab 1937 firmierte Fanderl auch als Texter und Komponist eines Soldatenliedes – für Fanderl singulär. Es entstand anlässlich des Einsatzes der 11. Kompanie des Gebirgsjäger-Regimentes 99 bei der Österreich-Annexion im Jahre 1938, ein Soldatenlied im Marschtritt mit Jodler: „Kaum grüßt der erste Sonnenstrahl". Der Gesangsmarsch schaffte es sogar in ein „Soldatenliederbuch"[239] bis in die vierte Auflage – wohl nur wegen der zweiten Strophe, die vom „fein sakrischen" Schießen „auf den Feind" weiß, „daß es kracht". Fanderl hat es als Erinnerungsdokument in sein „Hausbuch" (17.12.1952) eingeklebt – mit allen drei Strophen: über Jäger und Frühlingszeit und die Liebe zu den Madln, eben „ins Leben gesungen im Jahre 1938".

Das leibhaftige Liederbuch (1938)

Aber dies ist sicher nicht der ganze Fanderl dieser Zeit, die für ihn auch viele Chancen barg, wie er damals meinte. Eine ganz besondere Herausforderung und zugleich eine große Anerkennung dürfte die Einladung von Walter Schmidkunz gewesen sein, ihn zusammen mit Karl List, dem Musiker und Rundfunkmann, als Mitarbeiter und Mann der Praxis, als Kenner der neuen Medien und ihrer Vermittlungsformen, der „den Jungmädelgruppen das volksechte Singen beibringt und Heimatabende und Funksendungen belebt", für „Das leibhaftige Liederbuch" zu gewinnen.

Fanderl war damals 23 Jahre jung. Walter Schmidkunz hätte sein Vater sein können, Karl List, der aus der Steiermark kommende Kapellmeister und Münchner Rundfunkmann, war 35 Jahre alt. Schmidkunz wusste wahrscheinlich genau, warum er sich an Fanderl wandte und eben gerade nicht an Kiem Pauli oder gar an Kurt Huber. Fanderl war unbekümmerter, wohl auch unbedarfter und kannte weniger Skrupel als die beiden anerkannten Größen Kiem und Huber. Fanderl war Schmidkunz persönlich Mitte der 1930er Jahre begegnet und offensichtlich von ihm beeindruckt, musste aber gleichzeitig versuchen, berechtigte Bedenken bei Kiem Pauli und bei Annette Thoma auszuräumen. „Der Schmidkunz ist kein Dummer", meinte er zu Annette Thoma schon 1935: „Er hat herrliche Sachen geschrieben, z.B. Christusmärchen."[240] Dies war freilich die Meinung eines Nicht-Intellektuellen. Am Ende war „Das leibhaftige Liederbuch" das Kind von Schmidkunz[241] – er war, wie schon erwähnt, verantwortlich für „Gewand und Schmuck", „Liedgrundstock",

Karl List, Walter Schmidkunz, Wastl Fanderl, die drei Herausgeber der Liedersammlung „Das leibhaftige Liederbuch" (1938)

Auswahl und Textfassung, weiters für die Anmerkungen zu den Liedern und Jodlern, „hoffentlich ohne dabei mit gelehrten Daten zu ermüden."[242] Dafür sorgte schon die oft allzu flüssige und flott unwissenschaftliche, ja die an einigen Stellen von Schwulst getränkte und „geschmeidige" NS-Feder des Walter Schmidkunz.

Unsicher darf man bleiben, ob man dieses Vorwort ganz ernst nehmen soll, wie es erst kürzlich ein ganz auf Ideologiekritik ausgerichteter und zwei Ausgaben der Sammlung (1938 und 1959) vergleichender Artikel von Josef Focht getan hat.[243] Denn Schmidkunz war letztlich „bloß" ein opportunistisch

Ein Motiv des Buchschmucks von Paul Neu
(Das leibhaftige Liederbuch)

kalkulierender Schreiber und kein nazistischer Volkstums-Ideologe: Er wusste, was man wie sagen musste und worauf es wirklich ankam. Im Vorwort nannte er etwa Kiem Pauli und Josef Pommer, vollkommen zu Recht, denn die Sammlung schöpft ja auch wiederholt aus deren Aufzeichnungen, aber eben auch aus einer großen Anzahl anderer wichtiger Sammlungen seit dem 19. Jahrhundert. *(vgl. Beilage 3)* Damit durfte Schmidkunz auch erwarten, bei den eingefleischten Volksliederbewegten Vertrauen zu finden und zugleich den Verkauf zu fördern, was ja auch eintrat. Das Liederbuch musste sehr bald nachgedruckt werden. Schmidkunz vertraute geschickt auf die schon verfestigte Identität seiner Klientel – dies war sicher auch ganz in Fanderls und Karl Lists Sinn: „Ob echt oder nicht, ob gut oder schlecht, ob volksmäßig und lebendig, sagt nicht das musikalische Gewissen und nicht das Wissen um Tonfolgen, Harmonien, Ursprung und Urheber, sondern allein das unbestechliche Gehör des Herzens."[244] Schmidkunz kündigte sogar einen wissenschaftlich stärker abgesicherten Folgeband an, der freilich nie erschien, er wusste mit einigen flotten Formeln das deutsch-völkische und „germanische" Sentiment seiner KäuferInnen zu befriedigen und tat zugleich so, als ob er sich in den wissenschaftlichen Debatten z.B. zum Jodler wirklich auskennen würde. Er brachte geschickt seine eigene dreibändige „Schnadahüpfl"-Sammlung ins Spiel, ließ einige interessante, aber wahrscheinlich unhaltbare Thesen zum Verhältnis von Minnelied und alpenländischem Lied einfließen und feierte die unzerstörbare Kraft des Volksliedes – gegen „von außen kommende Einflüsse"[245]. Er spielte geschickt auf vielen Klaviaturen der schon gefestigten Volksbewegungs-Ideologie und redet ihren Vertretern nach dem Mund – auch Josef Nadlers süddeutsch-barocke und sogar oberbayerische Stammesideologie ließ grüßen. Dabei vergaß Schmidkunz nicht, sich ein Schlupfloch für die Aufnahme „halbseidener" Stücke zu lassen: „Und damit man einmal vergleichen kann und weiß, wie der bergnachbarliche Städter, der Münchner etwa oder der Wiener, seinen ‚halbseidenen' Gesang anstimmt, sind auch davon ein paar Proben da, zwar nicht lauterstes Volkslied, aber doch leibhaftiges, dem Volksmund angepasstes Gut."

Schmidkunz wetterte – wie es auch Kiem Pauli und alle seine Adlaten getan haben – gegen den „Liedertafelstil", gegen „sentimentalen Kitsch", „Stimmenakrobatik", „Kehlkopfpoesie"und so fort. Keine Ressentiments, keine Lieblingsvorstellungen und kein Leitwort der damaligen Volksliedpfleger ließ er aus: das beliebte „Drübersingen" und „Zuawisingen", die Verachtung des Blattsingens, die Feier der Spontaneität gegen jegliche Kopfig- und Genauigkeit, die Verachtung des vierstimmigen Chorsatzes, das Loblied auf die musikalische „Freizügigkeit", das Zurechtsingen als Wert, die geforderte Offenheit für den regional unterschiedlichen Umgang mit dem mundartlichen Text. Schmidkunz schöpfte bei seiner eigenen Liederauswahl nachweislich aus seiner Wandervogelzeit. Leichter lesbar und nachvollziehbar sind jene Passagen des Vorwortes, bei denen ihm offensichtlich der Praktiker Fanderl beratend an die Hand gegangen war. Dort, wo Schmidkunz jedoch im Geiste des Jahres 1938 ideologisierend und raunend herumtappt, wird es unerträglich, oft lächerlich und peinlich – etwa wenn es um die Definition des „altbairischen Landes" „in diesen großen Tagen" geht oder – im imperialen Gestus – um die Beschwörung der deutschen Einheit und einer tausendjährigen Geschichte im Sinne der NS-Bewegung. Natürlich fehlt auch nicht das Gerede von der Einheit „durch das Blut."[246]

Der Buchrücken von „Das leibhaftige Liederbuch" (Gestaltung von Paul Neu)

„Das leibhaftige Liederbuch" erschien in einem sehr auffälligen Format, das sich deutlich an Konrad Mautners „Steyrischem Rasplwerk"[247] orientierte, und mit identitätsstiftenden Illustrationen von Paul Neu[248]. Es enthielt ca. 220 thematisch geordnete Lieder – u. a. Wiegen-, Hirten- und Krippenlieder, Bauern- und

Illustration und Kommentar zum „Lied der Bauern" (mit Hinweisen auf Fanderls Arbeit)

Heimatlieder, Alm-, Jäger- und Wildschützlieder, Standes- und Soldatenlieder, Liebes- und erotische Lieder, diverse Balladen, Tanz-, Scherz- und Spottlieder, Zwiefache, Lärm- und Sauflieder sowie „Kunstlieder-Adaptionen" und „Halbseidenes". Durchaus spannend wirkt Schmidkunz' großzügiger Versuch, einerseits einen alpenländischen Liederschatz unter den Kriterien „Buntheit und Vielfalt", Beliebtheit und vermutete Akzeptanz anzubieten und andererseits mit seinen vielfach informativen und oft auch humorvollen, anekdotenhaften Kommentaren volkserzieherisch zu wirken, alles gedacht für die wachsende Masse der Liedbegeisterten. Stand beim Kiem Pauli und seinen Publikationen – altväterlich und streng – noch das Sammlerische und Wissenschaftliche im Vordergrund, so war Schmidkunz stärker auf die massenhafte Verbreitung und den verlegerischen Erfolg aus. Schmidkunz' Erläuterungen, Kommentare und Hinweise auf Aufführungstraditionen, seine Nennungen von Gewährsleuten, Quellen und ganzer Überlieferungs-Geschichten sind bemerkenswert. Für die einfachen Sängerinnen und Sänger war das sicher sympathisch. „Wir wollen [...] neue Freunde und weite Kreise gewinnen und so unser bescheidenes Scherflein beitragen, dies besondere Volksgut zu bewahren, zu pflegen und es Allgemeinbesitz werden zu lassen."[249] „Wir suchten nach der besten und schönsten Fassung", so heißt es. Man wollte klassen-, stände- und parteiübergreifend arbeiten. Der künstlerische Buchschmuck von Paul Neu sollte eine weitere Verkaufsattraktion werden. Dies gelang überzeugend.

Die zeitgenössische Kritik hat denn auch – sogar aus den Kreisen des „Deutschen Volksliedes" – positiv auf das Liederbuch reagiert, besonders die „Neuaufzeichnungen"[250] hervorgehoben und natürlich auf kleine Fehler aufmerksam gemacht[251], letztlich aber doch gemeint, es sei eine „Quelle herzlicher Freude und innigen Behagens." Fanderl muss durch seine Mitarbeit ungemein viel gelernt haben, nicht zuletzt auch über die bayerische Geschichte, wie sein zunehmendes Interesse an kulturhistorischen Zusammenhängen, die er nach dem Krieg in Büchern und Sendungen in Rundfunk und Fernsehen darstellte, vermuten lässt. Alle späteren Arbeiten Fanderls orientieren sich am Vorbild des „Leibhaftigen Liederbuchs", und zwar in erster Linie vom Vermittlungsansatz und vom Sammlungs- und Aufbereitungskonzept her, jedoch nicht hinsichtlich der von Schmidkunz übergestülpten „deutschen Ideologie". Fanderl durfte sich als wertvoller, aktiver Mitarbeiter und Berater fühlen, er textete und adaptierte neue Strophen und dürfte einige Male auch die Entscheidung getroffen haben, ob ein Lied überhaupt oder in welcher Version es abgedruckt werden sollte. Die Kriterien dafür waren: Singbarkeit, Wirkungskraft, Popularität und wenig Berührungsängste dem „Halbseidenen" und dem Derben gegenüber. Fanderl war es, der die in Oberbayern üblich gewordenen Singweisen am besten kannte und er dürfte Schmidkunz einiges dazu in dessen Kommentar-Feder diktiert haben. Eine Durchsicht der Sammlung zeigt, nach Meinung des Autors, Fanderls „Handschrift" zumindest bei ca. 25 Liedbeispielen *(vgl. Beilage 3)*. „Das leibhaftige Liederbuch" konnte auf eine breite Überlieferungslage verweisen und nutzte diese auch.²⁵²

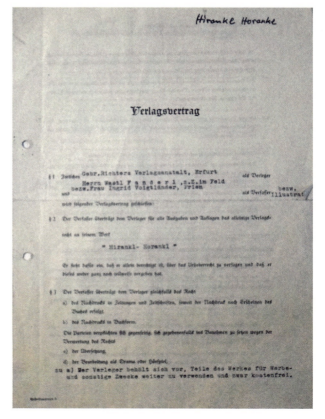

Auszug des von der Reichsschrifttumskammer genehmigten Verlagsvertrags („Hirankl – Horankl") zwischen der Gebrüder Richters Verlagsanstalt Erfurt und Wastl Fanderl, März 1942

Bei jeder Publikation, die von der Reichsschrifttumskammer freigegeben wurde, ist nach den Bedingungen zu fragen, unter denen veröffentlicht werden konnte. Denn prinzipiell ist davon auszugehen, dass die Nationalsozialisten zumindest auf drei Ebenen in textliche Überlieferungen zensurierend eingriffen, wie Ernst Schusser zeigen kann:

„Auslassung ‚königstreuer Stellen' in den Volksliedern" sowie Zensurierung geistlicher Inhalte sowie Eingriffe in die Schnaderhüpfeln und Trutzgsangln.²⁵³ Dass im „Leibhaftige[n] Liederbuch", das auch Wastl Fanderl mitzuverantworten hat, z.B. jene offenbar umstrittene siebte Strophe des Andreas-Hofer-Liedes – „O, große Himmelsfrau,/zu Dir hab ich vertrauet,/weil du in unserm Land/ dein' Wohnung hast gebauet"²⁵⁴, nicht verschwiegen wird, mag für Fanderls Aufrichtigkeit sprechen.

Hirankl – Horankl (1943)

Die Erfahrungen mit dem „Leibhaftigen Liederbuch" konnte Fanderl schließlich am besten bei seinem ureigensten Projekt „Hirankl – Horankl" – „Wiegengsangl, Kinderversl, Bauernrätsel, Jodler und viele lustige Liadl für Dirndl und Buam vom Alpenland" nutzen, eine Sammlung, die – mitten im Krieg – ebenfalls bei Richter in Erfurt erschien, nachdem es erhebliche Probleme mit der Reichsschrifttumskammer gegeben hatte.

Titelbild Hirankl – Horankl 1943

Fanderl kam mit diesem Projekt einem offenbar bei vielen Sängerinnen und Sängern virulenten Wunsch entgegen. Seit Mitte der 1930er Jahre war er, wie schon erwähnt, seiner Lieblingsbeschäftigung nachgegangen, Texte und Melodien speziell für Kinder aufzuzeichnen – sein Ohr war also dafür fein gestimmt, umso mehr, als er bei seinen Singwochen mit vielen Mädchen und Frauen zu tun hatte, die ihn mit Versln, Rätseln, Auszählreimen usf. versorgten. Nicht weniger als 70 hauptsächlich weibliche Gewährspersonen nennt der Band, und aus ca. 20 Lieder- und Jodler-Sammlungen schöpft der Herausgeber *(vgl. Beilage 4 und 21)*, so wie er es von Kiem Pauli und Walter Schmidkunz anschaulich gelernt hatte. Fanderls Vorwort ist „unideologisch" ausgefallen, wenn auch ziemlich blauäugig. Die reine „Freude am Singen" wird da beschworen, die „Lebenslust" der Jugend (mitten im Krieg) gefeiert und die „lebendige Erneuerung" des überlieferten Liedgutes erhofft: Eine schon zum „Gemeingut" gewordene „Auswahl der schönsten Lieder und Jodler" habe er „getreu nach der üblich gewordenen Singart, zumeist in der charakteristischen Dreistimmigkeit ihres niederösterreichischen Urbildes niedergeschrieben". Ein Loblied auf die Mundart hebt er ebenfalls an, außerdem eines auf die Freiheit des „Zurechtsingens" und schließlich auf die „Kraft des Ausdrucks und den „Wohlklang der Worte"[255] durch die Reime, die er vor dem Vergessen bewahrt wissen will.[256]

Immerhin konnte Fanderl an die 45 Lieder und Jodler versammeln, davon einiges, was er seit seiner eigenen Kinderzeit aus Bergen kannte und anderes, das er erst kürzlich während seiner Militärdienstzeiten gehört und gelernt hatte. Das Büchl (Auflage 5000) wurde sogar an die Front geschickt. Die Verteilung an die Buchhandlungen wurde von der Reichsschrifttumskammer (RSK) übernommen.[257]

Fanderls NSDAP-Mitgliedschaft

Bevor „Hirankl – Horankl" erscheinen konnte, gab es erhebliche und kurios bis skandalös anmutende Probleme mit der genannten Goebbels'schen Reichsschrifttumskammer (RSK) – allerdings nicht aus ideologischen, sondern aus rein bürokratischen und finanziellen Gründen. Dabei kamen auch Fragen

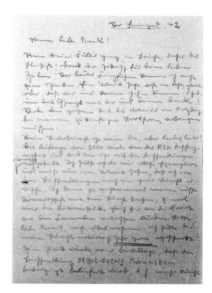

Feldpostbrief Fanderls (vor Leningrad 1942) an Nandl Haupt, u. a. zu „Hirankl – Horankl"

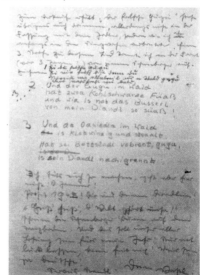

Reichsschrifttumskammer an Gauleitung der NSDAP Gau München vom 19.10.1939: Anfrage zu Sebastian Fanderl

der Zugehörigkeit Fanderls zur NSDAP und seiner „Abstammung" ins Spiel. Es sind die einzig erhalten gebliebenen und letztlich dürren Dokumente, die aber wenigstens etwas Licht auf das Verhältnis Fanderls zur NSDAP werfen bzw. zeigen, welche Haltungen der Nazistaat förderte.

Zwischen Oktober 1941 (Fanderl ist auf Kreta) und Mai 1942 (er ist vor Leningrad) existiert ein Briefwechsel zwischen Fanderl, der RSK und dem Verlag. Der „Abstammungsnachweis", der für die Aufnahme in die NSDAP und RSK verpflichtend gewesen ist, liegt nicht (mehr) vor. Es ist auch zweifelhaft, ob Fanderl ihn je erbracht hat.

Im Zuge jenes Genehmigungsverfahren, das anlässlich der Herausgabe der Sammlung „Hirankl – Horankl" (1943) notwendig geworden war und das vorsah, dass bei nicht vorhandener Mitgliedschaft in der RSK um einen „Befreiungsschein" anzusuchen sei, hat Fanderl Ende 1941 mehrere Schreiben an die RSK gerichtet, u.a. einen Antrag auf Aufnahme in die RSK gestellt. Von Kreta aus bat er als Obergefreiter (Feldpostnummer 24 9 71 F) am 29.11.1941, ihm die „Erbringung eines Abstammungsnachweises zu erlassen", denn dieser sei ohnehin schon mehrfach bei diversen Einrichtungen („Rundfunk", „HJ", Ordensburg) erbracht worden. In seinem ersten Schreiben an die RSK vom 25.10.1941 hieß es noch klarer: „Auf Grund der Tatsache, daß ich Pg. bin [seit 1.4.1939, Nr. 7052451 K.M.] und außerdem das Amt eines Beauftragten für Volksmusik im Lande Salzburg [sic! K.M.] bekleide, sowie als Singeleiter innehalb [sic!] der Wehrmacht und des BdM wirke, wird es nicht notwendig sein, Ihnen den Nachweis meiner arischen Herkunft zu erbringen."

Fanderl behauptete also 1941, Parteigenosse zu sein. Eine am 1. August 1939 ausgestellte Mitgliedskarte (Aufnahme beantragt am 14.7.1938, Aufnahme am 1.4.1939, Nr. 7052451) ohne die sonst üblichen Beilagen ist erhalten geblieben. Doch die Kreisleitung Traunstein – dort hatte die RSK nachgefragt – wusste am 15.11.1939 von keiner Mitgliedschaft: Ein Parteigenosse (Pg.) Dr. Anton Endrös ließ schreiben: „Fanderl hat sich vor 1933 politisch nicht betätigt. Er nimmt zwar am heutigen politischen Geschehen auch nicht sonderlich Anteil, ist weder Pg. noch Angehöriger einer Gliederung oder eines angeschloss. Verbandes, aber es ist ihm doch eine positive Einstellung zum nat.-soz. Staat zu bestätigen. Allgemein menschlich war er bis jetzt nicht zu beanstanden."[258]

Fanderl selbst wollte wohl weder die Publikation seines Buches noch die gleichzeitig beantragte Papierzuteilung für die nächste Auflage des „Leibhaftige[n] Liederbuch[s]" gefährden. Er bat also um die Erlassung des Abstammungsnachweises und trumpfte zugleich auf bzw. ließ auftrumpfen, denn sein „Lebenslauf" und sein Antrag auf Aufnahme in die RSK vom 26.11.1941 sind offensichtlich von fremder Hand verfasst: Es werden seine Verdienste für den Rundfunk, die HJ und die Ordensburg hervorgehoben und seine Publikationen seit 1934 in der Zeitschrift „Das deutsche Volkslied" sowie in der „Wacht im Südosten" (Athen 1941) erwähnt. Es wird auf seine „Volkstums- und Soldatensendungen" aus München, Wien, Oslo und Athen zwischen 1936 und 1941 hingewiesen. Für die Zeit nach dem Krieg sei er zudem als „Beauftragter für Volksmusik im Lande Salzburg" vorgesehen. Die Unterlagen riechen also letztlich nach Schummelei und „Hochstapelei", wie er sich später ausdrückt, also nach

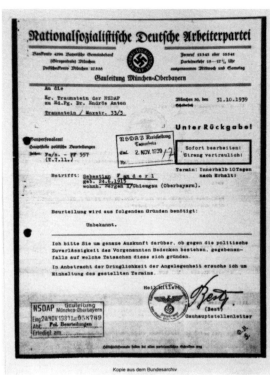

NSDAP Gauleitung München-Oberbayern an NSDAP-Kreisleitung Traunstein: Anfrage vom 31.10.1939 über Sebastian Fanderl

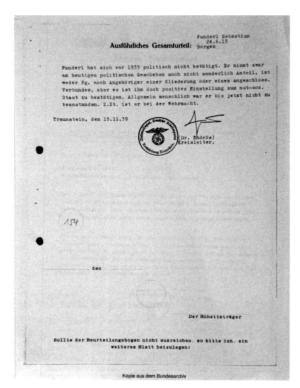

NSDAP-Kreisleitung Traunstein:
Ausführliches Gesamturteil vom 15.11.1939

Halbrichtigem. Fanderls Äußerungen dazu nach 1945 bestätigen diesen Eindruck. Er scheut sich übrigens in diesen Zusammenhängen nicht, auf die heterogenen Haltungen in seiner eigenen Familie hinzuweisen – neben einem „Leibstandartenträger" gab es auch einen von den Nationalsozialisten Verfolgten – und er selbst geriert sich sympathischerweise nicht als herkömmliches Opfer, sondern skizziert sich als einen pragmatischen, vielleicht auch opportunistischen Filou:

„Man wollte, daß ich zur Partei gehe, aber ich habe nicht mögen. Warum? Weil ich ein ‚Hund', ein Filou, war. Alles andere hat mich mehr interessiert. […] Dreimal habe ich zu der Gestapo müssen. Ich habe Offene Singen gemacht, ich habe aber auch die Bauernmesse einer ‚Halbjüdin' (Annette Thoma) aufgeführt. Ich habe mit dem BdM gesungen und, wenn die Katholische Landjugend gekommen wäre, hätte ich mit ihr genau so gerne gesungen. […] Da hat der Schmidkunz zu mir gesagt [1938 während der Zusammenarbeit am „Leibhaftigen Liederbuch"]: ‚Was ist denn mit dir, Wastl, bist du net bei der Partei?' Aber ich war nicht. Dann haben wir aber doch versucht, möglichst viele Aktivitäten von mir ‚zusammenzukratzen'. […] Später wollte ich dann doch zur Partei, um Problemen aus dem Weg zu gehen. Aber sie haben mich nicht mehr aufgenommen. Es hat eine Sperre gegeben. Ja, so etwas hat es auch gegeben. Ich durfte nicht mehr! […] Bei der Entnazifizierung nach dem Krieg habe ich zu meiner Überraschung aber feststellen müssen, daß ich doch bei der Partei war. ‚Ja, woaßt', hat da der ehemalige Ortsgruppenleiter zu mir gesagt, ‚dein Antrag war dagelegen und du warst bei den Soldaten, und wenn einer bei den Soldaten war, dann war die Aufnahme in die Partei kein Problem mehr. Dann hab'n wir des halt g'macht.' [...] Das alles (von unserer ‚Hochstapelei') war nach dem Krieg natürlich bei der Entnazifizierung als Belastung im Anklageprotokoll gestanden. Als sich der Richter das Liederbüchl angeschaut hat, hat er aber selber nur ein leichtes Lächeln aufsetzen können. [...] Ich habe Strafe zahlen müssen bei der Entnazifizierung; aber nicht weil ich ein Nazi war, sondern wegen Urkundenfälschung. Bei der Entnazifizierung waren unheimlich lange Fragebogen auszufüllen: Waren Sie Mitglied von der oder jener Organisation? Seit wann? Warum? usw. Ich habe überall Striche hingemacht. Da hat mir der Anderl Ostler, der ehemals so berühmte Skibobfahrer, den Rat gegeben: ‚Irgendwas mußt schon hinschreiben, sonst machst du dich gleich verdächtig, irgendetwas Harmloses wie RAD (Reichsarbeitsdienst) oder so etwas.' Und ich hab' dann auch irgendetwas Harmloses hineingeschrieben, aber sie haben gleich festgestellt, daß das nicht gestimmt hat."[259]

Die Salzburg-Episode

Zu einer Art „Hochstapelei" gehörte auch das von Fanderl für sich verwendete „Versprechen" des Salzburger NS-Regierungspräsidenten und Gauhauptmannes Dr. Albert Reitter: Er solle „Beauftragter für Volksmusik im Lande Salzburg" werden. Aber wer weiß, wie es hätte kommen können, hätte es den von den Nazis gewünschten „Endsieg" gegeben und wäre der 1942 vom Salzburger Mozarteumprofessor Fritz Jöde[260] eingefädelte Versuch gelungen, Fanderl als „führenden Volkslied- und Jodler-Forscher und Jodler-Sänger"[261] von der Wehrmacht zu beurlauben, um ihm im Studienjahr 1942/43 ein Studium an der Reichshochschule Mozarteum zu ermöglichen und ihm einen akademischen Abschluss nach nur einjährigem Studium in Aussicht zu stellen.

Fritz Jöde: Planung einer Werbefahrt
für Volkslied und Hausmusik durch
Schweden und Dänemark (Mozartwerk
des Mozarteums Salzburg) 1941

Fritz Jöde lehrte die Fächer „Musikvermittlung" im Rahmen der dem Mozarteum angeschlossenen und von Cesar Bresgen geleiteten „Musikschule für Jugend und Volk" in Bad Reichenhall sowie „Musiktheorie", „Harmonielehre", und „Kontrapunkt". Fanderl war dem bekannten Musikpädagogen und Pionier der deutschen „Jugendmusikbewegung", der trotz einiger Differenzen mit den Nazis 1937 Leiter des Jugendfunks im Reichssender München und 1938 Leiter der HJ-Spielschar geworden war, möglicherweise seit Jödes Tätigkeit am Münchner Sender ein Begriff gewesen. Er dürfte ihn wohl auch als Repräsentanten der alpenländischen Volkslied-Singwochen und wegen Fanderls vielfältiger Aktivitäten für Kinder und Jugendliche gekannt haben. Jödes musikpädagogisches Konzept wollte über die Förderung einer aktiv „singenden Jugend" als Ziel ein „singendes Volk" erreichen. Er initiierte und veranstaltete „offene Singstunden" als gemeinschaftsbildende Kraftquellen sowohl auf Großstadtplätzen als auch in der Natur, und zwar in strenger Abgrenzung zur modernen Popularmusik, zum Jazz und zur angeblich verlogenen bourgeoisen Kunstanbetung. In dieser Ablehnung traf er sich mit den Anliegen der Volkskulturbewegung, wie sie von Pommer, Kiem, Huber oder Fanderl vertreten wurden.

Jöde hatte als Professor der Reichshochschule Mozarteum schon seit 1940 vehement die Gründung des sogenannten „Mozart-Werkes" vorangetrieben, einer neuen NS-Institution, die als Kooperation zwischen der Stiftung Mozarteum und der Akademie zur wissenschaftlichen Erforschung und zur Pflege des Deutschtums[262] mit geplantem Sitz an der Reichshochschule Mozarteum gedacht war (im Leopold-Mozart-Wohnhaus). Das Projekt, das kurz vor einer erfolgreichen Durchführung stand – Gelder des Auswärtigen

Amtes waren schon überwiesen worden – und am 26. Mai 1941 „inauguriert" werden sollte, wurde durch den neuen Gauleiter Dr. Rainer zu Fall gebracht. Die Gründe dafür sind unklar. Der Präsident der Stiftung Mozarteum hatte im Herbst 1940 – gerade wegen des geplanten „Mozartwerkes" – sogar eine Sondierungsfahrt einer Vertrauten in das besetzte Frankreich und ins Berliner Außenministerium bezahlt, um Möglichkeiten „deutscher Kulturarbeit" in Frankreich und Spanien, ausgehend von der „Ostmark" und vom Mozartwerk, erkunden zu lassen.[263] Jöde seinerseits hatte schon seit 1938 an einer „Mittelstelle für Volksmusik" gearbeitet, deren Aufgabe es sein sollte, „vom Reich aus auch auf dem Gebiet der Volks- und Jugendmusikpflege die Verbindung im Sinne völkischer Erneuerung mit den Ländern Europas aufzunehmen."[264] Die Auslandsorganisation der NSDAP, die Abteilung für Volksmusik am Institut für Musikforschung und die Deutsche Akademie sollten dabei zusammenarbeiten. Als eine der ersten Aktivitäten des neuen „Mozartwerkes" war von Jöde für die Zeit zwischen dem 19.1. und 2.2.1941 eine „Werbefahrt für Volkslied und Hausmusik durch Schweden und Dänemark" geplant, bei der „neue Bekenntnislieder" von Cesar Bresgen[265] und Hans Baumann sowie „alte deutsche und schwedische Volkslieder" gesungen, Vorträge gehalten und „deutsche Hausmusik" vorgeführt werden sollten: Als Teilnehmer hatten schon zugesagt: der Schriftsteller Hans Baumann[266], Cesar Bresgen, Johannes Koch (Instrumentenbauer aus Lübeck, Blockflötenspieler und Gambist), Erika Metzger (Sängerin, Geigerin aus Salzburg), Lisl Zoglmann (Sängerin, München), Jolanda Clauß (Leiterin der Jugendgruppe der NS-Frauenschaft Salzburg), Fritz Jöde selbst und Wastl Fanderl. Aus dieser Reise wurde nichts. Fanderls Antrag auf Beurlaubung wurde von der Wehrmacht nicht genehmigt – stattdessen musste er zum „Einsatz vor Leningrad":

Zweite Seite des Konzepts der Werbefahrt Fritz Jödes

„Mit meinem Studium ist es dann aber nichts geworden. Mein Kompaniechef hat das unterbunden und nicht zugelassen. Warum? Er hat sich vielleicht gesagt, solche Leute wie mich […] brauche ich hier an der Front. Wir haben doch immer für Stimmung gesorgt und haben auf Kreta sogar ein bayerisches Wirtshaus betrieben."[267] Sehr spät nach dem Krieg haben wir uns wieder einmal getroffen. Da hat der ehemalige Kompaniechef zu mir gesagt: ‚Sie haben ja überhaupt nichts mehr hören lassen von sich und auch nicht geschrieben. Ich dachte schon, es sei deshalb, weil ich Sie damals nicht weggelassen habe.' Ein schlechtes Gewissen hat er also schon gehabt. Aber mein Weg ist anders verlaufen. Mir hat's nicht geschadet. Aber was wäre gewesen, wenn es bei einem anderen darauf angekommen wäre?"[268]

Ausschnitt aus dem ersten Brief Fanderls an Lilo Mayer (Im Felde 15.2.1943)

Fritz Jöde wollte Fanderl den Weg ebnen, ihn vom Militärdienst loseisen – „Ich [Jöde im August 1942] würde mich jedenfalls ganz toll freuen, wenn Du uns alle zum 1. Oktober hier als Beurlaubter begrüßtest"[269] –, und Mozarteumsdirektor Eberhard Preussner versprach Fanderl einen Studienplatz im Seminar für Musikerziehung, sollte dieser „Studienurlaub" bekommen. Im offiziellen Schreiben an Fanderl hieß es aus der Feder von Jöde am 29.8.1942: „[…] Und da Regierungspräsident Dr. Reitter Sie doch verabredungsgemäß nach dem Kriege als Leiter der volksmusikalischen Arbeit im Gau Salzburg einsetzen will, halte ich es für dringend erforderlich, daß Sie so viel wie nur möglich jetzt schon an Studien dafür ableisten und abschließen, denn hernach ist bei uns im Gau eine so dringend nötige volksmusikalische Arbeit durch Sie nötig, daß dann zu Studienzwecken wenig Zeit mehr sein wird. So wünsche ich Ihnen den Urlaub dafür von Herzen. Heil Hitler"

Jöde schätzte Fanderl offensichtlich sehr, er hatte aber auch eigene Interessen an dem jungen Sänger: Denn Jöde wollte seine jugendmusikalischen Bestrebungen stärker in der Klientel der alpenländischen Volkskulturbewegung verankert sehen. Deswegen durfte Fanderl das 40. Heft von Fritz Jödes „Zeitschrift für Spielmusik" als Herausgeber gestalten: „Lieber Herrgott, sing mit! 16 schöne Gsangl vom Alpenland für 3 Stimmen", so hieß sein Produkt im Jahr 1942.[270] Das Vorwort Jödes ist ein einziges Loblied auf die Leistungen Fanderls. Das Heft enthält Strophen, die Fanderl ausgesucht hatte. Nur zwei Lieder („Grüaß die God, du schöne Schwoagerin", „Der Wind waht") waren schon im „Leibhaftigen Liederbuch" abgedruckt gewesen, ganz wenige der Lieder übernahm Fanderl später in sein „Hirankl – Horankl"-Buch und in weitere Sammlungen. Die Kritik von Klier in „Das deutsche Volkslied" stieß sich an einigen sprachlichen Fehlern und Schlampigkeiten und polemisierte gegen Jöde: „Wenn das ein grünes Holz wie der Fanderl drucken läßt, was soll man dann erst vom dürren erwarten?"[271] Klier war das einfach zu dilettantisch. Bis über das Kriegsende hinaus blieb Jöde Fanderl in Wertschätzung verbunden – eine schmale Korrespondenz aus den 1960er Jahren belegt dies.

Auch bei dieser kleinen Sammlung stellt sich die Frage nach nazistischer Einflussnahme etwa hinsichtlich der Liederauswahl. Die 16 Lieder sind keine Produkte im Geiste der NS-Bewegung, wie sie etwa Cesar Bresgen geschrieben hat. Es handelt sich um überliefertes Liedgut – etwa Liebes- und Jagdlieder. Auch das bekannte „Hadnlied" („Der Wind waht") – „Jetzt hab i mein Hadn im Stadele drin/iatz dank i Gott Vata wia glückli i bin" – wurde aufgenommen.

Fanderl mit dem Liedtexter Hans Baumann und Sängerinnen (dritte von links wahrscheinlich Jolanda Clauß)

Ladschreiben oder Ei'sagats von Michl Ehbauer zur Hochzeit von Lisl und Wastl Fanderl

Privates – verliebt, verlobt, verheiratet

Fanderl war im Jänner 1943 während eines Fronturlaubes zum ersten Mal seiner späteren Ehefrau Elisabeth Charlotte Ludowika (Liselotte, Lilo, Lisl) Mayer begegnet.[272] Bei seinem nächsten Fronturlaub im Oktober 1943 stand für die beiden fest: Sie wollten heiraten – verliebt, verlobt, verheiratet.[273] Sie lernten sich im Jänner 1943 in der BdM-Hauswirtschaftsschule Bad Reichenhall kennen, wo Lilo, so wurde sie damals gerufen, als frisch gebackene Hauswirtschafts-, Handarbeits- und Turnlehrerin nach den Abschlussprüfungen im Juli 1942 in München ihre erste Anstellung bekommen hatte. Sie war damals 21 Jahre alt, Fanderl 28 Jahre. Er war während seines Fronturlaubs als Singlehrer in ihre Schule gekommen.

Ein „schöner" Mann sei er schon gewesen, meinte Lilo nach dem ersten Treffen, aber zuerst habe sie gar nichts mit ihm zu tun haben wollen, denn er sei ihr als wenig authentischer

und oberflächlicher Kerl erschienen. Aber seit Februar 1943 entwickelte sich zwischen den beiden eine intensive Feldpost-Korrespondenz mit etwa 100 Briefen, die in den Folgemonaten zwischen der Sowjetunion und Bad Reichenhall hin und her gingen: „[…] und wenn man es genau nimmt, haben wir uns auf diese Weise sogar brieflich verlobt."[274] Lisl/Lilo Fanderl hat nur ganz wenige dieser Briefe aufbewahrt und die meisten kurz vor ihrem Tod verbrannt – verständlich. Aber ein paar blieben – wohl aus guten Gründen erhalten, denn sie sind weit mehr als sehr gut geschriebene, unsentimentale Briefe eines Werbenden, vielmehr geben sie ein gutes Bild von Fanderls Identität während des Krieges: Er hatte Probleme mit seinem Leben bloß als „Liadlsinger" – mit „Humor" und „Übermut" überspielte er gerne die Schwierigkeiten mit seiner trotz aller Anerkennung noch nicht gefestigten männlichen und beruflichen Identität.

Die Hochzeit fand schließlich am 24. Februar 1945 in Garmisch-Partenkirchen statt. Politik spielte auch marginal eine Rolle

– die beiden Brautleute entschieden sich trotz ihrer Eingebundenheit in die „deutsche Jugend" definitiv für eine kirchliche Trauung, und die katholischen Priester wetteiferten darum, ihnen hier oder dort den kirchlichen Segen geben zu dürfen. Da Fanderl in Oberbayern schon ein bekannter Mann war, gingen auch die Berichte in den Zeitungen über das normale Maß hinaus: vom „höchsten Hochzeiter Bayerns, denn er kam vom Schneefernerhaus auf der Zugspitze", und vom „Volkssänger und Rundfunkhumoristen" war die Rede und Lilo hieß ganz in patriarchalischer Diktion die „Hübsche" vom Taubensee. Die „Deutsche Bauernmesse" der Annette Thoma wurde in der Kapelle gesungen und gespielt – Fanderl sang mit –, Kiem Pauli stellte sich mit einem handgeschriebenen Lied-Geschenk ein („Vivat der Bräutigam, vivat der Braut ihr Nam")[275], Michl Ehbauer, Volks- und Heimatdichter, Coupletsänger und ehemaliger Faschingsprinz aus München stellte sich als Hochzeitslader mit einem launig-witzigen „Ladschreiben oder Eisagats"[276] ein, Bertl Witter, der Neffe und später für einige Jahre Mitglied im „Fanderl-Trio", war ebenso dabei wie Fanderls Sängerfreund Martl Meier aus St. Georgen. Lilos Schülerinnen gratulierten mit einem bayerischen Hochzeits-Sprüchl und dem Lied „In Lieb' bin ich umfangen".

Die Flitterwochen verbrachten Lilo und Wastl auf der Knorrhütte – eine Lawine ging über die Hütte hinweg – sie überlebten. Ihre erste Tochter Monika Elisabeth wurde am 12. Juli 1945 in Bischofswiesen geboren. Zu diesem Zeitpunkt wusste Lisl Fanderl nicht, ob ihr Mann überhaupt noch lebt. Denn Fanderl war inzwischen in amerikanische Gefangenschaft geraten. Nach zehn Tagen im Sanatorium Gottschalk kehrte die junge Mutter zu ihren Eltern ins Forsthaus Taubensee zurück. Ende Juli konnte Fanderl seine Tochter Monika zum ersten Mal sehen. Ihre Taufe fand in der Ramsau statt, Patin war die Großmutter Anna Mayer, geb. Kurringer. Erst im Juni 1946 sollte Fanderl endgültig aus der Gefangenschaft entlassen werden – nach einem Verfahren wegen NS-Betätigung. Natürlich wurden dem Baby von der Mutter Wiegenlieder vorgesungen, darunter auch ein von Fanderl selbst komponiertes, das er im Oktober 1943 in einem der Feldpostbriefe aus Leningrad geschickt hatte. Lisl Fanderl notiert es im Hausbuch des Jahres 1953 und schreibt: „Aber in der Ferne ist bestimmt die Liebe zur Heimat besonders stark." Später meint sie dazu: „Wer dachte auch, daß aus dem Musikus, Sänger und vielgeliebten und umschwärmten Fanderl Wastl ein so lieber, guter und sorgender Familienvater würde." In den nächsten neun Jahren sollten noch zwei weitere Mädchen geboren werden.

Kiem Pauli: „Dem Wastl und seinem Weibi!"
(Februar 1945)

↖ Die Verlobten Lisl Mayer und Wastl Fanderl (in Uniform) auf dem Weg zur Trauung am 24. Februar 1945 (Garmisch-Partenkirchen), links: Thomas Mayer, der Brautvater

← Hochzeitstag: Lilo und Wastl Fanderl mit den Eltern der Braut

↙ Das Hochzeitspaar beim »Spektiv« (»Zuaweziaga«) auf der Zugspitze, Februar 1945

Volkskultur im Umbruch – Kontinuitäten und Zäsuren

Ende und Neubeginn

Im beruflichen Leben Wastl Fanderls nach 1945 gibt es kaum etwas, was nicht von der Öffentlichkeit wahrgenommen, gewürdigt oder kritisiert worden wäre. Es gibt Dokumentationen aller Art, Zeitungs- und Medienberichte sowie zahlreiche Auflistungen von Fanderls Aktivitäten und Leistungen – eingeschlossen die immense Fülle von Ton- und Filmaufnahmen, die mit ihm und von ihm hergestellt wurden. Sein äußeres Leben kann man sozusagen mit einem offenen Buch vergleichen. Es lohnt sich dennoch, etwas genauer hinzusehen und zu versuchen, die wichtigsten inneren Linien zu benennen, deutlich sichtbare Abschnitte und vielleicht sogar Brüche dieses Lebens zu erkennen sowie die kontinuierlichen Bezüge seit den 1930er Jahren darzustellen.

Fanderls Liebe zu Volkslied und Volksmusik hatte nach 1945 einerseits mit der schweren Hypothek einer von den Nationalsozialisten instrumentalisierten Teilkultur zu kämpfen. Andererseits galt es, sich gegen die aktuelle Vereinnahmung und Vermarktung durch Fremdenverkehr und seelenloses Showbusiness zu wehren, gegen die Vorherrschaft des ökonomischen Kalküls und entsprechende Konstruktionen von „bayerischer Identität".[277] Mit diesen Herausforderungen konfrontiert, konnte Fanderl auf eine gefestigte Haltung bauen, die sich ein Lebtag lang seinem Lehrmeister Kiem Pauli verpflichtet fühlte. Dieser blieb Ausgangs- und steter Bezugspunkt von Fanderls Wirken. Es ehrt den „Erben" Wastl Fanderl, dass er sich dieser seiner Erben-„Macht" bewusst geblieben ist: In seinen letzten Lebensjahren stellte er sogar selbstkritische Überlegungen etwa darüber an, dass die von ihm selbst so intensiv medial vermittelte oberbayerische Volkskultur zu einer „Mode", zu etwas bloß Verfügbarem, aber nicht mehr Durchfühltem geraten sei.

Seine Gedanken dazu lesen sich seit den 1970er Jahren folgendermaßen: „Die Masse wird' ma nie gewinnen. Vielleicht ziagt si s'Volkslied wieder dahin zruck, wo's amoi herkumma is: in die Stille. [...] Wo Licht ist, ist aber auch Schatten: Rundfunk bedeutet Perfektion, Einstudieren der Musikstücke, Fehlerlosigkeit, technische Perfektion. Das kann aber auch dazu führen, daß Volksmusik steril wird. Es fehlt ihr dann an improvisatorischer Ursprünglichkeit und an Spontaneität aus dem Augenblick heraus. [...] Ich bin froh, daß Volksmusikleute in der Minderheit sind, sonst verliert's seinen Charme. Da bin ich gar nicht traurig, wenn die Mode vorbei ist. [...] wichtiger ist, daß das Volk zum Singen gebracht wird, ohne Selbstdarstellung und Effekthascherei. [...] Man muß nicht nur alpenländische [...] Lieder singen, die Jungen mit ihrer Liebe zu der Folklore vieler Länder von Schottland bis Griechenland machen es uns doch vor. Singt's, was Euch Spaß macht."[278]

Fanderl mit Annette Thoma und Kiem Pauli bei der ersten Singwoche in Bergen (Erstes Sängertreffen nach dem Krieg 1946 in Grassau)

Fanderl war auch der Grundüberzeugung des Kiem Pauli verpflichtet, wonach alle Kulturen, auch alle sogenannten Volkskulturen, ihr Recht und ihre Würde besitzen und sich gegenseitig respektieren sollen. Bei Kiem liest sich dies 1929 so: „Jedem Land das Seinige – genauso wenig, wie man von einem Neger das Schuhplatteln verlangt, genau so wenig tut ein Neger unseren Bayerischen Bauernburschen gut."[279]

Das war zwar in einem zeitgenössischen Duktus formuliert, bedeutete aber keine Absage an das Fremde oder gar dessen Einstufung als minderwertig, sondern den selbstbewussten Versuch, der nicht-traditionalen Moderne das heimatlich „Überlieferte" entgegenzusetzen. Ob bei Kiem die zeitgenössischen, damals im Schwange befindlichen Mitbedeutungen vom „reinen und gesunden Volkstum" mittönten, wird man nicht mehr rekonstruieren können. Allerdings haben sich auf das heimatliche „Herz" später viele ungerufene Ideologen mit ihren parteilichen Interessen bezogen und dabei „das Gesunde" an anderen Kulturen übersehen, nicht akzeptieren, bekämpfen, ja sogar vernichten wollen. Den Bärendienst, den sie damit der überlieferten Volkskultur nachhaltig leisteten, kann man gar nicht hoch genug veranschlagen.

Fanderl war mit Kiem einer Meinung, identifizierte sich mit dessen Plädoyer für das „echte Volkslied" und richtete seine spätere pflegerische Praxis danach aus: „Was ist nun ein echtes Volkslied? Wer gehört zum Volk? Gehört ein studierter Mann nicht auch dazu? [...] Gehören zum Volk nur Maurer, Zimmerleute, Bauern und Holzknechte? Seht! Da sind wir an einem Punkte angelangt, über den sich ewig streiten läßt. Überlassen wir diese Auseinandersetzungen den Gelehrten. [...] Die breite Masse kümmert sich um diesen Streit nicht und singt wahllos Gutes und Schlechtes durcheinander. Man kann öfters von Leuten den Satz hören: ‚Das Volk hat eine gute Nase!' Dieser Ansicht kann ich mich nicht anschließen. Masse bleibt Masse, und man kann

Todesanzeige Dr. phil. Kurt Huber – „Für die deutsche Freiheit, die Wahrheit und die Ehre"

ihr weder die Kunst noch den Geschmack mit dem Schöpflöffel verabreichen. [...] Eine gesunde Durchschnittserziehung kann man durch Klugheit und Ausdauer erzielen, der Kitsch aber wird ewig leben. Solange wir Herz und Hirn nicht aus der Fabrik beziehen können, werden wir eben verschieden denken und fühlen. Unser Herrgott wird schon wissen, warum er das so eingerichtet hat. [...] Wer Geld verdienen will, geht nicht Volkslied sammeln. [...] Unsere Aufgabe ist nicht weniger wichtig als die der Gelehrten! Nichtgesungene Volkslieder können wohl einen historischen Wert haben, geben aber dem lebendigen Volk wenig oder gar nichts. Darum komme ich nun zu einem wichtigen Punkt: Wiederverbreitung der Lieder und Jodler! [...] Immer haben die lebenden Sänger die Pflicht, für Nachwuchs zu sorgen! Solange die Stimmen meiner Sangesfreunde erklingen, wird nicht viel passieren können, und ich weiß, daß sie unseren Buben und Madeln die Liebe zum Volkslied weitergeben. Vergeßt nie, daß zum Volkslied der ganze Mensch gehört: Heimatliebe, Brauch, Sitte, Bescheidenheit, gepaart mit einem gewissen gesunden Stolz, der sich nie des Vorteils halber erniedrigt. [...] Laßt die in uns allen wohnende Eitelkeit nicht zu groß werden, sie ist eine der größten Gefahren aller Harmonie! [...] Haltet ehrliche Freundschaft, Freunde! Alles für die Heimat! [...] Vererbt weiter, was euere Lehrmeister euch gegeben haben, das ist eure Pflicht! [...] Aus reinem Idealismus soll das Volkslied gepflegt werden. Wenigen von euch ist es bewußt, was für Zauberkräfte im Volkslied stecken. Es schenkt Liebe zur Heimat, stiftet Freude, lindert Sorgen, kittet Freundschaften und veredelt unsere Denkungsart."[280]

Fanderl mit Kiem Pauli in Bergen 1952

Die moderne Volkskulturforschung weiß solche Positionen kulturhistorisch zu verorten: „Die verbreitete Verwendung des

Begriffs *Echte Volksmusik* geht auf den Nationalismus zurück, der u.a. den Sammelbestrebungen um die Wende vom 18. zum 19. Jahrhundert immanent war und das Echte nicht nur als Antipoden zur Fälschung verstand, sondern auch als Synonym für wahr, aufrichtig und lauter (Grimm: Deutsches Wörterbuch, 1854). Nicht nur Johann Gottfried Herder sammelte ‚recht wählerisch das dem Volksliedideal entsprechende Wertvolle, Edle, Alte', um ‚das spärliche Gold des echten Volksliedes herauszufiltern' (Wilhelm Schepping), auch seine Nachfolger waren eifrig und ausschließlich auf der Suche nach dem Echten."[281]

Fanderl musiziert mit Kiem Pauli (Gitarre) und Schorsch Heindlmeier

Solche Auswahlbedürfnisse waren auch verständlich, galt es doch nicht zuletzt, den Geschmack bei den Volksmusikanten zu bilden und zu fördern. Dazu kommt allerdings, dass die Vorstellung des „Echten", des angeblich Unverfälschten, Authentischen, „Bodenständigen" (auch Guten, Wahren, Schönen) gegen Ende des 19. Jahrhunderts angesichts der rapid zunehmenden und oft als „entfremdend" erlebten Modernisierungserscheinungen auf allen Gebieten des Lebens und der Gesellschaft immer stärker in Opposition zum „Städtischen", zum Urbanen und angeblich „kulturlos Zivilisierten" in Opposition gesetzt wurde. Das „Urbane" musste sukzessive als Negativum herhalten und wurde gleichbedeutend mit fremd, ja sogar mit jüdisch und „volksfremd" gesehen.[282] Allerdings ist „aus musikwissenschaftlicher

Sicht" festzuhalten, dass es „überhaupt keine echte Musik [gibt], sondern nur Musik in bestimmten kulturellen Kontexten, über deren Akzeptanz oder Ablehnung zumeist die Mehrheit der jeweiligen Gesellschaft entscheidet. Ferner ist die Veränderung musikalischer Formen über längere Zeiträume hinweg wesentliches Merkmal einer Kultur. Das Bestreben, vergangene Zustände unter Gleichsetzung des Alten mit dem (vermeintlich) Echten wiederherzustellen, ist dagegen als Folklorismus definiert."[283]

Die zwei Orientierungen für Fanderl: Kiem Pauli und Annette Thoma bei einer Bauernhochzeit 1948

Fanderl war nach 1945 für lange Zeit in der glücklichen Lage, ein hohes Maß an Definitionsmacht über gut und schlecht, schön und hässlich, echt und unecht bzw. Kitsch – so die Leitwörter dieser Bewegung – zu erringen. Aber der Respekt für andere Kulturen – unabhängig davon, ob sie ihm gefielen oder nicht – zeichnete ihn aus. Der fast 50jährige Bogen, der sich seit 1945 bis zu seinem Tod spannt, zeigt, dass Fanderl sich dessen immer bewusst war und danach zu handeln trachtete, was Annette Thoma im „Schlußwort" ihres Geburtstagsbuches für Kiem Pauli geschrieben hatte: „Kernfeste, überschäumende Lustigkeit, schlagfertiger Humor, besinnliche Einkehr und ehrliche Frömmigkeit – alles soll nebeneinander Platz haben."[284] Bayerische Identität sei nicht „Watschentanz" und „oans, zwoa, drei, gsuffa", auch nicht „krachledernes ‚hauts zua!'" und jene „depperten Bauerntrottel, die von den eigenen Leuten gemimt und laut beklatscht, über die Theaterbühne wackeln, oder die käuflichen Seppl", schrieb Annette Thoma: „Nichts verdrängt das Schlechte sicherer als das Gute."[285]

Spannungs- und Konfliktfelder

Es war ein äußerst erfolgreiches Leben, von dem zu berichten ist. An einigen ausgewählten Phänomenen, Ereignissen, Vorkommnissen und inhaltlichen Positionierungen Fanderls soll das Bild eines vielschichtigen Menschen gezeichnet werden, wobei es aufschlussreich ist zu sehen, in welchen Spannungs- und Konfliktfeldern Fanderl sich bewegte bzw. in welche er ungewollt geriet, da er als Leitfigur naturgemäß nicht nur Bewunderung erntete, sondern auch Kritik ertragen musste.

Worin bestanden diese Konflikte und wer waren ihre Repräsentanten? Wie und warum konstituierte sich nach 1945 – in Fortsetzung und Anverwandlung der Zeit bis etwa 1938 – eine geradezu verschworene Fanderl-Gemeinde, die zunehmend Eigenständigkeit und Ausstrahlung gewann und ihrerseits dazu beitrug, die Position Fanderls auf diesem populären Kultursektor der bayerisch-deutschen Nachkriegszeit zu stärken und zu festigen? Es ist Ernst Schusser zuzustimmen, wenn er das „Phänomen Fanderl" folgendermaßen skizziert und dabei an viele Aspekte rührt, die nur in der wechselseitigen Zusammenschau zu würdigen sind und die zugleich Anlass für kritische Betrachtungen aus verschiedenen Perspektiven bieten:

„Die Volksliedpflege in Oberbayern war über ein halbes Jahrhundert lang direkt mit dem Namen Wastl Fanderl verbunden. Er verstand es, in einer Art Medienverbund mehrdimensionale Volksliedpflege zu betreiben, die überlieferte Elemente übernahm und vieles erneuerte oder neu an Liedern und Singgelegenheiten schuf. Seine Anhänger unterstützte er in ihrem von ihm entfachten Idealismus für das ‚Echte Volkslied' – konnte manchmal aber das Abgleiten in blinde Ideologie nicht vermeiden. Ebenso nutzte er Rundfunk und Fernsehen zur Darstellung

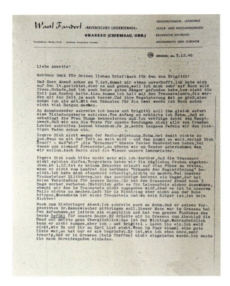

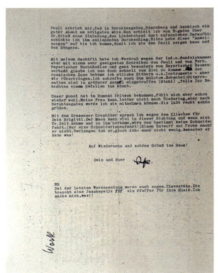

Brief Fanderls an Annette Thoma vom 3.12.1946 (Neubeginn und Schwierigkeiten)

seiner subjektiven Sicht auf das Volkslied. Die Volksliedfreunde hatten ihre Zeitung, ihre Wunschsendung und ihre Fernsehreihe, sie waren aktiv auf Singwochen und Singstunden – manchmal gelang es auch, das Volkslied als Lebensmittel zu entdecken. Wastl Fanderl war der Mittelpunkt eines Kreises."[286] An anderer Stelle heißt es zutreffend: „Somit ging die ‚Volksmusikpflege' der Familie Fanderl weit über das Musikalische hinaus: Man wollte ‚Geschmack' bilden – persönliche Vorlieben wurden zum Vorbild für einen ganzen Kreis Menschen."[287]

Was die einen – aus dem dezidiert traditionsbewussten Spektrum – als Ausverkauf des „echten Volksliedes" brandmarkten, war für Fanderl und seine Anhänger zumindest über einen langen Zeitraum hinweg die geschickte Nutzung der Möglichkeiten neuer Medien für ihre Anliegen. Empfand sich Fanderl dabei auch als „Zauberlehrling"? Ja, heißt die Antwort, vor allem zunehmend in den letzten Jahren. Was man weiters – ebenfalls meistens von „rechts" – in unhinterfragter Verherrlichung des unantastbar „Alten" als unerlaubte, ja blasphemische „Modernisierung" der musikalischen und textlichen Überlieferungen geißelte, war für Fanderl und viele dem Volkslied zugeneigte „Gemeindemitglieder" lebendiger und erlebnisreicher Umgang mit Überlieferung sowie Ausdruck kreativer Subjektivität in der neuen Zeit: oft auch „Lebensmittel", wie Ernst Schusser es nennt. Man könnte auch sagen: die angestrebte Einheit von Volkskunst und Leben.

Was im Gegenzug die traditionskritischen Vertreter als blinde Ideologie wahrnahmen, war für Fanderl und andere aus seinem Kreise authentischer Ausdruck ihrer durchaus naiven und zugleich unstillbaren Liebe zum „Volk" und dessen Äußerungsformen, ihrer oft angeblich ideologiefreien Zuneigung zu den „einfachen" Menschen früherer Generationen in der engeren

Heimat. Was man zudem – vertreten wiederum durch Kritiker von „links" – als unhaltbaren, rein subjektiven Geschmacks-Terror und als unerträgliche mediale Beherrschung durch Fanderl und seine Gemeinde kritisierte, war für ihn und die Seinen selbstverständliche, also unangekränkelte Treue zum „Echten", „Wahren" und „Wertvollen" gemäß Kiem Pauli, also Ergebnis ihrer unentwegten, intensiven Arbeit, ihres unablässigen Engagements und vorzeigbaren Erfolgs.

Sowohl der Fanderl-Gemeinde als auch ihren Kritikern gemeinsam allerdings war das Bewusstsein, dass „Volkskultur" einen wichtigen, also auch diskutierenswürdigen Stellenwert bekommen hatte. Sie wurde als ein zu „pflegendes" Kulturgut angesehen, so wie es Kiem Pauli seit den 1920er Jahren zu erreichen suchte. Freilich hieß dies auch, sich gegen Kritik zu wappnen. Der Prestigegewinn war demnach gelungen, aber keines der beiden Lager wusste das „Volkskulturelle" adäquat innerhalb der heterogenen Gesamtkultur festzumachen: Die einen waren geradezu traumatisch geprägt vom deutschen „hochindustriellen" Faschismus, dem die Instrumentalisierung auch des alpenländischen Volkslieds und der Volksmusik gelungen war (trotz des immer wieder spürbaren Unverständnisses für diese Teilkultur bei eingefleischten Nazi- und SS-Bonzen). Für sie blieb Fanderls „Volkskultur" stets das Mindere, das Lächerliche, das potentiell „völkisch" Nützliche, demnach das kulturelle und ökonomisch leicht verwertbare „Schmiermittel" für Herrschende – sie hatte also einen „Hautgout". Diese „Volkskultur" stellte eben nicht das gewünschte Subversive, das Aufmüpfige oder das Widerständige dar, sie war nach Ansicht ihrer Kritiker

Protestbrief – „und Millionen gleichgesinnte" – an Fanderl 6.3.1989

das Verlogene, das Geglättete, das romantisierend Falsche: Die Bilder des Bauernlebens, der Knechte und Mägde, der Dirndl und Buam, des Handwerks, der Jagerei usf. waren demnach nichts anderes als verlogene Halbwahrheiten, beschönigende und unrealistische Konstruktionen[288], anachronistisch und nicht zeitgemäß.

Für Fanderl und seine Gemeinde hingegen war diese von ihnen propagierte „Volkskultur" authentische, gefühlte Abwehrkraft gegen das Kulturindustrielle, das touristisch Vermarktbare, gegen das hochnäsig Bourgeoise einerseits und das umstürzlerisch Revolutionäre andererseits, sie war Ausdruck nicht entsorgbarer, unverzichtbarer, bewahrenswerter Überlieferung. Allerdings haben Fanderl und seine Mitstreiter nach 1945 – allen voran die als unangefochten, weil politisch nicht-diskreditiert geltenden „alt-konservativen" Vorbilder Kiem Pauli und Annette Thoma – für ihre Anliegen keine andere Sprache gefunden als die bereits bekannte formelhafte, gerichtet gegen „Geschäftemacherei", gegen das „Geschäft mit dem Sex", gegen blutleere „Virtuosen-Musik", später auch gegen „Bayern-Rock und Pop", gegen die „moderne Dialekt- und Protestliederbewegung", gegen „Musikantenstadl und Grand Prix der Volksmusik" und generell gegen „Kitschlieder". Sie wendeten sich neuerlich gegen die „heute technisierte und verflachte Welt"[289], als deren geradezu teuflisch verderblicher Sitz und „Auswuchs" weiterhin die „Großstadt" ausgemacht wurde und als deren „Rückseite" nicht nur die jazz-verliebten „Samba"-Tänzer, sondern – und dies war das wirkliche Feindbild sozusagen im eigenen Lager – die „berufsmäßigen

Heimatabendveranstalter" mit „Brauchrevue", „urwüchsiger G'schertheit" und ihrem „Paradevolkstum"[290] galten. So wurde in bewährter, seit dem 19. Jahrhundert üblicher, seit der Nazi-Zeit allerdings belasteter Diktion das „Ursprüngliche" und „Gesunde" beschworen. Noch immer sprach man in Fanderls Kreis und in der ihm gewogenen Presse – zumindest unmittelbar nach dem Krieg – von den „artfremden Überwucherungen" und der schmutzigen „Flut", die es mit unablässiger Arbeit zu bannen gelte. Man wollte weiter Unbekanntes entdecken und sammeln, Vergessenes erinnern, Bekanntes bewahren, vermitteln und verbreiten sowie Versteinertes verlebendigen. Im Vorwort zu Fanderls 1947 publizierter Liederblatt-Serie „Das Bairische Liederstandl" heißt es schlicht: „Wir haben nur einen Wunsch: Mögen diese unmittelbar aus dem Volke geschöpften Weisen in ihrer ganzen Ursprünglichkeit und Frische wieder auferstehen im Munde unserer Jungen und Alten!"[291]

Es ist kein Zufall und für Fanderl ein Glück, dass der gerade in den unmittelbaren Nachkriegsjahren erneut präsente Kiem Pauli – oft mit zum Teil hinreißend naiven, entwaffnenden Wortspenden – auf der Seite der Fanderl-Bewegung stand, so wie auch Annette Thoma. Nichts leichter, als sich hinter diesem knorrigen, mit einem Teil des bayerischen anti-nazistischen Adels verbündeten Mann und auch – obwohl nur hinter vorgehaltener Hand unter Eingeweihten erwähnt – hinter der christlich-katholischen Halbjüdin Annette Thoma sowie dem von den Nazis 1943 hingerichteten „Märtyrer" Dr. Kurt Huber zu „verstecken". Auf diese Weise kam die eigene Bewegung aus der ideologischen Schusslinie und konnte als unabdingbar wertvoller Beitrag zur endgültigen Schaffung und Festigung bayerischer Heimat-Identität installiert werden – der junge Fanderl wurde schnell zu einem „Gesicht unserer Heimat".[292]

Fanderl war ein Konservativer, er nannte sich einmal selbstironisch einen „Berufskonservativen"[293] und traf den Nagel damit fast auf den Kopf. Aber er war kein borniert Kämpfer, sondern reagierte immer wieder unsicher und auch pragmatisch, besonders auf heiklem Terrain. Er kannte die Wörter „zwischen" oder „dazwischen" nur zu gut und könnte durchaus von „Dialektik" gesprochen haben, hätte er mit dem Begriff und dem, was er meint, etwas anzufangen gewusst. Dazu kam, dass ihm unmittelbar nach 1945 die Hände gebunden waren: Er hatte eine junge Familie zu versorgen, wollte aber nicht mehr in seinen erlernten Beruf als Friseur und Bader zurück. Es mit der Volkskultur zu versuchen, lag nahe: „Es war koa guate Zeit. [...] Ich bin auch hinganga [zum Rundfunk], um leben zu können. Ich will das offen sagen, um Geld zu verdienen. Das ist dann manchmal falsch aufg'faßt word'n. [...] Ja, i hab a Familie zu ernähren g'habt, hab aber nie so viel verdient, wie manche glauben. Aber ich hab leben können und ich hab dem Bayerischen Rundfunk zu danken."[294] Dass er wiederholt auf sein Einkommen zu sprechen kommt, hat auch damit zu tun, dass in idealistischen volksliedpflegerischen Kreisen Materielles ein Tabu war und geradezu als Teufelswerk galt.

Fanderls Weg nach 1945 war ein Weg der Mitte mit deutlicher Tendenz zur Bewahrung, einer der moderaten Erneuerung, prinzipiell ein Weg für künstlerische und von den neuen Medien

Ein „Pöllinger Brief" (1985) von Dr. Hans Haid mit publiziertem sowie handschriftlichem Kommentar Fanderls

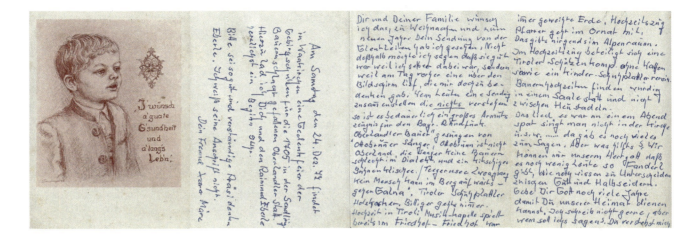

Neujahrsgrüße für 1978 von Xaver März (Waakirchner Sänger): Kritisch über eine Volksmusiksendung (November 1977)

geforderte technische Qualität sowie schließlich einer für die vorsichtige Erweiterung des Blicks, der zunehmend auch Kulturgeschichtliches berücksichtigte. Der Name Fanderl stand auch für den Wert volkspädagogischer Ambition: In vielen seiner Moderationen spürte man diesen Eifer, die Liebe zu seinen volkskulturellen Gegenständen, so unbedeutend und minder sie auch erscheinen mögen. Fanderls Sprechen über die Leistungen des „Volks", über Lieder, Texte, Bilder, Architektur, Bräuche, Musikstücke, über Geistliches und Weltliches war immer respektvoll, oft mit einer Prise Humor und Witz gewürzt. Das erleichterte die Aufnahme durch sein Publikum. Dass er sich dabei weniger dogmatisch gebärdete als manche andere, etwa Tobi Reiser, Fanderls Salzburger Vorbild als Musikant, soll auch festgehalten werden.

Selbstkritisch, aber auch selbstironisch hat er im Alter gerade über seine Misserfolge, das Nicht-Gelungene, über die Begrenztheit seiner Wertvorstellungen, über sein „Scheitern" gesprochen – als Privatmann und als Person in der Öffentlichkeit.

Über Fanderl nach 1945 zu schreiben, bedeutet, über einen Mann zu schreiben, der sich mit seinem ganzen Handeln souverän in seinem Element bewegte. Denn ihm, seinem Habitus, seiner Identität, kam die Nachkriegszeit entgegen. Er konnte liefern, was sie wollte und wünschte, er wusste, was sie ausblenden wollte und was sie im Gegenzug an Lebensorientierung brauchte: Fanderls Einsatz für das Volkslied und die Volkskulturbewegung traf auf eine objektiv zutiefst gespaltene, einerseits sich de facto zynisch selbstentlastende, selbstbelügende, zugleich traumatisierte und sich nur sehr langsam aus der internationalen Ächtung und Diskreditierung befreiende deutsche Gesellschaft nach dem Hitler-Faschismus. Die ehemals von der NS-Herrschaft besonders intensiv instrumentalisierten und missbrauchten Kulturbereiche, zu denen auch die Volkskulturbewegung gehörte, mussten eine neue Identität in einer sich erneuernden Gesellschaft finden. Dass dies nur mit Personen und Persönlichkeiten gelingen konnte, die diese Bewegung vor 1945 ebenfalls getragen hatten, ist eine Selbstverständlichkeit und war Stärke und Schwäche zugleich. Dass dafür Fanderl als Konservativer und glaubwürdig authentischer Sänger objektiv besser geeignet war als etwa einige, die sich nach 1945 zwar erneut um die Bewegung umtaten und sich als kontinuierlich Volkskulturbewegte gerierten, dies aber taten, als ob es den Hitler-Faschismus und dessen Verbrechen an Ansehen und Wertschätzung der „Volkskultur" nie gegeben hätte, steht ebenfalls fest. Fanderl war sich dessen durchaus bewusst, hatte jedoch keine andere Wahl, als auch mit diesen weiterhin zusammenzuarbeiten und er wollte, ja musste sich auf diesem Arbeitsfeld – dem einzigen, auf dem er sich qualifiziert fühlte – neuerlich bewähren.

Erich Mayer, der mit Fanderl schon seit seinen frühen Singwochen bekannt und zu seinem engen Vertrauten geworden war, unterscheidet mit Recht zwischen „Konflikt"- und

„Spannungsfeldern" in dieser Aufbruchs- und zugleich Umbruchszeit. „Konfliktfelder" zum Beispiel sah er dort, wo es sich letztlich um gerichtliche Auseinandersetzungen oder um lebensgeschichtliche Brüche handelte. „Spannungsfelder" entstanden dagegen, wo z.B. Auffassungsunterschiede im Bezug auf die „Volkskultur" aufbrachen oder schlichtweg Menschlich-Allzumenschliches in den Vordergrund rückte.

Eines der Spannungsfelder war z.B. die „unterschiedliche Parallel-Läufigkeit in Sachen Volksmusikpflege durch den Bayerischen Landesverein [für Heimatpflege] (der jugendbewegte Kurt Becher mit seinen Getreuen) und dem ‚Freigeist' Wastl Fanderl", die zwar ein gewisses Maß an Zusammenarbeit zwischen den beiden nicht gänzlich ausschloss, jedoch eine „stete Distanz" wahren ließ.[295] Becher und Fanderl dürften in einem „heimlichen" Konkurrenzverhältnis zueinander gestanden sein. Fanderl wollte sich in das unter Becher neu „entstehende Organisationsgefüge" des großen Vereins nicht einordnen lassen und eine gewisse Autonomie für seine „altbaierischen", hauptsächlich Ober- und Niederbayern umfassenden pflegerischen Bemühungen bewahren. „Im Schwäbischen und Fränkischen fühlte er sich nicht zu Hause" (Erich Mayer). Gerade deswegen ermutigte er die Sänger und Musikanten aus diesen Regionen besonders, sich verstärkt und selbstständig um ihre spezifischen Traditionen und Überlieferungen zu kümmern: „Für euere Heimat etwas tun, das ist das Wichtigste".[296] Erich Mayer hält fest: „Fanderl ist in dieser gesamtbayerischen Formation ein Alleingänger geblieben. Alles was er so erfolgreich in Sachen Volksmusik macht [...], geschieht weiterhin aus seinem eigenen Antrieb. Freilich beobachtet er aufmerksam,

Geburtstagswünsche und Kommentar eines Gymnasiasten zur oberbayerischen Volksmusik (1977)

Der Bezirkstag Oberbayern singt in seiner
Plenarsitzung mit Fanderl (1977)

wie sich die Volksmusikpflege allmählich institutionalisiert, und da baut sich zweifelsfrei eine gewisse Spannung auf zwischen seiner persönlichen Art, Volksmusik leutselig an den Mann zu bringen und dem, wie man auf breiter Basis Volksmusikpflege von Amts wegen organisiert."[297]

Ein weiteres Spannungsfeld, das Fanderl mehr oder weniger beschäftigte und begleitete, ist, dass er es wiederholt mit Trachtenverbänden und -vereinen zu tun hatte, „die zuerst nur die historische Brauchtumspflege sahen und die liberale Auffassung Fanderls kritisierten und, wenn überhaupt, dann erst viel, viel später akzeptierten."[298] Dabei ist es nicht so, dass für Fanderl Tracht und Trachtenpflege etwas Irrelevantes gewesen wären – im Gegenteil, aber er hatte eben eigene Vorstellungen. Die Fanderls pflegten einen eigenständigen Trachtenmodestil, der damals als innovativ wahrgenommen wurde. Seine Frau Lisl kümmerte sich etwa mit ihren ausgezeichneten Strickbüchern intensiv um das Erscheinungsbild der Fanderl-Bewegung, so dass man sogar von einer Fanderl-Mode sprechen kann.[299]

Fanderls Idealismus wollten einige, unter Hinweis auf die vermuteterweise nicht unbeträchtlichen Einkünfte aus seiner Tätigkeit, nicht so recht gelten lassen, und sie stellten die Glaubwürdigkeit der Ideale des „Volkslied-Gurus" und damit indirekt seine Glaubwürdigkeit als Person in Frage. Es war natürlich leicht, diese Ressentiments ohne Zurückhaltung stereotyp zu verbreiten, gehörte es doch in konservativen Sänger- und Musikantenkreisen zumindest zum guten Ton, wenn auch schon längst nicht mehr zur selbst gelebten Praxis, „in der heimeligen Stube" und eben „nicht auf der Bühne" zu singen und zu musizieren. Wie wenig das der Realität entsprach, zeigen die damals aufkommenden Heimatabende für den Tourismus. Die Angriffe auf Fanderl waren also ein reflexartiges Echo einer auf vorgeblicher

Natürlichkeit beharrenden Volkstumsträumerei mit anti-materialistischer und technikfeindlicher Schlagseite. Fanderl war hingegen viel zu sehr ehrlicher Realist und Pragmatiker, als dass er sich den zeitgenössischen Möglichkeiten und Anforderungen widersetzt hätte. Die von ihm so verehrten Altkonservativen Kiem Pauli und Annette Thoma konnten oder wollten ihr Lebtag lang jedoch mit ihm nicht wirklich mitgehen. Zwar sträubte sich gerade Fanderl selbst gegen die „seelenlose" Unterhaltungsmaschinerie und ihre massenhaft produzierten Waren. Doch er erlebte kurz nach Kriegsende mit, wie die Unterhaltungsindustrie, jetzt nicht mehr propagandistisch, sondern „harmlos" ökonomistisch orientiert, das Terrain verstärkt beherrschte. Fast ein Leben lang wollte Fanderl im tiefen Herzen nicht wahrhaben, dass sein Bayerischer Rundfunk, das Deutsche Fernsehen und die Schallplattenfirmen Teile dieser „Kulturindustrie" waren, denen tendenziell immanent war, was Fanderl für so verachtenswert hielt: Seelenlosigkeit, Entfremdung, Entindividualisierung, Warencharakter.[300]

Fanderl hatte sich schon in den 1930er Jahren entschieden, nicht nur selbst öffentlich zu singen und zu musizieren sowie in den neuen Medien aufzutreten, sondern auch selbsttätig pflegerisch zu arbeiten. Er unterrichtete auf lockere und nicht autoritäre Art, schrieb eigene Lieder im Duktus der Überlieferungen oder formte bestehende Lieder um und ergänzte bei Bedarf, um Leerstellen in der Überlieferung kreativ zu füllen, wo es die Praxis erforderte. Schließlich fungierte er selbst als Veranstalter und ließ sich dabei fast nichts vorschreiben, sondern handelte mehr oder weniger autonom – zumindest teilautonom. Als Kiem Pauli 1960, kurz vor seinem Tod, Wastl Fanderl überraschend zu seinem „Erben" ausrief, fühlten sich viele Volkskulturanhänger und Volkskulturarbeiter Bayerns vor den Kopf gestoßen – das eigene Ego war offensichtlich verletzt. Fanderl musste ihre Verletztheit schließlich aushalten.

Spannungen entstanden auch im Zusammenhang mit seiner intensiven Medienarbeit. Die neuen Medien waren gehalten, zunehmend „überregional" zu agieren und ihre Sendungsinhalte stetig zu erweitern: Jetzt mussten z.B. auch die typischen Kulturen anderer bayerischer Regionen dargestellt werden, in denen es eben keine so herausragenden Leitfiguren wie Wastl Fanderl in Oberbayern gab, deren „Volkskulturen" jedoch nicht minder wertvoll waren. Fanderl war der letzte, der eine solche Erweiterung nicht akzeptiert hätte, aber was den kenntnisreichen Sammler und den mit dem feinen Gespür für das „Echte" ausgestatteten Chiemgauer störte, war die Unbekümmertheit, mit der in der Folge regionale Spezifika durchmixt, ja durcheinandergebracht wurden, so dass das Besondere einer „Landschaft" für ihn nicht mehr wahrnehmbar wurde. Dazu kam, dass er mit einigen Interpretationen nicht einverstanden war und mehr Qualität einforderte. Dass man ihn bezichtigte, es ginge ihm mit seiner Kritik nur um seine „Vorherrschaft" oder gar „Macht", war wohl eine reine Schutzbehauptung von neuen und „modernen" Sendeverantwortlichen, um zu verschleiern, dass sie selbst der Macht des Faktischen bzw. dem „Geschmack" der Hörer und Seher gehorchen mussten. Gewiss überlegte sich im Gegenzug auch Fanderl ernsthaft, wie er seine Vorstellungen von Qualität und sein Profil als oberbayerischer Volksliedpfleger neu gestalten müsse, um mit seinen Anliegen weiterhin in den Medien Erfolg zu haben: „[...] ich weiß nicht, wie ich es anders machen soll", meinte er.[301] Fanderl war in die Mühlen der „modernen" Medienmaschinerie geraten.

Angestoßen durch diesen raschen Wandel der Medien äußerte sich Fanderl zunehmend (selbst)kritisch – zu vielen, heute noch aktuellen Aspekten der Volkskultur, und zwar in erstaunlich differenzierter und geschichtsbewusster Weise. Er dachte „öffentlich" nach über die Perfektion beim Singen und Musizieren bzw. die Glaubwürdigkeit der Interpretation sowie über den richtigen Umgang mit den dialektalen Liedertexten bzw. der Hochsprache im „Volkslied", weiters über das dreistimmige Singen, das Auswendigsingen, die Problematik von Sänger- und Musikantentreffen sowie von Bühnenauftritten, aber ganz besonders über alle nur möglichen Formen der Geschäftemacherei, meist untrennbar verbunden mit Kitsch. In diesem Punkt spürt man bei Fanderl aufrichtige Verachtung und unüberbrückbare Abneigung gegenüber den gedankenlosen Verantwortlichen.

Zu den in seinen letzten Lebensjahren immer wichtiger werdenden Themen gehörten auch die Fragen der Abgrenzung der Genres oder des sogenannten Cross-Over und – damit im engen Zusammenhang – die Probleme und Chancen volkskultureller oberbayerischer Identität. Fanderl befasste sich auch mit der Widerspiegelung moderner politischer Bewegungen im Volkslied, der zunehmend grassierenden Ignoranz in Kulturpolitik und Gesellschaft dem Überlieferten gegenüber und ganz besonders mit den Folgen des durch die Medien verursachten „Overkills" – langsame Übersättigung durch zusätzliche Ausstrahlung von Volksmusiksendungen im Fernsehen, gestaltet auch von neuen Moderatoren und Regisseuren. „Volksmusik gelingt in der Stille", meinte er am Ende seines Lebens: „Ja, der ganze Sinn, der dahinter steckt bei der Volksliedpflege, ist, daß das Volkslied wieder dahin kommen soll, wo es hergekommen ist, in die Stille, in die Familie, in die Schule, ins kirchliche Leben oder ins Brauchtum hinein, wo Lieder noch einen Sinn haben."[302]

Nur wenige wissen, dass Fanderl sich in seinen letzten Lebensjahren zunehmend mit populärer Musik beschäftigte. Dies hatte wahrscheinlich damit zu tun, dass er es in seinem ganz persönlichen Umfeld – mit seinen Kindern und Schwiegerkindern – mit jungen, in der modernen Welt stehenden und intelligenten Menschen zu tun hatte, die seine Tätigkeiten, Meinungen und Haltungen kritisch und durchaus nicht unideologisch gefärbt betrachteten und beurteilten. Fanderl ging damit aber mit Selbstbewusstsein und Humor um, indem er Widersprüche benannte und – nicht zuletzt – sich selbst ironisch in Frage stellte.

Die „volkstümliche Musik" nimmt für sich ebenso wie das „Volkslied" und die „Volksmusik" in Anspruch, „populär" zu sein. Fanderl hatte einen sehr feinen inneren Kompass, der ihm erlaubte, genau zwischen qualitätvollen neuen Formen populären Singens und Musizierens und „kalter", der „Geschäftemacherei" verpflichteten Massenware zu unterscheiden – also zwischen bewegender Musik und oberflächlichem „Musikantenstadl"-Ramsch bzw. der „Moikisierung"[303] der Volkskultur.

Er wusste vieles auf seine Weise sehr gut auszudrücken – gelassen, gütig, differenziert und relativierend, selbstkritisch und überlegen, mit Witz und Treffsicherheit: „Ich habe gar nichts gegen eine andere Musik. Der eine mag eine Rose und der andere ein Gänseblümchen. Aber wir sollten für unsere Volksmusik unsere Meinung besser vertreten. [...] Warum vergißt man, daß beim Volkslied auch das Herz dazu gehört und daß man Volksmusik auch mit dem Herzen betreiben soll? [...] In dem Wort ‚Unterhaltung' steckt der Begriff ‚halten, zusammenhalten, das Halten'. Für mich gehört das Kirchenlied, [...] das Grablied, das Almliadl, der Jodler dazu – das ist für mich Unterhaltungsmusik. Das klingt jetzt a bißl komisch, aber das alles hält mich, und es bewegt mich, und es macht mich entweder traurig oder froh

Zeitungsausschnitt (Capital 12/1985) mit Kommentar Fanderls zum Verkaufserfolg eines volkstümlichen Schlagers („Kufsteiner Lied")

oder nachdenklich. Und so muß man das Volkslied als gute Unterhaltungsmusik einordnen, ohne ‚Kasperlmachen', wie man's so sieht im Fernsehen, daß die Klarinettisten mit'm Hintern wackeln müssen, wenn sie blasen, lauter solche G'schichten. Nein! Die Volksmusik lebt von der Einfachheit, von der Wahrheit, von der Ehrlichkeit und von der Liebe. [...] Also, wir sind die Wenigeren. Wir sind die Minderheit. Aber ich wäre gar net glücklich, wenn wir die Mehrheit wären, wenn aus jedem Caféhaus Volksmusik rausklingen würde. Sie soll immer noch a bißl was Rares bleiben. Und wir müssen uns damit abfinden und müssen gütig sein und sagen: Die mögen halt die Schnulze oder wie diese Lieder da heißen. Die Leute mögen halt das, des san ja brave Leut. Aber wir sollten schon schauen, daß das Wies'nbleame weiter gedeiht und daß nicht aus jedem Wies'nbleame eine Orchidee gezüchtet werden soll, daß die G'schicht einfach bleibt. Und ich glaube fest daran, daß unsere gute Volksmusik niemals untergeht und wenn sie uns noch so überwuchern mit ‚Musikantenstadl' oder wie des hoaßt. Laß' ma denen die Freud. Hinmachen toan s' nix. Unsere Leute machen sowieso net mit. [wohl ein Irrtum des Wastl Fanderl, K.M.] [...] Wir sollen uns nicht irre machen lassen, auch wenn da mancher jammert und sagt: Kann man da nichts tun dagegen, gegen den Kitsch da. Und dann sag' ich: Laßt's es, des kimmt und vergeht, und die, die das minderwertige Zeug wollen, das waren immer die Mehreren. Ich möchte gar net, daß das Volkslied so ein Massenartikel wird. [...] (Wastl singt): ‚Schöne Linzer Stadt, ich muß dich meiden...' [...] Da is der Ton, wo vielleicht ein Saubermann der Volksmusik sagt: Also, des is ja schon a bißl sentimental. Und i sag enk was, meine liabn Leut: A bißl a Himbeer-Guatl soll scho drin sei. Des war allweil schon drin. [...] überhaupt der Unterschied zwischen Kitsch und Kunst – die Grenze ist sehr verwaschen. Da woaß ma net genau, is jetzt des no Kitsch? [...] Was is'n der Christbaum? Was da alles onig'hängt wird oder so. Und wir mögen ihn so gern, gell? Wenn uns den wer nehmen tat? Und dann gibt's wieder was, des is Schund."[304] Fanderl tat sich als Autodidakt seit den 1970er Jahren auch zunehmend schwerer mit einer kritischen Volkskunde, die einen offeneren Begriff von Volkslied und Volksmusik entwickelte und propagierte. Die moderne ethnologische Forschung spricht von zwei unterschiedlichen Auffassungen des Volksliedes in der Volksmusikpflege und unterscheidet zwei verschiedene Traditionen, den älteren „essentialistisch-normativen" Ansatz – wertende Auswahlstrategie nach hohem Alter der Lieder und Musikstücke, allgemeine Verbreitung und „Schönheit" – und die „strukturfunktionale" Richtung – primärer Gruppenbezug und „Gebrauchsgut". „Dieser Ansatz fand ab Mitte der 1970er Jahre Aufnahme in die bayerische Volksmusikpflege und hat seither zur Binnengliederung der Pflegeszene in unterschiedliche Milieus beigetragen."[305]

Entwicklungsphasen, Projekte im Überblick[306]

Fanderl hatte aus der Zeit vor 1945 nicht nur erhebliches volkskulturelles und sogenanntes pflegerisches Wissen, sondern auch viele praktische Kenntnisse als Sänger, Moderator, Medienkenner, Veranstalter und Organisator auf verschiedenen Gebieten mit in die „neue" Zeit genommen. Das Jahr 1945 war für ihn keine „Stunde Null". Bei der genaueren Betrachtung dieser Zeit ist mitzudenken, dass sich in der Diskussion über die Konstituierung des kulturellen Lebens ab 1945 zwei Auffassungen gegenüber stehen, die beide, wenn sie verabsolutiert werden, die historische Wirklichkeit nur unzureichend erfassen. Weder die Theorie von einem umfassenden Neubeginn in der „Stunde Null" des Jahres 1945 trifft zu noch die Auffassung, dass es keinen Bruch mit den nationalsozialistischen Literaturverhältnissen bzw. den aus dem 19. Jahrhundert stammenden Sichtweisen und der Kiem-Pauli-Linie gegeben habe. Vielmehr bestätigt sich immer von neuem, dass sowohl das kulturelle als auch das volkskulturelle Leben ein kompliziertes Gebilde von Brüchen und von Kontinuität(en) darstellt. Die Kräfte der Modernisierung und jene geschichtlicher Kontinuität waren beide präsent, wobei letztere das kulturelle Klima bis weit in die 1970er Jahre dominierte und in der Volkskultur durchaus prägende Kraft gewann.

Zu fragen ist, worin denn das „Neue" nach 1945 bestand. Das Naziregime war militärisch geschlagen – ein demokratisches, republikanisches Nachkriegsdeutschland entstand unter Kontrolle der Besatzungsmächte und zwischen 1947 und 1949 mit gewählten Landesregierungen unter den schwierigen Bedingungen des beginnenden Kalten Krieges. Schließlich entwickelte sich in den 1950er Jahren das „deutsche Wirtschaftswunder". Dies bot auf allen Feldern neue Chancen.

Auf dem kulturellen Terrain, auf dem Fanderl tätig war, ging es darum, dieser Teilkultur in einem neuen Nachkriegsfrieden endlich und, wie man hoffte, für immer, einen angemessenen Platz im Konkurrenzkampf der Teilkulturen zu schaffen. Sicher, diese Teilkultur beruhte auf „alten" jugendbewegten, also romantisch durchtränkten Volkslied- und Volksmusik-Vorstellungen und war auch deshalb von den Nazis politisch vereinnahmt worden. Viele Akteure der „Volkskultur" verweigerten sich dieser Instrumentalisierung nicht. Jetzt stand

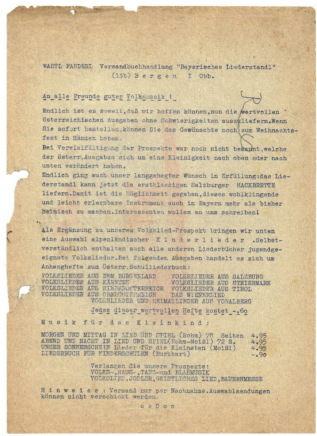

Eine der ersten Aussendungen der Versandbuchhandlung „Bayerisches Liederstandl"

die Aufgabe an, jener lange nicht adäquat wahrgenommenen, weil angeblich nur aus den unteren, nicht-bürgerlichen Gesellschaftsschichten kommenden Teil- oder gar Subkultur, die sich selbst den Namen „Volkskultur" gab und sich regional spezifisch in Lied und Musik, in Tanz und Brauch, Tracht und Habitus auszudrücken versuchte, in der „neuen Zeit" einen anerkannten Status zu sichern und sie dadurch nicht von oben, sondern in der Breite abzusichern.

Für Fanderl bedeutete dies, zwar an die ersten erfolgreichen Entwicklungsphasen der Bewegung anzuschließen, zugleich aber sich den nazistischen „Volkstums"-Traditionslinien zu verweigern. Dass er diese Gratwanderung leisten konnte, wird heute von überkritischen Vertretern einer neuen ideologiekritischen Volkskunde meist übersehen.

Das „Neue" und „Moderne", das Fanderl – im Schutz der Friedenszeit nach 1945 und zugleich im Kontext der rasanten technologischen Entwicklung besonders im Kommunikationsbereich – aufbauen konnte, bestand nicht zuletzt darin, dass er die Begeisterung für diese (oberbayerische) Teilkultur durch verstärkte und von einem Teilsegment des Publikums gewünschte Medienarbeit im Radio und sogar im überregionalen deutschen Fernsehen wecken konnte. Unterstützt wurde dies zugleich – sich wechselseitig fördernd – durch die intensive Pflege einer gruppen-, stände- und klassenübergreifenden Sing- und Musizier-„Gemeinde", weiters durch die auf Vorbildwirkung und Nachahmung angelegte sängerische und musikantische Eigentätigkeit Fanderls – analog der „Kofferl-Idee" Kiem Paulis – sowie durch eine Art von „Demokratisierung" des Radiomediums, etwa durch sonntägliche bzw. feiertägliche „Volksmusikwunschsendungen". Eine Scheindemokratisierung war dies allerdings deshalb, weil man aussonderte und nicht alle Wünsche erfüllte, gewissermaßen die Spreu vom echten Weizen trennte. Er sollte damit erneut Vorbild für Sendungsverantwortliche in anderen Rundfunkanstalten werden, etwa für Sepp Forcher oder Bertl Göttl im Salzburger Rundfunk oder österreichischen Fernsehen. Was Fanderl tat, machte er mit Begeisterung ausdauernd über viele Jahre hinweg und bewirkte eine Festigung des Wissens und der Unterscheidungsfähigkeit der „Fanderl-Gemeinde" zumindest in Oberbayern. Die Grundlage dazu bildeten Kontinuität, Verlässlichkeit und stete Präsenz. Wastl Fanderl war auf diesem Gebiet ein Marketing-Naturtalent.

Seine stete Präsenz auf dem ihm vertrauten Gebiet konnte er nur durch viel Arbeit und erstaunliches persönliches Engagement aufrechterhalten. Dies begann sofort nach dem Krieg:

Das Bairische Liederstandl – 1. Bogen (1947)

– 1946 nimmt Fanderl die Mitarbeit beim Bayerischen Rundfunk wieder auf.
– 1947 beginnt er mit der nicht zuletzt aus der finanziellen Not heraus geborenen unternehmerischen Idee, „Liederbögen" herauszugeben: „Das Bairische Liederstandl". Insgesamt sollten es in den Jahren 1947/48 schließlich zwanzig Bögen werden.[307] *(vgl. Beilage 6)*
– Weiters gibt er 55 „Liederblätter" *(vgl. Beilage 7)* heraus, die über die Jahrzehnte hinweg vorwiegend als Arbeitsunterlagen für seine eigenen „Singwochen", aber auch für die „Münchner Treffen" *(vgl. Beilage 12)* dienen sollten. Sie stellen etwa 240 alpenländische Lieder und Jodler zur Verfügung. Wie Fanderl einmal augenzwinkernd erzählte, sollen von jedem Bogen ca. 10.000 Exemplare gedruckt worden sein: „Daß wir da net bankrott ganga san, des is a großes Wunder."[308]

Der erste Liederbogen: „Gott hat alles recht gemacht" und Fanderls „Kimmt schö hoamli die Nacht"

Das Wastl-Fanderl-Trio, Fanderl begleitet

– Erneut beginnt die intensive Teilnahme an volkskulturellen Veranstaltungen aller Art mit eigenen Gruppen. Fanderl macht Funkaufnahmen und übernimmt die Organisation und Leitung von Sängertreffen (seit 1946). Er führt dabei die von ihm schon in der Zeit vor dem Krieg entwickelten Veranstaltungsformate fort und beteiligt sich über Einladung des deutschen Auswärtigen Amtes auch an Veranstaltungen im Ausland *(vgl. Beilage 8 und 11)*.

– Gemeinsam mit seiner Frau Lisl gründet er Anfang der 1950er Jahre ein Schreibwarengeschäft und eine Buchhandlung in Bergen bei Traunstein.

– 1949 beginnt er mit der Organisation und Gestaltung der schon bald legendär gewordenen „Fanderl-Singwochen" (unter intensiver Mitarbeit seiner Frau Lisl), die dreißig Jahre lang stattfinden werden (69 Singwochen an 16 Orten im In- und Ausland – *(vgl. Beilage 9)*.

– 1958 folgt die Gründung der zukunftsweisenden „Sänger- und Musikanten-Zeitschrift" *(vgl. Beilage 15)*, die auch die Aktivitäten Fanderls – in welchen Rollen immer – akribisch genau dokumentiert, u.a. etwa sein Engagement für zahlreiche Sänger- und Musikantentreffen, geistliche Abende und Kirchenkonzerte, Advent- und Weihnachtssingen, seine Vorträge und Seminarteilnahmen, seine Jurorentätigkeiten, seine Initiative für Offenes Singen oder Bayerische Singstunden, die er schließlich in seiner Zeit als erster Volksmusikpfleger des Bezirks Oberbayern von 1973 bis 1981 besonders intensiviert.[309]

– Zusätzlich produziert Fanderl zehn Schallplatten *(vgl. Beilage 18)*.

– Von 1959/1960 bis 1984 gestaltet er kontinuierlich Fernsehsendungen. In insgesamt 107 Sendungen, aufgenommen an fast 100 Orten im

alpenländischen In- und Ausland, präsentiert und thematisiert er ca. 100 Bräuche und handwerkliche Tätigkeiten und liefert kulturgeschichtliche Informationen.³¹⁰ *(vgl. Beilage 13)*
- Dazu kommen ab 1960 – 15 Jahre lang – regelmäßige Radiosendungen (z.B. „A weni kurz, a weni lang"). Insgesamt handelt es sich um ca. 370 Sendungen. *(vgl. Beilage 14)*
- Auch als Herausgeber von Anthologien, Biographien und Dokumentensammlungen betätigt sich Fanderl: „Annamirl, Zuckerschnürl" (1961), „Schwanthaler Krippen" (1974), „Die Wassertrinkerin von Frasdorf" (1985), „Is's a Freud auf der Welt" (1987) mit ca. 70 eigenen, dem Duktus der Überlieferung angenäherten sowie adaptierten Liedern und Melodien, weiters „Oberbayerische Lieder. Chiemgau. Rupertiwinkel. Berchtesgadener Land" (1988), mit Kurzkommentaren und Erläuterungen zu den Liedern. Außerdem liefert er mehrere Textbeiträge zu besonderen Erscheinungen des volkskulturellen Lebens in Vergangenheit und Gegenwart.³¹¹ Insgesamt sieben größere und kleinere Liedersammlungen sowie kunst- und kulturgeschichtliche Buchprojekte gibt es von 1947/48 bis Ende der 1980er Jahre.

Familiäres

Am 12. Juli 1945 kam die erste Tochter von Lisl und Wastl Fanderl, Monika Elisabeth, in Bischofswiesen zur Welt. Im „Hausbuch" der Fanderls finden sich bewegende Passagen dazu – später auch zu den Geburten ihrer beiden Schwestern Elisabeth Anna (geb. 14.8.1949 in Grassau) und Regina Maria (geb. 1.11.1954 in Traunstein).³¹² Lisl Fanderl trägt in gestochen schöner Handschrift ein: „Papa und ich sollten uns erst Ende Juli 1945 als frisch gebackenes Elternpaar wieder sehen. [...] Übrigens konnte ich Deinem Vater Deine glückliche Geburt gar nicht melden, weil ich erst einige Tage später erfuhr, daß er lebt und in Gefangenschaft ist – diese Botschaft hat mein Glück erst vollkommen gemacht. [...] Was meint Ihr, wie oft ich bei den Fenstern [Forsthaus Taubensee in Ramsau, Lisls Elternhaus] Ausschau hielt, ob Papa nicht auftauchen könnte, als der Krieg aus war (1945). Und eines Tages ging das Gartentürl auf – Du, Moni, warst genau 14 Tage alt – und wer kam? Der Papa. Nach langen Monaten [...] stand er leibhaftig vor der Tür. – Nach ein paar Tagen mußte Papa wieder fort – er war noch nicht vom Amerikaner entlassen – und kam erst im Juni 1946 endgültig heim."[313]

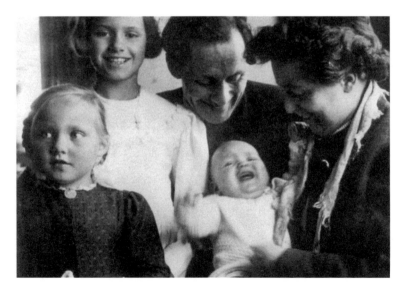

Die Familie Fanderl anlässlich der Erstkommunion von Monika – die Töchter Elisabeth, Monika und Regina

Unmittelbar nach Einstellung des Entnazifizierungs-Spruchverfahrens und Fanderls Entlassung aus amerikanischer Gefangenschaft im Jahre 1946[314] gründeten die „Fandeis" in Grassau ihren ersten Hausstand. Im September 1949 übersiedelten sie in den Heimatort Fanderls, nach Bergen (am Ramberg, „Gamsstadl") und etwa 15 Jahre später, im Sommer 1963, kauften sie ein altes Bauernhaus in Frasdorf auf dem Stelzenberg[315], ihr endgültiges Domizil. Das erste Ehejahr hatten die Fanderls im Forsthaus Taubensee, dem Elternhaus von Lisl in der Ramsau bei Berchtesgaden verbracht. Die unmittelbare Nachkriegszeit war für die junge Familie vor allem in wirtschaftlicher Hinsicht hart: „Wir haben nichts gehabt, auch nichts zu tauschen und so ist mit dem Hamstern auch nichts gegangen. Der Wastl ist sogar einmal vor Hunger umgefallen", erzählte Lisl Fanderl später.[316]

Fanderl arbeitete gleich nach der Gefangenschaft wieder beim Rundfunk. Lisl begann nach der Geburt ihrer zweiten Tochter zeitweise wieder als Hauswirtschaftslehrerin in der Landwirtschaftsschule Traunstein zu unterrichten: „Sie hat in unserer Ehe immer eine kleine Sehnsucht nach ihrem Lehrerberuf und heuer erfüllt sich für den Winterkurs der Bauernmädl ein günstiges Angebot. Jede dritte Woche bleibt sie ganz in der Schule, sonst fährt sie jeden Abend heim nach Bergen. Eine anstrengende Sache, aber Mami ist glücklich darüber, daß sie verdienen mithelfen kann."[317]

Eine aus volkskultureller Sicht wichtige Initiative setzten die Eheleute mit der Gründung eines Schreibwarengeschäfts und eines kleinen Buchhandels (Versandbuchhandlung) sowie mit der Herausgabe der Flugblattserie „Das Bairische Liederstandl".[318] In den Jahren 1947 und 1948 erschienen zwanzig dieser Blätter. Kiem Pauli und Annette Thoma begrüßten das zukunftsorientierte Unternehmen, das ganz ihrem pflegerischen Sinne entsprach.[319] Man war schlichtweg stolz darauf. Im Geschäft wurden Schreibwaren, Schulhefte, aber auch die „Bildzeitung" verkauft, und zugleich wurde eine seriöse „Versandbuchhandlung" aufgebaut: „echte bayerische Volkslieder, Volksmusik, Tanzsammlungen, volkskundliche Werke, Heimatbücher".[320] Fanderl betätigte sich als unermüdlicher Verkäufer und wusste genau, wen er vordringlich ansprechen musste: Lehrerinnen und Lehrer.[321]

Lisl Hribar, das Kinderfräulein im Hause Fanderl, mit Moni Fanderl

Das wichtigste Projekt dieser Zeit war „Das Bairische Liederstandl" *(vgl. Beilage 6)*. Reich wurden die Fanderls damit freilich nicht – die Preise waren wegen der hohen Produktionskosten (Papier, Druck) zu hoch, der Kundenstock zu begrenzt. Aber das „Liederstandl" sollte Vorbild und Grundlage der später etwa für Fanderls Singwochen-Tätigkeiten unverzichtbaren „Liederbögen" sein, von denen es schließlich 55 Ausgaben mit gut 230 Liedern geben sollte *(vgl. Beilage 7)*. Das „Liederstandl" konnte nur unter den damals noch herrschenden Kontroll- und Zensurbedingungen der US-Besatzungsmacht herausgegeben werden. Jegliches nazistische Gedankengut sollte dadurch unterbunden werden. Im Zusammenhang mit dem „Liederstandl" nimmt sich das heute zwar kurios aus, war aber damals durchaus verständlich.

Was macht diese Serie so einzigartig? Einmal der Sinn Fanderls für ansprechende künstlerische Gestaltung, auch wenn die Illustrationen von Franz Sindel eher nach dem Geschmack des 19. Jahrhunderts waren. Dann seine Informationen und Kommentare, wie sie in der Sammlergeneration seit Josef Pommer üblich waren, und schließlich vor allem die Zielrichtung der gesamten Unternehmung.

Viele Aspekte seiner volkskulturellen Arbeit bringt Fanderl auf den Punkt: Die „Fliegenden Blätter" werden dazu eingesetzt, um „den überlieferten, klingenden Schatz [...] unter Ausnutzung moderner Hilfsmittel [...] wieder frei zu machen und zu neuem Leben zu erwecken." Er rief gleichzeitig zum Sammeln von Liedern auf und meinte mit seinem ganz pragmatischen Zugang zum Dialekt, dass jeder/jede die Texte so aussprechen und singen solle, wie es der eigenen Mundart am besten entspricht. Auch gegen das „Zurechtsingen" hatte er nichts einzuwenden – denn „Ursprünglichkeit und Frische"[322] waren seine Leitlinien.

1950

„Wir lassen net aus, das Volkstum wollen wir rein erhalten!"
Der Fanderl Wastl, ein berufener und verdienter Wahrer und Mehrer unseres feinen, alten Volksliederschatzes

Eine verrückte Zeit! Du drehst den Knopf abends am Radio und zumeist schallt dir irgendein gedankenloser „Tingel-Tangel" entgegen. Du suchst eine harmlose Tanzunterhaltung und wunderst dich über junge bemühte „Ringelsockenhelden", die gar eifrig sich in sonderbaren Verrenkungen ergehen — ach ja, Samba ist ja Trumpf. Du besuchst einen Film. Alles ganz oberbayerischer Gebirgscharakter. Alte echte Trachten und Volkstänze werden gezeigt. Aber der junge „markante Törwanger Bauernsohn" singt in seinem Liebesleid und in Liebessehnsucht ein schmalziges, abgestandenes und schmachtendes Zeug, das vielleicht in ein Stadt-Café paßt, im übrigen aber mit „unserem Liadl" wirklich nichts zu tun hat. — Da gibt es auf der anderen Seite aber auch auf den Dörfern die „berufsmäßigen Heimatabendveranstalter", die den Fremden imponieren wollen mit sogenannter „urwüchsiger G'schertheit" (die mit „urwüchsig" allerdings nichts zu tun hat!) und verniedlichten unechten „Volksliedern". Diese Veranstalter scheinen sich nicht klar zu sein, welchen Schaden sie damit anrichten, indem sie eine „Paradevolkstum" und eine „Brauchrevue" vorzuführen, die ein verfälschtes und verzerrtes Bild ergeben. So ging und geht leider kerniges, altes, gutes Volks- und Brauchtum mehr und mehr verloren.

Umsomehr ist es all den Gruppen, Männern und Frauen zu danken, die sich gegen die Flut stemmen und in stiller zäher Arbeit daran sind, gerade unseres Landvolkes Altes und Überliefertes wieder hervorzuholen, neu zu beleben und weiterzugeben. Zu diesen Leuten gehört heute maßgebend auf dem Gebiete des Volksliedes unser Fanderl Wastl, der in Bergen bei Traunstein lebt und der es sich zur Lebensaufgabe gemacht hat, das Volkslied aus der Vergessenheit zu retten, um es wieder als lebendiges Gut in die Dörfer und Weiler, in die Gemüter und Herzen aller heimatverbundenen Menschen zu tragen.

Wie kam nun der Fanderl Wastl zum Singen und überhaupt zu seiner verantwortungsvollen Arbeit? — Es war 1927 als der Kiem Pauli, als Volksliedersammler, Sänger und — damals von Ludwig Thoma und den Wittelsbachern angeregt — als Forscher auf dem Gebiete des Volks- und Heimatliedes bekannt und geachtet, auch Bergen einen Besuch abstattete. Sein Gesang und sein Streben hinterließen in dem damals 12jährigen Wastl einen tiefen Eindruck. Von da an befaßte er sich mit Volksmusik. Als Schüler der Traunsteiner Berufsschule lernte er den Meier Martl, jetzt Wirt in St. Georgen, kennen, sang mit ihm, und trat mit ihm erstmals zu den jährlichen Weihnachtsfeiern auf, wo sie vor ihrer Schulgemeinschaft Hirtenlieder sangen. Bis zum Krieg blieb Fanderl mit dem Martl, den er selbst als einen der besten Sänger bezeichnet, beisammen. Im Alter von 17, 18, 19 Jahren zog Wastl mit der Zither im Rucksack, seinem Meister, dem Kiem Pauli gleich, in die Dörfer zu den Bauern, auf die Almen und sammelte allenthalben wertvolles, halbverdecktes und verschüttetes Liedgut. Immer mehr wuchs er so in die Volksliederarbeit unserer Heimat hinein, studierte, forschte, plante — und wurde einer der Hauptmitarbeiter seines eben erwähnten Meisters. Heute ist er langjähriger Leiter des „Bayerischen Liederstandl" in Bergen, welches sich ganz der Pflege und Förderung echter Volksmusik, Volksliedern, Juchezern, Rufern, Jodlern und Sprüchen verschrieben hat. Als Herausgeber vom „Leibhaftigen Liederbuch", des „Hirankl-Horankl" und vieler anderer kleiner Veröffentlichungen wurde er der breiteren Schicht unseres Landvolkes und darüber hinaus bekannt. Der Krieg riß auch ihn aus seiner friedvollen Arbeit. Aber auch jetzt, — selbst Soldat —, schenkte er

Foto: Beyerl, Bergen
Das „Wastl-Fanderl-Trio" wie es leibt und lebt

Wastl's Streben zielt vor allem aber auch dahin, den Eltern klarzumachen, daß sie ihre Kindern wieder volkstümliche Instrumente lernen lassen und mit ihnen die guten alten Weisen singen. Darüber hinaus aber wird von ihm jeder, der guten Willens ist und für jeden aus nah und fern hat er eine offene Tür, wenn es gilt zu raten oder zu helfen. „Wia in am Taubenschlag geht's zua bei mir!" erzählt er mir. Waren da nicht kürzlich die „Ampfinger" da mit dem Lautato. Sie waren eigens gekommen, um ihm gute alte „Liadl" zur Begutachtung vorzusingen.

„Wir können die neue Zeit, mit Samba net aufhalten, aber das bißl Volkstum wollen wir rein erhalten und die wenigen jungen Leut, die zur Sache stehn, woll'n wir zusammenhalten. Fanderl will sie zusammenhalten in den besonderen „Singwochen", zu denen die jungen Leute aus den Dörfern kommen wollen. (Eine Singwoche ist für August in Bergen geplant!) Hier wird die Pflege des Volksliedes betrieben und vertieft. Unermüdlich und mit Eifer wird geübt, bis das Lied „sitzt". Aber nicht nur der Melodie oder der Mundart nach. O nein! Viel wichtigeres gibt es noch zu umreißen. Wie ist das Lied entstanden? Wo ist es her und was ist an wahrem inneren Charakter lebendig da. Fanderl versteht es besonders fein den Charakter der alten Weisen, ihre Kernigkeit und ihren Frohsinn, ihre Schwermut und Kraft herauszustellen und in den Herzen der „Schüler" lebendig werden zu lassen. Hier in den Singwochen soll das Echte in den jungen Menschen aufgenommen und gestaltet werden, auf daß sie es in ihr Dorf mitnehmen und dort singen. Bald ist dann wieder ein Dorf, ein Weiler, durchklungen von lieben, fast vergessenen Liedern. — Es gilt eben dem jungen „Lehrer" keine Fassade, hohle oder gar zweckbedingte Tuerei aufzuräumen. Fanderl ist durchdrungen von dem Gedanken, das heimatliche Liedgut wieder in seinem inneren Charakter erstehen und neu erwerben zu lassen.

Und wie geht's weiter?

„Wir lassen net aus!" Diese Wastl's Worte geben uns Hoffnung. In Abwehr gegen die Flut des Modischen, der Auswüchse und verderblichen Einflüsse in denen das Volkstum im allgemeinen und das Liedgut im besonderen zu versinken scheinen, erhellt doch eine Tatsache: Zäh sind Leute am Werk, die ohne viel Getue und Worte unbeirrt ihren Weg gehen. Neue Verbindungen mit den übrigen Alpenländern haben sich aufgetan und das heurige Aschauer Sängertreffen hat bewiesen, daß wir in der Pflege und Hochhaltung unseres alpenländischen Liederschatzes nicht allein sind. — Die Trachtenvereine aus nah und fern haben mit Fanderl Verbindung aufgenommen. Monatlich treffen sich Sängergruppen aus den verschiedenen Dörfern beim Fanderl Wastl in Bergen und üben und musizieren im „Dorf der Volksmusik". Und jede Stunde, die sie da zusammensitzen, lernen, singen und dabei fröhlich sind, wirkt weiter und trägt Frucht, indem sie das Alltagsleben überglänzt und zu unverfälschter Lebensart neu erwecken hilft.

„TRAUNSTEINER NACHRICHTEN" Sommer 1950

„Wir lassen net aus ..." Fanderl zu Beginn seiner Nachkriegskarriere.

Sieben Jahre nach dem Krieg – oberbayerisch und inter-national

Sieben Jahre nach Kriegsende war Fanderl bereits wieder ein gemachter Mann, umtriebig, gefragt, anerkannt, begehrt und erneut rundfunktauglich. Im neu angelegten „Hausbuch" der Fanderls hält er im Advent des Jahres 1952 für die Nachwelt und seine Kinder fest:

„Morgen kommt Herr Fink von der Kulturabteilung des ‚Bayerischen Rundfunks' zu einer Besprechung. Er will am ersten Weihnachtsfeiertag von unserer Stubn aus eine Sendung machen mit dem Thema: ein Weihnachtsnachmittag im bayrischen Haus. Wie das werden soll, weiß ich noch nicht, Herr Fink auch nicht. So versicherte er mir am Telefon. Daß ich ein Gesangs-Quartett habe, wißt ihr ja [...]. Am 20. Dezember bringt der ‚Süddeutsche Rundfunk' (Stuttgart) eine Übertragung von einem Weihnachtsliederabend in Heidenheim an der Brenz. Diese Veranstaltung fand im Kultursaal von Heidenheim vor etwa 1000 Menschen statt. Mami wirkte mit dem Hackbrett mit und hatte großen Erfolg. Sie spielt das Instrument auch wirklich gut.[323] [...] Mein Quartett sang Adventlieder und wir spielten auch eine Hirtenszene, die wir selber erdachten. [...] Vergangenes Jahr machten die Stuttgarter eine ähnliche Veranstaltung in Mosbach/Odenwald. Die Übertragung, d.h. der Empfang war aber so gestört, daß wir nichts hören konnten. Im November sind vom Quartett zwei Schallplatten erschienen. Vor dem Krieg gab es von meiner damaligen Gruppe Platten, aber sie waren technisch so schlecht, daß ich mir keine aufbewahrte. Hier die ersten neuen Titel, weitere – so hoffe ich – werden noch folgen.[324] Mein Volkslieder-Quartett haben wir ‚Die Vier vom Gamsstadl' genannt (wir singen aber ebenso oft als Trio). ‚Gamsstadl' deswegen, weil das Haus, in dem wir jetzt wohnen, früher ein Heustadl war (vom

Die oberbayerischen Sänger und Tänzer beim Festzug in Portugal 1963. Moni und Liserl Fanderl als Fahnenträgerinnen, die Teisendorfer Tanzlmusi, Fritz und Helmut Mayr, die Aschauer Sängerinnen, Wastl Fanderl (rechts)

Binder-Ramberg). Der alte Binder ließ vor etwa 40 Jahren Gamsköpfe auf den Dachfirst machen, daher Gamsstadl. Ein Bild vom Trio und Näheres darüber findet ihr im Buch ‚Das Volkslied in Altbayern und seine Sänger'.[325] Der 2. Tenor ist Bertl, mein Neffe, ein Bub von Schwester Mirl in Traunstein. Mit dem Trio und dem Quartett haben wir bisher etwa 140 Lieder und Jodler beim bayerischen Rundfunk aufs Band gesungen und bei ungezählten Sendungen und Veranstaltungen mitgewirkt (auch bei den Sendern Köln, Stuttgart, Salzburg, Linz und Zürich).
Auch bei Filmen haben wir mitgewirkt: ‚Die seltsame Geschichte des Brandner Kaspar' mit Paul Hörbiger und anderen. Mami hat einen Teil der maßgeblichen Kritiken und Zeitungsausschnitte gesammelt. (für euch). [...] Der Anfang von unserem Familienhausbuch ist gemacht. Möge es weiter wachsen zu unserer und euerer Freude und künden davon, wie segensreich die gute Musi für das Leben der ‚Fandein' ist."[326]

Es ist sicher kein Zufall, dass Fanderl in seinem „Familien-Hausbuch" ausgerechnet Annette Thomas Geburtstagsbuch für Kiem Pauli zitiert, das soeben bei Callwey erschienen war. Sogar Wastl durfte in diesem Buch publizieren, was eine außergewöhnliche Ehre für den jüngsten aller Autoren[327] darstellte, denn das Buch war sozusagen die „geistige Gründungsurkunde" der altbayerischen Volkskulturbewegung nach 1945. Unter völlig kritiklosem Rückgriff auf Anton Ritter von Spaun und seinen romantischen „Volkslied"-Begriff[328] sowie in tiefer Verehrung für den NS-Märtyrer Kurt Huber und zugleich in erstaunlicher gedankenloser Fortführung NS-belasteter Terminologie heißt es dort:

„Denn mehr noch als zu jener Zeit wird die Verbindung unseres Volkes mit seinem ‚ursprünglichen Zustand', das heißt seiner lebenserhaltenden Kraftquelle, bedroht, nicht nur von ‚Verfeinerung und Zivilisation', wie damals, sondern von einer alles erobernden Organisation, von Nivellierung und Vermassung, von einem jagenden, kaum mehr zu steigernden Zeitmaß und dem immer stärkeren Hereindrängen artfremder ‚Kultur'. [...] Ja, herausgewachsen aus der schönsten Umwelt, die unser Herrgott jemals hat verschenken können, in Jahrhunderten durch tausendfältige Einflüsse geformt, zu vielen Malen bedroht und verschüttet, aufgefunden und wiedergeboren, so erkennen wir heute unser Volkslied als ein kostbares Gut, das wir nicht verlieren dürfen. [...] Es hat starke Einbrüche in seine gesunde Fortentwicklung gegeben. [...] wir wissen, wie es später mißverstanden und für den Salon zurechtgestutzt wurde, wie das Kernige, Urwüchsige, Naive verdrängt wurde durch strophenreiche Gesänge voll Rührseligkeit und verlogener, schwülstiger Sentimentalität. Wir wissen, daß das allgemeine volkstümliche Lied und die Schriftsprache das echte Volkslied und die Mundart, die Muttersprache, verdrängten, bis schließlich der alles erschlagende Schlager – nomen est omen – sich wie eine Lawine über Stadt und Land ergoß und alles, aber auch alles zu verschütten drohte."³²⁹

Die oberbayerischen SängerInnen, MusikantInnen und TänzerInnen in Marokko 1954

Was würde Annette Thoma heute zum „jagenden Zeitmaß" sagen? Natürlich war ihre Position auch eine polemische gegen alles Moderne, pauschalierend und ungerecht – voller Eifer und Eiferei. Das Katastrophen-Szenario, das Annette Thoma skizzierte, war der damaligen Denkmode gemäß, lag im Trend des Zeitgeists und war zugleich ein Denkmuster, aus dem Menschen wie Wastl Fanderl ihre lebenslange Überzeugung und ihre außerordentliche Kraft und Energie schöpften, um in den folgenden Jahrzehnte ihre großen Leistungen vollbringen zu können – und zwar unermüdlich und mit großem Erfolg. Zum Szenario gehören für Annette Thoma jene, die in der „Gefahr" heranwuchsen: etwa Josef Pommer und Ludwig Thoma, die Wittelsbacher und schließlich Kiem Pauli, der „Sämann aus Kreuth"[330]: „... der Vater einer Volkslied-Bewegung, wie sie gesünder und ehrlicher, schöner und erfolgreicher nicht gedacht werden kann. [...] Seine belebende Kraft, sein umfassendes Wissen reichten hoch hinauf in die Kreise der Intelligenz und tief hinein in den Urgrund des Volkes. [...] Das Geburtstagsbuch [...] soll den Mitlebenden, aber auch den Nachkommenden zeigen, wie es um die Mitte des 20. Jahrhunderts in Altbayern um das Volkslied bestellt war [...]. Es soll aber auch festhalten, was er [Kiem Pauli] nicht nur für ein singfrohes Bauernvolk bedeutet und jene stadtgebundenen Menschen, die noch

Fanderl und seine Musikanten unterwegs

mit einem Wurzelende hinausreichen ins unverbaute Land, sowie für alle der Heimat dienende Wissenschaft, Forschung und Kultur, sondern darüber hinaus für eine weltweite Zusammengehörigkeit a l l e r , welche die arteigenen, im tiefsten Wesen ihres Volkes gegründeten Lebensäußerungen bewahrt haben und mit der Kraft eines liebenden Herzens gegen alles Seelenlose zu verteidigen entschlossen sind."[331]

In einer solchen Programmatik fühlte Fanderl sich aufgehoben, beheimatet, ja geradezu quasi-religiös abgesichert. Daraus kamen alle seine Aktivitäten nach 1945, nicht zuletzt sein Bewusstsein von der inter-nationalen Verbundenheit, der „weltweiten Zusammengehörigkeit" aller Freunde in einer „echten Volkskultur": Seine schon erwähnten wiederholten Teilnahmen an internationalen Weltfesten für Volkslied und Volkstanz zwischen 1953 und 1966 *(vgl. Beilage 11)* waren dafür ein Beispiel. Fanderl

Fanderl, auf Auslandsreise, musiziert zur Freude von ZuhörerInnen

hatte sich Anfang der 1950er Jahre bereits eine so große Anerkennung erworben, dass das Auswärtige Amt sich seines positiven Wirkens im Ausland sicher war und ihn zum offiziellen Vertreter der Bundesrepublik Deutschland für Auslandskulturaktivitäten ernannte.

Es kommt ein weiterer Aspekt ins Spiel: War Fanderl vor 1945 als Soldat und Kulturarbeiter der Deutschen Wehrmacht noch unter imperialistisch-rassistischen Vorzeichen in Europa unterwegs, wie dies eben das NS-Regime vorgab, gewann nach 1945 die katholische Kirche ihre Sinndeutungs-Hegemonie für die jeweils regionalspezifischen Volkskulturbewegungen wieder zurück – unter Fortführung und Rückgriff auf das Konzept der Einheit von „Volkstum und Glauben", wie es Pius XII. 1953 im Vatikan anlässlich einer Audienz für die Teilnehmer am „Internationalen Kongress für Folklore in Nizza" formuliert hatte:

„Wir dürfen nicht vergessen, daß in den christlichen und christlich gewesenen Ländern der religiöse Glaube und das Volksleben eine Einheit ausmachen, die man mit der Verbindung von Leib und Seele vergleichen kann. Wie diese Einheit sich aufgelöst hat, wo der Glaube schwach geworden ist, können da die volkstümlichen Überlieferungen, die ihres Lebensprinzips beraubt sind, sich erhalten oder künstlich wiederbelebt werden? Dank der folkloristischen Gruppen werden so kostbare Bräuche erhalten und neu belebt. Und wir können die nur loben, die sich mit Kompetenz und Hingabe bemühen, ihnen zu helfen, ihre Bemühungen zu leiten, ihre Versuche anzuspornen, ebenso alle, die direkt mitwirken. Möchten Sie doch die ganze Tragweite Ihrer sozialen Rolle erkennen: von so häufig falschen, mechanisierten Vergnügungen übersättigten Menschen den Geschmack an Entspannung wiederzugeben, die reich an den authentischen menschlichen Werten sind."[332]

Die Positionen der religiös-klerikalen und volkstumsbewegten Annette Thoma und der katholischen Kirche zeigen zwei wichtige Aspekte, die zur Identität der volkskulturellen Bewegung gehörten. Da gab es einerseits eine defensive Haltung der Moderne gegenüber und andererseits eine „offensive" Strategie, indem man durch pflegerische Maßnahmen die „Defizite" zu kompensieren und damit Sinn und neuen gemeinschaftlichen Zusammenhalt zu stiften versuchte. Die „modernen" Gegner standen für eine grenzenlose Individualisierung, also für ein Aussteigen aus der Gemeinschaft, und zugleich paradoxerweise für eine Vermassung, die die Wurzeln verleugnete: Individualisierung und dadurch Vereinzelung, Nivellierung und dadurch Vermassung heißen für die Kirche und für Thoma die beiden hässlichen Gesichter der Moderne. Stand in der Volkskulturbewegung zu den Lebzeiten von Kiem Pauli und Annette Thoma ein gemeinschaftsfähiger Idealismus als Antrieb im Vordergrund, so professionalisierte (und kommerzialisierte) sich die Bewegung zunehmend ab dem Ende der 1960er Jahre durch Rundfunk, Fernsehen, die Sänger- und Musikantenzeitung und populäre Veranstaltungsformate: Der Konkurrenzkampf nahm zu und ökonomische sowie Quoten-Interessen spielten eine größere Rolle, so dass nicht nur der sensible Fanderl die Werte Kiems und Thomas gefährdet sah.

Wie es um die beschworene „Entspannung" wirklich bestellt war, wenn man an die Reihe der Internationalen Folklore-Festivals denkt, die seit Beginn der 1950er Jahre für ein Jahrzehnt wieder beliebt wurden, mag ein Reisebericht aus dem Jahre 1953 illustrieren, der unmittelbar nach der ersten Auslandsreise oberbayerischer Volkskulturbotschafter geschrieben wurde. Es handelt sich freilich auch hier nur um eine Sichtweise – die historische Wirklichkeit war wohl doch bunter. Erstaunlich bleibt das dem Zeitgeist entspringende Ressentiment, das deutlich spürbar wird und das zeigt, in welchem Milieu sich Fanderl damals bewegte.[333] Das „Traunsteiner Tagblatt" berichtete also von einer Reise in das französische und spanische Baskenland des Jahres 1953. Der auf den ersten Blick harmlose und scheinbar nur Fakten mitteilende Reisebericht entpuppt sich bei näherem Zusehen als eine zwar lustig gemeinte, de facto aber unterschwellig mit verschiedenen Vorurteilen gespickte Peinlichkeit: An der ersten Auslandsreise der vom deutschen Außenamt unter der Leitung des „Präsidenten Fanderl" zusammengestellten oberbayerischen Sänger- und Tanzabordnung nahmen Lisl Fanderl, ihr Vater Thomas Mayer als Zitherspieler, „Die Vier vom Gamsstadl", drei Bergener Trachtlerinnen und Trachtler, der Zitherspieler Hans Reichl und zwei Klarinettisten teil, zu denen schließlich auch – Fanderl war überrascht und man begrüßte sich „frostig" – Kiem Pauli, Hans Seidl (Leiter der Abteilung Volksmusik beim Bayerischen Rundfunk) und die Waakirchner Sänger stießen.

Befremden löste der von der BBC bezahlte Flug der Prominenten aus, während die Bergener eine mühselige Fahrt mit dem Bus auf sich nehmen mussten – mühsame Konversation und Überspielen des Konflikts untereinander waren also angesagt. Der „Reisebericht" ist mit lächerlich nationalistisch getönten Witzen, mit machistischen Reise-Anekdoten „angereichert" und preist insgesamt bayerisches Kraftlackeltum. Er vermittelt – wohl ungewollt – peinlich uneinsichtigen Umgang mit der von den Veranstaltern eingeforderten Ehrerbietung vor den Gefallenen des Krieges: „ohne Zögern schob man den Kiem Pauli nach vorn". Dazu bekundet er eine unverständige Überheblichkeit gegenüber spanischen Bräuchen und durchaus diskutierenswerten, in

Mitteleuropa nicht bekannten Ritualen und feiert die eigene, statt Respekt vor der fremden Kultur zu zeigen. Wieder zu Hause weiß man als Höhepunkt der gesamten Reise nur Folgendes mitzuteilen: „Weißwurstfrühstück mit Münchner Bier und einer Pressekonferenz mit Süddeutscher Zeitung". Was der Reisebericht freilich auch andeutet: Die Bayern (die Deutschen) waren – acht Jahre nach Kriegsende – in Frankreich immer noch offenen Vorwürfen ausgesetzt; man brachte ihnen nicht nur Sympathie entgegen. Die persönlichen Erinnerungen von Teilnehmern dieser Fahrten präsentieren im Nachhinein sicher ein etwas verklärtes und zu geglättetes Bild: „[In Paris, Juni 1955] waren wir auch mit Schwarz-Afrikanern zusammen. Sie waren hervorragende Tänzer. Es herrschte große Harmonie, wie immer im Ausland."[334]

Für Bertl Witter hatten diese Reisen noch eine weitere Bedeutung, nämlich die noch immer virulente europäische Vergangenheit zu vergessen. Ob Fanderl auch so dachte? In Witters Erinnerungen heißt es: „Wir jungen Sänger und Musikanten [Teilnehmer der zwischen 1953-1955 abgehaltenen internationalen „Folklore-Festivals" in Biarritz, Pamplona, Nizza, Genua, Agrigent, Paris] verstanden uns sofort [...]. Damit haben kluge Menschen in den [...] amtlichen Stellen ihren großen Weitblick bewiesen: Sie waren nämlich der Meinung, daß die Jugend in Europa nur über die Musik die schrecklichen Kriegsjahre schnell wieder vergessen kann."[335]

Kathi Greinsberger und Bertl Witter

Welch politisch-kultureller Stellenwert der Volkskulturbewegung in der innerdeutschen Auseinandersetzung während der unmittelbaren Nachkriegszeit zugeschrieben wurde, mag auch die Tatsache veranschaulichen, dass die Fanderls und das „Fanderl-Quartett" zu Rundfunkaufnahmen nach Ostberlin eingeladen wurden. In Ostberlin nannte sich die Gruppe „Wastlquartett". Kurt Ninnig, der seit 1951 als Musikredakteur beim

DDR-„Deutschlandsender" tätig war, hatte vom „Zithervirtuosen" Alfons Bauer, mit dem Fanderl später in Urheberrechtsfragen in Konflikt geraten sollte, von den Fanderls erfahren und lud sie – so wie auch die „Isarspatzen"³³⁶ – ein, nach Ostberlin zu kommen.³³⁷ Vor dem Mauerbau 1961 waren die Fanderls drei Mal in der DDR zu Gast – zwei Mal im Jahr 1956 (28. Mai und 20. November) und einmal 1957 (17. Juni). Alfons Bauer mit seinem Ensemble, die „Isarspatzen" und Sigi Ramstötter waren ebenfalls eingeladen. Im November 1956 gestaltete Fanderl sogar eine Weihnachtssendung mit eigenen Texten, die schließlich dreimal ausgestrahlt³³⁸, aber auch gekürzt und zensuriert wurde. Von der Gage kaufte man in Ostberlin Instrumente (z.B. eine Posaune und eine Gitarre) und anderes, etwa Feldstecher, Bettwäsche. Man war nämlich gezwungen, das Geld sofort in der Zone auszugeben. In der Erinnerung der Fanderls waren die Grenzschikanen auch später noch stets präsent, mit mehr Freude dachten sie an ein Zusammentreffen mit Paul Hörbiger. Der 17. Juni war natürlich ein besonderer Tag, denn vier Jahre zuvor hatte es den niedergeschlagenen Arbeiteraufstand gegen das

„Eine(r) zuviel" (Radio DDR, Redaktion „Unser Rundfunk" 1959)

Regime gegeben. Nun fand an diesem Tag in der Stalinallee der festliche „Rundfunktag des Deutschlandsenders" statt: Mehrere Musikgruppen, u.a. auch die Fanderls, musizierten und sangen auf der Straße – ein typischer Fall politischer Instrumentalisierung im Zeichen des „Volkes". Ein Brief der DDR-Sendeleitung, der den Oberbayern den größten Erfolg von allen bescheinigte, ist leider verloren gegangen. Lisl Fanderl erinnert sich: „Der Wastl hat ja damals die Zusammenstellung des Programms, das Manuskript und auch die Ansage gemacht. Ich selber habe mit dem Hackbrett gespielt, der Wastl auf der Zither – und dann hat er auch noch gesungen. Er hat alles alleine gemacht. Das hätte den Leuten vom Rundfunk schon gepaßt. Darum haben sie ihn auch angesprochen, ob er für sie arbeiten will. [...] Auch politisch wollten sie uns ködern. In einem Lokal wurden wir einmal von einem Offizier angeredet: ‚Wollen Sie etwas wissen über die DDR?' Aber wir wollten nicht."[339]

Auf dem Weg zum Szene-Star – Fanderls Musterkofferl

Doch noch einmal zurück in das Jahr 1946. Was also geschah unmittelbar nach Fanderls Entlassung aus der Kriegsgefangenschaft? Fanderl setzte gleich auf das richtige Pferd und stellte vorerst einmal – wieder in der Nachfolge Kiem Paulis – ein „Musterkofferl"-Gesangstrio zusammen.

Das Wastl-Fanderl-Trio auf großer Fahrt
(Leo Döllerer, Wastl Fanderl, Bertl Witter)

Bertl Witter, ein Neffe Fanderls, war, wie schon erwähnt, von Fanderl zum Jahreswechsel 1944/45 auf der Gröbl-Alm in Mittenwald gewissermaßen entdeckt worden. Bei einer Sylvestergaudi der Gebirgsjäger hatte ihn Fanderl zum ersten Mal singen gehört und war beeindruckt. Er möge doch auf die Suche nach einem weiteren guten Sänger gehen, so die Bitte Fanderls, denn das Kriegsende sollte ein sängerischer Neubeginn sein. Bertl Witter suchte und fand den dritten Sänger: Leo Döllerer[340], ein Freund des Bertl seit Jugendtagen. Mit ihm hatte er immer wieder Schlager, Chorlieder, Wiener Lieder und kitschige Wildererlieder gesungen. Zehn Jahre lang, zwischen 1946 und 1956, gab es das „Wastl-Fanderl-Trio" – ein junges Männertrio, zwei Twens und einer in seinen Dreißigern.

Noch bevor sich dieser Name als erfolgreiche Marke auf dem Veranstaltungsmarkt etablierte, wurde über die drei folgendermaßen berichtet: „Die zwei Traunsteiner, begleitet vom Fanderl Wastl" (1946), die „Traunsteiner Buam mit dem Fanderl Wastl" oder – ganz steif und „korrekt" – Sängergruppe Fanderl (Grassau), „Drei-Gesang-Fanderl", „Volkssänger-Trio Fanderl" oder „Dreigesang Fanderl (Chiemgau)" (1947-1948). Erst ab 1949 nannte man sich endgültig „Wastl-Fanderl-Trio".
Im Jahre 1950 kam der Basssänger und Kontrabassist Georg Heindlmeier (*1926) aus Bergen dazu, so dass es nun auch ein Quartett („Viergesang Wastl Fanderl") gab, das aber in den Jahren 1950-1956 unter dem Namen „Die Vier vom Gamsstadl" auftrat. Dass in der Bezeichnung der Name Fanderl nicht vorkam, hatte auch steuerliche Gründe – Fanderl wollte nicht für alle Einkünfte, die die Gruppe einspielte, Steuern abliefern. Die Zusammenarbeit in dieser Besetzung dauerte – mit einer Ausnahme – bis 1956. Dann schied Bertl Witter – nicht zuletzt wegen finanzieller Meinungsverschiedenheiten – aus. War man zu Beginn froh, überhaupt auftreten zu dürfen und gefragt zu sein, gab es wegen finanzieller Abgeltungen bald Konflikte: Das deutsche Wirtschaftswunder hatte die Seelen erreicht. Noch im Mai 1948 wurden die Gesangsgruppen, die zu einer repräsentativen Veranstaltung – „Bayrisch Land – bayrisch Lied" – von der Stadt München eingeladen wurden, in der Einladung gebeten, die eigene Bettwäsche, das Essbesteck, die Schwarzbrot-Marken, ja vielleicht überhaupt Brot mitzunehmen. Im Jahre 1956 schied Leo Döllerer aus. Die erste und zweite Stimme des Viergesangs wurden ab nun

Das Wastl-Fanderl-Quartett
(Wastl Fanderl, Sigi Ramstötter, Horst Korb, Georg Heindlmeier)

von den Teisendorfer Sängern und Musikanten Sigi Ramstötter[341] und Horst Korb ersetzt – und Lisl Fanderl (Hackbrett) und Irmgard Mohr (Harfe) stießen als Musikerinnen dazu, um Lieder und Jodler einzubegleiten, später Moni Fanderl als Harfenistin. Damit war ein Grad von Professionalisierung erreicht, der sich schließlich auch bei den vielen Veranstaltungen und Rundfunk- und Fernsehproduktionen bewähren sollte.

Erich Mayer konnte in seiner Dokumentation „Wastl Fanderl im Bayerischen Rundfunk von 1931 bis 1991" nicht weniger als 130 Tondokumente des Bayerischen Rundfunks eruieren, die zwischen Ende 1949 und Oktober 1959 vom „Wastl-Fanderl-Trio", dem „Fanderl-Quartett" bzw. den „Vier vom Gamsstadl" aufgenommen wurden.[342] In den sonntäglichen volksmusikalischen Unterhaltungsprogrammen des Bayerischen Rundfunks wurden sie sehr oft gesendet: So wurden die Fanderl-Gruppen weitum bekannt und beliebt. Auch erste Schallplatten trugen zur Bekanntheit bei. Bertl Witter berichtet aus den Anfangsjahren, wobei klar wird, welch große Rolle der Bayerische Rundfunk für den Bekanntheitsgrad Fanderls und seine Gruppen nach 1945 spielte: „Die Abteilung Volksmusik unter Alfons Schmidseder (1946–1949) und später unter dem Seidl Hans (1949–1959)[343] brauchte immer wieder Lieder zu bestimmten bäuerlichen Festtagen für das Kirchenjahr, den Advent- oder Osterkreis, Handwerker-, Bauernlieder, Wildschützenlieder ect."[344]

Das Wastl-Fanderl-Quartett in anderer Besetzung (Agrigento 1955): Georg Heindlmeier, Wastl Fanderl, Bertl Witter, Fritz Riedle (hinten)

Schon in den Anfangsjahren gibt es eine Reihe von begeisterten HörerInnen-Reaktionen, also frühe Fan-Post, die sich im Fanderl-Archiv erhalten hat. Die Briefe spiegeln eine Begeisterung wider, wie man sie heute nur mehr schwer nachvollziehen kann. Es gab auch Briefe, die so euphorisch klingen, dass man meinen könnte, sie wären von den Hauptverantwortlichen im Sender bestellt, wie etwa der eines 15jährigen anonymen „Münchner Kindls:

„Da kann i nachad für a Stund' lang vergessen, daß i in der Stadt bin. Da sehg i ganz deutlich vor mir meine Berg, mein geliebtes Dorf, meine Küah und Roß und mein ganzes bayerisches Landl. [...] Überhaupt moan i Enk net alloa. Da san die Lohmeier-Dirndln und die Roaner Dirndln und die Fischbachauer Dirndln schon auch noch da. Und an Haufen Liadl, die wo die g'sungen hab'n, kann i schon auswendig. [...] Die ganze Woch' allweil zwischen hohen Stadtmauern und überhaupts koa bißl Land. Und am Sonntag, wenn's di halt mit Gewalt in die Natur zieht und zu de Berg und du kannst net, so is' halt mei größter Trost, wann i a Volksmusik hör. Liebes Wastl-Fanderl-Trio! Ihr dürft's mir glauben, daß i für Tschäss und Buckiwucki (I woaß net, wia ma des varreckte Wort schreibt) gar nix übrig hab'. Des is mir furchtbar z'wida. [...] Macht's nur so weiter und singt's a bißl öfter!"[345] Ein Brief der Liesl Karlstadt aus dem Jahre 1951 als Reaktion auf eine Sendung des Bayerischen Rundfunks mit dem Titel „Altbayerische Kirchweih" mit Fanderl als Sänger und Moderator liest sich ehrlicher: „Fein wars! Bei so was geht oan s'Herz auf."[346]

Die Rundfunk-Aufnahmen bedeuteten für die Sänger keine leichte Aufgabe, mussten sie doch, um den normalen Sendebetrieb nicht zu stören, meist in der Nacht zwischen 22.00 Uhr und 02.00 Uhr in den Münchner Studios arbeiten – gemeinsam mit ihrem langjährigen Zitherbegleiter Hans Reichl.[347] Auch andere Sender wollten ihre Archive vor der Düsseldorfer Funkausstellung im August 1950 füllen und luden die Sänger ein: der Westdeutsche Rundfunk Köln, der Süddeutsche Rundfunk Stuttgart, der Sender Schwäbisch-Gmünd oder der Saarländische Rundfunk

Brief der Lisl Karlstadt über eine Rundfunksendung 1951

ab 1950. Oft fuhren sie auch in die andere Richtung, um im ORF Landesstudio Salzburg aufzunehmen. Deshalb stehen zahlreiche Aufnahmen des Duos Döllerer-Fanderl, des Trios und des Viergesangs und der anderen Ensembles des Wastl Fanderl (Quintett und Hausmusik) im dortigen Archiv zur Verfügung.

Die Erinnerungen Bertl Witters und Georg Heindlmeiers geben einen sehr guten Einblick in die gemeinsame Arbeit. Sie beschreiben die Rolle Fanderls als die eines ungeduldigen und strengen Lehrers, berichten über die zu Beginn eher locker-unbekümmerte Erarbeitung eines sich rasant erweiternden Repertoires, lassen die idealistische Aufbruchsatmosphäre nach 1945 durchschimmern und informieren über die teils mit erheblichen Strapazen verbundenen Reisen, bei denen es oft nur Verpflegung und Unterkunft als Lohn der Mühen gab, sowie über die Zusammenarbeit mit den diversen Veranstaltern und den Medienleuten.[348] Witter schildert außerdem Fanderls Vorliebe für Gehörübungen und notenfreie Singübungen zu noch unbekannten Liedern und Jodlern, die später Vorbildfunktion für Fanderls „Singwochen" haben sollten. Oft wurden Lieder erst im letzten Augenblick geprobt, und Fanderl musste all seine Künste aufbieten, um das Publikum durch seine packende Conférence von weniger gelungenen Darbietungen abzulenken. Die vom Conférencier Fanderl verwendeten Notizhefte mit Stichwörtern für Witze, Sprachspielereien und kleine amüsante Geschichten sind leider verloren gegangen. Nur eine Geschichte hat sich erhalten, ein fiktiver Brief an Frau Fortuna, auch der Name eines damals tätigen Versicherungsunternehmens, der von den selbstverschuldeten Unbilden des Lebens erzählt – eine feine ironische Anspielung auf die aktuellen Zeitverhältnisse. Moni Fanderl nennt diesen „Brief" einen der „Lieblingsvorträge Papas" bei den ersten Heimatabenden um 1950. Generell galt Fanderl als „Schlawiner" der Conférence.

Das Wastl-Fanderl-Trio (Bertl Witter, Wastl Fanderl, Leo Döllerer) 1950

Das Repertoire – der Veranstaltungsreigen

Aschauer Pfingsttreffen 1948: Kiem Pauli, Tobi Reiser, ein Schweizer Gast und Wastl Fanderl

Neben den handelnden Personen interessiert besonders das Repertoire, das von Fanderl und den Seinen aufgegriffen, adaptiert und zum Teil weiterentwickelt wurde. Bertl Witter hat dazu einige Informationen: Schon im Herbst 1945 sei er von seinem Onkel Wastl, der sich noch in Gefangenschaft befand, mit einigen Liedern versorgt worden. Fanderl nahm diese Lieder später meist in seine „Liederbögen" und auch in die „Sänger- und Musikantenzeitung" auf. Bei den Liedern, an die Bertl Witter sich gern erinnert, handelt es sich um ein Tanzlied („Schnadahüpfl"), weiters um ein lustiges Beziehungslied, das von Treue und Untreue spricht, um ein Frühlings- bzw. Liebeslied und schließlich um ein Arbeitslied, das von einem faulen Bauernburschen erzählt, der alles andere als das Dengeln im Sinn hat: „I hab scho oft g'schnidn...", „Zizipe Kohlmoasn...", „Auf da Gwahn da kloane Ho" und „Znachst hon i ma d' Schneid..." *(vgl. Beilage 7)*

Bertl Witter geht sodann auch auf einige jener Lieder ein, die sie „oftmals erst bei der Fahrt zu den Aufnahmen nach München" geprobt und einstudiert haben oder die gar erst auf der Fahrt entstanden waren – ein Hinweis auf die Unbekümmertheit und das Bestreben des jungen Fanderl, eigene Lieder im Volkston zu schreiben, neue Melodien zu Texten zu finden oder das gesamte Lied – Text und Melodie – selber zu gestalten. „Wastl hatte zwar schon Melodien- und Textfragmente im Kopf und auf dem Papier, aber in die endgültige Form brachte er sie erst während der Fahrt."[349] Witter erzählt auch, dass das Trio überdies dazu ausersehen war, jene Lieder einzustudieren, die bei den „Singwochen", die Fanderl ab 1949 wieder zu organisieren begann, gesungen werden sollten – Probesingen für andere sozusagen.

Fanderl selbst und Bertl Witter heben die folgenden Lieder hervor: „Es is die Liachtazeit"[350] und „Im Fruahjahr, wann d' Vögal wieda singan", dessen Text Kiem Pauli in seiner „Sammlung Oberbayrischer Volkslieder" abgedruckt hatte, aber eben ohne Melodie. Kiem Pauli war von der dazu erfundenen Melodie Fanderls begeistert und nahm das Lied schließlich in die zweite Auflage der schon 1930 gemeinsam mit Kurt Huber gestalteten Sammlung „Oberbayrische Volkslieder" (1954) auf – eine große Ehre für Fanderl, der offenbar den richtigen Ton getroffen hatte.[351] Das Fanderl-Trio und -Quartett haben im Jahrzehnt 1949–1959 etwa 130 Lieder und Jodler erarbeitet und aufgenommen. Aus den Anfangsjahren der Tätigkeit der Fanderl-Sänger blieben Bertl Witter die folgenden Lieder in frischer Erinnerung: „Aber Hansl spann ei", „Kimmt daher die Winterzeit", „Hinten bei der Stadltür", „Is am Himmi koa Stern", „Im Fruahjahr, wann d'Vögal wieder singan", „Zwoa schwarzbraune Rössal", „Is's a Freud auf da Welt" und „Die heilig'n drei König san hochgeborn".[352]

Fanderl mit den Flachgauer Musikanten des Tobi Reiser anlässlich der Silberhochzeit von Sepp Kammerlander 1950

Blenden wir noch einmal kurz zurück in die unmittelbare Nachkriegszeit, in das Jahr 1946. Ende Oktober fand das zweitägige „Erste Sängertreffen" im Postsaal in Grassau statt, das Fanderl leitete. Die „Deutsche Bauernmesse" der Annette Thoma wurde aufgeführt, der Kiem Pauli und die Mitglieder seines „Musterkofferls" – außer Sepp Burda, der im Krieg vermisst war – waren anwesend sowie ausgesuchte und eben aus dem Krieg zurückgekehrte „Bauernsänger" aus Oberbayern, unter ihnen auch Wastl Fanderl mit seinem gerade gegründeten Trio, weiters Sängerinnen aus Riedering und das Gamsei-Trio aus Bergen sowie die Töchter der Annette Thoma mit dem Sepp Staber. Es ging nach heutigen Maßstäben wohl ziemlich unprofessionell zu. Das Fanderl-Trio hatte nur zwei Lieder parat, sollte aber vier singen, alle hatten sie nur unzureichend geprobt. Fanderl nahm das damals alles auf die leichte Schulter. Von Repertoire konnte man noch nicht sprechen. Kiem Pauli muss alle Augen zugedrückt haben: „Der Kiem Pauli war recht nett mit uns und lobte uns, obwohl wir recht gut gehört haben, daß die Intonation nicht ganz sauber war vor Aufregung."[353] Wahrscheinlich hat das Trio „I hab scho oft g'schnidn" und „Zizipe, Kohlmoasn" gesungen. Kiem Pauli rezitierte nicht nur Gstanzln, sang und musizierte, sondern verkündete zum ersten Mal nach dem Krieg auch wieder seine bekannten Botschaften: Er erinnerte an die Anfänge, die ersten Preissingen der 1930er Jahre, er wetterte gegen Kommerzialisierung der Volksmusik, er nahm die Jungen in die Pflicht, die Volkskultur zu hegen und zu pflegen, hielt ein Plädoyer für den Dialekt, beschwor die Bedeutung des bayerischen Brauchtums und mahnte schließlich die sängerische Gemeinschaft: „Der Mensch ist das Wichtigste. Zusammenhalten, unser Bayernland soll leben! Und jetzt fang ma o!"[354]

Fanderl und Bertl Witter hören Tobi Reiser und seinen Musikanten, Franz Peyer und Franzi Schwab, zu.

Die gesamte Veranstaltung sollte Fröhlichkeit verbreiten und die Heimat beschwören. Völlig konnte man aber die Wirklichkeit und die Toten des Weltkrieges nicht ausblenden. Die Zeitung formulierte es auf ihre Weise: „Es waren auch Überseer dabei, weil der Krieg manche Lücke gerissen hat. Und während dies der Fanderl Wastl, der rührige Leiter der Veranstaltung, bekanntgibt, sehen wir im Geiste die vielen Kreuze, die neben der Kirche aufgestellt sind, lange Reihen für den kleinen Ort Grassau. Aber das Leben verlangt sein Recht. Niemand hielte das aus, immer traurig zu sein. Man muß auch wieder froh sein, singen und jodeln, wie es die Altbayern so gerne tun."[355] Und dann setzen jene Formeln und Klischees ein, die – in leichten Variationen – jegliche Berichterstattung über die Volkskulturbewegung seitdem beherrschen sollten: Lustig sei es eben gewesen, besinnlich und innig auch, die Burschen und Dirndln fesch und eine Pracht, die Pfeifen hätten geraucht, die Schnurrbärte wären wunderbar gedreht gewesen, Ruhe und Behaglichkeit seien eine bayerische Zier, gesungen und musiziert habe man wunderbar, stolz und zukunftsfroh sei man, alles „Verkrampfte" falle da ab.

Wastl Fanderl mit Baronin von Trapp, eine Verehrerin Fanderls (nach 1945)

Nur die abschließenden Passagen erinnern wieder an das Jahr 1946: „Wie schön, daß das jetzt wieder möglich ist, vor einem Bahnhof einen fröhlichen Gesang anzustimmen, der unseren jahrelang von Sirenengeheul gequälten Ohren so wohltuend ist. Ein letztes Lachen, ein letzter Händedruck. Kiem Pauli, der eifrige Sammler und fanatische Verfechter alten Brauchtums, steigt ein. Er ist kein Gelehrter, kein Wissenschaftler, aber ein Mensch mit dem Herz am richtigen Fleck. Seine Worte bezeugen es, seine Freude am Gelingen. Wir verstehen seine Sorgen nur zu gut. Wenn wir nicht zäh am Alten hängen, wird es überwuchert und weggeschwemmt. Es fällt schwer, an so viel Ernst zu glauben, wenn man die stämmigen Burschen sieht, die reschen Dirndln, an Mahnungen zu denken."[356]

Fanderl bei einer Moderation mit Tobi Reiser nach 1945

Die Volkskulturbewegung und die katholische Kirche

Die gläubige Katholikin Annette Thoma, Mentorin Fanderls, verstand es unmittelbar nach 1945 erfolgreich, die katholische Kirche und ihren bayerischen Klerus für die Volkslied- und Volksmusikbewegung zu gewinnen. Ihr eigenes Engagement für das geistliche Lied, für christliche Bräuche und überliefertes christliches Spiel- und Theatergut (Messen, Hirtenspiele, Advent-, Dreikönigs- und Passionssingen) ist bemerkenswert. Als Mitherausgeberin der „Sänger- und Musikantenzeitung" seit 1958 war sie nicht zuletzt eine Garantin für die religiöse Dimension der Volkskulturbewegung. So spielte sie auch eine wichtige Rolle bei der Verankerung der Bewegung im Priesterseminar Freising, so dass dort schließlich ab 1952 das „Dombergsingen" erstmals stattfinden konnte. *(vgl. Beilage 10)*

Fanderl und Annette Thoma bei einer Lesung in Unterwössen (Bibel-Gespräch), Franz Niegel hört zu

1948 kam Kiem Pauli auf den Freisinger Domberg, um seinen jungen Seminaristenfreund Franz Niegel zu besuchen. Der Regens Dr. Michael Höck[357], dessen Mutter in den 1920er Jahren dem Sammler Kiem Pauli ein Hirtenlied[358] vorgesungen hatte, lud diesen zu einem Vortrag über das alpenländische Volkslied und die Deutsche Bauernmesse der Annette Thoma ein. Auch die Professoren konnten sich dem Charisma des Kiem Pauli nicht entziehen. Annette Thoma setzte fort, was sich da entwickelte. Franz Niegel und Wolfgang Langgassner nannten sie schließlich das „Herz des Dombergsingens", um das sich „ein fester Kreis von Theologen"[359] versammelte. Sie selbst schrieb dazu in ihren Erinnerungen: „Wir müssen uns die Situation von damals vorstellen. Im Erzbischöflichen Priesterseminar zu Freising wußte man nur wenig von echter Volksmusik, echten Volksliedern. Man kannte nur den

Mißbrauch, das kitschige, sentimentale Gedudel, den derben Krach und die eindeutigen Zweideutigkeiten, das Volkslied als Varieté-Belustigung und Fremdengaudi. Kein Wunder, daß der Pfarrer Fenster und Türen schloß, wenn der Dorfwirt einen ‚Boarischen Abend' veranstaltete. Er wußte ja nicht, daß all dieses Verzerrung und Erniedrigung eines Volksschatzes war, um den uns jeder beneiden konnte. [...] Mit bäuerlichen Sängern und Musikanten durften wir im Roten Saal des Priesterseminars vor Theologen und Professoren Volksmusik und adventliche Texte zu Gehör bringen. Mir wurde die Aufgabe zuteil, in einem kurzen Referat, besser in kleinen Plaudereien, praktische Hinweise zu geben für die Tätigkeit, die die Theologen später einmal als Volksliedpfleger ausüben könnten. [...] Es galt den Theologen den Unterschied aufzuzeigen zwischen dem, was sich als Duljöh und Seppltum schon breitgemacht hatte auf dem Land, und dem, was als kostbares Kulturgut verständnisvoller Pflege bedarf."[360]

Ab Dezember 1951 veranstaltete man Adventsingen, Dreikönigs- und Frühjahrsingen, sogar ein Singen im „Jahr des Herrn". Die Theologen gründeten Gesangs- und Musiziergruppen, auch das Freisinger Knabenseminar beteiligte sich schließlich an den Veranstaltungen. Die Initiative wurde sogar nach der Übersiedelung des Freisinger Priesterseminars 1968 nach München noch eine Zeit lang fortgeführt, nachdem am Domberg ein „Bildungszentrum der Erzdiözese" entstanden war. Als 1961 das zehnte Dombergsingen stattfand, berichtete Annette Thoma: „Dieses bekräftigt alljährlich die glückliche Verbindung zwischen den künftigen Seelsorgern unserer engsten Heimat und der gesunden, guten Volksmusik, die wert ist, daß sie auch von ihnen einmal gepflegt wird. Es kann ja einem Seelsorger nicht gleichgültig sein, wie jung und alt auf dem Dorf und auch in der Stadt seine Freizeit gestaltet. Die vergangenen zehn Jahre haben bewiesen, daß die herzliche Zusammenarbeit von Theologen und Sängern und Musikanten nicht umsonst war."[361]

Das Domberg-Singen war von ziemlich großer Bedeutung für die Positionierung der gesamten Kiem-Thoma-Fanderl-Bewegung. Denn dadurch bekam sie den Segen der katholischen Kirche und ihrer führenden Persönlichkeiten in Bayern. Es ist kein Zufall, dass sich sogar die prominentesten Mitglieder des Klerus – etwa Dr. Joseph Ratzinger[362] – zu durchaus interessanten, aber ziemlich spekulativen theologischen Ausdeutungen etwa des Jodlers und des Singens hinreißen ließen. Ratzinger etwa brachte Augustinus und die Psalmen 32 und 88 damit in Verbindung – „bene cantate eum iubilatione" und „beatus populus qui scit iubilationem" –, wie die „Sänger- und Musikantenzeitung" freudevoll berichtete.[363] Joseph Ratzinger räsonierte beim damaligen Adventsingen, das vom inzwischen zur priesterlichen Drehscheibe in Volkskulturfragen gewordenen Unterwössener Pfarrer Franz Niegel initiiert wurde, über den auf Fanderl gemünzten Weg vom „Schreien" zum „Singen" – unter Ausdeutung von Engel-Passagen aus der Johannes-Offenbarung und mit theologischen Reflexionen über Rhythmus, Melodie und Dreiklang als „Konsonanz der göttlichen Liebe" in der „Dissonanz der Welt" – in Anlehnung an den Theologen und Philosophen Erik Peterson[364]:

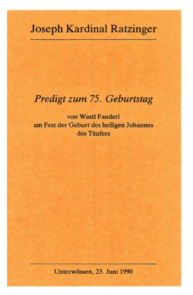

Joseph Kardinal Ratzinger: Predigt zum 75. Geburtstag von Wastl Fanderl (Unterwössen 1990)

„Im 6. Kapitel des Propheten Jesaja wird erzählt, daß die Seraphe vor Gott stehen und daß sie einander zuschreien ‚Heilig, Heilig, Heilig'. Es ist ihre Weise der Huldigung. Johannes hat diese Geschichte in die Geheime Offenbarung aufgenommen, aber ihr eine kleine und sehr tiefreichende Veränderung gegeben. Nun nämlich schreien die Seraphe nicht mehr, sondern sie singen. Der Übergang vom Alten zum Neuen Testament stellt sich hier [in der Geheimen Offenbarung] als Übergang vom Schreien zum Singen dar. Und in der Tat spiegelt sich darin die Veränderung des Gottesverhältnisses, die da geschehen ist, wo Gottes Menschwerdung geglaubt wird. [...] [über die Engel]: Fliegen und Singen sind Bilder für das Gleiche: für ein Wesen, das sich selbst überschreitet, das über seine Grenzen hinausdringen kann, das frei wird, das an das Geheimnis des Göttlichen rührt. Deswegen sind ja die Liebe und die Religion die beiden Ursprungsorte des Singens. Wo sie erlöschen würden, würden wir sehr schnell wieder ins bloße Schreien zurückfallen. [...] Ich glaube, wenn wir dies bedenken, dürfen wir sehr dankbar sein für diese Gabe des weihnachtlichen Singens. In den Zweifeln, die der Verstand uns in dieser verworrenen Zeit auferlegt, hält uns gleichsam das, was der Glaube der Jahrhunderte in unserer Heimat an Ausdruck seiner selbst geschaffen hat, über unser Fragen hinaus immer wieder in den Glauben hinein. [...] Vor allen Dingen aber wollen wir natürlich in dieser Stunde [...] dem Gott danken, der uns vom Schreien zum Singen erlöst hat."[365]

> ... Das dürfen wir von Ihnen mit ganzem Herzen sagen, lieber Fanderl Wastl. Wir freuen uns, daß es Sie gibt und danken Gott dafür. Sie haben viel Freude gegeben. Wenn Sie das bayerische Notenbüchl aufschlagen, dann ist es wie wenn die Sonne in die Stube hereinscheint. Es entsteht Freude in unserem Land, und weit darüber hinaus ist diese Freude ausgestrahlt. ...
>
> Joseph Kardinal Ratzinger: Ausschnitt aus der Predigt zum 75. Geburtstag von Wastl Fanderl (Unterwössen 1990)

Ratzingers Reflexionen, so eigenartig, ungewöhnlich, weit hergeholt, schwer verständlich für die Anwesenden sie auch sein mochten, dürften dennoch damals Labsal für die Volkskulturbewegung gewesen sein. Als schließlich zum 75. Geburtstag Fanderls ein Gottesdienst gefeiert und dabei die „Deutsche Bauermesse" von Annette Thoma in der Pfarrkirche Unterwössen aufgeführt wurde, betätigte sich Joseph Kardinal Ratzinger als Zelebrant. Die alpenländisch-oberbayerische Volkskulturbewegung – vorerst eine nicht-eigenständige, gern nach Österreich schielende, oft als dilettantisch belächelte, von glühenden Einzelpersonen wie Kiem Pauli u.a. vorangetriebene Privatinitiative, dann ein von der NS-Bewegung, Hitler-Deutschland und der deutschen Wehrmacht umworbener und instrumentalisierter Kultur-Machtfaktor – war spätestens seit dem Ende der 1940er Jahre im katholischen Bayern angekommen und konnte nun selbstbewusst medial reüssieren. Jetzt wurde – selbstverständlich – gesungen, musiziert, gejodelt, organisiert, vereins- und gruppenmäßig aufgetreten, um Subventionen geworben usw. – „Normalität" kehrte ein.

Die Fanderl-Singwochen

„Seltsam, vom Rundfunk [...] habe ich mich leicht trennen können. Vom Fernsehen werde ich es auch leicht können. Schwieriger wird es schon sein mit der Sänger- und Musikantenzeitung. Aber ganz schwer wird es mit den Singwochen. [...] Ich geb's [...] heute zu, daß ich das brauche, die Singwoche und die Leut'."[366]

Es war für ihn ein Glücksfall, dass Annette Thoma unmittelbar nach dem Krieg den noch sehr jungen Wastl Fanderl einlud, für ihr repräsentatives „Geburtstagsbuch für den Kiem Pauli" einen Beitrag über „Volkslied-Singwochen" zu schreiben. Die Entwicklung und Profilierung von spezifischen „Singwochen" gehörte zu den Kernideen Fanderls. Noch war dieser Begriff, noch war die Marke „Fanderl-Singwoche" nicht Allgemeingut, obwohl sich Fanderl schon seit den 1930er Jahren mit Singwochen einen Namen gemacht hatte. *(vgl. Beilage 2)* Hier kam er gewissermaßen zu sich selbst – das war sein „Format" und dies wurde auch von vielen neidlos anerkannt. 1951 ließ Karl Perktold in der „Altbayerischen Heimatpost" die Erinnerung an das „singende Dorf Bergen" der 1930er Jahre wieder aufleben:

„Das Schönste aber, das der Fanderl Wastl geschaffen hat, ist nicht nur die Wiedererweckung der alten urwüchsigen Volksmusik im Chiemgau, sondern vor allem auch die Einführung von ‚Alpenländischen Singwochen', die alljährlich in Bergen abgehalten werden. Von überall her kommen die Menschen zusammen, um in Fanderl Wastls Volksliederschatz nach den köstlichen Kostbarkeiten zu graben. [...] Vielleicht die originellste Schule, die es in unserer Heimat gibt, ist so eine Singwoche in Bergen. Nicht nur zwischen kahlen Wänden wird geübt und gelernt, sondern auch draußen in Gottes freier Natur auf irgendeiner Bergwiese oder auf einem Almenboden."[367]

Die Fanderls (Lisl, Wastl, Moni und Elisabeth) im Kreise von SängerInnen bei einer der ersten Singwochen in Bergen 1951

Fanderl formulierte in seinem Beitrag zum Geburtstagsbuch für Kiem Pauli erstmals ausführlich die Grundgedanken seiner Initiative, seines „musikalischen Heimgartens" oder „Sing-Heimgartens"[368], wie er sie auch nannte. Wiederholt sollte er sich später dazu äußern, seine Motivationen erläutern, über seine Vorbilder und die konkrete Durchführung der Singwochen sprechen, über Entwicklungen und Probleme sowie seine Ziele. Gleichzeitig grenzte er sich dezidiert gegen andere Formen der Musik-Vermittlung und der pflegerischen Arbeit ab: er wendet sich gegen „Taktmaß und Chorblatt, Stundenplan, Stimmbildung und Atemgymnastik", gegen „Singlehrertum", Lehrgangsatmosphäre und „Kurs"-Fetischismus.[369]

Ostersingwoche 1970: „Unsere Töchter haben ein furchtbar kitschiges Lied gesungen!!!"

„Ich halte Singwochen für eine gute Sache. Es gibt viele andere Singwochen, die meinigen hatten ihren eigenen Stil. Ich hatte als Vorbild den kleinen dörflichen Hoagart, wie er früher üblich war. Dort haben unsere Vorfahren auch viele Lieder gelernt. Also: Sieben Tage mit interessierten Menschen gesellschaftlich, urlaubsmäßig zusammenleben, miteinander singen, reden, tanzen und lustig sein, Freundschaften gründen, nicht die Spur eines ‚Lehrgangsgefühls' aufkommen lassen, für jedes einzelne Lied Begeisterung wecken, auf Herkunft und Textinhalt eingehen, die Schönheit der Sprache und der Melodie bewußt werden lassen – mit diesem höchst einfachen und natürlichen ‚Lehrplan' habe ich, so glaube ich, mehr erreicht als mit allen Veröffentlichungen, Volksmusikabenden und Rundfunksendungen zusammen.“[370]

Annette Thoma weiß, dass Fanderl damals gegen durchaus kompetente und finanzkräftige Konkurrenz antrat. Sie hatte wohl den besten Überblick über die gesamte, gerade zu einer Mode gewordene Singwochen-Szene, in der sie Fanderls Konzept sofort als ein Spezifikum erkannte.[371] Seine Singwochen waren nicht nur Teil einer Szene, sondern wie diese Szene selbst Ausdruck eines aktuellen gesellschaftlichen Bedürfnisses – eine Art „geschichtliche Sonnenuhr“ – in einer zunehmend kapitalbetonten Nachkriegswunderwelt. Annette Thoma unterstrich besonders den Unterschied zu anderen „Alpenländischen Singwochen“, wie sie – teilweise schon seit der Zwischenkriegszeit – etwa von Helmuth Pommer, Walther Hensel oder Hermann Derschmidt geleitet worden waren, die „kulturfördernd […] einen treuen Kreis Singbegeisterter zusammengeführt“[372] hatten und bei welchen Chorlieder, Madrigale und nur zuweilen Volkslieder erarbeitet und „in größtmöglicher Vollendung wiedergegeben“[373] wurden. Doch gerade dieser Schwerpunkt im eher Klassischen war Fanderl ein Dorn im Auge, denn Chöre dieser Art gab es genug. Er schlug einen anderen Weg ein: Bei ihm stand das Volkslied im Vordergrund, nicht die Lied-Überlieferungen der kirchlichen und/oder bürgerlichen Singgemeinschaften, nicht das bürgerlich-jugendbewegte „Offene Singen“. Der „Kopf“, das „Notenblatt“ und das perfekte Schönsingen dominierten bei ihm nicht, sondern der kleine Liederbogen zur Erinnerung und späteren Weiter-Verwendung in der Familie und im kleinen Kreis. „Das Herz“ und „das gemeinsame Erleben“, das „erholsame, frohe Beisammensein“ blieben

Anmeldeschein — Frankiertes Rückkuvert beilegen !

An die Leitung der Singwoche, "Bayerisches Liederstandl"
(13b) Bergen I OBB.

Ich melde mich zur Teilnahme an der 2. Alpenländischen Singwoche 1950 in Bergen. Die im Einladungsschreiben vermerkten Bedingungen erkenne ich an.
Ich wünsche nach Möglichkeit Unterbringung in einem Acht-Sechs-Vier-Drei-Bett-Zimmer. (Nichtgewünschtes bitte durchstreichen.)

Frau/Frl./Herr.............................. ALTER ....

BERUF............................STIMMLAGE......................

SPIELT UND BRINGT INSTRUMENT...........................

ANSCHRIFT...................... STRASSE/NR...........

UNTERSCHRIFT........................

....................den......1950

Anmeldebestätigung

Nicht ausfüllen ! Wird von der Singwochenleitung ausgefüllt und an den Teilnehmer gesandt, wenn der Singwochenbeitrag eingezahlt worden ist.

An den Singwochenteilnehmer Frau/Frl./Herrn.........................

....

Wir freuen uns über Ihre Teilnahme an der 2. Alpenländischen Singwoche und haben Ihnen wunschgemäss ein .....Bett-Zimmer zugeteilt.

Diese Anmeldebestätigung wollen Sie bitte gut verwahren, sie gilt als Quittung für den voll einbezahlten Singwochen-Beitrag und berechtigt zur Teilnahme.

Es ist Ehrenpflicht jedes Angemeldeten, dass er, wenn ihn unvorhergesehene Ereignisse von der Teilnahme abhalten, dies unverzüglich der Singwochenleitung mitteilt. Sein eingezahlter Betrag geht dann sofort unter Abzug von DM 1.-- als Unkostenbeitrag an ihn zurück.

Bricht ein Teilnehmer die begonnene Singwoche ab, hat er Anspruch auf Rückzahlung des Pensionspreises für die restlichen Tage, nicht aber auf Rückerstattung des Durchführungs-Unkostenbeitrages.

Mit Heimatgruß !
Ihr BAYERISCHES LIEDERSTANDL

Bergen, den 1950

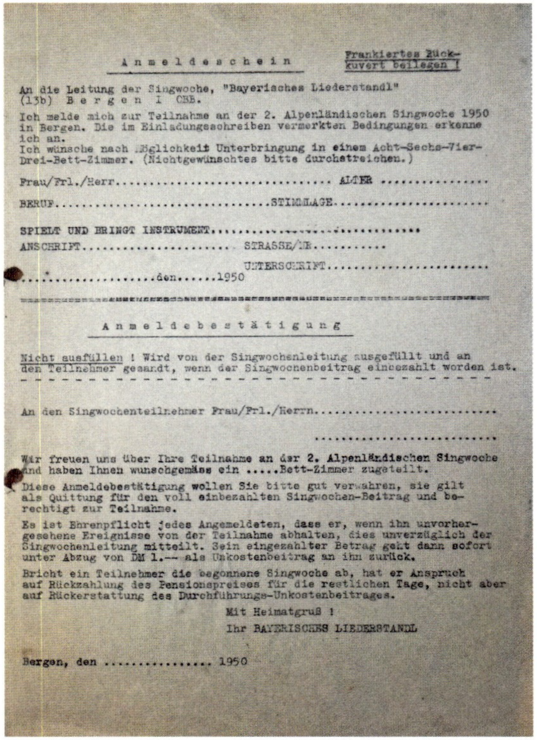

In den Anfängen:
Alpenländische Singwoche 1950
Anmeldeschein

Fanderl in Aktion: Singwoche, August 1952

zentral. Dieses fand nicht prinzipiell in stets dem gleichen Probenraum statt, sondern an einem „landschaftlich schön gelegenen Fleck". Die „heimelige Stube" oder die freie Natur waren Orte des Singens und Tanzens. Annette Thoma fällt aber auch auf, dass bei Fanderls Singwochen verstärkt ein erzieherisches Moment dazu kam: kleine Vorträge, Trachtenschauen, Museumsbesuche mit Führung und Ausflüge. Wichtig ist ihr auch der Hinweis auf die stände- und klassenübergreifende Teilnehmerschaft der Singwochen[374] sowie eine im ursprünglichen Sinne dilettierende Gemeinschaft von Amateur-Sängern und -Musikanten, die „losgelöst von Beruf und Alltag" agieren, aber den Anspruch haben (sollen), „Widerstand gegen die vielen Gefahren, die von allen Seiten drohen"[375], zu leisten. Dass es bei Fanderl üblich wurde, Annette Thomas „Deutsche Bauernmesse" als krönenden Abschluss einer Singwoche zu musizieren, war eine Verbeugung vor seiner Mentorin. Sukzessive entwickelte sich eine Singwochen-Kultur mit ihren Ritualen: „Singwochenlieder" kristallisierten sich heraus, die auf andere Veranstaltungen ausstrahlten und somit die Marke Fanderl verbreiteten, genauso wie der oft sogar parodistisch angehauchte „Abschlussabend" oder auch die zunehmende Verwendung des „Fanderl-Stricks" als gemeinsames Erkennungszeichen, jenes handgewebten Krawattenbandls, das der „Singwochenmutter" Lisl Fanderl zu verdanken ist.[376]

Zur Fanderlschen Singwochen-Kultur gehörte auch ein ziemlich lockerer Umgang mit der Tracht, mit dem „G'wand", was schließlich, wie schon erwähnt, den Grund für diverse Konflikte mit Vereinstrachtlern lieferte, die sich üblicherweise einer Gruppenübereinkunft unterwarfen. Diese Kreise haben „befohlen und verboten" – den Fanderls ist es hingegen niemals eingefallen, „Kleidervorschriften" zu machen.[377] Mit „Charme und Lässigkeit", „mutig", „modern-gediegen" und „bewußt spritzig-spielerisch"³⁷⁸ sind die Fanderls etwa mit dem ärmellosen Westerl, mit Janker, Jackerl, Pullover und Strümpfen umgegangen, die Lisl anhand alter Strickmuster herstellte und vorzeigte. Die eingefleischten Trachtler seien – entgegen deren Ideologie – „damals in maschinengestrickter Konfektionsware herumgelaufen, während die unorganisierten Volksmusikanten geradezu gewetteifert haben im Stricken und Tragen von alten Strumpfmustern. Obwohl bis dahin das ‚Strümpf-Stricken' für die jungen Madln eine Zumutung war und eine Beschäftigung, so hinterwäldlerisch, wie man es sich nur denken kann. Bei den Tanzabenden, Musikantentreffen und sonstigen Veranstaltungen hat man die modischen Ideen dann ausgetauscht und im Schneeballsystem weitergegeben. Und die Adressen der äußerst raren guten Dirndlschneiderinnen und Säcklermeister sind als Geheimtipp gehandelt worden. Damals hat sich dann auch tatsächlich bei vielen ein großes Interesse für alte historische Trachten eingestellt: Alte Blusen- und Hemdschnitte sind zu neuen Ehren gekommen, kleidsame Rocklängen haben sich nach der unsäglichen Mini-Zeit wieder eingependelt. Und die kurzen Lederhosen sind länger, enger und damit wesentlich fescher geworden. So mancher halbscharige Folklorefetzen ist nach der ersten Singwoche von seiner Besitzerin zu den Altkleidern geworfen worden und so manche Lodenjoppe ist danach erstanden, so manches Paar Strümpfe ist mit Eifer gestrickt worden."³⁷⁹

Annette Thoma spricht zu den Singwochen-TeilnehmerInnen 1949

Die Fanderl-SingwöchnerInnen waren seit den 1960er Jahren drei Jahrzehnte lang gewissermaßen die „Avantgarde der Trachtenmode in Bayern", weiß Wolfi Scheck zu berichten, Fanderls Nachfolger als Volksmusikpfleger des Bezirks Oberbayern zwischen 1981 und 1996. Fanderl selbst begründete seine Haltung sehr pragmatisch und klug auf folgende Weise – die Kleidung hatte bei ihm einfach eine Funktion:

„Da hab ich die Möglichkeit g'habt, junge Menschen zu sammeln, ihnen klar zu machen, daß ma net an Finger hebt *und sagt* ‚du sollst, du mußt'. Ich hab so junge Studentinnen und Schülerinnen g'habt aus München; da kann i doch net kemma und irgendwelche Thesen aufstellen, sondern, ich hab mich möglichst so o'zogn, wenn d' Hosenmode weit war, dann hab i a weite Hosn o'zogn und wenn s' eng war... – damit i mit de Junga mitkimm, damit mir die – auf deutsch g'sagt – was abg'kauft hab'n. […] Als die Jeans aufgekommen sind, haben viele zwischendurch Jeans getragen, zu rechter Zeit dann wieder Dirndlgwand und Lederhose. Melkerinnen haben schon im vorigen Jahrhundert Arbeitshosen angehabt."380

Wastl und Lisl Fanderl bei einer Singwoche

Auf den ersten Blick ging es zwar um das Volkslied, aber das war nur die halbe Wahrheit. Denn eine ganze Haltung zum Leben sollten die Singwochen vermitteln und einüben.

Das anschaulichste Bild für das Volkslied, das Fanderl sich im Gegensatz zum Kunstlied als das bescheidene, angeblich „in der Bauernstube auf die Welt gekommene" Lied vorstellt, das er – in der skizzierten Form während der Singwochen – gehegt, gepflegt, verbreitet und zu neuem Leben erweckt sehen wollte, hat er 1952 gefunden: „Freilich kann man auch ein Schusternagerl oder ein Blutströpferl in den gepflegten Garten versetzen, aber am schönsten leuchtet's halt doch auf dem versteckten Wiesenfleck, den sich das Blümlein hat von unserem Herrgott zuweisen lassen."[381]

Es wurde schon gesagt: Fanderl hatte prinzipiell etwas gegen das aufdringlich Pädagogisierende, die Deutschtümelei der Josef- und Helmuth-Pommer-Tradition, so sehr ihm auch ihre Zeitschrift „Das deutsche Volkslied" geradezu eine Bibel war. Er revoltierte gegen eine Art Volkslied-Leistungswahn. Er wusste genau, wie er es anstellen musste, um an die Multiplikatoren heranzukommen, etwa die Lehrerinnen und Lehrer.

Dankesgabe für Lisl und Wastl Fanderl
(Pfingstsingwoche 1979)

„Und wenn ich etwas für wichtig halt in meiner Rückschau – man soll sich ja selber net so wichtig nehmen – aber von meiner Arbeit, wenn ich etwas für guat halt, dann waren das die Singwochen. [...] Der Kiem Pauli hat mich aufmerksam g'macht auf die Zeitschrift ‚Das deutsche Volkslied', erschienen in Wien. [...] und das war mein ‚Gebetbuch' – ist es eigentlich heute noch. [...] Da hab' ich auch gelesen, die [die Österreicher] machen Singwochen und dann hab' ich mir gesagt: ‚Des mach' i aa!' [...] Ich hab' allerdings nie die Gelegenheit gehabt, eigentlich auch nicht das Geld und die Zeit, eine Singwoche selber mitzumachen. [...] [Fanderl ironisch] Da wird unter fachkundiger Leitung mit Taktmaß und Chorblatt, Stundenplan, Stimmbildung und Atemgymnastik gelehrt und am Ende der Woche steht ein ausgefeilter Chor da, an dem jeder seine Freude haben muß. [...]

"Um halb 7 Uhr Frühsport, dann Frühstück, dann 40 Minuten Singen, dann dies und dann … Fahnenhissen… den ganzen Tag Programm, da tun mir die boarischen Leut' nicht mit. So, was machen wir jetzt? [...] Für das Einlernen von unseren einfachen Volksliedern mag ich das Wort ‚erarbeiten' heut noch nicht. [...] Schnell sind die Volksliedleut eine Familie, Lieder und Jodler wandern wie auf unsichtbaren Brücken von Herz zu Herz. Es geht wie gesagt nicht kursmäßig zu. Aus meinen paar Rucksackbüchln ist eine stattliche Bibliothek geworden und jeder kann sich herausschreiben, was er will. Die einzelnen Lieder werden nur so lange im ‚Chor' probiert, bis sie jeder soweit erfaßt hat, daß er's daheim im kleinen Kreis weitergeben kann. [...] Alles in allem: Unsere ‚Volksliedwoche' ist eine Woche der Freude und der Besinnung. Das heimatliche Lied, aber auch unsere Sitt' und Art, wird jedem als das kostbare Gut erschlossen, das wir um jeden Preis erhalten müssen, damit wir nicht in der allgemeinen Vermassung noch ganz untergehen."[382]

Singwoche am Ritten – Wolfi Scheck und Wastl Fanderl

Typisch für Fanderl ist auch, dass er die kunstfernen Leute auf spielerische Art „geschmackssicherer" machen wollte. „Zwanglosigkeit" im „Urlaub" war ihm ein tiefes Anliegen – im Wissen darum, dass Zwang alles Kreative und Selbstständige letztlich verhindert. Es ging ihm um Motivation und um eine Stärkung des individuellen Selbstwertgefühls. „Und trotzdem war eine Ordnung da; eine zwanglose Ordnung. So etwas gibt's aa!"[383]

„Ein Urlaub sollte es für sie sein, ein freundschaftliches Zusammenführen. Die Menschen gehen doch aneinander vorbei und wissen gar nicht, daß der andere das auch gerne mag, diese Volksmusik. [...] Ich hab' auch g'lernt dabei. Die Frage war, was geb' ich ihnen für Lieder? Was mögen s' denn für Lieder? Und wenn ich so ein Blattl drucken hab lassen, dann hab' ich mir später denkt, die zwoa Lieder hätt' ich (besser) net auffig'schrieben.

Und des hab ich g'merkt am Abend, wenn s' beinander gesessen san. Da hab' ich dann g'hört, was singen s' denn am Tisch, was übernehmen s' denn. Da hab ich mich schon danach gerichtet. Ich hab net g'sagt: ‚Du mußt das singen', sondern ‚was magst denn?'"[384] Ziel Fanderls war es, dass die „Singwöchner" 40 bis 50 Lieder – unterstützt durch die „Liederbögen" – kennenlernen und sich in fünf bis zehn davon verlieben sollten, jede/jeder auf seine Weise.

Pfingstsingwoche 1973 in Klobenstein/Ritten

Fanderl im Gespräch mit Singwochen-TeilnehmerInnen in Klobenstein am Ritten

Die Singwochen Fanderls erfüllten zudem die Funktion sozialpsychologischer Abfederung und Kräftigung: Sie sollten Kraftquelle für moderne, „voll im Leben stehende Menschen"[385] sein. Unter all den Aktivitäten Fanderls stellen seine Singwochen insofern einen Modellfall volkskultureller Arbeit nach 1945 dar, weil sich in ihnen Fanderl selbst mit seinen Gefühlen und seiner erfrischenden Pragmatik ebenso wiederfindet wie seine „bayerische Heimat" als Wert- und Lebenshaltung – eine Ausdrucksform anti-moderner Moderne. Es handelte sich um ein äußerst umfangreiches Non-Profit-Unternehmen, in das besonders seitens der Fanderl-Familie über viele Jahre hinweg immens viel Energie und Leidenschaft investiert wurden.[386]

Seit Ende der 1950er Jahre reisten die Fanderls mit ihren bayerischen SingwöchnerInnen bevorzugt nach Südtirol. Dafür gibt es einige Gründe: Die Fanderls hatten in Bayern und im Salzburgischen begonnen. Bald dachten sie an einen Tapetenwechsel, wollten heraus aus „Heimen und Herbergen", wo sie sich als Veranstalter oft genug von „Hausordnungen und Hausmeister-Eigenheiten" gegängelt fühlten. Es sollte einfach freier und gastlicher werden. Die Fanderls kamen alle ins Schwärmen, wenn sie an Südtirol dachten. Das Land mit seinen landschaftlichen Schönheiten, seiner leichten Erreichbarkeit und seiner Kultur gehörte „seit jeher zu unseren Sehnsüchten!"[387] Es war Fanderl bewusst, dass die Volkskulturbewegung Südtirol einige der schönsten Lieder verdankt: z.B. „Gott hat alles recht gemacht …" oder den weihnachtlichen Andachtsjodler. Die herausragenden Sammlerleistungen eines Franz Friedrich Kohl waren ihm seit langem ein Begriff.[388] Das rundete sein Bild Südtirols als Eldorado für Sänger und Musikanten ab.

Südtirol war noch aus anderen Gründen attraktiv: Fanderl meinte, dass das Land durch seine politische Zugehörigkeit zu Italien seit 1918 inzwischen für die deutschsprachige Volkskultur fast zum Brachland geworden war. „Da rührt sich inzwischen gar nix mehr mit der Volksmusik" –, also galt es auch pflegerisch als Hoffnungsgebiet für Fanderl. Singwochen in Südtirol waren also im Sinne von Fanderls pflegerischer Idee. Er war immer stolz darauf, dass die Abschlussabende seiner Singwochen auch von Südtiroler Sängern und Musikanten besucht wurden, die ihre „eigenen" Lieder bei den fremden „Bayern" wieder hörten und sie sodann ihrem Land gewissermaßen wieder zurückgaben: „Die Südtiroler Sänger haben sie von den Singwochen wieder mitgenommen und hinausgetragen in ihr eigenes Land. Das erfüllt den Fanderl Wastl natürlich mit Freude"[389], schrieb Erich Mayer, einer von Fanderls engsten Weggefährten. Lisl Fanderl meinte: „Also probier mas in Südtirol, in an richtigen Wirtshaus, wo's d' abends a Glasl Wein trinken kannst. Und die Landschaft ist so schön und umadum stimmt halt alles da drunten."[390] Der Gesang der Nachtigallen – in Südtirol nennt man sie die „Schluchzen" – bezauberte am Ende alle SingwöchnerInnen: Montan war und ist dafür berühmt.

Schließlich: Dass die Fanderls die Singwochen so oft in Südtirol veranstalteten, könnte auch auf eine Spur zurückführen, die Kiem Pauli und Annette Thoma schon in den 1930er Jahren, in Zeiten des sogenannten Volkstumskampfes, gelegt hatten: Im Zuge der nationalistischen Kämpfe um Südtirol – noch vor dem

Lisl Fanderls „Bäuerliches Stricken". Rosenheimer Verlag

Lisl Fanderl und der Strickkurs (Juni 1973)

Sammelgut aus Südtirol (Reinswald 1964). Fanderl nimmt das Adventlied in seinen Liederbogen auf

Hitler-Mussolini-Abkommen (1939), also vor der sogenannten „Option", bei der den deutschsprachigen SüdtirolerInnen das Weggehen bzw. Bleiben abgepresst wurde („Optanten" versus „Dableiber", 1939–1943)"[391], gab es Verbindungen der beiden nach Unterinn, wo etwa Elfriede Comploier-Paregger deutschbewusste Arbeit in verschiedener Form betrieb: Deutschunterricht, Volkslieder-Singen. Zudem hatte Fanderl gewusst, dass sein Vorbild Kiem Pauli mit seinem „Musterkofferl" schon in den 1930er Jahren von dem deutschnationalistisch eingestellten Dr. Fritz Berthold und von Dr. Kurt Huber über die „Deutsche Akademie"[392] in das Südtiroler Sarntal, u.a. zur Familie Oberhöller vermittelt worden war. Auch mit Annette Thoma war Dr. Berthold seit den 1930er Jahren bekannt.

Schließlich sollte 1953 die Familie Oberhöller aus dem Sarntal (mit nicht weniger als 34 Familienmitgliedern) nach Bayern kommen, um hier zu musizieren und ihre Südtiroler Sing- und Musizierweisen und ihre Bräuche vorzustellen.[393] Dr. Berthold, ein Rechtsanwalt, der sich auch als Volksliedsammler betätigte und bereits 1935 z.B. die Gottschee, die Bukowina, das Banat und die Batschka bereist hatte, um unbekanntes deutsches Volksgut zu sammeln – sein wichtigster Fund sollte das Karfreitags-Passionslied „In der ganzen Stadt, da brennet kein Licht…"[394] aus der Gottschee sein – war inzwischen Vorstand des neu gegründeten „Vereins für Volkslied und Volksmusik" in München geworden und hatte sich auch für die Wiederbegründung des „Vereins für Auslandsdeutsche – Gesellschaft für deutsche Kulturbeziehungen ins Ausland e.V. (München)" eingesetzt. Der „Verein für Volkslied und Volksmusik" diente hauptsächlich dazu, die Kiem-Thoma-Fanderl-Arbeit finanziell und ideell zu unterstützen, d.h. insbesondere auch an öffentliche Subventionen heranzukommen. *(vgl. Beilage 19)* Es wird also ein dichtes Netzwerk nach 1945 sichtbar, das bis zurück in die 1930er Jahre reichte.[395]

Langfristige und positive Ausstrahlungen des Großprojektes Singwochen gab es viele: bald entstand eine Singwochen-Gemeinde, Menschen einer ganzen Generation schlossen enge Freundschaften und Partnerschaften, Sänger und Musikanten fanden sich immer wieder neu zusammen, viele lernten zwischen echtem Volkslied und Kitsch zu unterscheiden und gaben ihren Geschmack und ihr Wissen weiter: Das regelmäßige „Münchner Treffen" wurde ab Dezember 1958 bis in die 1990er Jahre *(vgl. Beilage 12)* fast zu einer Selbstverständlichkeit. Franz Mayrhofer (seit 1983 auf dem Ritten) und Wolfi Scheck (1988–1990 in Aufkirchen) führten die Singwochen – jeweils auf ihre eigene Weise – fort.

Fanderl lauscht dem schönen Gesang der Anreiter-Familie aus Bozen

Dass ein solches Großprojekt neben der vielen Organisationsarbeit, die hauptsächlich bei Lisl Fanderl lag, nicht immer nur im guten Wind segelte, liegt auf der Hand. Nur einige wenige Spannungsfelder im Kontext der Südtirol-Initiativen Fanderls seien erwähnt: Die „unpolitischen" Fanderls hatten wahrscheinlich nicht bedacht, dass sie in Südtirol mit einer noch ziemlich sittenstreng-konservativ geprägten Kultur in Berührung kommen und zudem mitten in ein damals noch virulentes politisches Wespennest geraten würden: Skepsis und Kontrollen seitens der italienischen Grenzbeamten und der Carabinieri waren an der

Fernseh-Aufzeichnung für Fanderls „Baierisches Bilder- und Notenbüchl" in Neustift/Brixen (Inga Schmidt, Bruno Hosp, Wastl Fanderl, Fritz Walter) 1971

Tagesordnung, ebenso schwierig war die Abgrenzung von jener deutsch-bewussten Kulturarbeit, wie sie damals etwa durch Anni Treibenreif, einer Lehrerin in Unterinn und „deutschen" Mitarbeiterin bei der RAI Bozen, betrieben wurde, mit dem dezidierten Ziel einer Unabhängigkeit des deutschen Südtirols von Italien.[396]

Aber auch Menschliches – Allzumenschliches prägte die Singwochen in Südtirol. Einige TeilnehmerInnen konnten etwa mit der von den Fanderls angebotenen „Freiheit" wenig anfangen. Den einen war es zu wenig streng und sie hegten ihren Argwohn aus ideologischen Gründen, die anderen missverstanden die bewusst gepflegte „zwanglose Ordnung" als Freibrief zur Zügellosigkeit. Einige meinten, Fanderls Singwochen seien nichts weiter als „Sauf-Wochen".[397] Angesichts einer plötzlich ausgebrochenen Tanz-Euphorie forderten einige Singwöchner auch von Fanderl viel mehr Volkstänze. Dieser stand dem Wunsch aber skeptisch bis ablehnend gegenüber – er blieb eben der Sänger und Musikant: „Das Tanzen ist bei uns im Grunde mehr zur Unterhaltung da. Für neue Formen, die einzuführen wären, ist auf meinen Singwochen kein Platz. Als Leiter der Singwochen halte ich mich daran, was meine Volkstanzleiter Benno Eisenburg und Sigi Ramstötter bringen. Sie haben hier vollkommene Freiheit."[398]

Die (Südtirol)-Singwochen blieben der Fanderl-Gemeinde wohl am lebendigsten in Erinnerung. Sie sind zugleich jene Initiative, die Fanderls Verständnis von lebendiger Liedkultur am nächsten kam.

Das Erreichte wird gefestigt

Wastl Fanderl war ein sehr geschickter „Netzwerker". Dazu verstand er es hervorragend, neue Plattformen mit vertrauten Menschen zu bilden, die mit ihm gemeinsam am selben Strang zogen, um dadurch eine breitere Basis für seine Themen zu gewinnen und den gemeinsamen Anliegen Nachhaltigkeit zu verleihen. Zwei dieser Initiativen sollen kurz erwähnt werden:

Durch den seit 1958 tätigen lockeren Freundeskreis der „Münchner Treffen" sollten sich vor allem die Fanderl-SingwöchnerInnen außerhalb der Singwochen nicht ganz aus den Augen verlieren. Und: Dem „Verein für Volkslied und Volksmusik" (1965), einem engeren, weil satzungsmäßig verankerten Zusammenschluss von Freunden und Förderern, fiel hauptsächlich die Aufgabe zu, sowohl die finanziellen als auch die kulturwissenschaftlichen Dimensionen des „Fanderl-Unternehmens" auszubauen und zu sichern.

Was das „Münchner Treffen"[399] anlangt, so rief Fanderl dieses bewusst nicht als „Verein" ins Leben: Geselligkeit, Freundschaft, kreative Eigentätigkeit, Freude am Musizieren und Singen sollten gepflegt werden. Hier war Fanderl in seinem Element, obwohl er angesichts seines enormen Arbeitspensums nur selten Zeit fand teilzunehmen.[400] Münchner Volksmusikfreunde sollten sich bei diesen Treffen regelmäßig begegnen. Pragmatisch habe er gehandelt, gar keine hehren Ideen gehabt, so erzählte Fanderl später: „Es haben mir so viele Leut geschrieben – Singwochenleut und andere – daß auch das Porto eine große Rolle gespielt hat. Wenn hundert Leut schreiben und ich muß antworten, dann geht das ins Geld. Da hab i mir denkt: Jetzt fahr i oamal im Monat nach Minga, des kimmt mir billiger."[401] Fanderls Anregung hatte wohl auch noch eine andere Zielrichtung. Er wollte seinen

Freunden ein spezifisches Bild von „München" vermitteln, ein anderes „München", wie er es im Rückblick beim 30-Jahr-Jubiläum des „Treffens" ausdrückte:

„Ich hab' viel Zeit g'habt zum Säen und jetzt hab' ich viel Zeit zum Ernten. Jetzt hab' ich diese Freude, ich kann es euch gar net sagen. Was ich heut' erlebe, das ist für mich München in nobler Form, koa Schicki-Micki, koa Abendzeitungs-München, sondern München, so wia ich mir's vorstell: Leut' aller Couleur, Leut', hoch und nieder – alles ist beinand. Und was wird' euch denn geboten? Herzlich wenig! [...] In der Einfachheit liegt die ganze Kraft. Das sieht man heut' wieder und drum bin ich glücklich, daß ich so was anstoßen hab können. Ich hab' so viel ang'stoßen. Die anderen haben es dann viel besser gemacht als ich es machen hätt' können. Aber angestoßen hab ich's! So, und sollt' ma jetzt oans singa?"[402]

Paul Ernst Rattelmüller, Bezirksheimatpfleger von Oberbayern

Fanderls Anregung fiel sogleich auf fruchtbaren Boden. In verschiedenen, meist Münchner Lokalitäten entwickelte sich eine rege Geselligkeit, fand eine „fröhliche Gemeinde" zusammen, wie dies Amtsgerichtsrat Hansl Müller[403] nannte, einer der Männer der ersten Stunde: gemeinsame Singabende wurden abgehalten und Veranstaltungen verschiedenster Art (Volkstanzabende und -feste), Ausflüge, ein Zusammenkommen im kleinen Kreis zu Pfingsten oder Silvester[404] oder zum Beispiel im Jahre 1965 auch ein Lichtbildervortrag über herbstliches Brauchtum des damals schon sehr bekannten Radiomoderators Paul Ernst Rattelmüller, der 1973 zum Heimatpfleger des Bezirks Oberbayern bestellt wurde.[405]

Bis 1998 – also noch Jahre nach Fanderls Tod – traf man sich mehr oder weniger regelmäßig bei verschiedenen Aktivitäten. Insgesamt gab es in den vier Jahrzehnten 355 „Münchner

Treffen" und zwischen 1959 und 1984 konnte man bei 34 Volkstanzveranstaltungen das Tanzbein schwingen *(vgl. Beilage 12)*. Erich Mayer, ein ehemaliger „Regensburger Domspatz", leitete ab Oktober 1961 die „Münchner Treffen" mit viel Wissen und vollem Engagement, bereitete das gemeinsame Singen vor, traf die Liedauswahl[406] und animierte die Teilnehmer zum Singen. Seine Frau kümmerte sich um die Organisation. Beide übernahmen diese umfangreichen Arbeiten aus der Hand von Hansl Müller. Dieser war zusammen mit seinem Berg- und Musikkameraden Georg (Schorsch) Thomas (Riedering)[407], mit Gertraud Baumann und Adolf Roth[408] vom Bayerischen Landesverein für Heimatpflege und in Absprache mit Fanderl dafür verantwortlich gewesen, dass die „Münchner Treffen" sich zu einer kontinuierlichen Einrichtung entwickeln konnten. Es gelang sogar – in Analogie zu Fanderls Singwochen – „Mini-Singwochen" zu veranstalten (Pfingsten 1964 und Silvester 1964/65).

Fanderl mit Erich Mayer. Ausflug in den Bayerischen Wald 1985

Auch im privaten Raum kam man zusammen, um zu singen und zu musizieren, etwa in der Wohnung von Frau Dr. Gertrud Simmerding, die zu den Fanderl-Singwochenteilnehmerinnen gehörte, von 1959 bis 1962 für Fanderls Fernseh-Sendereihe „Singen und Spielen in der Stubn" verantwortlich zeichnete und schließlich zwischen 1963 und 1974 die Redaktionsverantwortliche des „Bairischen Bilder- und Notenbüchls" werden sollte. Erich Mayer erinnert sich an die Teilnahme des Maisacher Dreigesangs (Mariele Klöckl, Luise Schroll, Elfriede Hahn), an Maria Solcher, Inge Wasner oder an Fritz Westermeier, einen der „Isarspatzen". Fanderls Engagement strahlte aus und zog weitere Kreise.

Erich Mayers Dokumentation der „Münchner Treffen" ist nicht zuletzt deswegen so verdienstvoll, weil sie – erst bei näherem Hinsehen – auch sehr vorsichtig formulierte Einblicke in Spannungen, Konflikte und Ressentiments innerhalb der Münchner Volkskulturszene dieser Aufbruchszeit gewährt. Nicht alles lief so rund, wie es die steten Beschwörungen von Gemeinsamkeit, Freundschaft und heiler Welt darstellen. So etwa gab es gelegentlich Meinungsverschiedenheiten zwischen Georg von Kaufmann und Sigi Ramstötter, möglicherweise auch Eifersüchteleien, dazu Ärger mit dem Bayerischen Rundfunk anlässlich einer Volkstanzveranstaltung 1968 und schließlich auch – zumindest zeitweise – eine merkbare Distanz zum „Münchner Kreis für Volksmusik, Lied und Tanz" um Toni Goth.[409]

Erich Mayer schätzt im Nachhinein die Differenzen folgendermaßen ein: „Toni Goth wollte Strenge, Disziplin und Ordnung in seinen Unternehmungen (Musik, Singen und vor allem Tanzen/Tanzkreis!) und konnte sich für das freie, offene Singen, Musizieren und Tanzen, bei dem es nicht so auf Formvollendung und Figurenexaktheit ankam und der Spaß an der Sache im Vordergrund stand, wie es sich bei den Singwochen von Fanderl Wastl entwickelte, nicht öffnen. Inwieweit er darin auch eine Konkurrenz zu seinen eigenen Ideen sah, sei dahingestellt."[410]

Am Ende mussten sich Erich Mayer und die „Sänger- und Musikantenzeitung" noch mit sehr strengen Auffassungen über freie Tanzzeiten und Tanzverbotszeiten auseinandersetzen – im Rahmen der in den 1980er Jahren von Anita Aicher in einem Brief an Wastl Fanderl eingemahnten Werte „Wahrheit und christlicher Glaube". Aicher polemisierte vor allem gegen Sigi Ramstötter, rief sogar den bereits verstorbenen Georg von Kaufmann als Gewährsmann an und machte Fanderl Vorwürfe. Erich Mayer antwortete darauf sachlich und ruhig:

„Lassen wir ihn [Georg von Kaufmann] in Frieden ruhen. [...] Zum Schluß wage ich noch eine Bitte. Liebe Anita, schreib' dem Fanderl Wastl einen lieben und versöhnlichen Brief. Du kannst es! Die ganze Zeit seines Lebens hat er der Volksmusik gewidmet. Nur aufgrund seiner Persönlichkeit ist er die Autorität in der Volksmusik geworden, weshalb wir meinen, mit unseren kleinen Sorgen zu ihm kommen zu dürfen; ich genau so wie Du. Und wir dürfen auch zu ihm kommen, denn er hat nie auf die Trachtenknöpfe einer Weste geschaut und sie gezählt, ob äußerlich alles stimmt, was Brauch und Sitte ist, sondern auf das, was darunter ist, das Herz eines Menschen. Seine Weitsichtigkeit, seine Erfahrung im Umgang mit uns störrischen Volksmusikanten, seine Offenheit allem gegenüber, was uns umgibt, einschließlich der fremden und neuzeitlichen Denkensweisen hat für das Leben der Volksmusik und dessen Weiterentwicklung sicher mehr bewirkt als engstirniges Beharren und einseitiges Zurechtweisen von Andersdenkenden.

Fanderl mit Georg von Kaufmann und Annette Thoma

Ihm dafür zu danken und ihn dabei zu unterstützen, kann auch für uns Freude und Befriedigung bedeuten."[411]

Die späten 1950er und die 1960er Jahre waren volkskulturbewegte Gründerjahre: Fanderl war, wie erwähnt, schon immer ein geschickter Netzwerker. Um seine Anliegen erfolgreich umsetzen zu können, brauchte er in seinem Umfeld zahlreiche Mitstreiter, daneben aber auch – obwohl er dem zu sehr Geregelten skeptisch gegenüber stand – die amtsmäßige Verankerung der Volkskultur, die damals noch fehlte. Diese sollte in Oberbayern erst 1973 dazukommen: das Amt des Bezirks-Volksmusikpflegers wurde eingerichtet. So etwas hatte es in Deutschland bisher noch nicht gegeben, außer in Schwaben von 1965 bis 1967. Deshalb schielte man in Bayern auf das Vorbild Österreich – und stellte im Vergleich auf einigen volkskulturellen Gebieten in Bayern erheblichen Nachholbedarf fest. In Österreich hatte es schon seit Beginn des 20. Jahrhunderts Publikationen wie Josef Pommers Zeitschrift „Das deutsche Volkslied" gegeben. Erst 1958 sollte Fanderl und mit ihm die oberbayerische Volksliederbewegung mit der „Sänger- und Musikantenzeitung" nachziehen. Und wie stand es mit der wissenschaftlichen Erforschung des so vielfältigen und oft unübersichtlichen Gegenstandes? In Österreich bestand schon seit der Monarchie, genauer seit 1904, im Zusammenwirken mit dem k.k. Ministerium für Kultus und Unterricht das „Österreichische Volksliedunternehmen" mit landschaftlich gegliederten „Fachausschüssen" (1908 für Salzburg) und mit Archiven, die das Sammelgut jeweils regional bewahrten und der Forschung erschlossen. Unmittelbar nach 1945 wurde das „Österreichische Volksliedwerk" gegründet, das in jedem österreichischen Bundesland regional vertreten und aktiv war und das zum Österreichischen Bundesministerium für Unterricht gehörte.[412] Seit 1952 informierte ein regelmäßig erscheinendes „Jahrbuch des Österreichischen Volksliedwerkes" über Forschungen,

Sammlungen und Aktivitäten. Und: In Österreich gab es seit der NS-Zeit, und fortgeführt unmittelbar nach 1945, die Ämter für Heimatpflege bei den Ländern, etwa im Land Salzburg – in Bayern aber existierte lange nichts Entsprechendes.

Dem „Münchner Treffen" hatte Fanderl die wichtige Aufgabe zugedacht, als gesellige „Praxisabteilung" seines Netzwerks zu fungieren, während dem im Jahre 1965 gegründeten „Verein für Volkslied und Volkmusik" die folgende nicht minder wichtige Funktion zukam: Ansprechpartner für die bayerische Staatspolitik zu sein, Subventionen und finanzielle Zuschüsse zu sichern, eine Sekretärin für die wachsenden Aufgaben der Volkskultur einzustellen und zudem wissenschaftlich für die Volkskultur zu arbeiten – und zwar im Geiste Kiem Paulis und Kurt Hubers. „Kiem Pauli–Kurt Huber-Kreis", so lautete denn der offizielle Untertitel dieses Vereins seit Oktober 1966. Im Manifest zu seiner Gründung am 1. September 1965 ist von den „neuen und ernsten Gefahren für das kostbare Erbe" die Rede, wofür – in einem Aufwaschen und ganz unspezifiziert – die „moderne Industriegesellschaftsordnung", der „gesteigerte Fremdenverkehr", der „allgemeine Wohlstand, üble Geldmacher, Geschäftstüchtigkeit Einzelner, Unverstand usw." verantwortlich gemacht werden. „Echt und schlecht" würden als Folge davon „immer mehr verwischt und vermischt". „Die Volksmusik ist Tagesmode geworden", so heißt es weiter. Der „Gutgesinnte", der unbedarfte Bürger sollte also aufgeklärt werden:

Clara Huber (Witwe von Dr. Kurt Huber), Fanderl, Lisl und Moni Fanderl anlässlich einer Geburtstagfeier

„Er merkt die materielle und ideelle Übervorteilung erst, wenn es zu spät ist. Und unser wiedergewonnenes Kulturgut geht so einem neuen, anders gesteuerten Verlust entgegen", lautete die fast apokalyptisch klingende Botschaft. Stammte der Text von Annette Thoma? Sie, der Rechtsanwalt Dr. Fritz Berthold, Ulrich Philipp Graf Arco-Zinneberg und Wastl Fanderl waren die Gründer des Vereins und bildeten den Vorstand, während der „Verwaltungsrat" mit Prominenten aus Politik, Kirche, Medien, Bauernschaft, Wirtschaft, Banken- und Verlagswesen und nicht zuletzt mit Dr. Kurt Hubers Witwe Clara Huber geschickt zusammengesetzt war. Die Geschäftsstelle führte Dr. Berthold, Steffi und Erich Mayer nahmen ihm die mühselige Kleinarbeit ab: „Von Bezahlung wurde erst gar nicht gesprochen."[413]

Als Organ des Vereins diente die „Sänger- und Musikantenzeitung", das Sprachrohr von Fanderl und Thoma. Wie viel Arbeit auf die Verantwortlichen zukam, zeigen die Aufgaben, die zur Liebe und Pflege echter Volksmusik gehörten: kostenlose Beratung, Notenmaterialien und Instrumente besorgen, Musik- und Liedgut drucken und herausgeben, Urheberrechte einfordern, „Wandermusiklehrer" in Stadt und Land bei Volksmusikkreisen, in Familien, Schulen und Vereinen einsetzen, Singwochen organisieren, Volksmusik- und Sängertreffen vorbereiten, Ausflüge veranstalten. Und dann gab es noch das Ziel – das freilich nicht in den Statuten stand –, die Volksliedforschung auf österreichisches Niveau zu bringen, das hieß u.a. ein Bayerisches Volkslieder-Archiv anzulegen[414]. So hoch hatten sich die Gründer die Latte gelegt und das spiegelte ihren Anspruch der Volkskultur gegenüber.

Was geschah in den Anfangsjahren des Vereins?[415] Zunächst konnte man in einer ersten Jahresbilanz nur Bescheidenes berichten – eine Schoßgeige wurde dem Verein geschenkt und weiter vermietet, Notenblätter wurden kostenlos verteilt, man half jungen Leuten finanziell, damit sie an den Südtiroler Fanderl-Singwochen teilnehmen konnten, man finanzierte das Freisinger Dombergsingen mit und lud – eingefädelt von Dr. Berthold – die Abteilung Volksmusik des Bozener deutschen Rundfunks nach München ein, ein erstes „Gitarrenspieler-Treffen" für zwanzig Teilnehmer wurde 1966 in Törwang organisiert.[416] Regelmäßige Qualitäts-Abende in München und Umgebung mit besonders ausgesuchten Volksmusik-Ensembles wurden angedacht, „Familienabende" gewissermaßen für den Freundeskreis im Geiste Kiem Paulis und Kurt Hubers. Es sollten „keine Massenveranstaltungen" werden, so wurde versichert, aber mehr als 50 und höchstens 250 Personen hatte man doch im Auge. Jedenfalls dürften es keine „Darbietungen für Schaulustige" sein, eben fein, „klein", auserlesen und „elitär". Ausgesuchte Sympathisanten aus Politik, Kirche, Wirtschaft und Kultur sollten eingeladen werden, um mit den „Stillen im Lande", den Musikanten und Sängern, zusammenzutreffen. Die 84. Wiederkehr von Kiem Paulis Geburtstag am 25. Oktober 1966 bildete dann den ersten Anlass für ein solches Treffen – im Löwenbräukeller spielten die Wegscheider Musikanten. Die Auswahl der Gruppe und der Sänger war treffsicher, denn einige der Sänger waren schon beim ersten Preissingen des Kiem Pauli dabei gewesen: u.a. Carl Vögele und Sepp Sontheim. Fanderl moderierte, Erich Mayer sprach vom „Experimentier- und Improvisationscharakter"[417] der Veranstaltung. Mayer war am Ende begeistert und konnte seine anfängliche Skepsis gegenüber der „antiquitierten Singweise mit ‚Riesenbauchaufzügen' und wohltemperierten Tonbildungen" ohne Tremolos und mit rhythmischer Freizügigkeit überwinden. Die „bescheidene Art und die Natürlichkeit ihres Singens haben mich jedoch eines Besseren belehrt und meine Erkenntnis ist: das Volkslied hat Platz für viele Stimmen und Farben wie die Blütenpracht auf einer Wiese. Nebenbei zeigte sich auch, daß das Volkslied halt doch in einer kleinen persönlichen Umgebung seinen angestammten

Fanderl mit Sepp Sontheim auf der Bühne
(Gasthof Reitrain, September 1964)

Platz hat und von dort den besten Weg vom Sänger zum Zuhörer, vom Verstand zum Herzen [...] findet"[418]. Mayer kannte außerdem die wissenschaftlichen Ziele des neuen Vereins und legte deshalb Versäumnisse offen, denn kein Tonbandgerät war mitgelaufen, als Fanderl den Sepp Bauer („Kraud'n Sepp")[419] interviewte und dieser auch einige Lieder zum Besten gab. Solche Unzulänglichkeiten wollte man in Zukunft vermeiden.

Fanderl mit dem Kraudn Sepp (Gasthof Reitrain, Mai 1975)

Die wissenschaftliche Dimension – Seminare, Tagungen und Studienfahrten *(vgl. Beilage 19)* – sollte die wichtigste Aufgabe des Vereins sein. Deswegen „schnupperten" einige Vereinsmitglieder im Oktober 1966 zuerst bei Professor Walter Deutsch und besuchten sein „2. Seminar für Volksmusikforschung" am Institut für Volksmusikforschung an der Akademie für Musik und darstellende Kunst in Wien zum Thema „Volksmusik und Volksmusikinstrumente": Sigi Ramstötter, Kathi Greinsberger, Mini Schreiber, Bärbel Zantl, Sepp Eibl, Michael Bredl und Wastl Fanderl waren dabei. Inga Schmidt berichtete ausführlich in der „Sänger- und Musikantenzeitung": Die Begrüßungsworte von Walter Deutsch sollten den Oberbayern gefallen haben, denn er sprach von der Notwendigkeit einer neuen, die Grenzen zwischen „Kunst- und Volksmusik" überwindenden, „realistisch gesinnten Pädagogik". Wissenschaftler, Pfleger, Theoretiker und Praktiker saßen in der Runde zusammen und diskutierten die Referate.[420] Die Simon-Geigenmusi aus Bad Goisern spielte beim Abschlussabend. Leider musste man an diesem Abend auch den Tod von Karl Magnus Klier betrauern.[421] Wieder zurück in Bayern traf man sich in einer kleinen Runde, offenbar um nach den Wiener Erfahrungen neue Pläne zu schmieden. Bei Kathi Greinsberger in Fischbachau und im Löwenbräukeller kam ein auserwählter Kreis von persönlich Eingeladenen und Fanderl-Vertrauten zusammen, die „Vereins-Arbeitsgemeinschaft".[422] Bei dieser Gelegenheit entschied man sich, auch in München ein Forschungsseminar abzuhalten. Das blieb wie alles Neue zunächst nicht unumstritten. Es fand schließlich doch vom 13.-17. Juni 1967 in den Studiosälen des Bayerischen Rundfunks statt: die erste wissenschaftliche Volkskultur-Tagung in Bayern. Allerdings: Professor Walter Deutsch aus Wien fungierte auch in München als wissenschaftlicher Leiter. Er hielt das zentrale Überblicksreferat zum Generalthema „Volkslied, Volksmusik und Volksinstrumente in den Alpenländern". Das war gewissermaßen – auch thematisch – die Münchner Fassung der Wiener Tagung. Selbst die Referenten waren zum Teil dieselben wie in Wien.

Die Tagung war gut besucht,[423] sollte jedoch die einzige ihrer Art bleiben. Die „Sänger- und Musikantenzeitung" hatte natürlich alle ihre Leserinnen und Leser zu dieser Tagung eingeladen. Im Mai/Juni-Heft des Jahres 1967 wurde das Programm der Tagung vorgestellt und auch jener „Johannesruf" aus dem „Catholischen Gesangbuch" von Nikolaus Bettner (1602) aus dem steirischen Mürztal abgedruckt, den man beim Abschlussabend gemeinsam singen wollte: historische Tiefendimension und bewusst gelebtes Erbe. Dazu kam noch, dass man gleich drei prominenten Referenten, nämlich Georg von Kaufmann und Tobi Reiser zum 60. und Karl List zum 65. Geburtstag gratulieren konnte. Man gedachte auch Helmuth Pommers, des Sohnes von Dr. Josef Pommer, der soeben im 82. Lebensjahr gestorben war. Fanderls

Fanderl mit Georg von Kaufmann
(Ostersingwoche Klobenstein 1963)

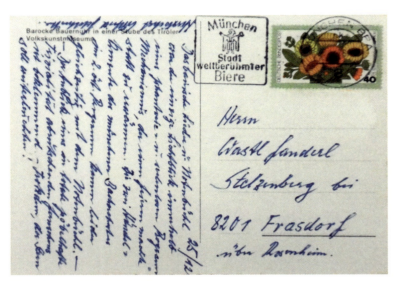

Weihnachts- und Neujahrsgrüße von Wilfrid Feldhütter 1976 (über das in „totale pöbelhafte Trivialität abrutschende Fernsehen")

„Liederbogen"-Ankündigung – es waren schon 28 erschienen – durfte ebenfalls nicht fehlen. In ihrer nächsten Ausgabe druckte die „Sänger- und Musikantenzeitung" sodann einige der in Wien und München gehaltenen Vorträge ab. Wilfrid Feldhütter beschäftigte sich in seinem Tagungsreferat mit dem damals sehr aktuellen und kontrovers diskutierten Thema „Volkslied im Rundfunk und Fernsehen". Schon einige Jahre vorher (1959) hatte er sich in der „Sänger- und Musikantenzeitung" zum selben Thema geäußert:

„Das Fernsehen [...] muß gemeinverständlich sein, auch was die sprachliche Seite der Mitteilung betrifft. Anders ausgedrückt: Mundart und Mundartlied werden dort kaum zum Zuge kommen. Der Hörfunk hingegen hat, wenn er die kommenden zehn Jahre als selbständige Einrichtung überleben will, nur zwei ernst zu nehmende Chancen: ebenso differenzierte wie erlesene musikalische Sendungen und ein erweitertes, intensiviertes Regionalprogramm, das die kulturellen Interessen der verschiedenen Landschaften mehr berücksichtigt als bisher. Demnach eröffnen sich der Volksmusik wenigstens im Hörfunk gute Zukunftsaussichten? – Je nachdem. – Das Volkslied, obwohl es aus elementaren Schichten herkommt, hat doch auch sehr subtile Wesensseiten. Massenkonservierung, Massenkonsum, Massenverschleiß wären sein sicheres Ende. Volksmusik kann überhaupt nicht bloß Programmnummer innerhalb der akustischen Berieselungsanlage sein. Es [sic!] von seinem Daseinsgrunde loszulösen und auf Tonband zu fixieren, ist ohnedies ein keineswegs unbedenkliches Unterfangen. Nur das verbindende und unverbindliche Wort ist in der Lage, den unentbehrlichen Zusammenhang zwischen Volksmusik und Umwelt herzustellen, in der es gedeiht. Die Volksmusik bedarf aber auch innerhalb des gesamten Programms der guten Nachbarschaft in Gestalt der volkstümlichen Unterhaltung. Bleibt die letztere so klein geschrieben wie derzeit im Bayerischen Rundfunk (2,44%!), dann ist es dort um die Zukunft des Volksliedes nicht gut bestellt. Wie gesagt, ein neues Dezennium, eine neue Aera bricht für die Volksmusik im Rundfunk an. Sie kann das Ende vom Lied, von unserem Volkslied bedeuten. – Sollten sich nicht einmal diejenigen, denen die alpenländische, fränkische, schwäbische Volksmusik ein Anliegen ist, zusammentun, um ihre Zukunft im Rundfunk zu überdenken?"[424]

Der zweite Referent des Bayerischen Rundfunks, Karl List, hatte für seinen Vortrag als besondere Information eine Liste der Archivbestände der Abteilung Volksmusik mitgenommen – damals schon ein atemberaubender Schatz: Es waren nicht weniger als 12.500 Bänder zu allen Bereichen.[425]

Die Fischbachauerinnen als junger Dirndl-Dreigesang 1952, schon damals eine der besten Gesangsgruppen

Der Abschlussabend der Tagung wurde zu etwas ganz Besonderem. Fast 250 Besucher waren gekommen, darunter viel Prominenz aus Politik und Kultur. Einige der renommiertesten oberbayerischen Sänger und Musikanten traten auf, u.a. die Kreuther Klarinettenmusi, die Fischbachauer Sängerinnen, die Miesbacher Dirndln, der Häusler Hias mit seiner Harmonika und wie schon in Wien die Simon-Geigenmusi aus Bad Goisern. Fanderl hatte seine neueste „Entdeckung" aus seiner Heimat Grassau eingeladen: Monika Scheck, die aus ihrem Notenbüchl des Jahres 1911 vorsang bzw. auch andere daraus vorsingen ließ. Mit dem religiösen Johannes-Lied von 1602 klang der musikalische Teil des Abends aus.[426]

Der Bayerische Rundfunk übertrug die Veranstaltung, Fanderl moderierte gemeinsam mit Walter Deutsch. Die Stimmung war nicht immer euphorisch und positiv, denn zahlreiche „Unkenrufe" und manches „Schwarzseherische" waren während der Tagung von einigen Referenten und in den Diskussionen geäußert worden, bis hin zur Meinung, das Volkslied sei „in der überlieferten Form" überholt und nicht mehr lebensfähig.[427] Schon während der Tagung musste Walter Deutsch, z.B. nach einer Filmvorführung der „Deutschen Bauernmesse", auf einige der „Unkenrufe" reagieren. Er sprach sich gegen die geradezu borniert Einseitigkeit aus, die aus diesen Wortmeldungen sprach, warnte grundsätzlich vor „einseitiger Orientierung" in jeder Form, wandte sich aber zugleich gegen jede Beliebigkeit („Weitschweifigkeit, in der alles einbezogen wird") und plädierte im Kern sehr vorsichtig für einen neuschöpferischen Umgang mit der Überlieferung und für wechselseitige Toleranz. Man kann sich – aus heutiger Sicht – nur annäherungsweise vorstellen, wie stark die Auffassungen auseinanderklafften. Die eingefleischten Traditionalisten dominierten offensichtlich bei der Tagung.[428]

Prof. Dr. Walter Deutsch

Die „Sänger- und Musikantenzeitung"

Alle früheren Aktivitäten Fanderls erscheinen als eine Art Ouvertüre für die umfangreichen und – man muss es angesichts einiger „kritischer" Äußerungen jüngerer Volkskulturleute betonen – zugleich äußerst wert- und wirkungsvollen Tätigkeiten der letzten 30 Jahre seines Lebens. Die Jahre nach 1945 hatten ihn schon zur Galionsfigur einer Bewegung gemacht. Erst als

Sänger- und Musikantenzeitung

ZWEIMONATSSCHRIFT FÜR VOLKSMUSIKPFLEGE

1. Jahrgang · Nummer 1   Januar/Februar 1958

Fanderl etwa 45 Jahre alt ist, beginnt jene Zeit, die ihn letztlich zum Volkslieder- und Volksmusik-„Papst" in Oberbayern werden ließ. Dies beruhte vor allem auf einigen fast gleichzeitig stattfindenden und geradezu konzertiert wirkenden Aktionen, nämlich

– seiner umfangreichen und kontinuierlichen Rundfunkarbeit,
– seiner wiederkehrenden Präsenz im überregionalen Fernsehen,
– dem Beginn seiner jahrzehntelangen, in späterer Zeit alleinigen Herausgeberschaft der „Sänger- und Musikantenzeitung" und schließlich
– seiner Bestellung zum ersten Volksmusikpfleger des Bezirks Oberbayern.

Lisl und Wastl Fanderl bei der Redaktionsarbeit für die SMZ

Dass er weiterhin sammelte, komponierte und textete, sang und musizierte, Veranstaltungen organisierte und moderierte, Schallplatten, Bücher und Liederhefte produzierte, wie er dies schon seit langer Zeit getan hatte, war selbstverständlich – sozusagen ein Zubrot zu den oben aufgelisteten Aktivitäten. Seit er sukzessive zum Medienstar der oberbayerisch-alpenländischen Volkskulturbewegung aufstieg, der er bis zu seinem Lebensende blieb, bestimmten eben diese Medien das Bild vom „Fanderl". Kein Artikel in einer Zeitung oder in einer Zeitschrift, der ihn nicht aus diesem Blickwinkel gesehen hätte. Man kannte den Fanderl Wastl eben – so meinte man jedenfalls. In dieser mehr oder weniger neuen Rolle blieb Fanderls geistiges Fundament jedoch weiterhin die Orientierung an „Vater" Kiem Pauli und „Mutter" Annette Thoma, verbunden mit einem tiefen Respekt den beiden Vorbildern gegenüber. Diese Prägung wird ihm heute oft als blindes Nachahmen ausgelegt.

Fanderl musste sich stets den Produktionsbedingungen und „Notwendigkeiten" der Medien anpassen, ebenso denen eines periodisch erscheinenden und hohen Arbeitseinsatz fordernden Publikationsorgans wie der SMZ sowie auch den Bedingungen eines öffentlichen Amtes. Das tat er nicht immer freudig, aber letztlich in bewundernswerter Konsequenz.

Gegen Ende der 1950er Jahre gelang damit in Fanderls volksmusikalischem Leben noch einmal ein Quantensprung. Eine neue Ära begann für ihn und die oberbayerische Volkskulturarbeit, in die er alle Ingredienzien seines bis dahin erworbenen volkskulturellen Wissens und zugleich seines „pflegerischen" Wirkens einbringen konnte und die in der Folge eine neue Qualität erreichte. Einige meinen heute, dies habe zu einer bedenklichen und bedenkenlosen Hegemonie, ja zu einer „konkurrenzlosen Meinungsführerschaft"[429] und zur absoluten Definitionsmacht über das geführt, was für lange Zeit den Begriff bzw. die Vorstellung von „Volkslied und Volksmusik" ausgemacht hätte. Zusätzlich geriet „Fanderl" zunehmend ins Visier der nachgeborenen forschen Ideologiekritiker, die bei Fanderl etwa ein „Innehalten" und eine „kritische Reflexion" in der Beurteilung von Josef Pommer vermissen:

„Volksmusik war das, was Fanderl propagierte und was aus Oberbayern kam. Die Folgen sind bis heute in landläufigen Klischeevorstellungen, in der Medienproduktion oder im Tourismus feststellbar. [...] Was heute Anlass gibt zum nachdenklichen Innehalten und zur kritischen Reflexion, war für Kiem, Fanderl

„Wir wünschen Glück..." Begrüßungsseite der Sänger- und Musikantenzeitung 1 (Januar/Februar 1958)

Aus der Korrespondenz der Sänger- und Musikantenzeitung – Brief von Tobi Reiser an Fanderl (2. Juni 1960) mit Notizen Fanderls

und Thoma keine Frage: Der Primat österreichischer Volksliedpflege vor der Tradition bayerischer Überlieferung, der kritiklose Umgang gerade mit dem Vorbild des Wieners Josef Pommer (1845-1918), dessen Wirken maßgeblich von deutschnationalen und antisemitischen Ambitionen geprägt war, oder die Anknüpfung an die oberbayerische Volksmusikpflege der frühen 1930er Jahre und der NS-Zeit. Wastl Fanderl und Annette Thoma taten, wie ihnen [von Kiem Pauli K.M.] empfohlen wurde […]. Wastl Fanderl erreichte mit seinen Veranstaltungen vor allem Publikum aus dem Chiemgau, der sich rasch zur Vorzeigeregion der Volksmusikpflege und zum Hauptverbreitungsgebiet der SMZ entwickelte. Annette Thoma bemühte sich, außermusikalische Kontexte zur Volksmusikpflege herzustellen, etwa die beschauliche Anmutung ihres öffentlichen Auftretens (keine SMZ ohne *Vogerl* und *Zweigerl*), das Tragen von Tracht oder die Bindung an die katholische Kirche. […] An dieser konzeptionellen Ausrichtung [vorrangig auf ‚ländliche und bäuerliche Bevölkerungsgruppen' K.M.] sollte sich auch unter ihren Nachfolgern Wolfgang Scheck und Erich Mayer nichts Wesentliches ändern."[430]

Fanderl und Thoma werden zu braven, wenig eigenständigen Nachfolgern gemacht. Im Nachhinein muss Fanderl gewissermaßen als väterlicher Reibebaum für eine sich überkritisch positionierende, aber letztlich – trotz aller Beteuerungen – unhistorisch argumentierende jüngere Generation von Redakteuren des neu benannten Publikationsorgans „Sänger & Musikanten" herhalten. Die neue Redaktion (seit 2000/2001) muss offensichtlich alles, was sie selbst mit dem in Misskredit gebrachten, ja geradezu verpönten Begriff „Pflege" geißelt, in einer eigenartig anmutenden Gegenbewegung abstoßen: „Zeitschrift für musikalische Volkskultur", so lautet demnach die sich zwar neu gebende, aber ohnehin schon längst üblich gewordene Zauberformel[431], womit das Ergebnis einer „konzeptionellen Kurskorrektur" der „Öffnung und Erneuerung"[432] suggeriert werden soll. Dabei wird etwa in dem die Wahrnehmung suggestiv lenkenden Artikel „Die SMZ – von der Mission zur Dokumentation" der Weg der alten Fanderlschen „Sänger- und Musikantenzeitung" von einer „Fan-Zeitung für die jugendbewegten Sänger und Tänzer im persönlichen Umkreis von Wastl Fanderl" über „das Amtsblatt der Volksmusikpflege des Bezirks Oberbayern" zu einem von Wolfgang Scheck und Maria Hildebrandt zu verantwortenden „Szene-Organ einer schwindenden Fan-Gemeinde" bis hin zu einer heute erst als fundiert zu bezeichnenden kulturwissenschaftlichen „Musik-Zeitschrift" behauptet[433]. Dieser „Zungenschlag" ist untergriffig, weil er sich nicht auf die jeweiligen historischen Kontexte bezieht, sondern nur den etwas überheblichen Blick zurück aus einer heute sicheren Position heraus dokumentiert. Die jetzt so verpönte „Volksmusikpflege" hat über viele Jahrzehnte den Weg bereitet, auf dem die „Volkskultur" aufbauen kann. Der „weite Weg" der SMZ „von der persönlichen Initiative Fanderls zur professionellen Kulturarbeit" der Zeitschrift „Sänger & Musikanten" wäre ohne den Mut und das Engagement der heute „Gestrigen" nicht vorstellbar. Die neue Zeitschrift „beleuchtet", so heißt es, „– nun als Zeitschrift der regionalen Musikkultur – fundiert deren Themenspektrum im jeweiligen Kontext und bietet facettenreiche Darstellungen in pluralistischer Breite."[434] Andere, letztlich Gestrige, würden sich weiterhin in der bedenklichen Fanderl-Tradition den „Regeln eines ernstzunehmenden fachlichen Austauschs" verweigern, der

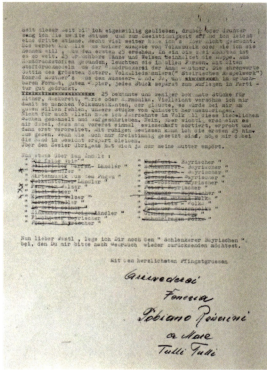

Tobi Reiser an Fanderl – Seite 2 des Briefes „Mit den herzlichsten Pfingstgrüssen Arrivederci Venezia Tobiano Reiserini a Mare Tulli Tulli"

„objektive kulturhistorische Reflexion statt selektiver Emotionalität"[435] voraussetze. Aber sollte denn eine objektive Reflexion über ein Thema nicht „statt", sondern vielmehr ergänzend zur Emotionalität, zur Freude an der Darstellung eines bestimmten Themas stattfinden? Für Josef Focht und Maximilian Seefelder liest sich der Weg der SMZ allerdings so:

„Sie entwickelte sich [...] vom Organ einer *Bewegung* im Geist des frühen 20. Jahrhunderts zu einer Zeitschrift für die regionale Musikkultur der Gegenwart. Die auf persönlicher Meinung und romantisch verklärtem Historismus beruhende *Volksmusikpflege* alter Schule wurde abgelöst von fachlich fundierter, inhaltlich nachvollziehbarer und am jeweiligen Kontext orientierter Dokumentation, die auch aktuellen Standards unserer Gesellschaft standhalten und am fachlichen Diskurs teilhaben kann."[436]

Singende Buam. Titelbild der SMZ 1 (1958), Heft 5

Anders gesagt: Die „Sänger- und Musikantenzeitung" Fanderls wird von seinen späteren Nachfolgern als dilettantische, unsystematisch betriebene und wissenschaftlich fragwürdige Liebhaberei betrachtet, während sie jetzt – unter der neuen Leitung – ein ernst zu nehmendes wissenschaftliches Organ geworden sei. Dabei wird allerdings mit einem falschem Maßstab gemessen, denn Fanderl konnte damals kein im engeren Sinne akademisches Wissenschaftsorgan der „Volkskunde" betreiben – „als ob sich die Zeitschrift je angemaßt hätte, für den Wissenschaftler da zu sein"[437], sagte er –, sondern er hatte den Anspruch, mit der Zeitschrift „eine für alle Teile nützliche Brücke vom einfach sterblichen Volksmusikanten zum Fachmann, Pfleger und Forscher [zu schlagen], soweit er nicht zu jener Sorte gehört, die sich gegenseitig die Joppenknöpfe abzählen."[438] Die Volksmusik sei noch so wenig fest als künstlerische Äußerung verankert gewesen, dass die Zeit für eine rein wissenschaftliche Betrachtung noch nicht reif war. Aber, so fügte Fanderl noch hinzu, viele Wissenschaftler der sich neu etablierenden Disziplin seien froh gewesen, in seiner Zeitschrift publizieren zu können.

Gerade dieses Selbstverständnis, eine Brücke zwischen Liebhaberei und Wissenschaft zu sein, machte die „Zweimonatsschrift für Volksmusikpflege" so enorm erfolgreich: Startete man im Jahre 1958 mit 48 verkauften Exemplaren, so waren es im Jahr 1984 immerhin ca. 8700 und im Abschiedsjahr Fanderls, 1988, ca. 8300 Exemplare (Abos und Verkaufszahl).[439] „Den Wastl hat der Gedanke ganz ausgefüllt. Das war vielleicht schon lange in ihm drin", erinnerte sich seine Frau, denn das „Zeitungsmachen ist ihm einfach gelegen. Die Zeitung ist sein Lieblingskind gewesen von Anfang an. Er hat viel gelesen und war sehr kritisch und sehr genau. Es hat keinen gewissenhaften Büromenschen gegeben wie ihn."[440] Eine solche Haltung mag man heutzutage als spießig abtun, aber die Gewissenhaftigkeit war es, die das kontinuierliche Erscheinen der Zeitschrift gewährleistete.

Wie sieht es also aus, das Bild der Fanderlschen „Sänger- und Musikantenzeitung" seit 1958? Das Anliegen und die Ziele der Zeitschrift beschreibt Erich Mayer, seit 1974 kontinuierlich Mitarbeiter der Zeitschrift und nach dem Tod Fanderls Redaktionsmitglied (1991-1999), historisch durchaus korrekt, wenn er an das selbstkritische „Generalthema" der Zeitschrift erinnert: Damals stand zuerst einmal und unentwegt, wie auch Hermann Unterstöger (Süddeutsche Zeitung) feststellte, die Frage im Mittelpunkt, ob und inwieweit es überhaupt eine „Daseinsberechtigung" für die Volkskultur-Bewegung gebe:

Tanzpaar vom Chiemsee, Titelbild der SMZ 2 (1959) Heft 3

„Dank seines [Fanderls] Vorbildes und seines unermüdlichen Schaffens, hat sich in den vorangegangenen Jahren das

Ein kulturhistorischer Beitrag von Wastl Fanderl über Franz Seraph Graßl aus der SMZ 12, 1969, Heft 3

Dokument aus dem Nachlass von Franz Graßl: „Musikalische Production" 1836

Verständnis für und die Liebe zur Volksmusik im ganzen Land weit verbreitet. Die Volksmusik hat Eingang gefunden in die Schulen, ins Konservatorium und in die Hochschule. Es sind wissenschaftliche Institute gegründet worden, die sich mit der Volksmusik beschäftigen. Wir haben Musiklehrer bekommen, die die Volksmusik in bester Weise weitergeben. Wir haben Heimatpfleger und Volksmusikpfleger bekommen, überall, in den Regierungsbezirken, in den Landkreisen und in den Gemeinden, aber auch in den Trachten- und Heimatvereinen. Sie alle sorgen dafür, daß die Volksmusik in der rechten Weise praktiziert wird. Und überall dort sind auch Publikationen und Informationsschriften entstanden, die sozusagen ‚vor Ort' über Volksmusikveranstaltungen berichten, Lieder, Tänze und Musikstückl veröffentlichen und dazu praktische Hinweise und interessante Informationen über Musik, Brauchtum und Heimat geben – aktueller, übersichtlicher und wirkungsvoller als die ‚Sänger- und Musikantenzeitung' in ihrer angestammten und jetzigen Form dazu in der Lage wäre."[441]

Erich Mayer erinnert auch – im Gegensatz zu nachträglich aufgestellten Behauptungen – an die Tatsache, dass die „Sänger- und Musikantenzeitung [...] von Anfang an auf Überregionalität eingestellt [gewesen sei], ihr Schwerpunkt [...] nach wie vor und ausschließlich die bayerisch-alpenländische Volksmusik [betreffe] und [sie] aufgrund ihres zweimonatlichen Erscheinens [...] nicht das Forum für Tagesaktualitäten und Kurzlebigkeiten sein [könne]. Ihre Themen greifen also dort, wo ein allgemeines Interesse der Volksmusikanten besteht oder dort, wo ein Blick durch ein Fenster in eine bestimmte andere Region angebracht scheint"[442].

Selbst ein schneller Blick über die Inhaltsverzeichnisse der vierzig Jahrgänge der Zeitschrift bestätigt dies in vielen Details.

Fanderl hat sein Anliegen in seinem ersten Editorial festgeschrieben, es nie verleugnet und immer einzulösen versucht:

„Aufbauarbeit, die bis jetzt im Bereich der Volksmusik geleistet wurde, erhalten und ausdehnen, das ist unser aller Ziel. Meine spezielle Aufgabe aber soll es sein, alle zusammenzuführen und zu verbinden, die dieser Sache ihre Kraft und Liebe widmen: die Gelehrten mit dem einfachen Volk, die Alten mit den Jungen, alle Stände und Verbände ohne Unterschied. Möge mir dies nicht nur im altbairischen Fünfeck gelingen, das die Egerländer ebenso umfaßt wie die Waldler und das weit hineinreicht ins Österreichische, sondern auch in Franken und Schwaben."[443]

Musikanten aus dem Nachbarland: Schorsch Windhofer und Tobi Reiser, SMZ 3, 1960, Heft 3

Seinem „Kind" gibt Fanderl ein poetisches Wort mit auf den Weg – die vier Strophen eines alten Neujahrsliedes, das K. M. Klier schon 1923 in der Zeitschrift „Deutsches Volkslied" publiziert hatte: „Wir wünschen Glück, wie sich's geziemt,/Gott sey die Ehr und euch hienieden/Und allen Menschen Heyl und Frieden,/Die eines guten Willens sind."[444]

Allerdings war Fanderl ganz zu Beginn übel beraten und wohl auch naiv, weil er als ersten programmatischen Artikel und als Teilabdruck ausgerechnet einen Beitrag von Walther Wünsch mit dem Titel „Volksmusik" aus der „Zeitschrift für Musik" (1951) in das erste Heft aufnahm. Der Autor, vor 1945 bekennender Antisemit und Musikwissenschaftler, danach Professor am Institut für Musikfolklore der Musikakademie Graz, machte sich darin quasi in zehn Geboten „Gedanken zu ihrer Lage und Pflege."[445] Möglicherweise war Fanderl nicht darüber informiert, was Wünsch vor 1945 geschrieben hatte und was bei einem kundigen Leser während der Lektüre etwa hätte mitschwingen können. Wünsch hatte sich nämlich 1938 in der Zeitschrift „Die Musik" antisemitische Gedanken über den Topos des Juden im balkanslawischen

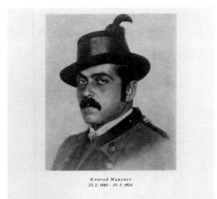

Konrad Mautner
23.2.1880 – 15.9.1924

Konrad Mautners Lebensbild

Einer Wiener Großindustriellenfamilie entstammend, hatte Konrad Mautner frühzeitig Gelegenheit, die vielfachen Strömungen seiner Gegenwart kennenzulernen. Beruflich hatte er dem Zwang der Familientradition zu folgen: Nach Absolvierung der Realschule und nach einem Studienjahr in den USA erhielt er ein entsprechendes Betätigungsfeld im väterlichen Textilkonzern. Das Wissen um die Verhältnisse seiner Zeit hatte in ihm die Ehrfurcht vor der überlieferten Volkskultur gesteigert, vor allem vor den poetisch-musikalischen Äußerungen der Bauern und Handwerker, deren schlichte Erzeugnisse er nur mit Bangen der Öffentlichkeit zeigte. Er fühlte, daß alle seine warmen und begeisterten Worte umsonst gesprochen waren, wenn sich die Leser diesen Stimmen der Landschaft nur mit dem Verstande nahten.

Konrad Mautner war kein Sammler im landläufigen Sinne, dem die Verhältnisse es ermöglichten, abseitige Pfade einzuschlagen. Seine Kenntnis der Musik und auch der Trachten war nichts Angelerntes oder aus

Seite aus dem von Konrad Mautner herausgegebenen »Rasplwerk«

Ausschnitt aus dem Beitrag von Walter Deutsch über Konrad Mautner, SMZ 19, 1976, Heft 1

Volkstum und Volkslied gemacht und ganz im Sinne der NS-Bewegung zur „Sudetendeutschen Musikkultur der Gegenwart im Kampf gegen jüdische Musikpolitik" Stellung genommen.[446] In jenem Beitrag, den Fanderl abdruckte, konnte man allerdings solche Ideologiebestände schwerlich ausmachen. Fanderl wollte sicherlich ein gutes geistiges Fundament für seine Zeitschrift legen und prinzipielle Reflexionen zum Volkslied zur Diskussion stellen. Dass er jemand war, der unentwegt „Gewissenserforschung" zum „Volkslied" und zur volkskulturellen Überlieferung betrieb, wurde ihm auch von Kritikern bestätigt.[447] Walther Wünsch skizzierte nun in seinem Artikel virulente Aspekte der Debatte Ende der 1950er Jahre, bündelte Fragen und Behauptungen, die den Leuten offenbar unter den Nägeln brannten, und lieferte durchaus orientierende Antworten und Kommentare, die noch immer ihre Gültigkeit besitzen, auch wenn sich Fanderl an einigen Begrifflichkeiten Wünschs hätte stoßen können – dieser sprach etwa von „Bauernjazz" oder „Bauernsamba" und hatte wohl nur das sogenannte „deutsche Volkslied"[448] im Blick – später nannte man das „Scheinvolksmusik", volkstümliche Musik oder schlichtweg „Bayern-Schmarrn". Davon abgesehen aber schien Wünschs Fragenkatalog unbedenklich.

„1. Müssen wir der Volksmusik nachtrauern, weil sie heute nur noch eine Erinnerung an die gute alte Zeit darstellt? 2. Ist zum Gedeihen der Volksmusik eine geruhsame und friedliche Zeit nötig? [...] 3. Wir erzählen heute nur noch aus Büchern, singen und musizieren aus Sammlungen, Liederbüchern und Spielheften! Ist das noch echte Volkskunst? [...] 4. Ist das aus einer Sammlung nachgesungene Volkslied überhaupt noch ein echtes Lied? [...] 5. Manchmal wird die Frage aufgeworfen, ob es ein Maß gäbe, nach dem man echte und unechte Volksmusik unterscheiden könne; im Zusammenhang damit folgt eine weitere nach einer exakten Definition über das Wesen des Volksliedes!

6. [...] unsere Volksmusik [habe] nur geringen Wert, denn sie singe und spiele abgesunkenes Kulturgut, Reste und Splitter vergangener Kunstmusik nach. 7. [...] Warum singen auch heute die Bauern, Städter und Arbeiter immer noch das Volkslied? [...] 8. Oft wird Volksmusik mit Bauernmusik verwechselt und das vermeintliche Aussterben der Volksmusik wird durch die fortschreitende Industrialisierung und der damit verbundenen gesellschaftlichen Umschichtung vorausgesagt. Haben die Arbeiter die Liebe zum Volksliede verloren? [...] 9. Manchmal wird das Aussterben der Volksmusik mit dem Verklingen von Musikinstrumenten und Formen von Sing- und Spielweisen verwechselt. [...] 10. Es gibt auch Landschaften, in welchen die Volksmusik verklungen ist. Kann dies als ein Zeichen des Unterganges der Volksmusik angesehen werden?"

„Wasservogel-Singen" und Ausschnitt aus dem Beitrag von Erich Mayer über diesen Pfingstbrauch, SMZ 27, 1984

Walther Wünsch beantwortete seine Fragen zum Teil gleich selbst und bietet gewissermaßen einen Spiegel der Identität Fanderls. Dieser hat sich in seiner eigenen Praxis daran orientiert. So heißt es z.B.: „Es verklingen nur alte Formen, Musikinstrumente oder eine alte Musizierpraxis. Man übersieht, daß neue Formen, neue Tänze und Lieder durch die Musikanten und Sänger im Volke auf neue Weise erspielt und ersungen werden." Wünsch huldigt zwar seinem romantizistischen „Volksbegriff", aber ganz unrecht hat er eben nicht, wenn er schreibt: „Wer es versteht, mit feinem Ohre das herauszuhören, was die Erzähler, Sänger und Musikanten aus ihren Büchern und Noten tatsächlich gestalten, der wird das Schöpferische des Volkes erkennen. [...] In ihnen ist also Geschichte verzeichnet [...]." An anderer Stelle seines Fragen- und Antwortkataloges räumt Wünsch „den Generationen" das Entscheidungsrecht darüber ein, was sie für gut und relevant oder schlecht und irrelevant erachten: „Es gibt ein sicheres Maß: Die Zeit und der Mensch in der Zeit. [...] Eine bequeme Faustregel aber – wie sie der Beckmesser in den

Drei Zitherspieler (Monika Hutter, Wolfi Scheck, Herbert Lagler, Gitarre: Josef Linhuber) bei der Fanderl-Singwoche in Toblach, SMZ 22, 1979

Meistersingern anwendet – gibt es nicht."[449] Walther Wünsch formulierte weiters: „Das Ersingen und Zurechtspielen der Volksweisen ist also kein Weiterreichen von toten Bausteinen, sondern ein Um- und Neuschaffen in lebendiger Wechselwirkung von Kunst und Volk. Man muß nur erkennen, was gestaltet werden will, nicht was gestaltet ist! Deshalb gibt es für uns keine Grenze zwischen Kunst- und Volksmusik, wohl aber zwischen Kunst und Kitsch!" Wünsch kann seine ideologische Grundprägung am Ende doch nicht verleugnen, wenn er anmerkt, dass die über Generationen nachweisbare Lebendigkeit von Liedern auch mit „Volks- und Stammesart" zu tun habe. Seine Erklärungsversuche bleiben oft schwammig. Er spricht in diesem Zusammenhang auch von den „Wachstumskräften in der Geschichte". Wünsch ist sich der geschichtlich bedingten Entfremdungen zwischen einzelnen Gruppen der Bevölkerung sowie der sehr unterschiedlich ausgeprägten Wertvorstellungen von „Echtem" und „Sentimentalem" bewusst: „Aber man kann im Singen und Musizieren der Arbeiterchöre und Werkskapellen die still wirkende Kraft spüren, welche diese Menschen zur Volksmusik führen."[450] Wünsch glaubte an die Kraft der großen Einzelpersönlichkeit, die Verklungenes erneut zum Leben erwecken könne. Dies alles war mit Fanderls Auffassungen kompatibel.

Die Vielfalt der Beiträge in den drei Jahrzehnten der „Sänger- und Musikantenzeitung" unter Fanderls Leitung ist immer wieder überraschend.[451] Er allein publizierte während dieser Zeit an die 180 Beiträge unterschiedlicher Art und verschiedenen Gewichts, wie zum Beispiel Editorials und Redaktions-Nachrichten[452], aber auch eine große Anzahl von Porträts von Freunden, historischen und lebenden Persönlichkeiten, Sing- und Musiziergruppen, Vereinen, Geburtstagswünsche und Nachrufe, Informationen über Volksmusikinstrumente,[453] Rezensionen und Hinweise auf aktuelle Veröffentlichungen[454], Berichte über

Veranstaltungen, aber auch über interessante neue Fundstücke und zum Teil wieder erinnerte Lieder, Stücke und Texte etwa in Liederbüchern und Sammlungen, ein Arbeitsbereich, der Fanderl ein ganz besonderes Anliegen war,[455] weiters Kommentare zu Texten, Liedgattungen und Kompositionen[456] sowie Nachrichten über Bräuche und Ergebnisse eigener Forschungen.[457] *(vgl. Beilage 15)*

Es erstaunt, wie Fanderl dies alles neben seiner zeitraubenden Tätigkeit für Rundfunk und Fernsehen und neben seinem eigenen Singen und Musizieren bewältigen konnte. Einige seiner Erkundungen und Forschungen sollten schließlich auch in seine selbstständig erschienenen Bücher oder umgekehrt von dort in die Zeitschrift aufgenommen werden.[458] Darüber hinaus findet sich in der Zeitschrift eine große Anzahl von Texten, Sprüchen und Versen ebenso wie die oft attraktiven Illustrationen auf den Titelseiten, die meist auf den Hauptbeitrag des Heftes verweisen und thematisch sehr breit gestreut sind. Fanderl sorgte auch dafür, dass die Leserschaft verlässlich mit Anekdoten und witzigen Begebenheiten, insbesondere aus dem Sänger- und Musikantenleben versorgt wurde. *(vgl. Beilage 15)*.

Zwischen 1958 und 1988 hat in diesem Organ praktisch die gesamte Volkskulturszene Beiträge publiziert. Etwa 280 Autorinnen und Autoren, darunter viele prominente Namen, haben sich zu Wort gemeldet, wobei wiederholt auch Texte aus anderen schon erschienenen Publikationen nachgedruckt werden konnten. Die Beiträge stammen von AutorInnen aus verschiedenen Arbeits- und Wissenschaftsgebieten, Vermittler und „Pfleger", Praktiker, Ethnologen, Volkskundler, Musikhistoriker, Politiker und Theologen kommen zu Wort.[459] Es handelt sich um AutorInnen aus verschiedenen Landschaften und Regionen aus dem In- und Ausland, die sich zu sehr verschiedenen Themen äußerten

Ausschnitt aus Kurt Bechers Gedanken zur Volkstanzbewegung, SMZ 26, 1983, Heft 5

Ausschnitt aus Hans Roths Beitrag „Von Freinächten und Tanzverboten im 17. und 18. Jahrhundert", SMZ 25, 1982, Heft 3

– z.B. zum weltlichen und geistlichen Volkslied und Volksspiel, zu verschiedenen Bräuchen, zur Instrumentalmusik, zum Volkstanz, zu Fragen und Problemen der Vermittlung und Pflege, zum Dialekt und zu Volksmusikinstrumenten. Der Schwerpunkt der Themen galt dem Volkslied in all seinen Ausprägungen. Nicht weniger als etwa 80 Beiträge handeln davon. Ca. 40 AutorInnen thematisierten Fragen und Probleme der Pflege von Volkslied und Volksmusik, etwa 60 setzten sich mit Instrumentalmusik und Volksmusikinstrumenten auseinander. Aber auch Fragen zum Verständnis von Hochsprache und Dialekt oder zum Theater waren Fanderl ein großes Anliegen – etwa 35 Beiträge widmeten sich diesen Themen. Weniger intensiv wurde der Volkstanz behandelt – auch ein Spiegel von Fanderls Interessen. Besonders wertvoll aber sind sicher die Erinnerungstexte aus der Feder prägender Persönlichkeiten, etwa von Kiem Pauli, Annette Thoma, Tobi Reiser, Georg von Kaufmann oder Viktor von Geramb über die „Kiem-Pauli-Schule"[460]. *(vgl. Beilage 15)*

Passauer Volkstanzkreis, SMZ 20, 1977, Heft 5

Die von den Kritikern behauptete fehlende inhaltliche und methodische „pluralistische Breite" sowie wissenschaftliche Ausrichtung ist so pauschal nicht festzustellen. Die Qualität der Zeitschrift erschließt sich heute eben nicht von selbst, sondern nur im Blick auf die jeweiligen Kontexte ihres Erscheinens. Was allerdings in der Zeitschrift tatsächlich ausgeblendet bleibt, ist die (selbst-)kritische Auseinandersetzung mit der Ideologie- und Institutionengeschichte der gesamten Volkskulturbewegung sowie der politisch bedenklichen Rolle vieler Persönlichkeiten während der NS-Zeit, so als ob die erfolgreiche Arbeit der Volkskulturbewegung im geschichtsfreien Raum stattgefunden hätte.

Es gehörte zum generationsspezifischen Habitus nach dem Krieg, sich den Fragen der nazistischen Vereinnahmung der Volkskulturbewegung nicht nachforschend und offen zu stellen. Dieser entscheidende Mangel an offener Auseinandersetzung mag jene bedenkliche Emotionalität, jene zusätzliche Anreicherung mit belasteten Begriffen und Gedanken ausdrücken, mit der alles „Volkskulturelle" etwa bis zum Beginn der 1990er Jahre besetzt war und weshalb es in intellektuellen, liberal-bürgerlichen und sozialdemokratischen Kreisen der Bevölkerung mit dem Stigma des Konservativ-Reaktionären, ja Gestrig-Faschistoiden versehen wurde. Erst nach dem Ende der politischen Teilung Nachkriegseuropas und angesichts des Beginns einer neuen europäischen Ordnung im Geiste des Friedens und der Zusammenarbeit entwickelte sich ein neues, weniger belastetes Verhältnis auch zu den Werten regionalspezifischer Kulturformen – durchaus in der Dialektik zwischen Zentrum und Peripherie, zwischen neoliberaler Modernisierung samt blindem, weil allzu unbedachtem, internationalistisch kodiertem Fortschrittsglauben und der Bewahrung der Tradition.

Riederinger Sänger, Titelbild der SMZ 6 (1963), Heft 2

Auch die neuere Forschung über eine differenziertere historische Verortung der Möglichkeiten und Grenzen volkskultureller Erscheinungen seit dem 19. Jahrhundert, die historische Bedingungen, also die spezifischen Epochenkontexte stärker beachtet, setzte ein. Kontinuitäten und Zäsuren wurden dabei klarer herausgearbeitet, ein sachlicheres Verhältnis zu den oft beklemmenden Sachverhalten aufgebaut. Zudem bekamen die Konflikte und Trennlinien auf dem volkskulturellen Feld selbst genauere und den historischen Gegebenheiten adäquatere Konturen. Dies ist auch am Beispiel der Forschung über die österreichischen bzw. die Salzburger Verhältnisse zu beobachten – etwa in den wissenschaftlichen Auseinandersetzungen mit Tobi Reiser oder dem Tanzlgeiger Georg Windhofer u.a.m.[461]

Roaner Sängerinnen, SMZ 16 (1973), Heft 5

Geschwister Siferlinger von Endorf beim „Zwieseler Fink" 1981, SMZ 24, 1981, Heft 5

Auch in der Pop-Musik wurde auf die Musik verschiedener Volkskulturen zurückgegriffen. Begriffe wie „Weltmusik", der schon lange für den Jazz galt, weil dieser z.B. indische, afrikanische und arabische Musik- und Rhythmusformen aufgriff, und „Cross Over" etablierten sich. Bob Dylan gelang es seit 1963, den deutlich „rechts" angesiedelten Country and Folk erfolgreich neu zu gestalten und aus dem ideologischen Eck zu holen. Diese Wende ist letztlich auch in Europa und in der Volksmusik angekommen: die Well-Buam, Hubert von Goisern, Roland Neuwirth oder auch die Ausseer Hardbradler stehen dafür.

Wahrscheinlich war Fanderls „Sänger- und Musikantenzeitung" nicht zuletzt auch deswegen ein so beliebtes und zugleich beherrschendes Publikationsorgan, weil sie ein immenses Angebot an Liedern und Musikstücken, Jodlern, Arien usw. angeboten hat: Noten, Liedtexte, zum Teil auch Hinweise auf die Herkunft und auf die Gewährsleute sowie Interpretations-Empfehlungen. Es handelt sich um ca. 2700 Stücke, davon etwa 250 Instrumentalbeispiele, ca. 50 „Arien" und Jodler. Kein Heft der Zeitschrift, in dem nicht Lieder und Stücke der unterschiedlichsten Gattungen abgedruckt waren.[462] Sie wurden Fanderl nicht zuletzt von sehr vielen SängerInnen und MusikantInnen zur Verfügung gestellt. Und wie es sich für eine attraktive Publikumszeitschrift gehört, fanden sich darin immer auch zahlreiche Fotos und Illustrationen. *(vgl. Beilage 15)* Dass die Zeitschrift diese verlässliche Kontinuität über so viele Jahre erhalten konnte, ist besonders auch Elisabeth Brenner (Hemhof) zu verdanken, die zwischen 1975 und 1988 Fanderls Sekretärin war und den „buntgemischten" Aufgabenbereich (Veranstaltungen und Mitteilungen) zuverlässig und selbstständig betreute: „Langweilig, nein, langweilig war es nicht. Oft hektisch [...] oft heiter. Heiter dann, wenn dem Wastl zwischendurch einige ‚Schwank' einfielen. Und heiter bis besinnlich, wenn er auf seiner Zither das eine oder andre Stückl ausprobierte."[463]

Pongauer Viergesang (v.l. Schorsch Windhofer sen., Herta und Reinfried Dengg, Schorsch Windhofer jun.), SMZ 12, 1969, Heft 5

Schließlich sind folgende Beobachtungen von Erich Mayer zutreffend, beschreiben sie doch die wesentlichen Phänomene dieser bemerkenswerten Zeitschrift. Mayer spricht von einem „Medienverbund", in dem die „Sänger- und Musikantenzeitung" ihren Platz in der Mitte gehabt habe, und skizziert die Voraussetzungen des Erfolgs dieser „konzertierten Aktion" so:

„Was er [Fanderl] den Leuten in den Singwochen lernte, brachte er, von einzelnen Gruppen dargeboten, im Radio und im Fernsehen. Was er in den Sendungen brachte, vertiefte er in den Singwochen und bei seinen Singstunden. Gleichzeitig veröffentlichte er in der Sänger- und Musikantenzeitung Lieder und Musikstückl, die in den Sendungen dargeboten worden sind oder die er in den Singstunden unter die Leute bringen wollte. Man könnte diesen Kreis natürlich auch ganz beliebig anders anfangen. Immer aber stand in diesem Verbund die Sänger- und Musikantenzeitung mitten drin."[464]

Das Organ war in seiner Blütezeit gewissermaßen zur „Familienzeitung der Volksmusikanten" und zum „Informationsblatt über Volksmusik in Bayern schlechthin"[465] geworden. Mitte der 1980er Jahre, kurz vor dem Ausscheiden Fanderls als Herausgeber, hatte die Zeitschrift wohl den Zenit ihres Einflusses erreicht.

Das Zerbröckeln des genannten Verbundes hatte damit zu tun, dass Fanderl seit etwa Mitte der 1970er Jahre sukzessive einige wichtige seiner Teile aufgab: 1975 war es mit der Radio-Wunschsendung zu Ende (nach 15 Jahren), Silvester/Neujahr 1980/81 wurde die letzte Singwoche veranstaltet, 1981 folgte die Pensionierung als Volksmusikpfleger und 1984 lief schließlich die Fernsehserie „Bairisches Bilder- und Notenbüchl" nach über 20 Jahren aus. Mayer weist auch auf einen weiteren zentralen Faktor hin: den Wandel im Publikum. Wie er bereits 1996

Ausschnitt aus dem Beitrag von Gerlinde Haid über „Volksmusik" und „volkstümliche Musik", SMZ 1983, Heft 2, S. 73

Die Geschwister Schiefer von Laufen/Salzach, Titelbild der SMZ 20, 1977

festgestellt hatte, umfasste Fanderls Publikum inzwischen „drei Generationen als Leser und Bezieher": „die Alten, die aus einem Anliegen heraus mit zur Entstehung der Zeitung beigetragen haben, die Mittleren, die in den 60-er, 70-er und 80-er Jahren den Aufschwung der Volksmusikbewegung in Bayern und die Entwicklung der Zeitung miterlebten und die Jüngeren, die heute, im Zeichen einer gewissen Sattheit, der Volksmusik und damit auch der Zeitung teilweise wieder kritisch gegenüber stehen und mehr oder anderes wollen"[466].

Die Zeit ist natürlich in den letzten 15 Jahren auch nicht stehen geblieben, und die Zeitschrift hat heute ein anderes Gesicht und bedient eine andere Zielgruppe. Ein Blick zurück auf Fanderls Leistungen für seine „Sänger- und Musikantenzeitung" ringt jedenfalls Respekt ab.

Der Sammler und Liedermacher

Alle der vielfältigen Aktivitäten Fanderls hatten ein wesentliches gemeinsames Fundament: Es war seine ungebrochene Begeisterung für das Sammeln, das Aufspüren und das Entdecken neuer Texte, Melodien, Lieder und Stückln seit der ersten (wirklichen oder fiktiven) Begegnung mit Kiem Pauli Ende der 1920er Jahre. Das ermunterte ihn schließlich schon seit den 1930er Jahren, erst anonym und tastend, dann aber auch offen und selbstbewusst, eigene Lieder im „Volkston" zu schreiben oder bekannte Vorlagen zu adaptieren und umzuschreiben. Fanderl verstand sich nie als wirklich professioneller Sammler, er fühlte sich zeitlebens als Autodidakt, war bescheiden und zurückhaltend. Sein tiefer Respekt gehörte besonders den z. T. noch aus dem alten Österreich stammenden Volkslied-Sammelexperten, etwa Franz Friedrich Kohl, Karl und Alexander Kronfuß und Felix Pöschl, weiters noch Josef Pommer, Karl Liebleitner, Konrad Mautner, Wilhelm Pailler, Julius M. Schottky und Franz Ziska, Vinzenz Maria Süß und Victor Zack. Aber auch den bayerischen Größen auf diesem Gebiet wie Franz von Kobell und natürlich Kiem Pauli und Kurt Huber zollte er Respekt.[467] Nicht zuletzt erklärt sich aus dem Respekt für die alten Sammler Fanderls Faszination und Sammelleidenschaft für Lied- und Musikhandschriften, Lied- und Notendrucke, die heute den Grundstock der „Sammlung Wastl Fanderl" in der Fachbibliothek und Handschriftensammlung des Volksmusikarchivs des Bezirkes Oberbayern bilden – insgesamt 166 Archivnummern. Er verwendete sie schlichtweg als praktische Arbeitsunterlagen z.B. für seine so zahlreichen und unterschiedlichen Anforderungen gerecht werdenden Veranstaltungen, Auftritte, Moderationen, Rundfunk- und Fernsehsendungen. Dieser tägliche Gebrauch bildet auch den Grund für die erheblichen Abnutzungen dieser Materialien.[468]

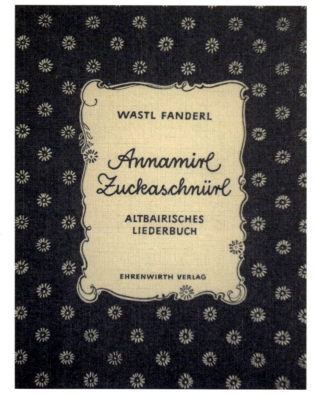

Man nannte ihn schließlich auch den „Schatzgräber mit dem Notenschlüssel"[469] und, als er zum oberbayerischen Volksmusikpfleger ernannt wurde, ging er „von amtswegen auf Liedersuche", wie Erich Mayer dies nannte. Aber dies war nur der letzte Schritt auf einem langen Weg, auf dem er seine Sammelleidenschaft bzw. sein forscherisches Interesse am Volkslied auf vielfältige Weise dokumentierte: „Da und dort schlummern auf den Dachböden noch alte, handgeschriebene Liederbücher mit unbekannten Schätzen. Sie aufzustöbern ist allerhöchste Zeit, denn schon bald werden die letzten Leut', die noch Melodien dazu wissen, weggestorben sein. Retten wir, was wert ist, gerettet zu werden, zum Lobe unseres schönen Bayernlandes."[470]

Es wäre nicht der in die Zukunft denkende Fanderl, hätte er sich nicht – ebenfalls ein Leben lang – mit besonderer Hingabe Texten und Melodien von Kindern und für Kinder gewidmet. Er sammelte und schrieb Eigenes für diese Zielgruppe, die damals noch sehr wenig im Fokus der Sammler und Volksliedforscher stand. „Kinderreime sind die kleinen Geschwister der Volkslieder", hatte es bei Johann Gottfried Herder geheißen: „Vom winzigen Zweizeilenversl, das der kleine Erdenbürger herplappert, zum landschaftsgebundenen Volkslied und darüber hinaus zum Kunstgesang führt ein gerader Weg."[471] Das Wiegenlied pflanze, so Fanderl, „Liebe und Sinn für Dichtung und Musik ins Herz" und bleibe unvergessen und, wenn auch unbewusst, bis ins hohe Alter bewahrt.[472]

Fanderls Verhältnis zum überlieferten Sing- und Musiziergut war pragmatisch und zeichnete sich zudem durch ein fast untrügliches Geschmacksempfinden aus. Nicht jedes Lied, mochte es noch so alt sein, gefiel ihm – er entlarvte auch in alten Texten „Kitsch und Schmalz" und verwarf sie. Was ihm als „konstruiert" oder als alter „reißerischer Schlager"[473] erschien – das mochte er nicht und wollte es auch nicht verbreiten. Entdeckte er thematische „Lücken" in der Überlieferung und brauchte er ein Lied für ganz bestimmte Zwecke bei seinen Singwochen oder für seine kulturgeschichtlichen Rundfunk- und Fernsehreihen (z.B. über das Eisstockschießen, das Schifahren, über die Weihnachtszeit, über Fischer und Schiffleute, über das Alleinsein oder auch über den Bauernstand), so versuchte er ein solches zu finden oder zu erfinden, und hoffte dann, das Lied möge von den Sängerinnen und Sängern „angenommen" werden. So wurde sein „Kimmt schö hoamli de Nacht" (1957) zum gemeinsamen Tagesabschlusslied seiner Singwochen: „ein bißchen sentimental [ist es schon] geworden, aber wenn's spät auf d' Nacht ist, vor'm Bettgehen, beim Guatnacht-Sagen, dann darf es auch ruhig einmal so sein."[474] Das Lied traf die Seele der damaligen Sängerinnen und Sänger. Was Fanderl an seinen Entdeckungen nicht gefiel, das sang er sich eben „zurecht". Er konnte sich natürlich auch in dem täuschen, was gefiel und was nicht, ließ sich aber letztlich nicht verunsichern. Einzig und allein die „kunstferne" Ideologie der Bewegung stand ihm für geraume Zeit im Wege: nämlich das Vorurteil, „Volk" und „Anonymität" seien Voraussetzungen für das gute Lied. Als Wolfi Scheck das Liederbüchl mit Fanderl-Stücken zusammenstellte, war Fanderl froh – endlich sollte „in punkto Quellenangabe Ordnung geschaffen werden", so meinte er.

Insofern lässt sich Walter Deutsch zustimmen, wenn er Fanderl – erst bei der posthumen Verleihung des Tobi-Reiser-Preises 1992 – ein schönes Denkmal setzte: „Wieso schuf Wastl Fanderl Neues, wo er doch wußte, daß das traditionelle Musikgut unerschöpflich ist? Er schrieb oder erdachte Neues nicht im Sinne von ‚noch nie Dagewesenem', sondern in der bewährten Ton- und Wortwelt unserer alpenländischen Musik. Sich in Tönen und Worten mitzuteilen, die selbstverständlich aus einer volksmusikalisch verankerten Fantasie strömen, ist ein Geschenk besonderer Art."[475] Seine „schöpferische Ader" sei „bewußt oder unbewußt tief verwurzelt mit den Gesetzen und Werten unserer einmaligen ‚musica alpina' sowie mit dem Sprachgefühl der bayerischen Mundart."[476]

In Fanderls Worten stellt sich dies so dar: „Die Lieder, die ich jetzt [1987] veröffentlicht habe, meine Lieder, die haben sich erst

Fanderls Aufzeichnungen aus dem Südtiroler Sarntal, SMZ 7, 1964, Heft 6

bewähren müssen. Ich habe nicht gleich gesagt, ich mache Lieder, um sie zu veröffentlichen. Nein, meine Lieder sind jetzt dreißig, vierzig Jahre auf dem Weg gewesen und was heute davon noch gesungen wird, das ist jetzt in einem Büchl [Is's a Freud auf der Welt] zusammengefaßt. [...] Eigentlich könnte man sich ja gar nichts besseres wünschen als daß die Leut' meinen, das ist ein Volkslied und manche der Lieder sind schon ein bißchen verdächtig, daß sie Volkslieder werden. [...] Man hat am Anfang einfach ein bißchen Scheu zu sagen: Das Lied ist von mir. Wenn die Leute das Lied nicht annehmen, dann ist man blamiert. [...] So aber habe ich die Lieder unauffällig bei meinen Rundfunksendungen und bei den Singwochen hineinmischen können und auf diese Weise sind sie dann angewachsen – etliche wenigstens. [...] Mein Gott, ich hab' ja Lieder gemacht, da hab' ich mir was versprochen davon. Ich hab' gemeint, da ist eines gut gelungen. Aber das haben sie mir dann nicht angenommen oder nur freudlos gesungen. Bei den Singwochen haben wir es zwar eingelernt, aber es ist dann nichts weitergegangen damit. Das ist schon interessant. [...] Also, ich bin jetzt über 70 Jahre alt. Und da sind 40 Lieder, die sich von insgesamt 80 gehalten haben, natürlich herzlich wenig. [...] Man macht ein Lied doch bloß dann, wenn das Herz übergeht, aber dann muß es raus; oder man macht eines für bestimmte Gelegenheiten und Anlässe. [...] keiner von uns Liedermachern, von bairischen Liedern dieser Art, ist ein Komponist. Ich hab' nie Komponieren gelernt. [...] Aber Neues im Ton zu machen, einen neuen Ton zu bringen?! Ich hab es probiert, nachdem es immer wieder geheißen hat: ‚Ihr singt's vom Fuhrmann und es gibt keinen mehr, ihr singt's von den Rösserln und man sieht keine mehr, die Zeiten sind doch vorbei!' Ja, da hab' ich es schon auch probiert, ein bißchen was Neues zu machen, vom Traktor und so. Aber es geht nicht! Alle diese Lieder, die wir machen, die hätten auch in den Jahren 1850/1880 entstehen können. [...] Und noch etwas muß man gestehen, muß vor allem

ich gestehen: Die meisten Texte – ich hab' es ja immer genau dazu geschrieben – sind überliefert. Da gibt es Schnaderhüpfl-Sammlungen mit herrlichen Vierzeilern und die sind tot; es singt sie kein Mensch mehr. So hab' ich damit halt kleine Lieder gemacht; meistens schwungvolle für die Singwochenleut', junge Leut', die es so wollen. Der schöpferische Gedanke war dabei nicht so im Vordergrund. [...] Aber dabei hab' ich immer versucht, die richtige Sprache zu finden. Wie hätten sie geredet, als die Melodie noch lebendig war und wenn damals das Lied entstanden wäre? Diese Frage ist wichtig. Man darf keinen Krampf hineinbringen. Die Frage ist doch überhaupt: Tät so ein Mensch reden oder tät so ein Kind reden? [...] Ich hab' es aber bei meinen eigenen Kindern ausprobiert, wie so ein Lied klingen muß, ob es kindgerecht ist und daß kein erhobener Zeigefinger im Text ist. [...] Es muß immer Anlässe geben. Man kann nicht sagen: ‚So, jetzt wird ein Lied gemacht'. Das wird nie etwas. Das muß von selber kommen. [...] Oh mei! Wenn man Jahrzehnte mit dem Volkslied umgeht und wenn man ins Volkslied verliebt ist, dann hat man so was einfach. Das ist kein großer Fund und auch keine große Leistung. Man muß sich halt freuen. Ich hab's gemacht, weil es mich freut und damit sich andere Menschen darüber freuen. Und jetzt im Alter, wenn ich zurück schau' und sehe, daß meine Lieder noch gesungen werden, dann freue ich mich schon, da bin ich sogar auch stolz darauf."[477]

Schiffleut – Kettengsangl: „... hat uns Kindern die Mutter ... oft ins Bettstattl gesungen. Ich kann heute noch alle Strophen auswendig." (Wastl Fanderl 1988)

„Wir wünschen euch allen a guat's neu's Jahr!" (vorgesungen von Nanni Jennes-Kurz, Chieming)

Es ist kein Zufall, dass ihm Kathi Greinsberger, die führende Sängerin und sehr begabte „Liedermacherin" der Fischbachauerinnen, aus dem Herzen sprach, als sie für Fanderls Geburtstagsbuch (1985) über ihre Erfahrungen berichtete. Aufrichtiger und verantwortungsvoller gegenüber der von Kiem-Thoma-Fanderl favorisierten Tradition kann man es nicht ausdrücken. Dass dies etwas mit traditionaler Bewahrung zu tun hat, ist natürlich offenkundig – ihr Text dokumentiert aber auch eine spezifische Art von Geschichtsbewusstsein, einen tiefen Respekt vor der bewegenden Schönheit des alten Liedguts und zugleich eine unstillbare Sehnsucht nach einem „anderen" Leben:

„Wir brauchten ein Lied vom Bauernstand und das ‚Ihr Herren schweigt ein wenig still' war bereits von anderen Sängern vorgeschlagen worden. Ich erinnerte mich an jenen verunglückten Versuch und holte ihn aus der Schublade. Fast mühelos gelang es diesmal nach einer geringen Änderung der Melodie, den Faden zu finden. Auch der gedankliche Inhalt ließ sich, etwas abgewandelt und ergänzt, verwenden. Bei der Singprobe haben wir zu dem Lied nun den Zugang gefunden, der beim ersten Versuch fehlte. Dem Wastl hat das Lied gefallen, und bei seiner Sendung haben wir es aus der Taufe gehoben. Mit dem Liedermachen hat es seine eigene Bewandtnis. Immer wieder taucht in der Öffentlichkeit die Meinung auf, daß unser Volkslied einer gründlichen Reform bedarf. Was heißt das? Wenn es heißt, daß die moderne Umwelt endlich zu Wort kommen soll, daß vom Telefon, vom Auto und Traktor, auch von der gefährdeten Umwelt die Rede sein muß, dann meine ich, das können wir getrost den modernen

Liedermachern überlassen. Mit dem Volkslied aber, wie wir es auffassen, haben diese Dinge nichts zu tun: Das Volkslied ist dem Schönen und Poetischen zugewandt. Wenn Reform aber heißt, noch mehr aufzupassen auf die Sprache und auf den Inhalt, dann kann ich nur zustimmen, denn wir leben in einer Welt voller Banalitäten und Geschmacklosigkeit. Die Sprache unserer Landsleute hat Schaden gelitten, ebenso die Vorstellungskraft und die Naivität. Das Volkslied will und braucht seine Ruhe, einen Frieden wie auf der Hausbank, damit es ausstrahlen kann. Mit dem Liedermachen ist es nicht so leicht. Das Volkslied ist ein sensibles Gebilde: Ein falsches Wort, ein falscher Ton und alle Glaubwürdigkeit ist dahin. Warum ein Lied vom Volk angenommen wird oder nicht, ist schwer zu ergründen. Wenn wir vergleichsweise die Anstrengungen der Denkmalpflege betrachten, wie die Kostbarkeiten alter Substanzen höchste Einfühlung mobilisieren, wie heruntergekommene Bauernschränke und ramponierte Gemälde der größten Fertigkeit des Restaurators bedürfen – sollten wir die gleiche Achtung nicht auch vor dem überlieferten Lied haben? Reformen haben sich schon oft als zerstörerisch herausgestellt. Was wir heute an Neuem dem Volkslied hinzufügen können, kann nur ein bescheidener Anfang sein. Es soll das Gute und Schöne unserer Zeit durchscheinen lassen, aber auch nicht aus der alten Bauernart schlagen."[478]

„Der Liederschatz eines Rupertiwinkler Bauerndirndls", eines der Ergebnisse von Fanderls Sammeltätigkeit

Die mediale Konstruktion der Ikone „Fanderl Wastl" – Rundfunkarbeit

Daten und Fakten von Fanderls langjährigem Wirken für den Rundfunk und das Fernsehen in Bayern und Deutschland sind schnell aufgelistet.[479] Sie sind letztlich ein Gradmesser dafür, wie groß das Bedürfnis vieler Menschen in der Nachkriegszeit nach heimatlicher Identitätssuche gewesen sein muss und welch überwältigender Publikumserfolg Fanderls qualifizierter Arbeit am Ende beschieden war.

Die verschiedenen Sendeverantwortlichen jubelten jedenfalls schon damals über die hohen Einschaltquoten, die sie zunächst überrascht hatten. Aber schon kurze Zeit später wurden sie zur Gewohnheit, und Fanderls Status festigte sich schnell und für einen längeren Zeitraum, für Jahrzehnte: Anfang der 1960er Jahre soll die schließlich bekannteste Fernseh-Sendereihe, das „Baierische Bilder- und Notenbüchl" (1963–1984), von bis zu 12 Millionen Menschen gesehen worden sein. Für Fanderl selbst bedeutete der Ende der 1950er Jahre gelungene Einstieg in das Medien-Geschehen, abgesehen von der damit verbundenen persönlichen Anerkennung und dem Realität gewordenen Wunsch, der Volkskulturbewegung noch mehr Prestige und Breite zu verleihen, auch eine gewisse, jedoch letztlich bescheidene finanzielle Sicherheit für seine Familie.[480]

Zweite öffentliche Volksmusik-Wunschsendung, April 1964

Zwischen 1959 und 1984 sollte Wastl Fanderl – unter den Volksmusik-Verantwortlichen Wilfrid Feldhütter, Karl List und Alfred Artmeier – folgende Sendungen gestalten:

– 358 Volksmusikwunschsendungen der Serie „A weni kurz, a weni lang" (erste Sendung: 17. Juni 1960. Letzte Sendung: 20. April 1975)[481]
– die im Münchner Löwenbräukeller 1963 bis 1975 alljährlich zum 1. Mai durchgeführten öffentlich zugänglichen Gemeinschaftssendungen von Hörfunk[482] und Fernsehen[483] unter demselben Serien-Namen

- die Sendereihe „Bairische Singstund" (1962–1975), die entweder im Funkhaus als Studioproduktion des Bayerischen Rundfunks oder an anderen Aufnahmeorten außerhalb Münchens produziert wurde und einige thematisch orientierte Sendereihen, die zwischen 1968 und 1973, also bis zum Beginn von Fanderls amtlicher Pflegertätigkeit im Bezirk Oberbayern alljährlich einmal gesendet wurden, etwa

Fanderl mit Sid Sindelar Brecht (links) und Bruno Aulich (rechts) anlässlich von Rundfunkaufnahmen der „Musikalischen Osterreise" für den Bayerischen Rundfunk (zu Beginn der 1970er Jahre)

- das sogenannte „Jahrbüchl der Volksmusik" (1968–1973) zum Jahresabschluss
- die in den Jahren 1969–1972 ausgestrahlte Sendereihe „Mundus cantat", die Fanderl gemeinsam mit Sid Sindelar Brecht[484] anlässlich der Internationalen Sänger- und Musikantentreffen moderierte
- die in den Jahren 1970–1973 produzierte Sendung „Heiligabend" (Advent-, Krippen- Weihnachtslieder) und
- die „Musikalische Osterreise" (1971–1973).

Mit diesen optimierten Sendeformaten versuchte der Bayerische Rundfunk, sowohl den verschiedenen Publikums-Bedürfnissen als auch den eigenen Ansprüchen gerecht zu werden:

Erstens stellte die Wunschsendung eine Art „Programm-Demokratisierung des Radios" dar, das den Hörerinnen und Hörern das Gefühl vermittelte, mit ihren Wünschen ernst genommen zu werden. Zugleich nutzte Fanderl sie als eine Möglichkeit, den Publikumsgeschmack auf subtile Art zu steuern.

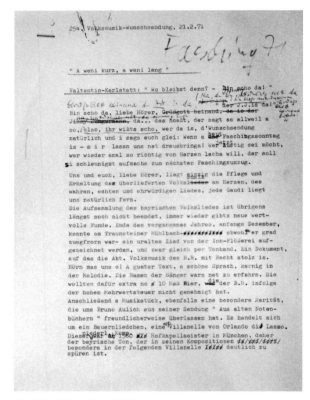

Fanderls Vorbereitung für die
254. Volksmusik-Wunschsendung
Fasching, Februar 1971

Zweitens: Die Löwenbräukeller-Übertragungen
– eher vom Sender favorisiert – waren groß dimensionierte Best-of-Veranstaltungen, die den direkten Kontakt mit dem Publikum, den „Fans", pflegten und sie die Nähe zu ihren Lieblingen spüren ließen. So wurde das – trotz aller Gegenbehauptungen – vorhandene Bedürfnis der Massen nach den „Stars der Szene" befriedigt: Die Volksmusik befand sich hier gewissermaßen auf dem Weg zum heutigen Event. Fanderl dürfte das trotz aller Breitenwirkung nicht ganz recht gewesen sein, auch wenn er sich als Moderator immer glänzend schlug und professionell seine Arbeit tat. Die Presseberichterstattung zu diesen Löwenbräu-„Events" und über die ab und zu inadäquaten, weil in peinlich gestelztem bayerischem Dialekt präsentierten Rundfunkansagen war denn auch ein kritischer Spiegel der damaligen Gegebenheiten: Die Presse kritisierte etwa den abschließenden Massenchor („Wahre Freundschaft soll nicht wanken") bei der ersten Ausgabe, der nichts mit dem alpenländischen Volkslied zu tun hat, sondern eher dem diffusen Unterscheidungsvermögen der Sendeverantwortlichen entsprang, aber eben gerade nicht Fanderls Suche nach dem Echten entsprach.[485] Man deutete vorsichtig, doch wohl mit gutem Grund konzeptionelle Schieflagen an oder gab den Sendungsmachern gute, doch wohl zu dieser Zeit kaum durchführbare Entwicklungsvorschläge an die Hand, um die „Erziehungs- und Kultivierungsarbeit" im Kampf gegen die „spekulativen Surrogate", die volkstümlichen Unterhaltungsindustrie-Produkte, noch zu vertiefen: „Getrost könnte man hier auch die von der Folklore inspirierte Kunstmusik – z.B. Brahms, Bartok, Strawinsky – einbeziehen. Besonders für die Jugend wäre solche Musikerziehung

verdienstvoll."[486] Wie weitblickend war und wie recht hatte doch Johann Fabry mit diesem Statement, und zwar durchaus im tiefen Interesse der Volksmusik – doch die Zeit dafür war noch nicht reif. Solche Überlegungen dürften den einfachen Sängern und Musikanten, die zu den Wunschsendungen eingeladen wurden, ziemlich egal gewesen sein. Für viele von ihnen war es das erste Mal, dass sie gewissermaßen professionell vor einem Massenpublikum persönlich auftreten konnten, durften oder mussten. Sie waren daher viel zu sehr auf sich und ihren Auftritt konzentriert und darauf, sich so gut wie möglich zu verkaufen.[487]

Drittens bediente man, ähnlich wie das Fanderl mit seinen Singwochen schon längst getan hatte, das Bedürfnis und den Anspruch der Volksliederbewegung, eigenständiges Singen, das „offene Singen", und das Musizieren zu fördern, was in der Reihe „Bairische Singstund'" rundfunktauglich umgesetzt wurde.

Viertens kam der Sender dem Selbstverständnis der Volksliederbewegung entgegen, die den überlieferten Lieder- und Musikschatz gerne jahreszeitlich ordnete – die thematisch ausgerichteten Sendereihen deckten dies ab. Insgesamt also ein bunter, aber doch einheitlicher, nach bekannten Strukturen gestalteter Reigen an Sende-Formaten.

Was das damals ganz neue Medium Fernsehen betrifft, so sind „nur" zwei Reihen zu nennen, denen vorerst ein Versuch vorausging, der erste fernsehtaugliche „Altbayerische Heimgarten", ausgestrahlt von der Frankfurter Funkausstellung am 10. August

Ausschnitt aus Fanderls Vorbereitung für die 350. Wunschsendung „A weni kurz ..." am 29. Dezember 1974

Plakat zum Herbstsingen in Bad Tölz 1966

1959.[488] Sodann folgten die außerordentlich erfolgreichen Sendereihen: „Singen und Spielen in der Stubn" in den Jahren 1959–1962 mit zwei bis drei Sendeterminen pro Jahr als Nachfolgesendung mit fixem Sendeplatz im Wochenendprogramm der ARD und das später so erfolgreiche „Baierische Bilder- und Notenbüchl" (1963–1984). *(vgl. Beilage 13)*

Es ist der von 1954 bis 1983 beim Bayerischen Rundfunk tätigen Leiterin des Familienprogramms und späteren Fanderlschen „Singwöchnerin" Gertrud Simmerding[489] gemeinsam mit Karl List und dem Regisseur der Sendung, Fritz Walter[490], zu verdanken, dass Fanderl, dieser „Hochbegabte", dieser „Musiker wie aus dem Notenbüchl" und dieser Garant gegen die aufstrebende „gängige volkstümliche Musik"[491] damals mit seinem Funkausstellungsprogramm (und einigen ChiemgauerInnen) Erfolg hatte, und zwar in der gesamten Bundesrepublik Deutschland: „… dieses Musizieren [war] für eine große Zahl unserer Zuschauer wirkliches Glück und echte Freude"[492], sogar oder gerade an der Waterkant. In den unzähligen Seherzuschriften war immer wieder von der durch die Fernsehbilder vermittelten überwältigenden Landschaft und der erhaben erscheinenden Natur die Rede. Daraus wuchs die Einsicht der bayerischen Sendeverantwortlichen, Fanderl konsequent für ihr identitätsstiftendes bayerisches Konzept – „beschwingt, fröhlich, süddeutsch"[493] – zu engagieren. Und Fanderl ließ sich für das Fernsehen engagieren, aber auf seine Weise, von Anfang an nach seinen Maßstäben, denn bald gab er die inhaltlichen Profile für eine qualitätvolle Sendungsgestaltung vor, wovon er schon seit dem Ende des Krieges geträumt hatte.

Unmittelbar nach dem Krieg war noch Alfons Schmidseder, dem die Volksmusik kein Anliegen gewesen sein dürfte,[494] als Sendeverantwortlicher (1946–1949) im Hörfunk tätig – Fanderl machte in einem Briefwechsel mit Annette Thoma seine

Vorstellungen darüber, wer Volksmusiksendungen gestalten sollte, deutlich, auch wenn er zu dieser Zeit „nur" mit seinen Gesangsgruppen Kontakt zum Hörfunk hatte. Fanderl schrieb u.a. in Briefen der Jahre 1946 und 1947:

„Ich verfolge [...] den Hauptzweck, daß wir uns die Texte für unsere Sendungen nicht alle von fremden Leuten schreiben lassen brauchen. Jaja, schön langsam fadeln wir den richtigen Faden schon ein. Ärgere Dich nicht wegen der Radio-Ablehnung. [...] Den Vorschlag des Radio München, eine größere Frühlingssendung zu machen, habe ich angenommen. Heute schrieb ich nun nach München, daß ich Dich bitten werde, zu dieser Sendung ein Manuskript für das gesprochene Wort zu schreiben. Liebe Annette, ob Dich dieser Auftrag freut oder nicht freut, weiß ich nicht. Ich bitte Dich jedenfalls eines zu bedenken: aus mehreren Gründen können wir auf den [sic!] Radio nicht verzichten. Schon deswegen nicht, weil uns sonst die ‚andere Richtung' total zudeckt. Wir müssen uns auf jeden Fall in heutiger Zeit einen Kreis der Bevölkerung für uns sichern. Schmidseder setzte mich in dem guten Willen mit Unverstand ein paar Mal aufs Programm in der letzten Zeit, um – wie er sich ausdrückte – ‚Frieden herzustellen'. Schmidseder ist nicht g'scheit, aber er hört auf Paulis [Kiems] Lehren und daher unterstütze ich ihn im möglichen Rahmen. [...] Also: Sei so gut und schreib das Manus. [...] Als Thema hast Du ganz einfach die Lieder des Frühlings- und des Almauftriebs vor Dir."[495]

Aber mit der nun ab Ende der 1950er Jahre praktisch gleichzeitig beginnenden Rundfunk- und Fernseharbeit dürften alle Erwartungen Fanderls – sowohl was die Bewegung als auch seine eigene Rolle anbelangte – weit übertroffen worden sein, und zwar mit all ihren schönen und zugleich sehr bedenklichen Seiten.

Josef Bauer, vulgo „Kraudn Sepp" – einer der Studiogäste bei Fanderl

Roider Jackl, einer der Ehrengäste des Bayerischen Rundfunks bei Fanderls Löwenbräukeller-Veranstaltungen

Die schönen Seiten sind schnell aufgezählt: Bundesweit und international wurde die Anerkennung und das Prestige des bayerischen Anteils an der alpenländischen Volksmusikbewegung vermehrt und gefestigt. Viele Menschen ließen sich begeistern, wurden in ihrer regionalen und lokalen kulturellen Identität gestärkt und sehr erfolgreich dazu animiert, selber wieder zu singen, zu musizieren, eigene Gruppen zu bilden, neue Gemeinschaften zu gründen und dadurch neuen Lebenssinn zu gewinnen. Zu den schönen Seiten lässt sich schließlich der sichtbare und langfristig erarbeitete Erfolg von Fanderls „Erziehungs- und Kultivierungsarbeit" zählen oder, wie es er selbst fein ironisierend, aber nicht verletzend in einer seiner unzähligen und meist glänzend vorbereiteten Moderationen ausdrückte:

„Liebe Hörer, Sie ham vorhin richtig ghört, daß viele Wünsche bei unseren Sendungen leider nicht berücksichtigt werden können. In diesen Fällen san ma halt falsch verstanden wordn bei unserm Aufruf. Wer sich die ‚Köhlerliesel', das ‚Echo vom Königssee', die ‚Sennerin von St. Kathrein' oder die ‚Seeschwalben von Nordeney' gewünscht hat, soll uns net bös sein, wenn wir das net bringen. A paar junge Madl ham sich an uns g'wendt, sie möchten halt soo gern an ‚Freddy' [Quinn] hörn. Ich bin in Gedanken alle Volkssängergruppen durchganga, d'Riederinger, d'Waakirchner, d'Haunshofner usw., aber da is nirgend oana dabei, der Freddy hoaßt. Also, da ham ma uns halt mißverstandn, nix für unguat!"

Zur negativen Seite gehören demgegenüber die Belastungen, Anfeindungen, Enttäuschungen, der Neid und die teils nicht zu rechtfertigende Kritik, denen Fanderl sich im Laufe seiner Rundfunktätigkeit ausgesetzt sah. Dabei hatte er es mit unterschiedlichen Kritiker-Fraktionen zu tun – etwa mit den Besserwissern aus dem „eigenen Lager", für die musikalische

Qualität wenig Wert besaß, und mit jenen, die zwischen traditioneller Volksmusik und massenwirksamem Schlagerbusiness nicht zu unterscheiden wussten oder wollten. Man kann Fanderl nicht vorwerfen, dass er seine Tätigkeit nicht immer reflektiert hätte:

„Der Bayerische Rundfunk hat drei Kanäle, die mehr oder weniger regelmäßig mit Volksmusik gefüttert werden. Das bringt Probleme, versteht sich. In ähnlichem Umfang werden Sendungen mit ‚volkstümlicher' bayerischer Musik ausgestrahlt und – leider Gottes – auch solche, die echte Volksmusik mit Pseudo-Volksmusik vermischen. Dadurch geraten viele Liebhaber von Volksmusik in Verwirrung. Prof. Viktor von Geramb hat schon vor über 40 Jahren eine Übersättigung durch zu viele Volksmusiksendungen befürchtet. Tritt sie einmal ein, so Geramb, sollte man nicht traurig sein. Vielleicht kehrt dann das Volkslied wieder dorthin zurück, wo es einmal hergekommen ist, in die Geborgenheit der Stille"[496]

Michl und Franzi Eberwein – beliebte Sänger in Fanderls Sendung, SMZ 7, 1964, Heft 3, Titelbild

Dass Fanderls Sendungen einen so anhaltenden Erfolg zeitigten, war sicher einigen glücklichen Zeitumständen und Personenkonstellationen zu verdanken (z.B. dem wachsenden Bedürfnis nach bayerischer Identität, nach Symbolen des Eigenen, des Vertrauten, des Sicheren, nach angeblich verlässlicher Orientierung und dazu noch einigen wenigen Menschen wie Fanderls Frau Lisl, Karl List, Gertrud Simmerding, Erich Mayer, Fritz Walter, Alexander Samsonow). Dazu gesellte sich eine – heute würde man sagen – überaus „fetzige" Signation, nämlich dem mit sicherer Hand ausgewählten, jedenfalls vieldeutigen und mehrstrophigen Holzhacker-Lied „A weni kurz, a weni lang, a weni rankerzt die Bank"[497], immer gesungen von den Waakirchner Sängern. Aber in erster Linie war der Erfolg der Sendungen Fanderls herausragender Leistung als Moderator und begeisterndem Vermittler

Lois Blamberger, Organisator der Seitlpfeifertage im Salzkammergut und Musikantenfreund von Wastl Fanderl, SMZ 15, 1972, Heft 5, Seite 122

geschuldet, der das Radio zum „Bekanntmachen" und „Weitertragen" benutzte, wie früher die „Fuhr- und Schiffsleut, die ihre Lieder in andere Gegenden verpflanzt haben".[498] Seine Moderationen gewährleisteten sowohl Unterhaltung als auch Bildung, Information, Witz und Humor in einem. Im Privatnachlass Fanderls haben sich nur einige exemplarisch aufbewahrte Beispiele seiner Ansagen der Volksmusik-Wunschsendungen erhalten – Typo- und Manuskripte mit allen Veränderungen. Sie zeigen seine dramaturgisch immer genau geplante Aufbereitung der Sendung. Da wird immer ein roter Faden durch die vorliegenden Wünsche gesucht und meist gefunden – die Zusammenstellung war immer wohl überlegt –, da informiert Fanderl nicht nur einfach über die gewünschten Stücke, nennt nicht nur die Namen jener, die sich diese gewünscht hatten, sondern erklärt auch, warum etwas gerade nicht in den Rahmen der Sendung passen würde.

Fanderl und die Falkensteiner Sänger (Inzell)

Er informiert über sprachlich und musikalisch Wissenswertes zu gerade neu gesammelten Liedern, erläutert Überlieferungsfragen, liest Textpassagen vor, um den Sinn der Texte zu erschließen, er mahnt Textverständnis beim Singen ein, erklärt Mundartausdrücke und Kompositorisches, wehrt sich gegen leere Modewörter, berichtet über die Gründe für die Erprobung neuer Bräuche, weist auf künstlerische Aktivitäten im Bayernland hin und lässt en passant Weisheiten und Prinzipien eines Volksliedsängers und Volkskulturbewegten einfließen. Er wehrt sich gegen das peinliche Zurschaustellen bayerischer Identität, obwohl „durch jede Wunschsendung a Fadn lauft, a weißblauer natürlich"[499]. Er hält keine „Vorträge", sondern erzählt locker, witzig und mit Humor. Fanderl bemüht sich auch, keine Sentimentalität aufkommen zu lassen oder seinen Hörerinnen und Hörern zu schmeicheln. Ihm war aber auch bewusst, dass „das gesprochene Wort allein [...] gar nichts aus[richtet], da müssen Vorbilder her, Vorsänger, Vormusizierer", wie er in seiner letzten Moderation vom 20.4.1975 anmerkt.

Während der ersten drei Jahre der Radio-„Wunschsendungen" konnte das Publikum etwa 150 Sänger- und Musikgruppen hören – welch ein Aufwand! Man musste ja auch kontinuierlich aufnehmen und archivieren. Fanderl konnte am Ende der Sendereihe mit Recht behaupten, dass seine „Erziehungs- und Kultivierungsarbeit" Früchte getragen habe, denn sein Publikum war „geschmackssicher, fachkundig und anspruchsvoll"[500] geworden. Dies allerdings müsste man anhand der beim Bayerischen Rundfunk eingelangten Wünsche verifizieren, wenn sie denn archiviert worden wären. Als die Sendung schließlich 1975 eingestellt wurde, konnte sich Fanderl vor Post nicht retten. Lisl archivierte eine ziemliche große Anzahl, um den Protest der ZuhörerInnen zu dokumentieren. Die Zuschriften kamen aus allen Schichten. So leicht wollten die Leute etwas Liebgewordenes und den Alltag Ordnendes und Erhellendes nicht entbehren.[501]

Das Tobi-Reiser-Ensemble und die Riederinger Sänger, beliebte Musikanten und Sänger in Fanderls Sendungen
SMZ 1971, Heft 6, Bild Seite 165 unten

Der Abschied von seiner Rundfunkarbeit als Wunschkonzert-Gestalter im April 1975 fiel Fanderl nicht leicht. Aber er konnte sich unter der seit 1970 von Alfred Artmeier übernommenen Leitung zunehmend weniger identifizieren, und es gab sowohl sachliche als auch persönliche Differenzen[502]: „Der Rundfunk ist zur Fabrik geworden", klagte Fanderl. Er dürfte nicht unrecht gehabt haben. Wie ein Hohn mag für ihn auch die Ersatzsendung geklungen haben. „Singa tean ma überall".

Fanderl und das Fernsehen

Fanderls Karriere im Fernsehen seit 1959 („Altbayerischer Heimgarten", „Singen und Spielen in der Stubn"), aber ganz besonders seit 1963 („Baierisches Bilder- und Notenbüchl") spiegelt einen guten Teil bayerischer und deutscher Fernsehgeschichte wider *(vgl. Beilage 13).* Er sah seine Aufgabe darin, „Bayern ohne Schminke" und „ganz einfache Menschen" beim Musizieren und Singen zu zeigen. Allerdings gab das damals noch in den Kinderschuhen steckende Medium Fernsehen die Sendeformate vor. Der Blick zurück in diese frühe Fernseh-Zeit lässt doch etwas schmunzeln: Wirklich gelungene Beiträge zu authentischer Begegnung mit alpenländischer Volkskultur sind bei allem Bemühen der damals Verantwortlichen selten zu entdecken. Aber das damalige Publikum war weitgehend zufrieden

– es kannte noch nichts anderes. Fanderls Fernseh-Karriere zeigte die Möglichkeiten und zugleich die Grenzen des neuen Mediums auf – man befand sich sozusagen im Versuchsstadium: Die

Studio-Aufnahmen in „stilisierter Bauernstuben-Dekoration", dazu Außenaufnahmen und -übertragungen und kleine Happen von Filmzuspielungen, die Wahl der Kameraeinstellungen und die Strategien der Bildregie erwiesen sich bald als stereotyp und ließen Langeweile aufkommen. „Sterile Präsentation"[503] war schließlich die hauptsächliche Kritik im Fanderl-Lager ebenso wie außerhalb. „Steif" sei es zugegangen, so Fanderl in der Erinnerung. Volksmusikalische Lebendigkeit und Authentizität blieben immer wieder auf der Strecke.

Das Wast-Fanderl-Ensemble vor der Studio-Kulisse bei einer Fernsehaufnahme für das Baierische Bilder- und Notenbüchl

Verdächtig freundlich wurde etwa das „Baierische Bilder- und Notenbüchl", das später geradezu Kultstatus erwerben sollte, von einigen Kommentatoren aufgenommen: „So recht was fürs Gemüt. Nix für die Leut', die so arg pressiert sind und überhaupt keine Zeit haben für eine besinnliche Stunde"[504], wohltuende „bayerische Zurückhaltung", wenn auch „harmlose Mischung aus heimattreuer, weiß-blauer Unterhaltung und ein bißchen Volksbildung"[505] oder „Show- und Schokoladenseite alpenländischen Brauchtums und alpenländischer Volksmusik"[506]. Doch es gab auch recht harsche Kritik, so sehr sich Fanderl auch bemühte[507]: „Folkloristischer Schwachsinn", Vorführung von Einheimischen wie „Zootiere" hieß es etwa in der „Hannoverschen Presse" (April 1969).[508] Kritische Betrachter von heute meinen hingegen, „Fanderl als Wegbereiter volkstümlichen Moderatoren-Gebarens"[509] sehen und sich "schal an die modernen Volkstümler [...] mit ihrem Moik'schen Gegrinse und Silbereisenschultertätscheln [sic!]"[510] erinnert fühlen zu müssen. Fanderl in die Tradition Karl Moikscher „Moderation" und vom österreichischen und deutschen Fernsehen seit den 1980er Jahren vehement betriebener kulturindustrieller Ökonomisierung zu stellen, ist allerdings ressentimentgeladener Konstruktion geschuldet und lässt etwa den volksbildnerischen Charakter der Moderationen Fanderls und zugleich seine volkskulturelle Identität außer Acht, verwischt also die Differenzen. Zugleich bestätigt ein solcher Vergleich, dass auf dem Gebiet der „Volkskultur" ein heftiger Konkurrenzkampf begonnen hatte, den Fanderl deswegen schmerzhaft miterlebte, weil – aus seiner Sicht – Fragen der Qualität bzw. Authentizität keine Rolle mehr spielten.

Studioarbeit für das „Baierische Bilder- und Notenbüchl" (Karwoche 1962)

Fanderl hatte sich – mit Blick auf die unvergleichlich großen Chancen für die Verbreitung all seiner Anliegen – auf ein letztlich doch zumindest quotenmäßig sehr erfolgreiches Abenteuer mit allen inhaltlichen und technischen Fährnissen eingelassen und war persönlich mehr als gefordert – als Planer, Gestalter, Organisator, Moderator und ebenso mit all seinen Fähigkeiten als Mediator. Wie immer, wenn er etwas ausprobierte, machte er sich seine durchaus bemerkenswerten Gedanken darüber:

„Bei Volksmusiksendungen im Fernsehen tritt die in Hörfunksendungen angestrebte Perfektion der Darbietungen nicht so sehr in den Vordergrund. Der Zuschauer ist mit Hören und Sehen gleichermaßen beschäftigt. Er läßt Singende und Musizierende gleichsam als Gäste in die Stube treten, er kontrolliert ihr Aussehen und Benehmen, er will den harmonischen Zusammenklang von Mensch und Musik erleben, kurz, Volksmusik wird sichtbar und dadurch intimer. Volksmusiksendungen im Fernsehen möchten das gleiche bewirken wie Hörfunksendungen: Menschen erfreuen und der Volksmusik Achtung verschaffen. Für mich ist die Frage, wie man sie sichtbar machen soll, noch nicht beantwortet. Nach über hundert eigenen Sendungen suche ich immer noch nach einer besseren, dem Charakter der Volksmusik gemäßeren Form. Gesangs- und Musikgruppen sei geraten, sich früh genug zu vergewissern, welcher Art die Fernsehsendungen ist, zu der sie eingeladen sind. Viele sind schon hereingefallen auf skurrile Einfälle von Regisseuren."[511]

Vorbereitung Fanderls für seine Moderation im „Bilder- und Notenbüchl" (Juni 1967)

Nie gab er allerdings seine innere Reserve diesem Medium gegenüber auf, wie in vielen seiner Moderationen deutlich zu spüren ist. Eine Art Unsicherheit, eine Form der nicht auf Perfektion zielenden Liebhaberei ist oft zu erkennen. Studioaufnahmen erschienen ihm zunehmend als steril. Sie „führen doch immer zur ‚Bühne'", meinte er. Vor allem konnte er dort nicht mehr so sprechen „wie ihm der Schnabel gewachsen" war und der Zwang, in einer „gemilderteren Mundart" zu moderieren, missfiel ihm und misslang ihm auch, da ihm der „Zusammenhang zwischen Volksmusik und Umwelt" sprachklangmäßig zwar unentbehrlich, durch das Medium aber fast nicht einlösbar erschien.

Auf der anderen Seite wusste er aber auch, dass sich durch das Fernsehen so viele Menschen wie noch nie „ein Bild von ihm machen konnten". Erst jetzt kamen sie in großer Zahl zu seinen „Bairischen Singstunden", zu den „Offenen Singen", auch wenn kein Mikrofon und keine Kamera dabei waren, darunter wohl auch solche, denen es weniger um das Singen ging als um bloße Adoration des „Volksliedpapstes". Auch Fanderls volkskulturelle Sammeltätigkeit bekam als Folge seiner Fernseharbeit einen zusätzlichen Schub und wurde leichter. Dem sympathischen Fanderl Wastl, bekannt durch Rundfunk und Fernsehen, wollte man nicht die Tür weisen, wenn er auftauchte und um Lieder und Texte bat.

Letzte Fernsehsendung im Juli 1986, Marktschellenberg (Sepp Forcher, Wastl Fanderl, Alexander Samsonow)

Das „Baierische Bilder- und Notenbüchl" stellte nicht nur eine rein volksmusikalische Sendung dar, sondern bot zugleich einen Fundus von allerlei Wissenswertem, darunter manches Bildungsgut, das man bisher wenig beachtet hatte, das Fanderl mit Engagement und gemäß dem Bildungsauftrag, den er in sich spürte, weitergab: „Das Reden gehört dazu"[512]. Dies wird besonders in den ersten Jahren seines „Bilder- und Notenbüchls" bis etwa 1976 deutlich: Fanderl beschäftigte sich mit den verschiedensten Formen regionaler und lokaler Überlieferungen, mit einem breiten Spektrum von Brauchtum, mit Landeskundlichem, Kunst- und Literaturgeschichtlichem, mit Hand- und Kunsthandwerklichem. Fanderl war – dies muss festgehalten werden – der Pionier auf diesem Gebiet. In den nächsten Jahren bis 1984 rückten dann die Musikantentreffen mehr in den Vordergrund – das Kulturhistorische trat zurück. Während der etwa 70 Sendungen der ersten Jahre und den insgesamt ca. 36 Sendestunden des Fanderlschen „Bilder- und Notenbüchls" war er in Bayern, Österreich und Südtirol in 70 Orten zu Gast, in einigen mehrfach, und er beschäftigte sich in diesen Sendungen mit mehr als 100 verschiedenen Themen – vom Aperschnalzen und der Bleiverglaserei über die Latschenöl-Siederei und das Pfeifenmachen bis hin zum Sternsingen und zum Schafscheren – die Instrumenten- und Krippenbauer nicht zu vergessen, denen Fanderls besonderes Interesse gehörte.[513] Viele seiner Freunde und manche historische bayerische Persönlichkeit stellte er in seinen Sendungen vor – den Herzog Max genauso wie den Müllner Peter aus Sachrang oder den Schriftsteller Ludwig Thoma und die mit Bayern eng verbundenen Maler aus der Quaglio-Familie oder einen Vorfahren der bekannten bayerischen Sportlerfamilie Neureuther-Mittermaier.

Fanderl bei der Fernseharbeit, Frauenchiemsee, Juni 1968 (Regieassistent Heinz Lindner, Fanderl, Regisseur Fritz Walter, genannt Pinkus)

Zeitungsbericht 1969 über den Besuch des „Bilder- und Notenbüchls" auf Schloss Moos bei Osterhofen des Grafen Arco-Zinneberg ... „diesmal in Niederbayern aufgeschlagen"

Fanderl reiste viel im Land herum, kannte alle Landstriche, kam mit Menschen, Geschichten, Legenden und Anekdoten in Berührung. Einiges davon faszinierte ihn sehr, so die Geschichte der „Wassertrinkerin von Frasdorf", das Leben der Maria Furtner, das Fanderl zum Teil schon aus Erzählungen seiner Mutter kannte. Als er schließlich mit seiner Familie 1963 selbst nach Frasdorf übersiedelte, kam ihm diese wunderliche Geschichte zwischen Wahrheit und Legende, Tatsache und Fiktion wieder unter. Maria Furtner soll 50 Jahre lang nur von Wasser gelebt haben. Fanderl begann zu recherchieren und zu dokumentieren: 1985 erschien sein „Heimat"-Buch „Die Wassertrinkerin von Frasdorf". Es wäre aber nicht Fanderl, wenn er seiner Dokumentensammlung und dem Essay eines Mediziners zum Fall Furtner nicht auch eine kleine Sammlung „Gesungenes und Gereimtes aus dem Priental. Volkslieder und Gedichtl, die zu Lebzeiten der Maria Furtner in ihrer Heimat lebendig waren", angehängt hätte.[514]

Bemerkenswert scheint, wie Fanderl sich im Zuge seiner oft mühseligen Vorbereitungen auf die Fernsehsendungen immer mehr für die historische Dimension von Kunst und Kultur begeisterte und sich sein künstlerischer Blick dadurch erheblich erweiterte. Er, der einfache, oft nur lustige Sänger und Musikant, entwickelte sich zu einem kenntnisreichen Liebhaber der kulturellen und künstlerischen Überlieferungen. Zunehmend verachtete er das „Kasperlmachen" und beklagte, dass das Fernsehen viel zu oft das Bild einer „Volksmusik" verbreitete, in dem etwa „die Klarinettisten mit dem Hintern wackeln müssen".[515]

Im Ganzen gesehen stellt das „Baierische Bilder- und Notenbüchl" ein so reiches Archiv von kulturgeschichtlichem Material zur Verfügung, dass es einer zukünftigen Forschung leicht sein wird, sich zu bedienen und die verschiedensten Fragestellungen zu behandeln, etwa jene der in den 1960er bis 1980er Jahren üblichen Sing- und Musizierweisen sowie Besetzungen, ebenso Fragen des Kanons und des Geschmacks oder noch lebendiger Handwerkstraditionen.

Die Fernseharbeit betrieb Fanderl bis drei Jahre nach seiner Pensionierung als Volksmusikpfleger des Bezirks Oberbayern weiter, auch nachdem er seine Wunschkonzert-Sendung beendet hatte. Die letzte Sendung wurde am Stefanitag 1984 ausgestrahlt. Man wollte ihn zwar weiter halten und bot ihm statt des Nachmittagstermins am Wochenende sogar eine Sendung im Abendprogramm an. Aber er lehnte ab – aus guten Gründen: „Übersättigung der Zuschauer" war einer davon, durch eine immer größere Anzahl von volkstümlichen Unterhaltungssendungen gab es viel Konkurrenz. Zu der dadurch verstärkten Verunsicherung und „Orientierungslosigkeit" des Publikums wollte der damals vitale Mittsechziger nicht mehr beitragen.

Einzug im „Martlhof" auf dem Stelzenberg in Frasdorf

Es ist kein Zufall, dass Fanderls Einzug in den prächtigen „Martlhof" auf dem Stelzenberg in der Gemeinde Frasdorf im Sommer 1963 mit seinem raschen beruflichen Aufstieg bei Rundfunk und Fernsehen, aber auch mit seiner „Ernennung" zum „Erben des Kiem Pauli" durch diesen selbst zusammenfiel. Erst im Alter von fast 50 Jahren war ihm der Kauf eines lang ersehnten Refugiums nahe dem Chiemsee mit herrlichem Blick auf das Voralpengebiet und die bayerischen Berge und nahe bei seinem Geburtsort Bergen möglich geworden. Seine Lebensstationen: Bergen – Grassau – Frasdorf. Oskar Huth, ein Rechtsanwalt aus der Fanderl-Fangemeinde, hatte der Familie das Anwesen vermittelt – auf der Sonnseiten. Der „Martlhof", 1622 zum ersten Mal in den Urkunden erwähnt und Ende des 18. Jahrhunderts sogar von einer Frasdorfer Vorfahrin mütterlicherseits, einer Voggenauerin[516], bewohnt, sollte zum Lebens-, aber auch Arbeits-, Abstoß- sowie Rückkehr- und Zufluchtsort werden. Mit seiner Frau Lisl und den drei Töchtern Moni, Elisabeth und Regina konnte er nun einziehen, nachdem die erheblichen Finanzierungsprobleme durch Bürgschaften und Hilfestellungen von Freunden gelöst worden waren.[517] Aus- und umgebaut werden musste dieses bäuerliche Refugium, das nun keinem Bauern mehr gehörte. Fanderl empfand das Anwesen als Paradies, nicht nur wegen des Hauses aus dem 17. Jahrhundert, sondern auch wegen des Gartens und der Tiere: „Ant'n hamma, gegen die Schnecken. Und dann hab'n wir ein Rössl, und es gibt Fledermäus, Rotschwanzl und Igel. Bei uns ist alles lebendig da heroben."[518] Die Frasdorfer Honoratioren bereiteten der Familie einen sehr ehrenden und schönen Empfang, denn mit Fanderl hatte sich ein überaus prominenter Bayer entschieden, Frasdorfer Gemeindebürger[519] zu werden – auch „Tante" Annette Thoma und ein Landrat stellten sich zum fröhlich-festlichen Einstand ein.

Haus Stelzenberg / Frasdorf
Aquarell von Wolfgang Günther

Der „Martlhof" auf dem Stelzenberg sollte eine Oase für die Familie Fanderl werden, in der sie ihre jahreszeitlich verankerten familiären Rituale und eine intensive innerfamiliäre Kommunikation über Gott und die Welt oder auch über volksmusikalischen Geschmack pflegen konnten, nicht zuletzt in selbstkritischer Überprüfung dessen, was Vater als „öffentlicher" Mensch geleistet hatte.

Gerichtsverhandlung (1965)

Die Jahre des bemerkenswerten beruflichen Erfolges und Fanderls steigender öffentlichen Bekanntheit sowie seines familiären Glücks wurden auch von einigen Vorfällen überschattet, die ausschließlich mit jenem Bereich seelenloser Geschäftemacherei zu tun hatten, der natürlich auch in die „heile" Volkskulturwelt, wie sie Fanderl pflegen und schützen wollte, einbrach. Da gab es kulturindustrielle Interessen und Instanzen, denen Lieder und Musikstückln egal waren, die nur den einschlägigen Markt abschöpfen wollten. Ein kleines Beispiel dafür ist die am Ende auch vor Gericht ausgetragene Auseinandersetzung um die Verbreitung einer Schallplatte durch die Firma Electrola und die damit verbundenen persönlichen Interessen des Zithervirtuosen Alfons Bauer im Jahre 1965/1966:

Fanderl hatte 1961 im Schneefernerhaus auf der Zugspitze gemeinsam mit zahlreichen Musikgruppen als launiger Ansager und Musikant an den Aufnahmen mitgewirkt. Die Firma Odeon brachte 1961 zuerst einmal, wie vertraglich vereinbart, eine Schallplatte mit dem Titel „Auf der Zugspitze. Sänger und Musikanten aus Bayern und Tirol im Schneefernerhaus"[520] auf den Markt. Doch Mitte 1965 erschien eine weitere Platte unter dem seit 1963 für die Volksmusik-Wunschsendung des Bayerischen Fernsehens verwendeten Titel „A weni kurz, a weni lang", die ebenfalls von der Firma Electrola verbreitet wurde.[521]

Diese Platte enthielt einige wenige Aufnahmen vom Schneefernerhaus, dazu Ansagen Wastl Fanderls von einer anderen Veranstaltung am Abend jenes Tages im Jahre 1961 auf der Zugspitze sowie zahlreiche Musik-Aufnahmen, die nicht von jenem Zugspitz-Treffen stammten. Nur Alfons Bauer mit seinen Musikanten, das Anderl Ostler Trio und Sepp Tanzer mit seiner Blasmusikapelle von Radio Tirol waren noch auf dieser Schallplatte vertreten – sie hatte man auch schon auf der ersten Platte hören können. Die Familie Engel aus Reutte/Tirol, die Tobi-Reiser-Musikanten, das Wastl-Fanderl-Quartett oder auch die Roaner Dirndln, die Blaskapelle Ebner und die Gebrüder Rehm aber waren durch andere Musikstücke ersetzt worden. Die Firma hatte auch den „Bunten Abend" auf der Zugspitze mitgeschnitten und – ohne die Genehmigung bei Fanderl einzuholen – seine Moderationen missbräuchlich verwendet. Alles wurde marktgerecht neu gestaltet, aber in einen falschen Zusammenhang gestellt, wie er von Fanderl nicht akzeptiert worden wäre.

Das Oberlandesgericht München hielt schließlich fest, dass es unzulässig war, Fanderls Ansagen „bei jeder beliebigen Gelegenheit und jedem beliebigen Zusammenhang" zu verwenden und erließ die Verfügung, den weiteren Verkauf der Schallplatte „A weni kurz, a weni lang" einzustellen. Das Gericht sah es als erwiesen an, dass Fanderls Persönlichkeitsrechte verletzt worden waren.

Aus heutiger Sicht ist es interessant zu beobachten, wie sich Fanderl und der Bayerische Rundfunk, vertreten durch Dr. Fritz J. Berthold, zwar gemeinsam wehrten, aber wohl aus unterschiedlichen Gründen: Dem Rundfunk ging es wahrscheinlich mehr um den Schutz seiner Wunschsendungs-Marke. Fanderl hingegen wehrte sich nicht wegen seiner verletzten Persönlichkeitsrechte, sondern primär deswegen, weil er nicht mit

Musikern in Zusammenhang gebracht werden wollte, die keine Volksmusik nach seinem Verständnis machten. Die Sache ist deswegen besonders kurios und zugleich abstrus, weil die beiden Platten letztlich den volkstümelnden Geschmack des Zithervirtuosen Alfons Bauer repräsentierten, was Fanderl im Nachhinein besonders störte. Es ging ihm nicht um Geld, sondern um seine Reputation.

Fanderl mag sich an seine Zeit auf der Zugspitze erinnert haben – wohl nostalgische Erinnerungen an die „Zugspitzenerfahrungen" (Heimaturlaub, Verliebtsein, Skilehrer, Hochzeit) gegen Ende des Krieges, die er sich durch in seinen Ohren kaltseelenloses Musik-Virtuosentum nicht zerstören lassen wollte. Es entsteht letztlich auch der Eindruck, dass Fanderl vom Bayerischen Rundfunk bei dem einzigen Prozess in seinem Leben quasi instrumentalisiert wurde. Andererseits brauchte er sich auch nicht zu schämen, denn seine Moderationen auf beiden Platten waren heiter, lustig, auch besinnlich und zum Nachdenken – nach dem Motto „Die schönsten G'schichten kann man nicht erfinden, die schönsten G'schichten schreibt das Leben selber", etwa jene von Fanderl so gern erzählte Geschichte vom bäuerlichen Versicherungsnehmer, der – wie eine bayerische Ausgabe von Stan Laurel und Oliver Hardy – slapstickartig und schmerzlich unkontrollierbaren Unbilden der Welt ausgeliefert ist und dafür die Versicherungsleistung einmahnt.

Fanderl und die Schallplatten

Damit kommen Fanderls Aktivitäten ins Blickfeld, die zwar im engen Zusammenhang mit seiner Rundfunk- und Fernseharbeit stehen und doch als eigenständig betrachtet werden müssen – seine Schallplattenproduktionen. Die meisten, nämlich insgesamt acht seiner Schallplatten, wurden unter dem fast gleich wie seine Sendung lautenden Titel „Bairisches Bilder- und Notenbuch" verkauft und vermittelten einige gute Musikbeispiele aus dieser Fernsehserie. Die Platten widmeten sich thematisch der „Stubenmusi" und „Hausmusi", der „Bairischen Tanzmusi", der Volksmusik aus „Südtirol", den Fischern und der Fischerei unter dem Titel "Freud' am Wasser", den Jägern und der Jagd unter dem Titel „Jäger im Gebirg" sowie „althergebrachten Moritaten und rauen Gesängen von Wildschützen, Rebellierern und Verriegelten, von kuriosen Umgehern und sündhaften Brautwerbern, aber auch von bekehrten und bußfertigen Wallfahrern ... so ihre Taten und Schicksale angedenklich bis zum heutigen Tage" („Bairisches Spektakulum").

Seit den 1960er Jahren kamen diese Langspielplatten auf den Markt, ergänzt durch drei Schallplatten mit Advent- und Weihnachtsliedern aus Südtirol, Bayern und dem Alpenland. Sie bieten eine Art Best-Of der „Bilder- und Notenbüchl"-Sendungen – mit erläuternden Kommentaren aus der Feder von Wastl Fanderl selbst sowie von Fritz Riethmüller[522] und Paul Ernst Rattelmüller. Fanderl traf für die Schallplatten meist eine sehr gute musikalische Auswahl, denn er nahm nur die besten Sänger und Musikanten auf und zeigte überdies ein feines Gespür für dramaturgische Abfolgen der Lieder und Musikstücke sowie für kulturgeschichtliche Besonderheiten.

Die erste Schallplatte Fanderls im Mai 1964

Fanderls Schallplattenaufnahmen spannen einen sehr weiten thematischen Bogen und dürfen als repräsentativ für das „Baierische Bilder- und Notenbüchl" gelten.[523] Insgesamt wurden etwa 170 Lieder, Balladen, Jodler, Gstanzln und Musikstücke aufgenommen, ca. 60 SängerInnen, MusikantInnen und Musikgruppen wirkten daran mit, einige mehrmals, etwa die Fischbachauer Sängerinnen und die Waakirchner Sänger, zwei der Lieblingsgruppen Fanderls. Seine eigene Haus- und Familienmusik war fester und kontinuierlicher Bestandteil aller Aufnahmen, auch eigene Kompositionen wurden eingespielt, allerdings ohne dies offenzulegen. *(vgl. Beilage 18)*

Fanderl achtete in seiner Stückeauswahl darauf, dass das Sentiment jener einfachen Menschen aus vergangenen Zeiten vergegenwärtigt wurde, die – meist anonym – einen bleibenden und großartigen Beitrag zum musikalischen Klang einer Landschaft geleistet haben, deren Freuden und Leiden, deren Wünsche und Sehnsüchte, deren Hoffnungen und Schrecken in den Liedern und Musikstücken festgehalten waren. Aber vielleicht war dies alles auch nur eine rückwärtsgewandte Projektion oder eine unauslöschbare Idyllensehnsucht Fanderls – wer will darüber richten?

Text von P. E. Rattelmüller

Volksmusikpfleger des Bezirks Oberbayern (1973–1981)

So hieß Fanderls Amtsbezeichnung ab 1973, nachdem er bis zu seinem 58. Lebensjahr ein „musicantus vagabundus"[524] gewesen war. Jetzt war er kommunaler Angestellter und tat sich, obwohl er dieses Amt durchaus angestrebt hatte, doch schwer damit – allein mit diesem langen Amtstitel: „Es hat's no nia richtig jemand sag'n könna. I muaß's selber erst üben. Außerdem pflegen tut ma was, was krank is. I find', unsere Volksmusik ist ganz schön g'sund heut. Aber jedes Kind muß seinen Namen haben. [...] Und für meine Zukunft im Altsein is halt auch jetzt gesorgt."[525]

Fanderl hatte das Angebot aus praktischen Gründen angenommen, aber bekam dadurch auch Probleme mit seinem gepflegten Selbstbild als freier Volksliedpfleger. Es lag auch in Bayern seit den 1960er Jahren im Zug der Zeit – im Salzburgischen liefen die Uhren schon während des Krieges und nach dem Krieg etwas anders –, dass die „Pflege der Volksmusik und der Heimat" zu einer staatlichen Aufgabe avancierte. Dadurch taten sich zwar neue Chancen auf, aber man verlor auch bestimmte Freiheiten. Die „Ver-Beamtung" Fanderls, – er musste ab sofort dem Bezirkstagsplenum Bericht erstatten – hatte daher nicht nur eine private Dimension für ihn, sondern war gleichzeitig Ausdruck der politischen Entscheidung des Bezirks, „Volkskultur" als genuinen Bestandteil seiner Aufgaben zu definieren und damit nicht zuletzt (ober-)bayerische Identität als symbolische Macht zu sichern. Sukzessive wurden Bezirksheimatpfleger und Bezirksvolksmusikpfleger in Bayern installiert.[526]

Fanderl mit Sepp Landmann – als Juroren anlässlich des Volksmusikwettbewerbes Innsbruck 1988

Der damalige Bezirkstagspräsident Georg Klimm ebnete gemeinsam mit seinem Stellvertreter Dr. Kaspar Seibold/Lenggries – ganz im Geiste der Zeit – nicht zuletzt die gesetzlichen Wege für Fanderl. Bezeichnend ist, dass anlässlich der Bestellung Fanderls von der Politik eine auch für sie angenehme Tatsache immer wieder betont wurde, nämlich dass Fanderl „nichts ferner [liege], als das Wort Pflege im Sinne ‚ehrenvoller Einbalsamierung' mißzuverstehen."[527] Im Gegenteil wurde er als Garant dafür angesehen, dass er wie bisher schon „Anschieber, Anheizer und Ideengeber"[528] sein und nicht in die gewetzten Messer der Kontrahenten laufen würde: Er war „kein verbissener Volksliedpfleger mit erhobenem Zeigefinger."[529] Mit ihm konnte das Volksmusikpfleger-Amt leichter politisch umgesetzt werden, auch wenn er und sein Amt bei vielen Volkskulturbewegten aus dem konservativ heimattümelnden Lager ebenso wie bei einigen Politikern der 1960er und 1970er Jahre nicht immer gerne gesehen waren.

Fanderl löste in der Folge seine Versprechen und wohl auch die in ihn gesetzten Erwartungen ein. Er selbst meinte: „Ich [kann] im verstärkten Maße das tun, was ich Jahrzehnte vorher auch getan habe: Beraten und helfen durch persönliche Gespräche und durch viele, viele Briefe." So entwickelte Fanderl sein Volksmusikpfleger-Programm, unterstützt von einer vom Bezirk zugewiesenen Sekretärin, Elisabeth Brenner: zahlreiche Sprechstunden und Beratung in vielen volksmusikalischen Belangen[530], unzählige „Bairische Singstunden" in ganz Oberbayern und darüber hinaus – oft mit Rundfunk-Unterstützung –, das Engagement für soziale und karitative Zwecke, seine Mithilfe in der Volksmusikforschung[531] und sein Engagement für die

Nachwuchsförderung (Kinder- und Jugendarbeit mit finanzieller Unterstützung durch den „Verein für Volkslied und Volksmusik e.V." u.a. in Form der Massen-Produktion von Liederblättern für die Schulen).[532]

Fanderls Basisarbeit blieb den Grundsätzen des Helfens, Unterstützens, Förderns, Anregens, Zusammenführens und Bewusstsein-Schaffens verpflichtet und diente als Grundlage für die Entwicklung einer Haltung, die einerseits „touristische ‚Bier-Ballette'" verhindern und andererseits das Bedürfnis nach neuen Liedinhalten, etwa zu aktuellen sozialen und politischen Anliegen, fördern sollte – allerdings im Rahmen jener Überlieferungsformen, die man noch als „alpenländisch-bayerisch" identifizieren konnte. Fanderls „amtliche" Bemühungen trafen auf ein virulentes Bedürfnis nach Informationsaustausch, nach dem Bemühen, bisher unbekanntes bis verborgenes Lied- und Musiziergut[533] zu finden und nach gemeinsamem Singen und Musizieren. Hunderte kamen immer wieder zu den „Sprechstunden" im Land oder zu den „Singstunden".

Fanderl war auch als Amtsmensch ein charmanter Tausendsassa: Den einen erklärte er freundlich, dass das, was sie ihm vorsangen und für schön hielten, schlichtweg Kitsch oder nicht authentisch sei, den Politikern, die seine Bilanzen und Berichte lesen mussten, brachte er liebevoll und locker das alpenländische Volksliedsingen bei, so dass sie – oft zum ersten

Eine der Lieblingsbeschäftigungen Fanderls – Liedlehrer für Kinder

Fanderl in seinem Element

Mal in ihrem Leben – selbst ihre eigene Singstimme hörten und gar nicht zum Nachdenken kamen, wenn sie „A weni kurz, a weni lang" intonierten („Er hat die Bezirksräte zum Singen gebracht!"⁵³⁴), und bei den „Bairischen Singstunden" war ihm der sich aufmüpfig gebärdende „Skeptiker in Jeans, der sich interessiert", lieber „als einer im Bayernlook, der Zither spielt, nur weil es zu seinem neuen Bauernschrank im Wohnzimmer passt."⁵³⁵

Fanderls liberale und offene Haltung beeindruckte: Theresia Rottenaicher vom „Halsbacher Dreigesang" sagte es auf ihre Weise: „,Laßts es halt!' Das Häuflein der Volksmusikanten war immer klein und wird auch klein bleiben. ,Volkstümliche' Musik wird immer der breiten Masse gefallen [...] Jedem das Seine. So war Wastls Wirken eben nicht davon geprägt, Gift und Galle zu versprühen, sondern getragen von seiner Offenheit für Neues, großer Liebe zu den Menschen und einer unbändigen Sicherheit, was seinen eigenen Standpunkt betraf."⁵³⁶

Zeit der Ehrungen und Auszeichnungen

Ende der 1960er Jahre und im größeren Umfang spätestens nach seiner Ernennung zum amtlichen Volksmusikpfleger des Bezirkes Oberbayern im Jahre 1973 kam Fanderl in die Zone der Ehrungen und Auszeichnungen. Er konnte und wollte sich nicht davor retten. Der Fanderl-Nachlass verwahrt fein säuberlich alle nur denkbaren Dokumente, Fotos, Presse-Berichte, Gratulationsschreiben – die nichtssagend rhetorischen ebenso wie die sprachlich feinen und bewegend würdigenden – und auch Fanderls Kommentare zum Feierreigen, sogar die privaten, selbstironischen und augenzwinkernd unernsten. Die Familien-Jahrbücher der Jahre ab 1970 sind natürlich ebenfalls Spiegel dieser rituellen Vorkommnisse.

Fanderl im Ordensrausch.
Zeichnung von Wolfgang Günther

Ministerpräsident Dr. Alfons Goppel verleiht
Fanderl 1973 den Bayerischen Verdienstorden
im Antiquarium der Residenz München

Mit dem Karikaturisten Ernst Maria Lang anlässlich der Verleihung der Goldenen Medaille des Bayerischen Rundfunks (1984)

Goldenes Verdienstzeichen des Landes Salzburg (1985): Landesrat Dipl. Ing. Friedrich Mayr-Melnhof, Lisl und Wastl Fanderl

Die Feierlichkeiten begannen mit Fanderls 50. Geburtstag im Jahre 1965. Im Fünfjahres-Rhythmus wiederholten sich die bekannten Rituale. Nur ganz wenige persönliche Dokumente einiger Wegbegleiter, Freunde, auch Konkurrenten und Prominenten, lassen aufhorchen – etwa eine ehrlich-sachliche Publikation von Kurt Becher, einem jugendbewegten Heimatpfleger, der oft mit Fanderls Meinungen nicht übereinstimmte, eine Grußkarte von Clara Huber, der Witwe des Dr. Kurt Huber, die im Augenblick des Feierns an Schmerzlichstes erinnerte, aber auch ein Brief von Reinfried Dengg, einem Pongauer Sänger, der sozusagen stellvertretend für viele aussprach, was Fanderl vermittelt hat: „Die Kostbarkeit der überlieferten Musik lieben zu lernen." Es findet sich ein überraschend ausführlicher handschriftlicher Brief von Sepp Binder, dem Sprecher der SPD-Bundestagsfraktion, der Fanderls Lebensprinzip in kurzen und klaren Worten skizziert: „Sagen, was ist, erklären, was es bedeutet, das Versteckte aufspüren und verdeutlichen, anstatt dem Leichten Beifall zu spenden." Auch etwas Kurioses aus dem Munde des Präfekten der Glaubenskongregation Joseph Kardinal Ratzinger gibt es da, der während einer zum 75. Geburtstag Fanderls von ihm zelebrierten Abendmesse diesen in „ehrende – und verpflichtende – Heilszusammenhänge" stellte und ihn „mit dem Tagesheiligen, mit Johannes dem Täufer" verglich, oder jene lockere, aber sehr verständige Feder, die Fanderl, den sympathischen Mascherl-Träger, als „weisen" Garanten gegen „krachlederne Zünftigkeit", „Folklore-Pop im Mammutstadel" und „Zitherklänge mit Halleffekt zum japanischen Jodlerkönig" preist, auf dass „nicht zuviel Unechtes einsingt in Bayern".[537] Der letzte Preis, der „Tobi-Reiser-Preis" durch den „Verein der Freunde des Salzburger Adventsingens", wurde Fanderl posthum verliehen. *(vgl. Beilage 20)*

Die Familien-Jahrbücher der 1970er Jahre

Abschließend soll noch ein Einblick in die von Lisl Fanderl seit 1970 angelegten, aber leider unsystematisch geführten Familien-Jahrbücher gegeben werden. Ich durfte sie einsehen. Zugegeben: Ich hatte schon ganz zu Beginn meiner Arbeit die Gelegenheit, die Jahrbücher durchzublättern – und habe mir das damals gewonnene schöne erste Bild von Fanderl während der Arbeit an diesem Buch stets bewahrt. Die positiven Ausstrahlungen dieser Texte haben meine weiteren Beobachtungen des Lebensweges von Wastl Fanderl deutlich geprägt, sie haben mich begleitet, waren immer präsent. Ein sehr plastisches, lebendiges und zugleich menschliches Bild dieses Mannes und seiner Welt wird darin sichtbar – auch wenn diese Familien-Jahrbücher nur die Jahre 1970, 1971, 1973, 1975, 1976 und 1977 umfassen, ergänzt um eine

Drei Generationen

kleine Foto-Dokumentation vom Juni 1968 (Fernsehsendung auf Frauenchiemsee) sowie um eine sehr bewegende Familien-Dokumentation der letzten Lebensmomente und des so „unerwarteten, jähen und gnädigen Todes" Fanderls im Jahre 1991: „Jetzt muß ich aus mein' Haus."[538]

Fanderl mit Schorsch Windhofer

Fanderl mit Tobias Reiser jun.

Fanderl mit seinen Enkelinnen

Lisl Fanderl machte ihrem Wastl zu Weihnachten 1970 ein Geschenk – ein Erinnerungsbüchl an das abgelaufene Jahr mit vielen, zum Teil hervorragenden Fotos, Dokumenten, Pressemeldungen, kleinen Texten, Briefen, kleinen persönlichen Botschaften, Terminkalendern, Kommentaren u.a.m., so wie sie es schon Anfang der 1950er Jahre in ihren jungen Ehejahren zusammengestellt hatte.

„Große Ereignisse und die kleinen Begebenheiten unseres Lebens!" wählte sie als Titel: Familienleben, Begegnungen mit engen Freunden abseits der Öffentlichkeit, aber eben auch Wastl Fanderl im Scheinwerferlicht auf der Bühne, im Fernsehen, in der Presse, auf Plakaten, dazu Leserinnen-Zuschriften, böse und gute, dumme und angenehme, demotivierende und ermunternde, weiters Urlaubserinnerungen, Winter- und Sommer-Ferienvergnügen, das Leben der Töchter, ihre Erfolge, ihre Freuden und Sorgen, Selbstkritisches, Naturbeobachtungen, zum Teil auch Tagebuchartiges, Erinnerungen an Krankheit ebenso wie an Kulinarisches. Kurz: Ein Spiegel all dessen, was die Fanderls bewegte zwischen Privat-Intimem – Liebeserklärungen – und begeisterter, aber oft auch lästiger und ungerechter Öffentlichkeit.

Auffallend ist, dass Lisl immer wieder den Tod von Weggefährten erwähnt oder daran erinnert und auch Fanderls soziale und karitative Aktivitäten zur Sprache bringt, die man leicht vergisst, wenn man über den Radio- und Fernsehstar Fanderl spricht – Besuche bei Behinderten, in Altenheimen, Beteiligung am „Sonnenzug" der Caritas usf.

Griechenland wird verstärkt zum Sehnsuchtsland, klassische Konzertbesuche bereichern zunehmend das Leben, das Fischen – ab und zu auch gemeinsam mit Tobi Reiser – gerät für Fanderl fast zum Meditationserlebnis; die Liebe zu den Schönheiten

In Salzburg spielt der FC Volksmusik Salzburg gegen den FC Volksmusik Oberbayern, April 1975

der Natur und das Bewusstsein für den verantwortungsvollen Umgang mit ihr wird spürbar[539]; Fanderl wird sichtbar als Taufpate, als Stadtbummler, als Genießer, als Vortragender, als stolzer Großvater von zwei Enkelinnen, Schwiegervater eines „roten Intellektuellen", Schauspielers und Kabarettisten (Jörg Hube)[540] und eines Maler-Arztes (Wolfgang Günther)[541].

Auf eine der letzten Seiten des Jahrbuchs 1971 stellte Lisl einen Text des Pater Johannes Werlin aus der Benediktinerabtei Seeon, „dessen Liebe zur Musick und Poeterey" in sieben Folianten[542] ihren Niederschlag fand:

Lisl und Wastl – gezeichnet mit spitzer Feder von Wolfgang Günther

Wann ich der Mucken habe vil
So nimm ich meine Saitenspil
Die Geige, Laut und Harff:
Die Sackpfeiff, Trummel und Schalmey
Das kleine Flötlein auch dabey
Und was ich sonst bedarff:
Und maine ich woll lustig sein,
So stimme ich mein Geigen drein,
Verjag von mir die Traurigkeit,
Bekomm hingegen Frölichkeit.

Die letzten Jahre

Im Lauf der achtziger Jahre zog Fanderl sich aus vielen Tätigkeitsbereichen zurück, in denen er Maßstäbe gesetzt hatte. Die 1980er Jahre waren Jahre der Ehrungen und Auszeichnungen, aber auch der Reisen und wiederholt schon der Entspannung. Eine der großen Freuden in Fanderls reiferen Lebensjahren war sicher die Publikation seiner Sammlung „Oberbayerische Lieder", ein kleines Vermächtnis der verschiedenen Aspekte seiner Arbeit.

Zum 75. Geburtstag interviewte Fritz Mayr in einer Sendung der „Bayernchronik" (20.6.1990) den Jubilar. Er moderierte die Sendung ein und ließ dann verschiedene Leute auf der Straße über Fanderl sprechen:

„Wastl Fanderl, der erste hauptamtliche Volksmusikpfleger des Bezirks Oberbayern, feiert morgen seinen 75. Geburtstag. Den Volksmusik-Liebhabern ist er selbstverständlich ein Begriff. Aber auch der Mann auf der Straße, sozusagen, assoziiert den Namen Fanderl mit Volksmusik oder auch umgekehrt. Jetzt wollten wir es natürlich genau wissen. Meine Kollegin Tanja Heidacher war mit dem Tonband unterwegs und hat in nur 20 Minuten an einer x-beliebigen Straßenkreuzung in München folgende Antworten gesammelt, die zwar nicht immer den Nagel auf den berühmten Kopf trafen, aber den Namen Fanderl meistens in irgendeine bayerische Ecke einzuordnen wußten.

Mann: Also, dass er Gstanzl oder so wat ähnliches singt, ja...
Frau: Interessiert mi net!
Frau: Volksmusik! Ja! Und a Sänger is 's.
Mann: Die Sendungen waren wunderbar. Schad, dass 's die nimmer gibt.
Mann: Sympathischer Mann!
Mann: Na also: I kenn ihn halt vom Radio, i mag die volkstümliche Musik.
Frau: I glaub', er is a Sänger oder Schauspieler, oder was. I glaub', den ham ma schon öfters im Fernsehen gesehen.
Frau: A so a bißl a Komiker, oder? Theater g'spuilt hat er, oder?
Frau: A so a Volkssänger.
Frau: Der is doch immer zu de Leut in d' Stub'n nei ganga.
Mann: Ja, Volkssänger, den hab i öfters g'hört, der wohnt da drinnat bei – Herrgott wia hoaßt's denn? – hinter Rosenheim, an Samerberg nunter, da is er dahoam. Den kenn i no guat, weil der a guate Volksmusik bracht hat, net die neue Volksmusik, wia ma's jetzt so hört, die wo so fernsehgerecht g'macht wird, gell, sondern die guate dialektmäßige Volksmusik, net die, die schon ins Hochdeutsche übergeht.
Mann: Alter Zitherspieler. Im Hörfunk war er sehr populär. Und er ist heute noch ein sehr populärer und angesehener Mann in puncto Volksmusik.
Frau: Sympathisch! Wir sind ja Bayern und deshalb akzeptieren wir ihn.
Mann: Der hat doch Zithermusi g'macht und Witz verzählt und so a Zeugl, Volksmusik hat er halt g'macht. Auf alle Fälle besser wia die Strolch im Olympiazentrum, die alles z'samm'haun, die Rolling Stones.
Frau: Den Namen hab ich schon g'hört, aber kennen tu ich ihn nicht.
Frau: Musiker, gell! Zither g'spuilt und g'sunga und nebenbei hat er aa g'jodelt, gell?[543]

„Vui Glick im Stoi und überoi", Glückwünsche zum Namenstag von den Tölzer und Murnauer Singwöchnern „An Eure Hoheit…"

So im Bewusstsein der Bayern verankert, musste Wastl Fanderl nicht einmal ein Jahr später seinen letzten Weg antreten: „In letzter Zeit war er ein bisserl müde – aber sein Tod trifft uns aus heiterem Himmel", sagte Moni Fanderl zum plötzlichen Tod (Aneurysma) ihres Vaters am 25. April 1991, der nach kurzer Krankheit in Prien verstorben war.

Tausende Menschen gaben ihm in seiner Heimatgemeinde Frasdorf das letzte Geleit. Zu Beginn der Totenmesse stimmte der Pfarrer das folgende Lied an, das Wastl Fanderl sehr vertraut gewesen war. Hans Commenda hatte es in der Gegend von Losenstein (Oberösterreich) aufgesammelt: „Wenn sich die Sargträger anschicken, den Toten nach der Einsegnung im Flure aufzunehmen und hinauszutragen zur letzten Ruhestatt, wurden solche ‚Urlaublieder' gesungen." Lisl Fanderl, die Witwe, die Töchter Moni, Liserl und Regina, die Schwiegersöhne Jörg und Wolfgang und die Enkelinnen Anna und Johanna hatten in die Traueranzeige die erste Strophe dieses bewegenden Liedes aufgenommen. Die Trauergemeinde sang es:

„Jetzt muß ich aus mein' Haus! Meine Hauswirtschaft ist aus!
Muß alles schon verlassen, muß fahrn ein ander Straßen.
Mein Jesus, bleib bei mir! Maria, reis mit mir!"

Fünfundsiebzig rote Rosen zierten den Sarg, Menschen aus dem gesamten Alpenraum, hauptsächlich SängerInnen und MusikantInnen, waren nach Frasdorf gekommen, Pfarrer Alfons Oberbauer zelebrierte gemeinsam mit Pater Dr. Wolfgang Winhard die Totenmesse und Fanderls Freund Franz Niegel aus Unterwössen zitierte aus Kondolenzschreiben von Friedrich Kardinal Wetter und von Joseph Kardinal Ratzinger aus dem Vatikan: „Fanderl Wastl hat Bleibendes gewählt. Denn singen werden wir, wie die Schrift uns immer wieder sagt, in der Ewigkeit". Die von Fanderl sehr verehrten Fischbachauer Sängerinnen, die Geschwister Estner aus Wall bei Miesbach, das Kreuther Gitarrenduo und eine Geigenmusi der „Münchner Schule für bayerische Musik" (Franz Mayrhofer) gestalteten die Totenmesse. Und Georg Impler, ein Redakteur in der Oberbayernredaktion des Bayerischen Rundfunks und Freund der Familie, wurde von dieser gebeten, die Grabrede zu halten. Er sprach – für alle – die bewegendsten Worte:

„Man steht vor der Unerbittlichkeit des Todes so armselig, so sprachlos, daß man sich Worte des Trostes ausleihen möchte, bei den Alten etwa, die uns lehrten, den Tod nicht zu fürchten und daß alles im Flusse sei, die den Tod als beste Gabe der Natur rühmten, als Befreier, der am gütigsten an denen handelt, an die er herantritt, ehe er gerufen wird; oder daß man sich Bilder des Mittelalters herholen wollte, die um die „ars moriendi", um die Kunst zu sterben, wußten und die uns das Weggehen aus dem Leben als einen Tanz aus dieser in die andere Welt zeigten, als einen von Musikanten angeführten Reigen, in den sich Hoch und Niedrig, Geistlich und Weltlich bereitwillig mischten, sobald sie der freundliche Ruf des ewigen Gleichmachers erreichte. Wer war ich, Knecht oder Kaiser, Tor oder Weiser? schrieb man auf die Stirnen im Beinhaus von Hallstatt. Am innigsten aber sagt es uns doch wieder das Volkslied: „ … muß alles verlassen, muß fahrn ein ander Straßen…." Lieber Wastl, für Dein Weggehen hat Dir der Herrgott das Frühjahr bestimmt, den Lanks, von dem Du gesungen hast „Im Lanks, dä han i halt im Tal koa Ruah, i geht so fröhlich und so gern an Kogl zua…" Wie im Lied hast Du im Lanks Dein Erdenteil verlassen und aus dem Kogl ist der Berg der Verheißung geworden. […] Du hast Deine Heimat geprägt, wie selten ein anderer, warst dem ureigensten Wesen des altbayerischen Menschen in Deiner

unnachahmlichen heiter-noblen Art der beste Botschafter, hast es in Deinen Liedern hell aufklingen lassen und bist bis zur letzten Stunde der Gewährsmann geblieben für jene bayerische Art, auf die wir stolz sind. Du hättest das nicht sein können, hätte Dich der Schöpfer nicht mit einem so großzügigen, gütigen und liebenswerten Herzen ausgestattet, mit so viel Talent und so viel Lust zum Leben. [...] Bei uns lebst Du fort in Deinen Liedern und in Deinen Geschichten und im Gedenken an Deine Großzügigkeit, die Dir so sehr zu eigen war, beim Freude- und Vertrauenschenken, aber auch beim Einladen ins Wirtshaus. [...] Es wird keiner gefragt, wenn er gehen muss, und der einzige, der gefragt wurde, der Brandner Kaspar des Franz von Kobell, hat es bereut. Der über uns bestimmt, ist uns keine Rechenschaft schuldig und so wird es, wie es gekommen ist, gut sein.

Lieber Wastl, als Abschiedsgruß von uns allen möchte ich Dir die Worte Joseph von Eichendorffs aufsagen, jene vier Zeilen, die der große schlesische Dichter, der ja auch zu den Volksliedschöpfern gehörte, keinem eher als Dir gewidmet haben könnte:

Schläft ein Lied in allen Dingen,
die da träumen fort und fort;
und die Welt hebt an zu singen,
triffst Du nur das Zauberwort!

Dir war diese Gabe gegeben und Du hast sie wieder mitgenommen, aber so lange Du bei uns warst, hast Du uns verschwenderisch damit beschenkt! Vergelt's Dir Gott!"

Zur Erinnerung an den
Volksliedsammler

Wastl Fanderl
✱ 24. 6. 1915   † 25. 4. 1991

Schläft ein Lied in allen Dingen,
die da träumen fort und fort,
und die Welt hebt an zu singen,
triffst du nur das Zauberwort.
Joseph von Eichendorff

Errichtet vom Heimat- und Kulturverein
Frasdorf
24. Juni 1995

Anmerkungen

1. Sigmund Freud an Arnold Zweig: Brief vom 31. Mai 1936, S. 137.
2. Ebenda.
3. Johann Wolfgang von Goethe: Aus meinem Leben. Dichtung und Wahrheit. Erster Teil, S. 9.
4. Erich Trunz: Anmerkungen. Titel und Vorwort. In: Johann Wolfgang von Goethe: Aus meinem Leben. Dichtung und Wahrheit. Erster Teil, S. 640. Es handelt sich dabei um Zitate aus Goethes Brief an König Ludwig I. von Bayern vom 12.1.1830, den Goethe am 15.2.1830 auch an seinen Freund Carl Friedrich Zelter schickte.
5. Ebenda.
6. Ebenda, S. 641.
7. Erich Mayer: geb. 1931 (Moosburg an der Isar), „Regensburger Domspatz", seit 1952 beim Bayerischen Rundfunk und Fernsehen, 1991 Wirtschaftsreferent in der Fernsehdirektion; 1960 erstmalige Teilnahme an einer Singwoche (Montan/Südtirol); Leiter des „Münchner Treffens", Mitarbeiter des „Baierischen Bilder- und Notenbüchls" und der SMZ, Fachbeirat im Verein für Volkslied und Volksmusik e.V. München; 1989 Ehrenmedaille der Landeshauptstadt München für seine Verdienste um die Pflege der Volksmusik.
8. Moni Fanderl-Günther, geb. 1945, Bischofswiesen.
9. Kiem Pauli, d.i. Emanuel Kiem, 1882–1960, von seinen Anhängern liebevoll „der Kiem Pauli" genannt. Der nachgestellte Vorname bei der Namensnennung war noch bis in die Nachkriegszeit Unterscheidungsmerkmal für soziale Milieus, ebenso die Verbindung mit den Artikeln „der" oder „die". Für die bäuerliche Bevölkerung war zunächst der Schreibname dem Hofnamen nachrangig. Die im Militär, im Amtsverkehr, in Kirche und Schule gebräuchliche Reihenfolge Nachname (ggf. auch Hofname) – Vorname setzte sich auch als Rufname durch, wenn der Vorname allein zu unspezifisch war. Vielfach war im handwerklichen Milieu auch die Kombination Nachname – –Beruf üblich. Höhere, „gebildete" Kreise zogen dagegen vor allem in der Schriftlichkeit die Reihenfolge Titel — Vorname – –Nachname vor. Da zu den Anhängern von Wastl Fanderl Menschen aus allen Schichten zählten, ergaben sich folgerichtig auch für Fanderl zweierlei Benennungen: „Der Fanderl Wastl" und „Wastl Fanderl". Letztere mit einem Artikel zu verbinden, wäre der älteren Generation noch als eher ungebräuchlich vorgekommen (nach Stefan Hirsch). Zu Kiem Pauli vgl.: Leben und Sammelwerk. Erster Band einer Dokumentation in Bildern, Liedern und Noten mit Beiträgen von Kurt Becher, Karl Edelmann und Wolfi Scheck. - Kiem Pauli (1882–1960). 2. Teil. Leben im Kreuther Tal. Eine Dokumentation in Bildern, Liedern und Noten. Vgl. auch SMZ 3 (1960).
10. Korbinian Lechner: Wastl Fanderl hat nun das Erbe übernommen – Jubiläumstreffen in Rottach-Egern. Vgl. auch CD: Bayerischer Rundfunk: Aufnahme vom 27.3.1960 in Egern am Tegernsee (in Erinnerung an das 1. Volksliedpreissingen am 30.3.1930 in der „Überfahrt" zu Egern). Kiem Pauli spricht zum Festpublikum. Vgl. auch: Wilfrid Feldhütter: Seinerzeit, 1929 und 1930, am Tegernsee, S. 15–23 (auch in: SMZ 23, Mai/Juni 1980, S. 161–165). Zum ersten oberbayerischen Preissingen vgl. die Dokumentation von Sepp Eibl: Oberbayerisches Preissingen. 29. und 30. März 1930 in Egern am Tegernsee. Eine Dokumentation.
11. Der Kiem Pauli und seine Sänger. Zum 70. Geburtstag des bayerischen Volkslied-Sammlers am 25. Oktober. Nach: Kiem Pauli (1882–1960). 2. Teil. Leben im Kreuther Tal, S. 152–154. (Ausschnitte auch in: SMZ 5, 1962, H. 5). „Die drei kleinen Musikanten": Gemeint sind Kiem Pauli und seine beiden Musikanten, Karl/Carl Holl (1884–1947, Bäckermeister aus Rottach, Zither) und Hans Reiter (1883–1960, Musiklehrer, Schoßgeige und Streichzither), das „Tegernseer Virtuosen-Trio" seit 1911 (vgl. auch CD: Kiem Pauli und seine Sängerfreunde in den Dreißigerjahren. Frühe Tonaufnahmen). Kiems Förderer waren seit 1921: Herzog Ludwig Wilhelm von Bayern (1884–1968) und Albrecht Luitpold Prinz von Bayern (1905–1996).
12. Johann Gottfried Herder: Volkslieder nebst untermischten anderen Stücken (1778/79). Erst in der 2. Auflage 1807 unter dem Titel „Stimmen der Völker in Liedern".
13. Zugleich wurde das Phonogrammarchiv der Akademie der Wissenschaften in Wien gegründet.
14. Zu den wichtigsten Stationen der österreichischen Volksmusikforschung, die sich auch für Oberbayern als richtungsweisend herausstellen sollte, vgl. Walter Deutsch: Volksmusikforschung in Österreich, S. 58–61. Deutsch skizziert diese Entwicklung seit etwa 1800 und nennt die wichtigsten Persönlichkeiten, u. a. Erzherzog Johann von Österreich, Joseph von Sonnleitner (Sammelaufruf 1819), Franz Ziska, Julius Max Schottky, Anton Ritter von Spaun, Vinzenz Maria Süß, Karl Liebleitner, Karl M. Klier, Georg Kotek, Hans Commenda, Raimund Zoder, Karl Horak, Alexander Pöschl und Karl Kronfuß, Curt Rotter, Otto Eberhard, Anton Anderluh. Dass in dieser Reihe Konrad Mautner, volksverbundener Sohn aus einer jüdischen Wiener Industriellenfamilie, noch fehlt und erst ein Jahre später Erwähnung findet, überrascht (vgl. Walter Deutsch: Konrad Mautners Lebensbild/Konrad Mautners Aufzeichnungen in Garmisch-Partenkirchen 1915, S. 4–12).
15. Vgl. Ulrike Kammerhofer-Aggermann: Wem gehören Tracht und Alpen? Salzburger Trachten – ein Kampf zwischen städtischer Mode und völkischer Ideologie.
16. Vgl. Christoph Daxelmüller: „Zersetzende Wirkungen des Geistes". Von den Schwierigkeiten der Volkskunde mit den Juden, S. 297.
17. Ebenda, S. 297.

18. Ebenda, S. 293.
19. Christoph Daxelmüller zeigt die für die „deutsche Volkskunde" geistigen Traditionen, die das Bild des „Deutschen" und des „Juden" prägten und festigten und aus keinem volkskulturellen Diskurs der Zeit ausgeblendet werden konnten. Als ihre Vertreter nennt er z.B. Friedrich Ludwig Jahn (1778–1852), Wilhelm Heinrich Riehl (1823–1897), Gustav Freytag (1816–1895), Theodor Fritsch (1852–1933), Adolf Bach (1890–1972), Lutz Mackensen (1901–1992).
20. Ernst Schusser: Volksmusik in der Zeit des Nationalsozialismus im Spiegel der Volksmusiksendungen des Bayerischen Rundfunks/ Reichssender München, S. 72–73.
21. Ebenda, S. 74.
22. Vgl. Karl Müller: Tobi Reiser als Kind seiner Zeit(en). Volkskultur in den Diskursen politischer Systeme. Vgl. auch Gert Kerschbaumer: Rekonstruktion und Dokumentation. „Volkskunde und Brauchtumspflege im Nationalsozialismus in Salzburg".
23. Vgl. Kiem Pauli's Bibliothek [„Meine Volksliedbibliothek!", 1933 aufgelistet von Prof. Dr. Kurt Huber mit 288 Titeln; die Bibliothek stand in Kiems Stube in Bad Kreuth]. In: Kiem Pauli (1882–1960). 2. Teil. Leben im Kreuther Tal. Eine Dokumentation in Bildern, Liedern und Noten, S. 20–25.
24. Nach Wastl Fanderl: [ohne Titel – Zitate aus Kiems Erinnerungen]. In: SMZ 5 (1962), H. 5.
25. Vgl. „Mit Handschlag, dein Kiem Pauli". Ein ungewöhnlicher Brief vom 25.10.1929 [„an einen ihm gut bekannten und vertrauten jungen Amerikaner"]. In: Wilfrid Feldhütter (Hg.): Lieder, Land und Leute. Musi, Tanz und Gesang in den bairisch-österreichischen Bergen, S. 26.
26. Der Kiem Pauli und seine Sänger. Zum 70. Geburtstag des bayerischen Volkslied-Sammlers am 25. Oktober. [Der Kiem Pauli erzählt]. Nach: Kiem Pauli (1882–1960). 2. Teil. Leben im Kreuther Tal, S. 152–154.
27. Walter Deutsch: Wastl Fanderl – eine Rede als Preislied. Walter Deutsch eröffnete seine Festrede bei dem posthum an Wastl Fanderl vergebenen Tobi-Reiser-Preis mit dem Satz: „Welch ein Unterfangen, von einem Menschen zu reden, dessen Leben ein einziger Gesang war!"
28. Josef Focht: Wastl Fanderl – Doyen des alpenländischen Volksliedes, S. 84.
29. Ebenda, S. 87.
30. Ernst Schusser: Wastl Fanderl (1915–1991) – Die Volksliedpflege in Oberbayern zwischen Überlieferung und Erneuerung, Ideologie und Idealismus, Lebensverbundenheit und medialer Darstellung – sporadisch-populäre Einlassungen.
31. In den Jahren 2004–2011 erschien die Zeitschrift unter dem Titel „Sänger & Musikanten. Zeitschrift für musikalische Volkskultur". Seit dem 1. Januar 2012 nennt sich die Zeitschrift „ZWIEFACH. Musik. Kultur. Lebensart". Der Zusatz lautet: „Seit 55 Jahren die Zeitschrift für Sänger & Musikanten." Der Name des Gründers ist verschwunden.
32. Josef Focht: Wastl Fanderl – Doyen des alpenländischen Volksliedes, S. 84–87.
33. Ebenda, S. 86.
34. Ebenda, S. 87.
35. Ich beziehe mich auf verschiedene Erinnerungen, Stellungnahmen und Nachrufe: Georg Impler: Abschiedsgruß an Wastl Fanderl beim Trauergottesdienst in der Pfarrkirche Frasdorf am 29. April 1991 – Walter Deutsch: Wastl Fanderl 24.6.1915–25.4.1991 – Erich Mayer: Nachwort. In: Wastl Fanderl im Bayerischen Rundfunk von 1931 bis 1991 – Hermann Härtel: Der Volksliedsammler Wastl Fanderl – Christian Soika: Wastl Fanderl (1915–1991) – Erinnerungen und Essays. In: Begegnungen mit Wastl Fanderl (1915–1991).
36. Niederösterreichische Volkslieder und Jodler aus dem Schneeberggebiet, Gesammelt von Karl Kronfuß und Alexander und Felix Pöschl 1930. Als Nachdruck: Auf den Spuren der alpenländischen Dreistimmigkeit im niederösterreichischen Schneeberggebiet. Diese Veröffentlichung verzeichnet auch die späteren Übernahmen einiger Lieder durch Wastl Fanderl (vgl. S. 136–142).
37. Walter Deutsch: Wastl Fanderl 24.6.1915–25.4.1991, S. 299.
38. Ebenda.
39. Hausbuch der Familie Fanderl (1952–1958), Archiv Fanderl. Erst seit den 1970er Jahren hat sich Wastl Fanderl intensiver mit Ahnenforschung in seiner eigenen Familie und der seiner Frau Lisl beschäftigt und dazu auch eine entsprechende Mappe angelegt (1982).
40. Maria (1899–1968, verh. Nieder, verw. Witter, gest. in Traunstein), Josef (1904–1973, ledig geblieben, gest. in Altötting), Anna (1906–1979, verw. Trattler, gest. in Traunstein) und Georg (1907–1974, ledig geblieben, gest. in Weisham bei Hittenkirchen). Maria war die Mutter von Bertl Witter (geb. 1924 als einziges Kind des Schneidermeisters und Kantors Albert Witter), also von Fanderls Neffen, mit dem dieser seit 1946 im Trio sang.
41. Vgl. Christian Soika: Bergen ein Heimatbuch, S. 336f.
42. Johann Georg Voggenauer (*1845) hatte im Jahr 1869 die Gastwirtswitwe Anna Maria Eisenrichter (*1840) geheiratet. Für Anna Maria war es also die zweite Ehe, nachdem ihr erster Mann, der Gastwirt Alois Eisenrichter, den sie 1864 geheiratet hatte, schon nach fünf Jahren verstorben war. In ihrer zweiten Ehe hatte Anna Maria insgesamt sechs Kinder, von denen Anna, die Mutter Wastl Fanderls, die Zweitgeborene war und ihre Geschwister um Jahrzehnte überlebte.
43. Wastl Fanderl dürfte nur mehr folgende Onkel, also Söhne des großväterlichen Bindermeisters Joseph Fanderl (1838–1905) und der Maria Anna Greiner (1844–1887) kennengelernt haben:

Karl Fanderl (1870–1944), Franz Fanderl (1875–1955) und Alois Fanderl (1880–1938). Die anderen Brüder seines Vaters Josef waren zu früh gestorben: Georg Fanderl (1869–1925), Hans Fanderl (1874-?) und Wilhelm Fanderl (1885–1928).
44. Nach Wastl Fanderls Überlieferung, die die damals vorherrschende skeptische Einstellung gegenüber dem Volksliedsammeln andeutet, soll die Hallwegerin gerufen haben: „Der Wasti soll kemma mit seiner Zither, da is a Narrischer (Damischer) da, der sammelt Liader!" (Wastl Fanderl: Meine Erfahrungen im Umgang mit dem Volkslied).
45. Vgl. Christian Soika: Bergen ein Heimatbuch – Mappe Stammbäume (Familiengeschichte der Fanderls), Archiv Fanderl.
46. Erich Mayer: Stoffsammlung (Gesprächsaufzeichnung 1989).
47. Maria Hellwig (1920 Reit im Winkl – 2010 Ruhpolding), Jodlerin, Interpretin volkstümlicher Unterhaltungsmusik; in den 1920er Jahren erste Bühnenerfahrungen auf der Bauernbühne von Reit im Winkel, Einsatz in der Frontkulturarbeit der Wehrmacht; nach 1945 Gründerin einer Wanderbühne, Auftritte in Operetten; Fernseh-Moderatorin für ZDF und RTL, Restaurant-Besitzerin, zahlreiche Schallplattenproduktionen, Auszeichnungen für volkstümliche Musik, z.B. „Krone der Volksmusik" (1998, 2010).
48. Ebenda (Maria Hellwig an Erich Mayer 19.4.1992).
49. Im Gespräch meinte Fanderl: „Tatsächlich hat mich damals [in der Volksschulzeit] aber auch wirklich alles andere mehr interessiert als das Singen und Zitherspielen, und das Zitherspielen habe ich ohnehin nur wegen meiner Mutter lernen müssen." (Erich Mayer: Stoffsammlung, Kap. 2).
50. ORF Salzburg 14.6.1990 (Zum 75. Geburtstag vom Fanderl Wastl); Tonbandaufnahme Werner Brandlhuber (22.6.1975): Matinee zum 60. Geburtstag von Wastl Fanderl.
51. Vgl. die Online-Plattform „Volksliederarchiv" (3.9.2009). Es werden u. a. folgende Liedersammlungen genannt: „Allgemeines Deutsches Kommersbuch" (1858), „Feuerwehrliederbuch" (ca. 1880), „Feuerwerker-Liederbuch" (1883), „Weltkriegs-Liedersammlung" (1926), „Wander-Liederbuch für deutsche Mädchen" (1927), „Liederbuch der Fallschirmjäger" (1983).
52. Walter Schmidkunz (1887–1961): Buchhandelsausbildung, seit 1904 Journalist bei den Münchner Neuesten Nachrichten, frühes Interesse für Alpenkunde, 1910 erste Verlagsgründung; im Ersten Weltkrieg u. a. Alpinreferent der 50. Gebirgsbrigade, im Kriegsarchiv Tirol, nach 1918: Kauf und Gründung weiterer Verlage (z.B. E.W. Bonsels & Co, Bergverlag), seit 1921 freier Schriftsteller und Zeitschriftenredakteur und Mitarbeiter bei vielen alpinen Zeitschriften, Zusammenarbeit mit Luis Trenker (1942/43 heftige Auseinandersetzungen um Rechte und Abgeltungen); Dichterpreis der Stadt München 1928, Mitbegründer der bayerischen Wandervogelbewegung, Mitschöpfer des „Zupfgeigenhansl", 1932 Hörspiel vom Gipfel der Zugspitze, ca. 220 Vorträge (alpine Stoffgebiete, Skilauf, Lappland, Sardinien, Krieg an der Alpenfront); zwischen 1910 und 1937 ca. 25 Bücher, u. a. „Zwischen Himmel und Erde, Alpine Anekdoten" (1924) und „Bergvagabunden" (1937), Herausgeber von Sachbüchern sowie Gemeinschaftsarbeiten mit Luis Trenker („Berge in Flammen" 1931, „Meine Berge" 1932, „Der verlorene Sohn" 1935) und mit Karl Springenschmid („Helden der Berge" 1935). Weitere Veröffentlichungen: „Adolf Hitlers Wahlheimat" (München 1933), und drei Bände Schnadahüpfl (1934–1941). Schmidkunz, den die NS-Instanzen seit 1937 des „Halbjudentums" verdächtigten, beschreibt seine Publikationstätigkeit in seinem Antrag an die Reichsschrifttumskammer vom 18.11.1937 folgendermaßen: „Meine Haupttätigkeit liegt auf dem Gebiet der gesamten Alpenkunde, sowohl der touristisch-alpinen wie besonders der alpenländischen Volkskunde, hier wieder namentlich auf das Gut des Volksmundes konzentriert, vor allem Volkslied, Sprache u.s.f. und auf das lebendige Brauchtum." (Bundesarchiv Koblenz). Erfolge mit dem „Münchner Lesebogen" (seit 1940). Quellen: „Lebenslauf" an die RSK vom 10.11.1937, Akten des Bundesarchivs Koblenz/NSDAP, RKK; Peter Grimm: Walter Schmidkunz.
53. Wastl Fanderl: Oberbayerische Lieder 1988, S. 9f. Josef Fanderls Liederbuch hat sich im Nachlass (Volksmusikarchiv in Bruckmühl) erhalten. Vgl. Das Leibhaftige Liederbuch 1938, S. 192f.
54. z.B. „O Land Tyrol, mein einziges Glück", „Was ist's ihr schönen Berge, mich ergreift ein wildes Weh?", „Alle auf d'Höh freun sich auf Walzer und Fransee" (Lannerwalzer) oder „Unter deutscher Flagge. Deutsche voran! Erschallet der Ruf!"
55. Das Liederbuch wurde offensichtlich nicht nur von Josef Fanderl selbst, sondern auch von zwei weiteren anonymen Schreibern verfasst und kam in die Hände eines gewissen Karl Stief aus Hochberg bei Traunstein. Wastl Fanderl konnte es, als er für seine „Oberbayerischen Lieder" recherchierte, einsehen.
56. Wastl Fanderl: Annamirl Zuckerschnürl" S. 86: „Ein gesungener Wiegenreim, den meine Mutter von ihrer ‚Kindsmutter' in Frasdorf noch wußte (1875)".
57. Erich Mayer: Stoffsammlung, Kap. 2: „Unter unserem Himmel: Wastl Fanderl zum 75. Geburtstag" (24.6.1990, Gerald Groß im Gespräch mit Wastl Fanderl).
58. Ebenda: Ein Leben für die Volksmusik – Zur Erinnerung an Wastl Fanderl. Nachruf von Fritz Mayr, Sendung BR 12.5.1991.
59. Vgl. die Online-Plattform „Volksliederarchiv" (3.9.2009).
60. Wastl Fanderl: Die Wassertrinkerin von Frasdorf. Ein Lebensbild der Maria Furtner, Bauerstochter von Weizenreit.
61. Hausbuch der Familie Fanderl (1952–1958), Archiv Fanderl: „Nach kurzen Gesellenzeiten bei verschiedenen Meistern ging ich heim ins mütterliche Geschäft. [...] Nicht einen Tag aber freute mich mein Handwerk."
62. Erich Mayer: Stoffsammlung, Kap. 2.

63. Is's a Freud auf der Welt. Lieder von Wastl Fanderl 1987, S. 28. „Da Bua mit'm Maßkruag", Wastl Fanderl als Bub.
64. Erich Mayer: Stoffsammlung, Kap. 2. Wastl Fanderl: „Ich wollte immer Komiker werden. Der Valentin war mein Vorbild. Ich habe viele Texte von ihm auswendig gekonnt und ich hätte mir das zugetraut. Aber es ist anders gekommen. Doch einmal bin ich mit ihm zusammen sogar aufgetreten." Wann und in welchem Zusammenhang Wastl Fanderl mit Karl Valentin auf der Bühne stand, konnte nicht eruiert werden.
65. Ebenda.
66. Ebenda.
67. Kiem Pauli: Aus meiner Wanderzeit, S. 106. In diesem Text liefert Kiem die präzisesten Auskünfte über seine Wander- und Sammelfahrten. Er hatte sie ursprünglich in den 1950ern für das „Landwirtschaftliche Wochenblatt" verfasst. Wastl Fanderl nahm den Text zum 10. Todestag des Kiem Pauli in seine Zeitschrift auf (SMZ 13, 1970, H. 5). Annette Thoma würdigte Kiems Text und hob dabei besonders die folgenden zentralen Aspekte hervor: Kiems „Aussaat" sei „Ernte" geworden, indem „kostbares heimatliches Kulturgut" nicht „an innerer Substanz" verloren habe und zugleich „immer mehr ‚Stille im Lande' [...] zur eigenen Freude singen und musizieren." (Ebenda) Weitere autobiographische Aufzeichnungen über seine „schreckliche Jugend" und programmatische Äußerungen Kiems finden sich in folgenden Quellen: „Mit Handschlag, dein Kiem Pauli". Ein ungewöhnlicher Brief vom 25.10.1929 – Vierzig Jahre Zeitschrift „Das deutsche Volkslied" und die oberbayerische Volksliedbewegung. – Der Kiem Pauli und seine Sänger. Zum 70. Geburtstag des bayerischen Volkslied-Sammlers am 25. Oktober. Nach: Kiem Pauli (1882–1960). 2. Teil. – Vom echten Volkslied. In: Sepp Eibl: Oberbayerisches Preissingen, S. 7–13.
68. Kiem Pauli: Lebensrückblick (1950). In: Kiem Pauli (1882–1960). Leben und Sammelwerk. Erster Band einer Dokumentation in Bildern, Liedern und Noten, S. 17.
69. Wastl Fanderl: Wie es damals war, S. 32.
70. Ebenda.
71. Kiem Pauli: Lebensrückblick (1950), S. 21: „Betrachte ich nun mein ganzes Leben, so darf ich mich trotz der schrecklichen Jugend, über mein Schicksal, bis zum heutigen Tage nicht beschweren."
72. Ebenda, S. 11 und 13.
73. Kiem Pauli: Vom echten Volkslied. In: Sepp Eibl: Oberbayerisches Preissingen, S. 8.
74. Das Lied aus dem 18. Jahrhundert war zuerst in Brandenburg, Franken, Hessen und Schlesien verbreitet, bevor es auch im ganzen deutschen Sprachraum gesungen wurde.
75. Erich Mayer: Stoffsammlung, Kap. 20: Sendung des BR 30.4.1980 (50-jähriges Jubiläum des 1. Oberbayerischen Preissingens).
76. Wastl Fanderl: Meine Erfahrungen im Umgang mit dem Volkslied. Ausführlich spricht Fanderl über Kiem Pauli und die lange als Vorbild geltenden Sänger seines „Musterkofferls" auch bei der Eröffnung der Ausstellung „Volksmusik in Bayern" in der Bayerischen Staatsbibliothek am 8. Mai 1985 (Mitschnitt des Vortrags und Sendung im BR: Robert Münster: Wastl Fanderls Erinnerungen an den Kiem Pauli, BR 18.5.1997). Fanderl hat sicher auch maßgeblich dazu beigetragen, dass die Erinnerungen des Kiem Pauli im Bewusstsein blieben. Es war ihm offensichtlich wichtig, wiederholt und sehr ausführlich daraus zu zitieren.
77. Ebenda, S. 12 und 17.
78. Erich Mayer: Stoffsammlung, Kap. 2. (ORF-Salzburg, 14.6.1990. Zum 75. Geburtstag von Wastl Fanderl.
79. Wastl Fanderl: Volkslied-Singwochen. In: Annette Thoma (Hg.): Das Volkslied in Altbayern und seine Sänger. Ein Geburtstagsbuch für den Kiem Pauli, S. 91.
80. Kiem Pauli kurz vor seinem Tod im Jahre 1960 anlässlich der Veranstaltung zur Erinnerung an das 1. Preissingen von Egern am Tegernsee (1930): vgl. Bayerischer Rundfunk: Aufnahme vom 27.3.1960 in Egern am Tegernsee (CD).
81. Erich Mayer: Stoffsammlung, Kap. 20. Hermann Unterstöger, 24.6.1980.
82. Ebenda.
83. Erich Mayer: Stoffsammlung, Kap. 20. Wastl Fanderl am 22.6.1975.
84. Ebenda, Kap. 20.3. Wastl Fanderl: BR-Hörfunksendung zum 75. Geburtstag von Wastl Fanderl (23.6.1990).
85. Kiem Pauli hatte vorgehabt, bei seiner Zwischenstation in Bergen den Josef Buchner, vulgo Gamsei, zu treffen, einen damals beliebten Wirtshaussänger und Dorfdichter. Dieser sang allein, aber auch gemeinsam mit Albert Steiner (vulgo Scheuerl), und Andreas Bauer (vulgo Bräubauer oder Bräu Anderl) im Trio. Er war weitum in der Region bekannt. Kiem Pauli erhoffte sich viele neue Entdeckungen. Der „Gamsei" war das ledige Kind einer Kellnerin, wurde ins „Gams-Urban-Haus" (daher auch sein Spitzname) ausgestiftet und war seit dem Ersten Weltkrieg ein Invalide. Fanderl widmete ihm in seiner letzten Liedersammlung sogar ein respektvolles Porträt und zeigte, wie auch der „Gamsei" durch die Bekanntschaft mit Kiem Pauli seit 1927 seinen Geschmack veredelte und seinen Sinn für den „Weizen" statt der „Spreu" sensibilisierte. Später wird der Josef Buchner auch für Fanderl selbst eine wichtige Gewährsperson. (Wastl Fanderl: Der Gamsei. In: Ders.: Oberbayerische Lieder, S. 158–161)
86. Der Vater, Georg Kiem (1839–1910), war Milchhändler, Häusermakler und Wirtshaussänger. Vgl. Kiem Pauli: Lebensrückblick (1950), 2. Teil, S. 10.
87. Nach H. C. Grünefeld: Die Revolution marschiert. Band 2: Kampflieder der Unterdrückten und der Verfolgten 1806–1930.

Das Lied, das sich auf die Verfolgungen der 1870er und 1880er Jahre im zaristischen Russland bezieht, wurde vorerst in mehreren Arbeiterliederbüchern seit den 1890er Jahren abgedruckt (Liederbuch für das arbeitende Volk 1891, Sozialdemokratische Lieder und Deklamationen 1892, Der freie Sänger 1896) und fand sodann Eingang in viele anders orientierte Sammlungen (vgl. Wandervogel- und Soldatenliederbücher).
88. Vgl. dazu Kiem Pauli: Lebensrückblick. Teil 1 (1987/1995) und 2 (1992/1999).
89. In seiner „Sammlung Oberbayrischer Volkslieder" druckt Kiem einige Kostproben aus dem Repertoire der Maria Hallweger ab – anzügliche erotische Texte, Spottverse auf Holzknechte, Senner, und Mädchen, u. a. „Und da Baua bei da Bäuerin ..." (S. 301f, 1. Aufl., S. 325).
90. Ein Bauer aus Rottach am Tegernsee hatte Kiem ein solches Gstanzl vorgesungen: „Lusti, mir Berga, an Bohnalandl, mia hamd ja im Winta mitn Fisln Handl!" (Kiem Pauli: Sammlung Oberbayrischer Volkslieder 1954, S. 317, 1. Aufl., S. 343).
91. Ebenda, S. 28–29 (1. Aufl., S. 30–31) und 314–316 (1. Aufl., S. 340–342).
92. Wastl Fanderl: Der Gamsei. In: Ders.: Oberbayerische Lieder, S. 160.
93. Ebenda, S. 159f.
94. Barbara Rawitzer: Die Maximilianshütte. In: Christian Soika: Bergen ein Heimatbuch, S. 101–129. Die Maximilianshütte Bergen gilt als die „ehemals größte und wichtigste Eisenhütte Bayerns." (S. 101). Der Name des staatlichen Unternehmens lautete zuletzt „Bayerische Berg-, Hütten- und Salzwerke A.G." (1927–1932). Nach 1918 waren bis zu 300 Arbeiter beschäftigt, 1931 nur mehr 113. Nachdem 1881 der Erzabbau mangels Rentabilität eingestellt werden musste, wurde der Betrieb ein Maschinenhersteller mit Gießerei. Die Stilllegung fand schließlich 1932 statt. Die Werks- und Wohnanlagen, über 20 Wohn-, Werks- und Nebengebäude, stammen aus dem 18., 19. und frühen 20. Jahrhundert.
95. Wastl Fanderl: Meine Erfahrungen im Umgang mit dem Volkslied.
96. Auch Josef Buchner hat dieses Lied gesungen, Fanderl mag es damals schon von ihm gehört haben.
97. In ähnlichen Formulierungen vgl. Erich Mayer: Stoffsammlung, Kap. 2.
98. Nur bei einem Lied, „Wann i's aufdenk", notiert Fanderl ausdrücklich: „Bergen im Chiemgau 1928. Das Lied klang in meiner Bubenzeit Sonntag für Sonntag aus dem nachbarlichen Wirtshaus – bierselig, aber schön! Der ‚Kaum Valtl' sang immer mit hoher Fistelstimme, so daß seine Kameraden nor noch ‚zuawibassn' konnten." Es ist ein Lied über Erinnerungen an närrische Jugendzeiten, aber auch über männliches Auftrumpfen (Wastl Fanderl: Das Bairische Liederstandl. Die Liederbogen des Wastl Fanderl, Nr. 39, 171). Verbürgt ist auch, dass Fanderl Jahre später eine Anzahl von in der Chiemsee-Region „eingesungenen" Liedern, darunter auch vom „Gamsei" und von Sepp Kammerlander, in seine verschiedenen Sammlungen aufgenommen hat: z.B. das Hausiererlied „He, Bäuerin, is denn garneamd z'Haus" (vielleicht von Wanderhändlern aus der Krain), das Wanderhändlerlied „Der Ölträger Koibal" („Kemmts her, alle Mentscha und Weiba") aus dem nicht mehr auffindbaren Textbuch vom „Gamsei", das auftrumpfend-anzügliche „Vom Zillertal außa", den „erotischen" Heumahder-Gsang, das fröhlich-nachdenkliche Liebeslied aus dem handschriftlichen Liederbuch (1864) des Martin Hausstätter „An Sprung übas Gassal", das macho-mäßige „Wann i amal heirat" aus dem Liederbestand des Josef Buchner oder das frauenfeindliche „I hab halt a Kreuz mit mein' Weib".
99. Wastl Fanderl: Der Gamsei. In: Ders.: Oberbayerische Lieder, S. 160.
100. Vgl. Auskunft der Deutschen Dienststelle (WASt) Berlin vom 2. Juni 2010. Die Auskunft betrifft Fanderls Dienstzeiten in der Deutschen Wehrmacht (Zugehörigkeit zu verschiedenen Truppenteilen zwischen 1937 und 1944), Dienstgrade zwischen 1939 und 1943, Lazarettaufenthalte (1943) sowie Orden und Ehrenzeichen (1942).
101. Hans Pflieger, der Lehrmeister, hat Sebastian Fanderl am 1. November 1932 ein „Lehrzeugnis" ausgestellt, in dem bestätigt wurde, dass dieser bei ihm zwischen dem 1.11.1929 und 1.11.1932 das Friseur-Handwerk erlernt hat. „Gute Kenntnisse und Fertigkeiten" habe sich der Lehrling erworben, keine „sehr guten". Aber das Betragen war „sehr gut".
102. Erich Mayer: Stoffsammlung, Kap. 3: Brief Wastl Fanderl an Annette Thoma vom 18.08.1935.
103. Bruno Aulich (1902–1987), seit 1929 festangestellter Mitarbeiter beim Bayerischen Rundfunk („Die deutsche Stunde in Bayern"), Leitung der Jazz- und Tanzkapelle des Senders, Gründer der Münchner Funkschrammeln, zuständig für die Zusammenstellung von Schallplattensendungen; 1936 wurde er Unterhaltungschef des Deutschlandsenders; 1939–40 Mitwirkung beim Neuaufbau des Senders Danzig; musikalischer Berater der Reichssendeleitung in Berlin, nach 1945 freier Autor für verschiedene Rundfunkstationen; seit 1962 Moderator der Sendung „Aus alten Notenbüchern", (vgl. Ernst Schusser: Die Volksmusik im Bayerischen Rundfunk von 1924–1945 und die Popularisierung des Heimatgedankens. 1. Teilband, S. 301). Vgl. auch Fred K. Prieberg: Handbuch Deutsche Musiker 1933–1945. Bruno Aulich arbeitete nach 1945 im Funkhaus Grünau/Außenstelle des DDR-Rundfunks (u.a. Dirigent der Musik-Umrahmung der Feierstunden zum Jahrestag der Oktoberrevolution, 70. Geb. Stalins, zum Andenken an die Ermordung von Rosa Luxemburg und Karl Liebknecht).
104. Ernst Schusser: Wastl Fanderl (1915–1991), S. 106.

105. Vgl. Erich Mayer: Stoffsammlung, Kap. 2: Erinnerungen von Wastl Fanderl aus den Jahren 1988–1990 (Max Wieninger/Teisendorf und Anton Heimbach/Oberammergau an die Zeit beim TSV Prien). Wastl Fanderl: „Da bin ich mancher Sportsgröße davongelaufen. Dabei habe ich gar keine Möglichkeit zum Training gehabt. [...]. Aber d'Volksmusik is allweil blieb'n." – „Er war genau so hungrig nach Freundschaft und nach Warmem wie ich [...]." (Anton Heimbach, 27.4. 1991)
106. Vgl. Erich Mayer: Stoffsammlung, Kap. 2: Wastl nennt sich selbst einen „Hundling". Mädchen sticken „Seidentüchlein mit Hohlsaum" für den Angeschwärmten.
107. Erich Mayer: Stoffsammlung, Kap. 2. (Aussagen Fanderls aus den Jahren 1977, 1986, 1989)
108. Fanderl hatte Kontakt zu den Bayern in Berlin. Jahrzehnte später kommt er auf den „Verein der Bayern in Berlin e.V." (gegründet 1876) zu sprechen, dessen übergroße Traditionsstrenge dem jungen Oberbayern sauer aufstieß (Zur Geschichte des Vereins vgl. http://www.verein-der-bayern-in-berlin.de/).
109. Wastl Fanderl: Wie es damals war.
110. Wastl Fanderl: Meine Erfahrungen im Umgang mit dem Volkslied.
111. Josef Focht: Preissingen 1930–1936. In: Historisches Lexikon Bayerns (http://www.historisches-lexikon-bayerns.de/artikel/artikel_44789; 29.5. 2008).
112. Sepp Eibl: Oberbayerisches Preissingen. Im Detail sind viele Aspekte dieses „Events" dokumentiert. Besonders aufschlussreich ist die Darstellung von Dr. Wilfrid Feldhütter (1904–2000) in seinem Buch „Lieder, Land und Leute. Musik, Tanz und Gsang in den bairisch-österreichischen Bergen". Feldhütter liefert die Vorgeschichte zu diesem Wettstreit und bietet wichtige Informationen zur wegbereitenden Rolle der „Deutschen Akademie", etwa durch die Wiedergabe einer Rede von Karl Alexander von Müller (1882–1964, NSDAP-Mitglied seit 1933), zur Leistung des Rundfunks sowie zur konkreten Durchführung der Veranstaltung. Feldhütter versucht, das Wettsingen von Egern als „unpolitische Veranstaltung" zu positionieren, d.h. sie vom Geruch „deutschvölkischer" Manier zu reinigen. Zugleich rückt er die Volkslieder in einen quasi sakralen Raum, und zwar mit Worten von Kurt Huber, der 1943 von den Nazis hingerichtet wurde: „ein neues, ein bäuerliches, bayerisches Meistersingen einleitend, so Gott will". Zu Wilfried Feldhütters Rolle im Bayerischen Rundfunk zwischen 1929 und 1944 vgl. Ernst Schusser: Die Volksmusik im Bayerischen Rundfunk von 1924–1945, 1. Teilband, S. 299–300. Zur Biographie Feldhütters vgl. Bestände des Bundesarchivs: NSDAP-Mitgliedschaft seit 1. Mai 1937 (Nr. 4822476); das NSDAP-Gaupersonalamt München beurteilte Pg. Dr. Feldhütter am 9.8.1938 (für das Reichspropagandaamt) folgendermaßen: „Schon lange vor der Machtübernahme war er [...] rein nationalsozialistisch eingestellt. Dafür sind seine mehr oder minder im Dienste der Bewegung erlittenen Strafen/3 Monate Gefängnis wegen Landfriedensbruch [...] und 5 Wochen Haft wegen Sprengstoffverbrechens/beredte Zeugen. [...] Ein Propagandist nicht nur des Wortes, sondern auch der Tat. [...] Er ist politisch absolut zuverlässig." Vgl. auch Annette Thoma/Wastl Fanderl: Dr. Wilfrid Feldhütter zum Siebziger.
113. 1931 fanden Wettsingen in Landshut, Traunstein und Weilheim statt, 1932 in Würzburg, St. Johann im Pongau, 1933 in Mainburg und Freising, 1934 in Bayreuth, 1935 in Penzberg, Kulmbach und in der Gottschee und 1936 in Burghausen. 1934 war ein „Volkslieder-Singen" in Starnberg geplant, wurde aber nicht durchgeführt. Weiters gab es 1936 eine Reihe von „Volkssender-Ausscheidungssingen" in zehn bayerischen Orten, die vom NS-Sender München und der NS-Organisation „Kraft durch Freude" initiiert waren (vgl. Josef Focht: Preissingen 1930–1936.) Vgl. Maximilian Seefelder: „Gute alte Volkslieder sind besonders willkommen ..." Das 1. Niederbayerische Preissingen 1931 in Landshut – Regina Reitzer: „Unser Volk will singen ..." Zur Tagung des Heimatverbandes Huosigau in Weilheim vom 29. bis 31. August 1931 mit dem ersten Huosigauer Heimatlieder-Wettsingen – Wolfgang Dreier: Wettsingen im Salzburg der 1930er Jahre – Die Zeitschrift „Das deutsche Volkslied" lieferte einen ausführlichen Bericht über das Singen in der Stadt Gottschee (veranstaltet von Fritz Berthold und dem „Verein für das Deutschtum im Ausland") und über Lied-Entdeckungen bzw. -Überlieferungen (z.B. Gudrunlied, Sonnwendlied, Wallfahrerlied, Balladen, Ehestreit): Gottscheer Preissingen am 3. und 4. August 1935. In: Das deutsche Volkslied 37, 1935, S. 33.
114. Kurt Huber (1893–1943): Musikwissenschaftler an der Universität München, Volksliedforscher und Mitglied der Widerstandsgruppe Weiße Rose; Psychologe; ab Ende der 1930er Jahre kritische Haltung gegenüber der NS-Bewegung; unter Druck Antrag auf die Mitgliedschaft in der NSDAP 1940, Verhaftung 1943 und Ausschluss aus der Partei; Flugblatt gegen die Kriegspolitik des NS-Regimes, Volksgerichtshofprozess, Enthauptung im Juli 1943 in München-Stadelheim; Grab auf dem Münchner Waldfriedhof. Zu Kurt Huber vgl. Maria Bruckbauer: „... und sei es gegen eine Welt von Feinden!" Kurt Hubers Volksliedsammlung und -pflege in Bayern. – Maximilian Seefelder: Volksmusik und Ideologie – Nachwirkungen aus den 1930er Jahren – vgl. auch: Kurt Huber als Musikwissenschaftler und Volksmusikforscher. Verzeichnis (u. a. mit Dokumenten von Kiem Pauli, Carl Orff, Walther Wünsch).
115. Vgl. auch die umfassende Darstellung der Rolle des Münchner Senders seit den 1920er Jahren: Ernst Schusser: Die Volksmusik im Bayerischen Rundfunk von 1924–1945 und die Popularisierung des Heimatgedankens.
116. Vgl. Josef Focht: Preissingen 1930–1936.
117. Traunsteiner Volksmusikpreis 1967–1981.

118. A.P.: Volksliedpreissingen in Traunstein.
119. Ebenda.
120. Hans Helmberger: „Als das Volkslied wieder erstand ...", S. 197.
121. Regina Reitzer: „Unser Volk will singen ...", S. 426.
122. Kurt Huber: Altbaiern im Lied. In: Sepp Eibl: Oberbayerisches Preissingen, S. 26–30. Kurt Huber rückte die einfachen Volksliedsänger mit viel Pathos an die Seite der altdeutschen Meistersinger und an jene in der Oper Richard Wagners, und zwar in „tapferer [deutscher] Selbstwehr": Vgl. Kurt Huber: Den „Meistersingern vom Tegernsee". Eine nicht gehaltene Rede zur Preisverteilung der Deutschen Akademie. In: Ebenda, S. 118–121.
123. Dr. Curt Rotter (1881–1945): Germanist, Volksliedsammler, Bibliothekar an der Österreichischen Nationalbibliothek und seit 1938 Leiter der Bibliothek der Wiener Musikhochschule; Berliner Dissertation über den „Schnaderhüpfl-Rhythmus", NSDAP-Mitglied seit 1943; 1945 vermutlich Selbstmord auf dem jüdischen Friedhof in Währing.
124. Dr. Curt Rotter: Das Volksliederwettsingen in St. Johann in Pongau 1932.
125. Ebenda. Die Volksmusikforschung verweist wiederholt auf die über Karl Kronfuß' und Alexander und Felix Pöschls „Niederösterreichische Volkslieder und Jodler aus dem Schneeberggebiet" vermittelte „engführte Dreistimmigkeit" im Vokalsatz. Diese neue Singart sei im Alpenraum schließlich „zur Norm" erhoben worden und habe damit ein „neues Singen in Familie, Gesellschaft, Kirche und Konzertsaal" entscheidend geprägt. Vgl. Niederösterreichische Volkslieder und Jodler aus dem Schneeberggebiet, gesammelt von Karl Kronfuß und Alexander und Felix Pöschl).
126. Reischek, Andreas: Das erste Volksliedwettsingen in Österreich. (Nach: Walter Deutsch/Ursula Hemetek: Georg Windhofer, S. 155f.) Der Text Reischeks war ein Verschnitt von mehreren Textierungsvorschlägen, u.a. aus der Feder von Kuno Brandauer, seit 1932 Obmann des Landesverbandes der Trachten-, Schützenvereine und Musikkapellen. (vgl.ebenda). Der damalige RAVAG-Verantwortliche Andreas Reischek publizierte den Text jedoch allein unter seinem Namen. Kuno Brandauer (1895–1980) war NSDAP-Mitglied seit 18.11.1931, Mitglied des Freikorps/Bundes Oberland (1920–1925, seit 1923 Deutscher Kampfbund unter Adolf Hitler), 1934 Austritt aus der katholischen Kirche; 1938 Leiter der Fachschaft Brauchtumspflege im NS-Gaukulturamt Salzburg; gemeinsam mit Dr. Richard Wolfram (1901–1995), dem Leiter der „Außenstelle Süd-Ost des SS-„Ahnenerbes", verantwortlich für die Aufnahme des Landesverbandes in das SS-„Ahnenerbe" als „Gauverband der Heimat- und Trachtenvereine des Reichsgaues Salzburg"; 1943 Geschäftsführer des neu gegründeten und dem Gauleiter/Reichsstatthalter direkt unterstellten „Heimatwerks Salzburg"; nach 1945 Leiter der Dienststelle für Heimatpflege im Amt der Salzburger Landesregierung. (vgl. Bundesarchiv Berlin / ehem. BDC, NSDAP-Gaukartei, RKK, Ahnenerbe)
127. Annette Thoma: Kiem Pauli (1882–1960) und Kurt Huber (1893–1943) zum Gedächtnis.
128. Loni und Martl Meier. Die Wirtsleute von St. Georgen im Chiemgau. In der Sammlung „Oberbayerische Lieder" widmet Fanderl dem Wirtsehepaar Loni und Martl Meier, den „Singenden Wirtsleut von St. Georgen" einen eigenen Beitrag (S. 151–152). Er druckt auch drei Lieder ab, die in ihrem Gasthof oder von ihnen selbst gerne gesungen wurden – Beispiele einer alten und unwiederbringlich verlorenen Wirtshaus-Gesangskultur zwischen balladenhaftem Kitsch (etwa „Das Mutterherz", „A Bleamal und a Herz", „Hansl von der Kuahalm") und Volksliedkunst: „Auf da Welt is's gar nimma zum sei", „Bei mein' Diandl sein' Fensta" und „Es war amal a junger Soldat".
129. Hans Helmberger: „Als das Volkslied wieder erstand ...", S. 197–198.
130. Weiß Ferdl (d.i. Ferdinand Weisheitinger, 1883–1949): Humorist, bayerischer Volkssänger und Volksschauspieler, volksverbundener bayerischer Ideologe, Domsingknabe in Salzburg, seit 1914 Direktor des „Münchner Platzl", Frontunterhalter im Ersten Weltkrieg (Singspieltruppe der 1. baierischen Reservedivision); Filmschauspieler, Sympathisant des Nationalsozialisten, 1940 Aufnahme in die NSDAP, Entnazifizierungsverfahren.
131. Über das „Revoluzzerlied" von Weiß Ferdl heißt es in einer literarhistorischen Abhandlung: „Sarkastisch machte er sich über den Radikalismus von Links in seinem ‚Revoluzzerlied' (1917/18) lustig und engagierte sich in den rechtsgerichteten Einwohnerwehren. Er träumte von einer ‚königlich bayerischen Republik': ‚Nur ein Land gibt's, wo Ordnung, Pflicht sich stets vereint erneuern / Und wo's nicht einen Schieber gibt, das Land, s'ist unser Bayern. / ja, wir sind die Ordnungszelle, bei uns blüht noch still das Glück. / Wir sind Deutschlands Gesundheitsquelle, die Königlich bayerische Republik' (Die Ordnungszelle, 1918). Weiß Ferdl nutzte und schürte die Stimmung der Nachkriegszeit in der bayerischen Hauptstadt, die sich gegen Berlin, gegen die parlamentarische Demokratie, gegen wirtschaftliche Depression und Arbeitslosigkeit richtete. Er betonte die bayerische Eigenart und bediente das Publikum in seiner Stimmung eines partikularistischen ‚Mir san mir'. Sein Lied ‚Unser Fähnlein ist weiß und blau' – eine Hymne auf die bayerische Heimat – wurde zum Erfolgsschlager." (Hans-Ulrich Wagner: Gute schlechte Zeiten für Humor, S. 229–245).
132. Vgl. Erich Mayer: Stoffsammlung, Kap. 2.
133. Vgl. Wastl Fanderl: Die alten und jungen Neukirchner. In: Ders.: Oberbayerische Lieder, S. 163–165 – Ders.: Eine Melodie aus Traunwalchen. In: Ebenda, S. 166.
134. Dieses Quintett bestand neben Wastl Fanderl und Martl Meier auch noch aus den „Aiblinger Buam" (Schorsch und Bartl) und

Schorsch Wimmer („Lankl Schorsch"). Das Volksmusikarchiv des Bezirks Oberbayern hat 1994/1996 die ersten Aufnahmen aus den 1930er Jahren als CDs zur Verfügung gestellt: Diese geben einen Eindruck der zum Teil recht unbekümmerten Singweisen der damaligen Zeit und bieten insgesamt acht Lied-Beispiele, zwei Lieder, die Wastl Fanderl mit Lisl Gschoßmann (1915–1990) aufgenommen hat, zwei gemeinsam mit Martl Meier im Duett und die restlichen vier im Quintett. Die Aufnahmen wurden in einem Traunsteiner Gasthaus von der Carl Lindström AG produziert.

135. z.B. Schellackaufnahmen des Duetts: „Znachts hab i mei Schneid" (Heumahder G'sang mit Jodler), „Jetzt sing ma no ge oans" (Gstanzln mit Jodler), jeweils mit Zitherbegleitung, wahrscheinlich im Winter 1935/36 aufgenommen.

136. Lois Kurz sollte schließlich ein Wehrmachtskamerad des Wastl Fanderl vor Stalingrad werden.

137. z.B. über die „Habamerin", die Frau eines Flickschusters, oder über Michl Ortner („Gütler und Schmalzlerreiber", Schnupftabakmichi). Es fällt auf, dass Fanderl sehr freizügig mit den Text- und Musiküberlieferungen umging. Das Traunsteiner Siegerlied „Auf, auf, ihr Hirten" bietet Fanderl mit drei Strophen an. Kiem Pauli hatte es schon 1934 in seiner „Sammlung Oberbayrischer Volkslieder" unter dem Titel „Ein uraltes Hirtenlied" mit sechs Strophen und zusätzlich in einer textlich abweichenden, zugleich stärker das Heilsgeschehen betonenden Fassung abgedruckt.

138. Fanderl schenkte dabei – wohl unabsichtlich, aber de facto ganz im Sinne einer Richtlinie der NSDAP von 1934 – Kindersprüchen und -liedern besondere Aufmerksamkeit. Aus diesem Material konnte er schließlich mitten im Krieg seine Sammlung „Hirankl – Horankl" herausgeben. Josef Focht hat auf die Anordnung des bayerischen Kultusministers Hans Schemm (1891–1935) vom 6. Juni 1934 hingewiesen: „Sammeln von Volksliedern, Kinderliedern und Volksmusik in Bayern" (vgl. Josef Focht: Preissingen). Zu Hans Schemm: Seit März 1933 kommissarischer Kulturminister Bayerns. Hitler ernennt ihn kurz darauf zum „Leiter der kulturellen und erzieherischen Angelegenheiten Bayerns". Verfasser des Buches „Gott, Rasse und Kultur" (1933), seit 1933 Ehrenbürger von Bayreuth; stirbt 1935 an den Folgen eines Flugzeugabsturzes.

139. Karl List (1902–1971): Aus der Steiermark kommender Kapellmeister des Rundfunkorchesters der „Deutschen Stunde in Bayern" (1929–1937), Arrangeur, besonderes Interesse an klassischer Musik in ihrer Verbindung zur alpenländischen Volksmusik (Mozart, Beethoven, Schubert, Johann Michael Haydn, Richard Strauss, Werner Egk), Zusammenstellung einer „Funkbauernkapelle", Mitarbeit am „Leibhaftigen Liederbuch" (1938), Mitglied der NSDAP Nr. 1928030 seit 1.5.1933 (nach BA, ehemals BDC, NSDAP-Gaukartei, Bundesarchiv Berlin). Angaben zu seiner Dirigententätigkeit in der NS-Zeit vgl. Fred K. Prieberg: Handbuch Deutsche Musiker 1933–1945; Tätigkeit beim Soldatensender Belgrad; 1959–1970 Abteilungsleiter für Volksmusik, seit 1961 Aufbau eines internationalen Volksmusikarchivs. Nachruf von Annette Thoma. In: SMZ 15 (1972), H. 1. – Nachruf von Wastl Fanderl im Hörfunk des BRs (In: Wastl Fanderl im Bayerischen Rundfunk von 1931 bis 1991. München, Oktober 1992, S. 21–23). Karl List war der Vater der Volksmusik-Wunschsendungen für den Hörfunk des Bayerischen Rundfunks (vgl. Beilage 14).

140. Wilfried Feldhütters Aufsatz „Begegnung von Rundfunk und Volksmusik" ist der Versuch einer entlastenden Darstellung der Rolle von „Volkslied und Volksmusik im Bayerischen Rundfunk" während der NS-Zeit und bietet einige selektive Passagen zur eigenen Biographie. Feldhütter geht es in seiner Darstellung offensichtlich um die Konstruktion eines antinazistischen bayerischen Widerstandsmythos (im Münchener Reichssender), in den er sich selbst einzuschreiben versucht. Feldhütters Erinnerungen an die 1930er/1940er Jahre sind symptomatisch für den generationsspezifischen Nachkriegsdiskurs, an dem auch Fanderl und die „Sänger- und Musikantenzeitung" teilnahmen. Feldhütters Rolle für die Etablierung dieses beschönigenden Diskurses scheint beträchtlich. Kurt Hubers Volksgerichtshofprozess und seine Hinrichtung im Jahre 1943 wird von ihm immer wieder – indirekt – zur eigenen Entlastung genutzt. Er weist stets auf den Unterschied zwischen NSDAP/HJ, die das „militante und aggressive" Singen gefördert haben, und der ernsthaften altbayerischen Volksliedbewegung („unsentimenal", „poetisch", „spielerisch", „resch", „draufgängerisch") hin, der man selbst widerständig angehört habe. (vgl. S. 10).

141. Die Nachtigall. In: Das leibhaftige Liederbuch, S. 84–85. Vgl. auch die Schellackaufnahme der „Bergener Volkslieder-Sänger" (1935/1936): CD: „Bin a lustiger Bua, kreuzlustig vostehst [...]" Fanderls Gefühl dürfte ihn nicht getrogen haben: Die Aufnahme, mit ziemlich plumper Zitherbegleitung, zeigt noch hier – nach heutigen Maßstäben – niedere musikalische Qualität und auch geschmackliche Unsicherheit, insbesondere bei der Interpretation des Jodlers.

142. Wastl Fanderl an Annette Thoma, 18. August 1935.

143. Wastl Fanderl: Meine Erfahrungen im Umgang mit dem Volkslied, S. 6. An anderer Stelle spricht Fanderl auch vom Kiemschen „Brief-Fernkurs", der nicht nur „Lobeshymnen" enthalten gewesen seien – nach dem Motto: „Wer nichts macht, wird auch nicht kritisiert." (Erich Mayer: Stoffsammlung, Kap. 3; Tonaufnahme Werner Brandlhuber 22.6.1975).

144. Erich Mayer: Stoffsammlung, Kap. 3. (Tonaufnahme ORF-Salzburg 14.6.1990).

145. Mit seinen Sängerfreunden aus Bergen wirkte Wastl Fanderl in den Jahren 1932–1937 bei zahlreichen Veranstaltungen, Rundfunksendungen und Schellackplattenaufnahmen (in Traunstein und München) mit. Der Bogen spannt sich vom Chiemgauer Heimattag (Siegsdorf 1932), Chiemgauer Sängertreffen (Bergen 1935) und Trachten-Sängerwettstreit (Übersee 1935) über die Hörfunksendungen „Schöne Volksmusik aus Bergen" (1935), „Feierabend auf der Fraueninsel" (1935), „Ein Dorf singt und spielt" (1935) und „Von dö Alma, Liabsleut und Jagersbuam" (1936) bis zu fünf Schallplattenproduktionen (1932–1936). Die Gruppen hatten allerdings noch keine festen Namen. Je nach Besetzung nannten sich die Sänger u. a. "Sängergruppe Bergen", „Die St. Georgener", das „Duett Meier-Fanderl" oder das „Bergener Volksliederduett", „Die Volksliedsänger Meier, Fanderl, Kurz und Aiblinger", die „Bergener Volkslieder-Sänger" oder „Fanderl und seine drei Kameraden", „Die Bergener Volkssänger", die „Bergener Jungsänger (Gruppe Fanderl)", „Die fünf Bergener Buam" und die (unter der Leitung von Fanderl singenden) „Bergener Kinder". Es war die nach dem „Gamsei" zweite bis dritte Sänger-Generation aus Bergen. (Vgl. Erich Mayer: Stoffsammlung; Bertl Witter: Singen und Klingen im Inn und Chiemgau)

146. Das Dorf der tausend Lieder. Die Reportage der Woche, 24.11.1935 (Name der Zeitung unbekannt), S. 3f.

147. Wastl Fanderl hat sich später offenbar sehr genau an diesen Artikel erinnert, ihn auch kritisch kommentiert, u. a. die Tannhäuser-Legende entsprechend behandelt: „Schade, es wäre zu schön gewesen, diesen Bericht [Volkslieder und Sänger im Traunsteiner Landkreis] damit einzuleiten, daß die Musikalität und die Sangesfreude der Chiemgauer durch einen berühmten Minnesänger belegt ist."

148. Das Kinderpreissingen in Burghausen 1936 wurde von Kiem Pauli und Hans Kammerer organisiert (Vgl. Ernst Schusser: Hans Kammerer, S. 72ff) Fanderl konnte wegen seines Arbeitsdiensteinsatzes zwar nicht selbst anwesend sein, aber seine Kindergruppe beteiligte sich. Die Kinder- und Jugendarbeit zeigte Früchte: Nicht weniger als 564 Kinder aus Ober- und Niederbayern hatten sich beworben, 188 durften schließlich teilnehmen. Die zwei Waakirchner Buben Xaver März und Hans Gschwandtner bekamen den ersten Preis. Gemeinsam mit Sepp Hinterholzer wurden später daraus die bekannten Waakirchner Sänger, das sogenannte „zweite Musterkofferl" des Kiem Pauli (vgl. Erich Mayer: Stoffsammlung, Kap. 3.).

149. Zur Entstehung und einigen Aspekten der „Deutschen Bauernmesse" (z.B. liturgische Erneuerungsbewegung, Herkunft der Melodien) vgl. Erich Sepp: 75 Jahre Deutsche Bauernmesse, S.40–42.

150. Vgl. Kuno Brandauer: Allerhand vom Salzburger Land, S. 85. Brandauer berichtet von einer Rede, in der Fanderl „auf die stammesverwandte Art und die unter Führung Kiem Paulis fast gleichlaufende Form der Volksliedpflege in Bayern" hingewiesen habe. Im „Dreigesang"-Wettbewerb errangen die „Chiemseer Dirndeln (Führer Fanderl)" den zweiten Rang.

151. z.B. von Josef Pommer, Konrad Mautner, Kurt Huber und Paul Kiem *(vgl. Beilage 21).*

152. Hp.: Die Pflege des deutschen Volksliedes im Bauerntum. Jungbäuerinnen aus dem Oberland sangen in Bad Tölz 1937.

153. Chiemgauer Trachtensänger-Wettstreit für die Arbeiter der Reichsautobahn. In: Völkischer Beobachter, 10.6.1935. Der Berichterstatter verwies auch auf „das ernste Bild des Führers", das in dem etwa 1600 Menschen fassenden Zelt auf der Beste-Wiese in Übersee prangte, „gleichsam versinnbildlichend" die zukunftsträchtige Jugend Deutschlands. Im Rahmen der Deutschen Arbeiterjugend (DAJ) und KdF zu verantwortenden Massenveranstaltung gab es erneut Preise (von Kindern und Erwachsenen) zu ersingen: Die Gruppe um Fanderl gewann den ersten Preis.

154. Das Bundesarchiv Berlin (ehemals BDC: Bestand: geschädigte Juden) verwahrt die Anfrage des Hauptschriftleiters der Zeitschrift „Das Deutsche Volkslied", Prof. Dr. Georg Kotek (Wien), an die Kreisleitung der NSDAP Rosenheim vom 10.1.1939 mit folgendem Inhalt: „Werter Parteigenosse! Mein alter Freund Dr. Castelpietra, Arzt in Halfing, macht mich aufmerksam, daß eine gelegentliche Mitarbeiterin der von mir geleiteten [...] Monatsschrift [...], namens Frau Annette Thoma in Riedering, jüdischer Abstammung sei. [...] es ist selbstverständlich, daß wir, wenn sich die Sache bewahrheitet, besagte Frau weiterhin von der Mitarbeit ausschließen werden. Ich danke Ihnen bestens im vorhinein. Heil Hitler!" Die Antwort vom 17.1.1939 kam prompt: „[...], daß die in Rede stehende Frau Annette Thoma von Riedering Halbjüdin ist." Zu Dr. Cassio Castelpietra (1898–1967) vgl. Walter Deutsch/Ursula Hemetek: Georg Windhofer (1887–1964). Castelpietra war Arzt, Ehrenmitglied des 1. Österreichischen Reichsverbandes für Alpine Volks- und Gebirgstrachtenerhaltungsvereine, früher Anhänger der arischen Volksgemeinschaftsideologie, nach 1945 Fachreferent für die Beziehungen zu den österreichischen Trachtenverbänden des neuen Landestrachtenvereines Salzburg, Hauptschriftleiter des „Österreichischen Trachtenkalenders", seit 1950 Organisator des Bischofshofener „Ostersingens", seit 1962 Initiator des Wettbewerbs „Die Bischofshofener Amsel".

155. Annette Thoma: Volksliedersingen der Chiemgauer Sänger in Bergen (1935).

156. Ebenda.

157. Vgl. „Liederbuch der Elisabeth Müller" (Törwang-Samerberg), Teil 1 und 2. Begonnen anlässlich der Ersten Bergener Singwoche „Singend ins neue Jahr" (27.12.1936 - 3.1.1937). Müller bietet Lieder aus verschiedenen Quellen, auch aus der Zeit nach 1945: „In dem Büchl sind die Lieder alle drinn, die wir mitsammen auf der Alm, in der Hütte, auf'm Wasser und im Zelt immer wieder am liebsten gesungen haben und die uns wegen ihrer Innigkeit und Naturverbundenheit in Wort und Zusammenklang zu einer engen Kameradschaft zusammengeschlossen haben." Das Liederbuch enthält insgesamt etwa 140 Lieder, Wiegenlieder, „Ernstes und Lustiges", Jodler und Juchezer – oft mit der Nennung von Gewährsleu-

ten, Quellenwerken und Angaben darüber, wann und wo das Lied vermittelt wurde. Vgl. auch: Liederbuch von Ina Höfer (Handweberei, Breitbrunn/Chiemsee) Teil 1/2.
158. Die Aschauer Dirndl 1931 bis 1973 und Lieder von Maria Göser (1909–1992). Vgl. auch: Eva Bruckner: Die „Aschauer Dirndl" ab 1931.
159. Annette Thoma hatte im Frühjahr 1933 ihre „Deutsche Bauernmesse" geschrieben. Sie legte ihr u. a. alte Hirtenlieder zugrunde und schrieb selbst einen passenden Text zur Messliturgie im damaligen tridentinischen Ritus. Die Riederinger Sänger führten diese Messe am Peter- und Paulstag (29. Juni 1933) zum ersten Mal in der Bad Kreuther Kirche auf. Aber erst durch den Einsatz von Pfarrer Peter Bergmeier, der anlässlich eines Veteranentags in Großkarolinenfeld (September 1933) für eine Aufführung eine kirchliche Genehmigung seiner Vorgesetzten einholen musste, wurde die Messe populär. Fanderl gehörte mit seinen Bergener Sängerfreunden zu den ersten, die in der Folge Annette Thomas Messe erfolgreich aufführten (vgl. Erich Mayer: Stoffsammlung, Kap. 3).
160. Ernst Schusser schreibt: „1935 veranstalteten die Reichssender unter dem Motto „Volk singt für Volk" die ersten Ausscheidungssingen. Die ‚Besten' durften deutschlandweit auftreten, auch bei der Rundfunkausstellung in Berlin. 1936 fanden diese Selektionssingen vor allem in Bayern statt. Hier festigte sich ein ‚Bayernklischee' mit Lied, Musik, Sprache, Kleidung, Auftreten, das sich auch in den ‚Heimatfilmen' wiederfindet. Organisation: Goebbels Ministerium für Volksaufklärung und Propaganda". (Brief Ernst Schusser an Karl Müller, 7. Mai 2012)
161. Dr. Hans Commenda (1889–1971): Oberösterreichischer Volksmusikforscher und -sammler. Er berichtet 1926 im „Deutschen Volkslied": „Nach dem Kriege sind die Singwochen in Deutschlands Gauen immer häufiger geworden. Es ist auch an und für sich ein guter und heilsamer Gedanke, die versöhnende Macht des Gesanges zu benutzen, um Gleichgestimmte über alle sie sonst trennenden Gegensätze des Alltags hinweg für eine Woche im Dienste der edlen Frau Musika zu vereinen." Im Anschluss an die Altdorfer Singwoche (1925) Walther Hensels (eigentlich Julius Janiczek, 1887–1956) hat die Finkensteiner Bewegung in Bayern großen Umfang angenommen, so dass im Sommer 1926 eine Reihe von Singwochen stattfanden. Der Leiter war der Sohn Josef Pommers, der protestantische Pfarrer Helmuth Pommer aus Bregenz, Leiter der „Lindauer Singgemeinde". Er führte das Alkohol- und Nikotinverbot bei den Singwochen, rhythmisch-gymnastische Übungen im Freien und eine Tanzausbildung durch Dr. Hermann Jülg (Innsbruck) ein. Berichte darüber finden sich in: Das deutsche Volkslied 28, 1926, S. 147–148. Weitere Berichte in derselben Zeitschrift von Anton Anderluh (1928, 1929, 1933) und Ludwig Gerheuser (1934). Gerheuser widmete seinen Bericht von der 9. Singwoche auf der Wülzburg (August 1934) Helmuth Pommer: „Wir haben auf der Wülzburg vieles kennengelernt – am meisten vielleicht uns selbst, und die Wahrheit des Schillerschen Satzes, daß das Schöne und die Kunst mit dem besten Teil unserer Glückseligkeit in einer unmittelbaren und mit dem moralischen Adel der menschlichen Natur in keiner entfernten Verbindung stehen." (In: Das deutsche Volkslied, 36, 1934, S. 135–136). Auf der Wülzburg war Fanderl nach Wissen des Autors jedoch nie.
162. Arbeiter-Trachtler 1928/9, S. 1f. Nach: Walter Deutsch/Ursula Hemetek: Georg Windhofer, S. 72f.
163. Dem Volksmusikarchiv des Bezirks Oberbayern ist es zu verdanken, dass an die Leistungen und Besonderheiten der beiden „Prachtmenschen" in der Reihe „Persönlichkeiten der Volksmusik" (Heft 5) erinnert wurde. Das Heft enthält viel Wissenswertes über das Leben und Wirken der sangesfreudigen „Wirtsleute von St. Georgen", z.B. Biographien, Fotos, Presseberichte über die Jahrzehnte hinweg, das umfangreiche Lieder-Repertoire der Wirtsleute, Würdigungen, Erinnerungen. Auch die Präsenz im bayerischen Rundfunk und Freundschaften mit Sendeverantwortlichen des Senders über die politischen Zäsuren hinweg, etwa mit Josef Schweiger, werden dokumentiert. (Vgl. auch Ernst Schusser: Die Volksmusik im Bayerischen Rundfunk von 1924–1945 und die Popularisierung des Heimatgedankens. 1. Teilband, S. 304f.) Josef Schweiger war Chortenor, Zitherspieler und Liedbegleiter, er gründete Volksliedgruppen aus Mitgliedern des Rundfunkchores, war Assistent von Wilfrid Feldhütter, führte ab 1936 selbst Regie und leitete viele Aufnahmen und Studiosendungen mit Volksmusikanten. Er war auch Komponist, z.B. „Mia fahn mit da Zilln übern See" (Widmung 1944 für Loni und Martl Meier), Zitherwalzer „Auf St. Georgen"(1945). Vgl. SMZ 33 (1990), H. 4.
164. Ebenda, S. 55.
165. Ebenda, S. 60–65.
166. Ebenda, S. 76–111. Die Dokumentation ist auch deswegen so wertvoll, weil sie – ähnlich wie Fanderl in seinen „Oberbayerischen Liedern" und schon in der Publikation „Das Leibhaftige Liederbuch" – die verschiedenen Quellen und die unterschiedlichen Fassungen der Lieder verzeichnet bzw. erläutert.
167. Ebenda, S. 3.
168. Ebenda.
169. z.B. Josef Schweiger, Kiem Pauli, Josef Sontheim, Josef Burda, Lois Treichl, Carl Vögele, Georg Gottner, Sängergruppe Eberwein, Aschauer Dirndl, Geschwister Schiefer, Paul Friedl alias „Baumsteftenlenz", Riederinger Sänger, Jakob Roider (Zum Roider Jackl, 1906–1975, Volks- und Gstanzlsänger und Kommentator, vgl. die erst jüngst erschienene Publikation: Eva Bruckner/Otto Holzapfel/Ernst Schusser: Vom Vierzeiler zum Lied – vom Lied zum Vierzeiler).
170. Vgl. Ernst Schusser: Die Volksmusik im Bayerischen Rundfunk von 1924–1945 und die Popularisierung des Heimatgedankens.

1. Teilband, S. 297–309. Als „Fachberater" waren damals auch Kiem Pauli, Kurt Huber oder Carl Orff für den Münchner Sender tätig.
171. Der erste Teilband bietet eine inhaltliche Darstellung zur Geschichte des Rundfunks in Bayern, zu den Strukturen, Zielsetzungen und Produktionsbedingungen für „Volksmusik", zu den inhaltlichen Ausrichtungen volkstümlicher Sendungen und ihrer Rezeption sowie zum Einfluss der Volksmusik auf den Heimatgedanken. Der zweite, ebenso wertvolle Teilband, liefert sodann in chronologischer Form entsprechende Daten, Auflistungen und Verzeichnisse.
172. z.B. das „Bergener Zithertrio Heinrich Mayer (zwischen 1932 und 1935 in fünf Sendungen), die von Fanderl betreuten und in Wettbewerben erfahrenen „Bergener Kinder" (1935/1936 in drei Sendungen), das „Bergener Gamsei-Trio" (auch KdF-Sängergruppe Gamsei – Bergen) mit insgesamt sieben Sendungen (1931–1937), die „Bergener Ländlerkapelle Mayer" mit zwei Auftritten im Jahr 1935.
173. Loni und Martl Meier. Die Wirtsleute von St. Georgen im Chiemgau, S. 49. Die Münchener Sendeverantwortlichen, allen voran Dr. Wilfrid Feldhütter, verstanden es ab 1933 ausgezeichnet, heimatliche Volkstumssendungen immer wieder in den politisch-ideologischen Kontext zu stellen, etwa mit Sendungen wie „Stunde der Nation – Deutsches Schicksal – Deutsches Lied" (24.4.1933), „Österreichs Schicksal – Österreichs Lied" (27.2.1934).
174. Walter Deutsch: Tobi Reiser 1907–1974, S. 51.
175. z.B. in einer Sendung zum Frühjahr, in einem „Volkskunstabend zur Sonnenwende" („Bergfeuer"), einer Neujahrssendung und einer mit dem Titel „Salzburger Land - Salzburger Leut" (12. Mai 1938) – mit dem „Salzburger Kammerchor Trapp" und Texten des Salzburger NS-Landesrates Karl Springenschmid, der ein paar Tage zuvor, am 30. April 1938, für die nazistische Bücherverbrennung auf dem Salzburger Residenzplatz verantwortlich gezeichnet hatte.
176. „Bin a lustiger Bua, kreuzlustig vostehst …" Wastl Fanderl und seine Sängerfreunde 1936–1959. Fanderl singt mit Lisl Gschoßmann (1915–1990) und mit Martl Meier jeweils im Duett sowie im Quintett (mit Schorsch Aiblinger, Martl Meier, Schorsch Wimmer und Bartl Aiblinger).
177. In den 1930er Jahren begleitete Fanderl andere Sänger mit der Zither, so zum Beispiel 1936 Josefa und Bertha Schiefer (die „Schieferl") sowie die Bergener Kinderschar. Das Deutsche Rundfunkarchiv Frankfurt hat vier dieser Schallplattenaufnahmen der Reichs-Rundfunk GmbH in seinen Beständen. Fanderl spielte Zither bei folgenden Aufnahmen: „Felsenharte Bethlehemiten, wie mögt ihr so grausam sein", beim Gaßl-Lied „Stoamüada kimm i hoam, leg i mi nieder", die die Geschwister Schiefer sangen, sowie bei den Liedern „Deandl, willst an Edelknab'n oder willst an Jager ham", „Ja, grüaß die Gott Frual von der Au" und „Horcht's Leutl'n i siagh ja", die seine Bergener Kinder vortrugen. Fanderl war mit den Schwestern Bertha (gest. am 31.7. 1979) und Josepha Schiefer (gest. am 8.2. 1980) aus Laufen seit seiner Jugend befreundet und kam in seiner „Sänger- und Musikantenzeitung" wiederholt auf die sängerischen Leistungen und Sammelleidenschaft der beiden Frauen zu sprechen, die 1931 Kiem Pauli und Kurt Huber kennengelernt hatten. Sie wurden außerdem von Tobi Reiser, Viktor von Geramb und Annette Thoma als eigenständige Volkslied-Sängerinnen überaus geschätzt. Vgl. u. a. Paul Ernst Rattelmüller: Die Geschwister Schiefer von Laufen a. d. Salzach.
178. Leicht zugänglich sind einige dieser Aufnahmen auf den bereits erwähnten CDs des Volksmusikarchivs des Bezirks Oberbayern „Bin a lustiger Bua, kreuzlustig vostehst …" und „Volksmusik im Chiemgau". Sie bieten insgesamt 33 Lieder und Jodler aller Art. Tatsächlich gibt es insgesamt ca. 130 Aufnahmen Fanderls mit den verschiedenen Gesangs-Formationen (vgl. Wastl Fanderl im Bayerischen Rundfunk von 1931 bis 1991, S. 28–30 und 34–35). Melodien und Texte einiger dieser Aufnahmen zusammen mit erhellenden Kommentaren sind in die Broschüre „Begegnung mit Wastl Fanderl (1915–1991)" aufgenommen worden.
179. Annette Thoma: Innentlang und durch den Chiemgau, S. 146.
180. Wastl Fanderl: Volkslied-Singwochen, S. 92.
181. Walter Schmidkunz: [Vorwort]. In: Das leibhaftige Liederbuch, S. 7f: „Leibhaftig' war das Stichwort für uns Drei, die das Material zusammentrugen: Für Karl List, den Steirer, der für die Liedfassung und -satz verantwortlich ist, für Fanderl Wastl aus Bergen am Hochfelln, Sänger und Förderer des alpenländischen Volksliedes, der den Jungmädelgruppen das volksechte Singen beibringt und Heimatabende und Funksendungen belebt, und endlich für den Schreiber dieser Zeilen […], der […] für die Buchidee, Gewand und Schmuck, und für den Liedgrundstock und die Auswahl verantwortlich ist. Auch für die Textfassung der Anmerkungen steht er ein […]. Die Lieder sind von uns Dreien nicht ‚gesammelt', sondern erlebt. […] Und Karl List und Fanderl Wastl kennen ihre ‚liebsten' Lieder schon von der Mutter her."
182. Worauf die folgende Anekdote immer zielen mag – sie verweist auf Fanderls Renommee. In den späten Jahren (1980, 1989, 1990) hat er wiederholt Folgendes über ein Vorkommnis des Jahres 1938 aus dem „Hochlandlager Königsdorf" erzählt: Heinrich Himmler (1900–1945), „Reichsführer SS und Chef der Deutschen Polizei", sei zu Besuch gewesen, habe Fanderl zu sich gebeten und ihn gefragt, ob er zu einer SS-Gebirgsjägereinheit einrücken wolle: „Und darauf habe ich gefragt: ‚Darf ich es ehrlich sagen?' Und ich hab' gesagt: ‚Weil ihr überall einen Totenkopf habt, und das gefällt mir nicht.' So habe ich in meiner Ahnungslosigkeit und zum Schrecken der Lagerleiterin als junger unerfahrener Bursche dem später so gefürchteten Nazi-Boss Himmler meine Meinung sagen dürfen. Auf das hin hat man mir aber ganz schön zugesetzt. Der Himmler

wollte mich zur SS. Aber ich hab' gesagt: ‚I geh' net!'" (vgl. Erich Mayer: Stoffsammlung, Kap. 4.)
183. Hausbuch der Familie Fanderl (1952–1958). Archiv Fanderl.
184. Zu „Schönram" schreibt Axel Haack (Freilassing) Folgendes: „Bis nach Kriegsbeginn waren rund 200 ‚Moorsoldaten' damit beschäftigt, das Moor zu entwässern und Torf zu gewinnen. Danach stand dieses Lager bis 1944 leer. In den letzten beiden Kriegsjahren (1944/45) dienten die Baracken als isoliertes Lager für tuberkulosekranke Zwangsarbeiter. Die ca. 150 arbeitsunfähigen ‚Fremdarbeiter' stammten mehrheitlich aus der Ukraine […] Sie waren zuvor u. a. bei Traunreut in der Rüstungsindustrie eingesetzt worden […] Die Kranken konnten sich in Lagernähe frei bewegen, baten bei den umliegenden Bauern um Milch und Brot und nahmen an den Beerdigungen ihrer Kameraden teil. […] Nach 1945 diente das ehemalige Arbeits- und Krankenlager lange Jahre als Auffanglager für Kriegsflüchtlinge. Ab 1950 begann die Forstverwaltung damit, die baufälligen Baracken abzureißen und das Gelände wieder aufzuforsten." (Vgl. Der Ukrainer-Friedhof oder die Unteilbarkeit der Menschenwürde: http://www.myheimat.de/homberg-ohm/der-ukrainer-friedhof-oder-die-unteilbarkeit-der-menschenwuerde-d94164.html [14.8.2010]
185. Vgl. Erich Mayer: Stoffsammlung, Kap. 4.3. (Tonaufnahme ORF-Salzburg 1990).
186. Ebenda, Erinnerung von Georg Ramstötter 1992.
187. Hausbuch der Familie Fanderl (1952–1958). Die erwähnten Geschichten wurden leider nicht aufbewahrt.
188. Einer der wenigen erhaltenen Feldpostbriefe stammt vom Juli 1941. Kiem Pauli hatte sich an Fanderl in Kreta gewandt und erzählte aus der Heimat von Tobi Reiser und von der alpenländischen Volksmusik-Bewegung als Garantin gegen „Kitsch und Unnatur". Er berichtet über Privates und über einige bekannte im Kriegseinsatz, u. a. über den kurz darauf auf Kreta gefallenen Dori Weckerlein, einen ehemaligen Wettbewerbsteilnehmer aus Rottach-Egern, auch über Georg von Kaufmann und seine Frau.
189. Die Korrespondenz mit dem Staatsarchiv München ergab, dass weder in den noch vorhandenen Beständen der Spruchkammern Berchtesgaden, Traunstein, Garmisch-Partenkirchen und jener der ihnen vorgesetzten Haupt- und Berufungskammer München Unterlagen enthalten sind. Die Bestände der Spruchkammer Garmisch-Partenkirchen wurden erst in den 1990ern auf Beschluss der Bayerischen Staatsregierung und unter heftigen Protesten des Archivs dem Reißwolf übergeben bzw. skartiert. Gesetzliche Grundlage der Entnazifizierung war das „Gesetz zur Befreiung von Nationalsozialismus und Militarismus" vom 5. März 1946 (vgl. 3., durchgesehene und ergänzte Aufl., München 1948). Die bis heute gültige systematische Darstellung am Beispiel von Landsberg am Lech: Wolfgang Daum: Entnazifizierung in Landsberg am Lech. Zu Fragen der Internierung und „Umerziehung" nach 1945; vgl. auch:

Christa Horn: Die Internierungs- und Arbeitslager in Bayern 1945–1952. Zur Situation in Salzburg erst jüngst: Oskar Dohle/Peter Eigelsberger: Camp Marcus W. Orr. „Glasenbach" als Internierungslager nach 1945. Die genannten Arbeiten kommen fast ohne die Nennung von Personen aus. Stattdessen wird das Systematische der Vorgänge in den Mittelpunkt gerückt, also statistische Daten, rechtliche Voraussetzungen und verwaltungsmäßige Abläufe, Finanzierung, zeitgenössische Berichterstattung, Alltag usf.
190. Deutsche Dienststelle (WASt) für die Benachrichtigung der nächsten Angehörigen von Gefallenen der ehemaligen deutschen Wehrmacht Berlin. Auskunft vom 2.6.2010 (Anfrage vom 7.10.2009).
191. Ebenda.
192. Vgl. Erich Mayer: Stoffsammlung, Kap. 4. Aus Fanderls sporadischen Erzählungen geht auch hervor, dass er während seiner Wehrdienstzeit in Bad Aussee, in Graz, zur Truppenausbildung in Grafenwöhr/Oberpfalz und auch in Breslau gewesen war.
193. Lexikon der Wehrmacht: http://www.lexikon-der-wehrmacht.de/Chronik/INDEX.HTM
194. Erich Mayer: Stoffsammlung, Kap. 4: „In Aussee bin ich [im März 1938] zufällig beim Gielge einquartiert worden. Wir haben uns vorher nicht gekannt, aber voneinander gewußt. Der Gielge war schon ein ‚Brauner'. Und dann sind wir weiter marschiert." Zu Hans Gielge (1901–1970): Seit 1919 Lehrer in Bad Aussee, Zeichner, Maler, Dialektdichter, Volksliedsammler des Ausseer Landes (ca. 1000 Tanzweisen, 300 Lieder und 200 Jodler; Vermittler der Gößler Tänze, des Steirischen, der Schleunigen). Zu seinen wissenschaftlichen und volkskulturellen Leistungen vgl. Franz Carl Lipp: Hans Gielge (1901–1970). Vgl. auch den Nachruf von Albert Rastl und das Jahrbuch 1970 (Privatsammlung Fanderl): Lisl Fanderl berichtet vom Begräbnis des Hans Gielge in Bad Aussee.
195. In einem Brief vom 28. März 1940 an den NS-Volkstumsarbeiter Tobi Reiser erläutert Prof. Viktor von Geramb in bewegenden Worten seine wissenschaftliche und politische Position, die zugleich ein Loblied auf „den Juden Konrad Mautner" (1880–1924) ist und ihn nicht zuletzt deswegen in Konflikt mit den Nationalsozialisten brachte. Es heißt u. a.: „Mein […] Freund Konrad Mautner! Wie hätte ich damals ahnen können, daß diese Freundesbande einem Toten gegenüber einmal als Strafverbrechen gewertet wird." (Salzburg Museum/Tobi-Reiser-Archiv)
196. Erich Mayer: Stoffsammlung, Kap. 4 (Gesprächsaufzeichnung 1990): „In Graz habe ich gemeint, ich müsse mich beim Professor Geramb melden. Ich habe das auch getan und bin dann sogar bei ihm ins Quartier gekommen. Professor Geramb war damals die Kapazität für Volkslied und Volkskunde. Als ich am nächsten Tag das Haus verlassen habe, haben mich zwei Männer angehalten und gefragt, was ich dort drin getan habe. Ich habe ahnungslos und getreu berichtet und sie haben mich dann gehen lassen, weil das, was ich

gesagt habe, glaubwürdig war. Ich habe später aber erfahren, daß das zwei Männer von der Gestapo waren und daß diese das Haus von Geramb beobachtet haben, weil darin im 1. Stock die Gräfin von Meran, also eine Nachfahrin des Erzherzogs Johann, sich aufhielt. Und der Adel war ja damals schon ganz allgemein verdächtig." Zu Viktor (von) Geramb (1884–1958): Seit 1913 Aufbau und Leitung der volkskundlichen Abteilung des Joanneums in Graz, 1933/34 Gründung des Steirischen Heimatwerkes, 1931–1939 sowie 1949–1954 Ordinariat für Volkskunde in Graz (1939 von den Nazis zwangspensioniert), Volksbildner, Heimatschutzbewegung („Deutscher Schulverein Südmark").
197. Lexikon der Wehrmacht:
http://www.lexikon-der-wehrmacht.de/Chronik/INDEX.HTM
198. Erich Mayer: Stoffsammlung, Kap. 4: „Dort [Waldkirchen] war irgendwo ein Schaukasten angebracht mit Bildern. Unser Hauptmann hat ihn sich angeschaut und kam dann zu mir und fragte: ‚Fanderl, sind Sie das, dort im Schaukasten?' Und tatsächlich, da hing ein Bild von mir, auf dem ich gerade mit jungen BdM-Mädchen eine Singstunde gehalten habe." (4.Jänner 1989: Gesprächsaufzeichnung aus Stelzenberg)
199. Ebenda.
200. Zur 1. Gebirgs-Division vgl. Hermann Frank Meyer: Blutiges Edelweiß. Als langjähriger Kommandant fungierte Hubert Lanz (1896–1982), Kriegsteilnehmer im Ersten Weltkrieg, nach 1918 Angehöriger der Reichswehr, seit 1934 Major, seit 1937 Oberstleutnant, am 10.11.1938 als Kommandant des Gebirgsjäger-Regimentes 100 in Bad Reichenhall eingesetzt, 1940 Ritterkreuz, seit 26.10.1940 Kommandant der 1. Gebirgs-Division, 1942 Eichenlaub-Auszeichnung, seit August 1943 Kommandierender General des XXII. Gebirgskorps in Griechenland und später auf dem Balkan; letztverantwortlich für Kriegsverbrechen und Verbrechen gegen die Menschlichkeit (1947 im sogenannten „Südost-Generale-Prozess" zu 12 Jahren Haft verurteilt, Entlassung nach 3 Jahren): 1943 Kriegsverbrechen auf der griechischen Insel Kephalonia (Ermordung von über 5000 italienischen Soldaten) und auf Korfu (Erschießung von 280 italienischen Offizieren, die auf offener See versenkt wurden), 1943 im nordgriechischen Dorf Kommeno: Erschießung von 317 Zivilisten (172 Frauen, 145 Männer, 97 Personen waren jünger als 15 Jahre, 14 älter als 65, 13 waren ein Jahr alt, 38 Menschen verbrannten in den 181 zerstörten Häusern, sadistische Exzesse; 1943 Zerstörung des Dorfes Akmotopos und Erschießung aller Zivilisten (Major Alois Eisl); zudem Unterstützung der Geheimen Feldpolizei bei der Deportation griechischer Juden in Joannina; Ermordungen in Lyngiades, Skines und Camerino (vgl. Lexikon der Wehrmacht: http://www.lexikon-der-wehrmacht.de/Gliederungen/Gebirgsdivisionen/Zusatz1GebD-R.htm, 4.9.2010). Hier eine Auswahl der Einsätze der Division während des Krieges: September 1939: Polen; Mai 1940/April 1941: Frankreich, Jugoslawien; Juni 1941: Sowjetunion, Juden-Pogrom von Lemberg (Juni 1941), Kämpfe im Raum Charkow, Vorstoß in den Kaukasus, Kuban-Brückenkopf; Mai/Juni 1943: Einsatz gegen Partisanen in Montenegro; Juni/August 1943: Thassalien, Epirus und Südalbanien (u. a. Partisanenkampf – die Massaker in und um Borovoë; Morde von Kalovrisi, Mazi, Aetopetra, Aidonochori, Vasiliko, Kefalovrisi, Zienë, Dracovë (10.–12.7.1943); „Säuberungen" an der Straße Ionnina-Arta (22.-25.7.1943); Massaker von Mousiotitsa (25.7.-22.8.1943); Massaker von Kommeno (16.8.1943); September 1943: Kriegsverbrechen gegen italienische Offiziere auf Kefalonia, Korfu; September-November 1943: Geiselmorde in Paramythia, Massaker von Lyngiades; November 1943-Mai 1945: Einsatz gegen Tito-Partisanen und in Ungarn, Einsätze gegen Partisanen in Südalbanien, Mazedonien; Deportation der jüdischen Bevölkerung aus dem Befehlsbereich; Geiselerschießungen in Agrinio (14.4. und 31.7.1944). Ältere und zugleich beschönigende Literatur u. a.: Roland Kaltenegger: Deutsche Gebirgsjäger im Zweiten Weltkrieg. (Dieser Band enthält keine Hinweise auf Kriegsverbrechen der 1. Division).
201. Julius Alfred Ringel (1889–1967) war nicht nur Inhaber höchster österreichischer und deutscher militärischer Auszeichnungen seit dem Ersten Weltkrieg, sondern als überzeugter Nationalsozialist auch Träger des Goldenen Parteiabzeichens der NSDAP, Kommandeur der 5. Gebirgs-Division war er bis Februar 1944. Diese Funktion übernahmen sodann bis Kriegsende die Generalleutnant Max-Günther Schrank und Generalmajor Hans Steets. Julius Ringel stieg weiter auf und wurde im April 1944 Kommandierender General des LXIX. Gebirgs-Korps in Kroatien, im Juni 1944 des XVIII. Gebirgs-Korps und schließlich Befehlshaber des Wehrkreises XVIII (Steiermark, Kärnten, Tirol und Salzburg), wo er ab Februar 1945 das „Armeekorps Ringel" bildete.
202. Vgl. Erich Mayer: Stoffsammlung, Kap.4: „Dann waren wir in Kreta. Da hat's g'hoaßn, mir werd'n verlegt nach Rußland. Jetzt hab'n wir, unser Regiment, da in Anif, in Grödig, in dieser Gegend, Quartier bezogen. [...] Und dann in Anif, beim Friesacher, überall is da g'sunga word'n. Und dann ist Rußland kommen. Überall war's gleiche. Aber da san auch so unschöne Erinnerungen. (Tonaufnahme ORF-Salzburg 14.06.1990): Zum 75. Geburtstag vom Fanderl Wastl. Zum Stichwort „beim Friesacher": Michael Friesacher (1896–1974) war NS-Kreisbauernführer, „Leiter der Gauamtes für das Landvolk" und Berater des Salzburger Gauleiters in agrarpolitischen und Bauernfragen, schließlich Landesbauernführer des Gaues Salzburg. Bekanntschaft mit Tobi Reiser.
203. Hausbuch der Familie Fanderl (1952–1958), Eintragung von Lisl Fanderl vom Jänner 1953.
204. Ebenda.
205. Ebenda. Lisl Mayer notierte dazu im Rückblick: „Zuschauen haben wir uns nicht lassen, wie wir uns die goldenen Ringl angesteckt haben. Vielleicht nur von den Sterndln und dem blühenden

Fliederbusch im Garten. In echter Liab beinanderstehn,/An Hoamatl treu,/ A Liadl dabei,/So tuat es in Verlobung gehn!"
206. Auf einem der Fotos, die auf dem italienischen Kriegsschauplatz („bei Aquafondata") im Winter 1943/44 gemacht wurden, heißt es: „Auch diese Zeit war schön! Besser gesagt, sie war es wert, daß man sie erlebt hat."
207. Lisl (Lilo) war damals kriegsdienstverpflichtet in Leoni/Berg in einem Schullandheim beschäftigt und erzählt: „Ich war ja mit der Schule von München her ausgelagert nach Leoni am Starnberger See." (vgl. Erich Mayer. Stoffsammlung, Kap. 15:Gesprächsaufzeichnungen 1987, 1999)
208. Ludwig Knorr (1783–1852): Besitzer der Augustiner-Brauerei in München mit dem Knorr-Bierkeller, Mitbegründer der liberalen „Münchner Neuesten Nachrichten" (Verlag Knorr und Hirth), Magistratsrat und Vater von neun Kindern. Eines seiner Kinder, Angelo Knorr, errichtete 1853 durch Stiftung die erste Unterkunftshütte auf der Zugspitze, die bis heute seinen Namen (Knorr-Hütte) trägt. (Nach: Starnberger See G'schichten 1986).
209. Erich Mayer: Stoffsammlung, Kap. 4 (Interviews und Gesprächsaufzeichnungen aus den Jahren 1988, 1989, 1992). Im Reichenhaller Lazarett lernte Fanderl den Bildhauer Hans Wimmer (1907–1992) kennen, mit dem er ein Zimmer teilte: „Es hat dort üblicherweise nur Vierbett- und Sechsbettzimmer gegeben, aber ich war allein in einem Zweibettzimmer. Ich war damals schon wer, und habe bei den Schwestern etwas gegolten. [...] Der Chefarzt vom Lazarett in Reichenhall hat dem Wimmer Zuflucht vor den Nazis gegeben. [...] Ich habe vom Wimmer damals sehr viel gelernt. Er hat mir den Homer beigebracht und ich habe ihn dann gelesen wie einen Krimi." (Erich Mayer: Stoffsammlung, Kap. 18). Hans Wimmer sollte Priester werden, interessierte sich zeitweise für den Beruf des Dirigenten, studierte dann aber zwischen 1928 und 1935 an der Akademie der freien Künste in München, war 1939 Stipendiat der Villa Massimo, modellierte Mussolini, war zwischen 1949 und 1972 Lehrer für Bildhauerei an der Akademie der Bildenden Künste in Nürnberg und erhielt neben vielen anderen Auszeichnungen im Jahre 1980 gemeinsam mit Wastl Fanderl den „Oberbayerischen Kulturpreis". Wimmers künstlerisches Werk umfasst so heterogene Arbeiten wie z.B. „Richard-Strauss-Brunnen" (München 1962), „Knieder, Mahnmal für die Opfer der KZs" (Paulskirche, Frankfurt a. M. 1964), „Ehrenmal des Deutschen Heeres" (Festung Ehrenbreitstein 1972). Bekannt ist auch das „Wimmer-Ross" in Pfarrkirchen (1964).
210. Erich Mayer: Stoffsammlung, Kap. 4 (Gesprächsaufzeichnungen).
211. Ebenda. Fanderl öffentlich beim 7. Alpenländischen Volksmusikwettbewerb in Innsbruck im Gespräch mit den Jury-Kollegen (13.–16.11.1986).
212. Leider waren zu Fanderls Beiträgen für die Soldatensender Oslo, Athen, Belgrad, Minsk, Reval (Estland) und Rom trotz großer Recherche-Anstrengungen keine Unterlagen, etwa Inhalte, Sendeskripten, Sendedaten u.a.m. zu finden. Man kann nur vermuten, welche Art von Musik und Texten Fanderl in den Äther sandte. Zum Thema Soldatensender der Deutschen Wehrmacht zwischen Information, Unterhaltung, politischer Propaganda und psychologischer Kriegsführung sowie individualpsychologischen Aufgaben (Heimweh, Trost, Zukunftshoffnung und Durchhalte-Bestärkung, Stärkung des Kampfwillens) vgl. Willi A. Boelcke: Die Macht des Radios, S. 228–239. Seit Mitte April 1941 kontrollierte die Deutsche Wehrmacht (Senderbetreuungstrupps) die intakten jugoslawischen Rundfunkstationen; Beginn der Kurzwellen-Sendungen mit ca. 60 deutschen Schallplatten; Ende April: Hitler genehmigt die Dienststelle Belgrad (Zweck: gegen feindliche „serbische politische Elemente"); im Mai 1941 Ankauf des Senders im Auftrag des Reichsaußenministers (unter Umgehung von Goebbels) im Einvernehmen mit dem Oberkommando der Wehrmacht (Radio Belgrad AG); enorme Reichweite (England, Pyrenäen, Tunis, Türkei, Iran, Kaukasus, Weißrussland); Leitung des Senders und Programmgestaltung: Rundfunk-Kompanie der Wehrmachts-Propagandaleitung Südost (Kommandant: 1941/42 Major Dr. Julius Lippert (1895–1956): Fraktionsvorsitzender der NSDAP im Berliner Stadtparlament seit 1929; 1933: Staatskommissar der Reichshauptstadt Berlin; 1936: Stadtpräsident Berlin/Oberbürgermeister; Redner bei den Olympischen Spielen 1936; Generaldirektor eines Konzerns von Filmverleihfirmen, Sprech- und Filmtheatern, Soldatenheimen, Druckereien, Landgütern und einer Bank; Kreiskommandeur von Arlon/Belgien; sieben Jahre Zuchthaus nach 1945). Geleitet wurde die Rundfunk-Kompanie von Lt. Karl-Heinz Reintgen (1910–1995). Ab 1942 bestand die Kompanie aus ca. 6 Fachleuten, 20 Soldaten, einem zivilen Mitarbeitern und hatte ca. 70 Studio-Räumlichkeiten im serbischen Forstministerium zur Verfügung: Sendesäle, Konzertsaal, verschiedene eigene Orchester; Sendebetrieb von 5 Uhr morgens bis 1 Uhr nachts; Sendereihen: „Oase Heimat" (seit 1942), „Die bunte Palette", „Zum Mitsingen", „Die Belgrader bunte Bühne", „Belgrader Wachtposten", seit 1943 Wochenende-Programm „Wartesaal Belgrad"; seit April 1942 Zusammenschluss mit den Sendern Athen und Saloniki: „Sendegruppe Südost". Auch Programm in serbischer Sprache; Offizielles Ende der Sendungen aus dem Belgrader Funkhaus: 14. Oktober 1944 (Besetzung der Stadt durch bulgarische Truppen und Tito-Partisanen); bis 8. Mai 1945 am Abend aber Fortführung der Sendungen durch den fahrbaren Mittelwelle-Sender „Prinz Eugen – Studio Belgrad Lili Marleen" aus Mariapfarr im Lungau. Zu Karl-Heinz Reintgen: Nach dem Zweiten Weltkrieg baut er „Europa-Sender" auf; seit 1961 Aufbau des Aktuellen Fernsehens in Saarbrücken, 1968 Chefredakteur Hörfunk und Fernsehen, 1974 stv. SR-Indendant; seit 1980 Honorarkonsul der Republik Südafrika; viele Auszeichnungen.

213. Erich Mayer: Stoffsammlung, Kap. 4, S. 47 (Gesprächsaufzeichnung). Es handelt sich um das Lied „Der Ehestreit", das Fanderl 1935 mit Lisl Gschoßmann aufgenommen hatte, ein Lied, das Kiem Pauli 1927 von Anni und Joseph Bauer („Kraudn Sepp") in Gaißach aufgezeichnet und 1934 veröffentlicht hatte. Inzwischen, seit den 1970er Jahren, gilt der „Kraudn Sepp" als Ikone einer sich innovativ gebenden „Volx"- oder neuen Volksmusik-Bewegung, die das „urtümlich Bayerische" beschwört. Die neuere Feldforschung belegt, dass es in Bauers Generation „mindestens 20–30 Wirtshaussänger" in Oberbayern gab, die man auf ähnliche Weise als „exotisch" hätte stilisieren können. (Brief von Ernst Schusser an Karl Müller, 7. Mai 2012)

214. Zum Wunschkonzert für die Deutsche Wehrmacht als „Brücke zwischen Front und Heimat" vgl. Günter Grull: Radio und Musik von und für Soldaten, S. 134–178. Wunschkonzerte gab es seit 1. Oktober 1939. Sie entwickelten sich zur volkstümlichsten Sendung im Reichsgebiet. Für Leitung, Gestaltung und Ansagen war Heinz Goedecke (1901–1959, NSDAP-Mitgliedsnr. 2633483; Träger des Kriegsverdienstkreuzes mit Schwertern, „Vater der Wunschkonzerte") verantwortlich. Die 50. Sendung mit Ansprachen von Joseph Goebbels und General Eduard Dietl) fand am 1.12.1940 statt. Prominente Künstler waren u. a. Marika Rökk, Hans Moser, Wilhelm Furtwängler, Eugen Jochum, Werner Krauß, Julius Patzak, Zarah Leander, Herbert von Karajan. Die Sendungen wurden nach den von Goebbels vorgegebenen Richtlinien gestaltet: u. a. wenige Texte, honorarfreie Mitarbeit durch Künstler, Ansagen in mehreren Sprachen, ohne „veraltete bürgerliche Männergesänge" (vgl. Fred K. Prieberg: Handbuch Deutsche Musiker 1933–1945, S. 2301, 2401). Über die Sendungen wurden Spenden für das Winterhilfswerk gesammelt (nach 60 Sendungen waren es ca. 10 Millionen Reichsmark). Besonders bekannt geworden ist die Ringsendung des Deutschlandsenders vom 24.12. 1942 (30 Stützpunkte an allen Fronten, auch in Leningrad, wo sich Fanderl aufhielt und möglicherweise an einem Sendeteil mitwirkte). Eine Auswahl der Darbietungen der „Wunschssendungen" liegt in einer CD-Box mit dem Titel „Heimat deine Sterne" vor und bietet einen Überblick über das Repertoire: Oper und Operette, Schlager, Tanzmusik, Märsche, Couplets, Kriegsweihnacht 1940, Programmausschnitte des Senders Belgrad, 150. Sendung aus 1943, Programm des Senders Oslo u. a. mit Beiträgen folgender KünstlerInnen: Wilhelm Strienz, Erna Berger, Peter Anders, Lale Andersen, Marika Rökk, Karl Schmitt-Walter, Ilse Werner, Zarah Leander, Rosita Serrano, Hans Albers, Heinz Rühmann, Hertha Feiler, Paul Hörbiger, Rudi Schuricke, Helge Rosvaenge, Sari Barabas, Herm Niels, Herbert Groh, Marcel Wittrich, Walther Ludwig, Willi Domgraf-Faßbaender und mit diversen Chören, Musikkorps und Orchestern.

215. Erich Mayer: Stoffsammlung, Kap. 2 (Brief von Maria Hellwig an Erich Mayer vom 19.4.1992). Sogar die Regensburger Domspatzen unter der Leitung des Domkapellmeisters Theobald Schrems (katholischer Priester) wurden im besetzten Frankreich, in Belgien, Holland und „im Osten" bei der „Wehrbetreuung" und für die „Reichspropaganda" eingesetzt. Die Kinder mussten in Kirchen, Rüstungsbetrieben und vor Soldaten der Wehrmacht singen. Die Domspatzen wurden in HJ- und Jungvolk-Uniformen gesteckt und wurden von der Bevölkerung der besetzten Staaten wiederholt mit Steinen beworfen. Die Kinderchöre hatten sogar eine eigene Feldpostnummer (Brief von Erich Mayer an Maria Hellwig, 30.4.1992).

216. Ebenda, Kap. 1 (Tonaufnahme von Werner Brandlhuber, 22.06.1975: Matinee zum 60. Geburtstag von Wastl Fanderl).

217. Zur Erfolgsgeschichte des Liedes: Text von Hans Leip (1915), vertont von Rudolf Zink; andere Vertonung durch Norbert Schultze. Erstveröffentlichung unter dem Titel „Lied eines jungen Wachtpostens" als Electrola-Schallplatte, Sänger: Jan Behrens, bekannt geworden in der Fassung von Lale Andersen, seit Mitte 1941 fester Bestandteil des Programms des Senders Belgrad („Belgrader Wachtposten"). Das „Lili Marleen"-Lied „Vor der Kaserne vor dem großen Tor …" wird seit 1942/43 zur Signation des Senders und allabendlich gegen 22.00 Uhr ausgestrahlt. Seit 1943 sendete es auch der britische „Soldatensender Calais" in einer englischen Version (Sängerin Anne Shelton; auch Marlene Dietrich interpretierte das Lied in Englisch; vgl. Karin Falkenberg: Radiohören. Zu einer Bewusstseinsgeschichte 1933–1950, S. 103). Details auch bei Günter Grull: Radio und Musik von und für Soldaten, S. 154. Zum britischen Soldatensender Calais vgl. Nachlass Egon Larsen Nr. 24650 (Historisches Archiv – Bayerischer Rundfunk).

218. Vgl. Günter Grull: Radio und Musik von und für Soldaten. Das Wunschkonzert wurde vom „Großdeutschen Rundfunk" europaweit und darüber hinaus ausgestrahlt. Angeschlossen waren folgende Sendergruppen: Böhmen-Mähren, Prag, Brünn, Mährisch-Ostrau, Sender des Generalgouvernements Krakau, Warschau, Lemberg, Sender in Norwegen, Holland, Belgien, Radio Paris und Sender des besetzten französischen Gebietes, Wehrmachtsgruppe Südost (Belgrad, Athen, Saloniki, Kurwellensender Athen), Sendergruppe Ostland (Riga, Modulin, Goldingen, Libau, Kauern mit dem Sender Wilna, Landessender Reval, Dorpat, Landessender Minsk mit dem Sender Babruisk), Sendergruppe Ukraine u. a. m. in den besetzten Ostgebieten; Deutsche Kurzwelle: Afrika, Mittel- und Südamerika, Südsee. Für die Sender Belgrad, Athen, Minsk, Reval war auch Fanderl tätig.

219. Erich Mayer: Stoffsammlung, Kap. 4, S. 33.

220. Eine Notiz Fanderls auf einem „Nußknacker"-Programm der „Soldaten-Bühne der Armee" bezieht sich auf Valentin Feurstein (1885–1970): Generalmajor im österreichischen Bundesheer, 1941 General der Gebirgstruppe der Wehrmacht; 1943 in Italien; 1944 Ritterkreuz des Eisernen Kreuzes; 1945 Festungskommandant von Bregenz: Angesichts anrückender französischer Truppen erklärte er

Bregenz zur Offenen Stadt; von Gauleiter Franz Hofer abgesetzt. Erinnerungen: „Irrwege der Pflicht" (1963).

221. Erich Mayer: Stoffsammlung, Kap. 4 (Gesprächsaufzeichnung, Oktober 1980 beim 4. Alpenländischen Volksmusikwettbewerb in Innsbruck).

222. In die Sammlung „Is's a Freud auf der Welt. Lieder von Wastl Fanderl" wurde es nicht aufgenommen. Text und Melodie wurden von Fanderl schon „an der Ostfront" 1942 verfasst (vgl. „Das Feldpostpackerl", Volksmusikarchiv Bruckmühl: Dokument von Fritz Derwart übergeben).

223. Werner Finck (1902–1978): Mitbegründer und Leiter der „Katakombe" (1929–1935), Meister der improvisierten Conference, politsatirischer Wortspiel-Meister; kleine Filmrollen; Verhaftung 1935 (Anlass: die nazi-satirische Szene „Ein Mann läßt sich einen Anzug anmessen", KZ Esterwege, Prozess, Intervention Käthe Dorschs bei Hermann Göring: Entlassung und einjähriges Berufsverbot; 1937–1939 Mitglied im Berliner „Kabarett der Komiker" („KaDeKo"); drohende neuerliche Verhaftung: freiwillige Meldung zur Wehrmacht (Polenfeldzug, Besatzungssoldat in Südfrankreich, 1940 Einmarsch in die Sowjetunion, März–Dezember 1942: Wehrmachts-Untersuchungsgefängnis, Versetzung nach Italien, 1945 Lazarett in Meran, Entlassung in Bad Aibling). Frontbühnen-Aktivitäten während des Kriegs. Nach 1945: polit-satirischer Mitarbeiter des NWDR. Programm: „Kritik der reinen Unvernunft", „Am Besten nichts Neues", „Der brave Soldat schweigt", Leiter des Kabaretts „Nebelhorn" im Züricher Niederdorf, 1948 Mitbegründer des Kabaretts „Die Mausefalle" in Stuttgart, seit 1951 in Hamburg, seit 1954 in München; 1964 „Münchner Lach- und Schießgesellschaft" (Programm „Bewältigte Befangenheit"), seit 1951 erneut Rollen in Filmen u. a. von Max Ophüls, Helmut Käutner, Géza von Cziffra, Wolfgang Staudte, Rainer Werner Fassbinder; 1973 Bundesverdienstkreuz.

224. Erich Mayer: Stoffsammlung, Kap. 4 (Gesprächsaufzeichnung 1990).

225. Wastl Fanderl: Gebirgsjäger singen.

226. Ebenda, S. 47.

227. Einige Beispiele: „Es war amal a junger Soldat", gehört 1937 vom Störschneider Otto Lackner im Gasthof Martl Meier in St. Georgen, 12 Strophen, publiziert in: „Oberbayerische Lieder", S. 91f. – „Ei, du falscher Gugu", vorgesungen von Hugmar Pohl aus Kärnten in der Bad Reichenhaller Jägerkaserne, ergänzt durch eine dritte Strophe vor Leningrad 1942, aber nicht publiziert in „Hirankl-Horankl": „Und da Oansiedla im Wald/is kloawinzig und stoaalt./Hat sei Bettstadl vobrent, gugu,/is sein Diandl nachigrennt." (nach Feldpostbrief an Nandl von Haupt) – „Lost's no grad do d'Spielleut o", vor Leningrad von einem steirischen Soldaten auf der Mundharmonika vorgespielt, publiziert in: Liederbogen Nr. 4, Nr. 19 – „Innviertler Gsangl", von oberösterreichischen Gebirgsjägern im Krieg gehört, publiziert in: Liederbogen Nr. 49, Nr. 212.

228. Wastl Fanderl: Gebirgsjäger singen.

229. Es handelt sich dabei um folgende Beiträge: Volkswitz aus dem Chiemgau, Kindersprüche aus Oberbayern, Lustige Kindersprüchl zwischen Inn und Salzach, Die kleinsten Kinderversl rund um den Chiemsee, Vier Dorfgedichtl.

230. „Das deutsche Volkslied" lieferte immer wieder entsprechende Sammlungen von Kinderversen und -sprüchen sowie von Kinderspielen aus vielen deutschsprachigen Regionen und setzte sich in zahlreichen Beiträgen mit den verschiedenen Aspekten des Sammelns dieses Kulturgutes auseinander. Auch Buchrezensionen sind erschienen. Vgl. Josef Pommer: Lehrt die Kinder Volkslieder singen!

231. Josefa Schiefer: Kindersprüche aus Bayern.

232. Annette Thoma: Vom bäuerlichen Kindersingen. Darin plädiert sie – in christlich-moralischer Tradition – dafür, den Kindern die „oft in ungeschminkter Art kernige[n] Wahrheiten oder natürliche[n] Gegebenheiten", wie sie das „älperische Volkslied" im Spiegel oft mit Spott und Hohn festhalte, nicht zuzumuten, „wenigstens nicht beim Singenlernen". Es gebe genügend andere „Almaliedln und Bauernfopplieder", die den Kindern Freude bereiteten: Balladen, Kehrreimlieder, Singradel und Jodler.

233. Fritz Kynass: Der Jude im deutschen Volkslied, S. 9, 63f. Vgl. dazu Christoph Daxelmüller: Zersetzende Wirkungen des jüdischen Geistes, S. 299. Daxelmüller hat den wissenschaftsgeschichtlichen Ort dieser Arbeit präzise eingeschätzt. Er spricht hinsichtlich der damals üblichen „Volkskunde" prinzipiell von einem Changieren zwischen „stummem" und „offenem" Antisemitismus, wobei das bloße Auflisten von „Zerrbildern des Juden" in populären Liedern (wie bei Kynass) und Erzählungen den Anspruch auf wissenschaftliche Objektivität beanspruchte.

234. Vgl. Erich Mayer: Stoffsammlung, Kap. 4 (Gesprächsaufzeichnungen aus 1989 und 1990).

235. Vgl. die kritische Analyse: Eva Bruckner/Otto Holzapfel/Ernst Schusser: Vom Vierzeiler zum Lied – vom Lied zum Vierzeiler, S. 42–43.

236. Erich Mayer: Stoffsammlung, Kap. 4: Brief von Otto Huter (Nürnberg, ehemals Jäg.-Batl. Kempten unter Major Dietl und später Gebirgsjäger-Regiment 98, 99) an Wastl Fanderl vom 7.5.1971.

237. Eva Bruckner/Otto Holzapfel/Ernst Schusser: Vom Vierzeiler zum Lied – vom Lied zum Vierzeiler, S. 42.

238. Wastl Fanderl: Der Zigudia, S. 14. Die „Akropolis"-Geschichte, die Fanderl nach 1945 in seinem privaten „Hausbuch" (plus Foto) aufbewahrt hatte, konnte nicht mehr exakt bibliographiert werden.

239. Soldatenliederbuch. Hg. vom Generalkommando des VII. Armeekorps. 4. Aufl., München: Zentralverlag der NSDAP 1940 (1938).

240. Erich Mayer: Stoffsammlung, Kap. 2 (Brief Wastl Fanderl an Annette Thoma vom 18.8.1935. Fanderl berichtet auch vom zögerlichen Zugehen des Kiem Pauli auf Schmidkunz). Gemeint ist die

folgende Publikation: Walter Schmidkunz: Das Kind. Märchen und Legenden um Christus (1925).
241. Nach dem Krieg beklagte sich Fanderl über Schmidkunz, der offenbar ein sehr guter Geschäftsmann war: „Beim ‚Leibhaftigen Liederbuch' hab'n s' mich ganz schön beschissen. Ich hab' da bloß ein paar Exemplare bekommen, aber sonst keine Rechte. – Aber das nur nebenbei!" (Erich Mayer: Stoffsammlung, Kap. 4: Gesprächsaufzeichnung 1988)
242. Walter Schmidkunz: [Vorwort]. In: Das leibhaftige Liederbuch, S. 8.
243. Josef Focht: Das Leibhaftige Liederbuch. Entstehungsgeschichte und Kontext. Text-Vergleich der Fassungen des Vorwortes aus 1938 und 1959 auf der Homepage der Zeitschrift „Sänger & Musikanten". Die Homepage der Zeitschrift „Sänger & Musikanten" (seit 2004) bietet eine aufschlussreiche Kontroverse zwischen Helga Margarete Heinrich und Wolfgang Burgmair um die adäquate Beurteilung der Rolle von Schmidkunz während der NS-Zeit, insbesondere anhand der Analyse der von Schmidkunz für das Druck- und Verlagshaus Gerber initiierten „Münchner Lesebogen" (seit 1940), die (mit insgesamt ca. 190 Heften) Millionenauflagen erzielten und an die Fronten geschickt wurden – Beiträge der NS-Strategen, das „Buch als Waffe" einzusetzen. Schmidkunz und der Verlag waren geschäftliche Nutznießer dieser nazistischen Strategie der „Auswahl ideologiegestützter Texte" (Helga M. Heinrich, S. 6). Die differenzierenden biographischen Ergänzungen, die Wolfgang Burgmair einbringt, sind von prinzipiellem Gewicht, zeigen sie doch die beschränkten Handlungsspielräume eines, wie Burgmair meint, „Alt-Konservativen" in der NS-Herrschaft. Dennoch wird man Schmidkunz keineswegs als inneren Emigranten bezeichnen können, denn er war kein anti-nazistischer Ideenschmuggler, sondern gerierte sich offiziell immer stromlinienförmig.
244. Walter Schmidkunz: [Vorwort]. In: Das leibhaftige Liederbuch, S. 9.
245. Ebenda, S. 12.
246. Ebenda, S. 5.
247. Konrad Mautner (Hg.): Steyrisches Rasplwerk. Vierzeiler, Lieder und Gasslreime aus Goessl am Grundlsee.
248. Paul Neu (1881–1940): Architekturstudium, dann Illustrator und Graphiker (u. a. Buchgestaltungen, Plakate, Brief- und Reklamemarken, Postkarten), Entwürfe für Keramiken, Mitarbeiter der Zeitschriften „Feurjo" und „Die Jugend", Arbeiten für die Oberammergauer Passionsspiele 1910, 1922, 1930, für das Münchner Oktoberfest 1910, für Ausstellungen; Buchillustrationen für viele Verlage (u. a. Bücher von Georg Queri, Kiem Pauli, Kurt Huber, Krimiserie des Verlages Georg Müller 1922–1930). Zuletzt: Alex W. Hinrichsen: Paul Neu - Bayerischer Künstler in Deutschland.
249. Ebenda, S. 16.
250. Dr. [Georg] Kotek: [Rezension 1939].
251. Kotek konnte eigentlich nur einen kleinen Fehler finden und machte ansonsten nur ganz wenige Ergänzungsvorschläge für den Kommentar von Schmidkunz.
252. Wie Ernst Schusser feststellen konnte, stammen „[...] einige Liedaufzeichnungen aus dem Chiemgau [...] aus der heute verschollenen Sammlung von Otto Liebhaber (1874–1939), der sie Fanderl zur Verfügung stellte." Vgl. Ernst Schusser: Wastl Fanderl (1915–1991). Die Volksliedpflege in Oberbayern, S. 108.
253. Vgl. Ernst Schusser: Volksmusik in der Zeit des Nationalsozialismus im Spiegel der Volksmusiksendungen des Bayerischen Rundfunks/Reichssender 1992, S. 75.
254. Das leibhaftige Liederbuch, S. 212f.
255. Hirankl – Horankl, S. 3f.
256. Fanderl nennt als MitarbeiterIinnen Gertraud Thoma, Hela Schneider-Ewald, Hilde Schmitt und Georg Kotek. Die Malerin Ingrid Sieck-Voigtländer war für die Gestaltung des Bandes zuständig. Mit ihr verband ihn eine lebenslange Freundschaft. (Ingrid Sieck-Voigtländer: Malerin, Tochter des Chiemseegauer Malers Rudolf Sieck (1877–1957). Fanderl fungierte als Taufpate ihres ersten Kindes, Ingrid Sieck-Voigtländer wiederum als Taufpatin der Monika Fanderl). Zu den Gewährsleuten gehörten u. a. auch Gretl Reiser, die Schiefer-Schwestern und Friedl von Spaun.
257. Vgl. Feldpostbrief von Fanderl an Nandl von Haupt, Weihnachten 1942 (Privatarchiv Helga Weeger-Kralik).
258. Bundesarchiv, VBS 47, UBS 1; BA/ehemals BDC/NSDAP-Zentralkartei.
259. Erich Mayer: Stoffsammlung, Kap. 4. (Oktober 1980 beim 4. Alpenländischen Volksmusikwettbewerb in Innsbruck).
260. Fritz Jöde (1887–1970): Musikpädagoge, Komponist und Vertreter der deutschen Jugendmusikbewegung seit 1916; 1920/21 Studium in Leipzig, 1921 Gründung der Gamburger „Musikantengilde", seit 1923 Lehrer der Staatlichen Akademie für Kirchen- und Schulmusik in Berlin-Charlottenburg – Gründung der ersten staatlichen Jugendmusikschule; Mitgründer der Zeitschrift „Musikalische Jugendkultur", seit 1926 „Offene Singstunden"; 1928 Erste Rundfunksingstunde; seit 1930 Leiter des Seminars für Volks- und Jugendmusikpflege an der Akademie; ab 1936 Disziplinarverfahren, Verbot einiger Schriften; 1937 Leiter des Jugendfunks München und 1938 Leiter der dortigen HJ-Spielschar, seit 1939 Professor am Mozarteum in Salzburg, am 1.1.1940 Aufnahme in die NSDAP (Nr. 7.792.080); Salzburger „Gaubeauftragter für die geistige und weltanschauliche Betreuung der Umsiedler"; seit 1943 in Braunschweig, 1940–1944 Herausgeber der „Zeitschrift für Spielmusik"; 1945: Chorleiter, 1947–1952 Leiter des Amtes für Jugend- und Schulmusik in Hamburg; 1951–1953 Professor für Musikpädagogik an der Musikhochschule, sodann am Internationalen Institut für Jugend- und Volksmusik Trossingen. Verschiedene Liedersammlungen und musiktheoretische Schriften seit 1913. Vgl. Hil-

degard Krützfeldt-Junker: Fritz Jöde. Ein Beitrag zur Geschichte der Musikpädagogik des 20. Jahrhunderts.

261. Archivbestand Internationale Stiftung Mozarteum (Mappe 1/2: Reichsstatthalter Salzburg/Präsident der Stiftung Mozarteum – Bestand: Mozartwerk der Deutschen Akademie und der Stiftung Mozarteum Salzburg): Planung einer Werbefahrt für Volkslied und Hausmusik durch Schweden und Dänemark. In den Unterlagen finden sich eine Reihe von ähnlichen Konzepten, nicht zuletzt auch Ideen zur Positionierung des „Mozartwerkes des deutschen Volkes" als eines "Werkzeug[es] der politischen Führung" der „breitesten Volksmenge", aber auch außerhalb des „Großdeutschen Reiches", im Sinne der Förderung des „Gemeinschaftserlebnis[ses] von Menschen artverwandten Blutes".

262. Deutsche Akademie, München, Präsident: Ludwig Siebert.

263. Ebenda. Der „Bericht über die Pariser Reise v.19.9.–1.10.1940" einer gewissen Gisela Molière (wahrscheinlich ein Tarnname) enthält darüber hinaus Hinweise auf den Kunstraub in Frankreich (Möbel und Gemälde aus jüdischem Privatbesitz, Bemächtigung von „Freimaurer-Archiven") und die Rolle von Dr. Erich Valentin (1906–1993, Musikwissenschaftler, Leiter des Zentralinstituts für Mozartforschung, Generalsekretär der Internationalen Stiftung Mozarteum) bzw. von Friedrich Welz (1903–1980, Kunsthändler). Zu Welz vgl. Gert Kerschbaumer: Meister des Verwirrens. Die Geschäfte des Kunsthändlers Friedrich Welz 2000.

264. Ebenda (Archivbestand Internationale Stiftung Mozarteum): Entwurf für eine „Mittelstelle für Volksmusik" vom 7.1.1938. Jöde berief sich dabei auf seine Erfahrungen anlässlich seiner „Singstundenfahrten durch Bulgarien und Jugoslawien" im Auftrag der Deutschen Akademie München, ebenso auf jene bei volksmusikalischen Veranstaltungen in der Schweiz und Rumänien (auf Veranlassung der Auslandsorganisation der NSDAP) und auf eine Vortragsreise durch Schweden (Reichsmusikkammer Berlin) u.a.m., jeweils im Jahr 1937. Die Reise Tobi Reisers gemeinsam mit Sängern und Musikanten nach Bulgarien (Ende 1941) könnte auf solchen Erfahrungen Jödes beruhen.

265. Cesar Bresgen (1913–1988): Leiter der Spielgefolgeschar Mozarteum (Sondereinheit der HJ – „Mozartspielschar"), tätig für den NS-Lehrerbund, Musikpreis der Hauptstadt der Bewegung 1941, Kulturpreis der Gauhauptstadt Salzburg 1942, zahlreiche Kompositionen (u. a. Bekenntnis-, Kampf- und Kriegslieder, „Treulieder") für die NS-Bewegung und den SS-Orden, z.B. „Lied über Deutschland. 38 Kampf- und Feierlieder" (1936), Feiermusik anlässlich des Gedenktages der Verkündung des NSDAP-Programms 1920 (1938); „Bläsermusik" zum Tag der deutschen Kunst (SS-Totenkopf-Verband), „Einer geht und ist der Held" (1938, Führerhuldigung), „Ich habe Lust im weiten Feld" (1940), Adaption des Liedes „Es ist ein Ros'entsprungen" (mit Textveränderung), „Totenfeier" (Langemarckfeier der HJ-Rundfunkschar mit Verlesung eines Führerwortes), „Festliche Orgelmusik" zur Geburtstags-Feierstunde Hitlers 1944, „Fanfare" (zur Ausstellung des SS-Hauptamtes „Deutsche Künstler und die SS" 1944). Lieder und eine Kantate u. a. nach Texten von Hans Baumann. Bresgens „Volkstumsdiskurs" bewegte sich in der üblichen nazistischen Terminologie (Blut und Rasse, Volkslied und -musik als Teil des arischen Kulturkampfes gegen „jüdische Zersetzung" (vgl. Cesar Bresgen: Neues Singen und Musizieren, Gewachsene und entartete Musik). Zur Rolle von Cesar Bresgen im NS-Regime vgl. die Dokumentensammlung: Fred K. Prieberg: Handbuch Deutsche Musiker 1933–1945, S. 704–731.

266. Hans Baumann (1914–1988): Lyriker, Komponist, Kinder- und Jugendbuchautor, Übersetzer. Lehrerbildungsanstalt in Amberg, kam aus dem Katholizismus (Mitglied im katholischen Bund „Neu Deutschland"), Mitglied der HJ, Texte für die NS-Bewegung (HJ, BdM, SA, SS), Eintritt in die NSDAP am 1.5.1933 (Nr. 2.662.179), Jungvolkführer, Referent im Kulturamt der Reichsjugendführung (Laienspiel, auslandsdeutsche Kulturarbeit), Volksschullehrer, Nähe zur SS, seit 1939 bei der Wehrmacht (u. a. Propagandakompanie 501 an der Ostfront), 1941 Vortrag beim Weimarer Dichtertreffen, Dietrich-Eckart-Preis; Kriegsgefangener; nach 1945 unterschiedliche Berufe (u. a. Holzschnitzer in Oberammergau), mehrere Auszeichnungen nach 1945 (vgl. Fred K. Prieberg: Handbuch Deutsche Musiker 1933–1945). Das Archiv der deutschen Jugendbewegung (Burg Ludwigstein, Witzenhausen) besitzt ein Foto, auf dem Wastl Fanderl (in Lederhose) mit einer Dirndlgruppe gemeinsam mit Hans Baumann (in Uniform) zu sehen ist. Das Archiv beherbergt auch Tonbänder (Mail von Olaf Grabowski an K.M. vom 17.9.2009).

267. Vgl. Erich Mayer: Stoffsammlung, Kap. 4. Fanderl sang und musizierte gemeinsam mit Loisl Kranz (Gitarrist), der auch „Kunstmaler" war und das „Wirtshaus zum „Goldenen Skorpion'" mit Mundartsprüchen und Szenen gestaltete. Dies sei ein Treffpunkt der deutschen Soldaten in der Nähe von Rethimnon gewesen. Kranz habe gekocht, auch seien Güter des alltäglichen Gebrauchs verkauft worden.

268. Erich Mayer: Stoffsammlung, Kap. 4 (Gesprächsaufzeichn. 1990).

269. Ebenda.

270. Wastl Fanderl (Hg.): Lieber Herrgott, sing mit!

271. [Karl Magnus] Klier: [Rezension 1943]. K. M. Klier (1892–1966): 1927 Gründungsmitglied des burgenländischen Arbeitsausschusses des Österreichischen Volksliedwerkes, Hauptschriftleiter des Jahrbuchs des Österreichischen Volksliedwerkes; Volkskundler.

272. Hausbuch der Familie Fanderl (1952–1958), Eintragung von Lisl Fanderl vom Jänner 1953. Elisabeth Charlotte Ludowika Mayer (Lilo, Lisl Fanderl): geb. 2.2.1922 Leogang/Salzburg; aufgewachsen in den Forsthäusern Leogang (bis 1932), Weißbach bei Lofer

(bis 1934), Taubensee. Gymnasium in Salzburg (Internat bei den Ursulinen), seit 1934–1938 im Internat der Englischen Fräulein St. Zeno in Bad Reichenhall, Klavierunterricht, wollte Musik oder Medizin studieren, der Vater war dagegen; Ausbildung als Hauswirtschaftslehrerin, Arbeitsdienst, Lehrhochschule in München (Pasing): Abschluss Juli 1942, BdM-Haushaltungsschule Bad Reichenhall; Rot-Kreuz-Schwester; Dezember 1944: Lehrerin im Kindergartenseminar in Leoni, nach 1934 Hackbrettspielerin (Bandzauner-Hackbrett), nach 1945: „Singwochenmutter", Mitwirkung bei ca. 100 Sendungen (Rundfunk und Fernsehen), „Bäuerliches Stricken. 3 Bände", gest. 1.12.1999. Mutter: Anna Kurringer, geb. 19.1.1894 in Glashütte, uneheliche Tochter des jüdischen Unternehmers Matthias Löffler, Bilder-Rahmen und Spiegelhändler in München; gest. 25.3.1948 – Vater: Thomas Mayer, geb. 6.11.1893 Taubenberg, Förster, seit 1919 in Leogang, Skipionier in Zell am See, seit 1934 Förster in der Ramsau bei Berchtesgaden (Forsthaus Taubensee).
273. Ebenda.
274. Erich Mayer: Stoffsammlung, Kap. 15, S. 2 (Gesprächsaufzeichnung 1990).
275. Das Lied stammt aus dem Osttiroler Defereggental (St. Jakob) und wurde von Vinzenz Unterkircher überliefert. Fanderl übernahm es später in einer Überarbeitung von Hermann Derschmidt in seinen „Liederbogen Nr. 47: „Gedenket, liebe Herzen zwei" - Hochzeitslieder. Vgl. auch: SMZ 19 (Juli/August 1976), S. 100–101 (Heft u. a. mit Hochzeitsliedern).
276. Die Hochzeitsgäste wurden nach dem Motto „Da muaß i hi und kost's was wui!" eingeladen – mit einigen sarkastischen Hinweisen auf die allgemeine Lage der Zeit.
277. Elmar Haas: Der Wastl pfeift auf Rock und Pop. Folklore contra Alpenbeatles. Fanderl blieb der pure Warencharakter der Volksmusik ein Lebtag lang ein Gräuel. Man hat starke Worte für dieses „Fabrikmäßige" gefunden, z.B. krachlederner Fremdenrummel, Bayern-Prostitution für den Fremdenverkehr, Schnulzen-Volksdümmelei, trachtiges Showbusiness oder gefühlsseliger Bauernkitsch.
278. Helene Weinold: Mit Liedern gegen den Kitsch – Elmar Haas: Der Wastl pfeift auf Rock und Pop. Folklore contra Alpenbeatles – Kurt Hofner: Im Gespräch. Wastl Fanderl. „Volksmusikpfleger in Oberbayern".
279. Kiem Pauli: „Mit Handschlag, dein Kiem Pauli". Ein ungewöhnlicher Brief vom 25.10.1929, S. 32.
280. Kiem Pauli: [ohne Titel]. Nach: Annette Thoma: Vorwort. In: Das Volkslied in Altbayern und seine Sänger, S. 123–129. An anderer Stelle hatte es bei Kiem Pauli zudem geheißen: „schön, fröhlich und gut", und zwar angesichts der zunehmenden „Hast in der Menschheit", des „Kampf[es] ums tägliche Brot", „diese[r] ganze[n] technische[n] Zeit", was „neue Zustände, andere Menschen und andere Lieder gebracht" habe. „Aber es wird unsern Kindern nichts schaden, wenn sie wissen, wie die Alten gesungen und gespielt haben." (vgl. Kiem Pauli: „Mit Handschlag, dein Kiem Pauli". Ein ungewöhnlicher Brief vom 25.10.1929)
281. Wolfgang Dreier: Echt, S. 100. Dreier hat sich dazu auch ausführlicher geäußert: vgl. ders.: Zur Rolle der Pflege in der musikalischen Volkskultur in Salzburg von der Jahrhundertwende bis zum Zweiten Weltkrieg. Ein kritisch-historischer Abriss. Dreier betont, dass das „Echte" nicht nur als etwas „musikalisch Echtes" imaginiert wurde, sondern dabei besonders die Tracht und die mit ihr assoziierte Lebensform einen wichtigen Stellenwert hatte: „Das ‚Wirkliche' und ‚Echte' ist also ein Konstrukt, welches sich nicht allein auf einen bestimmten Aspekt, schon gar nicht auf den musikalischen, eingrenzen lässt. Vielmehr erscheint es als Konglomerat von teils entkontextualisierten Elementen aus Sitten, Bräuchen und musikalischen Kulturen im alpenländischen Raum."
282. Ebenda.
283. Ebenda.
284. Annette Thoma (Hg.): Das Volkslied in Altbayern und seine Sänger, S. 162.
285. Ebenda.
286. Ernst Schusser: Wastl Fanderl (1915–1991), S. 117.
287. Ebenda, S. 110.
288. Die Formel „Die Erfindung der Volksmusik" benennt diesen Sachverhalt: vgl. Nadine Lorenz: Die Erfindung der Volksmusik.
289. „Wir lassen net aus, das Volkstum wollen wir erhalten". In: Traunsteiner Nachrichten, Sommer 1950.
290. Ebenda.
291. Wastl Fanderl: Das Bairische Liederstandl.
292. Vgl. Wilhelm Lambert Steinberger: Köpfe in Altbayern, Hiesige und Zugereiste, die man kennen soll. München 1949 (nach: Erich Mayer: Stoffsammlung, Kap. 5).
293. Erich Mayer: Stoffsammlung, Kap. 15 (Gesprächsaufzeichnung 1977).
294. Ebenda, Kap. 5 (Pfarrer Franz Niegel im Gespräch mit Wastl Fanderl: Tonaufnahme von Werner Brandlhuber, 22.06.1975: Matinee zum 60. Geburtstag von Wastl Fanderl).
295. Vgl. Briefwechsel Erich Mayer – Karl Müller 2008–2011. Kurt Becher (1914–1996): Volkskulturelle Wurzeln in der katholischen Jugendbewegung, Wanderlehrer im Rahmen des „Bayerischen Jugendrings" unter Fritz Herrgott, Volkstänzer, hauptamtlicher Geschäftsführer des „Bayerischen Landesvereins für Heimatpflege e.V." (1964–1980). Seit Bechers Amtsantritt bayernweite intensive Volksmusikpflege. Zum „Bayerischen Landesverein für Heimatpflege e.V.": Dachorganisation für haupt- und ehrenamtliche Heimatpflege in Bayern, entstanden aus der Heimatschutzbewegung des 19. Jahrhunderts. Vgl. Wolfgang Pledl: Anhang zur Dokumentation Geschichte des Bayerischen Landesvereins für Heimatpflege

(1902–2002) und der Bayerischen Landesstelle für Volkskunde (1938–1961). Zum Thema „Volksmusikpflege" vgl. Manfred Seifert: Volksmusikpflege. Hier heißt es über Becher: „Mit Kurt Becher [...] etablierte sich ab 1963/64 der Bayerische Landesverein für Heimatpflege als wichtige Pflegeinstitution, deren Pflegestil sich bis zur Gegenwart zunehmend am strukturfunktionalen Ansatz ausrichtet und dabei konsequent auf eine erlebnisorientierte Vermittlung setzt." Vgl. auch Erich Sepp: Weichenstellungen in der Volksmusikpflege; Wolfgang Mayer: Man muß immer gegen den Strom schwimmen!

296. Fanderl in einem Brief an Erwin Zachmeier vom 3.11.1964. Vgl. auch Lenz Habersdorff: Der Fanderl Wastl.

297. Brief von Erich Mayer an Karl Müller (1.10.2010).

298. Ebenda. Zur Trachtenbewegung vgl. Manfred Seifert: Trachtenbewegung, Trachtenvereine.

299. Lisl Fanderl: Bäuerliches Stricken. Vgl. Georg Antretter: Der „Fanderl"-Strick.

300. Als sich sein Eindruck verstärkte, dass ihn die „Fabrik" – Veranstaltungsorganisation, Rundfunk, Fernsehen – zu dominieren drohte, machte er einen Schritt zurück, zog gewissermaßen die Reißleine und besann sich wiederum auf „Papa" Kiem Pauli und „Mutter" Annette Thoma.

301. Erich Mayer: Stoffsammlung, Kap. 18 (Gesprächsaufzeichnung 6.2.1981).

302. Ebenda, Tonaufnahme Bayerischer Rundfunk, Salzburg,12.5.1991: „Ein Leben für die Volksmusik – Zur Erinnerung an Wastl Fanderl" (Nachruf von Fritz Mayr).

303. Karl Moik: geb. 1938, Moderator, Showmaster, 1970–80 Moderator der Sendung „Volkstümliche Hitparade" bei Radio Oberösterreich, 1981–2005 moderierte er den „Musikantenstadl", den „Grand Prix der Volksmusik" und den „Silvesterstadl" im Fernsehen. „Für seine großen Verdienste um die Kultur wurde Moik im Jahre 2003 mit dem Großen Goldenen Ehrenzeichen der Stadt Linz ausgezeichnet. Außerdem erhielt er in Würdigung seiner Verdienste und Leistungen für Österreich" den österreichischen „Professorentitel ehrenhalber [2004]" (vgl. http://de.wikipedia.org/wiki/Karl_Moik, 18.11.2011). Fälschlicherweise behauptet die Internet-Plattform Austria Forum, Karl Moik habe auch den international renommierten Kabarettpreis „Salzburger Stier" 2000 erhalten.(vgl. http://www.austria-lexikon.at/af/AEIOU/Moik,_Karl)

304. Bei diesen Zitaten handelt es sich um eine Montage von Äußerungen Fanderls bei verschiedenen Veranstaltungen und in Rundfunksendungen zwischen 1976 und 1990 (vgl. Erich Mayer: Stoffsammlung).

305. Manfred Seifert: Volksmusikpflege.

306. Das für die Zeit nach 1945 vorliegende Material, sowohl publiziertes als auch unpubliziertes, ist ungewöhnlich reichhaltig. Erich Mayer und Moni Fanderl haben alle erdenklichen Hilfestellungen geleistet und die Zugänge zu Aufzeichnungen und zum Nachlass Fanderls ermöglicht. Sowohl die etwa 1200 Seiten umfassende „Stoffsammlung Erich Mayer" als auch die zwar unregelmäßig geführten, erst seit Beginn der 1950er angelegten privaten Haus- und Jahrbücher, Fotoalben, die Typo- und Manuskripte sowie Korrespondenzen der Familie Fanderl geben einen detaillierten Einblick in Leben, Werk und Schaffen für die Zeit nach 1945. Die Nachlassbibliothek im Volksmusikarchiv des Bezirks Oberbayern („Sammlung Fanderl") umfasst etwa 270 einschlägige Bücher, über 100 Lied- und Musikhandschriften sowie ca. 40 Lied- und Notendrucke sowie wissenschaftliches Schrifttum. Einige Informationsbroschüren (z.B. die Reihe „Persönlichkeiten der Volksmusik", u.a. zu Wastl Fanderl 1996, Kiem Pauli 1987/1992, Robert Münster 1988, Georg von Kaufmann 1992/2000, Martl Meier 1992, zur Teisendorfer Tanzlmusi/Sigi Ramstötter 1999) und die von Erich Mayer verfasste Broschüre „Wastl Fanderl im Bayerischen Rundfunk von 1931 bis 1991" bieten reichhaltiges Material zum Wirken Fanderls nach 1945.

307. Das Bairische Liederstandl.

308. Vgl. Erich Mayer: Stoffsammlung, Kap. 12 (Ansprache Fanderls am 15.12.1988 im Georg-von-Vollmar-Haus in München).

309. Der letzte Karriereschritt ist der in ein öffentliches Amt. Jetzt hat Fanderl sogar „Pensionsanspruch" für das, was er mit Leidenschaft seit Jahrzehnten tut, auch wenn ihm die Professionalisierung und die wachsenden Verpflichtungen zunehmend physisch und psychisch zusetzen.

310. Die Fernseharbeit beginnt 1959 mit der Sendung: „Ein altbayerischer Heimgarten"(Funkausstellung in Frankfurt a. M.), dann folgen „Singen und Spielen in der Stub'n" (1959–1962) und das „Bayerische Bilder- und Notenbüchl" (1963–1984). Insgesamt wurden etwa 80 Stunden gesendet.

311. Seine „Oberbayerischen Lieder" (1988) sind gewissermaßen sein Liedervermächtnis. Fanderl versammelt ca. 80 Lieder unterschiedlicher Genres und Themen (z.B. Jäger- und Wildschützenlieder, Almlieder, Gstanzl und Balladen, Wiegen- und Liebeslieder, geistliche Lieder). Ein Kapitel ist auch den „Überlieferern und ihren Geschichten" gewidmet (z.B. Loni und Martl Meier, Kirchensänger „Geschwister Kurz", Michl Ortner und die „Habamerin", Linerl Lina Krohn-Stanggassinger alias „Hofschaffer-Linerl", Monika Scheck-Pointner, Josef Buchner alias „Gamsei" und Josef Kammerlander, die „Alten" und die „Jungen Neukirchner, die „Peternwirtssänger").

312. Das Tobi-Reiser-Ensemble hatte sich am Vortag in Bergen zur Hausmusik eingefunden und spielte ein Mozart-Menuett.

313. Hausbuch der Familie Fanderl (1952–1958).

314. Über das Entnazifizierungsverfahren, den Spruchkammer-Entscheid und die Zeit der Kriegsgefangenschaft waren bisher trotz erheblicher Bemühungen keine Dokumente auffindbar, auch nicht im Nachlass Fanderls.

315. Freunde der Fanderls hatten für sie gebürgt. Sonst wäre der Kauf unmöglich gewesen. Die Fanderls interessierten sich für die Geschichte dieses Hauses (Hausname „Zum Martl", „Maschtl" oder „Maschtan") auf der Sonnseite und des zugehörigen Grundstücks. Ende des 18. Jahrhunderts soll es sogar einer Vorfahrin von Wastl Fanderl gehört haben, einer Voggenauerin. Die Fanderls konnten die Geschichte des Hauses bis ins Jahr 1662/1664 zurückverfolgen. 1936 erwarb die „Reichsautobahn" das Anwesen, verkaufte es aber bald wieder. Der „Buchhändler" Sebastian Fanderl und die „Förstertochter von Taubensee" Elisabeth Fanderl erwarben es 1963. Das „Oberbayerische Volksblatt" wusste im selben Jahr von einem Einstandsfest zu berichten, an dem einige Provinzhonoratioren und Annette Thoma teilnahmen – „der Chiemgau ein Mittelpunkt des Volkslied- und Volkstumspflege". Wastl Fanderl hat das Haus immer als Refugium geschätzt.
316. Erich Mayer: Stoffsammlung, Kap. 5 (Gesprächsaufz. 1988).
317. Eintragung von Wastl Fanderl am 11.12.1952 im Hausbuch der Familie Fanderl.
318. Die Bezeichnungen schwanken. Eine Werbebroschüre nennt das Unternehmen „Bayerisches Liederstandl" und bietet als Motto die bekannten Liedzeilen an: „Auf'm Berg oben im Tal / singa tean mas überall / wer net guat singa ko / der is arm dro." Die „Versandbuchhandlung" sollte Lieder- und Tanzsammlungen, „echte Volksmusik", Laienspiele, volkskundliche Werke, bäuerliche Dichtung sowie Instrumente und Zubehör im Sortiment haben, wie es in einer ersten Selbstdarstellung hieß. In einer „Voranzeige" des Unternehmens wird auf die Papierknappheit verwiesen, aber man solle „den Kopf nicht hängen lassen", „hie und da ‚tröpfelt' doch etwas herein." Jedenfalls sollte es ein modernes „Kramerstandl" werden, bei dem man alles nur Brauchbare erstehen könne – gemäß dem Kramerstandl-Text: „alte Leiern, Klarinetter, Besnstiel; Pomerantschen, Harfnleder, Kartenspiel; Guatn Kas und neue Liada, G'schnür und Hakn zu an Miada, Petersil, Petersil."
319. Kiem Pauli wünschte dem „Liederstandl" eine „gesunde Entwicklung" und ein „recht langes Leben". Laut Annette Thoma sollte das Projekt im „Sammelbecken [...] für das Gute und Echte" werden und den „Ratlosen" auf die Sprünge helfen. Für sie war Fanderl ein Garant dafür. Zuversicht und Opferfreudigkeit für diesen Heimatdienst war für Thoma selbstverständlich. Auch Hans Lang, Leiter der Münchner Singschule, und der Sänger Sepp Sontheim gratulierten.
320. Die Kunden konnten Bücher und heimatliches Schrifttum subskribieren, etwa auch Cesar Bresgens „Fein sein, beinander bleiben" (1947) oder die von Georg Kotek und Raimund Zoder gemeinsam herausgegebene Reihe „Ein Österreichisches Volksliederbuch. Stimme der Heimat. Im Heimgarten. Stille Stunden" (1948–1950). Cesar Bresgens Sammlung, besonders seine Kommentare und Herkunftsangaben, mussten sich damals eine besonders heftige Kritik von Karl Magnus Klier (1892–1966; ehemaliger Schriftleiter der Zeitschrift „Das deutsche Volkslied") gefallen lassen. An einigen Stellen, an denen Bresgen Wastl Fanderl als Gewährsmann nennt („Grüaß die Gott, du scheane Schwagerin", „A Waldbua bin i") verweist Klier auf die wirklichen Herkünfte. Er beklagt die unwissenschaftliche Vorgangsweise Bresgens.
321. Franz Pichler, ehemaliger Lehrer in Peterskirchen, damals südlichster Ort im Landkreis Mühldorf, erinnert sich an seinen ersten Kontakt mit Fanderl, dem „Hausierer" und Verkäufer des „Liederstandls", im Jahre 1949 (vgl. Franz Pichler: Der Fanderl Wastl als „Hausierer").
322. Wastl Fanderl: [Vorwort] zum „Bairischen Liederstandl", 1. Bg.
323. Lisl Fanderl war nicht nur eine sehr gute Hackbrettspielerin, sondern auch eine gute Pianistin.
324. Fanderl klebt zwei Werbezettel in das „Familien-Hausbuch" ein: Es handelt sich um die beiden Schallplatten-Neuerscheinungen der Firma Odeon jeweils mit dem „Wastl-Fanderl-Quartett" und der „Kapelle Wendlinger" (Nr. O-28-433 und Nr. O-28-442) mit vier „Volksweisen".
325. Vgl. Das Volkslied in Altbayern und seine Sänger, S. 128f. Annette Thoma als Herausgeberin lieferte den bis dahin umfassendsten Überblick über das singende und klingende „Altbayern". Das Buch, eine Hommage an Kiem Pauli, bietet nicht nur das bis dahin beste literarische Porträt, sondern zeigt zugleich detailliert die Folgen seines pflegerischen Wirkens, indem alle damals tätigen Musizier- und Singgruppen genannt werden.
326. Hausbuch, 11.12.1952. Damit die Fanderls ihre zahlreichen volkskulturellen Aufgaben verwirklichen konnten, brauchten sie verlässliche Unterstützung für ihre kleinen Kinder. Deswegen war zwischen 1949 und 1957 über Vermittlung von Pfarrer Franz Niegel die Kindergärtnerin Elisabeth (Lisi) Hribar als Kindermädchen im Haus. Lisl Fanderl widmete ihr im Fanderl-Hausbuch liebevolle Zeilen: „Für Papa und mich ist die Tante Lisi Tochter und Freundin zugleich und sie gehört einfach zu uns. [Sie ist Euch Kindern] so lebendig, daß Ihr selber am besten wißt, wie sie Euch all die Jahre durch Liebe und Fürsorge bereichert hat." Nach ihrer Hochzeit am 19.8.1957 gründete Elisabeth Hribar mit ihrem Mann Franz ihren ersten Hausstand und verließ das Fanderl-Haus.
327. Annette Thoma konnte einige sehr prominente AutorInnen für ihr Buch gewinnen. Sie waren Leitfiguren der traditionellen Volkskulturbewegung, die von heterogenem Zuschnitt war: religiöse Altkonservative, Antinazis und Nazis. Sie repräsentierten die verschiedenen Arbeitsbereiche und Regionen: z.B. Karl Alexander von Müller, Joseph Maria Ritz, Franz Josef Schöningh, Wilfried Feldhütter, Hans Seidl, Gundl Lawatsch, Viktor von Geramb, Tobi Reiser, Wilhelm Dieß, Barbara Brückner, Max Böhm und Raimund Zoder. Auch ein Text von Kurt Huber (1893–1943) wurde abgedruckt: „Student und Volksliedpflege".

328. Annette Thoma zitiert Ritter von Spaun (1790–1849): „Was sich aus der Kindheit der Völker, aus dem ursprünglichen Zustand der einfachsten, naturgemäßesten Lebensverhältnisse erhalten und bis auf unsere Tage fortgeerbt hat, ist bei allen gebildeten und in ihrer Bildung fortschreitenden Völkern ein Gegenstand erhöhter Aufmerksamkeit geworden. Wir empfinden immer mehr, daß Zivilisation und Verfeinerung uns große Opfer gekostet haben; wir büßten vieles ein, aber mehr durch Unachtsamkeit, Vergeßlichkeit, als durch Gewalt der Umstände. Je fremder uns die Gefühle unserer ursprünglichen Zustände geworden sind, desto tiefer empfindet gerade der Bessere die Sehnsucht nach dem Verlorenen. Was einst den Menschen froh und glücklich machte, treuer Ausdruck seiner Empfindungen war, sollte nie untergehen, und wenn es über andere Bestrebungen des menschlichen Geistes Jahrhunderte hindurch vernachlässigt, ganz außer Acht gelassen wurde, so soll die Wissenschaft dahin zurückkehren und trachten, die wesentlichen Lücken auszufüllen, welche der Staatengeschichte und einseitige Altertumskunde in der Geschichte der Menschheit, des inneren Gemütslebens übrig gelassen haben." (Annette Thoma: Das Volkslied in Altbayern und seine Sänger, S. 5).
329. Ebenda.
330. Annette Thoma: Schlußwort. In: Das Volkslied in Altbayern und seine Sänger, S. 162.
331. Ebenda, S. 5–7.
332. Worte des Hl. Vaters Pius XII über Volkstumspflege.
333. Vgl. Karl Fischer (=KF, Musikalienhändler und Harfenbauer, Traunstein): Eine Reise mit dem Fanderl Wastl zum Weltvolksmusiktreffen 1953 in Biarritz/Pamplona.
334. Erich Mayer: Stoffsammlung, Kap. 5 (Bertl Witter: Reisenotizen, Manuskript 1992).
335. Bertl Witter: „Kennst Du noch einen, der singen kann?" In: Begegnungen mit Wastl Fanderl, S. 144.
336. Auch Hansl Messmer, Fritz Westermaier und Erika Blumberger waren in Ostberlin zu Gast.
337. Kurt Ninnig und die Fanderls freundeten sich an – später gab es sogar Besuche der Ninnigs in Frasdorf.
338. Die Aufnahmen der Fanderls haben sich im Rundfunkarchiv erhalten. Die Zeitschrift „Unser Rundfunk" berichtete und brachte sogar ein Foto (21.2.1959, 15.3.1959)
339. Vgl. Erich Mayer: Stoffsammlung, Kap. 5 (Gesprächsaufzeichnung 1987 und 1992).
340. Vgl. die Geburtstagssendung von Ulrike Zöller für Leo Döllerer am 4.10.2010 (BR: Volksmusik in Bayern): Leo Döllerer (geb. 1925) war später auch Mitglied des „Traunsteiner Dreigesangs" und sang gemeinsam mit Bertl Witter fast 70 Jahre lang im Duo. Ulrike Zöller hat zuletzt anlässlich der Wiederkehr des 20. Todestages von Fanderl am 25.4.2011 in zwei Radiosendungen (Bayern 1 und Bayern 2) an die Leistungen Fanderls erinnert. Dabei lässt sie auch kritische Stimmen zu Wort kommen. Dennoch dominiert bei allen Interviewten in deren Erinnerung der Respekt vor der offenen und liberalen Haltung Fanderls.
341. Sigi Ramstötter (geb. 1929): Fliesenleger, Hafner, Reisebus- und Taxiunternehmer, Musikant (Harmonika, Flügelhorn, Trompete), Kapellmeister, Sänger, Tanzmeister, Moderator, Berater von Sängern und Musikanten; seit 1947 Vereinsspieler beim Trachtenverein „Trauntaler Traunstein"; Mitglied des Ramstötter Dreigesangs bzw. Quartetts; seit den 1950er Jahren Begleiter bei den Volkstanzkursen des Georg von Kaufmann und bei den Singwochen Fanderls sowie Mitwirkungen in Fanderls „Bairischem Bilder- und Notenbüchl"; Gründer der Teisendorfer Tanzlmusi (mit zahlreichen Auftritten im In- und Ausland), der Teisendorfer Geigenmusi und Okarinamusi. Vgl. zuletzt: Teisendorfer Tanzlmusi. Die erste „Tanzlmusi" in Oberbayern. http://www.ramstoetter.de/Volks/Volksmusik.htm, (5.1. 2011). Über die Aktivitäten der „Teisendorfer Tanzlmusi" in den Jahren 1966–1975 gibt eine Auflistung Auskunft, die sich an sehr hohen Veranstaltungszahlen und sogar an der Summe der gefahrenen Kilometer berauscht.
342. Die ersten Aufnahmen fanden am 27. November 1949 statt, die letzten am 15. Oktober 1959. Das intensivste Aufnahmejahr war 1951 – nicht weniger als 14 Mal waren die Sänger im Münchner Studio zu Gast und nahmen in diesem Jahr immerhin 72 Lieder und Jodler auf.
343. Zwischen 1959 und 1970 war Karl List (1902–1971) verantwortlich für die Volksmusik im Hörfunk des Bayerischen Rundfunks.
344. Bertl Witter: Die Geburtsstunde des Fanderl-Trios.
345. Vgl. Erich Mayer: Stoffsammlung, Kap. 5 (Anonymer Brief vom 13.1.1951).
346. Ebenda (Brief von Liesl Karlstadt an Wastl Fanderl vom 21.10.1951).
347. Hans Reichl stand Fanderl schon vor dem Krieg als Begleiter zur Verfügung. Die Sendeleiter der „Abteilung Volksmusik" Alfons Schmidseder (1946–1949) und Hans Seidl (1949–1959) zeichneten für die vielen Aufnahmen verantwortlich. Zum 60. Geburtstag Hans Reichls vgl. SMZ 4 (1961), H. 6, S. 117.
348. Vgl. verschiedene Texte von Bertl Witter, z.B. „Singen und Klingen im Inn- und Chiemgau", „Die Geburtsstunde des Fanderl-Trios", „Kennst Du noch einen, der singen kann?", Interview mit Bertl Witter 7.7.1992. Vgl. auch Georg Heindlmaier: Erinnerungen an „Die Vier vom Gamsstadl".
349. Erich Mayer: Stoffsammlung, Kap. 5 (Bertl Witter im Gespräch mit Erich Mayer, Tonaufnahme 7.7.1992). Stolz berichten die Fanderl-Sänger wiederholt von ihren Reisen und über Erlebnisse und Begegnungen mit den Prominenten der Szene, etwa mit Kiem Pauli, Tobi Reiser, Hans Gielge, Annette Thoma, Sepp und Adolf Dengg, Friedl Spaun, den Sontheim-Brüdern Sepp und Xa-

ver, mit den Riederinger Sängern und den Aschauer- und Roaner Sängerinnen, der Salzburger Musikanten- und Sänger-Szene, der Trapp-Familie usf. Daraus ergibt sich das Bild einer überschaubar kleinen, regionalen, aber verschworenen, traditionsbewussten, ja alt-konservativen Gemeinschaft von Volksmusik- und Volkslieder-Begeisterten.

350. Dieses selbst geschriebene „Nikolauslied" hat Fanderl mit seinem Quartett seit 1951 bekannt gemacht. Veröffentlicht wurde es zuerst in: Fritz Jöde: Die Singstunde. Später wurde es in die von Wolfi Scheck initiierte Sammlung der „Lieder von Wastl Fanderl" mit dem Titel „Is's a Freud auf der Welt" aufgenommen.

351. Schon im November 1953 widmete Kiem Pauli seinem Freund Fanderl ein Exemplar der Neuausgabe: „Dem lieben Fanderl Wastl herzlich zugeeignet vom ‚Altn' aus Bad Kreuth, seinem Kiem Pauli". Vgl. auch das Fanderl-Liederbuch: „Is's a Freud auf der Welt", S. 32.

352. „Aba Hansl spann ei" ist ein Lied Fanderls aus dem Jahre 1953, das in Erinnerung an das Ross-Beschlagen in Bergen geschrieben wurde. Auch „Hinten bei der Stadltür", „Eisstock-Schiaßn" („Kimmt daher die Wintazeit"), „Is am Himmi koa Stern" (nach einem Gedicht von Franz von Kobell) und die Melodie zu „Im Fruahjahr, wann d'Vögal wieder singan" stammen aus seiner Feder. Im Zusammenhang mit seinem Lied „Zwoa schwarzbraune Rössal" berichtet er, dass er sich einmal an einem „zeitgemäßen bäuerlichen Traktorenlied" versucht, aber solches wieder aufgegeben habe. Er sei – gegen alle Aktualität – bei den „lebendigen Zugrössern" geblieben, „auch wenn diese so ziemlich verschwunden sind." (vgl. Is's a Freud auf der Welt. Lieder von Wastl Fanderl, S. 29). „Is's a Freud auf da Welt" stellt ein Loblied auf den Bauernstand dar. „Die heilig'n drei König san hochgeborn" habe er in der Gegend vom Erdinger Moos aufgezeichnet. Über seine frühen Sammelreisen erzählt Fanderl: „Ich bin dann in Gegenden gegangen, wo der Pauli [Kiem] net war. Und dann hab i no des oder des g'funden usw. Aber es ist mir immer darum gegangen, dass die Lieder net verschwinden in einem Archiv, und dort verstauben irgendwo, sondern dass des, was guat ist, wieder zum Leben erweckt werden kann. Damals hab i an Dreig'sang g'habt, der hat Fanderl-Trio g'hoaßn. Und a so hab'n wir halt versucht, diese Lieder zu verbreiten." (Tonaufnahme ORF-Salzburg. Sendung vom 14.6.1990: Zum 75. Geburtstag vom Fanderl Wastl)

353. Erich Mayer: Stoffsammlung, Kap. 5. 41 (Bertl Witter: Die Geburtsstunde des Fanderl-Trios).

354. Volkssingen im Postsaal von Grassau. Erstes großes Sängertreffen nach dem Krieg. In: Südost-Kurier, 26./27.10.1946.

355. Ebenda.

356. Ebenda, 2.11.1946.

357. Vgl. Franz Niegel: Prälat Dr. Michael Höck (1903–1996). Wichtig war dem damaligen Regens Dr. Michael Höck eine „theologische Sinndeutung" der Abende (Annette Thoma: Bei uns, S. 194). Später leistete diese u. a. der spätere Salzburger Universitätsprofessor Alfred Läpple, auch Pater Gabriel und Prof. Angermayer.

358. Vgl. Kiem Pauli: Sammlung Oberbayrischer Volkslieder, 2. Aufl., S. 421 (1. Aufl. S. 459): „Hirtenlied", vorgesungen von der Bäckermeisterin Surauer, Inzell, 2.12.1927.

359. Franz Niegel/Wolfgang Langgassner: Das Dombergsingen. Niegel, ehemaliger Priesterseminarist, war damals Kaplan in Wasserburg am Inn, Langgassner war Präfekt am Knabenseminar Freising.

360. Annette Thoma: Bei uns. S. 194.

361. Annette Thoma: [Bericht].

362. Joseph Aloisius Ratzinger: geb. 1927, 1941 zur Hitlerjugend verpflichtet, 1944 Reichsarbeitsdienst im Burgenland (Ostmark), 1945 amerikanische Kriegsgefangenschaft im Lager Neu-Ulm, 1951 Priesterweihe in Freising, 1957 Habilitation an der Universität München (Habilitationsschrift: „Die Geschichtstheologie des Hl. Bonaventura"), 1977 Erzbischof von München und Freising (Nachfolger von Julius Kardinal Döpfner 1913–1976), 1981 Präfekt der Kongregation für die Glaubenslehre, 2005 Wahl zum Papst (Benedikt XVI.). Fanderl erzählte bei seinen Singwochen gerne, dass der gerade eben zum Bischof geweihte Joseph Ratzinger in seiner Festpredigt auch die Schönheit der Volksmusik gewürdigt habe: „auf der Saite der Zither erklingt Harmonie", habe Ratzinger formuliert. (vgl. Erich Mayer: Stoffsammlung, Kap. 18: Gesprächsaufzeichnung aus Aufkirchen im Pustertal 1977).

363. Joseph Kardinal Ratzinger: Der hl. Augustinus über die „Lieder ohne Worte". Vgl auch: SMZ 20 (1977), H. 3, S. 120 sowie das „Geburtstagsbuch für den Fanderl Wastl", S. 9–12.

364. Erik Peterson Grandjean (1890–1960): Studium der evangelischen Theologie, nach Promotion und Habilitation 1920 Professor für christliche Archäologie und Kirchengeschichte in Göttingen und für Kirchengeschichte und Neues Testament in Bonn; Weihnachten 1930: Konversion zum katholischen Glauben; seit 1947 Professur für Patristik sowie für das Verhältnis von Antike und Christentum in Rom.

365. Joseph Kardinal Ratzinger: Ansprache beim Unterwössener Adventssingen 1978, S. 9–12. Im „Geburtstagsbuch für den Fanderl Wastl" ist nicht nur Weggefährten Fanderls mit bemerkenswerten Beiträgen vertreten, z.B. Raimund Eberle (München), Wunibald Iser (Meilenhofen), Wastl Biswanger (Ingolstadt), Ernst Schusser (Bruckmühl), Gerhard Klein (Steingaden), Kathi Greinsberger (Fischbachau) und Wolfi Scheck (Riegsee), sondern auch anerkannte Vertreter der wissenschaftlichen Volkskunde, u. a. Robert Münster (München), Walter Deutsch (Wien), Gerlinde Haid (Wien), Karl Horak (Schwaz in Tirol) und Wolfgang Mayer (München).

366. Erich Mayer: Stoffsammlung, Kap. 7 (Gesprächsaufzeichnung Pfingstsingwoche in Aufkirchen im Pustertal 1977).

367. Karl Perktold: Der Sänger von Bergen. Vom Fanderl Wastl und seinem singenden Dorf.
368. Fanderl verwendet den Begriff „Hoagart" (Heimgarten) ganz im Sinne der seit dem 19. Jahrhundert üblich gewordenen „romantisierenden, ländlich-älplerischen Sehnsuchtsschilderungen" für einen angeblich unverfälscht erhaltenen Ruheort. Wie Stefan Hirsch mit Berufung auf das „Bayerische Wörterbuch" von Johann Andreas Schmeller zeigen kann, geht es jedoch „nicht um einen buchstäblichen Garten, sondern um das Verbum ,garten' (,das Garten'), also den alten und [als Erscheinung des 30jährigen Krieges] negativen Begriff für das marodierende, randalierende, plündernde, bettelnde, gewalttätige (und vergewaltigende: ,Heimsuchung') Umherschweifen herrenloser Kriegsknechte (,gartknecht')." Hirsch zeigt den Bedeutungswandel des „,Heimgartengehens' bis hin zur idyllischen, folkloristisch städtisch-bürgerlichen Verklärung des späten 19. Jahrhunderts" und der Zeit nach 1945. „Der Bayerische Rundfunk verdankt den Titel der Sendereihe ,Boarischer Hoagascht'" dieser romantisierenden Tradition. Vgl. Stefan Hirsch: Der Heimgarten.
369. Wastl Fanderl: Volkslied-Singwochen, S. 91–93. Vgl. auch Wastl Fanderl: Fanderl-Singwochen. Entstehung – Konzeption – Erfahrungen.
370. Wastl Fanderl: Meine Erfahrungen im Umgang mit dem Volkslied, S. 14–15 (Typoskript auch im Nachlass Fanderl).
371. Sicher entsprach Fanderls Singwochen-Konzept Annette Thomas idealistischen altkonservativen Vorstellungen von kompensatorischer Ganzheit am besten: „Natürlichkeit", „Authentizität", „heimatliche Geborgenheit" und programmatische Einfachheit waren für sie ebenso wichtig wie „zusammenleben, miteinander reden, singen, tanzen und lustig sein, Freundschaften gründen" (Wastl Fanderl: Meine Erfahrungen im Umgang mit dem Volkslied) – die Singwoche als eine Art von romantischem Volkssalon oder zeitgenössischem Geselligkeitsforum. 1968 zieht Annette Thoma Bilanz: „Nach dem Krieg bildeten sich die verschiedenen Arten von Sing- und Lehrgangswochen heraus, galt es doch mannigfachen Bedürfnissen gerecht zu werden. Sie erwiesen sich bald als willkommene Urlaubstage, waren gut besucht und mußten zum Teil wiederholt werden. Sie wurden bewußt in die Ferienzeit verlegt, um Lehrern wie Schülern die Teilnahme zu ermöglichen." (Annette Thoma: Singwochen).
372. Annette Thoma: Alpenländische Singwochen, S. 15f.
373. Ebenda.
374. Annette Thoma schreibt: „Es hat sich gezeigt, daß das unterschiedslose Zusammensein von jung und alt, von allen Ständen und Berufen, von geschult und ungeschult sich herrlich ergänzt. Der Regierungsrat und der Schreinergesell, der Bauernbub und der Theologe, die Lehrerin und die ,Nur-Hausfrau-und Mutter', sie alle sind einheitlich gebunden in der Liebe zur Heimat und ihrem Lied." (Ebenda)

375. Ebenda.
376. Georg Antretter hat dem „Fanderl-Strick" sogar ein ganzes Buch gewidmet, das alle wichtigen Aspekte der „Einführung und Verbreitung eines Trachtenattributes in unserer Zeit", wie der Untertitel heißt, berücksichtigt. Er zeigt insbesondere die Entwicklung des „Halskrawattls" vom „Ladenhüter zum Erkennungszeichen", vom „Erkennungszeichen zum Vereinsattribut" und schließlich zum „Modeartikel". Die Fanderls hatten von Tobi Reiser (Salzburger Heimatwerk) den Rat angenommen, das „Bandl" in Oberbayern von Erika Müller-Tolk anfertigen zu lassen. (Georg Antretter: Der „Fanderl"-Strick).
377. Wolfi Scheck: Paßt des Gwand zu uns? (vgl. Erich Mayer: Stoffsammlung, Kap. 7).
378. Erich Mayer: Stoffsammlung, Kap. 7 (Wolfi Scheck: Das G'wand und die Singwoche 1993).
379. Ebenda.
380. Vgl. Erich Mayer: Stoffsammlung, Kap. 7 (Interviews – Sendungen mit Wastl Fanderl 1990, 1991).
381. Wastl Fanderl: Volkslied-Singwochen 1952, S. 91.
382. Fanderl-Äußerungen – schriftlich und mündlich – zwischen 1952 und 1990 (vgl. Erich Mayer: Stoffsammlung, Kap. 7)
383. Erich Mayer: Stoffsammlung, Kap. 7 (Gesprächsaufzeichnung 1989).
384. Ebenda, Tonaufnahme Bayerischer Rundfunk, 23.6.1990: Zum 75. Geburtstag von Wastl Fanderl.
385. Erich Mayer: Stoffsammlung, Kap. 7 (Gesprächsaufzeichnung 1980).
386. Die „Sänger- und Musikantenzeitung" berichtete wiederholt, aber nicht systematisch über die „Singwochen". Auch persönliche Erfahrungsberichte wurden abgedruckt (vgl. das Register der Jahrgänge I-XXV/1958–1982). Die Familien-Jahrbücher, die Lisl Fanderl in den 1970er Jahren anlegte, sind voll von persönlichen Dokumenten zu den verschiedensten Singwochen.
387. Wastl Fanderl: Frühling in Südtirol (aus der BR-Sendung „Musikalische Osterreise durch Zeiten und Länder", Ostern 1973).
388. Franz Friedrich Kohl (1851–1924): Gymnasium in Bozen, Naturwissenschaftler, Lehrer in Bozen und Innsbruck; arbeitete als Insektenforscher in Genf, München und am Naturhistorischen Museum in Wien (Hofrat); Liedersammler in Tirol (mehr als 1000 Aufzeichnungen). In Fanderls Nachlassbibliothek finden sich auch die Sammlungen Kohls, z.B. Echte Tiroler Lieder (1899 im Selbstverlag, erw. Neuausgabe in zwei Bänden 1913 und 1914/15), Heitere Volksgesänge aus Tirol (1908) und Tiroler Bauernhochzeit (1908).
389. Erich Mayer: „Fanderl-Singwochen" in Südtirol. Auch die bayerische Presse berichtete Entsprechendes. Vgl. (isch): Abseits vom Trubel und ganz ohne „Duliöh-Seligkeit".
390. Erich Mayer: Stoffsammlung, Kap. 7 (Gesprächsnotiz Lisl Fanderl 1995).

391. Vgl. Klaus Eisterer/Rolf Steininger (Hg.): Die Option. Zuletzt: Günther Pallaver/Leopold Steurer (Hg.): Deutsche! Hitler verkauft euch!
392. Vgl. Clara Huber (Hg.): Kurt Huber zum Gedächtnis, S. 101.
393. Luis Oberhöller, der Vater der großen Familie, erreichte sogar, dass sein Sohn Seppele im Herbst 1955 für sieben Wochen zu Kiem Pauli nach Kreuth kommen durfte, um dort das Zitherspielen zu erlernen (vgl. Erich Mayer: Stoffsammlung, Kap. 13). Dr. Berthold und Karl Edelmann hatten vermittelnd gewirkt. (Vgl. Kiem Pauli 1882–1960. 2. Teil.). Die Familie Oberhöller wirkte bei verschiedenen Veranstaltungen mit und wurde auch zu Aufnahmen in den Bayerischen Rundfunk eingeladen: Vgl. Sepp Oberhöller: Insr Lebm mit der Volksmusik.
394. Vgl. SMZ 2, 1959, H. 2, S. 22. Weiters: Wastl Fanderl: Das Sarntal. – Ders.: Weihnachtslieder aus Reinswald im Sarntal/Südtirol.
395. Vgl. auch Kurt Huber (1893–1943). Ausstellungsverzeichnis 1973 (u. a. zur Gottschee-Fahrt 1935).
396. Erst sehr viel später distanzierte sich die sehr deutschbewusste Anni Treibenreif von ihren ideologischen Anfängen.
397. Erich Mayer: Stoffsammlung, Kap. 7.
398. Ebenda (Brief an Axel Weidinger, 20.1.1976).
399. Im ersten Heft der SMZ 1958 erschien unter dem Motto „Einander kennenlernen" Fanderls Aufruf: „Es muß kein Verein gegründet werden. Damit was z'sammgeht ist nur nötig: daß Ihr einen gemütlichen Raum findet, in dem man auch ein Schalerl Kaffee trinken kann. Einander kennenlernen ist das allerwichtigste! Ihr werdet sehen, bald schon geht an dem einen oder anderen Tisch ein Liadl oder Stückl z'samm, von Anfang an seid Ihr fröhlich, in Freundschaft verbunden und – glücklich! Es können gute Pläne geschmiedet werden, Adventsingen, Tanzabende, Ausflüge, Besuche von Veranstaltungen in Euerer Stadt und draußen am Land. Macht einen Versuch!" (Wastl Fanderl: Treffpunkt der Münchner Volksmusikfreunde).
400. Einige hatten in den Anfangszeiten den Sinn des „Münchner Treffens" falsch verstanden und kamen, verführt von ihren eigenen Medienbildern über Fanderl, bloß zum „Fanderl-Schauen" und zu ihrer eigenen Belustigung, ohne selbst aktiv am Treffen teilnehmen zu wollen. Vgl. Erich Mayer: Stoffsammlung: Erinnerungen von Hans Zapf zwischen 1970 und 1994 (Vorsitzender der „Vereinigten Bayerischen Trachtenverbände").
401. Erich Mayer: Stoffsammlung, Kap. 12 (Gesprächsaufzeichnung 1988).
402. Ebenda (Wastl Fanderl am 15.12.1988 beim „Münchner Treffen", Gesprächsaufzeichnung).
403. Ebenda (Gesprächsaufzeichnung: Hans Müller am 15.12.1988 anlässlich des 30-jährigen Bestehens des „Münchner Treffens").
404. Man traf sich etwa im Hotel am Platzl, im Münchner Hofbräuhaus, im Georg-von-Vollmar-Haus am Oberanger, im Gasthaus Schlicker im Tal, im Wagnerbräu in der Au, in der Menterschwaige (Großhesselohe), in der Scholastika, im Leistbräu, im Bierstüberl des Bayerischen Rundfunks, im Kolpinghaus, in Pullach (Bürgerbräuterrasse), im Alten Hackerhaus (Sendlingerstraße) oder im Franziskanerkeller.
405. Paul Ernst Rattelmüller (1924–2004): aus einer Regensburger Offiziersfamilie, seit 1941 Artillerieoffizier, nach dem Krieg Holzknecht, später Grafiker, (Buch)-Illustrator, Fotograf, Autor von Artikeln und Büchern über heimatkundliche und -geschichtliche Themen, seit 1955 Mitarbeiter beim BR (z.B. Sendereihe „Der boarische Hoagascht"), 1973–1989 Heimatpfleger des Bezirkes Oberbayern; Initiator des Freilichtmuseums Glentleiten, Bayerischer Poetentaler 1971, Oberbayerischer Kulturpreis 1989. Vgl. Gerhard Schober: Paul Ernst Rattelmüler (1924–2004).
406. In Erich Mayers Stoffsammlung haben sich auch einige Notizen erhalten, die zeigen, welche Liedauswahl er traf: Einerseits handelt es sich um alte Lieder, die Fanderl seit den 1930er Jahren aus bekannten Sammlungen und von bekannten Sammlern kannte, und schließlich solche, die er selber gesammelt und auf mehrfache Weise, etwa schon im „Leibhaftigen Liederbuch" und in seinen eigenen „Liederbögen", nach 1945 verbreitet hatte.
407. Georg Thomas war ein sehr guter Gitarrist, Mitglied der Raublinger Stubenmusik und eng mit Hansl Müller befreundet.
408. Erich Mayer: Stoffsammlung, Kap. 12.
409. Toni Goth: 1951 Gründung eines Ensembles, das sich bald „Toni-Goth-Sextett" nannte; Goth war Begründer des „Münchner Kreises für Volksmusik, Lied und Tanz" und Leiter mehrerer Musikgruppen. Vgl. http://www.schule-bairische-musik.de. Der „Münchner Kreis" veranstaltet das Münchner Adventsingen, die Münchner Redoute (seit 1984, gegründet von Franz Mayrhofer), die Singwoche Klobenstein, die Kammermusikwoche und ist Partner des altehrwürdigen „Bayerischen Landesvereines für Heimatpflege" (seit 1902), des „Vereins für Volkslied und Volksmusik" (mit seiner Zeitschrift „ V V V-Forum") und des 2007/08 gegründeten „Vereins zur Förderung brauchtumsbezogener Kulturwerte Aufgspuit und gsunga". Vgl. Reinhold Schulz: Der „Münchner Kreis für Volksmusik, Lied und Tanz". Zu den „Münchner Treffen" aus dem Umfeld von Wastl Fanderl mit Erich Mayer vgl. Emil Feil: Das „Münchner Treffen". Vgl. auch die Publikation: Toni Goth und die Pflege bairischer Volkskultur in München seit 1950. Die „Sänger- und Musikantenzeitung" widmete der „Volksmusik in München" ein ganzes Heft des Jahrgangs 1969.
410. Erich Mayer: Stoffsammlung, Kap. 13.
411. Ebenda (Brief von Erich Mayer an Anita Aicher, 6.12.1986).
412. Vgl. Gerlinde Haid: Das Österreichische Volksliedwerk.– Thomas Nußbaumer: Das Ostmärkische Volksliedunternehmen und die ostmärkischen Gauausschüsse für Volksmusik.
413. Erich Mayer: Stoffsammlung, Kap. 13.

414. Vgl. Hans F. Nöhbauer: Bairische Schokoladenseiten, S. 9. Walter Deutsch, Professor für Volksmusikforschung in Wien, gab in der „Sänger- und Musikantenzeitung" seine Ratschläge bekannt. Die „Geschichte der bayerischen Volksmusik" müsse erst geschrieben werden: vgl. Walter Deutsch: [Volkslieder-Archiv anlegen] Die Herausgeber bemerkten dazu in „altem Zungenschlag": „Freilich, Österreich ist uns darin voraus. Die Arbeit seiner Forscher und Sammler kam und kommt uns, dank der bajuwarischen Stammesgemeinschaft, zugute. Sie hat den Praktikern eine sinnvolle Pflege erst ermöglicht. Aber die Lücke in unserer Heimat, die es aufzufüllen gilt, überbrückt sie nicht."
415. Der „Verein für Volkslied und Volksmusik" feierte im Jahr 2005 sein Vierzig-Jahr-Jubiläum. Die damals geplante Chronik wurde bisher nicht verwirklicht (Brief von Erich Mayer an Karl Müller 2011). Vgl. die aktuelle Homepage des Vereins 2011: http://www.volkslied-volksmusik.de/historie.html
416. Rudi Rehle, Sepp Eibl, Sepp Winkler und Karl Edelmann waren dafür verantwortlich.
417. Erich Mayer: Stoffsammlung, Kap. 13 (Brief Erich Mayer an Dr. Berthold, Oktober 1966).
418. Ebenda.
419. Josef Bauer (=Kraud'n Sepp, 1896–1977): aus Gaißach/Isarwinkel, Volkssänger, Wilderer (wegen dieses Delikts auch verurteilt). Fanderl liebte die ungezwungene Art des Josef Bauer, der sich nicht um „gut", „echt" oder „unecht" kümmerte. Er lud ihn im April/Mai 1967 zweimal in seine Sendungen ein. Bauer sang mit Toni Klee sein bekanntes Gefängnislied „Freunderl, kennst du das Haus...?" und ließ sodann – nicht mit Fanderl abgesprochen – als „Draufgsangl" einen volkstümlichen Schlager folgen (die Aufnahme ist erhalten geblieben). Von Freiheitsentzug und der Freiheit als Paradies ist die Rede und von der Klage der Sennerin von Sankt Kathrein: „Da, wo koa Vogerl singt und aa koa Zither klingt,/da ist die Luft net rein, da sperr'n s' dich ein./Das war die Sennerin von Sankt Kathrein." (Dabei handelt es sich um die Schlussstrophe, die nicht immer überliefert ist. Vgl. Balladen. Moritaten und gesungene Geschichten). Fanderl widmete dem Kraud'n Sepp einen respektvollen Nachruf: „Er hat sein Lebtag mit seinen lustigen oder besinnlichen Liedern den Landsleuten Stunden der Freude geschenkt. Das sei jenen ins Stammbuch geschrieben, die da beckmesserisch über ‚echte' und ‚unechte' Lieder richten. [...] Soll es einer im Leben erst einmal so weit bringen, daß ihm die Überlebenden mit dankbarem Schmunzeln nachtrauern." (Wastl Fanderl in Erinnerung an Josef Bauer im Jahr 1987, private Aufzeichnungen)
420. Es referierten u. a. Franz Eibner, Wolfgang Suppan, Hans Commenda, Bertl Petrei, Karl Horak und Tobi Reiser.
421. Inga Schmidt: Das 2. Seminar für Volksliedforschung in Wien. Im selben Heft findet sich auch der Nachruf von Walter Deutsch auf K.M. Klier (gest. 29.9.1966).
422. Ihr gehörten u. a. Xaver Frühbeis, Sepp Eibl, Erich und Steffi Mayer, Rudi Rehle, Bibi Rehm, Karl Edelmann, Hubert Zierl, Alfons Köbele, Christian und Gitta Soellner, Maria Solcher und Kathi Greinsberger an.
423. Vgl. August Spiel: 1. Seminar für Volksliedforschung in München.
424. Wilfrid Feldhütter: Volksmusik und Rundfunk, S. 19–20.
425. z.B. „Folklore" aus dem Alpenraum (ca. 5900 Bänder), „Volkstümlich" (Zither- und Akkordeonorchester bis zu Alt-Münchner- und Wiener Melodien, ca. 1000 Bänder), „Saitenspiel" (Harfen- und Mandolinenorchester, Gitarrensolisten und Duos, ca. 500 Bänder), „Deutsche Volkslieder" (ca. 2300 Bänder), „Alte Musik" vom 10.–16. Jahrhundert (ca. 300 Bänder), „Turmmusiken", „Große Blasorchester" und „Ausländische Folklore" (aus 115 Ländern, ca. 1800 Bänder).
426. Vgl. Liederbogen Nr. 28: „Alter Ruf zum heiligen Johannes" (In: Nicolaus Beuttner: Catholisch Gesang-Buch).
427. Das Originalmanuskript der Moderation Wastl Fanderls hat sich im Nachlass erhalten. Wie er es gern tat, rettete er sich über heikle Themen mit heiter klingenden Versen hinüber: „Es gibt Leut, de hats gfreut, daß' bei uns soweit feit, laßt's de Leut eahna Gred – bei uns feits so weit net!" (Erich Mayer: Stoffsammlung, Kap. 13).
428. Vgl. Erich Mayer: Stoffsammlung, Kap. 13 (Transkription der Moderation von Walter Deutsch).
429. Josef Focht: Chronik einer Zeitschrift.
430. Josef Focht: Die Redaktion der Sänger- und Musikantenzeitung, S.10f.
431. Vgl. Josef Focht: Die Redaktion der Sänger- und Musikantenzeitung.
432. Josef Focht: Die SMZ feiert Geburtstag. „Persönliche Grußadressen zum 40. Geburtstag trafen im Jahr darauf ein (von Hermann Unterstöger, Rudi Pietsch und Otto von Habsburg).
433. Josef Focht/Maximilian Seefelder: Die SMZ – von der Mission zur Dokumentation, S. 12.
434. Ebenda.
435. Ebenda, S. 13.
436. Ebenda, S. 12f.
437. Erich Mayer: Stoffsammlung, Kap. 11 (Gesprächsnotiz 1977).
438. Ebenda.
439. Erich Mayer dokumentiert die Auflagen- und Verkaufs-Entwicklung der Zeitschrift, der „Familienzeitschrift der Volksmusikanten" und des „Informationsblatts über Volksmusik in Bayern" (vgl. Erich Mayer: Persönliche Erinnerungen an Wastl Fanderl und seine Sänger- und Musikantenzeitung, S. 100: Juni 1958: 48 Exemplare, Jänner/Februar 1959: 920 Exemplare, 1960: 1552 Ex., 1964: 2421 Ex., 1968: 2625 Ex., 1974: 4281 Ex., 1978: 6730 Ex., 1982: 8238 Ex., 1984: 8718 Ex., 1988: 8278 Ex.

440. Lisl Fanderl erzählt. In: SMZ 41 (1998), H. 3 (Zum 40-jährigen Jubiläum der SMZ).
441. Erich Mayer: Persönliche Erinnerungen an Wastl Fanderl und seine Sänger- und Musikantenzeitung, S. 101. So wie Fanderl hat sich auch Kurt Becher (Bayerischer Landesverein für Heimatpflege e.V.) auf seine Weise und erfolgreich für die Anerkennung der Volkskultur eingesetzt.
442. Ebenda.
443. Wastl Fanderl: Liebe Heimatfreunde, Sänger und Musikanten.
444. SMZ 1, 1958, H. 1, S. 3. In das Widmungsexemplar für seine Tochter Moni trägt Fanderl in gestochener Handschrift die zweite Strophe dieses Neujahrsliedes ein: „So oft ihr von dem Schlaf erwacht,/Soll euch ein froher Tag begrüßen/Und ihr in Überfluß genießen,/Was euer Herz nur glücklich macht".
445. Walther Wünsch: Volksmusik.
446. Walter Wünsch: Der Jude im balkanslawischen Volkstum und Volksliede. Ders.: Sudetendeutsche Musikkultur der Gegenwart im Kampf gegen jüdische Musikpolitik. (Nach: Annkatrin Dahm: Der Topos der Juden 2007, S. 307, 329, 375). Vgl. auch den Bericht: Kurt Huber/Walther Wünsch: Bosnienfahrt.
447. Vgl. Hermann Unterstöger. Nach: Erich Mayer: Persönliche Erinnerungen an Wastl Fanderl und seine Sänger- und Musikantenzeitung, S. 99. Fanderl lag schlichtweg an der Vermittlung der Breite und Schönheit der volksmusikalischen Überlieferungen, und zwar ohne „Volkstümelei". Man lobte denn auch diese Art der „Pflege" als „wichtige[s] Teilstück der volksmusikalischen Missionsarbeit" auf der Basis einer „außerordentlichen Fülle an Sachkenntnis", die um die Gratwanderung zwischen der Skylla des „Veralteten" und der Charybdis des „Überneuen" wusste. (vgl. Wilfrid Feldhütter: Laudatio, gehalten anlässlich der erstmaligen Verleihung des Kulturpreises des Bezirkes Oberbayern im Oktober 1980).
448. Walther Wünsch schreibt: „Es gibt eine Art Bauernjazz und einen Bauernsamba. Diese Tatsache ist nicht sehr erfreulich. Man darf aber nicht übersehen, daß sich jede Generation die Musik auf ihre Weise umspielt und gestaltet." (Walther Wünsch: Volksmusik).
449. Eine solche Auffassung überlappt sich letztlich mit der von der neueren Volksliedforschung favorisierten „Funktionstheorie" von Ernst Klusen, wonach als „Volklied" schlichtweg zu gelten hat, was – unabhängig von ästhetischen Wertungen – lebendiger Bestandteil einer Kultur ist. Eine solche Sichtweise ist dem seit den 1960erJahren in den Kulturwissenschaften beobachtbaren Aufbrechen tradierter Denkweisen und der Erweiterung, aber zugleich postmodernen Verunklarung der jeweiligen wissenschaftlichen Gegenstandsbereiche geschuldet (vgl. Ernst Klusen: Volkslied 1969; Günther Noll: Ernst Klusen).
450. Walther Wünsch: Volksmusik.

451. Vgl. SMZ. Register der Jahrgänge I bis XXV (1958–1982). Online-Register: http://www.saengerundmusikanten.de/: Archiv: Jahrgänge 1 (1958) – 53 (2010): Aufsätze und Textbeiträge, Lieder und Vokalsätze, Stücke und Instrumentalsätze.
452. z.B. „Weltspiele und Stubenmusi" (im Rahmen der Olympischen Spiele 1972)
453. z.B. über das Hackbrett, die Zither, die Querflöte, die Maultrommel, das Bandoneon.
454. z.B. Rudolf Kriß: Sitte und Brauch im Berchtesgadener Land.
455. Es passt gut ins Bild, dass Fanderl schon 1957 die von Franz von Kobell (1803–1882) publizierten „Oberbayrischen Lieder" (1860) unter dem Titel „almerisch jagerisch" neu herausgab und mit einem instruktiven Vorwort versah: Wastl Fanderl (Hg.): almerisch jagerisch. Oberbayrische Volkslieder gesammelt von Fr. von Kobell. Fanderl bietet darin eine kurze biographische Skizze, wobei ihn besonders Kobells Versiertheit auf vielen wissenschaftlichen Gebieten (Mineralogie, Jagd, Dichtung, Volkslied) faszinierte. Es sagt auch viel über Fanderls Umgang mit der Überlieferung aus, wenn er in seiner bildhaften Sprache schreibt: „Etliche Lieder, deren Notenköpfe in all den Jahrzehnten nicht die Kraft aufbrachten, in die Herzen der Bayern zu hüpfen, wurden weggelassen, andere mit behutsamer Hand entstaubt. Den wanderlustigen unter den Kobell-Liedern, die diesseits und jenseits der Grenzen ihre Heimstatt gefunden haben, ist das fremde Gwandl, das sie sich zulegten, belassen." Besonders das Lied „Koa lustigas Lebm" hebt Fanderl hervor, von dem nur mehr der Text Kobells geblieben sei. „Alle zusammen aber wollen gesungen werden!" Es handelt sich um Frühjahrs-, Almzeit- und Liebeslieder, Gstanzln und einige Landschaften (Fischbach, Bayerischzell, Wendlstein, Österreich-Ungarn) preisende Lieder.
456. Etwa über den Jodler (1962), das Kraner-Lied (1962), über alte Dorfgedichtl aus Frasdorf (1963), das Lied vom armen Dorfschulmeisterlein (1971), über „Die Herren von Innsbruck" (1971), und zum Lied „Leut, was enk i will sagn" (1975).
457. z.B. zu einer „Neuaufzeichnung aus Niederbayern" (1961) – Weihnachtslieder aus Reinswald im Sarntal/Südtirol (1964) – Der Liederschatz eines Rupertiwinkler Bauerndirndls Monika Pointner 1967 – Das Tanzbuch des Aurel Brem 1968 – Die Berchtesgadner Musikerfamilie Franz Seraph Graßl (1969) – Sammelfahrt vom Galenbach über den Inn zur Isen (1971) – zum „Schwerttanz von Unterwössen" (1976).
458. z.B. Schwanthaler Krippen. Juhe! Viktori! Der Engel singt's Glori – Die Wassertrinkerin von Frasdorf. Ein Lebensbild der Maria Furtner, Bauerstochter von Weizenreit. Im Anhang: Gesungenes und Gereimtes zu Lebzeiten der Wassertrinkerin – Oberbayerische Lieder. Chiemgau. Rupertiwinkel. Berchtesgadener Land.
459. u. a. Anton Anderluh, Kurt Becher, Cesar Bresgen, Eva Bruckner, Hans Commenda, Hermann Derschmidt, Walter Deutsch, Raimund Eberle, Benno Eisenburg, Wilfrid Feldhütter, Xaver Frühbeis,

Josefine Gartner, Viktor von Geramb, Kathi Greinsberger, Hermann Härtel, Gerlinde Haid, Philipp Harnoncourt, Fritz Herrgott, Karl Horak, Maria Hornung, Kurt Huber, Hermann Hummer, Georg Impler, Georg von Kaufmann, Wilhelm Keller, Kiem Pauli, Karl M. Klier, Georg W. Kotek, Karl Liebleitner, Fritz Markmiller, Erich Mayer, Wolfgang A. Mayer, Franz Mayrhofer, Willi Merklein, Franz Niegel, Rudolf Pietsch, Friederike Prodinger, Paul Ernst Rattelmüller, Bibi und Waggi Rehm, Tobi Reiser, Hedi und Wolfi Scheck, Karl-Heinz Schickhaus, Leopold Schmidt, Ernst Schusser, Karl Stieler, Wolfgang Suppan, Annette Thoma, Walter Wiora, Richard Wolfram, Raimund Zoder und Robert Münster (Vgl. Robert Münster zum 60. Geburtstag. Eine Auswahl von Sammelergebnissen und Arbeiten zusammengestellt von Wolfi Scheck und Ernst Schusser 1995. Diese Zusammenstellung der Leistungen Robert Münsters könnte eine gute Grundlage für eine Monographie über diesen Musikhistoriker [seit 1969 Direktor der Musikabteilung der Bayerischen Staatsbibliothek, 1981 Oberbayerischer Kulturpreis] darstellen).

460. Viktor von Geramb: Begegnungen mit dem Kiem Pauli. Gerambs Erinnerungen wurden von Fanderl anlässlich der Wiederkehr des 100. Geburtstages von Viktor von Geramb (1884–1958) abgedruckt. Gerlinde Haid widmete Geramb zugleich ein würdigendes Porträt.

461. Vgl. etwa Walter Deutsch: Tobi Reiser 1907–1974. Eine Dokumentation. – Walter Deutsch/Ursula Hemetek: Georg Windhofer (1887–1964). – Hanns Haas: Zu den Anfängen der Salzburger Brauchtumspflege. Ländliches Brauchtum aus der Stadt. – Gert Kerschbaumer: Rekonstruktion und Dokumentation. „Volkskunde und Brauchtumspflege im Nationalsozialismus in Salzburg". – Ulrike Kammerhofer-Aggermann: Ehrenamt und Leidenschaft. Vereine als gesellschaftliche Faktoren. – Ernst Hanisch: Heimatpflege im Konflikt der Kulturen. – Gerlinde Haid: Das Österreichische Volksliedwerk. – Hannjost Lixfeld: Rosenbergs „braune" und Himmlers „schwarze" Volkskunde im Kampf um die Vorherrschaft. – Ulrike Kammerhofer-Aggermann/Alma Scope/Walburga Haas (Hg.):Trachten nicht für jedermann? Heimatideologie und Festspieltourismus dargestellt am Kleidungsverhalten in Salzburg zwischen 1920 und 1938.

462. Das „Register der Jahrgänge I-XXV (1958–1982) unterscheidet ca. 80 Gattungen.

463. Elisabeth Brenner: Nicht immer muß ein Redaktions-Team groß sein – es muß nur gut zusammenarbeiten. In: Begegnung mit Wastl Fanderl, S. 114.

464. Erich Mayer: „Er schreibt ein blitzsauberes Deutsch ...". In: Ebenda, S. 100.

465. Ebenda.

466. Ebenda, S. 98.

467. Seit dem Beginn des 19. Jahrhunderts waren Volksliedaufzeichnungen und Sammeltätigkeiten im Zuge der deutsch-romantischen Bewegung europaweit en vogue geworden und hatten zum Teil reiche wissenschaftliche Ergebnisse gezeitigt. Aber schon damals sind die zwei unterschiedlichen Tendenzen der romantischen Bewegung erkennbar, der völkisch-nationale und der universale Strang, die sich beide mit der Poesie und den Liedern der Völker beschäftigen. 1904 richtete das k.k. Ministerium für Kultus und Unterricht regionale Arbeitsausschüsse für die österreichischen Kronländer ein (1908 etwa auch für Salzburg), die die Aufgabe hatten, dem „Österreichischen Volksliedunternehmen" sammelnd und editorisch dienlich zu sein. Der Bogen, den die Sammlungen schlagen, ist vielfältig und umfasst verschiedene Gattungen aus unterschiedlichen Zeiten und Regionen, etwa weltliche und geistliche Volkslieder, im Speziellen Volksschauspiele, Weihnachtslieder und Krippenspiele, Flugschriften und Liederhefte, Jodler und Juchezer, „Volksgesänge", erotische und historische Volkslieder und Zeitgedichte, alle in zeitlicher Folge gesammelt u. a. von Franz Ziska/Julius M. Schottky (1819); Eugen Napoleon Neureuther (1829–1831); Ulrich Halbreiter (1839); Herzog Max (1846); Karl Freiherr von Leoprechting (1855); Franz Wilhelm Freiherr von Ditfurth (1855); Franz von Kobell (1860); Vinzenz Maria Süß (1865); August Hartmann/Hyazinth Abele (1880, 1884, 1907, 1910, 1913); Wilhelm Fauler (1881); Joseph Gabler (1884, 1890); Josef Pommer (1891ff); Hans Neckheim (1895); Franz Friedrich Kohl (1899, 1903, 1908, 1915); Zeitschrift „Das deutsche Volkslied" (1899–1949); Josef Pommer (1901, 1902); Emil Karl Blümml (1906); Konrad Mautner (1910, 1918) und Michael Schricker (1915).

468. Fanderl hatte keine Zeit mehr, um alle seine gesammelten Materialien systematisch zu sichten. Bis heute ist das noch nicht im Detail geschehen. Dies wäre eine interessante Arbeit für Volksliedforscher.

469. Zeitschrift GONG/Rundfunkhörer, 13.07.1968.

470. Wastl Fanderl: Volkslieder und Sänger im Traunsteiner Landkreis.

471. Wastl Fanderl: Vorwort. In: Ders.: Annamirl Zuckerschnürl, S. 4.

472. Vgl. dazu auch: Wastl Fanderl: Lieder für junge Leute. Fanderl bringt mehrere Beispiele, u. a. auch einen „Morgenruf", aufgezeichnet von ihm selbst und vorgesungen von Felix Lamm (Raubling). Er verschenkte auch Kinderliederbücher an Freunde, etwa an Erich Mayer. Vgl. Adalbert Riedl/Karl M. Klier (Hg.): Lieder, Reime und Spiele der Kinder im Burgenland.

473. Erich Mayer: Stoffsammlung, Kap. 6.

474. Wastl Fanderl: Interview [Hörfunk-Sendung BR, Jänner 1988. Georg Impler im Gespräch mit Wastl Fanderl]. In: Erich Mayer: Wastl Fanderl im Bayerischen Rundfunk von 1931 bis 1991, S. 154.

475. Walter Deutsch: Wastl Fanderl - Eine Rede als Preislied.

476. Ebenda.

477. Wastl Fanderl. Interview [Hörfunk-Sendung BR, Jänner 1988. Georg Impler im Gespräch mit Wastl Fanderl]. In: Erich Mayer:

Wastl Fanderl im Bayerischen Rundfunk von 1931 bis 1991, S.151–162.
478. Kathi Greinsberger: Über das Liedermachen. Im „Geburtstagsbuch für den Fanderl Wastl" sind nicht nur Weggefährten Fanderls mit bemerkenswerten Beiträgen vertreten, sondern auch anerkannte Vertreter der wissenschaftlichen Volkskunde.
479. Vgl. die Beilagen 14 und 15. Sie beruhen auf der sehr verdienstvollen, von Erich Mayer zusammengestellten Dokumentation: Wastl Fanderl im Bayerischen Rundfunk von 1931 bis 1991. Mayer liefert nicht nur eine detaillierte Aufzählung aller Aktivitäten und Sendeverantwortlichen, sondern auch Presse-Materialien und interne Korrespondenzen.
480. Angesichts der immensen Arbeit, die Fanderl etwa für die Programmierung, Vorbereitung und Durchführung seiner bekanntesten Serie, das „Bairische Bilder- und Notenbüchl" investierte, war das Honorar verhältnismäßig bescheiden. Dennoch gab es einige, die nicht wahrnehmen wollten, wie selbstausbeuterisch Fanderl tatsächlich arbeitete.
481. Die Sendung wurde jeweils 14-tägig am Sonntagnachmittag ausgestrahlt. Nachdem sie unter Alfred Artmeier, für Fanderl offenbar ziemlich verletzend und unter erheblichen Protesten der Fanderl-Gemeinde 1975 sistiert wurde, gab es 1991 unter Fritz Mayr den Versuch einer Revitalisierung der Reihe unter dem Titel "Freuden mit der Volksmusik". Aber es fand nur eine einzige Sendung im März 1991 statt, weil Fanderl überraschend am 25. April 1991 verstarb.
482. Bayerischer Rundfunk: Redaktion Hörfunk – Abteilung Volksmusik
483. Bayerischer Rundfunk: Redaktion Fernsehen – Programmbereich Bayern – „Unter unserem Himmel" (Heinz Böhmler 1963–1975).
484. Sid Sindelar Brecht: Film- und Fernsehschauspieler, Hörspielsprecher. Engagement u.a. in Filmen bzw. TV-Serien, z.B. Funkstreife Isar 12 (1961), Die Abrechnung (1963), Die fünfte Kolonne (1963–1964), Das Kriminalmuseum (1963–1965), Kostenpflichtig zum Tod verurteilt (1966), Salto mortale (1969).
485. H. Schn.: A weni kurz – a weni lang: „[…] handelt es sich hier nicht um eine Schnulze?" Es mag auch sein, dass Fanderl damit Kiem Pauli seine Reverenz erwies, denn „Wahre Freundschaft" war eines der Lieblingslieder Kiems (vgl. Franz Ditfurth: Fränkische Volkslieder) und wurde noch in den 1950er und 1960er Jahren gerne in der Volksliedpflege verwendet, u.a. von Kurt Becher.
486. Johann Fabry: Volksmusik – fünfzigmal erwünscht. An anderer Stelle hieß es: „Der [Kiem] Pauli hätte da und dort einen guten Rat gewusst." (Her über d' Alma. In: Süddeutsche Zeitung 10.5.1963).
487. Vgl. etwa den Beitrag: Mit den Moidlan [aus Alfeld] auf Tournee. In: Hersbrucker Zeitung 30.4.1964 (anlässlich der 2. öffentlichen Volksmusik-Wunschsendung, 24.4.1964)

488. Diese Live-Sendung stellte in zweifacher Hinsicht eine Premiere dar: Sie war die erste Fernsehsendung mit alpenländischer Volksmusik und zugleich der erste Auftritt Fanderls im deutschen Fernsehen. Der Bayerische Rundfunk hatte 1954 mit einem regelmäßigen Fernsehprogramm begonnen, bis 1959 jedoch keine volksmusikalischen Sendungen ausgestrahlt. Mit dem Fanderl-Auftritt und den Chiemgauer SängerInnen und MusikantInnen kam der Durchbruch (vgl. Erich Mayer: Stoffsammlung, Kap. 9).
489. Dr. Gertrud Simmerding ("Trudl") war – ganz gemäß der damals üblichen Geschlechterrollenverteilung – für Frauen-, Kinder-, Jugend- und Familienprogramme zuständig. Sie war Wienerin und hatte einen Bezug zur Volksmusik (vgl. Erich Mayer: Stoffsammlung, Kap. 9).
490. Fritz Walter, der von 1963 bis 1976 für die Regie der Fanderl-Reihen verantwortlich war, erinnert sich: „Was mich von Anfang an am meisten bei Wastl berührte, war seine Menschlichkeit. Da kam jemand auf einen zu, mit viel Herzlichkeit, Offenheit und ohne Hintersinn, voller Humor und in großer Bescheidenheit. Es war einer, der sich nie in den Vordergrund stellte und dem es nur um die Sache ging. Das beeinflußte natürlich auch die Probenatmosphäre und die Zusammenarbeit. […] Mit dem angeborenen ‚Gschpür' für die Volksmusik […] stellte [er] die volkstümliche Musik – nicht Volksmusik – in die Ecke, in die sie gehört. […] Seine innere Einstellung zur echten Volksmusik war ausschlaggebend für das Niveau der Sendungen. Ich weiß von vielen Angeboten, bei anderen, volkstümlichen Sendungen mitzuwirken, die er ablehnte, weil sie nicht seiner Auffassung von Volksmusik entsprachen." (Fritz Walter: Dem Fanderl sein Notenbüchl) Mit Gertrud Simmerding und Fritz Walter („Pinkus") hatte die Familie Fanderl auch privat freundschaftlichen Kontakt.
491. Gertrud Simmerding: Wastl Fanderl für das Fernsehen entdeckt. In: Ebenda, S. 83–84.
492. Ebenda.
493. Ebenda.
494. Alfons Schmidseder (*1909 Habelsbach/Niederbayern), Verantwortlicher für die Volksmusik im Bayerischen Rundfunk (1946–1949), seit Mai 1945 im Zuge der Entnazifizierung bei „Radio München, ein Sender der Militärregierung" (1948 zog sich das US-Militär wieder aus dem Sender zurück); schon seit 1935 Zithersolist, Auftritte in fast allen deutschen Sendern, Gastauftritte in England, Holland und Frankreich; seit 1938 Mitarbeit im Musikverlag August Seith, außerdem Züchter exotischer Pflanzen (vgl. Köpfe in Altbayern. München: Rother Verlag, 1949, S. 92–93). Möglicherweise war Alfons Schmidseder überfordert, weil die Rundfunkleute zwischen Skylla und Charybdis, d.h. zwischen antifaschistischer Volksverbundenheit und nazistisch belasteter Volkstümelei unterscheiden mussten. Wilfrid Feldhütter, ein Repräsentant des ehemaligen NS-Rundfunks, schrieb 1958 noch in nicht

überwundener Krankheitsmetaphorik und zugleich in verständlicher, nachvollziehbarer Sorge um die medial vermittelte Volksmusik: „Der neue Anfang nach dem Krieg war belastet von dem Vorurteil, die Volksmusik sei am Ende doch nur ein Requisit der berüchtigten Blut- und Bodenmystik von ehedem, er war überschattet von dem vehementen Einbruch neo-exotischer Tanzrhythmen aus Amerika, welche die Menschen anfielen mit der Macht einer Epidemie. Darüber hinaus war 1943 mit der Einführung des Tonbandes ein neues Kapitel in der jungen Geschichte des Rundfunks aufgeschlagen worden. [...] Technische Perfektion beherrscht seitdem die Programme und die Hörer ziehen sich, vor ihrer Kälte schaudernd, mehr und mehr zurück. Die Vollautomatisierung des Rundfunks war erreicht und keine Programmsparte wagte sich ihrer anonymen Tyrannis zu entziehen, und die ‚Volksmusik' sah sich vergeblich nach Bundesgenossen um." (Wilfrid Feldhütter: Volksmusik und Rundfunk).
495. Erich Mayer: Stoffsammlung, Kap. 8 (Wastl Fanderl an Annette Thoma, 3.12.1946 und 1.2.1947).
496. Wastl Fanderl: Meine Erfahrungen im Umgang mit dem Volkslied.
497. Das Lied mit bis zu sechs Strophen im flotten Dreivierteltakt weckt nicht nur – freilich in mehrdeutiger Metaphorik – erotisch-sexuelle Assoziationen, sondern thematisiert auch männlich selbstbewusstes Gehabe, Stolz auf die harte Arbeit sowie bedenkliche soziale Lagen. Es wirft einen satirischen Blick auf den Liebes- bzw. Heiratsmarkt und ist zugleich ein aufmüpfiges Liedchen gegen religiöse Strenge. Hat das Publikum den Text verstanden oder doch nur die eingängige Melodie gehört?
498. Wastl Fanderl: Meine Erfahrungen im Umgang mit dem Volkslied.
499. 350. Sendung vom 19.12.1974.
500. Wastl Fanderl: Moderation der 358. Sendung. In: Erich Mayer: Wastl Fanderl im Bayerischen Rundfunk von 1931 bis 1991, S. 61.
501. Vgl. Familien-Jahrbuch 1975.
502. Wie tief die Verletzungen durch Alfred Artmeier gingen, zeigt auch ein Brief Fanderls vom 29. Mai 1975 an Artmeier im Zusammenhang mit einer geplanten Festveranstaltung für den Musikanten Josef Eberwein, für die der Rundfunkmann Artmeier den Volksmusikanten Fanderl – inzwischen Volksmusikpfleger des Bezirks Oberbayern – nur als Ansager, aber nicht als Laudator vorgesehen hatte. Fanderl empfand dies als Affront und protestierte, allerdings im Wissen um das Nicht-Nachgeben Artmeiers: „Du hast in vier Jahren keinen Rat von mir angenommen, also wirst Du wahrscheinlich auch auf obige Anregung nicht eingehen. Selbstverständlich werde ich als Volksmusikpfleger und Freund vom Eberweinvater als Gratulant anwesend sein." (Nachlass Fanderl).
503. Münchner Abendzeitung, Dezember 1972
504. Bild und Funk, Juli 1965.
505. Landeszeitung Lüneburg, April 1964.
506. Münchner Abendzeitung, Feuilleton zum Jahreswechsel 1966/67.
507. Wastl Fanderl: „Für die halbe Stunde Sendung brauche ich vier Wochen Vorbereitung." In: Gong-Rundfunkhörer, 3.7.1971.
508. Eine Dokumentation der Rezeption der Sendung bietet Erich Mayers Broschüre „Wastl Fanderl im Bayerischen Rundfunk von 1931 bis 1991". Dabei breitet Mayer eine breite Palette von zustimmenden und kritischen Äußerungen aus. Es werden auch einige Scherzzuschriften abgedruckt, u. a. von einem selbsternannten „Saupreiß", dem's ganz besonders gut gefallen habe (1970), oder einem Karl Spengler (1971), dem aufgefallen war, dass es Fanderl „voll augenzwinkerndem Humor" gelang, „scheinbar anspruchslos mit leichter Hand" zu plaudern und dennoch einen „hohen Anspruch" zu wahren.
509. Lorenz, Nadine: Die Erfindung der Volksmusik.
510. Ebenda.
511. Wastl Fanderl: Meine Erfahrungen im Umgang mit dem Volkslied. Wiederholt gab es Konflikte zwischen Fanderl und der Regie, die aber immer bereinigt werden konnten. Viele Sänger und Musikanten hatten oft keine Erfahrung mit der Aufnahmepraxis in Radio und Fernsehen.
512. Wastl Fanderl im BR-Hörfunk, 23.6.1990.
513. Ein außergewöhnliches Ergebnis seiner Liebe zu „Volksliedern zur Weihnachtszeit" ist seine Auseinandersetzung mit den sogenannten „Schwanthaler Krippen". Den „Schwanthalers" (Thomas Schwanthaler 1634–1704, Johann Peter Schwanthaler d.Ä. 1720–1795, Johann Georg Schwanthaler 1740–1810 und Franz Schwanthaler 1773–1828), den Krippenfiguren-Künstlern, hat Fanderl denn auch ein Buch gewidmet. Benno Ulm lud er ein, unter Verwendung des wissenschaftlichen Nachlasses von Max Bauböck über die Schwanthaler-Familie zu schreiben. Der Band enthält eine Reihe von Weihnachtliedern aus verschiedenen Sammlungen und Publikationen, u. a. von Wilhelm Pailler (1838–1895), Karl Magnus Klier (1892–1966), Hans Commenda (1889–1971) und Ferdinand Schaller (1875–1921): Vgl. Wastl Fanderl: Schwanthaler Krippen..
514. Wastl Fanderl: Die Wassertrinkerin von Frasdorf.
515. Wastl Fanderl: ORF-Hörfunk, 24.6.1990.
516. Vgl. Hausbuch (Nachlass Fanderl).
517. Zu nennen sind: Oskar Huth, Hugo Müller, Wolfgang Hundhammer.
518. BR-Sendung „Unter unserem Himmel: Wastl Fanderl zum 75. Geburtstag, 24.6.1990.
519. Rupert Wörndl erinnerte in der „Dorfzeitung für die Gemeinde Frasdorf" (10. Jg., Nr. 38, September 2000) an einen ausführlichen Bericht im Oberbayerischen Volksblatt 1963.

520. Auf der Zugspitze. Life-Aufnahme [sic!]. Sänger und Musikanten aus Bayern und Tirol im Schneefernerhaus.
521. A weni kurz, a weni lang. (Diese Schallplatte war der Anlass für die gerichtliche Auseinandersetzung. Vgl. Gerichtsurteil des Oberlandesgerichts München vom 13.1.1966 – Archiv Erich Mayer, Kopie vom 15.3.1993).
522. Vgl. Fritz Riethmüller: I bin von Weigertshofen ... Matthias Kneißl und sein Lied. (vgl. auch Fritz Riethmüller: Mathias Kneißl, der letzte Räuber im Königreich Bayern [ungedrucktes Manuskript]. Das „Kneißl-Lied" (erstmals in Kiem Pauli: Oberbayrische Volkslieder) mit 14 Strophen wird ebenfalls abgedruckt.
523. Wastl Fanderls letzte Sammlung „Oberbayerische Lieder" ist die erweiterte und gedruckte Version seiner Vorlieben: Fischer-, Jäger und Wildschützenlieder, Lieder vom Almleben; Trauerlieder für tote Wildschützen, Auswanderer- und Abschiedslieder, Gstanzln, Spott – und Fopplieder, Wirtshausballaden, Couplets, Handwerkslieder, Hausierer- und Fuhrleutlieder, Liebeslieder, Balladen, Wiegenlieder, Anklöpfl-, und Hirtenlieder, Lieder zur Heiligen Nacht, Neujahrs- und Dreikönigslieder und geistliche Lieder.
524. Erich Mayer: Stoffsammlung (Tonaufnahme von Werner Brandlhuber, 22.6.1975: Matinee zum 60. Geburtstag von Wastl Fanderl.) Vgl. auch Anonym: Beamter in Sachen Volksmusik. In: GONG o.O., o.J.
525. Ebenda.
526. Manfred Seifert: Volksmusikpflege. Die Heimat- und Volksmusikpflegerbewegung in Bayern kennt hauptamtlich und ehrenamtlich tätige Pfleger auf Bezirks-, Kreis-, Stadt- und Ortsebene und ist regional geregelt. Als Dachorganisation der bayerischen Heimatpfleger, nicht jedoch der Volksmusikpfleger, fungiert der Bayerische Landesverein für Heimatpflege (seit 1963/64, initiiert von Kurt Becher 1914–1996). Die „Heimatpfleger" haben ein umfangreiches Betätigungsfeld: u. a. Bau- und Kunstdenkmalpflege, Orts- und Regionalgeschichte, Volkskunde, heimatliches Schrifttum, Dialekt und Jugendarbeit. In Bayern gibt es ca. 300 Heimatpfleger. Wichtige Persönlichkeiten der Volksmusikpflege im zeitlichen und räumlichen Umfeld von Wastl Fanderl waren Michael Bredl (1916–1999; erster hauptamtlicher Volksmusikpfleger in Bayern für den Bezirk Schwaben), Paul Friedl („Baumsteftenlenz", 1902–1989; niederbayerischer Heimatpfleger), Otto Peisl (1916–1997, Volksmusikpionier der Oberpfalz), Erwin Zachmeier (1928–1991; Volksmusikpfleger für Franken beim Bayerischen Landesverein für Heimatpflege e.V.). Zur Geschichte der Volksmusikpflege vgl. Erich Sepp: Der Bayerische Dreiklang.
527. Erich Mayer: Der Erfinder des Begriffs „Volksmusikpflege"? – Georg Klimm (1913–2000, CSU), Oberstudiendirektor, Bezirkstagspräsident von Oberbayern (1966–1986), war mit Wastl Fanderl eng verbunden. Klimm war es auch, der Fanderl 1980 den erstmals vergebenen Oberbayerischen Kulturpreis verleihen durfte.

528. Wastl Fanderl im Interview in der Erinnerungssendung des BR 12.5.1991 (Ein Leben für die Volksmusik. Zur Erinnerung an Wastl Fanderl).
529. Fritz Mayr im BR 12.5.1991 (Ein Leben für die Volksmusik. Zur Erinnerung an Wastl Fanderl).
530. Zum ersten Mal nach seiner Bestellung zum „Volksmusikpfleger" berichtete die „Sänger- und Musikantenzeitung" (SMZ 16, September/Oktober 1973, S. 106f.) von einer dieser Sprechstunden in München (Maximilianstraße 39), wo Fanderl offiziell sein Büro eingerichtet hatte: „Sprechstunde auf dem Hohenpeißenberg" (Weilheim-Schongau) am 24.10.1973: Beratung, gemeinsames Singen und Musizieren, Gründung neuer Spielgruppen und ein Vortrag waren angesagt. Überdies forderte Fanderl die Leute auf, z.B. ihre handgeschriebenen Liederbüchl und Musikantenheftl mitzubringen. „Kein öffentlicher Volksmusikabend" sollte es werden, sondern ein „Hoagart beim Selber-Singen und Selber-Musizieren".
531. Während seiner Amtszeit unterstützte Fanderl u. a. die folgenden wissenschaftlichen Tagungen: 11. Seminar für Volksmusikforschung. „Die musikalische Volkskultur im Lande Salzburg" (6.–12.10.1975 in Henndorf bei Salzburg, Haus „Seebrunn". Leitung: Walter Deutsch – vgl. SMZ 18, 1975, S. 144f. – 12. Seminar für Volksmusikforschung. „Die musikalische Volkskultur in Tirol." (16.–21.10.1976 in Innsbruck, Haus der Begegnung – vgl. SMZ 19, 1976, S. 109f) – 1. Seminar für Volksmusikforschung und -pflege in Bayern (4.–10.9.1978, Herrsching/Ammersee, Bildungsstätte des Bayerischen Bauernverbandes – Vgl. SMZ 21, 1978, S. 201. Vgl. auch Kurt Becher: Pflege – wozu überhaupt? – 2. Seminar für Volksmusikforschung und -pflege in Bayern. „Überlieferung. Veränderung. Neubildung. Probleme der Volksmusik am Beispiel Mittelfranken." (3.–9.9.1979, Pappenheim, Bildungszentrum der Evangelischen Landjugend – SMZ 22, 1979, S. 217.
532. Vgl. Liederblätter für Kinder und Jugendliche. Auf Anregung von Raimund Eberle 1976ff. Erich Mayer hat einen bisher unpublizierten Entwurf einer Chronik für den „Verein für Volkslied und Volksmusik" geschrieben, in dem von ca. 220.000 Exemplaren dieser Liederblätter die Rede ist, die aus Geldern des Bezirkes Oberbayern finanziert wurden.
533. Sebastian Biswanger erinnert sich an seine ersten Sammelversuche und Entdeckungen neuen Lied- und Musiziergutes im Bayerischen Armeemuseum und im Stadtarchiv von Ingolstadt. Sie waren von Wastl Fanderl angeregt worden (vgl. „Du werst scho no!" In: Begegnung mit Wastl Fanderl 1996, S. 81). Ähnliches berichtet Bert Lindauer, dem es Ende der 1970er Jahre im Südtiroler Sarntal und im Durnholzer Tal gelang, u. a. beim singfreudigen Seberbauern einige geistliche Lieder aufzuzeichnen (Ebenda, S. 90).
534. Peter Dermühl, zit.nach: Erich Mayer: Ein Leben lang ins Volkslied verliebt. Wastl Fanderl 75 Jahre, S. 239.
535. Ebenda, S. 241.

536. Theresia Rottenaicher: „Laßts es halt!". In: Begegnung mit Wastl Fanderl, S. 126.
537. Nachlass Fanderl (Zeitungsausschnitte).
538. „Jetzt muß ich aus mein Haus". Lied, aufgezeichnet von Hans Commenda, aus der Gegend von Losenstein, Oberösterreich. Es handelt sich um ein sogenanntes „Urlaublied".
539. Die Freundschaft und die Gespräche mit dem Journalisten, Dokumentarfilmer und Regisseur Dieter Wieland (*1937) prägten zunehmend Fanderls kritisches Bewusstsein in ökologischen Fragen. Wieland sollte schließlich Träger des Oberbayerischen Kulturpreises 2011 werden, nicht zuletzt für sein Auftreten gegen Landschaftsverschandelung.
540. Jörg Hube (1943–2009): Schauspieler, Regisseur, Kabarettist; Studium an der Münchner Otto-Falckenberg-Schule und am Mozarteum Salzburg, 1991–1993 Leiter der Falckenberg-Schule, zahlreiche Bühnen-, Film- und Fernsehrollen (z.B. in Werken von G. E. Lessing, Heinrich von Kleist, Georg Büchner, Nikolai Gogol, Bert Brecht, Peter Weiss, Franz X. Kroetz, Felix Mitterer; in Michael Verhoevens „Die weiße Rose" und in „Sophie Scholl – die letzten Tage", in Edgar Reitz „Heimat", in den Serien „Tatort", „Löwengrube", „Polizeiruf 110", Die Geschichte vom Brandner Kaspar); Lesungen aus Werken von Lion Feuchtwanger, Oskar Maria Graf, Karl Kraus; seit 1975 Entwicklung der Figur des „Herzkasperls" (gemeinsam mit Elisabeth Fall/Fanderl); zahlreiche Auszeichnungen (u. a. Bayerischer Verdienstorden). Vgl. Eva Demmelhuber (Hg.): Jörg Hube – Herzkasperls Biograffl. Ein Künstlerleben.
541. Wolfgang Günther (geb. 1944): Arzt und freischaffender Künstler (Ankäufe und öffentliche Sammlungen, u. a. Landesregierung Tirol, Stadt Innsbruck, Sammlung Leopold/Wien).
542. Pater Johannes Werlin (1588–1666) fertigte seine handschriftliche Sammlung „Rhitmorum varietas" wohl im Kloster Seeon 1646–1647.
543. In: Begegnung mit Wastl Fanderl 1996, S. 136.

Beilage 1: Kiem Paulis Wanderungen

Quelle: Kiem Pauli: Aus meiner Wanderzeit. In: Sänger- und Musikantenzeitung 13 (1970), H. 5. S. 103–117.

Pauli Kiem besuchte seit 1925 auf seinen Sammlungs-„Wanderungen" insgesamt etwa 30 Orte und hatte Kontakt mit mehr als 80 Gewährsleuten. 1927 kam er – nach eigenen Angaben – auch nach Bergen, den Geburtsort Wastl Fanderls. Kiem erinnert sich an Lieder, die ihm vorgesungen wurden. Manchmal nennt er bei seinen Gewährsleuten nur Nach- oder Hofnamen, ein paar Mal auch Alias-Namen und Berufsbezeichnungen. Sein Resümee lautet: „Viele erfolglose Fahrten muß man da machen [...] der Idealist muß eben opfern. Hat man dann wirklich etwas heimgebracht, so heißt es in Liederwerken suchen und nachschauen, ob das gesammelte Lied schon gedruckt ist, welche Fassung in Text und Melodie die bessere ist usw. Dazu ist eine teure Spezialbibliothek nötig."
Man muss festhalten, dass Kiem im Nachhinein vieles nicht mehr genau erinnerte und deswegen einiges wohl zusammenfasste, neu gewichtete, so dass gewisse Unschärfen entstanden, wie Ernst Schusser schon 1982 in seiner präzisen Analyse der Quellenangaben und Anmerkungen von Kiems „Sammlung Oberbayrischer Volkslieder" zeigen kann (vgl. Schusser, Ernst: Kiem Paulis Quellenangaben und Anmerkungen in seiner „Sammlung Oberbayrischer Volkslieder"). Die Zeitschrift „Schönere Heimat", hg. vom Bayerischen Landesverein für Heimatpflege e.V., widmete Kiem zur Wiederkehr seines 100. Geburtstages im Jahre 1982 ein Heft, in dem Herzog Albrecht von Bayern unter dem Titel „Was der Kiem Pauli gewollt hat..." Folgendes schrieb: „Nachdem der Pauli bei uns gelebt hat und täglich mit uns über seine Pläne und Sorgen gesprochen hat, weiß ich, daß er, wenn er heute noch leben würde, sehr glücklich darüber wäre, daß die Saat, die er gelegt hat, so gut aufgegangen ist, und daß heute wieder viel mehr gesungen und musiziert wird, als damals in den zwanziger Jahren. Aber vieles daran würde ihm gar nicht gefallen. Was der Pauli gewollt hat, ist, daß unsere bodenständige Volksmusik nicht durch internationale Modemusik verfälscht und verdrängt wird, und schließlich verloren geht. Sein Wille war, sie wieder zu beleben, so daß das Landvolk wieder Freude daran bekommt, für sich selbst singt und musiziert, und nicht als Darbietung für ein Publikum! Die Volksmusik auf dem Podium hat er nicht gern gesehen, außer als Hilfsmittel zu diesem Zweck [...]. Ganz scharf und hart hat der sonst so gutherzige Kiem Pauli werden können, wenn er gemerkt hat, daß mit der Volksmusik ein unsauberes Geschäft gemacht werden sollte. In dieser Beziehung war der Pauli unerbittlich streng. Sein Charakter war eben sauber, offen, grad und furchtlos, wie auch seine Haltung in unseren finstersten Zeiten bewiesen hat." Sodann erinnert Herzog Albrecht an den Herzenswunsch Kiems, dass Sänger und Musikanten „nachwachsen" mögen, „die unter sich und aus Freude musizieren in Vielfalt, jeder nach seiner eigenen Art und seiner Gegend, und die nicht alle das gleichen, gerade gefeierten ‚Star' nachmachen wollen." Volksmusik dürfe „nicht als Attraktion und Geschäft für ein sensationslüsternes Publikum gemacht und mißbraucht werden." (Herzog Albrecht von Bayern: Was der Kiem Pauli gewollt hat...). Wenn Fanderl über Kiem Pauli sprach, war es diese Orientierung, die er an seinem „Lehrer" bewunderte und auf seine Weise, in den Kontexten seiner Zeit, zu verwirklichen versuchte.

1. Bad Kreuth – Waakirchen – Wallgau, wahrscheinlich 1927 und 1929 (mehrere Fahrten)
- Waakirchen: Christlfanny in Waakirchen (ihre Töchter singen)
- Gaißach: Sepp Bauer (vulgo Kraudn-Sepp), der „Dickl", Maria Trischberger, Kaspar Fuchs
- Lenggries: Maria Drechsler (Flößersgattin), Anton Wohlmut
- Schlegldorf: Reiser-Bäuerin
- Jachenau: Josef Pfund (Postwirt), Reiser (Holzmeister), Maria Danner (Wegmacherin)
- Wallgau: Neuner (Gastwirt), Alois Kriner (wahrscheinlich 1929)

2. Holzkirchen – Bergen, wahrscheinlich 1927 und 1928 (mehrere Fahrten)
- Holzkirchen: der Sedlbauer, Anni Thoma (Sennerin), Stangl (Spenglermeister)
- Föching bei Holzkirchen: ein Bauer
- Darching: Weber-Jakl, Bertl (Österreicher)
- Vagen: Kürbi Koller, Franz Staudinger (aus Niederhaßling), wahrscheinlich 1928
- Weyarn: Direktor Girster, wahrscheinlich 1928
- Miesbach: Halmbacher (Brückenwirtin), Elise Sedlmayr, wahrscheinlich 1928
- Wörnsmühl: Estnerin (später in Wall bei Miesbach)
- Elbach: Brunhuber (Hauptlehrer), Viktoria Huber und Donisl, Gebrüder Schnitzenbaumer (Müller- und Sattlermeister), Dialla (Sägewerksbesitzer), Wastl Bonleitner, Lisl Gasteiger, Franzi (Sennerin)
- Bayrischzell: die Zeller-Gretl, der Mainwolf
- Eckertsberg bei Kematen: der Oacher
- Au bei Aibling: der Koglerbauer (Tochter Leni)
- Wössener Tal: Simon Drechsl (Unterwössen), der Brandstetter, Georg Meier (Oberwössen), Josef/Matthias/Isidor Meier (Hinterwössen), Matthias Aberger
- Marquartstein: Strohmayer (Mutter und Tochter)
- Reit im Winkl: Nanni Döllerer (Liederbuch mit etwa 100 handgeschriebenen Liedern – nur Texte, keine Melodien), Maria

Neumaier, Sepp Mühlberger, Wastl Osenstätter, der Blaser Steffei, Reiterbauer (Schorsch Bosch)
- Kössen in Tirol: Sophi Lechleitner, Magdalena Gründler, wahrscheinlich 1928
- Bergen: Wastl Fanderl („Meinen lieben Freund Fanderl Wastl konnte ich leider nicht begrüßen, er war ja damals noch a Bua."), Josef Buchner (Gamsei), Hallwegermutter

3. Adelholzen – Siegsdorf – Eisenärzt – Ruhpolding – Inzell – Rosenheim – Kiefersfelden, wahrscheinlich 1927 und 1928 (mehrere Fahrten)
- Ruhpolding: Bürgermeister Schmucker, der Wimmer, Josef Ringswandl, Gugg, Zach von Bibelöd, Rosina Huber (aus Zell), Brandler-Vater, Köck, Martina und Johann Eder, Sepp Kammerlander, Streibl, Gugglbergerin, Johanna Hallweger, Eisenbergerin (am Eisenberg)
- Inzell: Franz Lackner, Walburga Bachmann (Schneidermeisterin), Theresia Surauer (Bäckermeisterin), der Mooslechner, Mitterstainer (Gastwirt)
- Niederaudorf: der Niederstraßer, Andreas Brunner, wahrscheinlich 1928
- Oberaudorf: März (Glasermeister), wahrscheinlich 1928

Das Volksmusikarchiv des Bezirks Oberbayern in Bruckmühl (Volksmusikarchiv und Volksmusikpflege) hat in seiner CD-Reihe „Dokumente regionaler Musikkultur in Oberbayern" seit 2002 insgesamt sieben thematisch geordnete CDs herausgebracht, auf denen Lieder aus den Sammlungen des Kiem Pauli und Instrumentalmusik seit dem 19. Jahrhundert in neuen Einspielungen dokumentiert werden. Die Tonaufnahmen wurden zwischen 1988 und 2010 hergestellt. Insgesamt handelt es sich um etwa 210 Lieder und Instrumentalstücke. Diese Reihe wird fortgesetzt.
- „…drum bleib i koa Bauernknecht mehr!" Lieder über Leben und Arbeit der Bauern, Dienstboten und Häusler um 1920. Instrumentalmusik aus der Handschrift Thomas Berger, Tittmoning 1837. München 2002 (36 Aufnahmen).
- „Gon Alm bin i ganga…" Lieder über Leben, Arbeit, Liebe und Begegnungen auf der Alm um 1920. Zithermusik aus der Handschrift Maria Kirschner, Trostberg 1900. München 2003 (40 Aufnahmen).
- „Stehe still, liebe Jugend…" Totengedächtnislieder, aufgezeichnet von Kiem Pauli um 1925–1930, und Landler für 2 Zithern und Gitarre aus der Sammlung Kiem/Seidl. München 2004 (20 Aufnahmen).
- „I woaß net, was i werdn sollt…" Lieder über Handwerk und Handel, Berufe, Arbeiten und Ansehen um 1920. Instrumentalmusik aus einer Handschrift aus Kirchdorf a. H.

1839 bis ca. 1870/80. München 2004 (35 Aufnahmen).
- „Was schleicht sich im nahen Gehege…?" Lieder über den Kampf zwischen Wildschützen und Jägern im Wald (Sammlung Kiem Pauli). Halbwalzer, Landler und Schottische (Sammlung „Guggn Sepp") von der Kreuther Klarinettenmusik. München 2005 (21 Aufnahmen).
- „O Wunder, was soll das bedeuten?" Lieder zum Advent und zur Weihnachtszeit (Sammlung Kiem Pauli um 1920). Instrumentalmusik für Zither, Gitarre und Kontrabass vom Kreuther Trio. München 2010 (33 Aufnahmen).
- „Die Kuah, die geht am Schandarm los…" Lieder über Zöllner und Schmuggler, Richter, Räuber und Gendarmen (Sammlung Kiem Pauli). Tanzmusik aus Prien um 1900 aus den Notenhandschriften von Peter Schmid. München 2011 (22 Aufnahmen).

Beilage 2: Wastl Fanderls Aktivitäten von 1935 bis 1939 – Sänger, Musikant, Organisator und Leiter von Veranstaltungen, Rundfunkaufnahmen, Schallplattenaufnahmen

Die folgenden Informationen speisen sich aus verschiedenen Quellen. Sie versuchen auch, die Presseberichterstattung der 1930er Jahre sowie entsprechende Erinnerungen zu dokumentieren. In vielen Unterlagen sind Namen nicht vollständig überliefert. Quellen: Archiv Fanderl – Erich Mayer: Stoffsammlung – Ernst Schusser: Die Volksmusik im Bayerischen Rundfunk von 1924–1945 und die Popularisierung des Heimatgedankens 1987 – Publikationen des Volksmusikarchivs des Bezirks Oberbayern – Sänger- und Musikantenzeitung (SMZ) 1958ff.

6. Jänner 1935: Erstes Chiemgauer Sängertreffen: Dieses findet in Bergen am Dreikönigstag statt. Wastl Fanderl ist für Planung und Organisation verantwortlich; Lehrer Kögl (Siegsdorf) und der „Gamsei" (Bergen) unterstützen Fanderl; zugleich erstes größeres Preissingen nach Egern (1930), Landshut (1931) und Traunstein (1931); Ehrengast ist Kiem Pauli; Ort: Post- und Bräusaal in Bergen; TeilnehmerInnen: die Bergener Heimatdichterin Schulz-Grünaug, Gamsei-Trio Bergen, Gruppe Klausner (Traunstein), der Frankl (Übersee), Josef Ringswandl (Zell), Daxenberger-Trio (Siegsdorf), Mundharmonikaspieler Dallinger (Bad Reichenhall), Quartett Westermeier (Traunstein), Zitherspieler Mayer (Bergen), Neukirchener Pachenauer, Inzeller Schwabl-Grill, St. Georgener (Wastl Fanderl singt mit), Reit im Winkler (Fischer), Klobensteiner Wirt mit zwei Mädchen (aus Tirol), Duett Seybold (Grassau), Duett Meier-Fanderl. Kiem Pauli. Ein Einakter („Die lasterhaften Aiglin") von Weiß Ferdl wird aufgeführt. Annette Thoma berichtete am 9./10. Jänner 1935 (Name der Zeitung unbekannt) zu Programm und Veranstaltungsidee: „Erfreuliche Wendung zum Echten, Wahren, Guten [...] brausend war der Beifall. Jubelnd verlangten die ‚Hungrigen' immer noch mehr. [...] Traunstein – Siegsdorf – Bergen! Sobald man diese Orte nennen hört, verbindet sich damit eine frohe Vorstellung von Brauchtum und Erbeigenart im östlichen Chiemgau. [...] [Über Wastl Fanderl]: Ein ganz junger Mensch – was kein Fehler ist, sobald einer, wie er, seine Jugend als Verpflichtung, nicht als Vorrecht begreift. [...] In glasklaren, aber manchmal auch glasharten Worten tat der Kiem Pauli dar, was an unserem Volkstum und seiner gesunden Fortentwicklung krank und schädlich ist. Unerbittlich geißelt er all jene Auswüchse, die durch Überfremdung kommen und durch mißverstandenes In-die-Hand-nehmen. Mit der ganzen Hingabe seines heimatliebenden, volksverbundenen Herzens ermunterte er zur Pflege des Gesunden, Echten, Bodenständigen." Fanderl erinnerte sich 1979: „Es wäre fast ein Fiasko geworden. Die Besucher waren so zahlreich, daß man in letzter Minute einen zweiten Saal dazu nehmen mußte."

April/Mai und Dezember 1935: Drei Rundfunksendungen des Reichssenders München mit den „Bergener Sängern" (Fanderl, Mayer, Kurz, Aiblinger): 23. April 1935: Sendung „Schöne Volksmusik aus Bergen am Hochfelln": Leitung Wastl Fanderl (fast einstündige Sendung) – 30. Mai 1935: Volkskunstabend von der Fraueninsel: Feierabend auf der Fraueninsel (Leitung: Wilfried Feldhütter) – 3. Dezember 1935: „Ein Dorf singt und spielt". Leitung und Ansage: Wastl Fanderl. Fast einstündige Sendung. Weitere drei Rundfunksendungen mit den „Bergener Kindern" (1935 und 1936).

Pfingsten 1935: 1. Pfingsttreffen in Hohenaschau (ab 1935 jährlich): Es waren jeweils ca. 25–50 Gruppen eingeladen, der NS-Reichssender München berichtete. Nach Wilfrid Feldhütter soll Tobi Reiser damals seinen ersten Kontakt zum Münchner Rundfunk geknüpft, aber noch keinen Kontakt gehabt haben. Veranstaltungsort: Festhalle Aschau (Bauherr: Theodor Freiherr von Cramer-Klett, seit 1895 Reithalle und Stallungen; im Ersten Weltkrieg Lazarett, seit 1935 volksmusikalische Veranstaltungen). Feldhütter berichtet nach 1945, dass sich hauptsächlich Sänger und Musikanten aus Bayern beteiligten und „wegen außenpolitischer Hemmnisse vereinzelt auch aus den an Bayern angrenzenden österreichischen Bundesländern einfanden. Hohenaschau wurde zu einem Ort regen Gedanken- und Liederaustausches, zum Vorbild der künftigen Sänger- und Musikantentreffen." Zu den Lokalmatadoren gehörten die „Aschauer Dirndln": Maria Angermeier/verh.

Göser (1909–1992), Sepherl/Pepi Wörndl/verh. Hangl (1915–1999), Anna Wörndl/verh. Leimböck (1910–1974). Wegen ihrer neuen und qualifizierten Art des dreistimmigen Singens wurden sie zum frühen Vorbild für Frauenreigesänge. Annette Thoma schreibt 1974: „Sie sind heute noch nicht fortzudenken für uns, heute, da ihre Kinder und Enkel bereits die Sing-Tradition weiterführen. Wir Alten erinnern uns nicht nur an sie [...], wir erzählen es immer wieder den Jungen, wie das einmal ‚z' Aschau' war, vor 40 Jahren, als diese ‚Dirndln' noch die einzige weibliche Gruppe war im Bereich des um 1930 wieder erstandenen echten Volkslieds, die es zurücktrug ins Herz unserer Landsleute. Die mit den allerersten Volksliedergruppen im Rundfunk zu hören war und Ansporn wurde für all die anderen, die bis heute kostbares Kulturgut lebendig halten. [...] Als dann bis zum 2. Weltkrieg die ‚Aschauer Pfingsttreffen' Tradition wurden und immer mehr Sänger und Musikanten – auch aus Österreich und der Schweiz – zusammenführten, da waren sie die liebenswürdigen Gastgeber, denen der Vater des heutigen Bürgermeisters, der unvergessliche ‚Bauer Schorsch', stets hilfreich zur Seite stand." Zwischen 1930 und 1939 waren die „Aschauer Dirndln" ständige Gäste im Reichssender München. Sie machten Plattenaufnahmen (z. B. „Du schlauer Kuckuck" 1939), sangen bei den gesamtdeutschen Funkausstellungen 1935 und 1937 in Berlin und bei diversen NS-Veranstaltungen, sie traten in NS-Filmen auf, weiters zu Pfingsten 1939 (2. Alpenländisches Sängertreffen/Liedersingen in Hohenaschau mit Beteiligung „ostmärkischer" Gruppen). Der Münchner Reichssender berichtete unter dem Titel „Vom Dachstein bis zur Kampenwand". Es ist ungewiss, ob auch Fanderl anwesend war. (vgl. Die Aschauer Dirndl 1931 bis 1973 und Lieder von Maria Göser 2009 – Eva Bruckner: Die „Aschauer Dirndl" ab 1931.) Während des Krieges waren sie in Ringsendungen an der „Heimatfront" tätig, so wie Wastl Fanderl in den verschiedenen Soldatensendern. Maria Angermaier-Göser war auch Komponistin und Texterin.

30. Mai 1935: Volkstumsabend auf der Fraueninsel im Chiemsee: Teilnehmer u.a.: Chieminger Sänger, Aschauer Dirndl, Bergener Sänger (mit Wastl Fanderl), Instrumentalgruppen, Maler und Geschichtenerzähler, Maria Seibold (Jodlerin); Der Reichsrundfunk München überträgt (Gesamtleitung: Wilfrid Feldhütter)

9./10. Juni 1935: Chiemgauer Trachtensänger-Wettstreit in Übersee: veranstaltet von der DAJ (Deutsche Arbeiterjugend) und der NS-Gemeinschaft „Kraft durch Freude" (KdF), 1600 BesucherInnen, 200 Festgäste; ausgerichtet für die Arbeiter der Reichsautobahn; 4 Jugendpreise, 6 Preise für Erwachsene, 14 Anerkennungspreise; der 1. Erwachsenenpreis geht an die „Bergener Jungsänger. Gruppe Fanderl", der 2. Preis an das Treichl-Trio (Oberaudorf), der

3. Preis an die Vierer-Gruppe Frankl (Übersee). Die Überseer Musikkapelle spielt; insgesamt sind 21 Gruppen vertreten, auch die Riederinger Sänger treten auf.

Ausführliche Berichterstattung durch den „Völkischen Beobachter" (10. Juni 1935) und das „Traunsteiner Wochenblatt" (12. Juni 1935). Im „Völkischen Beobachter konnte man u.a. Folgendes lesen: „'Kraft durch Freude' pflegt deutsches Brauchtum. Chiemgauer Trachtensänger-Wettstreit für die Arbeiter der Reichsautobahn. [...] Drinnen im Chiemgau, angesichts einer herrlichen Gebirgslandszenerie, werken derzeit rund 2000 Arbeiter auf der etwa 25 Kilometer langen Teilstrecke der im Werden begriffenen Reichsautobahn von Bernau bis Bergen und an der Verbauung der Tiroler Ache von Chiemsee bis Staudach. Sonnengebräunt, aufrecht wie echte Gebirgler und selbstbewußt tragen sie nach besten Kräften dazu bei, das große Werk des Führers, die Hitler-Straßen in der Richtung gegen die Landesgrenze bei Salzburg der Verwirklichung zuzuführen. [...] Die NSG ‚Kraft durch Freude' leitet aus den deutschen Gauen fortgesetzt auch Urlaubergruppen nach Übersee. Es lag daher der Gedanke nahe, sowohl den Arbeitern der Reichsautobahn als auch den auf Erholung dort weilenden Volksgenossen den bislang fehlenden Raum zu schaffen, der sich zur Verabreichung „seelischer Nahrung" und im besonderen auch zur Pflege deutscher Volksgemeinschaften und Förderung deutschen Volkstums eignen sollte. [...] Nach 3 Uhr eröffnete eine reizende Gruppe BDM und Jungvolk aus Bruckmühl den bunten farbenfrohen Reigen der Festordnung. Die Zuhörer waren begeistert von dem bezaubernden Eindrucke: Über der deutschen Jugend das ernste Bild des Führers, gleichsam versinnbildlichend, daß in dieser Jugend Deutschlands Zukunft liege. Und dann folgte Gruppe auf Gruppe, hoffnungsvolle Jugend für sich oder in Gemeinschaft mit bekannten Volkssängern, Rundfunklieblinge mit weniger bekannten Sängern und Sängerinnen und dazwischen ‚aufgehende Sterne', aber alle von dem edlen Bestreben geleitet, den Festteilnehmern Perlen edelsten Volksgutes zu vermitteln. Daß dies voll gelungen ist, davon zeugen der oft tosende Beifall aus dem Zuhörerraum. Es wäre müßig, alle Mitwirkenden aufzuzählen, denn ihre Leistungen bleiben in bester Erinnerung. [...] Die DAJ (Deutsche Arbeiterjugend) und NSG ‚Kraft durch Freude', Gau München-Oberland, können als Veranstalter dieses glänzend verlaufene deutsche Volksfest als vollen Erfolg buchen." Das „Traunsteiner Wochenblatt" (12. Juni 1935) berichtete über Wastl Fanderl als „neue Blüte des Chiemgaues".

11. August 1935: Sängertreffen in Aschau: „Aus dem Oberland". [keine weitere Informationen]

31.8./1.9.1935: Gaufest der Trachtler in Burghausen: Kiem Pauli ist geladen; Fanderl-Kinder singen; gemischtes Programm. Singen mit dem Fanderl Wastl – Singen mit den Kindern: Josefa und Berta Schiefer berichten darüber 1970 und liefern aus der Erinnerung ein interessantes Stimmungsbild: „Der Kiem Pauli war geladen. Er klagte über den ‚Reinfall' und meinte, ein Komiker sei hier besser angebracht. Der Abend fand in einem Riesenzelt statt. Varieté! Revue! Tanzende Hunde! Jongleure! Und aufgetakelte, mit in die Hüften gestemmten Armen sich beständig nach Musik wiegenden Frauenzimmern boten die Unterhaltung."

Christtag 1935: Bergener Sängergruppe (Sextett) singt und jodelt in der Frühmesse: Annette Thomas „Deutsche Bauernmesse" wird zum ersten Mal im Chiemgau aufgeführt. Erich Mayer zitiert einen Pressebericht aus einer anonymen Chiemgauer Zeitung (vermutlich vom Jänner 1935): „Die ‚Deutsche Bauernmesse' ist gedacht für bäuerliche Sänger zum Frühgottesdienst in Dorfkirchen, zu einer Bergmesse, oder zu einer anderen stillen Messe. Mit deutschem Text, in den sich auch manch unauffällige Mundart mischt, weil sie schlicht und einfach die bäuerliche Andacht wiedergeben. So wie die Bergbauern noch vor hundert Jahren etwa in der Kirche gesungen haben mögen, setzte Annette Thoma, wohl eine unserer besten Brauchtumsforscherinnen, diese Messe, unter Anlehnung an gute, alte Volks- und Hirtenliedermelodien. Freuen wir uns, daß ein junger Chiemgauer Liederkenner, der Fanderl Wastl, sich dieses wunderschönen Werkes angenommen hat und es sich mit seinen Sängern in gewohnter Meisterschaft am Christtag in der Bergener Pfarrkirche bei der Frühmesse (Hirtenmesse) zum erstenmal im Chiemgau singen traut. ‚Und', sagt der Fanderl Wastl, ‚grad jene Angstigen [Ängstlichen], die schon im Stillen gemurrt haben, daß jetzt sogar Volkssänger in der Kirche singen, sollten sich die Messe anhören!' Zum Schluß möchten wir noch hinzufügen, daß wir der festen Überzeugung sind, daß die Dialektsätze wie auch der Sterzinger Andachtsjodler dieser – von oberhirtlicher Stelle erlaubten – Messe, in keiner Weise die Andacht der Kirchenbesucher stört."

1935 Hoagartsingen in der Heutau: „Gamsei" tritt auf. Fanderl hatte diese Aktivität vergessen (vgl. Erich Mayer: Stoffsammlung).

Winter 1935/36: Eine Auswahl von Schallplattenaufnahmen aus den Jahren 1935/1936: Schellackaufnahmen für die Berliner Firma Carl Lindström AG (Gloria) in einem Traunsteiner Gasthaus mit dem Duo Fanderl-Gschoßmann („Das jagerisch Leb'n is a Freid auf der Welt", „Der Ehestreit"); mit Martl Meier (Heumahder G'sang mit Jodler „Znachst hab i mei Schneid", Gstanzln mit Jodler „Jetzt sing ma no ge oans") und mit den „Bergener Volkslieder-Sängern" (Aiblinger Schorsch, Meier Martl, Wastl Fanderl, Wimmer Schorsch, Aiblinger Bartl): „O du mei liabe Nachtigall", „Über d'Alma", „Jetzt fangt das schöne Fruahjahr an", „Annamirl mach auf". (Vgl. „Bin a lustiger Bua, kreuzlustig vostehst..." CD 1996)

12.–15. Januar 1936: 1. Bäuerliche Singwoche – Schloss Schwindegg bei Mühldorf:
Der Kyffhäuserbund stellte das Gebäude zur Verfügung, angeregt durch eine Lehrerin der Traunsteiner Landwirtschaftsschule (Maria/Mala Höfer, verh. Gerheuser, Jahrgang 1901, Kreisbauernschaft Traunstein). Die Veranstaltung wurde vom NS-Reichsnährstand (Kreisbauernschaft) finanziert. Teilnehmer: Rosenheimer Singschar, Bauernmädel (von 200 Bewerberinnen wurden 50 aufgenommen).

Die zeitgenössische Berichterstattung richtet sich gegen „Schlagerkrankheit", gegen Auftritte im „städtischen Konzertsaal", feiert die „glückliche Gemeinschaft". Fanderl erinnert sich 1952 und 1990: „[1952] Da mußte man jede Art ‚Schulung' vermeiden, weil es das Natürliche verändert hätte. So wagte ich mich – nicht als ‚Singlehrer', sondern einfach als Volkssänger – erstmals nach Schloß Schwindegg [...]. Als ‚Material' hatte ich im Rucksack drei gedruckte Liederbüchl bei mir, den Pommer, Mautner und Kiem-Huber. Dazu noch ein handgeschriebenes, mit selber gesammelten Liedln. Und es ist mir ganz gut gegangen. [1990]: Ich war also völlig Singwochen-unerfahren, habe der Mala Höfer aber dann doch zugesagt, das Singen zu übernehmen. Daraufhin hat sie die Schülerinnen der vergangenen Jahre eingeladen: ‚Wer singen mag, soll kommen!' Und siehe da, an die 80 Mädchen haben sich gemeldet. Jedes bekam eine Liste, was mitzubringen war. [...] Dirndlgwand, Arbeitsschürze, [...] 1 Heft zum Liederaufschreiben, Bleistift; wer hat, Musikinstrumente, Liederbüchl [...] Als Tanzleiter und Aufspieler suchten wir uns in den betreffenden Orten Leute, die die alten Volkstänze noch konnten. Leider haben die Dirndl unter sich tanzen müssen. Mannsbilder waren Mangelware. Nur wenn sich abends einige neugierige Burschen angeschlichen haben, sind sie gleich geschnappt worden zum Mittanzen." Die Singwochen wurden an Orten des Chiem- und Rupertigaues fortgesetzt: Burg Tittmoning, Bad Tölz, Rosenheim (Landwirtschaftsschule, März 1936), Jachenau (Wirtshaus, vermutlich Weihnachten 1936, Singwoche mit der Dorfjugend), Herrenchiemsee (Juli 1937), Bad Tölz 1938 (mit Paul Friedl), Oberammergau, Mittenwald. (Vgl. Handgeschriebenes Liederbuch von Elisabeth Müller (Törwang am Samerberg): Vervielfältigungen Juni 1939; Erich Mayer: Wastl Fanderls erste Singwoche 1936 auf Schloß Schwindegg.)

5. Februar 1936: Hörfunksendung des Reichssenders München: „Von dö Alma, Liabsleut und Jagersbuam": „Die fünf Bergener Buam" singen; eine Sendung auch mit dem Gamsei-Trio aus Bergen, Die Rottacher vom Tegernsee, Die Feilnbacher Kindergruppe mit dem Roider Jackl; es spielen die Münchner Funkschrammeln; dazwischen wird die Erzählung „Monika" von Ludwig Thoma vorgetragen. Unbekannt ist, welche Lieder gesungen wurden.

9./10. Mai 1936: Kinderpreissingen in Burghausen: Xaver März und Hans Gschwandtner (Waakirchen) bekommen den ersten Preis; weitere TeilnehmerInnen: Aschauer Jungjodlerinnen; Hansi Fesele und Hansl Hofmann; Pfeiferlbuam des Hauptlehrers Hans Kammerer; 564 Kinder haben sich beworben, 188 durften teilnehmen; Übertragung durch den Reichssender München; Veranstalter: Deutsche Akademie. Fanderl erinnert sich 1989: „Ich habe schon 1934 eine Kindergruppe gehabt, mit der ich gesungen habe. Mit ihr habe ich auch geübt für das Kinderpreissingen 1936 in Burghausen. Ich habe zwar nicht mehr hin können, weil ich zum Arbeitsdienst einrücken hab' müssen, aber die Kinder waren dort und haben mitgemacht." (Erich Mayer: Stoffsammlung) Über seine Sammlung von Kinderliedern berichtete Fanderl 1990 (ORF-Salzburg, Mitschnitt): „Mei, da kann ich mich erinnern: Ich hab damals noch so ein Sax-Motorradl g'habt. Da bin ich bis ins Niederboarische abig'fahren. Und da hab i a paar Kinderliadl g'habt, und da hab i mir denkt, jetzt gehe i in die Schulen und frag, ob i mit de Kinder Singstunden macha derf. Ich hab' halt alles mit ziemlichen jugendlichen Übereifer o'packt, die G'schicht. Aber ich hab mich dann meistens an die Lehrerinnen g'halten und die haben mich aufgenommen und dann hab ich mit den Kindern g'sunga." Zum Burghausener Musiker Hans Kammerer vgl. http://www.volksmusikarchiv.de/vma/de/persoenlichkeiten_hans_kammerer

1936: Heimatabend in Teisendorf: Moderation: Wastl Fanderl. Teilnehmer: Ramstötter Buam.

27.12.1936 – 3.1.1937: 1. Fanderl-Singwoche in Bergen am Chiemsee: Gasthof Hochfelln in Bergen. Erinnerungen daran sind erhalten von Arnold Höfer, Elisabeth Müller. TeilnehmerInnen u.a.:
Rosl Adam (1905–2000, Volksschullehrerin), Eugen Aschbichler (Volksschullehrer), Resi Ballauf, Lo Eylmann, Ina Feser (verh. Höfer, seit 1936 Leiterin der Landwirtschaftsschule in Immenstadt, engagiert Fanderl an den Wochenenden während seines Militärdienstes 1937/38 für die Singstunden in der Landwirtschaftsschule Immenstadt), Mala Höfer, Arnold Höfer, Prof. Lampe, Gerda Link, Elisabeth Müller (Landwirtschaftslehrerin in Bad Aibling, sammelte Sprüche, die Fanderl im Band „Hirankl-Horankl" publizierte), Paula Salzberger, Xaver Schröck. Ankündigung auf einem Plakat: „offene, private Volkslied-Singwoche"; „SingwöchnerInnen", eigene Liederbücher wurden angefertigt; Singen im Freien, Spiele (Drischlegspiele); zu Silvester Besuch von Trachtengruppen, Almbesuch, Ausflug nach Maria Eck. Fanderl trifft Baronin von Trapp.

Fanderl und einige TeilnehmerInnen erinnern sich nach 1945: „1935 oder 1936 habe ich dann zu einer Singwoche in eigener Regie eingeladen, und zwar mit weiblichen und männlichen Teilnehmern. [...] Aber wie Leute herbringen? Es bestand keine andere Möglichkeit, als in den Zeitungen teure Anzeigen aufzugeben. Und damit hat das finanzielle Debakel angefangen. Gekommen sind nur 18 junge Teilnehmer. Aber es ist recht schön und lustig geworden. Vom Traunsteiner Preissingen 1931 her hatte ich einige Lieder, dazu ein paar vom Bergener Korbmacher und Liedersänger ‚Gamsei', alias Josef Buchner, und herumgesammelt hatte ich ja seit der Begegnung mit Kiem Pauli im Jahre 1927 auch schon. Schöne Jodler, die es in Oberbayern nicht gab, holte ich mir aus der Wiener Zeitschrift ‚Das deutsche Volkslied'. Die ausgesuchten Lieder haben sich die Teilnehmer täglich aufgeschrieben; das Kopiergerät war noch nicht erfunden. [...] Diese erste eigene Singwoche war zugleich die letzte, weil ich den damaligen Machthabern suspekt war [es gibt keine Belege für diese Behauptung K.M.] Das Musizieren war damals noch sehr kloa g'schrieb'n. [...] Die Leut' hab'n sich die Lieder selber abschreiben müssen, damit wir Blattln g'habt hab'n zum Singen. Und trotzdem, diejenigen, die dabei waren, die sagen, das war am allerschönsten. Es sind dabei auch wunderbare Liederbüchl entstanden, mit Malereien oder Ähnlichem. Ja, wir hab'n sogar einmal eine Art Wettbewerb g'macht: Wer hat das schönste Liederbuch? [...] Später san s' furchtbar verwöhnt worden. Ich hab dann Liederblätter herausgeb'n und sogar drucken lassen. Und das ist eigentlich auch wieder eine Schnapsidee g'wesen. Wir haben das Liederbogen braucht, aber damit man s' um 80 Pfennig hergeben hann, hat man 10000 Stück drucken lassen müssen. Jetzt hab ich einen Keller voller Liederbogen da g'habt. Koa Mensch braucht s' mehr. Aber damals waren s' wichtig." (Erich Mayer: Stoffsammlung)

29. Mai 1937: Rundfunksendung „G'wachsne Sachen vom Oberland: Einen Rucksack voll echter oberbayerischer Liedl und Sprüch' und Kinderreime bringen euch die Haushamer und Miesbacher Madln." Leitung: Wastl Fanderl

Mai/Juni 1937: Welttrachtentreffen in Nizza: 34 Gruppen aus 9 Nationen; Fanderl fährt gemeinsam mit deutschen Trachtengruppen von Freiburg i. Br weg; die Reise geht über Zürich, Genf, Grenoble; großer Empfang im Rathaus von Menton; von Avignon nach Nizza, dies alles am Vorabend des deutschen Überfalls auf Frankreich. Fanderl führte den Festzug in Nizza an, sang und musizierte, betätigte sich auch als Fingerhakler. In einer anonymen Chiemgauer Zeitung hieß es am 9. Juni 1937 u.a.: „Nizza jubelt unseren Chiemgauern zu. Man darf wohl ohne Übertreibung sagen, daß gerade die deutschen Abordnungen mit besonderer Herzlichkeit aufgenommen wurden. [...] Schon in Zürich, wo sie ihr erstes ‚Gastspiel' vor der deutschen Kolonie gaben, wurden sie stürmisch gefeiert. Auch in Genf und erst recht in Grenoble und Avignon, wo ihnen die städtischen Theater geöffnet wurden, fanden die deutschen Gruppen eine über alle Erwartungen herzliche Aufnahme. In Nizza wollte man die Chiemgauer fast gar nicht mehr ziehen lassen, ja sie durften als einzige weit über die festgesetzte Zeit hinaus auftreten, da der ihnen gespendete Beifall so überwältigend und andauernd war. Die Bevölkerung zeigte sich überaus entgegenkommend und von einer Freundlichkeit, die den Deutschen das Herz aufgehen ließ. Wo sie sich auf den Straßen sehen ließen, wurden sie angesprochen, wenn es mit der Verständigung auch Schwierigkeiten hatte. In Menton wurden die Trachtler sogar ins Rathaus geladen und Ehrenjungfrauen haben ihnen als Willkomm Zitronenzweige überreicht."

Juli 1937: „Ein musikfroher Sonntag auf den Chiemseeinseln": 250 Dirndln nehmen teil. Kiem Pauli, Annette Thoma sind anwesend, Lehrer Mayerhofer nimmt teil.

-er-, Juli 1937 (Chiemgauer Zeitung): „Eine ganze Prozession, die da vom Schloßhotel hinunterzog dem See zu, auf eine eschenbeschattete Wiese. Die Zuhörer zogen gleich mit, gruppierten sich gegenüber der munteren Singschar ungezwungen im grünen Gras, saßen und freuten sich herzlich über die Herrlichkeit, daß nun Natur und Kunst, Volkskunst, unterm blitzblauen Chiemseehimmel auf eine so selbstverständliche, ungesuchte und ungekünstelte Weise wieder eins geworden. Ein Lied um das andere erklang, ernste und heitere, liebe und launige, lange und kurze, alle frisch und froh gesungen und mit dem ganzen lauteren, innigen Gefühl der Jugend. [...] Dazwischen sprach der ‚Lehrer', – der aber in Wirklichkeit gar kein Lehrer in diesem Sinne ist, der's nur kann, weil er's im Ohr und Gemüt hat. Und weil er's, selber von innen her begeistert, vormacht, schauen es ihm die andern gleichsam vom Mund ab. Der Fanderl Wastl sprach, weil einiges nun doch zu sagen war, und er tat's schlicht und deutlich und verständlich. Über den Sinn dieses schönen Tuns sprach er besonders, auch sagte er allen Dank, die den reinen Urquell unseres Volkstums wieder entdeckt und ihm zu neuem Leben und Wachstum Bahn gemacht haben. [...] Denn das ist ja ein wesentlicher Zweck des Singtreffens, wieder neue Lieder zu hören und kennen zu lernen und so im regen Austausch in lebendiger Beziehung zueinander zu kommen, nicht zuletzt freilich neue Freunde und Liebe zum Lied mit nach Hause zu nehmen."

Sommer 1937: Ferienlager in Hohenaschau: Volksschülerinnen der 7./8. Klasse als Teilnehmerinnen. Erinnerungen von Marianne Böckl (Geschwister Röpfl) an ihre Schwester Leni Stögmeier (1925–1986).

3. Oktober 1937: 1. Pinzgauer Volksliedsingen in Lofer/Pinzgau: Erstes Zusammentreffen mit Tobi Reiser. TeilnehmerInnen: Fanderl wählte fünf seiner besten „Singwöchnerinnen" aus („Chiemseer Dirndln" aus Bergen), weiters einige Chiemgauer Gruppen, z. B. „Oberlechner Buam" aus Aschau.

Wie man am 6.10.1937 in einer Chiemgauer Zeitung nachlesen konnte, hatte Fanderl bis dahin etwa mit 2000 Mädchen gesungen.

25./26. Oktober 1937: Hochzeit Loni und Martl Meier in St. Georgen: Die Hochzeit von Loni und Martl Meier in St. Georgen war die letzte Veranstaltung, die Fanderl vor seiner ersten Wehrdienstzeit absolvierte. Vgl. „Eine Sänger-Hochzeit in St. Georgen an der Traun". Rosenheimer Anzeiger, 28.09.1937. In: Loni und Martl Meier, Persönlichkeiten der Volksmusik.

1938: Jungbäuerinnen aus dem Oberland singen in Bad Tölz: Etwa 2000 Jungbäuerinnen nehmen daran teil. Über Ablauf, Repertoire, die gezielte ideologische Ausrichtung und die „unpolitische" Rolle Fanderls berichtet eine landwirtschaftliche NS-Fachzeitschrift 1938: „Darüber hinaus aber machten es sich die Bauernmädln aus der Tölzer Gegend zur Aufgabe, auch einmal mit einem Volksliedersingen an die Öffentlichkeit zu treten, um dadurch in weiteren Kreisen der Bevölkerung für ihr Werk zu werben. Wer nun etwa glaubt, daß dort nach strengen theoretischen Grundsätzen Lieder einstudiert wurden, hat gefehlt. Bei dieser Probe wurde vielmehr genau so, wie das bei den Singwochen der Fall ist, das schöne deutsche Volkslied, das so häufig bäuerlichen Ursprungs ist, gleichsam spielend erlernt. Kaum hatten sich die Jungbäuerinnen um den großen Tisch herumgesetzt, da gab auch schon der Wastl mit seiner Zither den Ton zum Einsatz an. Früher erlernte Lieder und Jodler wurden zunächst wieder einmal aufgefrischt. [...] Zwischenhinein erfreute Fanderl Wastl mit seinem nie versiegenden Humor die Jungbäuerinnen mit allerlei kurzweiligen Geschichten, die jedoch fast ausnahmslos irgendwie Bezug auf die gesungenen Lieder hatten. Und dann gings an Erlernen neuer Lieder. [...] Aber auch die Melodien waren dank der unermüdlichen ‚Dirigierarbeit' Wastls [...] rasch erlernt. [...] Daneben trugen die ‚Deandl' wunderbare deutsche Volkslieder vor und dazwischen hinein vergaß man auch nicht ganz, ‚Gstanzln' zu singen. [...] Mit großer Aufmerksamkeit verfolgten die heimische Bevölkerung und zahlreiche Kurgäste die ausgezeichneten Darbietungen der Jungbäuerinnen, die sie für eine Stunde in die Welt des alpenländischen Liedes und damit des Bergvolkes überhaupt entführten. [...] Die Veranstaltung in Tölz hat damit aufs neue den Beweis erbracht, daß die Pflege des deutschen Volksliedes im Bauerntum eine überaus erfreuliche Aufwärtsentwicklung aufweist. Damit aber erfährt auch die Heimatabendgestaltung auf dem Dorf eine Bereicherung, die nicht hoch genug gewertet werden kann; bezeichnete doch der Führer selbst am vergangenen Sonntag beim 12. Sängerbundfest in Breslau die deutschen Sänger als die Sprecher des deutschen Volkstums."

1938 (oder 1939?): Singen auf der Marquartsteiner Burg: Quelle: Privatarchiv Helga Weeger-Kralik (Munderfing). Brief vom 7. Oktober 2009 an Moni Fanderl-Günther (über ihre Mutter Nandl von Haupt). Keine weiteren Informationen.

1938: BDM-Hochlandlager („Holala") bei Königsdorf: Fanderl leitet zwei Mal Volksliedersingen. Erinnerungen Fanderls aus 1980, 1989 und 1990: Jeweils 800–1000 Mädchen nehmen teil; der NS-Rundfunk unter der Sendeverantwortung von Hellmuth Seidler überträgt. Anordnung von Heinrich Himmler, dass im Dirndlkleid zu singen ist; Heinrich Himmler, Rudolf Heß und Baldur von Schirach kommen zu Besuch; Himmler lädt Fanderl ein, einer SS-Einheit beizutreten. Fanderl lehnt ab.

Zum Thema „Hochlandlager": „Hochlandlager" Königsdorf als Hitlerjugend- und BdM-Lager zwischen 1936 und 1945, erste „Hochlandlager" als Großzeltlager 1934/35 bei Murnau und in der Jachenau/Lenggries (Ödön von Horváth, der in Murnau lebte, verarbeitete seine Beobachtungen in seinem antifaschistischen Roman „Jugend ohne Gott" 1938); weltanschauliche Schulungen im Sinne der NSDAP: Sport, vormilitärische Erziehung, Theater; Motto des Königsdorfer Lagers: „Disziplin und Glaube"; Juni 1937: erstes Großzeltlager des BdM.

Hellmuth Seidler (1907–1991): Referent für Rundfunk, Musik und Spielschar in der Berliner HJ, Fritz-Jöde-Schüler, Mitarbeit am Aufbau des Jugendfunks im Reichssender Berlin, leitete die Berliner Spielschar, seit 1935 Leiter der Münchner Rundfunkspielschar beim Reichssender München, 1938 Chorleiter, entnazifiziert, nach 1945 Gründer des Münchner Haydn-Singkreises, seit 1961 Offene Singen im Rundfunk (vgl. Fred K. Prieberg: Handbuch Deutsche Musiker 1933–1945).

1938: Volkslieder-Schulungskurse auf der NS-Ortenburg bei Sonthofen: Fanderl erinnert sich 1988 an Sonthofen und die Ortenburg: „Ich habe da einmal auf der Ortenburg bei Sonthofen in der Adolf-Hitler-Schule eine Singstunde gehalten; ich war auch zweimal im Hochlandlager in Königsdorf bei den BdM-Mädchen. Damit haben wir dann hochgestapelt und geschrieben, ich sei Singleiter in der Adolf-Hitler-Schule und im BdM-Hochlandlager und ich habe bereits Liederbücher für den BdM herausgegeben. In Wahrheit war [...] aber mein erstes und bis dahin einziges Liederbüchl „Hirankl, Horankl", erschienen 1943." (vgl. Erich Mayer: Stoffsammlung) Zum Thema „Adolf-Hitler-Schule" (AHS) und „NSDAP-Ordensburg Sonthofen": „Adolf-Hitler-Schulen": Ausleseschulen der NSDAP, der HJ, der Deutschen Arbeitsfront (seit 1937) als Vorschulen für die NS-„Ordensburgen" (für die „Napola"-Schulen war das Reichsministerium für Wissenschaft, Erziehung und Volksbildung zuständig); Schüler im Alter von 12/13 Jahren; 10 Schulen im ganzen Deutschen Reich geplant; 1940 wurden alle Schüler (ca. 1500) auf der „Ordensburg Sonthofen" untergebracht; das Bauwerk wurde seit Herbst 1934 (Richtfest Oktober 1935) errichtet; seit 1937 Einrichtung einer Adolf-Hitler-Schule; Besuche von Adolf Hitler, Heinrich Himmler und Alfred Rosenberg sind dokumentiert. Prominente Schüler waren Hardy Krüger (1941–1944), Hannes Schwarz (Maler, AHS-Schüler seit 1939), Werner Lamberz (später prominentes Mitglied des Politbüros des ZK der SED, 1941–1944), Theo Sommer (1942–1945).

1938: Rundfunkaufnahme in der Gebirgsjägerkaserne in Sonthofen: Sie fand während der ersten Dienstzeit Fanderls bei der Wehrmacht (5. November 1937 – 20. März 1939) statt.

Beilage Nr. 3: Das leibhaftige Liederbuch.

Herausgebracht von Walter Schmidkunz und seinen Mitarbeitern Karl List und Wastl Fanderl. Erfurt: Gebr. Richters Verlagsanstalt 1938

Zu einigen Aspekten dieser aus 14 Kapiteln bestehenden Liedersammlung, bei der Wastl Fanderl zum ersten Mal als „Mann der Praxis" mitarbeiten durfte:

(1) Fanderls Beiträge, Vorschläge, Textbearbeitungen und „Lieblingslieder" – Kommentare, die auf Fanderl hinweisen.

Kap. Wiegensangl und Krippenlieder: „Das allerschönst' Kindl", Hirtenlied. Von Fanderl beigebracht – Fanderl hatte es vom „Speichervater" in Maxhütte/Bergen gehört.

Kap. Ich bin der Bauer: „Lied der Bauern": Fanderl ergänzte die Strophen 2–5, und zwar nach Art der Verse 3 und 4 der 1. Strophe – „Heumahder-Gsang": Wohl von Fanderl vorgeschlagen (gesungen von Josef Buchner vulgo „Gamsei") – „Der faule Michl": Die Sängergruppe Winkler-Simböck (Simbach/Braunau) sang das Lied im Reichssender München. Fanderl dürfte der Vermittler gewesen sein.

Kap. Hoamat und Hoamatl: „Die steirische Reis'": Fanderl dürfte das Lied vorgeschlagen haben: „Wir hörten es von den drei Brüdern Zorn in Bergen, die es aus ihrer Kindheimat Steiermark so mitbrachten."

Kap. Von der hochen Alm: „I tausch mit koaner Gräfin net!": „Unsere Aufzeichnung beruht auf einer in Berchtesgaden gehörten, mit dem älteren Steirerlied z. T. in Einklang stehenden Singweise." – „Küahbuam-Jammer": „In dieser Lesart und Weise zum ersten Mal hier aufgezeichnetes Klagelied, von Sängern aus Neukirchen bei Teisendorf gehört." – „Melkliedl": Auch dieses Lied dürfte von Fanderl vorgeschlagen worden sein. – „Der Haltabua": „Fanderls Singgefährte Martl Maier aus St. Georgen kannte es. Bisher keine gedruckte Aufzeichnung". – „s kuglate Gras": „Durch Fanderl in Bayern bekannt gemacht (besonders bei Mädelsinggruppen beliebt); es handelt sich um einen Pöschl/Kronfuß-Fund aus dem nö. Schneeberggebiet – „Die schöne Schwaogerin": „Wir hörten es in der Rosenheimer Gegend."

Kap. Allerhand Ständ: „Ja, die Holzknechtbuama ...". Fanderl dürfte die Strophen neu gruppiert und Anweisungen zum effektvollen Vortrag beigesteuert haben.

Kap. I bin Soldat – Vallera!: „Herr Hauptmann". Wahrscheinlich von Fanderl eingebracht (beim Reichssender München auf Schallplatte; die Geschwister Schiefer aus Laufen an der Salzach haben es wiederbelebt).

Kap. Verliabte Gsangl: „Annamirl mach auf!": „Fanderl hat das alte und bekannte Lied wieder bekannter gemacht". – „Beim Deandl sein Fenster": „Von Martl Maier, Fanderls Freund, gern gesungen, oft gekürzt um die Strophen 2 und 5." – „Der Waldbua": Die Mutter Fanderls habe das Lied gekannt und gesungen (nach: „Wimmerbauernfranzl" aus Reit im Winkl).

Kap. Halbverheiratete Gsäng und ganz verheiratete Brummer: „Wann i amal heirat!": „Wie das Lied im Chiemgau gesungen wird". Fanderl hat wohl als Berater fungiert. – „Das Ehekreuz": „Unsere Chiemgauer Lesart ist in den meisten Strophen neu und noch unveröffentlicht." – „Der Hennatrog": „Eine bisher unveröffentlichte Lesart der Geschichte vom geschlagenen Mann". Ehepaar Rank aus Tölz nahm das Lied für den Reichssender München auf.

Kap. Da is was gschehn!: „Der Habernsack – Sanktuliduli!": Es handelt sich um die Otto Liebhaber-Fassung in 13 Strophen. – „Das Weilheimer Stückl": Ergänzung der letzten Strophe durch Fanderl. – „Der Fensterstockhias": Die Otto Liebhaber-Fassung (22 Strophen) – Hinweise auf passende Vortragsart wahrscheinlich durch Fanderl. – „D' Wirtsdirn vo' Halsbach": Vom „Baumstefzenlenz" und „Roiderjackl" bekannt gemacht.

Kap. Leutl, müaßt's lustig sein! – Kreuzlustiger Durcheinand: „Bald gfreun mi die Ochsn": Von Fanderl von der Rehtalerin aus Wall bei Miesbach gehört.

Kap. Nahrhafte und genußreiche Brocken: „Der Rudltoag-Gsang": Bisher noch nicht veröffentlicht, im Chiemgau oft und meist zweistimmig zu hören. – „Wirtshausgschroa": In Bergen, dem Heimatort Fanderls, gehört; es wurde „gern bis zur Heiserkeit und Erschöpfung" gesungen.

Kap. Städtische und halbseidene Sachen: „Der Berliner Jemsenjäger": Fanderl musste den Text als ABC-Schütze in der Volksschule in Bergen einstudieren und aufsagen.

(2) Lieder, die sich nach 1945 in den „Liederbogen" Wastl Fanderls wiederfinden:
Da Wind waht – Das Schifflein schwingt sich (dani) – Das teure Jopperl – Der Bauer verkauft Acker und Pfluag – Der Summa is summa – Diandl willst an Edelknabn – Dort hinten beim Oachlbaum – Es war amal an Abend spat – Gott hat alles recht gmacht – Heunt ist die Samstag Nacht – Jetzt waars zum Hoamgeh Zeit – Juchhe und juchhu – Kloane Kügerl giaßn – Springt da Hirsch (übern Bach) – Was waar's denn um's Leben – Znachts han i ma d'Schneid.

(3) Gewährspersonen und -gruppen
Alter Zootmar, Anton Anderluh, Aschauer Dirndl, „Baumsteftenlenz" (eigentlich Paul Friedl), Christian Blattl (Bauerndichter), Johann Brahms, Hans Commenda (1889–1971), Otto Dengg, Die Drei Brüder Zorn aus Bergen, Donnerwirt in Johansbach im Gesäuse (Steirisches Ennstal), L. Eberhard (Pinzgau), Otto Eberhard (Salzburg), Hubert Embacher (Truchtlaching an der Alz), Gamsei von Bergen, Josef Gauby, Geschwister Schiefer (Laufen an der Salzach), Geschwister Kriegner (Ramspau bei Regensburg), Pfarrer Hanrieder (Putzleinsdorf in Oberösterreich), Hans Gielge (Bad Aussee), Raimund Gorton (Thurnhofer Mundi, Besitzer des Thurnhofes bei Weitensfeld im Gurktal), Grödiger Sänger, die Hafnerin, Adolf Hauffen (1863–1930), Junge Ruhpoldinger Burschen, Junghans, Kiem Pauli, Kienbachalmsennerin, F. Kirchmair, der Kraxenberger, Frankl Lenzei („der lustige Lenzei Frankl von Übersee"), Otto Liebhaber, Karl Liebleitner, Dr. Friedrich Lüers, Maier-Brüder (Rottach am Tegernsee), Augustin Marx (1643–1705, Verfasser des Liedes „Der liebe Augustin"), Prof. Dr. John Meier, Martl Meier (St. Georgen an der Traun), Mittler, Hedwig Monninger, Heinrich Mulser (Kasteltruth), Carl Theodor Müller (alias Saumüller), Pechersbuam (Pechklauber), Pfarrer Bermaier, Pfarrer Franz Nagel, Matthias Pirchmoser (Schmiedtal bei Thiersee), Prof. Dr. Josef Pommer, Rudolf Preiß, Georg Queri, Rank (Ehepaar aus Tölz, Frau Elisabeth), die Rehtalerin (Wall bei Miesbach), Karl Reisenbichler (Pinzgau 1906), der „Roiderjackl" (Jakob Roider), Salzachtaler Sänger, Salzknappen von Berchtesgaden, Sänger aus Neukirchen bei Teisendorf, Dr. Anton Schlossar, O. Schmidt, Jakob Eduard Schmölzer, Ignatz von Schmuck (1810–1882, aus dem Zillertal), Schneidermeister Bauer (Ostermiething), Joseph Schweikl (Altötting), Simrock, Sontheim-Burda (Sängerpaar), Speicher-Vater (Bergen, Maxhütte), Stephan Rasp (Berchtesgaden), Terofal („Volkssänger"), Johann Karl August Lewald, W. Thust, Toni Vögele (Oberaudorf), Prof. H. Wagner, Weinhold (aus der Beitsch/Veitsch), Welsch (Volkssänger), Wiendl-Wirtin (Westerbuchberg), Wimmerbauernfranzl (Reit im Winkl), Winkler-Simböck (Sängergruppe aus Simbach), Franz Karl Zoller, Lehrer Zwickel von Villgratten.

(4) Weitere, nicht näher konkretisierte Quellenhinweise:
Bayrischer Hauskalender 1929, Fliegende Blätter aus dem 16./17. Jahrhundert, Handschrift aus der 1. Hälfte des 18. Jahrhunderts in der Stadtbibliothek Trier, Deutsches Volksliedarchiv Freiburg, Das deutsche Volkslied. Zeitschrift für seine Kenntnis und Pflege, Bestände der Münchner Staatsbibliothek, Volksliederarchiv des Reichssenders München, Zeitschrift für österreichische Volkskunde (Wiener Zeitschrift für Volkskunde), Nachlass Karl Weinhold.

(5) Sammelorte und -regionen:
Absam, Abtenau, Admont, Altaussee, Altöttinger Gegend, Alpbach, Arnoldshain („am Fuß des großen Feldberges"), Bad Aussee, Baden, Bamberg, Banat (Rumänien), Bayrische Pfalz, Bayrisches Innviertel, Bayrischer Wald, Berchtesgaden, Bergen, Böhmen/Böhmerwald, Brandenberg, Breitenbach im Unterinntal, Brixental, Chiemgau, Dachsteingegend, Defereggental (Osttirol), Ditfurth (Unterfranken), Egerland, Eisacktal, Nordtirol, Eisenerz, Elbach bei Fischbachau, Elsaß, Ennstal, Erl, Erzgebirge, Flachgau, Franken, Friesach, Gastein, Gnadenwald im Unterinntal, Goisern, Gottschee, Görtschitztal, Gössl, Grafschaft Glatz, Graswangtal (Ammergau), Graz, Grundlsee, Halberstadt, Hallertau, Harz, Hessen, Hintertux im „innersten Zillertal", Hochkönigsgebiet, Salzburg, Hoher Trattberg, Holledau, Hötting, Innkreis, Irdning, Ischl, Kals, Kalsertal (Osttirol), Kasteltruth, Kärnten, Keferloh, Kitzbühel, Knittelfeld, Kößting/Kötzting bei Traunstein, Kreuther Grenzgebiet, Krimml im Pinzgau, Kuhländchen, Laatsch im Vinschgau, Laufen a.d. Salzach, Laufen-Fridolfing, Lausitz, Lechrain, Lothringen, Marchfeld, Marquartstein, Meran, Mieders (Stubai), Miesenbach (NÖ), Mittenwald, Mosel-Saarland, München, Mürztal, Mürzzuschlag, Nassau, Neu-

beuern am Inn, Neukirchen bei Teisendorf, Niederösterreich, Niederösterreichisches Wechselgebiet, Nordwestliches Oberbayern, Nürnberg, Oberes Ruhrgebiet, Obersteirisches Murgebiet, Ötztal, Pfronten im bayrischen Allgäu, Pinzgau, Pongau, Pustertal, Nordtirol, Radmer, Reit im Winkl, Rheinpfalz, Rheintal, Ried (OÖ), Roppen – Oberinntal, Rottenmann in den Niederen Tauern, Ruhpolding, Rupertigau, Saarland, Salzburg, Salzkammergut, Schlesien, Schneeberggebiet (NÖ), Schwaz im tirolischen Unterinntal, Schweiz, Schwoich bei Kufstein, See am Zirbitzkogl in den Niederen Tauern, Semminggebiet, Siebenbürgen, Spittal an der Drau, St. Georgen an der Traun, St. Johann im Pongau, Steiermark, Steirisches Ennstal, Sterzing, Steyr an der Enns („Eisenstraße"), Steyrtal, Stodertal, Straubing, Südböhmen, Südseite der Alpen (Pustertal, Drautal), Südtirol, Tegernsee, Thüringen, Totes Gebirge, Tragöß (Obersteiermark), Traunstein, Trostberger Gegend, Truchtlaching an der Alz, Unterfranken, Veitsch, Vogtland, Volders, Vordernberg, Waging, Waldviertel, Weinfurt bei Waldering (Tittmoning) an der Salzach, Westfalen, Wien, Wildschönau, Würzburg, Zillertal.

Beilage 4: Hirankl – Horankl.

Wiegengsangl, Kinderversl, Bauernrätsel, Jodler und viele lustige Liadl für Dirndl und Buam vom Alpenland. Gesammelt und herausgegeben von Fanderl Wastl. Mit farbigen Bildern von Ingrid Sieck-Voigtländer. Erfurt: Gebr. Richters Verlagsanstalt 1943. Mit einem Vorwort von Fanderl Wastl.

Die erste Publikation, die ausschließlich Fanderl zu verantworten hat, verzeichnet ca. 70 Gewährspersonen, Text-, Noten- und Liedersammlungen. Im „Vorwort" bedankt er sich bei seinen LektorInnen, die ihm sein Material auf Fehler durchforstet haben und als BeraterInnen tätig gewesen sind: Gertraud Thoma, Hela Schneider-Ewald, Hilde Schmitt und Prof. Dr. Georg Kotek.

Fanderl verwendete u.a. die bekannten **Sammlungen und Zeitschriften**: Hans Commenda (1926), Der bayerische Kalender (Jg. 1918), Das deutsche Volkslied, Kiem Pauli (1934, 1938), Franz Friedrich Kohl (1899ff), Karl Kronfuß und Alexander/Felix Pöschl (1930), Das leibhaftige Liederbuch (1938), Konrad Mautner (1910, 1918), Josef Pommer (Jodler und Juchezer 1906), Franz Ziska/Julius Max Schottky (1906) und Josef Zoder/Karl Magnus Klier (1931).

Er nennt namentlich folgende **Gewährspersonen** für Texte und/oder Melodien („Vorsager" und „Vorsinger"): Leni Alger (Weilheim), Hansl Anzinger (Krottenmühl), Eugen Aschbichler/Leo Eylmann (Degerndorf bei Brannenburg 1937), Maria Bacher (Holzkirchen), Burgl Bachmann (Inzell), Kathi Bauer (Grainbach 1937), Lisl Becher, Betty Berghamer (Leitzach), Sofie Bernöcker (Wall), Erika Blaser (Reit im Winkl), Josef Buchner (vulgo „Gamsei", Bergen), Fanny Dick (Samerberg), Otto Eberhard (Salzburg), Gisela Eichstätter (München), Elisabeth Eylmann (Traunstein), Fanderls Mutter, Maridl Feil (Freilassing), Hansl Feurstein (Dornbirn), Forrermutter von Sonnenhof, Anni Friedrich (Gumpertsham), Hedwig Fürnetz (Sonnendorf), Lisl Gloiber (Miesbach), Toni Göttle (Allgäu – Sonthofen, Gebirgsjägerkaserne), Schorsch Gottner (Heufeld 1936), Burgl Greimel (Buchbach), Maria Hallweger (Bergen), Maria Hilz (Bocksberg), Marile Hilz (Bocksberg), Hanni Hölzl (Obersalzberg), Resi Kastenmüller (Bocksberg), Valtl Kaum (Bergener Sänger), Lisl Kloiber (Miesbach), Hilde Knallinger (Deisenhofen), Anton Kollitsch, Amalie Lettner (Sachsenkam), Mabeth von Treuberg (nach Hans Commenda), Mariandl Maier (Aschau), Betty Maier (Buchbach), Resl Mayerhofer (Sachsenkam), Resl Mühlbauer (Vachendorf; Fingerspiele), Lisbeth Müller (Samerberg), Maria Neumaier (Reit im Winkl), Schorsch Oberauer (Bergen), Hugmar Pohl (Bad Reichenhaller Jägerkaserne, aus Kärnten), Gretl Reiser (Salzburg), Riederinger Kindergruppe 1936, Hermine Ritzinger (Landshut), Paula Salzberger (Miesbach), Erna Schatz (München), Geschwister Schiefer (Laufen), Hilde Schmitt (München), Vevi Schneblinger (Ruhpolding), Hela Schneider-Ewald (Reit im Winkl; Fingerspiele), Xaver Schröck (Laufen), Schwarzhofer Sennerinnen 1940, Rosa Sillichner (Tüßling), Else Sonner (Obersuchen), Anni Sparer (Ascholding), Friedl von Spaun (Berchtesgaden), Georg Sperr (München, Mühldorf), Loni Steiner (Bergen), Mali Tauschhuber (Waldhausen), Traudl und Brigittl Thoma, Torkardirndl (Krumpendorf), Anni Trattler (Reit im Winkl), Volksschule Bergen, Waakirchner Buam, Rosa Waldherr (Breitbrunn), Susi Wallner (Buchbach), Wiener Sender (Volkssingstunden).

Beilage 5: Fanderl, Wastl (Hg.): Lieber Herrgott, sing mit!

16 schöne Gsangl vom Alpenland für 3 Stimmen. (= Zeitschrift für Spielmusik. Hg. von Fritz Jöde. 40. Heft, Januar 1936. 2. vollständig erneuerte Auflage Juli 1942). Celle: Hermann Moeck Verlag 1942. Mit einem Vorwort von Fritz Jöde.

Im Vorwort schreibt Fritz Jöde u.a.: „In dem vorliegenden Heft nun bringt Fanderl Wastl ein paar der schönsten Lieder des Alpenlandes. Den Streit, welcher Gau das Erstgeburtsrecht an ihnen hat, macht er nicht mit, sondern freut sich an ihnen, schützt sie und singt sie mit denen, die sich auch an ihnen freuen können. Das Besondere an den hier zusammengestellten Liedern ist ihre Eignung für das Blockflötenspiel. Die Lieder sind allesamt so gesetzt, daß die beiden oberen Stimmen von zwei Sopranflöten, die dritte aber von einer Altflöte gespielt werden können [...]. Der Text des 1. Verses wurde jeweils der Hauptstimme unterlegt. Für diejenigen, die diese Lieder auch ganz singen wollen, sind die weiteren Verse am Schluß des Heftes wiedergegeben [...]."

– Na fang ma's o (Liaba Herrgott im Himmel. Gstanzlweise. Auch in: Annamirl Zuckerschnürl)
– Grüaß di God, mei liabe Schwoagerin (auch in: Das leibhaftige Liederbuch, Hirankl Horankl)
– I laß ma koa Landstraßn baun (auch in: Hirankl Horankl)
– 's Bergele
– Lustig is 's Bua sein
– Iß mit mir
– 's Dirnei
– Wannst willst an Hahnpfalz gehen (auch in: Hirankl Horankl und in: Oberbayerische Lieder)
– Hon a Freid mit die Ochsen
– Heija, mei Dirnei (auch in: Hirankl Horankl)
– Mei Dirnei
– Grüaß die God, Dirnei
– Mei leirupfas Pfoadei
– Der Wind waht (auch in: Das leibhaftige Liederbuch, Hirankl Horankl und Liederbogen Nr. 9)
– Jetzt ha i mei Häusal
– Die lustige Zählweis

Beilage 6: Das Bairische Liederstandl 1948.

Published under Office of Military Government for Bavaria, Information Control Division. Publication Control Branch. License No. US-E-107. Seebruck am Chiemsee: Heering-Verlag. Hg. von Fanderl Wastl, illustriert von Franz Sindel. Grassau im Chiemgau 1947.

Die Bögen/Hefte des „Bairischen Liederstandls" waren wichtige Produkte, die Fanderl über seine eigene Verlagsbuchhandlung vertrieb. Sie dienten ihm zugleich als Grundlage für seine sängerischen Vermittlungstätigkeiten. In seiner „Sänger- und Musikantenzeitung" erschienen ab 1958 schließlich kontinuierlich Werbeeinschaltungen für das „Liederstandl" – nur in 13 Heften fehlten sie. Insgesamt gab es ca. 170 Einschaltungen, aus denen das gesamte Sortiment der „Versandbuchhandlung" abzulesen ist – eine eindrucksvolle Palette von Liedersammlungen, Notenbüchln, Büchern und Broschüren. Im Jahr 1973 (Heft 5) geben Wastl und Lisl Fanderl die Übergabe des „Liederstandls" an Traudl Rüggeberg (Frasdorf) bekannt. Ab Heft 4 (1979) wird als Herausgeberort Prien am Chiemsee angegeben. 1988 erscheint die letzte Anzeige für das „Liederstandl". Mögliche Gründe: Wastl Fanderls Rückzug aus der Redaktion der SMZ; Ruhestand von Frau Rüggeberg; zunehmende Konkurrenz auf dem volkskundlichen und volksmusikalischen Buchsektor. Die Informations- und Werbeeinschaltungen in der „Sänger- und Musikantenzeitung" zwischen 1958 und 1988 bieten einen Einblick in das vielfältige Angebot der „Versandbuchhandlung". Es ist nur ein Zufall, dass die erste Einschaltung u. a. der „Deutschen Bauernmesse" von Annette Thoma gewidmet ist und die allerletzte einer Reihe von „Geistlichen Volksliedern" (aus Fanderls eigenen Liederbogen), Passions- und Osterliedern, dem Berchtesgadener Passionssingen und „Geistlichen Liedern für Feste im Jahreskreis".

Im Vorwort des ersten Bogens des „Bairischen Liederstandls" schreibt Fanderl (Grassau 1947): „Schon in frühen Zeiten wurden auf Märkten und Schrannen des Alpenlandes neben hundert Dingen des täglichen Gebrauchs auch Lieder, meist lustige und ernsthafte Begebenheitsgesänge, feilgehalten. Kraxen- und Bauchladenträger brachten in entlegene Landwinkel, zu einsamen Bauernhöfen die „Fliegenden Blätter" und verkauften sie für etliche Kreuzer.

Wir haben nun diese Idee aufgegriffen und versuchen, in Anlehnung an die alte Art, die Liederbogen neu ins Landvolk zu bringen. Im Laufe der letzten Generationen hat viel aufgekommenes „Neumodisches" den überlieferten, klingenden Schatz zugedeckt. Unsere Aufgabe soll sein, unter Ausnutzung moderner Hilfsmittel, dieses Volksgut wieder frei zu machen und zu neuem Leben zu erwecken. Alle, die Sinn und Herz für die Heimat haben, sollen mittun! Wer je mit den Bauern gesungen und musiziert hat, weiß, wie notwendig und schön es ist, das Lied wieder dorthin zu bringen, wo es einst zum erstenmal erklang.

Das ‚Bairische Liederstandl' hat Volkslieder, Juchezer, Rufe, Jodler und Sprüchl zum Inhalt. Zu wichtigen und besten Aufzeichnungen hervorragender Liedforscher aus allen Alpenländern werden sich Sammelergebnisse des Herausgebers, sowie Beiträge von Heimatfreunden mit eigenen Neuaufschreibungen reihen. (Womit die freundliche Einladung zu reger Mitarbeit ausgesprochen ist!)

Zur Mundartschreibung existieren eine Menge Vorschläge von Fachleuten, doch gehen ihre Meinungen auseinander. Mundartkenner wie Liebleitner, Pommer, Zack, Zoder, Kotek, Commenda, Mautner, Klier usw. verwenden in ihren Veröffentlichungen besondere Hilfszeichen, während Dingler davon abrät. Wir denken es uns für diesmal so: Wer Dialekt in den Ohren hat, wird sich auch ohne viel Stricheln, Hakerln, hochgestellten und umgedrehten Buchstaben abzufinden wissen.

Wir haben nur einen Wunsch: Mögen diese unmittelbar aus dem Volke geschöpften Weisen in ihrer ganzen Ursprünglichkeit und Frische wieder auferstehen im Munde unserer Jungen und Alten!"

Wastl Fanderl bietet in den 20 Bögen über 50 Lieder. Nur 9 der 50 Beiträge übernimmt er auch in seine später publizierten „Liederbogen" ab 1955 (vgl. Beilage 7). Wie dies in vielen derartigen Sammlungen üblich war/ist, wird eine breite Palette von Gattungen – Jodler, Balladen u.a.m. – angeboten.

Gewährsleute (vgl. auch Beilage 21):

Die genannten Jahreszahlen bezeichnen das Datum der Aufzeichnung bzw. Vermittlung. In einigen Fällen nennt Fanderl nicht den vollständigen Namen oder erwähnt nur den Alias- oder einen Hofnamen: Jolanda Clauß, Josef Dirscherl (Garching), Josef Galler (Bad Kreuth), „Gamsei" (Bergen), Hans Gielge (Bad Aussee), Toni Göttle (Sonthofen 1937), Hermann Hummer (1931), A. John, Maria Keuschnigg (1922), L. Kuntner, Lampersberger (Almertsham bei Endorf), Mühlberger Sänger/Hinterbuacher (Waging), Maria Müller („Gaustl" von der Knorrhütte), Ramingsteiner Dirndl, Tobi Reiser, Schererbauer Hartl (Tegernseer Berg), Pepi Schiefer (Laufen), Schlach Waberl (Pseudonym für Tobi Reiser), Prof. Otto Schmidt, Marianne Schütz (Seelenz bei Iglau), Friedl von Spaun (Berchtesgaden), Traudl und Brigittl Thoma (Riedering), Alfred Weitnauer, Schorsch Windhofer.

Fanderl Wastl nennt seine eigenen Beiträge der Aufzeichnung und der Bearbeitung:

Hohpfalz (aus Bergen 1936), Alpara (Friedl von Spaun), Der von der Gaustl (Maria Müller, Knorrhütte, Wetterstein, 1944), Laft das Spinnradl (Zusammenstellung von Textbausteinen und Ergänzung der Melodie), Der Burgberger (gehört 1938), Der Fischinger (Toni Göttle, Sonthofen 1937), Frisch auf die Jagd hinaus (Waging 1946), Da Schea (Jodler).

Details zum „Bairischen Liederstandl":

1. Bogen: Der Kraxltrager: Der Öltrager Koibal

2. Bogen: Drei schöne Frühlingslieder: Jatz kimmt da sche Fruahjahr – Is da Winta gar – Ja wann's da Schnee

3. Bogen: 3 Lustige Musikantenliadl: Heißa, Buama – Lost's nur grad – I ha scho oft g'schnittn [*auch im Liederbogen Nr. 4*]

4. Bogen: 2 altbairische Sternsinger-Lieder: Frohlocket, ihr Menschen [*auch im Liederbogen Nr. 12*] – Die heiling Dreikini

5. Bogen: Das ausführliche Lied vom Wirtssepperl z'Garching. Davon ein Nachgsangl und ein Volkssprüchl. Dazu eine interessante längere Nachspürung verfaßt von Josef Dirscherl (Garching a.d. Alz): Der Wirtssepperl (19 Strophen), Nachgsangl (Gstanzlmelodie), Volkssprüchl

6. Bogen: Vom kleinen und großen Hahn: Auf da Gwah'n – Hohpfalz – Fangt schon das Fruahjahr o

7. Bogen: Der schwarzbraune Michal: Der schwarzbraune Michal und Karl Jäger: Volksliad (Fanderls Anmerkung bezieht sich auf die Zeitschrift „Das deutsche Volkslied", und zwar auf deren Festschrift zum 40. Jahrgang 1938).

8. Bogen: Commenda/Liebleitner/Pommer: Die Glockn – Der Hore – Der Domdeidudl

9. Bogen: Der tote Wildschütz: Der Himmi-Anderl – Ein neues Lied – Der Allerseelner [*auch im Liederbogen Nr. 30*]

10. Bogen: Almabtrieb: Fahrn ma hoam – Da Summa is außi – Zwei Almrufe: Alpara [*auch im Liederbogen Nr. 1*] – Der von der Gaustl

11. Bogen: Kinderlieder: Stände-Spottlied – Da Veitl – Ei, ei, ei! – Auszählreim

12. Bogen: Drei feine Spinnlieder: Sitzt's am Spinnstuhl – Laft das Spinnrad – Spinn-spinn-Spinnerin

13. Bogen: Allgäuer Dreier. Drei Jodler. Aufgezeichnet von Fanderl Wastl: Der Burgberger – Der Fischinger – „Da Schea" [*auch im Liederbogen Nr. 41*]

14. Bogen: Hochzeitsgesänge: Merk auf mein Christ [*auch im Liederbogen Nr. 1*] – Für d' Hochzatleut – Gratulations-Lied

15. Bogen: Ehestreit. Ein zänkischer Gesang mit versöhnlichem Ausgang in zehn Strophen aus dem Liederbuch einer Sennerin – Ehestreit - Hausinschriften aus dem Chiemgau – Bauerndichter-Sprüchl

16. Bogen: 4 schöne Dirndl-Lieder: Mei Schatz is a Weber – Mei Schatz is a Fuhrmann – Heut is die Samstagnacht [*auch im Liederbogen Nr. 32*] – Du bist a frischa Bua

17. Bogen: Oberbayrische Jagdlieder: Frisch auf die Jagd hinaus – Koa lustigas Lebm – Das jagrische Lebn

18. Bogen: Abschiedslieder: Wann du durchgehst durchs Tal – Sagst allweil vom Scheiden – Pfiat die God, scheana Alma

19. Bogen: Fuhrmannslieder: Bin i a lustiga Fuhrmannsbua – Aba Roßknecht steh auf – Nachgsangl [auch im Liederbogen Nr. 54] – Hopp, mei Schimmale [auch im Liederbogen Nr. 48]

20. Bogen: Kiem Pauli: Vorwort von Annette Thoma – Almaliad. Annette Thoma liefert in ihrem Vorwort ein Porträt des Kiem Pauli, seines Lebens und Wirkens. Sie scheut sich dabei in typisch altkonservativer Art nicht, inzwischen auch belastete Begriffe („artfremder Sang", der „das Bodenständige bedrohte") zu verwenden, und will den rassistischen Missbrauch und auch alles „Weltpolitische" ausblenden: „Der Name Kiem Pauli ist ein Begriff geworden, seine selbstlose Arbeit ein Vorbild und der Herzensdank eines Volkes sein Lohn. Wie heute die Alten singen, so zwitschern schon die Jungen und getrost können wir sagen: ‚es feit si nix!' Denn trotz Krieg und Kriegsfolgen, trotz erbitterter Kämpfe in der Weltpolitik ist die Saat, die er ausgeworfen hat, herrlich aufgegangen, sie hat weitergeblüht in all den Jahren und wird, so Gott will, weiter gedeihen zur Freude und Wohlfahrt aller, die ihre Heimat lieb haben."

Beilage 7: Die Liederbogen des Wastl Fanderl.

Reprint der beliebten Flugblattsammlung 2002. Hg. vom Verein für Volkslied und Volksmusik e.V. München: Eigenverlag des Vereins (= Das Bairische Liederstandl)

Die Erstveröffentlichungen der Liederbogen sind schwer bis gar nicht mehr eruierbar. Einige Texte sind mit Worterklärungen versehen. Es handelt sich um 55 Liederbogen (seit 1955) mit 234 Liedern. Nur ganz wenige Lieder waren schon im „Bairischen Liederstandl" 1948 abgedruckt (vgl. Beilage 6). Die 2002 erstmals in gebundener Form erschienenen „Liederbogen" sollen 2012 erneut aufgelegt, der Quellenteil soll erweitert werden.

Eine erste genauere Beschäftigung mit Fanderls Liederblättern unternahm Maria Tribus in einer Prüfungsarbeit aus dem Jahr 1981 (Maria Tribus: Die Liedblätter [sic] des Fanderl Wastl – Liedquellen, regionale Herkunft und Publikationsform 1981). Am interessantesten sind jene Passagen, in denen Tribus – leider nur am Beispiel von wenigen Liedern („Unsa liabe Frau", „Dort drunten auf Laub und Straßen", „Da Baua verkauft Acker und Pflug", „I tritt herein als Handwerksbursch", „Jetzt kimmt die Frühlingszeit") – den oft ziemlich freien Umgang Fanderls mit dem überlieferten Liedgut (Text und Melodie) skizziert. Besonders schwer tat sich Tribus offenbar mit ihren Anmerkungen zum Halleiner Passionslied „Dort drunten auf Laub und Straßen", dessen textliche Kürzung durch Fanderl sie darauf zurückführt, dass Fanderl die von Tribus zurecht als „antisemitisch" qualifizierten Stellen aus der ursprünglichen Fassung, wie sie in August Hartmanns und Hyazinth Abeles „Volksschauspiele in Bayern und Österreich-Ungarn" (Leipzig: Breitkopf & Härtel 1880) abgedruckt sind, zumindest teilweise herausgenommen habe, um das Lied weiterhin im Kanon behalten zu können. Dennoch konnte auch Fanderl dieses Lied nicht aus dem überlieferten antijüdischen Kontext eines katholischen Passionsliedes lösen. Tribus kann an den wenigen Beispielen und nach Interviews mit Wastl Fanderl zeigen, wie behutsam Fanderl eingegriffen hat, so dass z. B. Lieder besser und leichter singbar wurden.

14 Textsorten bzw. Gattungen:
– Adventlieder – 13 Lieder
– Almlieder – 16 Lieder
– Geistliche Volkslieder, Marienlieder, Passions- und Osterlieder – 35 Lieder
– Hochzeitslieder – 6 Lieder
– Jagdlieder – 13 Lieder
– Jodler – 34 Jodler
– Kinder- und Wiegenlieder – 20 Lieder
– Liebeslieder – 42 Lieder
– Lieder vom Tages- und Jahreslauf – 22 Lieder
– Lustige Lieder, Schnadahüpfl, Zwiegesänge – 39 Lieder
– Ständelieder – 19 Lieder
– Tanzlieder – 6 Lieder
– Totenlieder – 4 Lieder
– Weihnachts-, Hirten-, Neujahrs-, Sternsingerlieder – 21 Lieder

Die Titel der „Liederbogen" und die nachweisliche Verwendung bei „Offenen Singen":
Aus dem Nachlass und den Berichten der SMZ lässt sich z. T. rekonstruieren, welche Lieder bei Fanderls „Offenen Singen" zum Einsatz kamen:
Nr. 01: Gott hat alles recht gmacht – 8 Lieder
Nr. 02: Jetzt fangen wir zum Singen an. Lieder im Advent – 6 Lieder
Nr. 03: Auf, auf, Buam, beizeiten – 4 Lieder
Nr. 04: Mei Lumpale-Bua – 6 Lieder
München (16.10.1970): „Lost's no grad d'Spielleut o" (im Krieg von einem steirischen Gebirgsjäger gehört, Fanderl als Vermittler) und „He! Bäurin, is denn gar neam z'Haus?"
Nr. 05: Aba Hansl, spann ei' – 5 Lieder

Nr. 06: Christus ist erstanden – 5 Lieder
Nr. 07: Jopperl didl dopperl – 6 Lieder
Nr. 08: A schöns Büschl kaf I dir - 6 Lieder
Schliersee (Josefitag 1970): „A schöns Büschl kaf i dir" (aus Karl Liebleitner: Wulfenia-Blüten. Wien, Leipzig 1932).
Nr. 09: Da Wind waht ... Vier Herbstlieder und ein Totenlied – 5 Lieder
Nr. 10: Eisstock-Schiaßn – Winterlieder – 4 Lieder
Ergolding (3.12.1969): „Heut geh ma Schlittenreiten" (Wort und Weise von Otto Dengg 1920, Abtenau im Tennengau)
Nr. 11: Kloanes Kindl, großer Gott – 5 Lieder
Nr. 12: Seid munter, ihr Christen – Neujahrs- und Sternsingerlieder – 4 Lieder
Nr. 13: Es is a schöne Zier – Frühlingslieder – 5 Lieder
Nr. 14: Springt der Hirsch übern Bach – 6 Lieder
Nr. 15: „... a andane Muatta hat ar a liabs Kind!" – Zwiegesänge – 3 Lieder
Nr. 16: Da Himmi is glaslhoata – 5 Lieder
„Kranerlied" (von Wastl Fanderl 1932 in Bergen aufgezeichnet, Vorsänger: Josef Buchner, genannt „Gamsei").
Eggenfelden (27.11.1970): „s'Diandl is kuglrund" (aus Karl Liebleitner: Wulfenia-Blüten. Wien, Leipzig 1932, Schnadahüpfl, aufgezeichnet in Himmelberg/Mittelkärnten)
Nr. 17: Lieder der Greinsberger Kathi. Gesungen von den „Fischbachauer Sängerinnen" – 4 Lieder
Nr. 18: Kloane Kugein giaßn ... – 4 Lieder
Nr. 19: Nun es nahen sich die Stunden. Adventlieder aus Reinswald im Sarntal – 4 Lieder
Das Lied „Nun es nahen sich die Stunden" (Reinswald/Sarntal) wurde im oberbayerischen Raum schnell und weit verbreitet.
Nr. 20: Hui, Nachbar, auf! Hirtenlieder aus Südtirol – 2 Lieder
Nr. 21: „Sammlung auserlesener Gebirgslieder". Hg. und seiner Hoheit Herrn Herzog Maximilian in Bayern in tiefster Ehrfurcht gewidmet von Ulrich Halbreiter 1839 – 4 Lieder
Nr. 22: Zizipe Kohlmoas'n – 4 Lieder
Nr. 23: Und i tua nur vor'n Leut'n ... – 4 Lieder
Nr. 24: Bald verwickelt si de Peitschn ... – 4 Lieder
Nr. 25: Wie schön glänzt die Sonn. Marienlieder – 5 Lieder
Nr. 26: Da Kaisa liabt sei Landl – 4 Lieder
Nr. 27: Und i woaß a schöne Glockn. Lieder aus der Sammlung von Fr. v. Kobell 1803–1882 – 4 Lieder
Nr. 28: Schönster Jesus auf der Wies. Geistliche Volkslieder – 4 Lieder
Nr. 29: Oamal i, oamal du – 5 Lieder
Nr. 30: Muß fahrn ein ander Straßen – 4 Lieder
Nr. 31: Tragt da Weixlbam Apfei – 4 Lieder
Nr. 32: Mir san von da drinnat – 4 Lieder
Nr. 33: Maria, hör den Engel an. Adventlieder – 3 Lieder
Nr. 34: A größas Kreuz tua i net kenna – 4 Lieder
Nr. 35: Was waar's denn um's Lebn ohne Jagn? – 4 Lieder
Nr. 36: Spielleut, spielts auf! Tanzlieder – 4 Lieder
Nr. 37: Die Bedlleut ham's guat – 4 Lieder
Nr. 38: Auf da Mölltalleitn, auf da Sunnaseitn – 4 Lieder
Waldkraiburg (11.6.1971): „Wann's Heumahn so lustig war" (1939 von Landa Claus vermittelt. Die dritte Strophe wusste der „Gamsei" aus Bergen)
Laberweinting/Landkreis Straubing-Bogen, Niederbayern (Juni 1972): „Ist alles wohlbestellt" (Text und Weise von Kathi Greinsberger, Fischbachau).
Nr. 39: Mei Diandl is vom Pinzgerland – 4 Lieder
Zorneding/Pöring (27.11.1971): „Mei Diandl is vom Pinzglerland" (Schnadahüpfl, aus Vinzenz Maria Süß: Salzburgische Volks-Lieder mit ihren Singweisen. Salzburg 1865).
Nr. 40: Mei Schatz hat mi grüaßn lassn – 4 Lieder
Kolbermoor (26.6.1973): „Mei Schatz hat mi grüaßn lassn" (aus Karl Liebleitner: Wulfenia-Blüten. Wien, Leipzig 1932).
Nr. 41: Und a Gambs hon i gschossn – 4 Lieder
Nr. 42: Weil der Tag nun fanget an. Geistliche Volkslieder – 5 Lieder
Nr. 43: Halts still, Hüatabuama. Hirtenlieder – 4 Lieder
Nr. 44: Seist gelobt, Herr Jesu Christ. Krippenlieder – 3 Lieder
München (7.12.1973): „Aiblinger Weihnachtsweis'" (von Michael Kuntz, Chorregent aus Aibling, später Kirchenmusikdirektor in Landshut, 1942.) Vgl. SMZ 14 (1971) H. 6: Hier liefert Fanderl auch kulturhistorische Informationen zum „Andachtsjodler aus Sterzing, erstmals 1921 publiziert von Karl Liebleitner in der Zs. „Das deutsche Volkslied": Der Jodler sei in der Sterzinger Dorfkirche bei der Christmette vor der Heiligen Wandlung angestimmt worden und schließlich den Bestrebungen des „Cäcilienvereins", „den Kirchengesang von allzuweltlichen Einflüssen zu ‚reinigen", vorläufig zum Opfer gefallen. Ein den Wandervögeln zugehöriger Gymnasiallehrer aus Berlin/Strehlitz namens Pohl habe den Jodler in einer Sterzinger Handschrift gefunden und notiert. Eine reichsdeutsche Wandervogelgruppe habe den Jodler 1912 auf der Seiser Alm gesungen. Der Tiroler Komponist J. E. Ploner habe dies gehört. Annette Thoma verwendete den Jodler in den 1930er Jahren in ihren Hirtenspielen und in der „Deutschen Bauernmesse".
Nr. 45: Diandl, hast di heut scho schlafn glegt – 3 Lieder
Nr. 46: Wia lusti mir Bauan – 4 Lieder
Nr. 47: Gedenket, liebe Herzen zwei. Hochzeitslieder. Sätze für Sopran, Alt, Männerstimme (oder tiefe Frauenstimme) von Hermann Derschmidt – 4 Lieder
Nr. 48: Lieder für Kinder (auch in den Liederbogen 1, 7, 10, 14) – 5 Lieder

Nr. 49: Diandl, i liabat di ... – 4 Lieder
Nr. 50: Lieder vom Leiden Christi – 4 Lieder
Nr. 51: Wo is denn der Mahder – 4 Lieder
Nr. 52: Es is koa schön're Sach, juhe – 3 Lieder
Nr. 53: Is denn des net a Leben – 4 Lieder
Nr. 54: Beim Lindnbam draußn – 4 Lieder
Nr. 55: Der Tag hat sich geneigt – 1 Lied

Eigene oder von Wastl Fanderl (textlich und/oder musikalisch) bearbeitete Lieder:
Es ist zu vermuten, dass Fanderl noch mehr als die hier genannten Lieder bearbeitet hat. Es bleibt weiteren Nachforschungen vorbehalten, hier Klärungen herbeizuführen, denn auch „A größas Kreuz tua i net kenna" (Nr. 34) oder „Wo san denn die lustign Tanza" (Nr. 36) stammen wohl von Fanderl. – Kimmt schö hoamli die Nacht (Nr. 1) – Im Fruahjahr, wann d'Vögal wieda singan (Nr. 1) – Aba Hansl, spann ei' (Nr. 5) – Zwoa schwarzbraune Rössal (Nr. 5) – I tritt herein als Handwerksbursch (Nr. 7) – Kimmt daher die Wintazeit (Nr. 10) – Ja und da kloa Bua is schöna (Nr. 31) – Tragt da Weixlbam Apfei (Nr. 31) – Fischerlied (Nr. 54).

Wastl Fanderl deklariert sich als hauptverantwortlicher Vermittler für folgende Lieder:
Heita mein Büabei tuat schlafa (Nr. 1) – Lost's no grad d' Spielleut o (Nr. 4) – Der Alpara (Nr. 1) – Mei Lumpale Bua (Nr. 4) – I hab scho oft g'schnidn (Nr. 4) – Fuchspassn (Nr. 10) – Die heilg'n Drei König (Nr. 12) – Ehestreit (Nr. 15) – He! Bäurin, is denn gar neam z'Haus? (Nr. 16) – O Maria, wia gefährlich (Nr. 19) – Nun es nahen sich die Stunden (Nr. 19) – Nun kommt die Zeit heran (Nr, 19) – O göttliche Liebe (Nr. 19) – Guten Abend, liebe Hirten (Nr. 20) – Hui, Nachbar, auf! (Nr. 20) – Im Mai, bal' die Käfal fliagn (Nr. 23) – Bald verwickelt si de Peitschn (Nr. 24) – Wie schön glänzt die Sonn (Nr. 25) – Sie tragt an goldnen Mantel (Nr. 25; ein Lied von Kathi Greinsberger) – Der „Allerseelner-Jodler" (Nr. 30) – A größas Kreuz tua i net kenna (Nr. 34) – Wo san denn die lustign Tanza Nr. 36) – I bin a junga Wildpratschütz (Nr, 37) – Wann 's Heumahn so lustig war (Nr. 38) – Wann i's aufdenk ... (Nr. 39) – Jodler nach „Übers Almale hin" (Nr. 39) – Da Schea (Nr. 41) – Du bist scho kemma, du bist scho da (Nr. 45) – Hopp, mei Schimmerl (Nr. 48) – Ludler von der Fladnitzer Alm (Nr. 49) – Vom Zillertal außa (Nr. 49) – Is ma da Weg net z'weit (Nr. 52) – Znachst hon i ma d'Schneid (Nr. 53)

Gewährsleute: fast 80 namentlich genannte Gewährsleute scheinen auf (vgl. auch Beilage 21):
Anni und Joseph Bauer (Gaißach/Bad Tölz), Dr. Fritz Berthold, Emil Karl Blüml (Wien), Familie Bogenhauser (Riedering), Josef Buchner (vulgo „Gamsei", Bergen im Chiemgau), Landa Claus-Ruprecht (Salzburg), Dr. Hans Commenda, Otto Dengg (Lehrer in Rigaus bei Abtenau im Tennengau), Hermann Derschmidt, Otto Eberhard, Falkenstoaner Sänger (Inzell), Anna Fanderl (Mutter Wastl Fanderls), Fischbachauer Sängerinnen, Gamsstadl-Viergesang, J. Gutwillinger, Hans Gielge (Bad Aussee), Toni Göttle (Sonthofen/Allgäu), Kathi Greinsberger (Fischbachau), Prof. Dr. Kurt Huber (München), Viktor Jabornik (Steiermark), Toni Katschthaler, Kiem Pauli, Kirchleitner Dreigesang (Frasdorf), Georg Kotek (Wien), Michael Kuntz, Ernst Löger, Thomas Mayer (Oberförster i. R., Lenggries, Schwiegervater), Franz Niegel (Pfarrer von Unterwössen), Josef Oberhöller (Eichlerbauer in Reinswald/Südtirol), Rosa Oberhöller (Obermoarin in Reinswald/ Südtirol), Franz Pöschl, Pongauer Viergesang, Rudolf Preiß, Ramstötter Dreigesang (Teisendorf), Tobi Reiser (Salzburg), Riederinger Sänger, Geschwister Röpfl (Hausham), Curt Rotter, Ferdinand Schaller, Wolfgang Scheck, Geschwister Schiefer (Laufen), Familie Simböck (Braunau am Inn), „Schlach Waberl" (= Tobi Reiser), Balthasar Schüttelkopf, Friedl von Spaun, Linerl Stangassinger (Hofschaffer Linerl, verh. Lina Krohn, Lehrerin in Berchtesgaden), Stelzenberger Dreigesang, Heidi Stieber (Marquartstein), Stöckl (Ramsau bei Berchtesgaden), Thresl Thaler (Gruaberin, Reinswald in Südtirol), Annette Thoma, Brigitte Thoma (Riedering), Schwestern Torkar (Krumpendorf/Kärnten), Vinzent Unterkircher, Waakirchner Sänger, Walchschmiedbuam (Oberwössen), Norbert Wallner, Wiegele, Georg Windhofer und Viktor Zach.

Vgl. auch: *Liederblätter für Kinder und Jugendliche.* Auf Anregung von Raimund Eberle, Regierungspräsident von Oberbayern. Hg. vom Verein für Volkslied und Volksmusik e.V. München. Zusammenstellung Wastl Fanderl und Hans Obermayr 1976ff.

Beilage 8: Veranstaltungen seit 1945

Einige Veranstaltungen waren nicht mehr (genau) zu datieren, einige nicht mehr zu verifizieren. Die Liste beinhaltet einige Veranstaltungs-Formate, die Fanderl seit Mitte der 1960er Jahre verstärkt entwickelte, etwa die von ihm nach dem Vorbild der bürgerlichen Jugendbewegung gestalteten sogenannten „Offenen Singen" oder auch „Heimgartlichen Singen", die „Sänger- und Musikantentreffen" und die populär gewordene „Bayerische/Bairische Singstund'", die oft mit Hunderten von Sängerinnen und Sängern ca. 100 Mal in Bayern stattfanden und ein paar Mal auch vom Bayerischen Rundfunk übertragen wurden (vgl. dazu die Beilage 14: Hörfunk). Konzeptuell waren die „Singstund'"-Veranstaltungen weitgehend identisch mit den „Offenen Singen". Mit seiner Stelzenberger Hausmusik nahm Fanderl seit den 1960er Jahren auf Einladung etwa von Groß-Firmen und Banken an vielen Veranstaltungen, meist vorweihnachtlichen Abenden, teil (z. B. in Stuttgart, Düsseldorf, Braunschweig, Hamburg). Oft wurde sein Ensemble von oberbayerischen SängerInnen begleitet, z. B. von Waakirchner Sängern, den Roaner Sängerinnen, Fischbachauer Sängerinnen und Haunshofner Sängern. Es gab auch Auftritte mit Tobias Reiser jun.

1946: Heimkehrerfeier in Pittenhart im Chiemgau: Georg Weitzbauer: „Es klingt gut, aber es wäre noch viel schöner..." In: Begegnung mit Wastl Fanderl, S. 52.: „Die erste Begegnung mit'n Fanderl Wastl war 1946 – also kurz nach dem 2. Weltkrieg – bei einer Heimkehrerfeier in Pittenhart (Chiemgau), wo der Wastl von früheren Sangesfreunden und Kriegsteilnehmern eingeladen worden war. Der ‚Schachner', Albert Rieder aus Pittenhart, spielte mit seiner Zithermusik, wozu auch ich gehörte, die festliche Umrahmung – und auch zur Unterhaltung auf. Dem Wastl gefiel die für heutige Verhältnisse bescheidene Art zu feiern und zu danken für die glückliche Heimkehr aus dem Krieg sehr gut. In dieser Zeit war auch der Wastl nicht gerade gesegnet mit den Reichtümern dieser Welt und so freute ihn dieser Tag besonders. Es gab wenigstens genug zum Essen an diesem Tag. Zum Trinken gab's damals noch Dünnbier, zum Rauchen selbstangebauten Tabak oder die auf Raucherkarte sparsam zugeteilten Zigaretten und so dampfte es im Brandlsaal, heute ‚Beim Augustiner', ganz erheblich. Der Fanderl Wastl dampfte auch kräftig mit."

26./27. Oktober 1946: Erstes Sängertreffen in Grassau: Volkssingen im Postsaal. Aufführung der Bauernmesse von Annette Thoma (Riederinger Sänger singen a cappella mit Orgel-Vor- und Nachspiel). Fanderl war der Leiter der Veranstaltung und führte durch das Programm. Kiem Pauli begrüßte die Teilnehmer und Besucher, „die besten Bauernsänger aus Oberbayern" nahmen teil. Das Treffen wurde als „Ereignis für den Chiemgau" wahrgenommen.

Der Südost-Kurier berichtete unter dem Titel „Volkssingen im Postsaal von Grassau. Erstes großes Sängertreffen nach dem Krieg" am 26./27.Oktober und 2.November 1946. Kiem Pauli, „der eifrige Sammler und fanatische Verfechter alten Brauchtums" sprach zum ersten Mal nach dem Krieg zur Brauchtumsgemeinde – ganz in seiner altkonservativen Diktion: „Heut dreht sich alles ums Volkslied. Lustig wär ja am schönsten, aber ich hab' auch noch etwas anderes zu sagen. So mancher ist auf den Gedanken gekommen, daß er mit ‚Heimat' Geld verdienen kann. Viel wird jetzt getrieben, teilweise sogar verständlich, was aber der Sache des Volkstums schädlich ist. Ich bin alt und wenn ich geh, dann müssen Leut da sein, die weiter arbeiten im guten Sinn. Wenn wir nicht aufpassen und auf unser Brauchtum schauen, dann bleibt nicht mehr viel da von uns. Solange die deutschen Dialekte gesprochen werden, solange wird es auch ein Volkslied geben. Aber mit dem Dialekt steht's schon verteufelt schlecht. ‚Mahlzeit, Schlagsahne!' Redet halt bayerisch. Steht zusammen, nicht nur in der Sprache, sondern überhaupt. Die Gefahr ist groß. Wir brauchen Männer in jeder Gegend, die eintreten für das Gesunde. Wir werden sie gleich hören: Die Gebrüder Sontheim, Stöger, Treichl, die Laufener, die Hinterberger und alle, die treu zum Volkslied stehen. Es gibt jetzt kein Konzert, es wird gesungen, um euch Freude zu machen. Lehnt alles ab, was das Menschliche in den Hintergrund drängt. Der Mensch ist das Wichtigste. Zusammenhalten, unser Bayerland soll leben! Und jetzt fang ma o!" Kiem erinnerte in seiner Ansprache auch an das erste Oberbayerische Preissingen (1930), das erste österreichische Preissingen in St. Johann im Pongau und Dr. Josef Pommer. Prominente Besucher der Veranstaltung waren der Volkskundler Dr. Kriß (Berchtesgaden) und der Kunstmaler Meier-Sökefeld (Traunstein). Es sangen und musizierten u.a. die Riederinger Sänger und Sängerinnen, der Viergesang der Gebrüder Sontheim (Parsberg), Stöger (Schliersee) und Treichl (Oberaudorf), vier Schülerinnen der Geschwister Schiefer, das Bergener Gamsei-Trio, die Waginger Sänger, zwei Traunsteiner Sänger, Kiem Pauli, die Barmsteiner, Brigitte und Traudl Thoma mit dem Staber (Huagl) Sepp. Wie Bertl Witter 1992 berichtet, trat das spätere Fanderl-Trio zum ersten Mal auf. Es wurden u.a. wurden folgende Lieder geboten: „I ho scho oft gschnittn, i ho scho oft gmaht", „Fahr man hoam von der Alma ins Tal", gesungene und gesprochene Gstanzln des Kiem Pauli, „'s Dirndei is so liab und die Welt is so schön", „Leg die eina", „Zizipe, Kohlmoasn". Wie Witter berichtet, zeichnete sich die Veranstaltung durch einen hohen Grad von organisatorischer und sängerischer Improvisation aus. (vgl. auch Briefwechsel mit Annette Thoma, Nachlass im Volksmusikarchiv des Bezirks Oberbayern in Brückmühl)

Pfingsten 1947 (25./26. Mai): Erstes großes oberbayerisches Sängertreffen in Aschau: Teilnahme des Wastl-Fanderl-Trios. Bertl Witter erinnert sich 1992: „Es waren da: Kiem Pauli, Reiser Tobi, Hans Gielge (Stm.), Annette Thoma, Sepp und Adolf Dengg, Spaun Friedl, Sepp und X. Sontheim mit dem Stöger Hansl, Riederinger Sänger, Aschauer Sängerinnen (1. Generation), Roaner Sängerinnen, Salzburger Volksliedchor etc., etc. Ein amerikanischer Sergeant, der mit Kiem Pauli befreundet war, half unseren österreichischen Freunden über die Grenze nach Bayern und das ein paar mal, auch von Bayern nach Österreich!" Wiedereröffnung der Festhalle Hohenaschau (Einladung durch den Fremdenverkehrs-Verein Aschau/Chiemgau, Plakat). Zeitungsbericht Karl Perktold: Der Sänger von Bergen (über Wastl Fanderl).

23./24. August 1947: Erstes Oberbayerisches Sängertreffen in Starnberg: Teilnahme des Wastl-Fanderl-Trios

31. August 1947: Kindersingen in Tegernsee: Hans Seestaller leitete die Veranstaltung. Veranstalter waren das Gemeinde- und Kulturamt Tegernsee sowie der „Oberländer Gauverband der Heimat- und Volkstrachtenvereine" (Miesbach). Teilnehmer waren u.a.: Kiem Pauli, Sepp Sontheim, Josef Schwab und Wastl Fanderl. Toni Demmelmeier schrieb 1996: „Durch seine Mitwirkung hat der Fanderl Wastl die jetzt seit fast 50 Jahren bestehende Jugendveranstaltung aus der Taufe heben geholfen, die sich schon seit langer Zeit auf jährlich vier Singen [...] ausgeweitet hat – zwei im Frühjahr und zwei am 1. Adventsonntag. Wie aus dem Plakat zu sehen ist, wurde das Jugendsingen damals im Zusammenwirken mit der Gemeinde Tegernsee durchgeführt. Dabei hat das Preissingen in Egern 1930 ein wenig Pate gestanden." (Toni Demmelmeier, Schaftlach: Kindersingen in Tegernsee 1947. In: Begegnung mit Wastl Fanderl, S. 30f).

18. Oktober 1947: Kirchweihsingen in Traunstein: Teilnahme des Wastl-Fanderl-Trios

14. Dezember 1947: Heimatabend in Übersee: Teilnahme des Wastl-Fanderl-Trios

Weihnachten 1947: Wettstreit oberbayerischer Sängergruppen in Berchtesgaden: Veranstaltet unter dem Protektorat der Vereinigten Weihnachtsschützen des Berchtesgadener Landes (Kursaal - Watzmann-Saal). Teilnahme des Wastl-Fanderl-Trios. Kiem Pauli, „der Hüter des oberbayerischen Liedgutes", leitete den Abend und hielt eine Ansprache, in der er „jubelnd begrüßt", zum Singen „daheim und auf der Alm" aufrief und erneut seine Skepsis gegen Bühnenauftritte kundtat: „Gerade zu euch Berchtesgadenern mußten wir wieder einmal kommen, weil ihr in der letzten Zeit so ‚fein' geworden seid! Der Strom der Zeit bildet an solchen Plätzen besondere Strudel, in denen unsere schlichte Kultur unterzugehen droht. Unsere alten Lieder wollen wir pflegen." Er und Wastl Fanderl stellten die einzelnen Gruppen vor. Es war ein buntes Programm, nicht „gestellt" und „eingedrillt".

17. April 1948: Volksliedsingen beim Trachtenverein Alt-Reichenhall in Bad Reichenhall: Teilnahme des Wastl-Fanderl-Trios. Fanderl und Kiem Pauli „wollen die Sängergruppen vom Rupertigau" kennenlernen und sind nicht mit allen Darbietungen einverstanden. Die Presse (N.N.) berichtete u.a.: „Vor allem wollten sie hören, was gesungen wird. Und da war der Kiem Pauli nicht ganz zufrieden. Das sagte er in seiner freimütigen Art, die alles, was er tut, kennzeichnet: ‚Es hat sich mancher unechte Ton und Text eingeschlichen, der nur darauf abzielt, dem Fremden zu gefallen, anstatt ihm das Originale zu vermitteln. Ganz klar, daß dabei gern übertrieben wird, daß Konzessionen gemacht werden an den großstädtischen Geschmack.' Es gibt viele bei uns, die das alles ohne weiteres hinnehmen, als müßte es so sein. Sie bedenken nicht, daß jede kleine Lockerung dazu beiträgt, das Brauchtum zu untergraben, das Ursprüngliche zu verwässern, und der Besucher des Bayernlandes nimmt ein verzerrtes Bild in sich auf. Genau so ist es mit der Tracht. Ist es da nicht ein Glück, daß Männer wie Kiem Pauli und Fanderl Wastl, die hauptsächlich das Sprachlich-Musikalische betreuen, hier ihnen Riegel vorschieben und uns auffordern, die Volksmusik zu pflegen, die Kinder mit Gesang, Zither und Gitarre vertraut zu machen? Welche Aufgaben!"

1./2. Mai 1948: „Bayrisch Land – bayrisch Lied" in München: Veranstaltet von der Landeshauptstadt München in Verbindung mit der Landesstelle für Volkskunde. Unter einer Auswahl von Mitwirkenden sind im Programmheft der Dreigesang Fanderl, das Instrumental-Trio Kiem Pauli, Hansl Reiter und Pischetsrieder sowie Sepp und Xaverl Sontheim und Hans Stöger verzeichnet. Weiters steht dort unter anderem zu lesen: „Die acht Kreise [heute: Die sieben Regierungsbezirke Bayerns zusätzlich der Pfalz] feiern Heimat. [...] Das gute Volkslied, von unnachgiebigen Kennern und Männern im Stile Kiem Paulis immer wieder aufgezeigt, konnte und kann wieder langsam Wurzeln fassen. Die verlogene Jahrhundertwende mit dem schmetternden ‚Wer hat dich, du schöner Wald' und das Wehmut-Geheuchel des ‚Bayrischzeller-Liedes' ist zwar noch nicht überwunden, aber genügend gebrandmarkt."

Pfingsten 1948: Zweites Großes alpenländisches Sängertreffen in Aschau: Annette Thoma erinnert in ihrem zeitgenössischen Bericht „Sänger-Treffen in Aschau" an die ersten Treffen vor dem Krieg [seit dem Jahre 1938], bedauert die „grausame" Unterbrechung durch den Krieg und meint, dass 1947 „wie selbstverständlich" der abgerissene Faden wieder geknüpft worden sei, ja dass es nun sogar eine Steigerung gebe. Sogar Salzburger und Schweizer Sängerfreunde seien legal nach Oberbayern gekommen. Sie spricht sodann von „Stammesverbundenheit" der Alemannen, Bajuwaren und Pongauern und preist die „abgewandelte Vielfalt" dieser musikalischen Völker. Sodann heißt es – ganz im bekannten Duktus der Thoma: „Die Schweizer – Solothurner und Berner – hatten ein Alphorn mitgebracht [...]. ‚Im Anfang war der Ruf!' möchte man sagen [...]. Altbayern war mit Oberland, Chiemgau und Bayrischem Wald vertreten: es sangen die Brüder Sontheim mit dem Stöger Hans, die Ludwiger Geschwister von Hinterberg, die Roana Deandln, die Scharlinger-Waakirchner, die Riederinger Buam, die

Aschauer Dirndln und der Fanderl Wastl mit seinen Kameraden. [...] Wie stammverwandt klangen die Lieder und wie brüderlich eint sich die ‚Arie' des Bayernwalds mit dem Jodler der Alpen! Tobi Reiser-Salzburg war mit etwa 30 Landsleuten aus dem Pongau, Pinzgau, Flachgau und Tennengau gekommen, und was uns das Nachbarland schenkte, war die Fülle. Hackbrett, Gitarre, Trompete, Zither, Akkordeon und Streichbaß vereinigten sich zu einem Kammerorchester, das u.a. den Mozart so stilecht, rein und wohlverstanden brachte, daß sich das Wort ‚klassisch' in die bewundernde Anerkennung drängte. Vom zarten Menuett und Tafelstück führten uns diese Vollblutmusiker über einen temperamentvollen Marsch zu Landlern, die einen nicht mehr still sitzen lassen wollten. Aschau hat mit diesem pfingstlichen Aufgebot gezeigt, was Heimatliebe und Sängerkameradschaft vermag, denn nur viel Uneigennützigkeit und Opfersinn konnten die zeitbedingten Hindernisse überwinden und das Gelingen ermöglichen. [...]. Mögen die jahrhundertealten, kulturellen Wechselbeziehungen zwischen den Alpenländern weiter erhalten bleiben und fortwirken in ihrer Eigenart nach dem Goethewort: ‚Und keine Zeit und keine Macht zerstückelt / Geprägte Form, die lebend sich entwickelt.'" (Annette Thoma: Sänger-Treffen in Aschau (Chiemgau) Pfingsten 1948).

15. Juni 1948: Zweite Internationale Jugendkundgebung in München: Veranstaltet vom „Münchner Jugendkulturwerk" der Landeshauptstadt München in der Aula der Universität. Der dafür zuständige Stadtrat, Heinz von Dessauer, lud Fanderl dazu ein und skizzierte in einem Brief vom 28.5.1948 das Konzept dieser Veranstaltung: „Es liegen bereits etwa 1000 Anmeldungen aus dem Ausland, zum Teil von besonderen Persönlichkeiten, vor. Von Anfang an war im Rahmen eines Programms von ca. 35 Veranstaltungen ein großer Bayernabend geplant als die einzigartige Gelegenheit, bayerische Volkskunst empfangsbereiten ausländischen Gästen vorzuführen. [...] Wir haben uns bei der Kürze der uns zur Verfügung stehenden Vorbereitungszeit entschlossen, nur die allerbesten bayerischen Gesangs- und Tanzgruppen anzufordern. [...] Für die Regie sind verantwortlich Herr Kapellmeister Anton List, Herr Hanns Vogl und der Unterzeichnete. Wir glauben, daß hiermit die Gewähr gegeben ist, daß es sich hier um eine verantwortungsbewußte heimatkundliche Veranstaltung von kulturellem Niveau handeln wird. [...] PS: Wir planen, daß der ‚Glockenjodler' von allen Teilnehmern als Finale gesungen wird. Wenn Sie sich daran beteiligen wollen, wollen Sie ihn event. inzwischen einstudieren, soweit nötig."

23./24. August 1948: Oberbayerisches Sängertreffen in Starnberg: Teilnahme des Wastl-Fanderl-Trios

2./3. Oktober 1948: Zweites Heimat- und Volksliedersingen in Weilheim: Das Wastl Fanderl Trio nimmt teil. Willi Grosser erinnert sich: „Es war im Oktober 1948 als ich den Fanderl Wastl beim ‚2. großen Volkliedersingen' nach dem Krieg in Weilheim ‚leibhaftig' gesehen hab. Ich bin als Anhängsel von meiner Cousine Waly – die beim ‚Anderl-Ostler-Trio' mitgesungen hat – dazugekommen, genau so wie im August des vorherigen Jahres schon zum ‚1. Oberbayerischen Sängertreffen' in Starnberg [...] und wie ich dem Fanderl Wastl im Saal der ‚Birkenau' in Weilheim inmitten der damals bekanntesten Sängergruppen gegenüber gestanden bin, war das für mich schon ein großes Erlebnis. Obwohl der Wastl von mir 13-jährigem Spund verständlicher Weise keine Notiz genommen hat, weiß ich noch genau, wie er den damals weitum gefeierten Bobweltmeister Ostler Anderl gefoppt hat: ‚Oans hab i da voraus, Anderl', hat er gesagt, ‚des is as F'. Sicher ein belangloser Scherz, aber mich hat es doch beeindruckt, wie unkompliziert und freundschaftlich da zwei Menschen miteinander verkehren, die ansonsten nichts verbindet als die Liebe zum Volkslied. Und es erwachte der Wunsch: „Da möchte i aa dazua g'hörn". (Willi Großer: Da möchte i aa dazua g'hörn.... In: Begegnung mit Wastl Fanderl, S. 32).

Dezember 1948: Salzburger Adventsingen: Erstmalige Teilnahme des Wastl-Fanderl-Trios. Bertl Witter erinnert sich 1992 an Tobi und Tobias Reiser, K.H. Waggerl und die Anifer Familie Friesacher (vgl. Bertl Witter: Die Geburtsstunde des Fanderl-Trios. In: Erich Mayer: Stoffsammlung).

Weihnachten 1948 (Heiliger Abend): Auftritt der Trapp-Familie in Bergen (Christmette): Bertl Witter erinnert sich 1992 an diesen Abend: „Wir haben interessante Leute kennen gelernt, u.a. auch die Familie Trapp. Sie sangen in Bergen bei der Weihnachtsmette, in der wir singen hätten sollen. Als wir die Familie Trapp singen hörten, war für uns klar, dass wir an dem Abend keinen Ton mehr singen würden. Wir wollten nur noch horchen. (Bertl Witter: Die Geburtsstunde des Fanderl-Trios)

Pfingsten 1949: Drittes Großes alpenländisches Sängertreffen in Aschau: Derzeit keine weiteren Informationen bekannt.

26. Mai 1949: Oberbayerisches Sängertreffen in Garmisch: Teilnahme des Wastl-Fanderl-Trios.

August 1949: Sängertreffen in Saalfelden: Teilnahme des Wastl-Fanderl-Trios. Die Anekdote, die Bertl Witter etliche Jahre danach zu erzählen weiß, lässt Fanderls damals noch stärker improvisatorische Art deutlich werden: „Wir waren zuvor bei einer Veranstaltung in Saalfelden und wurden von dort aus vom Willi Bogner sen.

mit einem Mercedes 300 nach Straubing kutschiert. [...] Der Wastl hatte immer eine Vorliebe für Überraschungen. ‚Heute singen wir in Straubing', u.a. das Dangllied von Hans Gielge ‚Bimbam, bimbam schlagt da Hammer nieder auf'n Danglstoa...' und da hängen wir einen Jodler dran.' Er hat ihn uns vorgesungen [...] Ja, wir haben immer schnell gelernt, auch diesen Jodler und alles wäre gut gegangen, wenn, ja wenn nicht der Wastl diesen, seinen eigenen Jodler vergessen und bei der Aufführung ganz was anderes angesungen hätte; bei jeder Strophe wieder was anderes! Für uns war das eine Katastrophe. Es hat zwar nicht falsch geklungen, aber wir waren öfters auf einem Ton beisammen, was ganz ungewöhnlich bei uns war. Wir sind ganz steif geworden vor Konzentration und Anspannung. So eine Blamage vor all den guten Sängern! Unter den Zuhörern waren die Riederinger, die Waakirchner, die Roanerinnen, die Fischbachauerinnen usw. Der Leo und ich haben uns erst wieder ein bis zwei Stunden danach blicken lassen, so haben wir uns geschämt. Dabei konnten wir gar nichts dafür. Aber das freie Zusammensingen bei manchen Proben mit unbekannten Melodien hat sich an diesem Tag ausgezahlt. Wer weiß, was wir sonst für ein Stiefel zusammengesungen hätten. Der Wastl hat dann die Situation geklärt und das Publikum mit seinem Mutterwitz versöhnt. Er erklärte auch: ‚Da seht ihr, daß selbst einfache Volkslieder gar net so leicht zu singen san.' – Der Schlawiner!" (Bertl Witter: Die Geburtsstunde des Fanderl-Trios).

14./15. August 1948: Gäubodenfest in Straubing: Teilnahme des Wastl-Fanderl-Trios.

12.–19. August 1950: Fanderl-Singwoche in Bergen (Alpenländische Singwoche): Zum ersten Mal ist von einer „Fanderl-Singwoche" die Rede. In den „Traunsteiner Nachrichten" wird er dazu folgendermaßen zitiert: „Wir können die neue Zeit mit Samba nicht aufhalten, aber das bißl Volkstum wollen wir erhalten und die wenigen jungen Leut, die zur Sache stehen, woll'n wir zusammenhalten." Die Zeitung berichtet weiters: „Hier wird die Pflege des Volkslieds betrieben und vertieft. Unermüdlich und mit Eifer wird geübt bis das Lied ‚sitzt'. Aber nicht nur die Melodie oder der Mundart nach. O nein! Viel Wichtigeres gibt es noch zu umreißen. Wie ist das Lied entstanden? Wo ist es her? Fanderl versteht es besonders fein, den Charakter der alten Weisen, ihre Kernigkeit und ihren Frohsinn, ihre Schwermut und Kraft herauszustellen und in den Herzen der ‚Schüler' lebendig werden zu lassen. Hier in den Singwochen soll das Echte von den jungen Menschen aufgenommen und gestaltet werden, auf daß sie es in ihr Dorf mitnehmen und dort singen. Bald ist dann wieder ein Dorf, ein Weiler, durchklungen von lieben, fast vergessenen Liedern. Es gilt eben für den jungen ‚Lehrer', keine Fassade und keine hohle oder gar zweckbedingte Tuerei aufzuzäumen. Fanderl ist durchdrungen von dem Gedanken, das heimatliche Liedgut wieder in seinem inneren Charakter erstehen und neu erwerben zu lassen." (Wir lassen net aus. In: Traunsteiner Nachrichten, Sommer 1950, keine weiteren Angaben)

Sommer 1950: Sänger- und Musikantenfest in Prien am Chiemsee: Das Wastl Fanderl Trio nimmt daran teil.

1950: Turnerfest in Lüdenscheid/Sauerland: Erinnerungen Lisl Fanderls 1997.

15. Oktober 1950: Silberne Hochzeit von Sepp Kammerlander in Seehaus: Erinnerungen von Georg Sojer (Ruhpolding): Die schönsten Stunden. In: Begegnung mit Wastl Fanderl, S. 56.

Dezember/Advent 1950, 1951, 1953: Salzburger Adventsingen: Die Vier vom Gamsstadl treten auf.

Mai 1951: Festabend bei der Jugendwoche des Kreisjugendringes in Ingolstadt: Teilnahme des Wastl-Fanderl-Trios. Eine oberbayerische Zeitung (keine näheren Angaben) berichtet unter dem Titel „Kiem Pauli und Fanderl Wastl – Ein Hoamgarten der Ingolstädter Jugend": „Kiem Pauli [...] schlug in seinen einleitenden Worten besinnliche Töne an, mahnte zur Rückkehr zu den Quellen unsers Volkstums in der heute technisierten und verflachten Welt. Seine ganze Lebensarbeit habe dem Schürfen und Forschen nach den verschütteten Quellen bodenständigen Wortes und Liedes gegolten. Diese wieder allgemeinen Besitz werden zu lassen, sei auch Ziel seines Ingolstädter Besuches. Stürmisch begrüßte man Fanderl Wastl, der bereits seit vergangenem Dienstag in allen Schulen Ingolstadts gastweise Anleitung für die Pflege des echten Volksliedes gegeben hatte. Nur zu rasch, das war zu spüren, kam den meisten das Ende dieses ‚schönen Hoamgartens', wie Fanderl Wastl die Veranstaltung Abschied nehmend taufte. Daß sich zwei Schulklassen, die Fanderl während der letzten Woche besucht hatte, bereits mit recht guten Liedgaben als Frucht seiner Pionierarbeit hören lassen konnten, sei nicht zu berichten vergessen."

6. Mai 1951: Erstes Böhmerwald-Volksliedersingen in Waldmünchen: Es wirkten mit: Kiem Pauli, das Wastl-Fanderl-Trio, das Duo Kriegner (Ramspau), Blas- und Instrumental- und Sängergruppen aus der Oberpfalz und Niederbayern, d'Schwarzachtaler Sing- und Musikgruppe (zugleich Veranstalter). Der Bayerische Rundfunk nahm die Veranstaltung auf. (Vgl. Carsten Lenk: Geht's Buama, tanzt's a wenig)

2./3. Juni 1951: 1. Volksmusikabend des Zitherclubs in Dachau mit dem Wastl Fanderl Trio: Das „Dachauer Morgenblatt" und der „Münchner Merkur" berichteten über die Leistungen des Zitherorchesters (Dirigent Heinrich Neumaier) und über Wastl Fanderl: „Den Vogel des Abends schoß, wie nicht anders möglich, das vom Rundfunk her bekannte und beliebte Wastl-Fanderl-Trio aus Bergen ab. Fanderl selbst lernte man so nebenbei als ausgezeichneten Humoristen kennen, der aber auch ernste Worte für die Volks- und Hausmusik wie auch für die Erhaltung der schönen Volksbräuche fand. [...] Die alpenländischen Volkslieder des Trios, gekrönt von den herrlichen Jodlern, riefen stets ein Beifallsrauschen hervor, daß immer wieder dreingegeben werden mußte. Es war schon der Sonntagmorgen angebrochen, als der Saal noch einmal um eine Zugabe tobte." (Vgl. auch die Erinnerungen von Hedi Heres (Dachau): Heini, laß's guat sei. In: Begegnung mit Wastl Fanderl, S. 16)

5./6. April 1952: Frühlings- und Volkstanzfest in Salzburg: Teilnahme des Fanderl-Viergesangs.

17. Mai 1952: Zitherclub Dachau lädt zu einem Volksmusikabend ein: Auf dem Programmzettel konnte man lesen: Der Zitherclub Dachau lädt ein in den Festsaal des Dachauer Schlosses: Tobi Reiser mit der kleinen Hackbrettmusik, die Riederinger Buam, die Fischbachauer Dirndln, die Waakirchner Sänger, Wastl Fanderls Vier vom Gamsstadl, der Volksliederchor Banzhaf, die lustigen Dellnhauser Musikanten, Hans Reichl – Adele Hoffmann, Gruppen des Zitherclubs Dachau erzählen, singen und spielen.

9. Oktober 1952: Volksliedersingen in Altmühltal: Die Vier vom Gamsstadl treten auf.

25. Oktober 1952: Fest anlässlich der 70. Wiederkehr des Geburtstages von Kiem Pauli in Seehaus: Georg Sojer (Ruhpolding) erinnert sich an Worte von Kiem Pauli: „Einige Ratschläge möchte ich noch unseren lieben Sängern geben: Im ganzen Land werden unzählige ‚Heimatabende' veranstaltet, die nicht immer erfreulich sind. Wenn man Euch um Euere Mitwirkung ersucht, so erkundigt Euch vorher, was an dem Abend alles geboten wird. Wenn der Inhalt des Programms Eueren Idealen nicht entspricht, dann bleibt lieber daheim. Es wir ja so viel dummes Zeug geboten und Euer Name erleidet nur Schaden, wenn Ihr mit dem Kitsch auf eine Stufe gestellt werdet. Bitte, bitte, liebe Sänger, sorgt für den Nachwuchs! Solange unsere Berge stehen und der letzte Baum noch nicht umgesägt ist, sollen unsere Lieder und Jodler erklingen!'" (Georg Sojer: Die schönsten Stunden. In: Begegnung mit Wastl Fanderl; vgl. SMZ 1, 1958. H. 6, S. 76)

7. Dezember 1952: „Es weihnachtet sehr ..." Öffentliche Veranstaltung in Heidenheim: Der Bayerische Rundfunk nahm die Veranstaltung auf. Mitwirkende: Die Regglisweiler Dorfschwalben, das Wast-Fanderl-Quartett, die Singgemeinde Oberkochen, die Helmuth-Stapff-Gruppe, eine Bläsergruppe der Dresdner Staatskapelle, die Stuttgarter Volksmusik und Gretl Maier-Plihal (Sopran). Ansage: Peter Höfer, Zusammenstellung: Albrecht Baehr, Regie: Raymond Ritter (Programmankündigung Bayerischer Rundfunk – Familien-Jahrbuch Fanderl)

2. Mai 1953: Frühlings- und Volkstanzfest in Salzburg: Die Vier vom Gamsstadl treten auf.

12./13. Dezember 1953: Salzburgisch-Bayrisches Christkindlsingen (Volkshochschule Traunstein): Leitung: Wastl Fanderl. Mitwirkende u.a.: Gitarre-Trio Tobi Reiser, Saalfeldner Frauen-Dreigesang, Wastl-Fanderl-Quartett, Hackbrett-Zither-Cello-Dreispiel aus Bergen, Die Salzburger Hirtenspielbuben. Karl Heinrich Waggerl las Adventgeschichten. Ein Sonderautobus fuhr bei der Buchhandlung Fanderl in Bergen ab.

1954: Öffentlicher Abend - Funkaufnahmen in Stuttgart, Bad Cannstad: Die Vier vom Gamsstadl singen Hirtenlieder.

16. Oktober 1955: Heimatabend beim Verein „Almarausch" in Emmering: Gemeinde Schalldorf, Kreis Ebersberg, Mitveranstalter: Kreisfischereiverband. Fanderl fungierte als Ansager.

28. Mai und 20. November 1956: Rundfunkaufnahmen in Ostberlin: Weihnachtssendung für Radio DDR, Kurt Ninnig ist Kontaktperson.

17. Juni 1957: Rundfunkaufnahmen in Ostberlin: Einladung zum Rundfunktag beim Deutschlandsender, neuerliche Ausstrahlung: 21. Februar 1959 (Sendung Radio DDR).

Juli 1958: Trachtenveranstaltung im Bierzelt in Gunzenhausen: Hans Korb, Sigi Ramstötter, Wastl Fanderl und Georg Heindmeier als Fanderl-Quartett – Lisl Fanderl als Hackbrettspielerin. (vgl. Begegnung mit Wastl Fanderl, S. 59)

7. September 1958: Deggendorf – Kolpingsaal: Volkskunstabend: mit dem Tobi Reiser Quintett, den Fischbachauer Dirndln und den Riederinger Sängern. Ansage: Wastl Fanderl (Plakat). Gemeinschaftsveranstaltung: Kulturverein, Volkshochschule, Kreisjugendring Deggendorf, Niederbayerischer Sing- und Musizierkreis, Deggendorfer Jugendsingkreis.

Weihnachten 1958: Weihnachtssingen in München mit Tobi (Toni!) Reiser: W-r: Ein bayrisches Gloria. In: Münchner Merkur, 18.12.1958 (auch Hinweis auf Toni [sic!] Reiser)

17. Oktober 1958: Französisch-Bayerische Woche in München: Vgl. Georg Sojer: Die schönsten Stunden. In: Begegnung mit Wastl Fanderl, S. 56.

27. März 1960: Jubiläumstreffen in Rottach-Egern (Überfahrt-Saal): Fanderl moderiert, der Bayerische Rundfunk überträgt die Veranstaltung in Erinnerung an das Erste Volksliedpreissingen vom 30. März 1930 in der „Überfahrt" zu Egern (vgl. Sepp Eibl: Oberbayerisches Preissingen. 29./30. März 1930 in Egern a. Tegernsee; Kiem Pauli spricht zum Publikum und übergibt sein „Erbe" an Wastl Fanderl. Korbinian Lechner: Kiem Pauli ging „gar weit über d'Schneid". In: Tegernseer Zeitung, 27.3.1960).

1. Mai 1960: Maitanz-Veranstaltung in Wasserburg: Fanderl war als Sänger und Moderator der Veranstaltung beteiligt. Er agierte mit Ironie und entwaffnender Offenheit. Karl List, der neu bestellte Leiter der Abteilung Volksmusik beim Bayerischen Rundfunk war für die Aufnahmen und die Rundfunk-Übertragung verantwortlich. Die Wasserburger Zeitung vom 4.5.1960 berichtete unter dem Titel „....und der Boden des Saales erzitterte": „Die Wasserburger Volkstanzgruppe, Gruppen des Wasserburger Volkstanzkreises aus der Umgebung, weitere Gruppen aus München und Deggendorf, dazu die Blaskapelle Otto Ebner, eine Wasserburger ‚Tanzlmusi' und das Ramstötter Trio und schließlich der Wastl Fanderl mit seinen Leuten hatten sich zum Maitanz zusammengefunden, zu einer Veranstaltung, die der Bayerische Rundfunk dreiviertel Stunden lang im zweiten Programm direkt übertrug. [...] Der Fanderl Wastl machte [...] darauf aufmerksam, daß die ganze Volkstanzbewegung nicht viel nütze, wenn das Proben und Tanzen nur auf Tanzgruppen und Tanzkreise beschränkt bleibe." Vgl. auch Christl Arzberger (Wasserburger Volkstanzkreis, Leitung: Heinrich Stamm, internationale Auftritte in den 1950er Jahren). In: Begegnung mit Wastl Fanderl, S. 132–134. Durch diese Veranstaltung wurden Verbindungen zum Deggendorfer Jugendsingkreis (Leitung: Lehrer Keim) hergestellt, Kontakte zu Erna Schützenberger und Fritz Herrgott.

11. Juni 1960: Volksmusikabend in Mühldorf: Nicht weiter konkretisierte Erinnerungen von Georg Sojer (Ruhpolding): Die schönsten Stunden.. In: Begegnung mit Wastl Fanderl, S. 56.

22. Oktober 1960: Volkstanz des Kreisjugendringes in Landshut

1961–1981: „Offene Singen" oder „Heimgartliche (Abend)singen": Joseph-Haydn-Singkreis München (17.3.1961), Heimgartliches Volksliedersingen, Tanzen und Musizieren (mit Fanderl, Georg von Kaufmann, Karl-Heinz Schickhaus 1963), Heimgartliches (Abend)singen in Rosenheim (7.6. und 10.10. 1967, 26.11.1971), Heimgartliches Singen in Bad Tölz (21.11.1967) und in Ebersberg (24.5.1968), Offenes Singen in Rosenheim (30.11.1973), in München (7.12.1973) und bei den Wasserburger Volksmusiktagen (1.4.1977), Weilheim (13./14.1981). Rosl Brandmayer (1905–2000, Rosenheim) erinnert sich 1977 in einem Gespräch mit Erich Mayer an den Beginn der „Offenen Singen". Anton Brandmayer, ihr Mann, gründete 1946 das „Rosenheimer Bildungswerk". Die Pflege des traditionellen Volksliedes wurde zu einem zentralen Anliegen gemacht. Zuerst fanden „Offene Singen" unter der Leitung von Walther Hensel statt, 1951 kam Kiem Pauli auf Besuch, später wurden die Rosenheimer Singtage vom Sudetendeutschen Lehrer und Musiker Fritz Kernich geleitet, auch Fanderl kam 1967 und 1971 nach Rosenheim. Rosl Brandmayer organisierte Offene Singen, Singtage, Advents-, Weihnachts-, Neujahrs- und Dreikönigssingen mit der textlichen Gestaltung durch Annette Thoma. Sie veröffentlichte zahlreiche Liedblätter und kleine Liederhefte, die sie teilweise selbst graphisch gestaltete (vgl. Alpenländische Lieder. Hg. von der Marktsingschule Kolbermoor/Obb. Rosenheim 1953).

28. Jänner 1961: Festabend des Alpenvereins in der Liederhalle Stuttgart: Erinnerungen von Georg Sojer (Ruhpolding): Die schönsten Stunden... In: Begegnung mit Wastl Fanderl, S. 56.

Frühling 1961: Frühlingssingen in Hausham: Marianna Böckl (Fischbachau, Geschwister Röpfl) erinnert sich: Toni Ratay und Hansl Prochazka bereiten das Singen vor – Fanderl wirkt als Ansager mit. Auch Annette Thoma kommt (vgl. Marianne Böckl: Hartl, jetzt muaßt du voraus fahrn. In: Begegnung mit Wastl Fanderl, S. 86f.)

14. Mai 1961: Wastl Fanderl mit seinen Sängern und Musikanten beim Wallfahrts- und Landvolktag in Maria Beinberg: Geistliche Musik – Maiandachten, Mariensingen, Gottesdienste, Kirchenkonzerte. Die SMZ informierte.

16. Juli 1961: Altbayerischer Heimgarten in Passau (Großer Redoutensaal): Im Rahmen des 11. Bayerischen Heimattages (14.–17. Juli) in Erinnerung an Kiem Pauli, der am 10. September 1960 gestorben war: Gemeinschaftsveranstaltung des Bayerischen Landesvereins für Heimatpflege, des Bundes Naturschutz in Bayern und des Verbandes bayerischer Geschichts- und Urgeschichtsvereine, Unterstützung des Kulturreferates der Stadt Passau. Teilnehmer:

Wastl Fanderl mit seinen Sängern und Musikanten, das Ramstötter Trio, die Teisenberger Wurzhorner (ein Alphorntrio), die Teisendorfer Tanzlmusi unter Sigi Ramstötter und der Volkschor Passau.

17. November 1961: Münchner Kreis für Volksmusik, Lied und Tanz – Alpenländisches Volkstanzfest: Allgemeines Liedersingen mit Wastl Fanderl in den Zwischenpausen.

23. November 1962: 90 Jahre Alpenvereinssektion Turner-Alpen-Kränzchen in München (Großer Saal des Bavaria-Kellers): Im 10. Jahresbericht (1962) der Alpenvereinssektion Turner-Alpen-Kränzchen München e.V. aus Anlass des 90. Gründungsjahrs konnte man lesen: „Die Jubiläumsveranstaltungen der Sektion [...] fanden mit dem Edelweißfest am Freitag, den 23. November, ihren Höhepunkt und Abschluß." [...] Im 2. Teil des Abends besorgte Wastl Fanderl mit seinen Musikanten und Sängern mehr als die im Festprogramm angekündigte Unterhaltung. Mit seinen von Herzen kommenden und zu Herzen gehenden ungezwungenen Plaudereien schuf er im Handumdrehen die intime Atmosphäre eines gemütlichen Hüttenabends. Aus den sonst so mitteilungsbedürftigen Kranzlern wurden fast andächtig lauschende und beifallsfreudige Zuhörer. Die meisterhaft dargebrachte bayerische Volksmusik, gespielte und gesungene, trug das ihre dazu bei.

Juni/Juli 1964: Auftritt in der Frauen-Strafanstalt in Aichach: Lisl Fanderl erinnert sich 1995: „Einmal haben wir im Frauengefängnis Aichach gespielt. Zu der Zeit war gerade auch die Vera Brühne dort. Sie hat aber nicht ins Konzert dürfen. Sie war noch zu wenig lange dort und hat auch noch nicht den weißen Kragen getragen. Da war aber eine andere, die mir aufgefallen ist, eine blonde, hübsche Schönheit – eine Bäuerin, die ihren Mann umgebracht hat, weil er sie immer geschlagen hat. Sie war um die 40 Jahre alt." (Gesprächsaufzeichnung in Bad Hall. In: Erich Mayer: Stoffsammlung). Annette Thoma berichtet in der SMZ (7, 1964, S. 74) unter dem Titel „Volksmusik in der Frauenstrafanstalt" ausführlich und aus ihrer christlichen Perspektive: „Strafanstalten sind nach heutigen Begriffen und Maßnahmen nicht nur Sühne- und Bußhäuser für begangenes Unrecht. Man ist vielmehr bemüht, durch erzieherische Arbeit die Insassen auf bessere Wege zu führen [...]. Wo nun ein gütiger Seelsorger, wie der Anstaltspfarrer Anton Gundlach von Aichach, seit elf Jahren bemüht ist, in diesem Sinne zu wirken, da wundert man sich nicht, wenn er auf den Gedanken kommt, als erzieherischen Faktor für seine räudigen Schäflein auch die Volksmusik heranzuziehen – die heitere und die ernste. So holte er sich den Fanderl Wastl mit seiner Familienmusik, den Ramstötter Sigi mit den Teisendorfer Musikanten und die Sänger von Anger nach Aichach und bat sie, vor einem ausgewählten Teil der Frauen so zu musizieren, zu reden und zu singen, wie es im geselligen Kreis von Volksmusikfreunden Gepflogenheit ist. Diese Art verständlicher, sauberer und echter Unterhaltung war für viele neu, für andere ein Aufklingen besserer Zeiten. Es leuchtete eben mit einem Male sonnige Heiterkeit in den grauen, vermauerten Alltag hinein, und weil es eine echte, unaufdringliche Heiterkeit war, fand sie den Weg zu den Herzen. Lange noch redeten die Gefangenen zu ihren Lehrern und Aufsehern davon als von einem unvergeßlichen Erlebnis und dankten ihrem Pfarrer. [...] Es sind alles Menschen wie du und ich, und keinem steht der Fehltritt auf der Stirn geschrieben. [...]. Beschämt drängte sich uns beim Fortgehen die Frage auf, ob nicht gleiche Veranlagung, gleiche Erziehung, gleiche Lebensumstände uns am Ende auch hierher geführt hätten? Und wir wurden noch dankbarer, daß unsere schlichte Volksmusik einen neuen Hoffnungsschimmer, eine echte, reine Freude in dieses ernste, verschlossene Haus tragen durfte."

September 1964: Altbayerischer Sängerabend in Reitrain - Tegernsee: Robert Westermeier berichtet über die „Altbayerischen Sängerabende", eine Initiative der Wirtsleute Robert und Dorle Westermeier. Die bekanntesten Gruppen des Oberlandes, des Alpenvorlandes und Österreichs seien aufgetreten: „Auch der Fanderl Wastl war wiederholt Gast im Wirtshaus Reitrain. Heute wohnt Robert Westermaier in Parsberg und hat eine große Sammlung zur alpenländischen Volksmusikpflege zusammengetragen, die er bei Bedarf dankenswerterweise dem Volksmusikarchiv immer wieder zur Verfügung stellt (Robert Westermeier: Aus dem Photoalbum. In: Begegnung mit Wastl Fanderl, S. 54f.)

11. September 1964: Uraufführung des Films „Hochzeit am Schlern. Ein Farbfilm aus Südtirol" von Fritz Aly: Musik von Wastl Fanderl. München: Kammer Lichtspiele. Produktion Fritz Aly, Ring Film Verleih Franz Paul Koch, Kulturwerk Südtirol.

Advent 1964: Adventabend der Firma Hurth-Getriebe, München: Es spielt die Stelzenberger Hausmusik (Familienmusik Fanderl).

1966–1982: Sänger- und Musikantentreffen: Aschau/Chiemgau (15.5.1966), Starnberg (9.9.1967), Ingolstadt (1968, Lentinger Turnhalle, Wilhelm Fritz begleitet den Schanzer Viergesang auf der Zither, Fanderl moderiert vgl. Sebastian Biswanger: Du werst scho no. In: Begegnung mit Wastl Fanderl, S. 81), Ruhpolding (8.11.1969), Rottau/Chiemgau (26.9.1970), Rebdorf bei Eichstätt (24.4.1971), Berchtesgaden (30.4.1971), Hittenkirchen bei Prien a. Chiemsee (23.6.1971 und 17.10.1977), Bozen (8.10.1971), Bad Tölz (28.4.1972), Atzing (1.6.1972), Frasdorf (4.8.1972), Wallgau/Obb.

(17.3.1973), Kolbermoor (30.3.1973), Aschau (im Rahmen des „Alpenländischen Sängerfestes 2.6.1973 und 10.5.1975), Schongau (26.3.1977), Beilngries (28.6.1980), Freising (im Rahmen der Oberbayerischen Kulturtage 15.5.1982).

3. April 1966: Passionssingen in Berchtesgaden: Programm: Tobi Reiser und Moni Fanderl (Harfe)

September 1966: Alpenländisches Herbstsingen, Tölzer Kurhaus -do-: Mit der Stubnmusi einen ganzen Saal begeistert. Herzhafte Alpenländische Kost zum Herbstbeginn – sechshundert Zuhörer beim Volkstumsabend. In: Tölzer Kurier, 29.9.1966.

1. Oktober 1966: 40jähriges Jubiläum der Wegscheider Musikanten in Lenggries: Vgl. die Publikation: Karl Edelmann und sein Leben mit der Volksmusik 1998.

12.–16. Juni 1967: Erstes Bayerisches Seminar für Volksmusikforschung. Fanderl nimmt daran teil.

Herbst 1968: Erntetanz mit Hans Keim in Deggendorf. Fanderl nimmt daran teil.

1968–1981 Bayerische/Bairische Singstund': Die erste „Bairische Singstund"" wurde am 21. Mai 1968 im Studio des Münchner Funkhauses veranstaltet und am 20. September 1968 wiederholt: „Sing mit im Münchner Funkhaus", so lautete die erste Ankündigung. Karl List, der Leiter der Abteilung Volksmusik im Bayerischen Rundfunk (1959–1970) soll den Begriff „Bairische Singstund" offiziell als Sendetitel einer Veranstaltungsreihe einführt haben. Kurz darauf, am 22. November 1968, bot Fanderl dieses neue Format wiederum an, und zwar in Wolfratshausen. Der Bayerische Rundfunk schnitt erneut mit. Die erste ausführliche Berichterstattung bezieht sich auf die nächste Singstund in Eichstätt und deren Übertragung vom Mai 1969. In der „Eichstätter Zeitung" konnte man lesen: „Gute drei Stunden lang sangen die gelehrigen Gesangsschülerinnen und -schüler des Fanderl Wastl die sechs Lieder, die auf einem Notenblatt aufgezeichnet waren. [...] der Fanderl Wastl versteht es, den Leuten das Singen zur Freude zu machen; er interpretierte auf humorvolle Weise die Texte, flocht heitere gesangpädagogische Anmerkungen ein und erreichte ein kultiviertes Singen vor allem dadurch, daß er den Sängerinnen und Sängern demonstrierte, wie man nicht singen soll. So wurden die Lieder recht schnell einstudiert und immer, wenn es wieder besonders gut geklappt hatte, dann erzählte der Fanderl Wastl einen Witz, damit sich das Zwerchfell der Sänger wieder etwas lockere. [...] Übrigens meinte der Fanderl Wastl, daß Volkslieder aus dem Raume Eichstätt, wenn sie aufgezeichnet worden wären, wohl ruhig und fließend sein müßten, so ruhig, wie die Altmühl dahin fließt, die dieser Landschaft das Gepräge gibt; und ein anderes beherzigenswertes Wort sagte der Leiter dieser Rundfunkaufnahme: Man muß das Volkslied ein wenig mögen, dann geht es inwendig hinein und kommt als Lied ganz selbstverständlich und ungezwungen wieder heraus. Es wäre schön, wenn diese ‚Bairische Singstund' eine Anregung geboten hätte, bodenständige Volksmusik mehr zu pflegen." (kh: „Bairische Singstund" mit dem Fanderl Wastl. Dreistündige Aufnahme für den Bayerischen Rundfunk. „Eichstätter Geigenmusi" wurde vorgestellt. In: Eichstätter Zeitung, 6.5.1969, Sammlung Sepp Rubenberger). Schließlich sollte Fanderl bis 1981 insgesamt etwa 100 solcher Singen abhalten, die nur sporadisch vom Bayerischen Rundfunk aufgenommen und gesendet wurden – außer aus dem Münchner Studio und Eichstätt auch aus Ergolding (Dezember 1969), Schliersee (Josefitag 1970), Eggenfelden (November 1970), Waldkraiburg (Juni 1971), Pöring bei Zorneding (November 1971), Laberweinting (Juni 1972), Kolbermoor (Juni 1973). In den fünf Jahren 1976–1981 war die „Bairische Singstund'" besonders beliebt. In diesen Jahren leitete er durchschnittlich 14 solcher Veranstaltungen pro Jahr. Fanderls Motto: „Jeder ko singa, wia a mog – bloß net foisch!" Bis zu 500 SängerInnen nahmen an einem Singen teil.

14. März 1969: Frühlingssingen in Bad Tölz 8. Juni 1969: Bairischer Volksmusik-Abend (100 Jahre Deutscher Alpenverein) mit Wastl Fanderl: München. Bavaria-Keller (Programm). Dargeboten vom Ortsausschuss der Münchner Sektionen unter Federführung der Sektion Oberland; u.a. mit der Stelzenberger Hausmusik.

November 1969: Konzert des Zitherklubs Dachau: N.N.: Heimelige Stimmung im Schloß bei Saitenklang und altem Lied. Volksmusik beim Zitherklub – das Konzert wird im Rundfunk übertragen. In: Dachauer Nachrichten, 17.11.1969.

16. Jänner 1970: „Wer mag mitsingen?" München (Sendesaal I des Bayerischen Rundfunks): Fanderl gestaltet ein Offenes Singen.

18. April 1970: Volksmusikabend in Burghausen an der Salzach: Teilnahme Fanderls

31. Oktober 1970: „Jugend singt und musiziert" in Prutting: Teilnahme Fanderls

31. Jänner 1971: Ausstrahlung der Sendung „Mundus cantat": „Folkloreveranstaltung" im Münchner Funkhaus mit Musikanten und Gruppen aus allen Erdteilen, Sprecher: Wastl Fanderl.

8. Mai 1971: „Sonnenzug" nach Ruhpolding: Sozialveranstaltung der Caritas mit Wastl Fanderl (Dankschreiben an Fanderl. In: Jahrbuch der Familie Fanderl 1971).

7. Juli 1971: Offenes Singen in Waldkraiburg: Fanderl kam mit dem Bayerischen Rundfunk. N.N.: Der Waldkraiburger Dreigesang feierte sein zehnjähriges Bestehen. Sie haben sich der Volksmusik verschrieben. In: Mühldorfer Anzeiger o.J.

27. November 1971: Adventsingen – Weihnachtssingen in Pöring bei Zorneding: Die SMZ informiert über Fanderls Teilnahme.

28.12.1971–4.1.1972: Volkstumswoche „Bairische Heimat in Lied, Tanz, Musik und Wort": in Spiegelau/Landkreis Freyung-Grafenau

24. September 1972: Wallfahrtsgottesdienst in Sachrang: Die SMZ informiert über Fanderls Teilnahme.

2. Juni 1973: Aschauer Sängerfest – Alpenländisches Sänger- und Musikantentreffen: Veranstalter: Gemeinde Aschau und die Aschauer Stubenmusi. Leitung: Wastl Fanderl. TeilnehmerInnen: 17 Gruppen.

1973–1981: Sprechtage Fanderls als Erster Volksmusikpfleger des Bezirks Oberbayern: Der erste findet in Weilheim/Schongau statt (vgl. auch: N.N.: Das wird ein anregender Hoagart. Wastl Fanderl ruft dazu auf. In: Weilheimer Tagblatt, 3.10.1973)

14. April 1973 Wasserburger Volksmusiktage („Meister der Volksmusik musizieren"): Im historischen Rathaussaal Wasserburg. Fanderl begrüßt Tobi Reiser mit seinen Musikanten (vgl. Bert Lindauer: Jetzt gib a Ruah, is doch wurscht - Hauptsach der Dreiklang stimmt! In: Begegnung mit Wastl Fanderl, S. 88–91).

7. Juli 1973: Seminar für Volksmusik am Richard-Strauß-Konservatorium München: Fanderl nimmt als prominenter Gast teil.

19. Juni 1975: Volksmusiktage in Massing/Rott: Festabend mit Volksmusikgruppen: Fanderl ist als Sprecher tätig.

10. Oktober 1975: 10. Seminar für Volksmusikforschung in Henndorf/Salzburg: Fanderl hält einen Vortrag.

22. Oktober 1975: Vortragsreihe über Musik und Musikpädagogik in Innsbruck: Vorträge von Cesar Bresgen: Volksmusik heute. Fanderl spricht über die „Alpenländische Singstunde". Es musiziert die „Kirchtagsmusik Innsbruck" (Leitung: Peter Moser).

März 1976: Frühjahrsakademie für Lehrer und Eltern: „Das bayerische Volkslied in Schule und Familie". Veranstalter: Katholischer Erziehungsverband Oberbayern und Bildungszentrum der Erzdiözese München und Freising. Leitung: Wastl Fanderl. Referent u.a. Wolfgang Scheck.

1976: Alpenländischer Volksmusikwettbewerb: Fanderl ist als Juror tätig.

20. September 1976: Hoagascht des Burschenvereins in Wörnsmühl (Gasthaus Naele): Fanderl moderiert.

15. Oktober 1976: Volksmusikabend im Saal der Kreuth-Alm: Eröffnungsfeier des Freilichtmuseums des Bezirks Oberbayern.

24. Dezember 1976: Heut ist ein freudenreicher Tag: (ARD-Fernsehsendung, ca. 50 Minuten, hohe Einschaltquote: etwa 20 Millionen Zuseher)
-y-: Am Heiligen Abend ein Spaziergang durch den Chiemgau. In: Mangfall-Bote. Aiblinger Zeitung für Politik, Wirtschaft, Kultur, Lokales und Sport 24.12.1976.
Faßbinderei (Sagberg), Fackelbrennen, Schrotschießen in der Weihnachtsnacht, Weihwasserspenden im Stall; Sankt Florian, Sachrang und Orte, wo nachweislich Weihnachtslieder entstanden sind, wurden vorgestellt; Lieder und Weisen aus dem Notenschatz des Müllner-Peter (1766–1843) und aus der Sammlung von August Hartmann (Aufzeichnungen aus Aschau); Drehorte u.a. im Fanderl-Haus in Stelzenberg, Gesprächspartner war Pfarrer Franz Niegel (Unterwössen); Domorganist Hubert Huber, Frasdorfer Dreigesang, Frasdorfer Singgemeinschaft (Friedrich Zimmermann), Stelzenberger Hausmusik (Lisl, Wastl und Moni Fanderl, Sigi Ramstötter, Georg Heindlmeier), Bläsergruppe des Erzbischöflichen Seminars in Traunstein, Flötenquartett der Kurferkinder (Oberwössen), Walchschmiedbuam, Kreuther Hausmusik (Sepp Winkler), Pongauer Geigenmusik. Regie: Alexander Samsonow.

27. Dezember 1976: Weihnachtliche Feierstund' im Bezirkskrankenhaus Gabersee: „Der Leiter des Bezirkskrankenhauses Gabersee, Direktor Dr. Hubert Kroiß, hat es wieder einmal verstanden, seinen Mitarbeitern und den Patienten eine besondere Weihnachtsfreude zu bereiten. […] Langsam erlosch das Licht. […] Dann zündete der Fanderl Wastl die Kerze auf seinem Tischerl an und verkündete ungeniert, dass er ‚gar koa Programm' habe. Vielleicht wurde es gerade deshalb zu einem besonderen Erlebnis; denn er erzählte auf seine unnachahmliche Art, wie es in seiner Kindheit ‚bei eahm dahoam in da Stubn in Bergen' zur Weihnachtszeit zugegangen ist. Von den alten Bräuchen dort lediglich der Nikolo mit seinem Klaubauf und das ‚Klopfageh' bekannt. In der Stube gab es weder Radio noch Fernsehen und statt des elektrischen Lichts brannte eine Karbidlampe. ‚Dafür aber hat man sich zusammengesetzt, erzählt und gesungen und alte Kalendergeschichten vorgelesen.' [...] Der Fanderl Wastl gab noch viele Erinnerungen zum Besten, vom gemeinsamen Kripperlbauen, vom Christbaumholen und von ‚Guatlbacha' und davon, wie er und seine Geschwister in der Küche im Zuber gebadet wurden, damit sie am Heiligabend sauber waren." (vgl. -hl-: Der Fanderl Wastl erzählte aus seiner Kindheit. Weihnachtsfreude für Mitarbeiter und Patienten des Bezirkskrankenhauses Gabersee – Von alten Bräuchen. In: Wasserburger Zeitung)

6. Jänner 1977: Weihnachtssingen in Unterwössen: „Fanderl Wastl singt mit uns".

9. April 1977: Singstund im Wasserburger Rathaus: Vgl. N.N.: Singstund' mit dem Wastl Fanderl. Rund 130 Teilnehmer kamen zu der Veranstaltung in das Rathaus. In: Wasserburger Zeitung, 9./11.4.1977

4. Mai 1977: Lehrersingen mit dem Fanderl Wastl: Kreisgruppe Traunstein der katholischen Erziehergemeinschaft (Sailerkeller/Traunstein): Vgl. N.N.: Lehrer sangen mit dem Fanderl Wastl. Dem bairischen Volkslied soll in der Schule mehr Platz eingeräumt werden. In: Trostberger Tagblatt, 4.5.1977

23. Juni 1977: Volksmusikabend mit singenden und musizierenden Familien im Alpenland: „Wie die Alten sungen ...": Veranstalter: Kulturamt der Landeshauptstadt Klagenfurt, ORF-Studio Kärnten. Konzerthaus. Fanderl führt durch das Programm. Gestaltung: Helmut Wurz. Mit Familien aus Italien, Jugoslawien, der Schweiz, Deutschland und Österreich.

10. Oktober 1977: Kindersingen in Meilenhofen (Böhm-Saal): Wastl Fanderl ist als Chorleiter tätig.

6. Jänner 1978: Weihnachtssingen in Unterwössen: Wastl Fanderl gestaltet das Singen.

14. März 1978: Bayerische Blindenschule im Waldkraiburger Zappe-Festsaal: N.N.: Junge Menschen, die mit dem Herzen musizieren. Großartiges Konzert der bayerischen Landesblindenschule im Waldkraiburger Zappe-Festsaal. In: Mühldorfer Anzeiger, 14.3.1978

27./28. Oktober 1978: Alpenländischer Volksmusikwettbewerb im Kongresshaus Innsbruck: Fanderl ist als Juror tätig und singt mit dem Publikum (2000 BesucherInnen) den „Alpara". Vgl. Geschwister Siferlinger: Ein kleiner Rat: Sucht euch nicht so schwere Lieder aus. In: Begegnung mit Wastl Fanderl, S. 92.

11. Dezember 1978: Vorweihnachtliches Singen in Neubibergs Realschule: N.N.: Wastl Fanderl als Lehrer. In: Münchner Merkur, 11.12.1978

1979: Volksmusik in der Residenz: Eichstätt, mit der Eichstätter Geigenmusik. Die SMZ informiert über die Teilnahme Fanderls.

7. Juli 1979: Kindersingstunde Wolftratshausen/Waldram: Helga Sporer: Der Fanderl Wastl sang mit einer großen Kinderschar. „Ich wünsch' mir, daß das bayerische Lied in euerem Herzen bleibt". In: Süddeutsche Zeitung, 7.7.1979

24. Oktober 1979: Singstund' im Laufener Pfarrhaus: Veranstalter: Katholisches Bildungswerk Berchtesgadener Land. Vgl. M.H.: „Bairische Singstund" mit dem Fanderl Wastl. Frohes Musizieren im vollbesetzten Laufener Pfarrheim. In: Südostbayerische Rundschau, 24./25.10.1979. Der Artikel spiegelt in vielen Details Fanderls Konzept einer „Bairischen Singstund": Es ist die Rede von einem „beglückende[n] Erlebnis" für 150 Zuhörer und MitsängerInnen im neuen Laufener Pfarrheim. Stadtpfarrer Josef Brandstetter begrüßt Fanderl. Dieser erinnert an Franz Xaver Schröck, den er vor 40 Jahren hier getroffen habe, spricht über seine Freundschaft mit Bertha und Pepi Schiefer und prinzipiell über das Volkslied, über vorbildliche Gruppen, gegen reinen Konsum, für eigentätiges Singen und Musizieren, und erzählt heitere Geschichten. Man singt gemeinsam die „Berchtesgadener Hymne" (ohne Noten), „Es ist koa schöner Sach, juhe!" (dreistimmig). Begeistertes Mittun war festzustellen. Es singen und musizieren „heimische unverbildete Gruppen": Laufener Quintett (Herbert Warzecha, die Familien Heringer und Winkler; Geige, Gitarre, Harfe, Hackbrett); Burkhard Vogt (Fridolfing), Mathilde Kraller, Irmgard Reitinger, Annemarie Brams; Niederalmer Dreigesang; 2 Klarinettisten aus Fridolfing (Sepp Pallauf, Heinz Leinertz); die Chorlieder wurden von Ernst Schusser auf der Harmonika begleitet: „Von Mühlegg bis auf Schneizlreit". Fanderl gab Hinweise auf die „altbayerische Sprache" und die Sammlung der Geschwister Schiefer „Vo herent und drent"; die beiden Laufener Pfarrer sangen mit: „Hansl, was tuast denn du da?", Jodler und „Deutscher Tanz".

Weihnachten 1979: Weihnachtsabend im Bezirkskrankenhaus Gabersee.

23. April 1980: Kreis-Musiktag in Kraiburg: mm: Mit Klang und Gesang – Kreis-Musiktag vereinigt nahezu 30 Gruppen. In: Mühldorfer Anzeiger, 23.4.1980

Sommer 1980: Festabend in Teisendorf: Geschwister Röpfl singen auf Einladung von Sigi Ramstötter. Fanderl moderiert. Vgl. Marianne Böckl: Hartl, jetzt muaßt du voraus fahrn. In: Begegnung mit Wastl Fanderl, S. 87: „Zeitlebens werden wir diese Veranstaltung als eines der schönsten Erlebnisse mit dem Wastl in Erinnerung behalten."

24./25. Oktober 1980: 4. Alpenländischer Volksmusikwettbewerb im Kongresshaus Innsbruck: Fanderl ist als Juror tätig.

Juli 1981: Lehrerfortbildung „Das bayerische Volkslied in der Schule": ca. 200 TeilnehmerInnen. Veranstalter: Schulamt Mühldorf (Jakob Greifenstein). Es sang der Waldkraiburger Dreigesang (Klaus Ertelt und seine Frau Kathi, Anni Distler). Vgl. Klaus Ertelt. In: Begegnung mit Wastl Fanderl, S. 50

25.–27. September 1981: Sänger- und Musikanten-Wallfahrt Mariazell: Offenes Singen mit Wastl Fanderl in Mariazell.

22.–24. Oktober 1982: 5. Alpenländischer Volksmusikwettbewerb im Kongresshaus Innsbruck: Wastl Fanderl ist als Juror tätig.

1. Juni 1985: Dorfabend anlässlich der Präsentation des Heimatbuches von Wastl Fanderl „Die Wassertrinkerin von Frasdorf". Veranstalter: Singgemeinschaft Frasdorf.

Ostern 1991: „Freuden mit der Volksmusik": Letzte Sendung mit Fanderl als Moderator.

Beilage 9: „Fanderl-Singwochen" seit 1949

Seit 1949 fanden ca. 70 „Fanderl-Singwochen" an verschiedenen Orten im In- und Ausland (Österreich, Italien/Südtirol) statt. Ostern, Pfingsten und Neujahr waren die bevorzugten Zeiten dafür. Einige Orte beherbergten die SingwöchnerInnen mehrmals: Bergen, Staudach, Mühlbach im Pustertal, Innzell, Untergriesbach, Montan, Klobenstein, Aufkirchen.

„In der folgenden Zeit habe ich zusammen mit meiner Lisl alljährlich zwei oder drei Singwochen aufgezogen, in Bergen, Inzell, Berchtesgaden, Staudach, Samerberg, Herrsching, Untergriesbach/B.W., Ruhpolding, Seehaus, Pattenberg, St. Wolfgang am Wolfgangsee (wo 1958 der Plan zur Gründung der ‚Sänger- und Musikantenzeitung' geboren wurde). Ich will ein paar Teilnehmer aus diesen Jahren nennen, weil viele von euch sie kennen: Eichmayr Hans von Affing, Standhartinger Erhard, der Well-Vater, Pfarrer Pritscher von Ergolding, Berthold Ludwig vom Kempten, Gleixner Karl, Halser Franz, Ruth Feiler, Georg von Kaufmann, der damalige Theologiestudent Franz Niegel – es wären noch viele Persönlichkeiten zu erwähnen, die im Anschluß an die Singwochen vorbildlich für die Volksmusik gewirkt haben und noch wirken. Viele, später bekannt gewordene Sing- und Spielgruppen haben sich gebildet. Annette Thoma war oft zu einem Vortrag da, einige Male auch der Kiem Pauli. Das war für mich ein guter Rückhalt." (Wastl Fanderl: „Fanderl-Singwochen", S. 17f.)

Die Fanderl-Singwochen waren bei einigen Traditionalisten umstritten und wurden z. B. aus pflegerischen oder auch moralischen Gründen mit Argwohn betrachtet. Fanderl kommentierte dies im Rückblick: „Natürlich hat es nicht nur Zustimmung gegeben. Der Mensch singt nicht in der Masse, haben die Kritiker behauptet. Ich meine aber dagegen: Erst durch die Geborgenheit in der Gruppe haben viele Teilnehmer ihre ursprüngliche Scheu abgelegt." (Erich Mayer: Stoffsammlung. Gesprächsaufzeichnung 24.6.1990)

Im Mai 1980 hielt Fanderl anlässlich des Endes der letzten Fanderl-Singwoche eine Rede, die vielen im Gedächtnis blieb: „Bei allen Unternehmungen [...] war die Singwoche ganz bestimmt diejenige, wo wir am besten aufgetankt haben; aufgetankt durch Euere frohen Gesichter, aufgetankt durch Euer Mittun und die Gewißheit, da sind Leute beinand, die mögen sich untereinander und die mögen die Volksmusik und sind doch moderne Menschen, die voll im Leben stehen. Aber sie wissen auch, daß es noch was zum Erhalten gibt. Und es wird auch noch was zum Erhalten geben, bevor nicht der letzte Quadratmeter Wiese mit Asphalt übergossen ist. Darum seid Ihr alle da, dessen bin ich sicher." (Ebenda)

Bekannte Besucher bzw. Singwochenteilnehmer waren u.a.: Tobias Reiser, Baronin Maria von Trapp und ihre „Trapp-Family-Singers", Kiem Pauli und Annette Thoma, Fritz Herrgott, Michl Ehbauer, Hans Kammerer, Geschwister Hartbichler/Samerberg, Oskar Huth, Dr. Gertrud Simmerding, Anni Treibenreif, Lydia Speichinger, Erich Mayer, Brüder Rehm, Dr. Hans Hirsch, Alfons Bergmüller, Sepp Kronbeck, Winkler-Geschwister aus Kreuth, Gerhard Klein, Dr. Erich Sepp, Wolfi Scheck (nahm 33 Mal an den Singwochen teil); Franz Kofler (später Volksmusikpfleger in Südtirol), Hans Eichmayr, Erhard Standhartinger, Vater Well (Vater der Biermösl-Geschwister), Pfarrer Franz Pritscher (Ergolding), Ludwig Berthold von Kempten, Karl Gleixner, Franz Halser, Ruth Feiler, Franz Niegel.

Das Freisinger „Dombergsingen", das alpenländische Singen und Musizieren im damaligen Priesterseminar, das dazu dienen sollte, junge Theologen an das „echte" weltliche und geistliche Volkslied heranzuführen und seit 1951 auf Anregung von Annette Thoma und Kiem Pauli abgehalten wurde, begeisterte viele junge Theologen, so dass einige von ihnen seit 1957 auch regelmäßig zu Teilnehmern der Fanderl-Singwochen wurden, z. B. Raimund Dettenthaler, Josef Hartl, Wolfgang Langgassner, Sepp Müllritter, Josef Otto, Hugo Peter, Erich Pfanzelt, Franz Pritscher, Bert Rigam, Georg Schmied, Heinz Summerer, Martin Thurner, Otto Wiegele.

Bei den ersten Veranstaltungen schreiben die TeilnehmerInnen die Lieder noch aus den von Fanderl mitgebrachten Liederbüchern ab, erst später arbeitete man mit Fanderls „Liederbogen".

Ausflüge, besondere Aktivitäten, besondere Vorkommnisse: Resl Hartbichler [Hausname] zu Gast (Bergen 1951) – Gewürzsträußlbinden (Dürneck 1952) – erstmaliges Musizieren aus dem Roten und Blauen Notenbüchl von Georg von Kaufmann (Staudach 1955, vgl. 's rote Notenbüchl. 12 Musikstücke für altbayrische Hausmusik 1953; 's blaue Notenbüchl. 12 Musikstücke für altbayrische Hausmusik 1956; Unsere Liedln. Das Liederbuch von Marianne von Kaufmann für ihren Ehemann Georg begonnen im Jahr 1941) – Ausflug auf die Höhen b. Spinges, Ausflug nach Meransen, Wanderung nach Rodeneck (Ostern, Mühlbach im Pustertal 1957) – das Tobi Reiser Quintett besucht die Singwöchner in Strobl (1958) – Volkstanzabend mit der Teisendorfer Tanzlmusik (Untergriesbach 1958, Herrsching 1959) – die „Gföller Musi" (Georg von Kaufmann) spielt auf (Seehaus 1958/59), Pacher Karl, Jutta Kerber, die Brüder Rehm, die Bojern Dirndln treten auf (Seehaus 1958/59) – Besuch bei den Rastner Gitschen und der Familie Oberhöller (Mühlbach 1959) – Besuch des Weinbaumuseums in Kaltern (1960) – Ausflug nach Wegscheid (Untergriesbach 1960) – Sänger- und Musikantenausflug nach Südtirol (1960), Geschwister Weigl aus Moos bei Plattling und die Brüder Rehm (Bergen 1960/61) treten auf – Abendveranstaltung der Singwoche von Bergen (Neujahr 1961/62) wird vom Bayerischen Rundfunk mitgeschnitten: die Geschwister Simböck und die Riederinger Sänger nehmen teil – Törggele-Partie der SMZ-Redaktion (1963, 1964) – Marktler Sänger, Annette Thoma (zu ihrem 80. Geburtstag) und Brüder Rehm besuchen die Singwoche in Klobenstein 1967 – spezielle Musik- und Sportwoche (Organisation: Herbert Lagler und Marosi Wörndl) in Aufkirchen 1978 – Eisstockschießen (Angath 1979).

Das „Kirchensingen" war beliebt. Zum Abschluss jeder Singwoche wurde ein Gottesdienst gefeiert, entweder in der jeweiligen Kirche oder auch im Saal des Veranstaltungslokals (etwa durch Pater Laurentius/Kloster Ettal). Zunehmend wurde die musikalische Umrahmung von den Singwochen-Musikanten übernommen: Neben der „Deutschen Bauernmesse" wurden später auch geistliche Lieder und Chorsätze gesungen.

Lisl Fanderl bot Strickkurse an.

Tanzlehrer: Georg von Kaufmann (1907–1972), ein enger Weggefährte Fanderls, betätigte sich als Tanzlehrer (1958–1971). 1946 lernte er Kiem Pauli und Wastl Fanderl beim ersten Volksliedsingen in Grassau kennen. Er stammt aus einer Offiziersfamilie, 1929 Studenten-Skiweltmeister, Teilnehmer und Fahnenträger der deutschen Mannschaft bei den Olympischen Spielen in Garmisch-Partenkirchen 1936. Nach dem Besuch einer Bauernhochzeit in Ruhpolding beginnt er 1937 mit Aufzeichnungen der Chiemgauer Tänze; Forstmeister der bayerischen Saalforste in Unken, Harmonikaspieler; musiziert mit den „Gföller" Musikanten; Volkstanzkurse und Tanzfeste gemeinsam mit Sigi Ramstötter und der Teisendorfer Tanzlmusik; spielte oft bei den „Münchner Treffen"; Kaufmann-Tanzkurse (über Initiative des Frasdorfer Rechtsanwalts Oskar Huth) seit Januar 1960 in Frasdorf: Beginn einer neuen bayerischen Volkstanzbewegung (Publikationen, Tagungen, Kurse und Feste, 1960–1972, etwa 50 Kurse und ca. 230 Volkstanzfeste). Wanderausstellung über Georg von Kaufmann 1992 im Holzknechtmuseum Ruhpolding. Weitere Tanzlehrer: Hermann Jülg (1900–1986, Mittelschulprofessor in Innsbruck, erste Erfahrungen bei den Singwochen von Hellmuth Pommer; betätigte sich vor 1945 als rassistisch ausgerichteter Volkstanz-Ideologe, vgl. Warum deutscher Tanz? In: Die Feierstunde. Gau Salzburg. Juni 1939), Gebhard Diener (Dipl. Ing., Architekt aus Sauerlach bei München, seit 1958 bei den Fanderl-Singwochen, später beim Passauer Volkstanzkreis um Erna Schützenberger), Sigi Ramstötter, Beni Eisenberg (Schneidermeister aus Gmund am Tegernsee), Konrad Loher.

Als Musiklehrer arbeiteten: Karl-Heinz Schickhaus (1938–2007, lehrte von 1963 bis 2000 am Richard-Strauss-Konservatorium München, seit 1992 Lehrer des Faches Hackbrett am Anton-Bruckner-Konservatorium Linz, 1987 Bayerischer Poetentaler für die Verdienste um die historische und moderne Saitenmusik, weltweit maßgebend für das Salterio/Hackbrett); Sigi Ramstötter (geb. 1929, Fliesenleger und Taxiunternehmer, Kapellmeister von Neukirchen. Vgl. Teisendorfer Tanzlmusi, die erste „Tanzlmusi" in Oberbayern 1999); Wolfgang Neumüller (Musiklehrer aus Töging/Inn, Mitglied der „Bachleitn-Musi" 1974–1981. Vgl. Bachleitn-Musi. Stücke für Flöte, Akkordeon, Zither, Gitarre und Baß von Wolfgang Neumüller 1995. Hg. vom Volksmusikpfleger des Bezirks Oberbayern); Wolfi Scheck (1943–1996, Lehrer, seit 1981 Nachfolger Fanderls als Volksmusikpfleger des Bezirks Oberbayern); Egmont Hugel (geb. 1952, Musikfachlehrer, Harfenist und Gitarrist); Herbert Lagler (geb. 1941, Zitherspieler aus Marktschellenberg, Mitglied der Schönauer Musikanten, der Gerstreit Musi und des Tobi-Reiser-Ensembles); Franz Mayrhofer (Leiter der „Münchner Schule für Bairische Musik"/ seit 1971 „Wastl-Fanderl-Schule") und Lois Blamberger (1912–1989, genannt „Bla'-Lois", Bergmeister im Salzbergwerk Bad Ischl, seit 1926 Mitglied der Bad Ischler Volksspielgruppe, seit 1963 Mitglied der Simon-Geigenmusi; spielte Geige, Zither, Gitarre, Blockflöte, Seitlpfeife (Schwegel), Maultrommel, Kursleiter für das Schwegeln, Organisator der Seitlpfeifertage im Salzkammergut; wichtiger Zeitzeuge zum Thema historische Spielweisen und Tanzmoden (vgl. Rudolf Pietsch: Die Geige in der österreichischen Volksmusik. In: SMZ 24, 1981, S. 240–259; vgl. auch: Adolf Ruttner (Hg.): Pfeifermusik aus Bad Ischl. Mit einem Geleitwort von Alois Blamberger. Vöcklabruck 1971).

Als Chorleiter waren tätig: Wolfgang Bachleitner (Studienrat im Gymnasium Prien, Musiklehrer); Georg (Schorsch) Georg (Volksschullehrer, Leiter eines Singkreises in Bad Aibling, „Singwochen-Karajan", im Chorkreis von Fritz Kernich); Josef Geiger (Chorregent und Kirchenmusiker in Bad Wiessee); Fritz Kernich (geb. 1907 in Eisenberg/Erzgebirge, Kindheit und Jugend im Egerland, Studium an der Akademie für Musik und Darstellende Kunst in Wien (absolviert 1929), Leiter der Volksmusikschule in Friedberg in Hessen, Bekanntschaft mit Fritz Jöde und Paul Hindemith; Chorleiter und Organist in Karlsbad; ab 1930 Bundessingwart im Bund der Deutschen und in den Singgemeinden und Chorvereinigungen des Deutschen Sängerbundes im Egerland, 1931 Kontakt zu Walther Hensel; 1938 Gymnasialmusiklehrer in Karlsbad und an der Lehrerinnenbildungsanstalt in Eger; 1942 Wehrmacht, russische Gefangenschaft in Stalingrad, 1946 in Rosenheim: Organist an der Hauptkirche, Lehrer am Mädchenrealgymnasium, gründete die Chorsingschule Rosenheim/Ackermann-Chor, Zusammenarbeit mit Annette Thoma und Kiem Pauli. Diverse Veröffentlichungen, u.a. Herausgabe der Liederblätter „Alpenländisches Liedgut"; Sudetendeutscher Volkstumspreis 1966) und Hans Martschin (alias „Steirer Hans", bringt Chorsätze aus Mariazell zu den Singwochen mit).

Ostern 1949: Erste Fanderl-Singwoche in Bergen: Annette Thoma spricht zu den TeilnehmerInnen.

10.–17. August 1950: Singwoche in Bergen. „Alpenländische Singwoche": (Jugendherberge Bergen). Teilnehmer u.a. Kiem Pauli und Fritz Herrgott (Leiter der Wanderlehrgruppe des Bayerischen Jugendringes).

29. Juli–4. August 1951: „Alpenländische Singwoche" in Bergen: Resl Hartbichler [Hausname] nimmt teil.

3.–9. August 1952: „Alpenländische Singwoche" am Dürneck bei Berchtesgaden: Im Landschulheim; Gewürzsträußlbinden; Tobi Reiser und Annette Thoma sind anwesend.

Ostern 1954 Pattenberg bei Bergen: Dorfwirtschaft. Tanz: Hermann Jülg

Ostern 1955: Staudach: Tanz: Hermann Jülg. Gebhard Diener zum ersten Mal bei einer Fanderl-Singwoche.

Ostern 1956: Staudach: Es wird aus dem „Blauen" und „Roten" Notenbüchl von Georg von Kaufmann musiziert (vgl. Georg von Kaufmann (1907–1972). Forstmeister, Sportler und Bergsteiger, Volksmusikant, Volkstanzsammler und -tanzmeister in Oberbayern 2000, S. 97)

Ostern 1957: Mühlbach im Pustertal: (Gasthaus Pius Stampfl). Erstmals finden die Singwochen in Südtirol statt (Vermittlung durch das Bozener Kulturamt und den Bürgermeister und Wirt von Mühlbach). Tanz: Hermann Jülg. Ausflug auf die Höhen bei Spinges, nach Meransen, Wanderung nach Rodeneck. Besuch von Annette Thoma. Das Fanderl-Lied „Kimmt schö hoamli die Nacht" (1957) bürgert sich in Mühlbach im Pustertal als gemeinsames Tagesabschlusslied ein.

Neujahr 1957/58: Inzell

Ostern 1958: Strobl am Wolfgangsee: (Bundesstaatliches Volksbildungsheim, Leiter: Prof. Dr. Hans Wittmann). Tanz: Hermann Jülg. Teilnehmer: Tobi Reiser Quintett, Annette Thoma, Michl Ehbauer (Dichter und Humorist), Hans Kammerer betreut die Instrumentalisten (vgl. Hans Kammerer 1891–1968. Die Liebe zu Heimat, Hausmusik und Volksmusik eines angesehenen Lehrers und Bürgers von Burghausen 1993). Die Gründung der „Sänger- und Musikantenzeitung" wird ins Auge gefasst. Tobi Reiser hat St. Wolfgang als Veranstaltungsort vorgeschlagen. Besondere Aktivitäten: Führung durch die Kirche St. Wolfgang (Michael-Pacher-Altar); das Tobi Reiser Quintett musiziert in der Kirche und im Café Christoforetti (u.a. Mozart); Fahrt nach Bad Ischl und Hallstatt (Dr. Franz Lipp, der Leiter des Linzer Volkskundemuseums und Betreuer des oberösterreichischen Heimatwerks, ist der kundige Reisebegleiter), Abendveranstaltung mit den Ischler Heimatfreunden, und dem Bad Ischler Streichtrio; heimatkundliche Ausstellung (Schmuck, Tracht, Dokumente, Bilder, Gebäck, verantwortlich Fachlehrerin Zierler), Annette Thoma spricht über Viktor von Geramb (1884–1958), Kaspar Städele (Seelsorger, Bezirkspräses der Katholischen Arbeitnehmerbewegung KAB) spricht über „Geschmack". Trachtenschau des Salzburger Heimatwerkes (erneuerte Trachten der Salzburger Gaue werden gezeigt, verantwortlich Tobi Reiser).

Juli 1958: Inzell: Geschwister Hartbichler (Familie Bauer) vom Samerberg nehmen daran teil.

2.- 8 August 1958.: Untergriesbach (Bayerischer Wald): Tanz: Gebhard Diener. Volkstanzabend mit der Teisendorfer Tanzlmusik.

25.–29. August 1958: Herrsching am Ammersee: Bäuerinnenschule; Tanz: Hermann Jülg. Volkstanzabend mit der Teisendorfer Tanzlmusik.

Neujahr 1958/1959: Seehaus bei Ruhpolding: Tanz: Georg v. Kaufmann und Gebhard Diener. Georg von Kaufmann stellt erstmals die „Gföller Musi" vor. Es treten auch Karl Pacher, Jutta Kerber, die Brüder Rehm und die Bojern Dirndl auf. Hermann Edtbauer widmet dieser Singwoche „bayerisch-österreichische Singwochenweisen" und humorige Gedichte.

Ostern 1959: Mühlbach im Pustertal: Erste Singwoche mit bayrischen Teilnehmern. Tanz: Georg von Kaufmann. Besuch bei den Rastner Gitschen und der Familie Oberhöller. Vermittlung durch das Bozener Kulturamt. TeilnehmerInnen: u.a. die „Well-Eltern" („Biermösln"). Fanderl hat überlegt, die Singwochen in Meransen abzuhalten, wo Dr. Hermann Jülg und Ruth Feiler schon mit vielen Volkstanzwochen zu Gast gewesen sind, aber die dortigen räumlichen Voraussetzungen waren für die Singwochen nicht günstig. Seitdem gab es wiederholt Wanderungen nach Meransen. Bewusst wählte der Oberbayer Fanderl Lieder aus dem Sammelgut von Franz Friedrich Kohl (1851–1925; „Echte Tiroler Lieder"), um die Südtiroler mit ihrem versunkenen Liedgut erneut vertraut zu machen.

Neujahr 1959/1960: Bergen: Tanz: Georg v. Kaufmann. Oskar Huth (Rechtsanwalt) ist erstmals auf einer Fanderl-Singwoche.

Ostern 1960: Montan/Südtirol: Gasthof „Löwen" und Gasthof „Tenz". Tanz: Hermann Jülg ist zum letzten Mal für den Tanz zuständig. Teilnehmer: u.a. Dr. Gertrud Simmerding (Bayerischer Rundfunk); Wanderungen durch die Weinberge nach Pinzon, Besuch des Weinbaumuseums in Kaltern (Kustos Luis Oberrauch). Fanderl hat es nicht zuletzt die außerordentliche Schönheit der Ausblicke angetan. Der Pfarrer von Montan übernimmt das Protektorat und stellt den Pfarrsaal zum Singen und Tanzen zur Verfügung. Die „Nachtigallen"-Nächte bleiben in besonderer Erinnerung. Lisl und Wastl Fanderl begleiten den Gottesdienst. Sigi Ramstötter (Harmonika) und Lisl Fanderl (Hackbrett) spielen zum Tanz auf. Erich Mayer (Freisinger Dreigesang) ist unter den Teilnehmern.

18.–24. September 1960: Untergriesbach: Landwirtschaftsschule, Ausflug nach Wegscheid.

14.–16. Oktober 1960: Südtirol – Sänger- und Musikantenausflug

Neujahr 1960/1961: Bergen: Zu Besuch: Geschwister Weigl aus Moos bei Plattling; die Brüder Rehm.

3.–9. April 1961: Klobenstein: Hotel Miramonti (Familie Bachmann). Erste „Rittner Singwoche". Tanz: Georg von Kaufmann. Anni Treibenreif (deutschbewusste Lehrerin in Unterinn, Mitarbeiterin bei der RAI/Bozen) als Vermittlerin.

Pfingsten 1961: Sarntheim im Sarntal: Gasthof Bad Rungg. Ausflüge in das Durnholzer Tal, nach Reinswald, Besuche bei Sarner Handwerkern (Bürstenbinder, Knopfhersteller, Federkielsticker). Es ist kirchlicherseits noch immer „verboten", dass Burschen und Mädchen gemeinsam tanzen. Wegen der „Südtirol-Frage" ist das Tragen von Trachten seitens der Behörden nicht gerne gesehen.

Neujahr 1961/1962: Bergen: Tanz: Georg von Kaufmann. Große Abendveranstaltung wird vom BR aufgenommen; Blaskapelle aus Oberösterreich, Geschwister Simböck, Riederinger Sänger.

Pfingsten 1962: Klobenstein – Ritten: Tanz: Georg von Kaufmann. Wanderungen; Beginn der „Kirchensingen" in kleinen Dorfkirchen (z. B. Lengstein, Oberbozen, Kematen, Oberinn, Wolfsgruben): Es werden geistliche Volkslieder gesungen. Ausflüge zu Handwerkern und Kunstdenkmälern (z. B. Maria Saal). Musikanten aus der Region finden sich bei den SingwöchnerInnen ein, u.a. Franz Kofler (Saxophonist, Okarina; später Volksmusikpfleger für Südtirol; Fanderls Singwochen wirkten geschmacksbildend). Lisl Fanderl bietet in der Folge Strickkurse an. Auf Besuch kommen auch österreichische Musikanten, u.a. Lois Blamberger. Volkskundliche Vorträge von Prof. Walter Deutsch. Auch Sketches und theatrale Einlagen wurden angeboten (vgl. Abseits vom Trubel und ganz ohne „Duliöh-Seligkeit". Mit dem Fanderl Wastl bei der Pfingstwoche in Südtirol – Auch die einheimische Bevölkerung dabei. In: Miesbacher Merkur, 20./21. Juni 1962).

Sommer 1962: Bergen: Nicht mehr zu rekonstruieren.

Neujahr 1962/63: Bergen: Georg von Kaufmann und Annette Thoma nehmen daran teil.

Ostern und Pfingsten 1963: Klobenstein: Tanz: Georg v. Kaufmann

18.–20. Oktober 1963: Stubaital: Singen: Wastl Fanderl, Tanz: Georg von Kaufmann. Törggele-Partie (Ausflug für die „Sänger- und Musikantenzeitung").

Neujahr 1963/64: Grainbach auf dem Samerberg: Gasthof Maurer. Tanz: Georg von Kaufmann, Musik: Karl-Heinz Schickhaus. Erinnerungen von Anja Weyrauch an ihre Eltern als Singwochen-Teilnehmer (vgl. Erinnerung an Wastl Fanderl. München 1996, S. 152).

1964: Kirchweih: Stubaital: Törggele-Partie.

Ostern und Pfingsten 1964: nicht mehr zu rekonstruieren.

Ostern 1965: Klobenstein: Tanz: Georg von Kaufmann. Musik: K. H. Schickhaus.

Ostern 1966: Klobenstein: Tanz: Georg von Kaufmann; Sigi Ramstötter.

Pfingsten 1966: nicht mehr zu rekonstruieren.

Ostern 1967: Klobenstein: Tanz: Georg von Kaufmann.

Pfingsten 1967: Klobenstein: Tanz: Georg von Kaufmann. Es singen die Markterer Sänger; Besuch von Annette Thoma (80 Jahre) und der Brüder Rehm.

Ostern 1968: Klobenstein: nicht mehr zu rekonstruieren.

Pfingsten 1968: Klobenstein: Tanz: Georg von Kaufmann, Musik: Sigi Ramstötter, Lois Blamberger (Geiger).

Ostern 1969: Klobenstein: Tanz: Sigi Ramstötter.

Pfingsten 1969: Klobenstein: Tanz: Georg von Kaufmann, Musik: Wolfgang Neumüller

Ostern und Pfingsten 1970: Klobenstein: Tanz: Georg von Kaufmann, Sigi Ramstötter, Musik: Wolfgang Neumüller.

Ostern und Pfingsten 1971: Klobenstein: Tanz: Georg von Kaufmann, Sigi Ramstötter, Musik: Wolfgang Neumüller. Singstunden auch im Weinberg (vgl. SMZ 14, März/April 1971, S. 47). Erinnerungen von Bert Lindauer (Griesstätt – Wasserburg).

Ostern 1972: Klobenstein: Tanz: Sigi Ramstötter, Musik: Wolfgang Neumüller. Das freiwillige Chorsingen wird eingeführt. Chor: Wolfgang Bachleitner. Georg von Kaufmann stirbt am 3. Mai 1972.

Pfingsten 1972: Klobenstein: Tanz: Sigi Ramstötter, Musik: Wolfgang Neumüller, Chor: Wolfgang Bachleitner. Teilnehmer: u.a. der Anreiter Dreigesang/Bozen beim Abschlussabend.

Ostern 1973: Aufkirchen bei Toblach, Pustertal: Hotel Oberhammer. Tanz: Sigi Ramstötter, Musik: Wolfgang Neumüller, Wolfi Scheck, Egmont Hugel, Herbert Lagler. Regelmäßiges Chorsingen wird eingeführt. Chorleitung: Wolfgang Bachleitner. Kontakt wird von Reinald Piazzesi (Rittner Musikanten) hergestellt. Lehrer Luis Waldner kommt. Ausflüge z. B. zum Pragser Wildsee, nach Sankt Lorenzen, Kirchenkonzert in Innichen. Christine Siferlinger (Dirndldreigesang Siferlinger) und Theresia Rothenaicher (Mitglied des Halsbacher Dreigesangs, studierte Musik, „Lied. Musik und Tanz im südlichen Landkreis Altötting") sind Teilnehmerinnen der Singwoche.

Pfingsten 1973: Klobenstein: Tanz: Beni Eisenburg, Musik: Wolfgang Neumüller, Chor: Georg Georg. Vgl. Wastl Fanderl: Frühling in Südtirol.

Ostern 1974: Aufkirchen: (zwei Singwochen im April 1974). Tanz: Beni Eisenburg, Musik: Wolfi Scheck, Herbert Lagler, Chor: Fritz Kernich; Tanz: Beni Eisenburg, Musik: Wolfi Scheck, Chor: Josef Geiger.

Pfingsten 1974: Aufkirchen: Tanz: Sigi Ramstötter, Musik: Wolfi Scheck, Chor: Georg Georg.

Mit einer Ausnahme (Jänner 1979 Angath/Tirol) fanden alle weiteren Fanderl-Singwochen der Jahre 1975–1980 jeweils zu Ostern und Pfingsten und einmal auch über Neujahr (1977/78) in Aufkirchen statt. Für den Tanz sind Sigi Ramstötter, Beni Eisenburg und Konrad Loher zuständig. Für die Instrumentalmusik sind Wolfi Scheck und Herbert Lagler verantwortlich, zu Pfingsten 1980 stößt noch Franz Mayrhofer dazu. Die Chorleitung haben Hans Martschin und Josef Geiger inne. Zu Neujahr 1977/78 gibt es in Aufkirchen auch eine Musik- und Sportwoche, die Herbert Lagler und Maresi Wörndl organisieren, auch in Angath/Tirol (Jänner 1979). Erinnerungen von Werner Brandlhuber (Jesenwang) an eine Singwoche in Aufkirchen mit den Weilheimer Sängern („... als Nachzügler mit zerrissenem Hemd, Blue Jeans und langen Haaren ...". In: Begegnung mit Wastl Fanderl, S. 66f). Letzte Fanderl-Singwoche: Pfingsten 1980 in Aufkirchen. Tanzlehrer: Konrad Loher, Musiklehrer: Wolfi Scheck, Herbert Lagler, Franz Mayrhofer. Chorleiter: Hans Martschin.

Franz und Sissy Mayrhofer veranstalteten danach Singwochen, ebenfalls in Klobenstein, bei denen Wastl Fanderl zu Gast war. Vgl. Claudia Harlacher (Maisach/Landkreis Fürstenfeldbruck. In: Begegnung mit Wastl Fanderl, S. 42f.)

Ausgewählte Beiträge zum Thema „Singwochen":
- Wastl Fanderl: Volkslied-Singwochen. In: Annette Thoma (Hg.): Das Volkslied in Altbayern und seine Sänger. Ein Geburtstagsbuch für den Kiem Pauli, S. 91–93.
- Annette Thoma: Alpenländische Singwochen.
- Annette Thoma: Singwochen.
- Florian Stumfall: Singwoche – voreingenommen. In: SMZ 11 (1968), H. 2, S. 38f.
- Valentin Kunnert: Vom Ursprung der Singwochen. In: SMZ, 17 (1974), H. 5, S.105–108.
- Wastl Fanderl: Meine Erfahrungen im Umgang mit dem Volkslied, S. 11–17.
- Erich Mayer: Fanderl-Singwochen in Südtirol.

Erinnerungen von Beni Eisenberg (Dürnbach bei Gmünd), Erwin Ulrich (Weilheim), Helmut Karg (Ingolstadt) und Traudi Neumüller (Nöstlbach). In: Begegnung mit Wastl Fanderl, S. 17, 44, 154f, 162–167. (Helmut Karg: „Zu unserem Spiel- und Singkreis gehörten damals Hans Peter, Stefan und Michl Sautier, Stefan Roeckl, Bärbel Weiß, Irmgard Mohr und Franz Krammer. Auf dieser Singwoche [eine der frühen Pfingstsingwochen in Klobenstein] wurden wir von der Familie Fanderl sehr herzlich aufgenommen, und wir fühlten uns sofort wohl und diesem Kreis zugehörig. Es erschloß sich uns eine neue musikalische Welt und eine Vertiefung des Begriffes ‚bairische Heimat', aber es war vor allem Wastl Fanderl, der uns in seinen Bann schlug und faszinierte. Seine Singstunden und die vielen Gespräche dazwischen waren für uns sowohl vom Musischen als auch vom Menschenkundlichen her täglich eine Bereicherung.")

Die Fanderl-Singwochen sind fotografisch gut dokumentiert: vgl. Fotos in der SMZ, Volksmusik in Oberbayern 1985, Fotoalbum von Maria Solcher (München), Marianne Reindl-May (Haunshofen), Begegnung mit Wastl Fanderl 1996, Sammlung Xaver Frühbeiß (Deisenhofen), Franz Pichler (Neubeuern), Inge Peter (München, Bayerischer Landwirtschaftsverlag), Matthias Geisinger (Kirchseeon), Paul Sessner (Dachau), Arnold Höfer (Breitbrunn a. Chiemsee). Dr. Anton Schmidt (Iffeldorf, Sinzing-Eilsbrunn).

Beilage Nr. 10: Die „Dombergsingen" in Freising

Die „Dombergsingen" fanden seit 1951 alljährlich in Freising statt, vorerst im Advent, auch am Dreikönigstag, dann auch als Frühlingssingen und Herbstsingen („Im Jahr des Herrn"). Nur jene Veranstaltungen werden in der Folge erwähnt, für die Dokumente und Erinnerungen eruierbar waren. Freisinger Priesterseminaristen, Priester und Theologen nahmen wiederholt an den „Fanderl-Singwochen" teil.

15. Dezember 1951: Freising: 1. Dombergsingen (Adventsingen): Annette Thoma ist Mitbegründerin des „Dombergsingens" in Freising, zusammen mit dem Theologiestudenten Franz Niegel (später Pfarrer in Unterwössen) und dem Regens des Freisinger Priesterseminars Dr. Michael Höck. Kiem Pauli ist anwesend, die Geschwister Reich, die Riederinger Sänger, das Fanderl-Trio, das Holzfurtner-Trio singen und musizieren. Franz Niegel liest Texte über Advent-Brauchtum aus Berchtesgaden; Alfred Läpple übernimmt die „theologische Sinndeutung dieses Abends." Franz Niegel will die Theologiestudenten „in die echte Volksmusik" einführen. Die Vermittlung des religiösen Volksliedes ist ein gemeinsames Anliegen von Niegel und Thoma. (Nach: Annette Thoma: Bei uns. Vgl. auch Erinnerungen von Franz Niegel/Wolfgang Langgassner: Das Dombergsingen).

5. Dezember 1953: Freising: 3. Dombergsingen: „Vielleicht war 1953 das glänzendste Adventsingen auf dem Domberg. Vielleicht, weil es der Nikolausvorabend war, zu dem uns Frau Thoma einen Text gab, in den das ganze Bauernjahr hinein genommen war, vielleicht wie Professor Ratzinger über den Advent und über den Jodler Dinge sagte, die zum Schönsten gehören, was man sagen kann. Es war ja von Anfang an Brauch bei uns, daß den Volksliedleuten sozusagen als Gegengabe ein Wort aus berufenem Munde geschenkt wurde, das die Zusammenhänge von Volkslied und Religion aufzeigte. Zu meiner Zeit haben außer Professor Ratzinger auch Pater Gabriel, Dozent Läpple und Professor Angermayer diese nicht unwichtige Aufgabe übernommen. Und ich glaube, die Riederinger und die Saalfeldnerinnen, die Geschwister Reich, der Fanderl Wastl mit seinen Leuten, aber auch die Musikanten, das Holzfurtner Trio, der Reiser Tobi mit seinem Quintett und die Hackbrettmusik der Schönauer – sie alle haben dieses Gastgeschenk verständnisvoll entgegengenommen." (Franz Niegel/Wolfgang Langgassner: Das Dombergsingen)

1954: 4. Dombergsingen (Dreikönigssingen): Die Fortführung der Veranstaltungsreihe steht zur Diskussion. Annette Thoma und Regens Dr. Höck plädieren für die Fortsetzung. Wolfgang Langgassner erinnert sich: „Nun mußten wir versuchen, das lebendig zu erhalten, was so vielversprechend begonnen hatte. Unser Kurs sollte [...] die Verbindung zu den Volkssängern und Musikgruppen aufrecht halten. [...] Wir wußten damals nicht, daß dieser denkwürdige Abend uns Theologen das letzte Beisammensein mit dem Kiem Pauli im Seminar geschenkt hatte. Wie der Pauli mit dem Forstmeister Georg von Kaufmann zusammen musiziert hat, bleibt allen unvergeßlich. Mancher von uns hat den Kiem Pauli noch in Bad Kreuth besucht. Bei den folgenden Dombergsingen freilich mußten wir uns mit den Grüßen begnügen, die der Pauli jedesmal überbringen ließ. Das Dombergsingen war also nicht gestorben. Im Gegenteil! Einige besonders interessierte Studenten machten Singwochen beim Wastl Fanderl mit. Die brachten nun neuen Wind ins Haus. Heinz Summerer gab keine Ruhe, bis der Wastl auch wieder nach Freising kam, vor allem um mit den Theologen zu singen." (Franz Niegel/Wolfgang Langgassner: Das Dombergsingen)

14. Mai 1961: Jubiläumssingen: 10 Jahre Dombergsingen Freising. „Jetzt fangt das schöne Fruajahr o!" Zehn Jahre heimatliches Singen auf dem Domberg: Studenten, Theologen und Kapläne singen und musizieren mit den Riederingern, den Hartbichlern und Roaner Dirndln und Ottobrunner Musikanten; Wolfgang Langgassner (inzwischen Präfekt am Knabenseminar Freising) erinnert sich an verschiedene Gruppen musizierender Schüler (Leitung: Franz Holzfurtner): „Angeeifert durch Musizierabende, die wir zusammen mit Toni Goth und seinem Sextett gestalten konnten, lernen die Buben mit echter Begeisterung das Zusammenspiel mit den alten Volksmusikinstrumenten. Eine Blaskapelle, eine kleine Tanzlmusi mit zwei Geigen und Klarinetten, kleine Besetzungen mit Zither, Hackbrett und Gitarre oder zwei Geigen mit Gitarre, dazu ein verhalten klingendes Blockflötenquartett, alles ist bei uns unter einem Dach! Interessant ist, daß keine Verirrungen in stümperhafte Jazzimitationen und Schlagersschulzen mehr vorkommen, seit die Buben echte bayerische Volksmusik kennen und auch selber spielen können." (Franz Niegel/ Wolfgang Langgassner: Das Dombergsingen). Der Verein für Volkslied und Volksmusik e.V. in München (im Vorstand auch Wastl Fanderl) unterstützte die Veranstaltungsreihe. Wastl Fanderl konnte an diesem Tag nicht kommen.

Mai 1969: Dombergsingen im neuen „Bildungszentrum der Erzdiözese" auf dem Domberg: Bisher keine weiteren Informationen eruierbar.

1973: 21. Freisinger Dombergsingen: Wastl Fanderl kommt zu Besuch; Rektor Dr. Medele, Dekan Franz Niegel, Annette Thoma, Justizminister Dr. Held, Oberin Manuela von St. Joseph in Dürrnberg/Hallein, Julius Kardinal Döpfner sind anwesend (vgl. Hans Heyn: Annette Thoma).

9. Dezember 1974: Adventsingen auf dem Domberg: Programmgestaltung: Freisinger Kammerchor. Weitere Teilnehmer: Riemer Tanzlmusi, Roaner Sängerinnen. Ludwig Thomas Erzählung „Heilig' Nacht" wird präsentiert, moderne Chorsätze von Max Eham werden gesungen; es gibt das Gedenken an die Verstorbenen Annette Thoma und Tobi Reiser: „Ein kurzes Gedenken, gerade zu diesem Zeitpunkt und zu diesem Anlaß war das Anliegen aller Beteiligten. Es war kurz genug und ich glaube nicht im Stile derer, die derartige ‚Berufungen' zur Selbstdarstellung benötigen. Vorbilder sollte man eher im Herzen haben als auf der Zunge." (Vgl. Erich Mayer: Stoffsammlung. Ein Nachtarocken zum Adventsingen im Diözesanmuseum auf dem Domberg in Freising am Sonntag, 9. Dezember 1974).

Beilage 11: Internationale Volksmusiktreffen im Überblick

Schon im Mai/Juni 1937 war Fanderl mit einer Trachtengruppe aus Bergen als Botschafter für die oberbayerische Volkskulturbewegung im Auftrag der NS-Regierung im Ausland unterwegs, etwa anlässlich des Welttrachtentreffens in Nizza (Folklore International à Nice). Auch in Zürich, Genf, Grenoble, Avignon und Menton traten die Trachtler auf. Fanderl, damals 22 Jahre alt, führte als „Taferlbua" den Festzug mit dem Schild „Allemagne" an. Er betätigte sich als Sänger, Zitherspieler und Fingerhakler und war beliebtes Fotoobjekt (in Lederhose und mit Hut). 34 Gruppen aus neun Nationen nahmen an dem Treffen teil. 1953 begann eine Reihe von Treffen für Volkstanz und Volkslied im europäischen Ausland, an denen auch Fanderl wiederholt teilnahm.

Juli 1953 Biarritz: 2. Internationales Weltfest für Volksmusik: Teilnehmer: Insgesamt ca. 25 oberbayerische Sänger, Tänzer und

Musikanten; Kiem Pauli (im Auftrag des Bayerischen Rundfunks); Fanderl, der die Leitung innehat, mit seinem Sängerquartett, eine Trachtlergruppe aus Bergen, die Waakirchner Buam, zwei Tölzer Sängerknaben, der Zitherspieler Hans Reichl mit einigen Musikanten, darunter auch Lisl Fanderl und Hans Seidl, der damalige Leiter der Abteilung Volksmusik im Bayerischen Rundfunk. Das Auswärtige Amt der BRD unterstützt die Reise.

9.–15. Juli 1953 Pamplona: Festival mundial de danzas y cantos folcloricos: Internationales Fest für Volkstanz und Volkslied in Pamplona zu Ehren des Heiligen Firmian. Empfang durch die Stadt Pamplona; Auftritt in der Stierkampfarena; Teilnehmer: Tölzer Dirndln, Kiem Pauli. 30 Nationen haben Abordnungen entsandt (u.a. Spanien, Schottland, Finnland, Frankreich, England, Irland, die Niederlande, Schweiz, Italien, Norwegen, Türkei, Jugoslawien, Japan, Indonesien, Baskenland). Übernachtung im Priesterseminar: Die Priesterseminaristen singen für die Bayern "Stille Nacht, heilige Nacht". Besonderen Anklang finden der Holzhacker-Marsch und das Schuhplatteln.

Sommer 1954 Marrakesch (Marokko): Folklorefestival: Eine Veranstaltung mehrerer europäischer Sendeanstalten. Fanderl nimmt im Auftrag des Bayerischen Rundfunks (Remigius Netzer, Kulturredakteur) teil. Aus der Schweiz kommt der Filmschauspieler und Schlagersänger Vico Torriani, auch die Miss Universum 1954 (Miriam Stevenson) ist zu Gast. Für Fanderl ist es die erste Flugreise.

10.–15. Juli 1954 Nizza: 19. Internationaler Folklore-Kongress: Deutschland ist erstmals seit 1937 wieder vertreten; Teilnehmer: Fanderl-Quartett, Tänzer, Jodler und Musikanten aus Traunstein, Siegsdorf und Bergen. Weitere 16 Länder haben Vertreter entsandt, u.a. eine Delegation aus Kamerun. Auftritte in der Oper und im Freilichttheater von Nizza, Ausflug nach Mentone.

1954 Pescara: Festival internazionale del folclore agosto pescarese: Bisher keine weiteren Informationen eruierbar.

Februar 1955 Agrigent: Sizilianisches Fest der Mandelblüte: Einladung durch die ENAL (volkskulturelle Einrichtung der italienischen Regierung), Aufführungen vor dem Concordiatempel.

Juni 1955 Paris - Internationales Tanzfest: Bisher keine weiteren Informationen eruierbar.

8.–12. Oktober 1955 Genua - Festival folcloristico internazionale: Teilnehmer aus Oberbayern, Österreich (Volkstanzgruppe Innsbruck), Belgien, Frankreich, Jugoslawien, Holland und der Schweiz.

13.–16. August 1963 Vianno do Castello (Portugal): 12. Internationales Folklore-Festival: Einladung durch das Auswärtige Amt der BRD, 16 Teilnehmer aus Oberbayern: Wastl-Fanderl-Quintett, Aschauer Sängerinnen, Maultrommelduo aus Au bei Bad Aibling, Schuhplattler und Trachtlerinnen aus Aschau, Teisendorfer Tanzlmusi; Teilnehmer aus 18 Nationen, u.a. aus Portugal, Spanien, Frankreich, Belgien, Polen, den USA und Mexiko.

August 1966 Portugal - Folklore Festival: Teilnehmer: Wastl Fanderl, Aschauer Dreigesang, Sigi Ramstötter.

Beilage 12: Münchner Treffen (1958–1998)

In den Jahren 1958–1998 fanden ca. 370 Treffen statt. Es begann 1958 mit einem Treffen im Hotel am Platzl in München. In den aktivsten Jahren fanden 10 bis 12 Treffen pro Jahr statt (vgl. Erich Mayer: Stoffsammlung).

Zwischen 1959 und 1965 mussten die Lokalitäten öfter gewechselt werden, nicht zuletzt weil die Wirte offenbar zu wenig Umsatz machten. Man sang und musizierte an folgenden Orten: Hotel am Platzl, Hofbräuhaus, Gasthof Schlicker im Tal, Wagnerbräu in der Au, Menterschwaige/Großhesseloh, Scholastika, Leistbräu, Bierstüberl des Bayerischen Rundfunks, Kolpinghaus/Entenbachstraße, Bürgerbräuterrasse in Pullach, Altes Hackerhaus/Sendlinger Straße, Franziskanerkeller, Hackerkeller.

Von 1966 bis 1996 traf man sich regelmäßig im Georg-von-Vollmar-Haus am Oberanger in München. In den Jahren 1997 und 1998 fanden die beiden letzten Treffen im Gasthof Tannengarten/München-Sendling statt.

Große Volkstanzveranstaltungen, weiters Faschingsveranstaltungen ("maskierte Singstunden") und Kathreintänze fanden in der Menterschwaige (1959), in der Scholastika (1960), im Kolpinghaus und in Pullach (1963), im Franziskanerkeller und im Hackerkeller oberhalb der Theresienwiese (1965), mehrmals im Hofbräuhaus und im Georg-von-Vollmar-Haus statt. Von 1966–1984 gab es insgesamt ca. 30 Tanzveranstaltungen.

Die Teilnehmer der "Münchner Treffen" veranstalteten auch gemeinsame Ausflüge nach Alpbach in Tirol, Kerschbaum im

Bayerischen Wald, Thurmansbang im Bayerischen Wald, Eggstätt im Chiemgau, Ampflwang in Oberösterreich und Icking/Landkreis Bad Tölz-Wolfratshausen. „Im kleinen Kreis" traf man sich zu Pfingsten und Silvester 1965 im Schullandheim Kreisnberger Hof am Schliersee, zu Silvester im Schullandheim Maxhofen bei Bruckmühl, in Strobl am Wolfgangsee, Glonn/Landkreis Ebersberg (Hettlagestiftung) und Böbing/Landkreis Weilheim-Schongau.

Wastl Fanderl war selten bei den „Münchner Treffen" anwesend (z. B. Fasching 1969 und 1976 sowie 1978 anlässlich des 20jährigen und 1988 anlässlich des 30jährigen Bestandsjubiläums). 1983 berichtet seine „Sänger- und Musikantenzeitung" über 25 Jahre Freundeskreis Münchner Treffen.

Singweisen, die die Teilnehmer bei den Fanderl-Singwochen erlernt hatten, galten als Vorbild. Es wurden Fanderls „Liederbogen" verwendet. Andere Interpretationen wurden nur zögernd angenommen. Viele Musikanten kamen zu den Abenden, Veranstaltungen und Gottesdiensten, z. B. Karl Pacher (gest. 1960, aus Walchstadt im Isartal) leitete eine Spiel- und Singgruppe (vgl. SMZ 3, 1960, H. 6), weiters die Neuhauser Stubenmusi (Leitung: Franz Meisinger), die Moosacher Volksmusikanten (Aufführung der „Deutschen Bauernmesse" 1964), Emil Feil und seine Musikanten, die Münchner Tanzmusikanten unter Erwin Bichlmaier, die Milbertshofener Stubenmusik mit Georg Thomas, oder die Raublinger Stubenmusik mit Georg Thomas oder die Kreuther Ziach- und Klarinettenmusik mit Sepp Winkler. Bei den Volkstanzfesten spielten die Fischbachauer Tanzmusik, Sigi Ramstötter und die Teisendorfer Tanzlmusi, meistens aber Georg von Kaufmann und die „Gföller Musi" (z. B. Pullach 1963; vgl. Georg von Kaufmann (1907–1972). Forstmeister, Sportler und Bergsteiger, Volksmusikant, Volkstanzsammler und Tanzmeister in Oberbayern 2000, S. 88–96).

Beilage 13: Wastl Fanderl und seine Fernseh-Arbeit

Vgl. Mayer, Erich (Hg.): Wastl Fanderl im Bayerischen Rundfunk von 1931 bis 1991. Zusammengestellt von Erich Mayer. München: Bayerischer Rundfunk, Oktober 1992. Die Informationen dieser Publikation (Kurzbeschreibungen der Sendung) werden durch Hinweise auf zeitgenössische Berichterstattungen ergänzt.

1959: Ein Altbayerischer Heimgarten. Live-Sendung von der Funkausstellung in Frankfurt a. M. (20. August 1959)

Dr. Gertrud Simmerding: Wastl Fanderl für das Fernsehen entdeckt
Fritz Walter: Dem Fanderl sein Notenbüchl

1959–1962: Singen und Spielen in der Stubn. Fernseh-Sendereihe mit dem Wastl Fanderl
Redaktion: Fernsehen-Familienprogramm
Leitung: Dr. Gertrud Simmering
Länge der Sendungen: 25–30 Minuten – insgesamt 7 Sendungen
Familienmusik Fanderl (Zither, Hackbrett, Harfe, Gitarre oder Akkordeon oder Bass). Als Folgesendung gilt das „Bairische Bilder- und Notenbüchl" (1963–1984; 100 Sendungen)
Volksmusik des ausklingenden Herbstes und der frühen Adventszeit
Volksmusik in der österlichen Zeit
05.08.1960 Volksmusik der Sommer- und Almzeit
26.11.1960 Adventmusik aus den Alpenländern, Adventsbräuche in den Bergen
01.11.1960 Lieder und Volksbräuche zu Allerheiligen und Allerseelen: Wegkreuze, Marterl, Grabinschriften
03.03.1962 Kinderlieder, Arbeitslieder
10.11.1962 Lieder und Tänze aus dem alpenländischen Brauchtum

1963–1984: Baierisches Bilder- und Notenbüchl aufgeschlagen von Wastl Fanderl
Die „Thema-Musik" zur Sendung wurde von der „Stelzenberger Hausmusik" (Lisl und Wastl Fanderl, Tochter Moni auf der Harfe) gespielt. Fotos, BR-Interna, Presseberichterstattung (Landeszeitung Lüneberg, GONG, Süddeutsche Zeitung, Hör zu, Bild und Funk, Chiemgauer Zeitung, Abendzeitung, Augsburger Allgemeine, Tiroler Tageszeitung, Sonntagsblatt Kufstein, Münchner Merkur, Neue Züricher Zeitung, TV-Hören und Sehen), Seher-Zuschriften (M. und D. Decker 1971, Karl Spengler 1971).
Die Ziele der Sendereihe waren: Blick ins Alpenland in Vergangenheit und Gegenwart mit seinem Brauchtum, Volksmusikalisches und (volks-)kunstgeschichtliche Überlieferungen, Landeskundliches, Musikertreffen („Hoagascht"), Musizierformen, Auftritte und Präsentationen von Sängerinnen und MusikantInnen.

Erste Serie 1963–1974
Redaktion: Dr. Gertrud Simmerding, Familienprogramm, Programmbereich „Familie und Schule" - Regie: Fritz Walter
Studioproduktionen, teilweise mit Filmzuspielungen bzw. Außenübertragung
Länge der Sendungen: 30 Minuten bzw. 45 Minuten
Insgesamt 100 Sendungen – davon nur 10 Wiederholungen
Insgesamt ca. 63 Stunden Sendezeit (inklusive Wiederholungen)

Zweite Serie 26.1.1975–26.9.1976
Redaktion: Heinz Böhmler, Programmbereich Bayern, Unter unserem Himmel (Gesamtprojekt „Monumenta Bavarica") – Regie: Fritz Walter
Studioproduktionen, teilweise mit Filmzuspielungen bzw. Außenübertragung
Länge der Sendungen: 45 Minuten – 9 Sendungen, davon 2 Wiederholungen (aus den Jahren 1973 und 1974)

Dritte Serie: 1976–1984
Redaktion: Heinz Böhmler, Programmbereich Bayern, Unter unserem Himmel
Regie: Alexander Samsonow
Filmproduktion. Länge der Sendungen: 45 Minuten – 26 Sendungen, davon 4 Wiederholungen aus den Jahren 1976, 1977, 1978, 1979. Es handelt sich dabei hauptsächlich um die Präsentation von Musikantentreffen – jetzt steht die Musik im Mittelpunkt.

Sendedatum und Inhalte der Sendungen

02.02.1963 Winterliches Brauchtum in den Bergen: Eisstockschießen, Aperschnalzen; Geschicklichkeitsspiele: Hennenfangen, Hexenspiel, Lengauer Riese

27.04.1963 Keine Unterlagen zur Sendung vorhanden

01.06.1963 Lenggrieser Schützen: Schützenruf, Schützenmarsch, Armbrustmacher, Schützenmeister

17.08.1963 Wegscheid, Pinzenau: Bäuerliches Leben, Hochzeitsbaum, Kinderrätsel, Arbeit, Sensendengeln

10.11.1963 Am Koglerhof: Kerzen, Wachsziehen, Batikarbeiten

11.01.1964 Berchtesgaden: Volksmusik und Brauch - Hochzeitsschießen, Hochzeitslied

14.03.1964 Alpbach/Tirol: Alpbacher Sänger und Musikanten, Jagerhäusl-Dirndl, Federkielsticken

18.04.1964 Dachauer Hinterland: Maienzeit und Wallfahrt, Stern-Eier von Taxa

20. 6. 1964 Hindelang, Steibis: Viehscheid in Hindelang, Alphörner, Jodler („Gong-Rundfunkhörer" nahm die Sendung zum Anlass, über Fanderls Leistungen umfassend zu informieren)

29.08.1964 Laufen, Oberndorf, Tittmoning: Laternen-Kunstschmied, Christkindlkapelle, Plättenfahrt. (Die Süddeutsche Zeitung, 2.9.1964, berichtete von attraktiver „Heimatkunde" und gutem „bairischen Bildungsprogramm").

31.10.1964 Holledau: Hopfenanbau und -ernte, St. Kastulus und der Holledauer Schimmel, Söldnerlied

26.12.1964 Ein Jahr ist vergangen: Gebildebrot „Schweizerhosen", Tabakraucher-Predigt, Latschenöl-Siederei, Sternsingen

30.01.1965 Kramerstandl, Zinngießen

17.04.1965 Sachrang und der Müllner Peter (Peter Huber), Ölbergkapelle, Glasmalerei

24.07.1965 Wirtshausleben: Spielkartenhersteller, Kartenspiel, Trinklieder, Verlobten-Streitlied

09.10.1965 Tegernsee und Tegernseer Tal: Überführer-Sepp, Herzog Max (Zithermaxl), Oberförster Thomas Mayer

11.12.1965 Winter, Advent, Krippensammlung im Nationalmuseum München, Lebzelter Emeran Mayer von Traunstein

05.02.1966 Am Wolfgangsee (Abersee): Schwegeln und Schweglpfeifenmachen, Gradtaktiger Landler und Paschen

23.04.1966 Schliersee, Fischbachau und Gschwendt im Leitzachtal: Frühling, Schafscheren, Stoffweben

11.06.1966 Marienberg: Wallfahrt, Kirchturm, Restaurieren

27.08.1966 Der Wiedenhof: Haus, Hof, Kinder, Küche, Stall, Pferde (45 Minuten, Außenübertragung)

29.10.1966 Volksmusik in München: Volkslieder-Singkreis „Münchner Treffen", Otto Ebner, Gesangsgruppen, Kindersingen, Lautenspiel und Zitherquintett. (Im Nachlass hat sich die Mitschrift der Sendung erhalten. Fanderl führt u.a. ein Gespräch mit Sepp Eibl über die Laute, mit Erich Mayer über die „Münchener Treffen", mit Otto Ebner, dessen Musikanten er schließlich zum Musizieren einlädt, und mit der „Sträußlbinderin" Christa Fitz.)

03.12.1966 Berchtesgadener Land: Advents- und Hirtenlieder, Adventsbrauch (Buttenmandl-laufen).

18.02.1967 Braunau, Passau, Bayerischer Wald: Innviertler Landler, Schiffleut, Schnupftabakherstellung, Glasbläserei

15.04.1967 Wegscheid im Isarwinkel, Gaißach: Frühling, Blumen, Kräuter (mit „Kraudn-Sepp")

19.08.1967 Bindalm im Berchtesgadener Land: vom Almgehen, Jägern und Zollbeamten; Käsezubereitung (45 Minuten, Außenübertragung)

28.10.1967 Straubing, Bayerischer Wald: Pestfriedhof, Totentanz, Totenbretter, Grabkreuz-Schmid

02.12.1967 Advent im Sachrangtal: Verkündigungs- und Hirtenlieder, Hirtenmusik mit Tobi-Reiser-Quintett, Perchtentanz (Annette Thoma berichtet in der Chiemgauer Zeitung, Dezember 1967. Sie bietet ein Stimmungsbild des Sachrangtales und informiert über den Liedschatz des Peter Huber, des „Müllner-Peter" (262 geistliche und 41 weltliche Werke), des Komponisten, Arztes und Apothekers, des vielsprachigen „Universalgenies". Karl-Heinz Barth: Advent im Fernsehstudio bei Wastl Fanderl. In: Das neue Wochenend 53/1967. Barth berichtet vom Besuch eines aus Kaiserslautern stammenden Fans der Sendung, der einen Studiobesuch gewonnen hatte – eine Publikums-Werbeveranstaltung des Fernsehens für das einfache Gemüt.

10.02.1968 Werdenfelser Land: Sänger und Musikanten, Schellenrührer, Holzmasken

13.04.1968 Lenggries: Österliches Brauchtum, Palmtragen, Butterformen

15.06.1968 Schöffau am Staffelsee: Brotbacken, Kumpfherstellung, Heilig-Geist-Tauben

07.09.1968 Auf der Fraueninsel im Chiemsee: Kirche, Töpferei, Fischerei, Postbote, Bürgermeister (45 Minuten, Außenübertragung). Es wirkten mit: u.a. Sigi Ramstötter, Tölzer Bläser-Sextett, Lochmann-Duo, Darchinger Sänger, Aschauer Sängerinnen, Geschwister Röpfl, Fischbachauer Blasmusik, Teisendorfer Tanzlmusi, Simon-Geigenmusi (Gong-Rundfunkhörer 27.7.1968).

09.11.1968 Tegernsee, Waakirchen: Haflinger auf der Königsalm, Hufschmied, Pferdegeschirr und Bauernkutschen

15.02.1969 Fasching: Lustige Lieder und Geschicklichkeitsspiele wie Igelfechten und Beinhakeln; Altweibermühle

05.04.1969 Bozen, Sarntal, Ritten: Frühling und Ostern mit Südtiroler Sängern und Musikanten – Brauchtumsgebäck, Die acht Bozener Seligkeiten, Knopfherstellen

09.08.1969 Schloß Moos bei Osterhofen des Grafen Arco-Zinneberg: Jagd und Jagdhornblasen, Scheibenschießen, am Wasser, Donauschifffahrt (45 Minuten, Außenübertragung). Heinz Hager berichtet am 2.8.1969 über die bevorstehende Ausstrahlung: Drehbuch und Regisseur Fritz Walter. Vier Tage Drehzeit; Mitwirkende: Further Dirndl, Geschwister Weigl-Quartett (Moos), Teisendorfer Tanzlmusik, Fischbachauer Sängerinnen, Jagdbläsergruppe des Bayerischen Jagdschutz- und Jägerverbandes, Leitzachtaler Dirndl, Flötengruppe Finsterwald, Tobi-Reiser-Hirtenmusik, Bläsergruppe Ebner, Salzburger Geigenmusik Tobi Reiser. Graf Arco-Zinneberg erzählt über die Familiengeschichte und die Trophäensammlung seines Urgroßvaters (Grundlage des Deutschen Jagdmuseums), Geschichten um die Bierbrauerei und die Donaufischer. Der Zeitungsbericht lässt nicht unerwähnt, dass diese Sendung leider als ideologisches Programm gegen den damals gerade heftig diskutierten bayern- und heimatkritischen Film „Jagdszenen aus Niederbayern" (1965) von Martin Sperr aufgefasst und verkauft wurde.

25.10.1969 Wiederholung der Sendung vom 31.10.1964

24.12.1969 Weihnachten: Krippenkunst in Thaur/Tirol, Christbaumschmuck, Berchtesgadener Holzspielzeug. Erstmals in Farbe. Münchner Petersturmbläser, Weihnachten im Bayerischen Wald (45 Minuten, Außenübertragung)

28.02.1970 Dachauer Land: Hutsingen, Hutmacherei, Huttrachten, Priener Hut, Miesbacher Hut

18.04.1970 Von der Jägerei im Frühjahr: Jagdhütte, Grandlschmuck-Herstellung und Gamsradlmachen

13.06.1970 Pongau: Pongauer Viergesang, Bergbauernhöfe, Bäuerinnen-Arbeiten wie Stroharbeiten, Patschmachen, Gewürzstraußbinden

15.08.1970 Wiederholung der Sendung vom 27. 8. 1966. Die Redakteurin Marlen Sinjen (HÖR ZU) berichtet über Fanderl: „Der Wastl hat dem Bilderbuch-Bayerntum, wie man es aus vielen Heimatfilmen kennt, den Kampf angesagt. Er schätzt auch nicht die sogenannten Heimatabende für die Touristen in den Fremdenverkehrsorten. ‚Die Leute müssen ja den Eindruck gewinnen, daß die Bayern schuhplatteln und jodeln von früh bis auf d' Nacht. [...] Und wenn ich mich dann mit einem Fischer unterhalte, dann ist das wirklich ein Fischer und kein Schauspieler, der mir einen glänzenden Fischer hinlegt." (Marlen Sinjen: Beim Wastl gibt es keinen falschen Ton)

24.10.1970 Samerberg: Geschwister Hartbichler, Horndrechseln – Pfeifenmacher, Bemalen und Brennen von Porzellan-Pfeifenköpfen

02.01.1971 Eichstätt, Kloster Rebdorf, Zandt: Sänger und Musikanten, Solnhofener Steinbruch, Steinbrucharbeit und Lithographie

13.03.1971 Rosenheim, Stadt am Inn: Innschiffahrt; Brautkleid, Brautkrone, Brautlied

31.05.1971 Über die Lederhose, Herstellung und Brauch

28. 8. 1971 Wiederholung der Sendung vom 19.8.1967. Der „Gong-Rundfunkhörer" berichtet am 3.7.1971 über einen Besuch bei den Fanderls in Stelzenberg und zitiert Fanderl: „Die Bauern haben keinen Drang zum Fernsehen. Die muß ich erstmal dafür begeistern. [...] Ich dränge ihnen nichts auf. Die sollen sich ruhig hinstellen in ihrer Unbeholfenheit und Musik machen. Vielleicht liegt gerade darin das Geheimnis des Erfolges. [...] Die Arbeit fürs Nachmittagsprogramm ist so minderbezahlt, daß man's wirklich nur aus Liebe machen kann."

30.10.1971 Brixen/Südtirol: Kloster, Klosterstickerei, Kirche, Weinanbau, Keltern, Törggelen, Kastanienbraten (45 Minuten, Außenübertragung)

18.12.1971 Unterwössen: Weihnachtsbrauch und -spiele, alte Hauskrippen, Hirtenspiele, Adventskranzbinden

19.02.1971 Bad Tölz und Isarwinkel: Eisstock-Drechseln, Eisstock-Schießen, Glasmalerei, Dudelsack

15.04.1972 Wasserburg am Inn: Uhren und Schnupftabakdosen im Museum, L. K. Aiblinger, Komponist von Messen und Liedern (Aiblinger Stube)

17.06.1972 Trachtenwerkstatt Bogenhauser in Riedering: Dirndlschneiderei, Trachten-Dirndl, Dirndl für die Olympiahostessen in München (mit Frau Sommerlatt, der späteren Königin Silvia von Schweden)

19.08.1972 Wiederholung der Sendung vom 24.10.1970

21.10.1972 Holzkirchen, Dietramszell: Brautkästen, Bauernschränke, Kuchlwagen und Kutschenfahrt

02.12.1972 Haunshofen, Uffing am Staffelsee: Uhren, Zeit und Zeit vergeht; Hinterglasmalerei. Die Münchner Abendzeitung vom 4.12.1972 forderte weniger kalte Perfektion, lobte aber zugleich die „echte Alternative zum sonst gebotenen Folklore-Schund".

06.01.1973 Steinernes Meer, Saalfelden, Maria Alm (Salzburg), Blumenbinden, Sternmachen für Glöcklerlauf, Dreikönigslieder

23.04.1973 Karwendel und Wetterstein, Garmisch-Partenkirchen und Mittenwald: Sänger und Musikanten, Frühjahrs- und Osterbräuche wie Schellenrührer, Kinder mit Osterkörben

31.05.1973 Nürnberg, Erlangen, Fränkische Schweiz – Volksmusik und Brauch in Franken: Puppenstuben/Puppenhaus, Schafhaltung, Krenhändlerin, Korbmachen

15.08.1973 Bad Tölz, Waakirchen: Bürgerhochzeitstracht; Gewand, Krone, Schmuck, Tölzer Kasten, modisches Beiwerk zur Tracht. Die Augsburger Allgemeine vom 15.8.1973 titelte: „Bayern ohne Schminke".

28.10.1973 Vom Umgang mit Holz: Holzknechte und Holzarbeit, „Vogelpecken", ein Spiel der Holzhacker, Harfenbau

23.12.1973 Adventliches Brauchtum: Krippen im Pinzgau, Krippenbauen, Klöpfelgehen, adventliche Weisen und Lieder

10.03.1974 Wildenwarth, Schloß Buchenau: Küchen, Kochen, Essen, z.B. Wildschweinkopf und Eier-Schmarrn

19.05.1974 München, Garmisch-Partenkirchen: Schreinerarbeit – Lehrling, Meister, Fachschule für Schreinerei

15.08.1974 Ingolstadt: Sänger und Musikanten, Instrumentenbau – Herstellung einer Zither, Kirchenmaler und Restaurator

01.11.1974 Hochfelln, Seehaus, Ruhpolding: Allerheiligen in den Bergen – Friedhof, Schmiedeeiserne Grabkreuze, Tannhäuser-Legende

Zweite Serie

26.01.1975 Frasdorf: Von der Sonnen- und Schattenseite

31.03.1975 Salzburg: Österliches Brauchtum – Palmstangen, Karfreitagsratschen, Ostersträuche, Osterfladen. Im Fanderl-Nachlass befindet sich dazu ein Brief von Wolf Dietrich Iser, dem Abteilungsleiter für Volksmusik im Studio Salzburg/ORF: Er spricht über die „erstklassige Ostersendung über Salzburg, die im Salzburgischen viel Anklang fand und für mich als vorbildhaft gilt." Er berichtet, dass 20 Millionen Menschen die Sendung gesehen hätten und bedauert, dass der ORF diese Sendung nicht von der ARD übernimmt.

15.06.1975 Wegscheid: Flößerei, Jagd, Jägerhüte

26.09.1975 Wiederholung der Sendung vom 15.8.1974

07.12.1975 Waldram, Wolfratshausen: Basteln von Weihnachtskrippen, Krippenfiguren und Fatschenkindl

14.03.1976 Berchtesgadener Land, Berchtesgadener Wa´: Frühling, Heimatmuseum, Filigrandosenmachen

06.06.1976 Freising: Domberg, Diözesanmuseum, Musikschule, Weihenstephan: Hopfen und Bier

13. 8. 1976 Wiederholung der Sendung vom 15.8.1973

26.09.1976 Dingolfing, Plattling: Volksmusik und Volkstanz in Niederbayern; Hackbrettbauen, Bleiverglasen, Donauschifffahrt

Dritte Serie

24.12.1976 Heut ist ein freudenreicher Tag: Alte Lieder und Weisen zum Heiligen Abend. Frasdorf: Im Haus Fanderls treffen sich Musikanten und Sänger aus der Nachbarschaft, um die alten Weihnachtslieder und -weisen zu singen und zu spielen

19.05.1977 Musik im Zillertal. Zillertaler, die noch „echt zillertalerisch" singen und musizieren können und wollen, werden vorgestellt (Zwei Geigen, Harmonika, Harfe). Zum ersten Mal wird den Fernsehzuschauern der „Schwendberger Hochzeitsmarsch" vorgestellt, der als „Zillertaler Hochzeitsmarsch" für Furore bei den Massen sorgen sollte. Fanderl führte die Zuschauer anhand eines Reiseberichtes von Ludwig Steub (1812–1888) durch das Zillertal. Der „Walcher" Hans erklärte, dass dieser Marsch den Brautleuten unter der Wirtshaustür vorgespielt worden sei, nachdem sie aus der Kirche gekommen sind, um im Wirtshaus zu feiern.

24.07.1977 Musik auf der Alm. Auf einer entlegenen Alm in der Nähe von St. Martin bei Lofer, Sänger und Musikanten aus Bayern und Österreich, Hoagascht

27.11.1977 Musik in einem Bauernhofmuseum (Glentleiten) anlässlich der Eröffnung des Oberbayerischen Freilichtmuseums in Großweil.

30.04.1978 Volksmusik und Wiener Klassik. Prof. Cesar Bresgen und Fanderl bringen Beispiele dafür, dass von der Volksmusik „ein gerader Weg" zur Musik von Mozart, Haydn und Beethoven führe. Ähnliche Programme hat auch Tobi Reiser gestaltet.

27.08.1978 Musik im Ludwig-Thoma-Haus. Das Haus Ludwig Thomas auf der „Tuften" am Tegernsee war Treffpunkt für Persönlichkeiten wie Annette Thoma, Herzog Ludwig Wilhelm und Kiem Pauli. Fanderl erzählt von der Wiederentdeckung des bayerischen Volksliedes.

29.10.1978 Reisebeschreibungen. Im 19. Jahrhundert haben Maler wie Lorenz Quaglio (1793–1869) oder Eugen Napoleon Neureuther (1806–1882) und Schriftsteller wie Ludwig Steub oder Heinrich Noe und der bayerische König Max II. zu Fuß Oberbayern entdeckt und dabei die Menschen und deren Musik kennengelernt. Wastl Fanderl berichtet darüber.

24.12.1978 Wiederholung der Sendung vom 24.12.1976

25.02.1979   Hoagascht in einem Tiroler Wirtshaus. Gasthof „Kammerhof" in Angath: Ein familiäres Beisammensein von Sängern und Musikanten aus Bayern und Österreich. Bäuerliche Spiele, die zu Hause in den Wintermonaten üblich waren, dienen zur Unterhaltung. Das Sonntagsblatt Kufstein (11.2.1979) und die Tiroler Tageszeitung (8.2.1979) berichten über die Musiker: u.a. Sigi Lott, Köflacher Altsteirer-Musik, Reischerbauern-Musik Going, Stanglwirtsdirndln, Zandtner-Viergesang aus Ingolstadt, Christine Ehrenstrasser

20.05.1979   Jodler im Ennstal. Das oberösterreichische Dachstein-Tauern-Gebiet gehört zu den Gebirgslandschaften, in denen viele und besonders schöne Jodler aus alter Überlieferung lebendig sind. Bauern, Handwerker und Sennerinnen stimmen sie an.

12.08.1979   Wiederholung der Sendung vom 24.7.1977

11.11.1979   Bayerische Volksballaden. Im Volk lebendig gebliebenen Balladen, wie der vom Tannhäuser und der Agnes Bernauer, wird an Ort und Stelle nachgegangen. Die vielstrophigen Texte werden vorgetragen und vorgesungen

03.02.1980   Berchtesgadener Kinderspielzeuge in der Musik um 1800. Um 1800 war es musikalische Mode geworden, die weithin bekannten Berchtesgadener Kinderspielzeuge (Kuckuck, Wachtel, Maienpfeife, Ratsche, Holztrompete usw.) in Werke der Kunstmusik wie auch der Volksmusik einzubeziehen.

11.05.1980   Singen und Musizieren in der neuen Heimat. 1955 wurden in einem Waldgebiet bei Wolfratshausen heimatvertriebene Familien angesiedelt. Im Laufe von 25 Jahren entwickelte sich in dieser Siedlungsgemeinschaft Waldram eine vorbildliche Pflegestätte für Volkslied und Volksmusik. Der Münchner Merkur (Isar-Loisachbote) (26./27.4.1980) kündigte die Sendung an, an der u.a. Tom Sesto mit seinen Waldramer Chören (Kinderchor) teilnahm. Ausführlicher berichtete die Neue Zürcher Zeitung (18.5.1980) über die Kulturgeschichte Wolfratshausens und über den Zusammenhang zwischen klassischer Musik (Joseph Haydn, W.A. Mozart, Franz Schubert) und Volksmusik.

13.07.1980   Wiederholung der Sendung vom 29.10.1978

05.10.1980   Volksmusik in Au vor'm Gebirg. Im Dorf Au, nahe bei Bad Aibling, hat es schon immer gute Sänger und Musikanten gegeben. Die Freude am Althergebrachten ist heute noch spürbar. Fanderl sucht die jungen Sänger und Musikanten des Dorfes auf.

05.04.1981   Volksmusik am Stubentisch. Alljährlich sind musizierende und singende junge Leute aufgerufen zu großen, wettbewerbsartigen Zusammenkünften. Fanderl hat einige Gruppen, die dabei gute Leistungen geboten haben, eingeladen. Sie kommen aus Oberbayern, Osttirol, Niederösterreich und Kärnten

08.06.1981   Volksmusik auf der Burg Tittmoning. Das Heimatmuseum auf der Burg über dem Grenzfluss Salzach verwahrt schöne alte Dinge aus Bauern- und Bürgerhäusern. Sie bilden den Rahmen zu einem Treffen von Musikanten und Sängern aus Oberbayern, Kärnten und Tirol.

21.03.1982   Musikantenwallfahrt nach Mariazell. Mariazell in der Steiermark ist der bedeutendste Wallfahrtsort Österreichs. Hier versammelten sich Sänger, Spielleut' und Tänzer aus allen Himmelsrichtungen, weil das Wallfahren zu den alten Bräuchen gehört. Es wurden drei besinnliche, aber auch heitere Tage

20.06.1982   Die Gitarre in der alpenländischen Musik: Sepp Hornsteiner stellt frühe Lauten- und Gitarrenformen vor und demonstriert mit Freunden das Zusammenspiel mit anderen Instrumenten

05.09.1982   Wiederholung der Sendung vom 11.11.1979

17.10.1982   Musik beim „Högner in der Wies". Der Oberhögerhof im Landkreis Miesbach liegt auf einem Moränenhügel, umgeben mit großflächigen, almartigen Wiesen. Darum heißt es „in der Wies". In der Bauernfamilie wird gerne musiziert, oft auch mit Sängern und Musikanten aus der Nachbarschaft. Fanderl hat sie aufgesucht und dabei vieles über die Geschichte des Bauernhofes erfahren.

20.02.1983   Musik in der Holzerstube. Wastl Fanderl erzählt in dieser Sendung von Holzknechten und Sagschneidern, deren moderne Berufsbezeichnung Waldfacharbeiter und Sägewerksbesitzer sind. Trotz der neuen Namen sind die alten Lieder und Gebräuche lebendig geblieben. Seit jeher galten die Holzer als lustige, sangesfreudige Leut'.

14.08.1983 Musik im Innviertel. Im Innviertel, das sich im westlichen Oberösterreich von der Donau, dem Inn entlang bis zum Salzkammergut erstreckt, gehört der „Innviertler Ländler" als Besonderheit zum eigenständigen Volksgut. Musik, Tanz, Gesang und Jodler bilden dabei ein untrennbares Ganzes. Sänger und Musikanten treffen sich im Volkskundehaus der Stadt Ried.

26.12.1983 Musik am Stefanitag. Den 26. Dezember, den Tag des Heiligen Stephanus, feiert man nach altem Brauch im Kreis von Freunden und Verwandten. Fanderl hat Sänger und Musikanten in ein altes oberbayerisches Haus eingeladen, um mit ihnen gemeinsam den Stefanitag zu begehen.

26.12.1984 Volksmusik entlang der Isar. Sänger und Musikanten, die entlang der Isar daheim sind, feiern den Stefanitag im Kloster Schaftlarn, das zwischen München und Wolfratshausen, ebenfalls an der Isar, liegt. Die Barockkirche des alten Benediktinerklosters mit Stuck und Fresken von J. B. Zimmermann gehört zu den schönsten in Bayern.

Weltliches und geistliches Brauchtum, Jahreszeitliches, Handwerk, Kunsthandwerk
Die Sendungen informierten zu folgenden Themen: Adventkranzbinden, Aperschnalzen, Armbrustmacher, Batikarbeiten, Bemalen und Brennen von Porzellan-Pfeifenköpfen, Bleiverglaserei, Blumenbinden, Brauchtumsgebäck, Brautkästen, Brautkleid, Brautkrone, Brotbacken, Bürgerhochzeitstracht, Buttenmandl-Laufen, Butterformen, Donauschifffahrt, Dudelsackspielen, Eisstock-Drechseln, Eisstockschießen, Federkielsticken, Filigrandosenmachen, Fischerei, Flößerei, Gamsradlmachen, Gebildebrot, Gewürzstraußbinden, Glasbläserei, Glasmalerei, Grabkreuz-Schmiede, Grandlschmuck-Herstellung, Hackbrettbau, Harfenbau, Heilig-Geist-Tauben, Hinterglasmalerei, Hirtenspiele, Hochzeitsbaum, Hochzeitsschießen, Hochzeitslied, Holzarbeit und Holzknechtsarbeit, Holzmasken, Hopfen und Bier, Hopfenanbau und -ernte, Hufschmied, Hutmacherei, Hutsingen, Innschiffahrt, Jagen, Jagdhornblasen, Karfreitagsratschen, Kartenspiel, Käsezubereitung, Kastanienbraten, Kinderspielzeug, Holzspielzeugherstellung, Kirchenmaler, Klöpfelgehen, Klosterstickerei, Knopfherstellen, Kochen und Essen, Korbmachen, Kramerstandl, Krenhändlerin, Krippen, Krippenkunst, Kuchlwagen, Kumpfherstellen, Kutschenfahrt, Laternen-Kunstschmiede, Latschenöl-Siederei, Lebzelter, Lederhosenherstellung, Lithographie, Osterbräuche, Osterkörbe, Palmstangentragen, Palmtragen, Patschenmachen, Perchtentanz, Pfeifenmachen, Puppenhaus, Restaurieren, Schafhaltung, Schafscheren, Scheibenschießen, Schellenrühren, Schnupftabakdosen, Schnupftabakhersteller, Schreinerarbeit, Schweglpfeifenmachen, Sensendengeln, Spiele – Geschicklichkeitsspiele, Kinderrätsel, Spielkartenhersteller, Stern-Eier-Hersteller, Sternmachen für Glöckerlauf, Sternsingen, Steinbrucharbeit, Stoffweben, Stroharbeiten, Töpferei, Trachtenwerkstatt, Uhren, Viehschneiden, Wachsziehen, Wallfahrten, Weihnachtsbrauchtum, Weinanbau, Zinngießen, Zitherbau, Zollbeamtenarbeit.

Persönlichkeiten, denen sich die Sendereihe widmete: Herzog Max, Oberförster Thomas Mayer, Überführer-Sepp, Emeran Mayer, Peter Müllner (Sachrang), Otto Ebner, Kraudn Sepp, Graf Arco (Schloss), L.K. Aiblinger (Komponist von Messen), Frau Sommerlatt (= Königin Silvia von Schweden), Cesar Bresgen, Herzog Ludwig Wilhelm, Kiem Pauli, Bayerische Maler: Lorenz Quaglio und Eugen Napoleon Neureuther, Schriftsteller: Ludwig Thoma, Ludwig Steub und Heinrich Noe, Sepp Hornsteiner.

Orte, die besucht wurden, z. T. mehr als einmal:
Alpbach/Tirol (A), Bad Tölz (2), Bauernhöfe werden besucht (Koglerhof, Wiedenhof), Bayerischer Wald, Berchtesgaden (3), Bindalm (Berchtesgadener Land), Bozen, Braunau, Brixen, Dachau und Dachauer Land (2), Dietramszell, Eichstätt, Erlangen, Fischbachau, Fränkische Schweiz, Fraueninsel/Chiemsee, Garmisch-Partenkirchen (2), Gaißach bei Bad Tölz, Gschwendt im Leitzachtal, Haunshofen, Hindelang (CH), Hochfelln, Holledau, Holzkirchen, Ingolstadt, Isarwinkel, Karwendel, Kloster Rebdorf, Königsalm, Laufen, Lenggries (2), Maria Alm (A), Marienberg, Mittenwald, Moos/Niederbayern, München (2), Museen (Nationalmuseum München, Diözesanmuseum Freising, Oberbayerisches Freilichtmuseum Großweil), Nürnberg, Oberndorf (A), Passau, Pinzgau (A), Pongau (A), Riedering, Ritten (I), Rosenheim, Ruhpolding, Saalfelden (A), Sachrang (A), Salzburg, Samerberg, Sarntal (I), Schliersee, Schloß Buchenau, Schöffau am Staffelsee, Solnhofer Steinbruch, St. Wolfgang (Abersee, A), Steibis (CH), Straubing, Taxa, Tegernsee (2), Thaur (A), Tittmoning/Burg Tittmoning (2), Traunstein, Uffing am Staffelsee, Unterwössen, Waakirchen (2), Wasserburg am Inn, Wegscheid/Isarwinkel, Wegscheid-Pinzenau, Werdenfelser Land, Wetterstein, Wildenwart bei Frasdorf, Zandt.

Fanderl im Archiv des Bayerischen Rundfunks
Das Archiv bewahrt nicht nur viele Sendungen von Fanderls „Baierischem Bilder- und Notenbüchl" auf, sondern auch eine Reihe von Ton- und Filmdokumenten mit und über Wastl Fanderl. 1991–

2008: Es gab etwa 30 Sendungen, darunter auch etliche Wiederholungen einiger Sendungen des „Baierischen Bilder- und Notenbüchls", die an Wastl Fanderl erinnerten.
- Rundfunkgeschichten: 75 Jahre Rundfunk in Bayern − 50 Jahre Bayerischer Rundfunk. Zur Entstehung der Sendung „Aus alten Notenbüchern". Bedeutung der Volksmusik für den BR, starke Prägung durch Kiem Pauli und dessen Nachfolger Wastl Fanderl Ende der fünfziger Jahre
- 3. März 1962: Wastl Fanderl
- 1965: „Jetzt Leutl seids staad" (ca. 13 Minuten)
- 24. Juni 1965: Wastl Fanderl wird 50 Jahre alt. Münchner Abendschau und Aktuelle Viertelstunde.
- 1. Januar 1966: Musikstadt München. Porträt einer Musikstadt (von Wolf Seidl). Schulfernsehen: Studienprogramm. Wastl Fanderl – Volksmusik mit der Familie, Zither spielend, seine Ehefrau am Hackbrett, seine Tochter an der Harfe.
- 30. November 1966: Was bin ich? Heiteres Beruferaten mit Robert Lembke. Ehrengast: Wastl Fanderl, Abi und Esther Ofarim, Heidelinde Weis
- 10. Jänner 1967: Jungfrauenquelle (10 Minuten)
- 13. Februar 1968: Heilwasser Frasdorf – Jungfrauenquelle (8 Minuten)
- 13. Oktober 1970: Unter unserem Himmel: Das oberbayerische Lied und der Kiem Pauli (ca. 60 Minuten) – Wiederholung 1972 (44 Minuten)
- 26. Oktober 1973: Talentsuche für die Volksmusik. Gespräch mit Wastl Fanderl (ca. 10 Minuten)
- 10. Mai 1974: Zum Beispiel Sie: Volksmusik (ca. 6 Minuten)
- 15. August 1974: Unter unserem Himmel: A weni kurz, a weni lang (ca. 114 Minuten)
- 4. Juli 1975: Unter unserem Himmel: Der Fanderl Wastl – Leben für unsere Volksmusik (von Gerhard von Lebedur): Singwochen, zu Hause im Chiemgau
- 17. Oktober 1978: 50 Jahre Volksmusik im Bayerischen Rundfunk (ca. 30 Minuten)
- 4. Dezember 1978: Musik − Gymnastik − Plauderei (ca. 15 Minuten)
- 5. Dezember 1982: Aus Schwaben und Altbayern. Volksliedersingen Gotteszell (ca. 4 Minuten)
- 14. September 1986: Unter unserem Himmel. Bald hinum, bald herum (ca. 60 Minuten)
- 28. Februar 1987: Zwischen Spessart und Karwendel. Chiemgau-Theater − Erster Rang (ca. 23 Minuten)
- 24. Juni 1987: Bilderbogen der Abendschau: 30 Jahre Sänger- und Musikantenzeitung (ca. 11 Minuten)
- 24. Juni 1990: Wastl Fanderl zum 75. Geburtstag. Porträt (ca. 43 Minuten): Fanderl in der Steiermark (Begrüßung durch Hermann Härtel), Baierisches Bilder- und Notenbüchl mit Fanderl in den 1960er Jahren, Aufnahmen in Stelzenberg, Fanderl als Leiter der Singwochen in Südtirol, Fotos aus seinem Leben, Volksmusikabend zu Ehren von Fanderl.
- 15. Juli 1990: Unter unserem Himmel: Bayerisch-österreichisches Musikantentreffen auf der Fraueninsel (ca. 60 Minuten)
- 26. April 1991: Abendschau mit Politik. Nachruf: Wastl Fanderl
- 5. Mai 1991: Aus unserer Arbeit im Bayerischen Rundfunk. Wastl Fanderl.

Beilage 14: Wastl Fanderl im Hörfunk − Sendereihen

1960−1975: A weni kurz, a weni lang. Volksmusik-Wunschsendung im Bayerischen Rundfunk

Insgesamt wurden 358 Sendungen ausgestrahlt − im Abstand von 14 Tagen, jeweils am Sonntagnachmittag (erste Sendung: 17. Juni 1960 − letzte Sendung: 20. Mai 1975). Die Waakirchner Sänger singen das Themenlied der Sendung. In den Jahren 1963−1975 findet unter demselben Titel jährlich eine öffentliche Großveranstaltung im Münchner Löwenbräukeller statt, und zwar als Gemeinschaftsproduktion von Hörfunk und Fernsehen (3. Programm). 1963 wird die 50. Sendung ausgestrahlt. Sie findet als Öffentliche Volksmusik-Wunschsendung im Festsaal des Münchner Löwenbräukellers im Mai 1963 statt. Immer wieder lädt Fanderl Ehrengäste ein. Zu folgenden Sendungen haben sich Manu- und Typoskripte von Fanderls Ansagen und Moderationen im Nachlass erhalten. Sie geben exemplarisch einen Einblick in Fanderls Arbeit: 227. Wunschsendung (8.2.1970), 254. Wunschsendung (21.2.1971), Löwenbräu-Abend 1973 (handschriftlich), 325. Wunschsendung (30.12.1973), 350. Wunschsendung (29.12.1974).

Mitwirkende bei der ersten öffentlichen Volksmusiksendung im Mai 1963 in München: Blaskapelle Otto Ebner, Dellnhauser Musikanten, Die Rupertiwinkler, Die Weilheimer Vier, Duo Schraudolf, Fischbachauer Dirndl, Gesangsgruppe Eberwein, Gesangsgruppe Kriegner, Geschwister Hartbichler, Geschwister Lerpscher, Geschwister Röpfl, Geschwister Simböck (Braunau), Haunshofner Buam, Jakob und Wastl Roider, Keim-Kinder (Deggendorf), Lamerer Buam, Lenggrieser Dreigesang, Nabburger Boum, Reit-im-Winkler-Buam, Riederinger Sänger, Roaner Sängerinnen, Tobi Reiser-Quintett, Waakirchner Sänger, Wackersdorfer Moilan.

5. öffentliche Veranstaltung im Löwenbräukeller (1967): Karl List, der Leiter der Abteilung „Volksmusik" im BR begrüßte. Sänger und Musikanten sind u.a. der „Kraudn"-Sepp, die Oberammergauer Kinder, Waakirchner Sänger, Roaner Sängerinnen, Brüder Rehm, Geschwister Röpfl, Aschauer Dirndl, Schönauer Musikanten, Tanzlmusi Rehle aus Kreuth, Sänger aus Lam, Blaskapelle Otto Ebner, Liedbegleiter Hans Reichl). Es habe sich um ein „bayerisches Volksfest von der feinsten Art" gehandelt, bei dem es allerdings auch schenkelklatschend oberflächlich zugegangen sein soll.

Von der Löwenbräukeller-Veranstaltung (27.4.1969) hat sich im Nachlass die Programmfolge erhalten.

Fanderl ging mit den Hörerwünschen sensibel um. Viele HörerInnen wollten wiederholt das Tobi Reiser Quintett (Salzburg) hören. Wastl Fanderl erfüllte ihnen den Wunsch und spielte in seiner neuen Wunschsendung als erstes Musikstückl den „Scheibei-Boarischen". Es gab auch Favoriten – wiederholt wurden deswegen folgende Wunschstücke gespielt, u.a. Auf da Gwahn der kloane Hoh' (Vestl Wackerle-Trio vom Werdenfelser Land), Esterberger Landler (Duo Zwerger-Wilhelm), Jennerwein-Lied (Die Vier vom Gamsstadl), Steirischer (Harfensolo, gespielt von Berti Höller, Salzburg), Mir fahrn mit der Zilln über See (Starnberger Dreigsang), Eisenkeilnest (gesungener Zwiefacher, Gesanggruppe Eberwein), Geißenpeterländler (Schweizer Volksmusik aus Bern), Je höher der Kirchturm (Fischbachauer Sängerinnen), Dreher (Fränkische Dorfmusik), Sanktus aus der Bauernmesse von Annette Thoma (Riederinger Sänger), 's Bibihenderl (gesungen von den Fichtlkindern), Egerländer Moiderl (Blaskapelle Otto Ebner), Oa Widl Garn... (Muttersdorfer Dirndl, Rötz/Opf.), Seewirtspolka (Duo Frei/Ellersdorfer), Gstanzl vom Roider Jack, Das Hadn-Lied (Riederinger Sänger), Tölzer Schützenmarsch (Blaskapelle Otto Ebner).

Gäste im Studio waren u.a. die Waakirchner Sänger, die Riederinger Sänger (Januar 1961) und der „Kraudn Sepp" aus Gaißach. „Ehrengäste" als Höhepunkte der jährlichen Volksmusik-Wunschsendungen im Münchner Löwenbräukeller waren u.a.: Edi Kiem, der Bruder des Kiem Pauli (1963), die Probst-Kinder aus dem Allgäu (1964), Sani Schlierholzer, eine Bauerndirn (1965), Geschwister Schiefer aus Laufen (1966), Schorsch Wagner aus Höhenrain und der „Kraudn Sepp" aus Gaißach (1967), „Der Kressei", ein Almbauer aus Berchtesgaden (1968), der „Roider Jakl" und sein Bruder Wastl (1969), Franz Pfnür (der „Bi-i-dui" – von Pfnür, dem Skirennläufer, ist seine nach der Zieldurchfahrt gestellte Frage überliefert: „Bin ich durch?"), Olympiasieger 1936 (1970), die Geschwister Simböck aus Braunau (1971), die Waakirchner Sänger (1972), Josef Eberwein und Lois Blamberger (1973), die Familie Oberhöller aus Südtirol (1974), Mutter „Hartbichler" [Hausname; Familie Bauer] und ihre singerischen Kinder vom Samerberg (1975).

Als die Reihe 1975 abgesetzt wurde, stieß dies bei vielen Zuhörerinnen auf Unverständnis. Es gab Leserzuschriften, die Protest einlegten, und Lob-Gedichte auf Fanderl u.a.m. Vgl. Erich Mayer: Stoffsammlung, Kap. 8 – Begegnung mit Wastl Fanderl 1996 – Wastl Fanderl im Bayerischen Rundfunk von 1931 bis 1991 (1992) – Ein Leben für die Volksmusik. O-Ton Fanderl – Wastl Fanderl im Bayerischen Rundfunk – Fanderl-Nachlass: Manu- und Typoskripte von Moderationen, z. B. zu einer Veranstaltung im Rahmen einer Buchausstellung im Haus der Kunst (21.11.1974), zu einem „Osterspaziergang" des ORF Salzburg (1983), Abschrift eines Interviews in der Sendung „Zwischen 12 und 1" (BR 24. 6.1985).

1962–1975: Bairische Singstund

1962–1970 Leitung der Sendung: Karl List, 1970–1975 Alfred Artmeier. Fanderl hatte ein gespanntes Verhältnis zu den Singstunden im Studio: „A Wirtshaussaal is ma liaba", sagte er.

In der Ära Karl List gab es folgende Aufnahmedaten, und zwar sowohl im Münchner BR-Studio 1 (21. Mai und 20. September 1968, 16. Januar 1970), als auch im Pfarrheim Wolfratshausen (22. November 1968), im Kolpinghaus Eichstätt (3. Mai 1969), beim Metzgerwirt in Ergolding bei Landshut (3. Dezember 1969) und im Terofal-Theater Schliersee (Josefitag 1970). Fanderl sang Lieder, die er auch schon in seinen Liederbogen publiziert hatte: Schlittenreiten (Bogen Nr. 10), Lost's no grad d'Spielleut' o (Bogen Nr. 4), He, Bäurin, is denn gar neam z'Haus (Bogen Nr. 16), A schöns Büschl kaf i dir (Bogen Nr. 8).

In der Ära Alfred Artmeier fanden die Aufnahmen wiederholt in Eggenfelden (27. November 1971) als auch in der Aula der Hauptschule in Waldkraiburg (11. Juni 1971), im Gasthof Mairsamer in Pöring bei Zorneding (27. November 1971), in Laberweinting (Juni 1972), Kolbermoor (26. Juni 1973: „Kurt Huber und die Volksmusik. Eine Sendung zur Wiederkehr des 80. Geburtstages" anlässlich der Ausstellung der Musiksammlung der Bayerischen Staatsbibliothek „Kurt Huber 1893–1943 als Musikwissenschaftler und Volksmusikforscher" vom 22.10.–28.12.1973) und im Bürozentrum Schulz in München (7. Dezember 1972) statt. Das Münchner Studio des BRs stand nicht mehr zur Verfügung. Fanderl sang mit den TeilnehmerInnen folgende Lieder: Nun es nahen sich die Stunden (Bogen Nr. 19), s'Dirndl is kuglrund (Bogen Nr. 16), s'Heumahn (Bogen Nr. 38), Mei Diandl is vom Pinzgaland (Bogen Nr. 39), Is alles wohl bestellt (Bogen Nr. 38), Mei Schatz hat mi grüaßn lassen (Bogen Nr. 40) und die Aiblinger Weihnachtsweis (Bogen Nr. 44).

Weitere Hörfunkreihen mit Wastl Fanderl im Bayerischen Rundfunk (1968–1973)
— 1968–1973: Jahrbüchl der Volksmusik (jeweils zum Jahresabschluss)
— 1969–1972: Mundus Cantat. Internationales Treffen von Sängern und Musikanten. Moderation zusammen mit dem Schauspieler Sid Sindelar Brecht.
— 1970–1973: Heiligabend. Altbayerische Krippenlieder.
— 1971–1973: Musikalische Osterreise.

Beilage 15:
Sänger- und Musikantenzeitung (1958–1991)

1958: Sänger- und Musikantenzeitung. Zweimonatsschrift für Volksmusikpflege. Hg. von Wastl Fanderl. Schriftleitung: Wastl Fanderl und Annette Thoma. München: Bayerischer Landwirtschaftsverlag 1. Jg. (1958). Seit Juli/August 1966 auch Vereinsorgan des Vereins für Volkslied und Volksmusik e.V. (Jgg. 1–43: 1958–2000).

Januar/Februar 1975 – März/April 1988: Wastl Fanderl ist alleiniger Herausgeber und Schriftleiter.

März/April 1980: Musikredaktion: Wolfgang Scheck.

März/April 1988: Neues Redaktionsteam: Wolfgang Scheck als Chefredakteur bis 1996, Ernst Schusser bis 1991, Elisabeth Brenner bis 1996, Erich Mayer bis 1999, Maria Hildebrandt als Schriftleiterin bis zur Jahreswende 2000/2001.

Juli/August 1988: Der Untertitel der Zeitschrift lautet nun „Zweimonatsschrift für Volksmusik".

Januar/Februar 1994: „Informationen aus dem Volksmusikarchiv des Bezirks Oberbayern" (Ernst Schusser) erscheinen bis 1996 als Beilage.

2001 Umbenennung: Sänger & Musikanten-Zeitschrift (Jgg. 44–54, 2001–2011). Neue Redaktion: Bernhard Kohlhauf, Evi Heigl, Josef Focht, Beatrice Ebel-von-Volckamer, Kaspar Gerg, Maximilian Seefelder, Veronika Keglmaier. Neue Partner: Steirisches Volksliedwerk und Kulturreferat der Landeshauptstadt München (2001), Bezirk Schwaben und Bayerischer Rundfunk (2002), Bezirk Oberpfalz und Salzburger Volksliedwerk (2004 als Mitglied des Österreichischen Volksliedwerkes).

2004: Umbenennung: Sänger & Musikanten. Zeitschrift für musikalische Volkskultur (vgl. Josef Focht: Die Redaktion der Sänger- und Musikantenzeitung, Teil 1/2. In: Sänger & Musikanten 51/1 und 51/6, 2008, S. 10–11, 406–407). Die neue Herausgeberschaft beschreibt ihr Selbstverständnis der Zeitschrift „Sänger & Musikanten" in deutlicher Abgrenzung zur bisherigen SMZ: „Die SMZ hat einen weiten Weg zurückgelegt, von der persönlichen Initiative Fanderls zur professionellen Kulturarbeit der zwischenzeitlich entstandenen Institutionen. Sie entwickelte sich damit vom Organ einer Bewegung im Geist des frühen 20. Jahrhunderts zu einer Zeitschrift für die regionale Musikkultur der Gegenwart. Die auf persönlicher Meinung und romantisch verklärtem Historismus beruhende Volksmusikpflege alter Schule wurde abgelöst von fachlich fundierter, inhaltlich nachvollziehbarer und am jeweiligen Kontext orientierter Dokumentation, die auch aktuellen Standards unserer Gesellschaft standhalten und am fachlichen Diskurs teilhaben kann." (Josef Focht/Maximilan Seefelder: Die SMZ – von der Mission zur Dokumentation, S.12)

2012: Umbenennung: Zwiefach. Musik. Kultur. Lebensart. Verantwortlicher Redakteur: Dr. Josef Focht. Die Zeichenfolge „Sänger und Musikanten" verschwindet somit endgültig aus dem Titel der Zeitschrift.

Sänger- und Musikantenzeitung. Register der Jahrgänge I bis XXV (1958–1982). Bearbeitet von Ernst Schusser mit einem Vorwort von Wolfi Scheck. München, Wien, Zürich: BLV Verlagsgesellschaft 1985. 19 Kapitel: (1) Autoren und Beiträge, (2) Beiträge zum Volkslied, (3) Beiträge zum geistlichen Volkslied und -brauch, (4) Beiträge zur Instrumentalmusik, (5) Beiträge zum Volkstanz, (6) Beiträge zum Volkslied und zur Volksmusikpflege, (7) Beiträge zur Volkssprache, (8) Beiträge zum Volksspiel, (9) Beiträge zu den Instrumenten, (10) Namensverzeichnis, (11) Fotografien, Zeichnungen, Gemälde, (12) Künstlerverzeichnis, (13) Liedgattungen, (14) Liedtitel, (15) Arien, Jodler, Juchezer, (16) Lied- und Strophenanfänge, (17) Instrumentalmusik, Gattungen und Titel, (18) Orte und Regionen, (19) Sachwortregister. Online-Bibliographie: http://www.saengerundmusikanten.de/ (Register aller SMZ-Jahrgänge 1–53, 1958–2010). Suchfunktionen: Aufsätze und Textbeiträge, Lieder und Vokalsätze, Stücke und Instrumentalsätze.

Zunehmend hat sich Fanderl für volkskulturelle Überlieferungen interessiert und dazu auch publiziert, z. B.: Aufzeichnungen im Gebiet der Traun und Alz (1958) – Sternsinger im Berchtesgadener Land (1959: Fanderl bezieht sich auf Rudolf Kriß: Sitte und Brauch im Berchtesgadener Land) – Zwei Andreas-Hofer-Lieder (1960) – Der Küahbuam Jammer (1960) – Albert Brosch, ein Sammler des deutschen Volksliedes (1961) – Eine Neuaufzeichnung aus Niederbayern (1961) – Aufruf an die schwäbischen Volksliedfreunde (1962) – Das Kraner-Lied (1962) – Aus einem Berchtesgadener Liederbuch (1964) – Weihnachtslieder aus Reinswald im Sarntal/Südtirol (1964) – „Alte Steyerische" aus der Sammlung von Konrad Mautner (1965) – Peter Huber, vulgo „Müllnerpeter" (1965) – Franz von Kobell (1966) – Der Liederschatz eines Rupertiwinkler Bauerndirndls (Pointner Monika von Wimmern 1967) – Das Tanzbuch des Aurel Brem 1826–1890 (1968) – Die Berchtesgadener Musikerfamilie Franz-Seraph Graßl (1969) – Sammelfahrt vom Galenbach über den Inn zur Isen (1971, über Anton Hungerhuber 1877–1942) – Alte Geigenlandler aus dem Salzkammergut. Aus den Notenbuch des Blamberger Lois (1972) – ...überliefert durch Herzog Max in Bayern (1973) – Das „Kohlbrenner-Gesangsbuch" von 1777 (1974) – Die Stubenberger Liederbücher (1974, Weihnachtslieder aus dem Stubenberger ‚Zeitenbuech' von 1815) – Eine Weihnachtsweise aus dem schwäbisch-oberbayerischen Raum 1976 („Erfreue Dich, Jerusalem" aus der Sammlung „Melodien zu den im katholischen Andachtsbuche für das Bistum Augsburg enthaltenen Gesängen" 1859) – Lied und Geschichte des Wildschützen Himmi-Anderl (1980) – Zwei Lieder zur Abschaffung von Feiertagen aus der Zeit um 1800 (1980) – Das Sängerleben der Gschwendtnerin (1982) – „Mit Verstand und Ordnung zu singen..." Über das handschriftliche Liederbuch von Leonhard Hilger 1984) – Aus der Redaktionsschublade. Eine Auswahl kleiner Beiträge, Volksdichtungen und Lieder (1984) – Eine Melodie aus Traunwalchen (1988).

I.) Titelbilder und Umschlagtexte der SMZ (1958–1988)
Zusammengestellt von Reinhard Mayrhofer

Die zum Teil künstlerischen Titelbilder und Umschlaggestaltungen, die über mehr als 30 Jahre hinweg jedes Heft schmückten, zeigen den weiten inhaltlichen Bogen, den Fanderl und die Redaktion zu spannen wussten: Persönlichkeiten der Volkskulturbewegung aus Vergangenheit und Gegenwart, Musikantinnen und Musikanten, Sängerinnen und Sänger, Volkstanz- und verschiedene Brauchtumsmotive, Instrumente, heimische Trachten, volkskulturelle Text- und Notenzeugen im Faksimile, künstlerische Darstellungen z. B. musizierender Menschen, In- und Rätselinschriften, ländliche und sakrale Szenen: Krippendarstellungen.

■ **Jahrgang 1958**

Heft 1: Holzschnitt von Gertrud Mooser. Noten und Text des Liedes: Auf'm Berg oder im Tal/singa tean mas überall/wer net gut singa ko/der is arm dro.
Heft 2: Ostersingwoche 1957 in Südtirol, Ausflug auf die Höhen bei Springes, TeilnehmerInnen und Buam und Madln aus dem Dorf. Ansprache Wastl Fanderl - Foto: Elisabeth Müller, Törwang
Heft 3: Der kleine Tobi [Reiser] aus der Gruppe der Salzburger Hirtenspielbuben. Foto: O. Stibor, Salzburg.
Heft 4: „Goiserer Bradlgeiger" Foto: Wilhelm Fettinger, Salzkammergut (Volkskundliche Abteilung des Oberösterreichischen Landesmuseums). Text von Dr. Franz Lipp (Bad Ischl): Entwicklung der Geigenmusik in der Volksmusik
Heft 5: Singende Buama, Foto: Franz Baumeister (Traunstein)
Heft 6: Die Peitinger „Jesukindlbuben". Foto: E. Schmachtenberger. Text über das Kindleinwiegen in Peiting von Dr. Sigfrid Hofmann.

■ **Jahrgang 1959**

Heft 1: Herzog Maximilian in Bayern. Aquarell zur Verfügung gestellt von S.K.H. Herzog Ludwig Wilhelm in Bayern (Bad Kreuth).
Heft 2: Fränkische Tracht aus dem mittleren Altmühltal. Foto: Zinner (Gunzenhausen). Text von Annette Thoma über die Tracht.
Heft 3: Tanzpaar vom Chiemsee. Foto: P. Keetmann (Breitbrunn am Chiemsee). Text: „Lieber Vater Zoder!" Raimund Zoder zum 75. Geburtstag (Redaktioneller Beitrag)
Heft 4: La Musicienne des Alpes. Hackbrettspielerin (Österreichisches Museum für Volkskunde in Wien)
Heft 5: Alphornbläser auf den Höhen des Ostrachtales. Foto: Hans Truöl (Sonthofen). Gruß der Redaktion an Dr. Weitnauer.
Heft 6: Sternsinger im Berchtesgadener Land. Foto: Hans Metzger. Text von Wastl Fanderl nach Rudolf Kriß: Sitte und Brauch im Berchtesgadener Land.

■ **Jahrgang 1960**

Heft 1: Südtiroler Dorfmusikanten, Holztafel im Weinbauernmuseum am Kalterer See. Foto: Hans Metzger. Text: Südtiroler Blasmusikkapellen von Hans Nagele (Quelle: Merian-Heft)
Heft 2: Kleine Ramsauerin. Foto: E. Groth-Schmachtenberger. Text über Ramsau und ihre Menschen von Annette Thoma.
Heft 3: Schorsch Windhofer und Tobi Reiser. Foto: A. Madner. Text über Schorsch Windhofer von Tobi Reiser,
Heft 4: Sennerin auf der Eckeralm am Hohen Göll. Foto: Ernst Baumann. Text über die Alm von Annette Thoma.

Heft 5: Hutschn auf der Gotzenalm. Foto: Ernst Baumann. Text dazu von Annette Thoma
Heft 6: Hände von Kiem Pauli am Harmonium. Foto: Hans Grimm. Text zum Tod von Kiem Pauli (Redaktioneller Beitrag).

■ **Jahrgang 1961**

Heft 1: Maultrommelmacher Ludwig Schwarz-Gradauer von Molln. Foto: E. Knieling (Linz). Text von Hermann Edtbauer über die Maultrommel.
Heft 2: Volkssänger in Kärnten. Text von Anton Anderluh über dieses Bild und das Singen in Kärnten.
Heft 3: Wachauer Ziehharmonikaspieler. Foto: Anneliese Schulze-Mauritius. Text von Georg von Kaufmann: Über die Ziehharmonika.
Heft 4: Die Fischbachauerinnen. Foto: A. Silbernagl (Elbach). Text über die Fischbachauerinnen (Redaktionsbeitrag).
Heft 5: Der Simböck Heinrich. Foto: Kreuz (Braunau). Text über den Tod von Simböck Heinrich, Volkssänger und Schuhmachermeister aus Braunau.
Heft 6: Bayrisches Christkindl in der Schloßkapelle in Moos, Niederbayern. Foto: E. Zizlsperger (Osterhofen). Text von Annette Thoma: Die Sternsinger von Anger.

■ **Jahrgang 1962**

Heft 1: Am Unsinnigen Donnerstag in Partenkirchen. Foto: P. E. Rattelmüller. Text von Rattelmüller über die Fasnacht.
Heft 2: Aus dem Guckkasten der Laufener Schiffer. Foto: Bertha Schiefer. Text von Josefa Schiefer über Schifferstadt Laufen.
Heft 3: Bauerntanz am Tegernsee. Foto: P. E. Rattelmüller. Text über diese Lithographie von Rattelmüller.
Heft 4: Seitlpfeifer aus dem Salzkammergut. Foto: Oberösterreichisches Landesmuseum. Text von Dr. Franz Lipp über die Seitlpfeifer im Salzkammergut.
Heft 5: Reiter Hansl und Kiem Pauli. Foto: von Knorr-Wedekind. Text aus Kiem Paulis Erinnerungen.
Heft 6: Kirchseeoner Percht. Foto: W. Bahnmüller. Text von Dr. Eugen Weigl über die Perchten.

■ **Jahrgang 1963**

Heft 1: Die Oberndorfer Sternsinger in Laufen a. d. Salzach. Foto: Xaver Schröck (Laufen). Text von Herbert Fuchs (Laufen).
Heft 2: Die Riederinger Sänger. Dr. Waltraud Jung über Brauchtum.
Heft 3: Steirischer Tanz um 1800. Text von Annette Thoma über „s' Pommerbüchl".

Heft 4: Kirtag im Gebirge (Neureuther Album). Text zum Wort „Aft-aft'n-after"
Heft 5: Münchner Stubenmusi. Foto: Ludwig Wirth. Text von Annette Thoma zum Thema Volksmusik, Hausmusik, Kammermusik, Stub'nmusi.
Heft 6: Glöckeln in Südtirol. Foto: P. E. Rattelmüller. Text von P. E. Rattelmüller zum Glöckeln.

■ **Jahrgang 1964**

Heft 1: Flugblatt aus dem 16. Jahrhundert. Foto: DVA Freiburg i. Br. Text der Redaktion über John Meier (Volkskundler, Sammler; sein Archiv war die Basis des Deutschen Volksliedarchivs Freiburg).
Heft 2: Bewohner des Gebürgs im Gerichte Auerburg und Aibling. Eines der ältesten Bilder der bayerischen Gebirgstracht mit der kniefreien Hose. Chronik des oberen Leizachtales von Josef Brunhuber 1927. Text: Fanderl.
Heft 3: Michl und Franze Eberwein im Holledauer Gwand. Brief aus der Holledau von Vater Eberwein.
Heft 4: Der Brummeisenspieler. Text über die Maultrommel von Wastl Fanderl.
Heft 5: Zitherspielerin „aus Allgai bey Kempten" (Mitte 19. Jh.).
Heft 6: St. Martinskirche in Reinswald. Foto: A. Vigl. Text über das Sarntal.

■ **Jahrgang 1965**

Heft 1: Tölzer Zitherspielerin. Foto Löbl. Text über die Zither aus dem „Nachsommer" von Adalbert Stifter.
Heft 2: Titelblatt zu Halbreiters „Gebirgsliedern". Text der Redaktion über Volksliedsammler und -forscher (Friedrich Wilhelm Freiherr von Ditfurth 1801–1880, August Hartmann 1846–1917, Eugen Napoleon Neureuther 1806–1882, Herzog Max von Bayern 1808–1888)
Heft 3: Zwei Flöte spielende Mädchen (Sissi und Regina Ramstötter, Töchter von Sigi Ramstötter, Teisendorf). Foto Puschak. Text: Sonnwendfeuer-Sprüche von Felix Hoerburger.
Heft 4: Ein Chiemgauer Musikant. Text über Joseph Auer und seinen Onkel Peter Huber („Müllnerpeter") von Wastl Fanderl.
Heft 5: Tegernseer Dirndl. Foto: Otto Wasow. Text von Ludwig Heinrich Riehl über das Wesen des Volksliedes (aus seinem Buch „Die Familie" 1853).
Heft 6: Musizierender Engel von Franz Xaver Schmädl (1744) in der Stiftskirche Rottenbuch. Foto: H. Kronburger (Oberammergau). Titelblatt einer Bearbeitung des Liedes „Thauet Himmel" (von Augustin Holler) aus der Musikaliensammlung des Sachrangers Peter Huber (1766–1843).

■ **Jahrgang 1966**

Heft 1: Berchtesgadner Weihnachtsschützen. Foto: Ernst Baumann. Text von Rudolf Kriss über das Weihnachtsschießen („Sitte und Brauch im Berchtesgadener Land").
Heft 2: Ministranten von Habach/Obb. beim Ratschen. Foto: P. E. Rattelmüller. Text über die Ratschen von P. E. Rattelmüller.
Heft 3: Wegscheider Dirndl. Text von Annette Thoma zum 50. Heft der SMZ.
Heft 4: Franz von Kobell. Text von Wastl Fanderl über Kobell und die Neuausgabe von Kobells Sammlung „Oberbayerische Lieder" (1860): Almerisch Jagerisch (von Wastl Fanderl).
Heft 5: Josef Bauer vulgo „Krauden Sepp". Foto: Thomas Böck (Tegernsee). Text: Zum 70. Geburtstag des „Krauden Sepp" und 40 Jahre Wegscheider Musikanten (Hans Kraus, Sepp Riesch, Sepp Gerg, der Dickl).
Nr. 6: Musizierender Engel im Deckengewölbe des Klosterkreuzganges Himmelskron. Foto: Traute Lehmann. Text: Über Weihnachts- und Krippenlieder von Annette Thoma.

■ **Jahrgang 1967**

Heft 1: Zither von Herzog Max (1808–1888) Foto: Bernhard Heps. Text der Redaktion zum zehnten Jahrgang der SMZ.
Heft 2: Musik des K.B. Inf.-Leibregiments um 1845. Litho: D. Monten. Foto: P. E. Rattelmüller. Text über die Militärmusik von P. E. Rattelmüller.
Heft 3: Flugblatt aus dem 16. Jahrhundert, DVA Freiburg i. Br. Text über das Flugblatt von Rolf Wilhelm Brednich.
Heft 4: Maultrommelspieler von Au. Foto: Horst Weigelt. Text über das Seminar für Volksmusikforschung von Wastl Fanderl.
Heft 5: Volkstanz in der Steiermark (Steiermärkisches Volkskundemuseum Graz). Text über die Tänzer und Musiker auf diesem Bild (1838) von Wolfgang Suppan.
Heft 6: Alte Haus-Rätselinschrift am Kranzlhof in Frasdorf. Foto: Max Baur (Aschau). Text über das erste Jahrzehnt der SMZ von Annette Thoma.

■ **Jahrgang 1968**

Heft 1: Moritatensänger. Nach einem Aquarell des Linzer Malers Alois Greil (1841–1902). Graphische Sammlung Albertina Wien. Hans Commenda beschreibt das Bild (aus seiner Monographie über Alois Greil).
Heft 2: Volkstanzfest. Foto: Werner Krämer. Wastl Fanderl über die Schwegelpfeife, die in Bayern wieder gelehrt wird (Hauptgebiet Salzkammergut).
Heft 3: Feierabendmusi. Foto: Irmgard Mohr. Wastl Fanderl über Professor Karl Horak, der die Raimund-Zoder-Medaille erhalten hat.
Heft 4: „Posthorn vor Gebirgskulisse". Foto: H. Clausing. Text über das Werdenfelser Land von Bibi Rehm.
Heft 5: Flügelhornbläser. Die Weberbuben von der Blaskapelle Gmund am Tegernsee. Foto: Thomas Böck. Foto: Dr. Wolfgang Suppan und Text über das Flügelhorn.
Heft 6: Anglöckler in Oberndorf an der Salzach. Foto: Xaver Schröck. Text von H. Rasp über das Glöckelsingen.

■ **Jahrgang 1969**

Heft 1: Alpbacher Tanzmusig [!]. Text und Foto: Über Toni Katschthaler von Wastl Fanderl.
Heft 2: Musik in der Wieskirche, Leitung: Joseph Kraus. Foto: A. Motz (Schongau). Fotos: Dr. Sigfrid Hofmann, Heimatpfleger Schongau; Joseph Kraus, Dir. Musikschule Schongau.
Heft 3: Musikerfamilie „Luegerer" (Archiv des Heimatmuseums Berchtesgaden). Reisende Musikerfamilien des Berchtesgadener Landes.
Heft 4: Auf dem Hackbrett spielender Bauer in Hohenaschau von Lorenz Quaglio 1825 (Staatliche Graphische Sammlung München). Text: Lizenzscheine und Musikerpässe. Lizenzschein des Hackbrettisten Sebastian Stuhlreiter von Rohrdorf für das Jahr 1825 von Wastl Fanderl
Heft 5: Pongauer Viergesang aus St. Johann im Pongau (Schorsch Windhofer sen., Ehepaar Herta und Reinfried Dengg, Schorsch Windhofer jun.). Foto: H. Oczlon (St. Johann i. P.). Text der Redaktion: Vorbild Österreich.
Heft 6: Die Münchner Petersturm-Musik (Fr. Sertl, P. Lachenmeir, W. Brem, R. Nitsche). Foto: K. Biedermann. Wastl Fanderl über die Turmbläser.

■ **Jahrgang 1970**

Heft 1: Ländliche Szene, Farbiger Kupferstich im Besitz der Familie Dr. Stumfall (Riedering). Text über den Kupferstich und den Verleger von Karl Horak.
Heft 2: Cimbern kan Birte (beim Wirt). Foto: Max Gleißl. Text: Altbairische Sprachinseln in Norditalien von Max Gleißl.
Heft 3: Steirische „Seitenpfeiffer" (aus C. von Binzer: Musik im Freien). K. M. Klier über das Flötespielen (aus dem „Deutschen Volkslied").
Heft 4: Die Walchschmiedbuam von Oberwössen. Text der Redaktion über die Entdeckung dieser Gruppe durch Franz Niegel, damals Kurat in Oberwössen.

Heft 5: Kiem Pauli (1955 in Waakirchen beim Schmied-von-Kochel-Fest, das erste Titelbild der SMZ in Farbe). Foto: Magdalena Kraus (Kiefersfelden). Annette Thoma über Kiem Pauli.
Heft 6: Salzburger Hirtenbuben. Foto: H. Sager. Text von K. H. Waggerl: „Jetzt fangen wir zum Singen an..."

■ **Jahrgang 1971**

Heft 1: Der Almer Dreigesang aus Alm bei Saalfelden. Text über den Volksliedsammler Maria Vinzenz Süß von Friederike Prodinger.
Heft 2: Im Münchner Bockstall 1868. Bleistiftzeichnung von Ludwig Sckell. Redensarten gesammelt von Kiem Pauli.
Heft 3: Innplätte bei Rosenheim. Zeichnung von Fr. W. Doppelmayr (1766–1845). Foto: W. Bahnmüller. Biographische Informationen zu Leopold Schmidt.
4: Isarwinkler Gebirgsschützen um 1865. Federzeichnung von W. v. Diez. Text zum Bild von Gerhard Maier.
Heft 5: Heldensteiner Sänger. Foto: W. Reng. Text von Willi Merklein über den Landkreis Mühldorf.
Heft 6: Aiblinger Weihnachtsweis. Illustration von P. E. Rattelmüller. Text: Über den Andachtsjodler von Wastl Fanderl.

■ **Jahrgang 1972**

Heft 1: Karl List: „Im kleinen Kreis spielte er gerne auf der Zither". Foto: Bärbl Zantl (Bad Tölz). Text: Nachruf auf Karl List von Annette Thoma
Heft 2: Werkstatt eines Instrumentenmachers, Stich aus der Enyclopédie ou Dictionnaire raisonné des sciences, des arts et des métiers (Diderot, d'Alembert, Paris 1767). Text: Karl Horak über die Drehleier. Vierzeiler mit Bezug zur Geige.
Heft 3: Steirertänzer in Goisern beim Paschen. Foto: Lois Neuper (Steeg a. H.). Text: Lois Neuper über das Paschen.
Heft 4: Brautfahrt auf dem Chiemsee. Bild von J. Kökert (1827–1918). Foto: Berger (Prien a. Ch.). Text: Ein Stück Heimat geben von Dekan Franz Niegel (bei der Jubiläumsfeier der Walchschmiedbuam von Oberwössen 1972).
Heft 5: Hackbrettmusik in Wasserburg am Inn. Text: Über die Volksmusik in Wasserburg von L. E. Maier.
Heft 6: Der heilige Eligius als Hufschmied (Museum der Stadt Ulm). Text über den Heiligen von Annette Thoma. Spruch über die Klosterschmiede in Neustift bei Brixen.

■ **Jahrgang 1973**

Heft 1: Die Steingadener Tanzlmusi. Text: Musikentwicklung in Steingaden von Gustl Malzer.
Heft 2: „Steirischer Alpensänger". Text über reisende Sänger im 19. Jahrhundert.
Heft 3: „Die Fischerliesl". Bild von Josef Stieler (1781–1858). Text: Über Almen und Almlieder von Kathi Greinsberger, Fischbachau.
Heft 4: Maultrommler. Aquarell von P. Heindl 1840. Text: „Muttersprache schützen" von Rudolf Hanauer.
Heft 5: Vorm Wirtshaus. Text: P. E. Rattelmüller über das Bild.
Heft 6: Festprozession in Weyarn (Ausschnitt), Chor der Seminaristen. Fotos: Erwin Hugel. Text: Die Weyarner Klostermusik von Robert Münster.

■ **Jahrgang 1974**

Heft 1: Schwanthaler Krippe in Pram, Innviertel. Foto: J. Mader (Ried). Text zu Schwanthaler Familie und Bild von Walter Deutsch.
Heft 2: Kirchweihtanz in Agatharied. Bild von C. v. Gumpenberg (Ausschnitt). Münchner Stadtmuseum. Text über das Tanzen von Wolfgang A. Mayer.
Heft 3: Die „Mooskirchner Altsteirer" von der Weststeiermark. Text über die Geschichte der Gruppe und die Neugründung 1969.
Heft 4: Scheitholz und Zithern. Fotos: Deutsches Museum, München. Text über diese Instrumente von W. Scheck (Quelle: K. M. Klier: Volkstümliche Musikinstrumente in den Alpen 1956).
Heft 5: Aschauer Dirndln. Foto: Reichssender München 1934. Text: Annette Thoma über die Aschauer Dirndln.
Heft 6: Die heilige Familie von Johann Georg Schwanthaler (1740–1810). Farbbild aus „Schwanthaler Krippen" von Wastl Fanderl. Foto: Wilfried Bahnmüller. Text: „Die Stubenberger Liederbücher" von Wastl Fanderl.

■ **Jahrgang 1975**

Heft 1: Annette Thoma und Tobi Reiser. Farbfoto. Zitate der beiden Verstorbenen.
Heft 2: Wirtsstube um 1844. Privatbesitz Gaststätte Mareis (Feldkirchen b. W./Obb.). Foto: Erwin Hugel. Text über Wirtshäuser von Jörg Hube.
Heft 3: Kärntner Quintett. Foto: Landesmuseum für Kärnten. Text: Singen in Kärnten, aus einem Aufsatz von Helmut Wulz.
Heft 4: Gartenfest im Schloßpark zu Rotenfels b. Immenstadt. Ölgemälde um 1640 (Heimatmusum Weiler im Allgäu). Text: „Lieber Ludwig Berthold!" von Wastl Fanderl. Gratulation zum 10. Jahrgang der schwäbischen Zeitschrift „Alphorn".
Heft 5: Flugblattlied der Wallfahrt zur „Sancta Maria Ripa Salutis" im Bergl auf der Gstätten in Salzburg (1695) (Österreichisches Museum für Volkskunde). Text: Wer sich um das Flugblattlied bemüht... von Leopold Schmidt.

Heft 6: Sternsinger in Oberammergau. Foto: Ewald Haag (Oberammergau). Text zum Gedenken an Annette Thoma von Franz Niegel.

■ **Jahrgang 1976**

Heft 1: Aus dem „Steyerischen Rasplwerk, Farbfoto: X. Stampfl (Prien a. Ch.). Text über das „Rasplwerk" aus der Zeitschrift „Das deutsche Volkslied" (13. Jahrgang).
Heft 2: Falkenstoaner Sänger, Inzell. Text: Elisabeth Reichert über die „Falkenstoaner".
Heft 3: Zillertaler Geiger. Federzeichnung von Wolfgang Günther. Zitate über das Zillertal.
Heft 4: Hochzeit am Schliersee. Um 1825. Felix J. v. Lipowsky (aus: „Baierische Nazional-Costueme". Texte: Hochzeitssprüche aus Nieder- und Oberbayern, Salzburg und Tirol.
Heft 5: Tanz im bayrischen Oberland. Genrebild um 1880. Foto: Georg Heiligmann (Tegernsee). Text aus „Salzburger Tänze" (Verlag Alfred Winter) von Ilka Peter.
Heft 6: Anbetung der Könige, Farbfoto: P. Steiner. Text über diese Gruppe im Diözesanmuseum in Freising von Dr. Peter Steiner (aus dem Kunstführer des Museums).

■ **Jahrgang 1977**

Heft 1: Geschwister Guggenberger aus Matrei/Osttirol. Foto: F. Murauer (Innsbruck). Text: Zuschriften aus Gegenwart und Vergangenheit der SMZ zum Beginn des 20. Jahrgangs (von Alois K. Limmer, Kiem Pauli, Hans Winberger, Egon Kreuzbauer, Bruno Forstner).
Heft 2: Rauriser Fastenkrippe (Salzburger Museum Carolino Augusteum). Text: Karl Horak über die Fastenkrippen.
Heft 3: Altes Pfeifenkopfbild. Repros: Paul Sessner.
Heft 4: Die Schwestern Schiefer von Laufen a. d. Salzach. Foto aus den dreißiger Jahren (X. Schröck). Text: „Liebe Schieferln!" Zum 85. Geb. von Pepi, aber auch für die Schwester von Franz Niegel und Wastl Fanderl.
Heft 5: Passauer Volkstanzkreis. Foto: Norbert Neuhofer. Text über den Passauer Volkstanzkreis von Hildegard Dellefant.
Heft 6: Dreikönigssingen in Töging am Inn. Foto: Hans Fischer. Gemeinsamkeiten. Ansprache zum Erntedankfest von Franz Niegel.

■ **Jahrgang 1978**

Heft 1: Rekruten-Abschied (Stich aus der Privatsammlung von P. E. Rattelmüller mit dem Titel „Der Abschied des Conscribierten") [Es handelt sich offensichtlich um die Rekrutierung eines Juden, der in bayerischer Tracht abgebildet ist. Die Fensterflügel werden von zwei Judensternen geziert, Frau und Kinder beweinen den Rekrutierten]. Texte über Soldaten aus der Sammlung von Wastl Fanderl.
Heft 2: „Flötten Ländler". Aus dem Notenbuch der reisenden Berchtesgadener Musikerfamilie des Franz Graßl (1795–1841). Text: Über den Berchtesgadener Pfeifenmacher Walch von Joseph Zimmermann.
Heft 3: Stubenmusi von Großweil im Hodererhof, Freilichtmuseum. Foto: Erika Groth-Schmachtenberger. Text: Stubenmusi von Hedi Scheck.
Heft 4: Zeichnung von Eduard Thöny (1866–1950) für die „Oberbayerischen Volkslieder" von Kurt Huber und Paul Kiem (1930). Text: Auszug aus der Einleitung zu diesem Büchl von Karl Alexander von Müller.
Heft 5: Kindergarten in Niedersill. Text von Wastl Fanderl: Kindergärtnerinnen berichten.
Heft 6: Christbaum im Jahre 1840. Foto: J. Mader (Ried im Innkreis). Text: Der erste Christbaum in Ried von Josef Mader.

■ **Jahrgang 1979**

Heft 1: Kirchweihtanz in Laupertshausen bei Biberach a.d. Riß (Johann Baptist Pflug, 1785–1866). Texte: Schwäbische Tanzreime aus „Singet Leut' – Neues schwäbisches Liederbuch" (1977).
Heft 2: Franz Schubert im Kreis seiner Freunde, Nach einer Farbstiftzeichnung Josef Teltscher (um 1827). Text: Das Schubert-Jahr 1978 von Wolfgang Suppan
Heft 3: Steirische Ludlerinnen, Zeichnung von Joseph Tunner (1792–1840). Text über die Schwestern Kölml aus Gößl im steirischen Salzkammergut.
Heft 4: Spiel mit drei Zithern (Monika Hutter, Wolfgang Scheck, Herbert Lagler, Gitarre: Josef Linhuber bei der Singwoche in Toblach 1979), Farbfoto: Franz Pichler. Text aus Karl Magnus Klier: „Volkstümliche Musikinstrumente in den Alpen".
Heft 5: Deckenmalerei aus Schloß Weyhern (Landkreis Fürstenfeldbruck). Foto: Bayerisches Landesamt für Denkmalpflege. Text zum Bild von Dr. Florian Hufnagl sowie Auszug aus Felix Hoerburger: Zur Begriffsbestimmung von Volksmusik, Volkslied, Volkstanz. In: Schönere Heimat 1968. H. 4.
Heft 6: Joseph Kardinal Ratzinger. Ansprache beim Adventsingen in der Pfarrkirche zu Unterwössen. Text von Wastl Fanderl sowie Ausschnitt aus der Ansprache des Kardinals.

■ **Jahrgang 1980**

Heft 1: Singgruppe Geschwister Estner von Wall bei Miesbach. Farbfoto: Monika Günther-Fanderl. Text: Pflege – wozu überhaupt?... von Kurt Becher.

Heft 2: Thalhofer Flötenmusik. Foto: M. Beulecke. Text von Manfred Beulecke: Blöckflöte in Europa.
Heft 3: Herzog Max in Bayern als Zitherspieler. Lithographie von Leo Schöninger um 1840 (Münchner Stadtmuseum). Nach: „Die Herzöge in Bayern" von H. v. Witzleben und I. v. Vignau (1976). Text über Herzog Max von Ernst Schusser.
Heft 4: Schoßgeigenspielerin. Farbfoto: Peter Schams.
Heft 5: Pfeifertag im Salzkammergut 1936 auf der Pötschen (u.a. Lois Blamberger). Text über den Pfeifertag von Adolf Ruttner.
Heft 6: Tobi-Reiser-Ensemble, Salzburg. Text von Tobi Reiser. Text: Tobias Reiser d. J. über das Ensemble.

■ Jahrgang 1981

Heft 1: Musikanten in Geltendorf. Bild von Lorenz Quaglio d. J. 1849 (Staatliche Graphische Sammlung München). Text über Ein- und Mehrstimmigkeit von Josefine Gartner.
Heft 2: Wilderer bergen einen Hirsch. Buntdruck um 1870. Foto: Claus Hansmann. Text: Jager und Wildschütz von Wilfrid Feldhütter.
Heft 3: Stadtmusikanten in Weißenhorn, Schwaben um 1720, Farbbild. Text aus Karl-Heinz Schickhaus: Über Volksmusik und Hackbrett in Bayern (1981).
Heft 4: Mittenwalder Geigenbauer-Werkstatt 1742 (Werdenfelser Museum Garmisch-Partenkirchen). Text über Geigenbau in Mittenwald von Karl Horak.
Heft 5: Hausmusik Familie Six in Opponitz/NÖ. Text von Wastl Fanderl.
Heft 6: Fatschenchristkindl, Bayrischer Wald, 19.Jh. Farbfoto. Text: Zum Christkindbrauch von Fritz Markmiller. In: Ders.: Der Tag, der ist so freudenreich. Regensburg 1980.

■ Jahrgang 1982

Heft 1: Die Tegernseer Musikanten (Reiter Hansl, Holl Karl, Kiem Pauli), Gemälde um 1830 von Thomas Baumgartner. Text: „Auf den Weg" von Karl Alexander von Müller (Einleitende Worte zum Volksmusikabend der Deutschen Akademie am 18.10.1928 in München).
Heft 2: Dornenkrönung Christi (Plastische Darstellung am rechten Seitenaltar der Pfarrkirche in Obertunding/Niederbayern) des Bildhauers Christian Wagner (1666–1742), um 1718. Farbfoto. Text über die Darstellung der Leidensgeschichte von Fritz Markmiller: Schönster Jesus auf der Wies (erscheint 1983)
Heft 3: Tanzende Samerbergler, Zeichnung von Friedrich Wilhelm Doppelmayr 1812. Aus: Rosenheim, wie es früher war (1966).
Heft 4: Sonntag auf der Alm (von Alois Gabl). Text: Almenleben von Karl Stieler (1842–1885). Aus: Wanderungen im Bayerischen Gebirge 1976.

Heft 5: Flageolettmusi von Au bei Bad Aibling. Foto und Text von Georg Impler.
Heft 6: Adventsingen. Die Pienzenauer Sänger in Freising. Text: Neujahrswunsch aus Südmähren.

■ Jahrgang 1983

Heft 1: Schnadahüpfl, Bild von Karl Gebhard 1880. Schnadahüpfl: Texte
Heft 2: Das weltliche Leben. Gemälde von Sebastian Rechenauer (1760–1835), 1789 „neu gemahlt" über der Türe der Hauskapelle am Ramsauerhof oberhalb von Kiefersfelden. Text von Regina Fanderl.
Heft 3: Bewohner des Gebürgs im Gerichte Auerburg und Aybling. Kupferstich aus dem Buch von Joseph von Hazzi: Statistische Aufschlüsse über das Herzogthum Baiern, Band 1 (1808). Text von Fritz Markmiller.
Heft 4: Aichacher Bauernmusi. Foto: R. Mittelhammer. Texte: Wastl Fanderl über die Aichacher, Hans-Peter Huber über Tanzkapellen.
Heft 5: Landleute aus der Gegend von St. Johann. Bild von Sigmun Ferdinand von Perger (1778–1841), um 1820 (Aus: Tyroler Trachten – Costumes Tyroliens). Text: Karl Horak: Vorwort aus seinem „Tiroler Volkstanzbuch" (1974).
Heft 6: Berchtoldsgadener Ware. Foto: Chr. Karbacher. Text von Walter Reinbold.

■ Jahrgang 1984

Heft 1: Familienmusik Eugen Eder, Landshut. Text/Musik: Altes Sebastinilied. Aus: Joseph Gabler: Geistliche Volkslieder. Regensburg 1890.
Heft 2: Ländlertanz vor Münchens Toren um 1770. Bild von Jakob Horemans (1700–1776). Text und Repro von Volker D. Laturell.
Heft 3: Wasservogel-Singen (Hinterglasbild von Josef Fruth). Text von Erich Mayer.
Heft 4: Familiengesang Kaufmann aus Munderfing, Oberösterreich. Foto: Ulrike Stöger. Text über ein Liederbuch von Wastl Fanderl.
Heft 5: Volkstumswochen für Kinder. Foto: A. Krappel. Text von Bert Lindauer.
Heft 6: Marienberger Kanon. Foto: Reichelt. Text von Dr. Paul Raith, Organist in Marienberg, Burghausen.

■ Jahrgang 1985

Heft 1: Dreikönigsritt in Annaberg. Text von Eduard Ramsauer.
Heft 2: Steirer. Titelbild zu einem Notendruck um 1840. Text der Redaktion über Volksmusik in Bayern.

Heft 3: „Zufällige" Musikantengruppe. Text von Hedi Scheck.
Heft 4: Münchner Volkssänger. Werbezettel um die Jahrhundertwende. Text von Maximilian Seefelder.
Heft 5: „Vor dem Tanz". Bild von Defregger, 1892. Text zum Bild und zur Zither von Hedi Scheck.
Heft 6: Tiroler Bauernhochzeit mit zwei Waldhörnern (ohne Ventil), Schwegel, Geige und Baßgeige. (Ausschnitt Bild). Text: Tanzmusik in Tirol von Karl Horak

■ **Jahrgang 1986**

Heft 1: Die Trommelweiber beim Ausseer Fasching. Foto: Andrea Hartmann. Text von Heimo Schönhofer.
Heft 2: Buchsbaumklarinetten in A, H und Es von Stiegler und Thumhart (München, 1. Drittel 19. Jh.) und moderne Klarinetten in B und Es (Burgau, ca. 1975). Foto: Gerhard Klein. Text: Die Klarinette in der Volksmusik von Karl Horak.
Heft 3: Zillertaler Musikanten (Schwendberger Hochzeitsmusik). Foto: Sepp Kaschak. Text: Geigertreffen 1983 in Mayrhofen.
Heft 4: Deutscher Bauerntanz zu Beginn des 19. Jahrhunderts von Ludwig Richter. Text: Volkslied und Volksmusik, Quellen der Forschung von Hartmut Braun.
Heft 5: Marquartsteiner Gruppe mit Bandoneon (1912). Text von Wastl Fanderl.
Heft 6: Muttergottes mit Strickzeug, Gemälde von Cosmas Damian Asam 1735. Text: Volksmusik im Kirchenraum von Wolfi Scheck.

■ **Jahrgang 1987**

Heft 1: Grassauer Musikkapelle um 1900. Text: Zu den Grassauer Tanzln von Josef Kaschak.
Heft 2: Moriskentänzer von Erasmus Grasser. Text: Die Münchner Moriskentänzer von Volker D. Laturell.
Heft 3: Norwegische Scheitholzspielerin, Kjersti Ingversen. Text zum Hauptbeitrag: Geschichte der Zither in den Niederlanden von Joop de Jongh.
Heft 4: Alois Graf Arco mit der Ziehharmonika um 1840. Text: Wastl Fanderl.
Heft 5: Küahboschen für den Almabtrieb (Gstatter-Kaser in Laubau bei Ruhpolding). Text: Wastl Fanderl.
Heft 6: All mein Gedenken dy ich hab, Faksimile aus dem Lochamer Liederbuch. Text: Hartmut Braun.

■ **Jahrgang 1988**

Heft 1: Tanzszene in einem bayerischen Lager. Text über die Zinnfigurengruppe von Jürg L. Muraro.

Heft 2: Musikanten in Geltendorf, Zeichnung von Quaglio. Text von Wastl Fanderl: Er verabschiedet sich als Herausgeber und Schriftleiter und stellt die neue Redaktion vor. Veranstaltungen und Mitteilungen.
Heft 3: „So soll es jedem Floh ergehn!" Aquarell von J. F. Lentner. Lebensdaten des Malers in Stichpunkten.
Heft 4: „Sulzbecks Bande". Text: Kapellmeister Sulzbeck von E. S.

II.) Hauptbeiträge und weitere Themen (1958–1988)
Zusammengestellt von Reinhard Mayrhofer

■ **Jahrgang 1958**
Heft 1:
Haupttext: „Volksmusik" von Dr. Walter Wünsch (Graz). Zehn Fragen gegen die Gedanken, daß das Volkslied vergehen müsse.
Weitere Themen: Musikgruppe: „Gföller Musi" von Georg v. Kaufmann.
Heft 2:
Haupttext: „Alpenländische Singwochen" von Annette Thoma.
Weitere Themen: Ostereier-Malen von Rosl Brandmayer.
Heft 3:
Haupttext: „Aus meinem Musikantenleben" von Tobi Reiser. Abriss seiner Biographie, diskutiert das Singen und Musizieren nach Noten oder nach dem Gehör.
Weitere Themen: Bericht von der Ostersingwoche in Strobl am Wolfgangsee von einem Teilnehmer.
Heft 4:
Haupttext: „Volkstanz oder Modetanz": Gespräch mit Prof. Raimund Zoder.
Weitere Themen: „Der Schuhplattler" von Prof. Franz Horak, Schwaz (Tirol).
Heft 5:
Haupttext: „Kindersingen in Schule und Haus" von Annette Thoma. Beispiele für das Singen in der Familie: Sopherl vom Huglschorsch, Kinder vom Huglsepp, Kramerwastl, Unkener Forsthaus, Karl von Ottobrunn, Fanderldreimäderlhaus.
Weitere Themen: „Volksmusik in der Familie" von Georg v. Kaufmann.
Heft 6:
Haupttext: Lebensgeschichte des Volksliedforschers Franz Wilhelm Freiherr von Ditfurth, von ihm selbst geschrieben am Sylvestertag 1878.
Weitere Themen: „Die stille Zeit" von Annette Thoma. (Über das Adventsingen und seine Gestaltung, über das Frauentragen; Krippenspiele, Weihnachtssingen, Klöpfler und Sternsinger). Brief von

Kiem Pauli zum Abschluss des ersten Jahrgangs. Worte Pius XII. über das Volksliedtreffen in Nizza.

■ **Jahrgang 1959**
Heft 1:
Haupttext: „Herzog Max in Bayern" von Annette Thoma. Was leisteten die Wittelsbacher seit Herzog Max in Bayern (1808–1888) für die Volkskultur?
Weitere Themen: „Zithermeister Johann Petzmayer" von Wastl Fanderl. Der Zitherspieler von Herzog Max. „Der Wirtssepperl z' Garching" von Josef Dirscherl, Garching an der Alz. Über Josef Wasserburger, Wirtssohn und Metzgersknecht, Zitherspieler.
Heft 2:
Haupttext: „Volksmusik und Rundfunk. 30 Jahre Volksmusik im Bayerischen Rundfunk (von Dr. W. Feldhütter).
Weitere Themen: „Der Österreichische Dirndlchor in Zürich".
Heft 3:
Haupttext: „Vom Volkstanz". Nach Viktor von Geramb und Raimund Zoder. „Pflege des Heimatlandes" von Georg v. Kaufmann. Gegen die „Rhythmustänze".
Weitere Themen: Oberpfälzer Volksliedkreis.
Heft 4:
Haupttext: „Wie das Hackbrett zu neuem Leben kam" (von Tobi Reiser).
Weitere Themen: „Der Jodler" von Hans Gielge, Bad Aussee.
Heft 5:
Haupttext: Das Allgäu pflegt sein Alphorn wieder (von Michl Bredl).
Weitere Themen: „Prinz Johann" von Annette Thoma.
Heft 6:
Haupttext: „August von Hartmann 1846–1917" (von Annette Thoma). Über den Sammler von Hirten- und Krippenliedern sowie von Volksschauspielen und Weihnachtsspielen.

■ **Jahrgang 1960**
Heft 1:
Haupttext: Zwei Andreas Hofer-Lieder von Wastl Fanderl.
Weitere Themen: Nachruf Franz Friedrich Kohl von Karl Liebleitner - Bayrisch-tirolische Sängerfreundschaft von T. F. - Volksliedfreundschaft Südtirol-Bayern. Foto: Oberhöller Gitschelen auf Besuch bei Liedvater Kiem Pauli.
Heft 2:
Haupttext: Oster- und Frühlingslieder. Student und Volksliedpflege von Prof. Dr. Kurt Huber (1935).
Weitere Themen: Von der Königin unter den Tänzen (Menuett) - Der Kampf zwischen Sommer und Winter. Ein Spiel für die Jugend.

Heft 3:
Haupttext: Sängertreffen in der „Überfahrt". Dreißig Jahre wiedererstandenes Volkslied. Von Annette Thoma, Karl List, Kiem Pauli, Kurt Huber, Dr. Feldhütter u. a.
Weitere Themen: An den Quellen der Volksmusik von Georg von Kaufmann.
Heft 4:
Haupttext: Und wann's an Fink hört's. Das Lied von Alm-Auf- und -Abtrieb des Bauerndichters Josef Reisenbichler aus Rehkogel bei Goisern, wie es der Kiem Pauli singt.
Weitere Themen: Alpenländische Volkslieder bei den Kriegsgefangenen. Brief an Kiem Pauli von Siegl P. mit seinen Spezln.
Heft 5:
Haupttext: „Volkslied und Volksschule" von Rudolf Kiermeyer. Auszüge aus einem Aufsatz in der „Scholle" Juli 1957. „Das Volkslied im Kindergarten" von Anneliese Lankes. „Nur Mundartlieder?" von Annette Thoma.
Weitere Themen: „Jodler und Jazz" von Artur Kanetschneider. (Schlusskapitel eines Artikels in der Kurzeitung Seefeld) – „Bayerisches Landesjugendsingen 1960" von Alfred von Beckerath – „Adolf König achtzigjährig" von Annette Thoma – „Gustl Feldmeier ein Sechziger" – Nachschrift über den Tod Liesl Karlstadts.
Heft 6:
Haupttext: „Kiem Pauli 25.10.1882–10.9.1960" von Annette Thoma. „Kiem Paulis Begräbnis" von Karl Alexander von Müller. Wiederholung des Bildes von der „Gedenkrede für den Kiem Pauli" von Kaplan Franz Niegel, Wasserburg am Inn.
Weitere Themen: „Uns kommt ein Schiff ..." von P. E. Federl. (Über das Weihnachtslied)

■ **Jahrgang 1961**
Heft 1:
Haupttext: „Die Maultrommelmacher in Molln" von Hermann Edtbauer.
Weitere Themen: „Bauernstuben" von Tobi Reiser – „Brief aus Südtirol" von Anni Treibenreif: Winterbräuche in Südtirol – „Hans Reiter, der Letzte des Terzetts Holl-Reiter-Kiem" von Annette Thoma – Brief von Baronin Maria Augusta Trapp aus Stowe (Vermont) – „Die Kräfte des Herzens" - Annette Thoma zum 75. Geburtstag" von Dr. Michael Höck.
Heft 2:
Haupttext: „Volksliedsingen in Kärnten" von Anton Anderluh. Mit Notenbeispielen. „Glückwunsch für Anton Anderluh" zum 65. Geburtstag von Annette Thoma.
Weitere Themen: „Über die kleinen Kärntnerlieder" von Karl Liebleitner (1858–1942) – „Hörfehler bei Volksliedern" von Karl Liebleitner.

Heft 3:
Haupttext: „Wesen und Aufgabe der Volksmusikpflege" von Kreisheimatpfleger Theodor Heck, Wasserburg am Inn.
Weitere Themen: Hörerreaktionen „Nochmal Hörfehler bei Volksliedern" – „Ein Geburtstagskind vom Böhmerwald – Albert Brosch – ein Sammler des deutschen Volksliedes" 75. Geburtstag – Hans Kammerer 70. Geb. – Fünfzigjähriges Bestehen der „Wolkensteiner" – „Die Stillen im Lande. Besuch bei den ‚Hochstadtern'" von G.H.
Heft 4:
Haupttext: „Über die Bodenständigkeit" von Dr. Felix Zeller, Graz.
Weitere Themen: Die Stillen im Lande. Hans Kammerer, Burghausen. Zum 70. Geburtstag. Foto: Geburtstagsständchen des Tobi Reiser Quintetts für den Jubilar – „Amerika erlebt eine Blüte seiner Volksmusik" von Norman Smith (aus „Pro Musica" hg. von Prof. Jöde).
Heft 5:
Haupttext: „Oberösterreichische Landla-Tänzer und ihre Spielleut" von Dr. Hans Commenda. Spaltentext über den Autor, Germanisten und Volksliedforscher aus dem engsten Kreis um Josef Pommer. „Landlarisch tanzn kann net a n'iada..." von Hermann Derschmidt (Wels).
Weitere Themen: Prof. Max Dingler gestorben, ebenso Horstl Wels und Pauli Urstöger.
Heft 6:
Haupttext: „Das Dombergsingen. Volkslied und Volksmusik bei den Freisinger Theologen. Ein Bericht in zwei Briefen. Joseph Ratzinger: Ansprache beim Dombergsingen.
Weitere Themen: Sänger und Musikanten in Altbaiern.

■ **Jahrgang 1962**
Heft 1:
Haupttext: „Josef Pommer. Wege und Ziele" von Dr. Wilfrid Feldhütter.
Sonstiges Thema: Der Dachauer Viergesang erzählt.
Heft 2:
Haupttext: „Das Egerland und sein Volkslied" von Heinrich Hohler.
Weitere Themen: Die Schieferln. Über Josefa und Berta Schiefer.
Heft 3:
Haupttext: „Über den Schuhplattler" von Prof. Karl Horak, Schwaz.
Weitere Themen: „Der Huosigau tanzt, singt und spielt" von Annette Thoma – „Bodenständige Tänze im Huosigau" von Hans Zellner.
Heft 4:
Haupttext: „Über den Jodler" von Prof. Dr. Kurt Huber.
Weitere Themen: Wastl Fanderl: Welche Lieder wurden in „A weni kurz, a wenig lang" am meisten verlangt – Ist das Bandoneon ein aussterbendes Instrument? – „Die Welser Rud" von Annette Thoma – „Volkslieder in Peter Roseggers Waldschule" von Dr. Georg Kotek – „Dort wo der Heimatabend rauscht..." Eine kritische Betrachtung von Korbinian Lechner.
Heft 5:
Haupttext: Zur Biologie des Volksliedes von Viktor von Geramb.
Weitere Themen: Paul Friedl, genannt „Baumsteftenlenz" wird 60 Jahre – Artikel über „Familien- und Dorfarien, die Lieder ohne Worte der Waldler – Zu Kiem Paulis 80. Geburtstag. „Vor dreißig Jahren. Erinnerungen von Annette Thoma" – „Bayerische Volkstanzleute in Berlin". Bericht von Alfred von Beckerath.
Heft 6:
Haupttext: Zur Biologie des Volksliedes (2. Teil) von Viktor von Geramb.
Weitere Themen: „Hausmusik" von Prof. Erich Valentin – „Marktsingschule Kolbermoor" von Annette Thoma.

■ **Jahrgang 1963**
Heft 1:
Haupttext: Die „Fabrik" und die Volksmusik von Dr. Karl Huttner (Direktor des Werkes Gerndorf und Förderer der Volksmusik).
Weitere Themen: „Kleine Betrachtung zum heutigen alpenländischen Volksliedersingen" von Hermann Hummer, Salzburg. Geburtstagsgruß Erna Schützenberger, Passau.
Heft 2:
Haupttext: Kärntnerisches zu den Arien aus dem Bayrischen Wald von Anton Anderluh.
Weitere Themen: Bäuerliche Sänger in Oberbayern: Die Riedinger – Die Waakirchner, Zither: Karl Edelmann.
Heft 3:
Haupttext: Die Musikalität der Baiern von Ludwig Kusche.
Weitere Themen: Nachruf auf Raimund Zoder.
Heft 4:
Haupttext: Eugen Napoleon Neureuther und seine „Schnaderhüpfl'n" von Karl M. Klier.
Weitere Themen: Die Musikalität in Baiern (2.Teil) von Ludwig Kusche.
Heft 5:
Haupttext: Bemerkungen zum Vorkommen des Hackbretts in der Schweiz von Antoine-E. Cherbuliez.
Weitere Themen: „Wer ma oans überbalzn". Vom Singen in Kärnten erzählt Josefine Gartner.
Heft 6:
Haupttext: Der Wirt und der Hirt. Szene von Annette Thoma.

■ **Jahrgang 1964**
Heft 1:
Haupttext: Fünfzig Jahre Deutsches Volksliedarchiv in Freiburg im Breisgau von Dr. Rudolf W. Brednich und Dr. Wolfgang Suppan
Weitere Themen: Lieder der Greinsberger Kathl – über das „Tanzen": ein Text von Abraham a Santa Clara und von K.M. Klier.
Heft 2:
Haupttext: Von der Musik im oberen Leizachtal von Josef Brunhuber. Unterhaltsame Notizen aus Brunhubers „Chronik des oberen Leitzachtales.
Weitere Themen: Aus einem Berchtesgadener Liederbuch von Wastl Fanderl – Der Harfenbauer Franz Bradl. Ein Nachruf von Sepp Landmann – Nachruf auf Adolf Roth.
Heft 3:
Haupttext: Die Dellnhausener. Besuch bei der Sänger- und Musikantenfamilie Eberwein. Von Annette Thoma.
Weitere Themen: Ein niederbayerischer Dorfpfarrer und die Volksmusik von Franz Pritscher.
Heft 4:
Haupttext: Die heutige Tanzmusik in Oberbayern von Georg v. Kaufmann. Bild: Die Teisendorfer Tanzlmusi.
Weitere Themen: Drill oder Singfreudigkeit von M. Herfeldt. Über das Kindersingen – Zur Hochzeitsmusik von Karl Horak – Zur Volksmusik in der Frauenstrafanstalt von Annette Thoma.
Heft 5:
Haupttext: Vom Harfenspieler Josef Höpperger und vom Tiroler Harfenspiel im allgemeinen. Erzählt von Liesl Pichl (Mutters).
Weitere Themen: Zum Umschlagbild: Über die Schwabentracht aus: „Tracht und Gwand im Schwabenland" von Alfred Weitnauer.
Heft 6:
Haupttext: Weihnachtslieder aus Reinswald im Sarntal/Südtirol. Aufgezeichnet von Wastl Fanderl. Bild: Reinswalder Sänger.

■ **Jahrgang 1965**
Heft 1:
Haupttext: Besinnliches zum neuen Jahr von Max Böhm. (Sprüche, Aphorismen. Aus einem noch ungedruckten Buch von Max Böhm). Aus dem musikalischen Altbayern von Alexander Berrsche (1938). Vom Volkslied (1933). Über Kiem Pauli Aus dem Buch „Trösterin Musika von Berrsche". ???
Weitere Themen: Über das Volkstanzen im Berchtesgadener Land von Gerda Kurz.
Bild von „Krippenvater" Wilhelm Döderlein.
Karl Alexander von Müller. Nachruf von Annette Thoma.
Heft 2:
Haupttext: Ulrich Halbreiter und seine „Gebirgslieder" (1839) von Karl M. Klier mit Lithographien.
Weitere Themen: Ein altes Lied vom Gnadenbilde auf der Wies von Josef Bitsche (Dornbirn) – „Alte Steyrische" aus der Sammlung von Konrad Mautner – Besinnliche Grabinschriften gesammelt von Dr. Hans Commenda.
Heft 3:
Haupttext: Die „Bauernheftl" von Felix Hoerburger. (Entwicklung der Volksmusik vom Singen „aus dem Hut" bis zum gedruckten Notenheft).
Weitere Themen: Ein altes Hackbrett erklingt wieder von Helmuth Höfler, Schongau. (Über die Restaurierung eines großen Hackbretts). Mit Bildern.
Heft 4:
Haupttext: Über den Volkston bei Mozart von Walter Wiora. Mit Notenbeispielen.
Weitere Themen: Peter Huber vulgo „Müllnerpeter" von Wastl Fanderl.
Heft 5:
Haupttext: Bairische Redensarten von Josef Martin Bauer.
Weitere Themen: Über den Volkston bei Mozart von Walter Wiora (2. Teil).
Heft 6:
Haupttext: Thauet, Himmel! den Gerechten... von Robert Münster.
Weitere Themen: Kleines Weihnachtsspiel für den Kindergarten von Friedl Deventer.

■ **Jahrgang 1966**
Heft 1:
Haupttext: Fortsetzung: Bairische Redensarten von Josef Martin Bauer.
Weitere Themen: Annette Thoma zum 80. Geburtstag.
Heft 2:
Haupttext: „Wir ratschen, wir ratschen den Englischen Gruß" von P. E. Rattelmüller.
Weitere Themen: Ratschensprüche aus Niederösterreich von Franz Schunko – Gegendarstellung zur Produktion der Schallplatte „A weni kurz, a weni lang" von Alfons Bauer.
Heft 3:
Haupttext: Reisebeschreiber und Volksmusik von Karl M. Klier (Lieder aus einem Reiseführer von Karl Wilhelm Vogt 1841).
Weitere Themen: Volkstanz und Hackbrett in einem bayerischen Reisebericht von 1784 von Robert Münster – „Berchtoldsgadner Deutsche" von Walter Deutsch.
Heft 4:
Haupttext: Posthornklänge in Altbaiern. Aus einem Buch von Herzog Maximilian in Bayern (1808–1888).
Weitere Themen: Verein für Volkslied und Volksmusik mit Mitgliederliste – Wastl Fanderl ermuntert auf Anregung von Tobi Rei-

ser Musiker und Musikerinnen, eine zweite Stimme auf eine Polka zu schreiben – Nachruf auf Erich Seemann, Leiter des Deutschen Volksliedarchivs in Freiburg.
Heft 5:
Haupttext: Die Vorderwälder Köchin von Josef Bitsche.
Weitere Themen: Roider Jackl - ein Sechziger, mit Zeichnung.
Heft 6:
Haupttext: Advent- und Weihnachtslieder aus dem Kloster Weyarn von Robert Münster.
Weitere Themen: „Das ist des Menschen Hörbist". Dem Rueper Jörgele, einem bäuerlichen Dichter und Sänger des Pustertales zum Gedenken von Norbert Wallner – Nachruf auf Franz Holzfurtner von Gretl Groß.

■ **Jahrgang 1967**
Heft 1:
Haupttext: Volksinstrumente von Karl Horak. Bild: Tanzmusik aus dem Pinzgau.
Weitere Themen: Nachruf auf Karl M. Klier von Walter Deutsch – Das 2. Seminar für Volksmusikforschung in Wien von Inga Schmidt – Ergebnisse der von Wastl Fanderl gestellten Aufgabe (siehe Heft 4/1966) werden veröffentlicht.
Heft 2:
Haupttext: Ein königlich bayerischer Musikmeister. Adolf Scherzer, der Komponist des bayerischen Defiliermarsches von P. E. Rattelmüller
Weitere Themen: Heimatliche Blasmusik von Georg v. Kaufmann – Zwei Ettaler Menuette von R. Münster.
Heft 3:
Haupttext: Lob der Musik von August Spiel. Über Johannes Werlin (1588–1666). Liedersammler, acht Folianten in der Bayerischen Staatsbibliothek – Der Liederschatz eines Rupertiwinkler Bauerndirndls von Wastl Fanderl
Weitere Themen: Einladung zum 1. Bayerischen Seminar für Volksmusikforschung – Geburtstage von Georg v. Kaufmann (60), Tobi Reiser (60) und Karl List (65) – Nachruf auf Professor Helmuth Pommer, Sohn von Professor Dr. Josef Pommer.
Heft 4:
Haupttext: Die Maultrommel von Dr. Josef Klima (Geschichte und Spielarten des Instruments. Nimmt Bezug auf das Maultrommel-Duo Mayr von Au und Schuhmachermeister Lieber in Bad Aussee) Foto: Musizierende Bauernkinder in Polen.
Weitere Themen: 1.Seminar für Volksmusikforschung in München von August Spiel – 75. Geb. Erna Schützenberger, Passau – Nachruf auf Dr. Cassio Castelpietra (Bischofshofen).
Heft 5:
Haupttext: Beim Gsanglaufgeben von Wolfgang Suppan (Graz)
Weitere Themen: Bayrische Almlieder. Aus der Sammlung von Fr. von Kobell (aus: almerisch - jagerisch von Wastl Fanderl) – Hochzeitsmarsch aus Rosenheim von Walter Deutsch.
Heft 6:
Haupttext: Das Volkslied im salzburgisch-bayerischen Grenzgebiet von Wilhelm Keller (Salzburg). Kurzfassung eines Vortrags beim 1. Bayerischen Seminar für Volkstumsforschung.
Weitere Themen: Nachruf auf Hans Bauer, Gitarre-, Zither-, und Flageolett-Spieler.

■ **Jahrgang 1968**
Heft 1:
Haupttext: Zum Antoni-Honeder-Lied von 1790. Wirklichkeitsgehalt einer salzburgisch-bayerischen Moritat. von Herbert Klein.
Heft 2:
Haupttext: Singwochen von Annette Thoma: Singen in den Bergen; Singwochenhaus in Klobenstein am Ritten; Kiem Pauli bei der Singwoche (1937 auf der Herreninsel) und Saitenmusi (von Gitta Söllner, Inge Peter, Eberhard Lösch und Annette Thoma).
Weitere Themen: Volkstanzkurse – Volkstanzfeste von Georg v. Kaufmann (Foto: W. Krämer) – Singwoche – voreingenommen von Florian Stummfall. Bericht über eine Südtiroler Singwoche.
Heft 3:
Haupttext: Lied und Musik in Altbaiern von Karl Horak (Entwicklung in den einzelnen Regionen. Harmonie, Rhythmus, Melodie).
Weitere Themen: Hofballtänze. Aus einem Buch von Prinz Adalbert von Bayern. Eingeleitet von Annette Thoma – Umfrage zum Antoni-Honeder-Lied – Nachruf auf Hans Kammerer von Annette Thoma.
Heft 4:
Haupttext: Volkslied und Volksmusik in Garmisch-Partenkirchen von Bibi Rehm.
Weitere Themen: Schulmeister und Musikant. Das Tanzbuch des Aurel Brem, in den siebziger Jahren Lehrer zu Partenkirchen, von Wastl Fanderl.
Heft 5:
Haupttext: Steirische Flügelhorn-Ländler von Wolfgang Suppan mit Notenbeispielen.
Weitere Themen: Eine Musikantenrede. Über ein Musikantentreffen in Riedering, zusammengerufen von Georg v. Kaufmann.
Heft 6:
Haupttext: Klöckisingen, Klopf-an-gehen, Klöpfeln, Glöckeln. Von Annette Thoma.
Weitere Themen: Der Gesang unserer Kinder von Walter Deutsch – Kindersingen und Podium von Annette Thoma.

■ **Jahrgang 1969**
Heft 1:
Haupttext: Das Volkslied im Tiroler Unterland von Toni Katschthaler.
Weitere Themen: Sänger im Tiroler Unterland von Sepp Landmann von Wastl Fanderl.
Heft 2:
Haupttext: Volkstum am oberen Lechrain von Dr. Sigfrid Hofmann.
Weitere Themen: 20 Jahre der Volksmusikgruppe „Welser Rud".
Heft 3:
Haupttext: Die Berchtesgadener Musikerfamilie Franz Seraph Graßl von Wastl Fanderl.
Weitere Themen: Nachruf auf Ferdinand Neumaier (Landshut).
Heft 4:
Haupttext: Das Brauchtum und die Obrigkeit. Vier Geschichten nach alten Verhörprotokollen des Landgerichtsbezirkes Moosburg von Josef Brückl.
Weitere Themen: 70. Geburtstag von Dr. Alois Egger (Geschäftsführer BLV Verlag) – 75. Geburtstag von Josef Dirscherl und Hans Seestaller.
Heft 5:
Haupttext: Volkslied und Wissenschaft von Leopold Novak (Vortrag, gehalten beim 1. Seminar für Volksliedforschung, Wien). Zur Geschichte der Volksliedforschung in Österreich.
Weitere Themen: Die Puchegger Spielleut – Einladung zum 5. Seminar für Volksmusikforschung in Wien – 65. Geburtstag von Hans Zellner, Starnberg.
Heft 6:
Haupttext: Volksmusik in München. Augustin Holler und seine Münchener Adventslieder von 1806, mit Noten. Von Robert Münster.
Weitere Themen: Aus Klavierheften Münchner Musikliebhaber des 18. und 19. Jahrhunderts von Walter Deutsch – Die Kummerjahre der Münchner Stadtmusikanten von Karl Spengler – Der Münchner Kreis für Volksmusik, Lied und Tanz von Reinhold Schulz – Volksmusik am Richard-Strauß-Konservatorium München von Richard Boeck – Das Seminar für Volksmusik von Karl-Heinz Schickhaus – Volkstanz in München von Willi Poneder.

■ **Jahrgang 1970**
Heft 1:
Haupttext: Alte Quellen zur Volksmusik von Karl Horak (z.B. Notenhefte, Reiseberichte, Landeskunde, Heimatzeitschriften. Bilder).
Weitere Themen: Kinderreime aus Südtirol von Anni Treibenreif – Marterlpoesie von Richard Smekal.

Heft 2:
Haupttext: Sonderheft „Terra Cimbria". Besuch bei den altbairischen „Cimbern" in Oberitalien von Max Gleißl mit Fotos und Liedern.
Weitere Themen: Halge Gasang. Österliche Kirchengesänge aus den „Sieben Gemeinden" in Oberitalien von Maria Hornung – Wie man zählt. Abzählreime und Sprichwörter von Leo Sillner – Nachruf auf Hans Gielge von Albert Rastl, Bad Aussee, Gratulation für Dr. Hermann Jülg zum 70. Geburtstag.
Heft 3:
Haupttext: J. B. Schiedermayers Flöten-Ländler in der steirischen Volksmusik von Wolfgang Suppan.
Weitere Themen: Walther Wünsch, Graz: Kurzer Text – Punkt 8 aus dem Heft 1 (1958).
Heft 4:
Haupttext: Reisebeschreiber und Volksmusik. Ludwig Steubs Notizen über das Volksleben in Tirol (1842, 1844).
Weitere Themen: Volksliedarchiv bleibt in Regensburg. Mitteilung der Bayerischen Staatskanzlei. Nachruf auf Gustl Feldmeier von Annette Thoma.
Heft 5:
Haupttext: Aus meiner Wanderzeit von Kiem Pauli.
Weitere Themen: Zum umseitigen Notenstückl „Kiem-Pauli-Polka": Text von Georg v. Kaufmann (Red.) – Ludwig Steubs Notizen (Fortsetzung von Heft 4) – Einladung zum 6. Volksmusiktreffen in Millstatt.
Heft 6:
Haupttext: Volksmusik in Salzburg. Das geistliche Volkslied im Lande Salzburg von Cesar Bresgen, mit Noten.
Weitere Themen: Tobi Reiser erzählt – P. Wilhelm Pailler von Annette Thoma. Über Pailler und die Neuauflage von Weihnachtsliedern und Krippenspielen aus Oberösterreich – „Münchner Kreis für Volksmusik und Tanz" eröffnet in Kürze die „Münchner Schule für bairische Musik".

■ **Jahrgang 1971**
Heft 1:
Haupttext: Maria Vinzenz Süß 1802–1868 (Titelbild des Aufsatzes). „Gesammelt und niedergeschrieben..." Maria Vinzenz Süß und sein Lebenswerk von Friederike Prodinger (mit Illustrationen).
Weitere Themen: Das Geistliche Volkslied im Lande Salzburg von Cesar Bresgen. Fortsetzung von Heft 6 (1970) – Annette Thoma zum 85. Geburtstag von Georg v. Kaufmann – Münchner Schule für bairische Musik.
Heft 2:
Haupttext: Zum Titelbild. Münchner Bierkeller- Musikanten von Karl Spengler.

Ja, was hört man...? Altes Spottlied auf die Berchtesgadner Gemeinden von Wastl Fanderl.
Weitere Themen: Der Schuhplattler-Tanz in Berchtesgaden (aus dem Heimatbuch von A. Helm
„Das arme Dorfschulmeisterlein" Lied mit Erläuterungen von Wastl Fanderl.
Heft 3:
Haupttext: Der Volksgesang an und auf der Donau in älterer Zeit von Leopold Schmidt.
Weitere Themen: Die Laufener Schiffer als Theaterspieler von Hans Roth – Schiffleut-Gstanzln von Willi Merklein – Einladung zum 1. Seminar für Europäische Musikethnologie in St. Pölten 14.–17. Juni 1971 – Josef Preißler (Musikverleger) zum 65. Geburtstag von Tillo Schlunk.
Heft 4:
Haupttext: Pfeiffer und Trommler im Isarwinkl von Gerhard Maier.
Weitere Themen: Fotos: Die „Alzviertler Sänger" aus Trostberg; Die „Ebersberger Volksmusik" – Der Steiner Thomas - ein Siebziger von Sepp Landmann.
Heft 5:
Haupttext: Volkslied und Volksmusik im Landkreis Mühldorf von Willi Merklein.
Weitere Themen: Franz Xaver Rambold (1833–1938), Mühldorf. Von Annette Thoma – Die „Arie" der Klemisch Buam von Willi Merklein – Sammelfahrt vom Galenbach über den Inn zur Isen von Wastl Fanderl – Nachruf auf Reinald Piazzesi von den „Rittner Buam".
Heft 6:
Haupttext: Glaube und Heimat, Predigt von Franz Niegel mit Fotos: Unterwössner Kirchenchor, Salzburger Musikanten (Tobi Reiser).
Weitere Themen: Weihnachtliches Singen in Oberösterreich von Walter Deutsch, mit Noten.
Innzeller Perchtenläufer im Jahre 1802 – Der Unterschneidheimer Dreikönigsstern, gestiftet von Franz Josef Kröhan.

■ **Jahrgang 1972**
Heft 1:
Haupttext: Verflechtung oder Gegensatz. Zum Verhältnis zwischen Volksmusik und Kunstmusik in der abendländischen Musikgeschichte von Wolfgang Suppan.
Weitere Themen: Volksmusik in Burghausen (über Hans Kammerer) – Guter Klang in Südtirol (über die Studienfahrt des Vereins für Volkslied und Volksmusik 1971) von Julius Martius. – Nachrufe auf Karl Vögele von Annette Thoma und Hans Kain von Wastl Fanderl – Bayerische Volksmusik in der Münchner Residenz.

Heft 2:
Haupttext: Die Geige in der alpenländischen Volksmusik von Karl Horak – Die Schwestern Simböck von Braunau; Geigenbau in München (Meister Hartmut Münzberg); Die Eichstätter Geigenmusi.
Weitere Themen: Bringt die Geige wieder ins Spiel von Tobi Reiser – Sankt Kümmernis und der Geiger von Gislind M. Ritz.
Heft 3:
Haupttext: Volksmusikforschung in Österreich von Walter Deutsch.
Weitere Themen: Bayern: Lehrstuhl für Volksmusikforschung – ein Fernziel von Raimund Eberle. Siebzig klingende Lebensjahre eines Volksmusikfreundes (Geburtstag Hermann Hummer, Salzburg) – Bayerische Musikanten-Gratulation für den Reiser Tobi von Martin Schwab – Josefa Schiefer zum 80. Geburtstag von Annette Thoma.
Heft 4:
Haupttext: Volksmusik als Hausmusik – Kammermusik auf Volksinstrumenten von Karl-Heinz Schickhaus.
Weitere Themen: Staade Musi in einer lauten Zeit – Nachruf auf Georg v.Kaufmann von Annette Thoma – Nachruf auf Josef Holzer – Dank von Tobi Reiser für die Geburtstagswünsche – Geburtstagsbrief für Erna Schützenberger von Sepp Sterner
Heft 5:
Haupttext: 50 Jahre Volkstanzerneuerung in Österreich von Herbert Lager
Weitere Themen: Die Okarina und ihre Erfinder von Bruno Aulich mit Fotos – Zum 70. Geburtstag von Bruno Aulich von Wastl Fanderl – Der Blamberger Lois - ein Sechziger (Bad Ischl) von Wastl Fanderl.
Heft 6:
Haupttext: Adventsingen von Annette Thoma
Weitere Themen: Weltspiele und Stubenmusi. Vita Bavarica (im Deutschen Museum). Bayerische Matinee im Olympiadorf. Fotos: Siegerehrungs-Hostessen in bayerischer Tracht – Fortsetzung: 50 Jahre Volkstanzerneuerung in Österreich von Herbert Lager – Die Saat des Kiem Pauli von Annette Thoma (zum 90. Geburtstag) – 50. Geburtstag von Kurt Oesterreicher (Direktor BLV Verlag) von Wastl Fanderl.

■ **Jahrgang 1973**
Heft 1:
Haupttext: Laufener Tänzer und Spielleut. Ein Lebzeltmodel aus dem 17. Jahrhundert von Herbert Fuchs.
Weitere Themen: So lusti frisch, wia`s Tanzei is von Herbert Schneider mit Foto des Autors – Peter Huber (1766–1843) und seine Sachranger Musikaliensammlung (zur Ausstellung) von Renata Wagner.

Heft 2:
Haupttext: Bayerische Musikanten in der Steiermark – Steirische Melodien für einen Bayernprinzen von Wolfgang Suppan.
Weitere Themen: I bin von Weigertshofen... Matthias Kneißl, sein Leben und sein Lied von Fritz Riethmüller.
Heft 3:
Haupttext: Der Wirklichkeitsgehalt der Almlieder von Maria Kundegraber (1. Teil).
Weitere Themen: „Und im Juli siebzig sind wir abgereist..." Der Dichter des Liedes vom „Siebziger Auszug" ist ein Kraiburger von Willi Merklein – Text über die „Wegscheider Musikanten" von Annette Thoma – Programm: Alpenländisches Sängerfest, Aschau im Chiemgau 1973
Heft 4:
Haupttext: Kultureller Umweltschutz. Aus der Festansprache von Landtagspräsident Rudolf Hanauer, Vorsitzender des Bayerischen Landesvereins für Heimatpflege.
Weitere Themen: Der Wirklichkeitsgehalt der Almlieder von Maria Kundegraber (2.Teil) – 10 Jahre Volkstumsgruppe Dingolfing – Ein niederbayrischer Zitherspieler von Franz Wittek.
Heft 5:
Haupttext: „Eine Guitarre sieht man nur selten..." Vor hundert Jahren machte sich Karl Stieler Notizen über „Die Musik in den bairischen Bergen" von P.E. Rattelmüller
Weitere Themen: Im Gedenken an Kurt Huber von Annette Thoma – Grüße ins Leitzachtal – 70. Geburtstag von Sepp Sontheim: Brief von Wastl Fanderl – Nachruf auf Karl Rietzler.
Heft 6:
Haupttext: Ein Traunsteiner Weihnachtslied von 1782 von Robert Münster – Josef Schlicht und die Volksmusik von Rupert Sigl.
Weitere Themen: „Item mer denen von Tittmoning so die Heilligen drej Khuning gesungen...". Die Laufener Sternsinger in der Vergangenheit von Hans Roth.

■ **Jahrgang 1974**
Heft 1:
Haupttext: Einiges über den Bordun in der europäischen Volksmusik von Walter Deutsch.
Weitere Themen: „Spielleut, he, rührt's eng do". Instrumente und Instrumentenensembles bei Josef Schlicht von Helmut Wagner.
Heft 2:
Haupttext: Almerischer, Wickler, Landler und Schleuniger im Lande Salzburg von Richard Wolfram **Weitere Themen:** Volksmusik im kirchlichen Raum. Vortrag von Annette Thoma, gehalten beim „Mitteleuropäischen Kulturtreffen 1968 in Görz – Zu den folgenden Musikseiten (Halbwalzer) von Wolfi Scheck – zum 60. Geburtstag von Ernst Königer (Weilheimer Vier).

Heft 3:
Haupttext: Die steirische „Streich" von Walther Wünsch inkl. Noten.
Weitere Themen: „Mooskirchner Altsteirer Musik" um 1880 von Franz Steiner, Mooskirchen – „Almerische, Wickler, Landler und Schleuniger im Land Salzburg von Richard Wolfram (2.Teil) – Nachruf auf Franz Leitner (Schlierseer Sänger) von Wastl Fanderl.
Heft 4:
Haupttext: Trumscheite, Drehleiern, Sackpfeifen. Die erweiterte Musikabteilung des Deutschen Museums von Dr. J. Eppelsheim.
Weitere Themen: „Es wäre interessant zu erfahren..." Leserzuschriften zum Thema „Halbwalzer" – „Langsamer Landler" von Wastl Fanderl, weitere Zuschriften von Sepp Winkler (Kreuth), Rudi Rehle (Laubau), Benno Eisenburg (Dürnbach b. Gmund a.T.), Heini Stamm (München), Hubert Winkler (Kreuth), Willi Poneder (München), Erich Mayer (München) – Landler – Halbwalzer – Walzer von Karl Horak.
Heft 5:
Haupttext: Die Mundharmonika als Volksinstrument von Hermann Hummer, mit Noten.
Weitere Themen: Zum Ursprung der Singwochen von Valentin Kunnert. Dr. Wilfrid Feldhütter – ein Siebziger. Von Annette Thoma und Wastl Fanderl.
Heft 6:
Haupttext: Weihnachtslieder aus dem „Stubenberger Zeitenbuch" von 1815 von Wilhelm Kriechbaum. (Dieses Heft ist Wilhelm Kriechbaum gewidmet).
Weitere Themen: Stubenberg von Wastl Fanderl – „...welch ein unverständiges und tolles Gezeug!" Verächtlichmachung der Krippenlieder in der Aufklärungszeit. Zwei Lieder aus dieser Zeit im Münchner Intelligenzblatt vom 22. Februar 1783. Einleitung Wastl Fanderl – Ansprache im Advent von Franz Niegel.

■ **Jahrgang 1975**
Heft 1:
Haupttext: Nachruf auf Annette Thoma von Hans Heyn – Abschiedsworte von Dekan Franz Niegel, Kurt Becher und Wastl Fanderl – In Freundschaft verbunden mit... Kiem Pauli, Maria von Trapp, Tobi Reiser und Kurt Huber
Weitere Themen: Bayern trauert mit Salzburg. Nachruf auf Tobi Reiser. Letzter Text von Annette Thoma – Nachruf auf Tobi Reiser (2.3.1907- 31.10.1974) von Harald Dengg – Gedenkworte von Dekan Franz Niegel beim Abschiedsgottesdienst in der Kirche St. Peter zu Salzburg – Lieber Tobi von Wastl Fanderl – Nachruf auf Hans Stöger von Wastl Fanderl.
Heft 2:
Haupttext: Wirtshauslieder. Fotos: Schwerttanzpfeifer beim Bad Ischler Kathreintanz; Ischler Seitlpfeifer.

Heft 3:
Haupttext: Vom Kärntnerlied und seinen Sängern von Günther Mittergradnegger.
Weitere Themen: Volksmusik in Kärnten. Eine Bestandsaufnahme von Günther Antesberger. Volksmusik und Schlaggitarre von Michael Bredl – Nachruf auf Anton Anderluh von Hermann Jülg und Johannes Schwenk.
Heft 4:
Haupttext: Volksmusikpflege in Schwaben von Michael Bredl.
Weitere Themen: Unser Lied. Diskussion im „Alphorn" – Nachrufe auf Jakob Roider und Günther Hackl (Volksmusikgruppe Groß, Burgkirchen/Alz).
Heft 5:
Haupttext: Salzburger Flugblattlieder zwischen Barock und Romantik von Leopold Schmidt.
Weitere Themen: Der Volksliedsammler Otto Eberhard. Zur hundertsten Wiederkehr seines Geburtstages von Walter Deutsch – Lehrer, Sänger und Sammler. Das Lebensbild des Salzburgers Otto Dengg, dargestellt nach Berichten seiner Nachkommen und Freunde von Wastl Fanderl – Volksmusik im Salzburger Rundfunk von Wolf-Dietrich Iser – Nachruf auf Erna Schützenberger von Hermann Derschmidt – Einladung zum 11. Seminar für Volksmusikforschung (Die musikalische Volkskultur im Lande Salzburg)
Heft 6:
Haupttext: Weihnachtssingen von Franz Niegel
Weitere Themen: Zwei alte Weihnachtslieder aus Frauenwörth am Chiemsee von Robert Münster. Adventsingen außerhalb und innerhalb der Gotteshäuser von P.E. Rattelmüller – A. Holledauer von da Sunnaseitn von Josef Brückl (zum 80. Geburtstag von Josef Eberwein).

■ **Jahrgang 1976**
Heft 1:
Haupttext: Konrad Mautners Lebensbild von Walter Deutsch – Konrad Mautners Aufzeichnungen in Garmisch-Partenkirchen von Walter Deutsch
Weitere Themen: Volksmusik heute von Wolfgang Scheck – Gratulation den Reit im Winkler Sängern zum 20jährigen und der Volksmusikgruppe Dreer in Bad Tölz zum 25 jährigen Jubiläum.
Heft 2:
Haupttext: Zum Thema Dialekt-Messen von Franz Niegel – Annette Thoma und ihre Gestaltung der Meßfeier von Kurt Becher – Die „Bayerische Messe" volksmusikalisch betrachtet von Erich Mayer.
Weitere Themen: Reaktionen zum Thema Adventsingen von P.E. Rattelmüller von Hedi Scheck (Murnau) und P. Laurentius Koch (Ettal) – Nachruf auf Heinrich Neumaier von Alfred Guha – Geburtstagswünsche für Martin Schwab (50 Jahre) von Wastl Fanderl.

Heft 3:
Haupttext: Reisende Zillertaler Musikanten von Karl Horak – Die Zillertaler Ölträger von Otto Kostenzer.
Weitere Themen: Sänger und Musikanten im Zillertal – gestern und heute. Von Karl Horak
Heft 4:
Haupttext: Wohlan, liabe Brautleut von Hermann Derschmidt.
Weitere Themen: Pfeifts und singts, Buam. Volkslied und Volksmusik bei Emerenz Meier (1874–1928) von Helmut Wagner – Einladung zum 12. Seminar für Volksmusikforschung in Tirol.
Heft 5:
Haupttext: Der Schwerttanz in Unterwössen von Richard Wolfram. Beitrag der Redaktion:
Weitere Themen: „Kathrein stellt Tanz ein" von Erich Mayer – Vom Tanzen zwischen Inn und Salzach von Hans Heyn – Gedanken zum Volkstanz heute von Benno Eisenberg.
Heft 6:
Haupttext: „Die heiligen Drei König sind hochgeborn" von Regina Fanderl.
Weitere Themen: „Item dedi tybicinibus ex Muldorff..." Weihnachtsbläser in alten Mühldorf von Willi Merklein – Volksmusik im Pflegeheim Stiftung Attl am Inn. Eine Danksagung. Von Cäcilie Kettner (Sozialarbeiterin) – Otto Peisl, ein Sechziger. Von Wastl Fanderl.

■ **Jahrgang 1977**
Heft 1:
Haupttext: Bairische Volkslieder in der Schule. Vortrag für ein Lehrerkollegium in Ebersberg am 10.11.1976 von Wolfgang Scheck inkl. Notenbeispiele.
Weitere Themen: Schule und Mundart von August Stockklausner (Salzburg) – Besuch am Grab von Josef Pommer von Wolfgang Pommer.
Heft 2:
Haupttext: Das „Loverleed". Dokumentation zur Geschichte eines Passionsliedes von Cesar Bresgen. (Biographie Cesar Bresgen).
Weitere Themen: Die Aufzeichnungen des „Martin Joann Nepomuk Pictor" von Markus Krammer.
Heft 3:
Haupttext: Pfeifenköpfe, Weberschiffchen und Klarinetten. Der Buchsbaum im Brauchtum und in Verwendung beim Kunsthandwerk von Toni Schmidt (Forstmann und Singwochenteilnehmer).
Weitere Themen: Die Aufzeichnungen des „Martin Joann Nepomuk Pictor" von Markus Krammer (2.Teil) – Das alpenländische Volkslied und die Einflüsse der modernen Zeit. Gedanken eines Volkssängers von Waggi Rehm – Der hl. Augustinus über die Lieder ohne Worte von Franz Niegel (zur Ernennung Joseph Ratzin-

gers zum Erzbischof von München und Freising). Text aus einer Ansprache Ratzingers 1961 – 50 Jahre Stadtsingschule Kolbermoor von A.H. – Nachruf auf Dr. Nobert Wallner von Sepp Landmann sowie auf Franz Xaver Stoiber; Josef Bauer; Ludwig Posch, von Wastl Fanderl.
Heft 4:
Haupttext: Vo herent und drent. Liedersammlung von Pepi und Bertha Schiefer mit einer Nachbemerkung der beiden „Singerinnen".
Weitere Themen: Das echte bajuwarische Volkslied von Joachim Hofmann – Naturbeobachtungen im Volkslied des Bayerischen Waldes von Hubert Zierl – Nachruf auf Alois Wegerbauer von Wastl Fanderl – Fischbachauer Sängerinnen vom Bundespräsidenten geehrt.
Heft 5:
Haupttext: Volkstanz in Oberbayern. Betrachtung einer 20jährigen Entwicklung und der dabei entstandenen Probleme von Erich Mayer.
Weitere Themen: Volksmusik im Ries-Kreis von Josef Weigl.
Heft 6:
Haupttext: „Ach, mein Seel, fang an zu singen..." Bemerkungen zum gegenwärtigen Adventsingen von Walter Deutsch.
Weitere Themen: Das Ettaler Sternlied von P. Laurentius Koch – Bayrische Volksliedleut' im Heiligen Land von Franz Niegel.

■ **Jahrgang 1978**
Heft 1:
Haupttext: Bayerische Soldatenlieder von P. E. Rattelmüller.
Weitere Themen: Notenbüchl eines Dorfmusikanten von Willi Merklein – Gedanken zum Alphornblasen heute von Michael Bredl – Ballerlebnisse eines Hilfspolizisten von Josef Brückl.
Heft 2:
Haupttext: Die Pfeifenmacher Walch in Berchtesgaden von Hans Bruckner.
Weitere Themen: Reisebemerkungen zum bayerischen Volkslied 1936 von Leopold Schmidt (Wien) – „Boarisch singa" in unseren Schulen. Bericht über einen Versuch in Oberbayern von Hans Obermayr – Verein für Heimatpflege in Neufahrn/Niederbayern. Bilanz einer Volkstumsgruppe von Hans Trepesch.
Heft 3:
Haupttext: Musikant und Publikum in der volksmusikalischen Überlieferung von Gerlinde Haid.
Weitere Themen: Vierhändiges Hackbrett-Spiel von Fritz Stradner – Der Falkensteiner Sepp von Hermann Hummer – Nachruf auf Sebastian Staudacher (Riederinger Sänger) von Wastl Fanderl – Volksmusik im Freilichtmuseum. Einladung an Musikanten und Sänger von Wastl Fanderl.

Heft 4:
Haupttext: Über's Schnaderhüpfl von Erich Mayer. Fotos: Der Roider Jackl und Kiem Pauli. Dazwischen: Gstanzln der Wagner-Buam mit Einleitung von Wastl Fanderl.
Weitere Themen: Die Mundharmonika in der Volksmusik von Hermann Hummer – Nachruf auf Sepp Staber mit Auszug aus der Trauerrede von Pfarrer Hans Durner – Einladung zum Seminar für Volksmusikforschung und -pflege in Herrsching – Haussprüche des bayerischen Handwerks von Joseph Buck (Aus „Bayerische Heimat" 1938).
Heft 5:
Haupttext: Das bairische Volkslied im Kindergarten von Eva Bruckner.
Weitere Themen: „Es hängt vom persönlichen Einsatz ab" von Greti Gstrein (Kindergärtnerin in Niedernsill) – „Die Mundart fällt unseren Kindern leichter" von Astrid Bock und Johanna Aschl (Kindergarten St. Martin, Unterwössen) – „Im Elternhaus müßte es anfangen" von Anneliese Tassati (Schladming) – Volksspiele für Kinder von Annemarie Schmidl – Hoagascht im Mikrofongestrüpp von Raimund Eberle (Regierungspräsident von Oberbayern) – Glückwunsch an Clara Huber zum 70. Geburtstag vom Verein für Volkslied und Volksmusik.
Heft 6:
Haupttext: „Am hl. Christfest allenthalben aufgeführt..." Neuentdeckung einer volkstümlichen Pastoralmesse aus der ersten Hälfte des 19. Jahrhunderts von Paul Raith.
Weitere Themen: Das „Christkindl-Ei'singa" in Spiegelhütte. Ein heute noch lebendiges Christkindlspiel aus dem Bayerischen Wald von Wolfgang A. Mayer – Nachruf auf Sepp Sontheim von Wastl Fanderl.

■ **Jahrgang 1979**
Heft 1:
Haupttext: Volksmusik im Allgäu vor hundert Jahren von Manfred Beuleke.
Weitere Themen: Nochmals zum Lied „Und im Buxbamawald" von Toni Schmidt – Volksmusik um 1850 (nach einem zeitgenössischen Bericht aus Moosburg und seinem Holledauer Hinterland) von Erich Mayer – Die Flöte des Marschall Ney von Erich Mayer.
Heft 2:
Haupttext: Franz Schuberts Schaffen – Spiegelbild süddeutsch-österreichischer Volksmusik von Wolfgang Suppan.
Weitere Themen: Die „Marquartsteiner Singdirndln" von Mariele Hemminger – Der angesungene Lenz. Herbert Schneider beim Frühlingssingen. Herbert Schneiders Mittwoch-Feuilleton im Münchner Merkur 12. 4 1978 – Alfons Köbele, vorbildhaftes Wirken eines Lehrers von Wastl Fanderl – Nachrufe: Ansprache für ei-

nen Musikanten (Josef Bichler) von Wastl Fanderl; Ansprache des Pfarrers von Siegsdorf, Josef Hartl; Hans Keim von Sepp Kronbeck, Dingolfing.
Heft 3:
Haupttext: Wenn der Kaiser kommt. Folkloristisches aus den Akten des Salzamtes von Gerlinde Haid.
Weitere Themen: Mundart und ihre Bedeutung in der Musik von Helmut Gärtner – Gedanken eines Volksliedreferenten von Franz Steiner (ORF- Studio Steiermark).
Heft 4:
Haupttext: Bairische Volksmusikpflege und das Zitherspiel. Überlegungen und Anregungen für Zithervereine und Zitherlehrer von Wolfgang Scheck (Referat).
Weitere Themen: Die heutige Situation des Volkstanzes im südlichen Altbayern. Grundsätzliches zur Volkstanzpflege am Beispiel eines begrenzten Raumes von Ernst Schusser – Einladung: Zweites Seminar für Volksmusikforschung und -pflege in Bayern.
Heft 5:
Haupttext: Die heutige Situation des Volkstanzes im südlichen Altbayern von Ernst Schusser (2. Teil).
Weitere Themen: Volksmusik nach dem Kiem Pauli von Alois Kaspar Limmer – Liebe zur Volksmusik. Einleitung von Wastl Fanderl. Geschichten von Hermann Härtl, Liezen – Gedanken über die „Verbindenden Worte" bei Volksmusikveranstaltungen von Bertl Göttl.
Heft 6:
Haupttext: „Wenn dieses Singen nicht erklingen würde..." Ansprache von Joseph Kardinal Ratzinger 1978.
Weitere Themen: „O Josef, schau, schau, durt geht der Wau wau.." Ein nicht ganz einfacher Versuch, sich Klarheit über das Dreikönigsliedgut zu verschaffen von Walter Deutsch – Weihnachtswunder in der Südsee von Burgi Blamberger – Nachruf auf Franz Xaver März (Waakirchner Sänger) von Wastl Fanderl – Hias Kriegner - 70 Jahre von Wastl Fanderl.

■ **Jahrgang 1980**
Heft 1:
Haupttext: Pflege – wozu überhaupt? Mit einigen Gedanken zur Problematik des Verhältnisses zwischen Forschung und Pflege von Kurt Becher.
Weitere Themen: Sind die Baiern bessere Bayern? Gedanken und Belege zur Schreibweise des Bayerischen Stammesnamens von Alois J. Weichselgartner – Das Volkslied in der Darbietung von Ingrid Rosendorfer-Hagspiel – „Was moants denn eppa, ihr boarischn Herrn?" Zwei Lieder zur Abschaffung von Feiertagen aus der Zeit um 1800 von Wastl Fanderl – Nachruf auf Thomas Steiner (Harfenist in Tirol) von Sepp Landmann.

Heft 2:
Haupttext: Die Blockflöte und verwandte Kernspaltflöten in der Volksmusik von Manfred Beulecke.
Weitere Themen: Volksmusik in der Gegenwart von Johannes Hoffer – Nachruf auf Max Probst von Ludwig Berthold. Foto: Die Steibiser Sänger mit Max Probst am Portativ – Hermann Jülg zum 80er von Wastl Fanderl.
Heft 3:
Haupttext: Herzog Max in Bayern (1808–1888) und die Volksmusik. Ein Wittelsbacher und seine Liebe zum Volkstümlichen und zur bäuerlichen Musik des Alpenlandes von Ernst Schusser.
Weitere Themen: Die Geschwister Schiefer von Laufen a. d. Salzach von P. E. Rattelmüller – Seinerzeit, 1929 und 1930, am Tegernsee ... von Wilfrid Feldhütter. (Aus dem Buch „Lieder, Land und Leute") – Über Ziele und Grenzen der Dialektdichtung von Karl Stieler, geschrieben im Jahre 1876.
Heft 4:
Haupttext: Entwicklung und Spielpraxis der Schoßgeige von Brigitte Kerschbaum.
Weitere Themen: Über Ziele und Grenzen der Dialektdichtung von Karl Stieler (2. Teil) – 30 Jahre guter Klang im Dorf. Haunshofener Sängerinnen und Sänger von Wastl Fanderl – Unserem Wastl zu seinem Ehrentag (65. Geburtstag) von Raimund Eberle – Goldbergler Buam, (20 Jahr Jubiläum) von Wastl Fanderl.
Heft 5:
Haupttext: Totenwacht- und Begräbnislieder im Volksbrauch von Xaver Frühbeis jun.
Weitere Themen: „Gedient als Maler, Dichter, Bot'..." Isidor Ingruber, ein Sänger aus dem Oberpinzgau von Hermann Hummer – Wenn sich eine Orgel einen lustigen Tag macht. Die Landler des Guggn Sepp von Rottach-Egern von Herbert Schneider – Herzlicher Gruß für Josef Eberwein (85. Geburtstag) von Wastl Fanderl, auch zum Erscheinen von Eberweins neuem Liederbuch.
Heft 6:
Haupttext: Lied und Musik im Volksschauspiel von Karl Horak.
Weitere Themen: Dorforganist und Dorfmusikant von Karl Horak – Heiliger Nikolaus. Vorweihnachtlicher Lagebericht einer Familie mit zwei Buben von Hedi Scheck.

■ **Jahrgang 1981**
Heft 1
Haupttext: Über die naturhafte Mehrstimmigkeit österreichisch-alpenländischer Volkslieder von Josefine Gartner.
Weitere Themen: „Siehste wohl, da kimmt er..." von Hartmut Tempel über den Siebenschritt – Nachruf auf Hans Reichl von

Fritz Mayr – Nachruf auf Hans Kraus (Wegscheider Musikant) von Alois Ostler – Nachruf auf Ludwig Schwarz (Maultrommelerzeuger) von Erich Mayer – Nachruf auf Karl Männer (Korrektor) von Herbert Kieweg – Nachruf auf Professor Josef Eitele (Gitarrist) von Erich Mayer – Nachruf auf Dieter Arman Jungmair (Architekt und Musikant) von Wastl Fanderl.
Heft 2:
Haupttext: „Ich hab´nur zum Andenken dem Klackl erdicht". Ein Ischler Wildschützendrama und sein Fortleben im Liede von Gerlind Haid.
Weitere Themen: Über die naturhafte Mehrstimmigkeit österreichisch-alpenländischer Volkslieder von Josefine Gartner (2. Teil).
Heft 3:
Haupttext: Liedbegleitung. Überlegungen und Anregungen für Musikanten von Wolfgang Scheck.
Weitere Themen: Das Bayerische Rundfunkgesetz und die Volksmusik von Erich Mayer. Über Volksmusik und Hackbrett in Bayern von Karl-Heinz Schickaus. 3 Kapitel aus diesem Buch.
Heft 4:
Haupttext: „Historische Aufführungspraxis" beim volksmusikalischen Geigenspiel? von Stefan Hirsch.
Weitere Themen: Die Geige in der österreichischen Volksmusik. Ein Abriß der historischen Entwicklung von Rudolf Pietsch. Bilder und Fotos: u.a. Hochzeit im Ghetto Eisenstadt in den zwanziger Jahren unseres Jahrhunderts; Zigeuner aus Buchschachen im Burgenland.
Heft 5:
Haupttext: Tänze beiderseits der Salzach von Karl Horak. Foto: Anton Greisberger im Jahre 1933; Die Musikkapelle Greisberger von Gilgenberg als „Veteranen-Musik.
Weitere Themen: Warum wir gern in Bayern aufspielen (Die Steirischen Tanzgeiger) von Hermann Härtl – Waldlerisches Musikleben. Vom ersten, zweiten und dritten Dasein der Volksmusik von Helmut Wagner – Der bayerische Staat und die Volksmusik von Raimund Eberle.
Heft 6:
Haupttext: Weihnachtliche Volksmusik in Niederbayern von Fritz Markmiller
Weitere Themen: Die Hutthurmer Hirtenlieder. Zu bisher unveröffentlichten Handschriften aus dem Bayerischen Wald vom Ende des 18. Jahrhunderts von Wolfgang A. Mayer – Gestern war´s... Bemerkungen zu den Liedern und zur Musik bei Kleinbauern am Obdacher Sattel in der Steiermark von Walter Deutsch – Geistliches Volkslied und Mundartmesse von Elke Müller – Wastl Fanderl geht in den Ruhestand und Wolfgang Scheck stellt sich als neuer Volksmusikpfleger von Oberbayern vor.

■ **Jahrgang 1982**
Heft 1:
Haupttext: Begegnung von Rundfunk und Volksmusik. Volkslied und Volksmusik im Bayerischen Rundfunk zwischen 1928 und 1944 – Ein unbekannter Brief des Kiem Pauli aus dem Jahr 1929 von Wilfrid Feldhütter.
Weitere Themen: Gestern war´s... Bemerkungen zu den Liedern und zur Musik bei Kleinbauern am Obdacher Sattel in der Steiermark von Walter Deutsch (2.Teil).
Heft 2:
Haupttext: Buß-, Passions- und Osterlieder in alten Straubinger Drucken von Fritz Markmiller.
Weitere Themen: Loferer Passion 1593–1598 von Margot Adler – Nachruf: Abschied von der Sunnaseitn. Nachruf auf Josef Eberwein von Josef Brückl – Der Roider Wastl - ein Achtziger. Von Hans Winter – Das Sängerleben der Gschwendtnerin. Ursula Gschwendtner, 85 Jahre. Von Karl-Heinz Schickhaus.
Heft 3:
Haupttext: Von Freinächten und Tanzverboten im 17. und 18. Jahrhundert. Aufgezeigt am Beispiel des Rupertiwinkels von Hans Roth.
Weitere Themen: Aus alten Protokollen von Karl Horak – Georg v.Kaufmann. Wirken und Nachwirken des oberbayrischen Tanzmeisters von Ernst Schusser – Volkstanz in der Fastenzeit – muß das sein? Brief von Alfred Bauer.
Heft 4:
Haupttext: Theologische und musikethnologische Überlegungen zu den „Mundartmessen" von Philipp Harnoncourt und Wolfgang Suppan.
Weitere Themen: Georg von Kaufmann von Ernst Schusser (2. Teil) – Liebe Katharina in Gierstham von Wastl Fanderl. (Würdigung einer Musikantin, die das Hackbrett mit den Füßen spielt) – Würdigung von Josef Sageder, Landwirt in Atzgersdorf, als Zitherspieler und -lehrer von Wastl Fanderl.
Heft 5:
Haupttext: Sing- und Musikschulen in Bayern von Reinhard Loechle.
Weitere Themen: Die Musikschule kann einiges. Von Augustin Spiel (Leiter der Traunsteiner Musikschule) – Heimgarten – Hoa(n)gart – Hoagascht von Emeran Weidinger mit Einleitung von Wastl Fanderl – Forts. Gestern war´s... Bemerkungen zu den Liedern und zur Musik bei Kleinbauern am Obdacher Sattel in der Steiermark von Walter Deutsch (3.Teil) – Wandermusikanten in Bayern, 1908, von Xaver Frühbeis.
Heft 6:
Haupttext: Adventsreisen der Türmer und Spielleute in Niederbayern von Fritz Markmiller.

Weitere Themen: Der Kiem Pauli und das Herzogtum Kreuth. Ein Brief zum hundertsten Geburtstag des großen Volksmusikerziehers von Wilfrid Feldhütter – Franz von Kobell – ein bayerisches Leben. Zum 100. Todestag. Von Laurentius Koch – Raimund Zoder (1882–1963) von Walter Deutsch.

■ **Jahrgang 1983**
Heft 1:
Haupttext: Wildschützenlieder von Andreas Posch.
Weitere Themen: „Pfüati" contra „tschüss von Erich Mayer. Über das Abschiednehmen im Volkslied. Mutmaßungen über den Nanni-Landler von Herbert Schneider – Erlebtes Volkslied von Raimund Eberle. (Geschichte einer Almbegehung) – Der Trompeter von Trudering von Josef Brückl.
Heft 2:
Haupttext: Die Musik der Kiefersfeldener Ritterspiele von Walter Salmen.
Weitere Themen: Die Unterschiede von Volksmusik und volkstümlicher Musik, erläutert anhand von Beispielen von Gerlinde Haid – 20 Jahre Seminar für Volksmusik von Karl-Heinz Schickhaus.
Heft 3:
Haupttext: Literarische Quellenzeugnisse über Volksmusik um 1800 aus der Landesbeschreibung des Josef Hazzi von Fritz Markmiller.
Weitere Themen: Überlegungen zur Meßgestaltung mit geistlichen Volksliedern von Erwin Ulrich – Dietlhofer Sänger mit Einleitung von Wastl Fanderl – Gruß aus Bayern an Karl Horak (zum 75. Geburtstag) von Ernst Schusser – Nachruf: Bernhard Eberle von den Eberle-Buam mit 21 verunglückt.
Heft 4:
Haupttext: Blasmusik auf dem Land, gestern und heute. Von Hans-Peter Huber. Foto: Schongauer Musikanten, Leitung Hans-Peter Huber.
Weitere Themen: Der älteste Volkssänger im Landkreis München (Alois Guggenberger, 90 Jahre) von Fritz Lutz – Glückwunsch an Clara Huber zum 75.Geburtstag – Erotische Volkslieder von Gerlide Haid.
Heft 5:
Haupttext: Gedanken und Entwicklung der Volkstanzbewegung im deutschsprachigen Raum und insbesondere in Bayern von Kurt Becher.
Weitere Themen: Das Volkslied als Auftrag und Bekenntnis. Zum 90. Geburtstag Kurt Hubers am 24. Oktober von Wilfrid Feldhütter – Auf Volksliedfahrt von Kiem Pauli. Mit Foto (aus: Clara Huber: Kurt Huber zum Gedächtnis 1947) – Naturschutz und Volkslied von Dr. J. Heringer/Akademie für Naturschutz und Landschaftspflege (Laufen) – „Auf geht's zum Postillion!". Ein bayerischer Tanz in der Überlieferung von Ernst Schusser – Nachruf auf Karl Stelzer („Roaga Buam").
Heft 6:
Haupttext: Weihnachtslieder aus den donauschwäbischen Sprachinseln von Jutta Kerber.
Weitere Themen: Steirische und böhmische Musikanten im Banat von Josef Kaschak – Anklopfbräuche und Klöpfellieder in Niederbayern von Fritz Markmiller – Der Komponist von „Tauet Himmel, den Gerechten" – Oberruferer Spiele von P. Georg Zippel – Vor 25 Jahren: Das erste Alphorn erklingt im Allgäu von Manfred Beulecke – Z'sammenstehn und -singen. 25 Jahre Freundeskreis „Münchner Treffen" von Wastl Fanderl.

■ **Jahrgang 1984**
Heft 1:
Haupttext: Die Zwiefachen von Karl Horak.
Weitere Themen: Viktor von Geramb (24.3.1884–8.1.1958) von Gerlinde Haid – Begegnungen mit dem Kiem Pauli von Viktor von Geramb. Aus: Annette Thoma (Hg.): Das Volkslied in Altbayern.
Heft 2:
Haupttext: Der Geigenbauer Jacobus Steiner zu Absam bei Innsbruck (1617–1683), der „Vater der deutschen Geige" und seine Instrumente italienischer Manier. Bemerkenswertes zu einem Symposium anläßlich seines 300. Todesjahres von Stefan Hirsch.
Weitere Themen: Das Gaßlgehen von Ilka Peter. „Gaßlreime und Fenstersprüche" – Zum 80. Geburtstag von Ilka Peter. Als noch die Gaßlbuam anfensterln gingen. Von Michael Martisching – Volksharfenbau in Oberbayern von Karl Fischer.
Heft 3:
Haupttext: Wasservogel-Singen. Ein Pfingstbrauch im unteren Bayerischen Wald von Erich Mayer.
Weitere Themen: Ein böhmischer Musikant von Horst Steinmetz (Michael Bäumler/Klarinettist) – Die Blasmusik – auch zur Ehre Gottes. Aus: Fachzeitschrift „Österreichische Blasmusik" mit Foto: Papst Johannes Paul II beim Empfang in Mariazell inmitten einer Schar junger Musikanten – Nachruf: „Das Volkslied hat mir immer so viel bedeutet ...". Der „Niederbayrische Volksliedpfarrer" von Hadersbach ist gestorben von Wastl Fanderl.
Heft 4:
Haupttext: Aus der Redaktionschublade. Eine Auswahl kleiner Beiträge, Volksdichtungen und Lieder von Wastl Fanderl.
Weitere Themen: Lehrer, Organist, Komponist und Gemeindeschreiber von Maria und Robert Münster (über Ludwig Achleitner 1799–1873) – „Wie der Messerschmied von Harfenstein die Alphörner wieder in den Chiemgau gebracht hat" von Raimund Eberle.

Heft 5:
Haupttext: Armut nach Noten. Die Unterschicht in ihren Liedern von Wilfrid Feldhütter.
Weitere Themen: Der Notenschatz der Musikantenfamilien Reiser von Fraunberg und Thalheim bei Erding, Oberbayern, von Max-Josef Liertz – „Wenn ma an falschen Pfiff to hätten...". Reiser Musikanten erinnern sich, von Toni Wölfinger.
Heft 6:
Haupttext: „Volksthümliche Weihnachtslieder", gesammelt von August Hartmann und Hyacinth Abele. Anmerkungen zu einer Volksliederveröffentlichung aus dem Jahr 1844 von Ernst Schusser.
Weitere Themen: Das Lied im Schnittpunkt von Volksmusikbewegung und liturgischer Erneuerung von Kurt Becher – Der Scholi, Vagabund und Musikus um 1800 (aus dem Buch „Der Scholi – Ein Salzburger Student, Vagant und Musikus" von Cesar Bresgen) – Gedenken zum zehnten Todesjahr von Tobi Reiser. Bayrisch–Salzburgische Freundschaft. (Annette Thoma und Tobi Reiser) von Wastl Fanderl – Glückwünsche an Dr. Wilfrid Feldhütter zum 80. Geburtstag, Prof. Hermann Derschmidt, Wels, 70. Geburtstag, Kurt Becker (München) zum 70. Geburtstag und für den Freund und „Kollegen" Ludwig Berthold (Kempten) zum 70. Geburtstag, alle von Wastl Fanderl – Lieber Martl! Wastl Fanderl zum 70. Geburtstag von Martl Meier.

■ **Jahrgang 1985**
Heft 1:
Haupttext: Nachleben von Liedern der Reformationszeit im burgenländischen Volksschauspiel von Karl Horak.
Weitere Themen: Über Egerländer Volksmusikfunde in Neuseeland von Erich Baumann. Mit Foto der „Böhmischen Musikgruppe" in Puhoi, Neuseeland – Grüße nach Franken von Kurt Becher. (Über die Loonharder Sänger und Musikanten/Nünberg) – Die Volksharfe und der Umgang mit ihr von Karl Fischer.
Heft 2:
Haupttext: Passions-und Osterlieder aus dem ehemaligen Stift Weyarn um 1780 von Fritz Markmiller.
Weitere Themen: „Spiellüt" im Kleinwalsertal von Wilhelm Fritz. Mit Spielstücken – Das Stichwort: „Schottisch" von Ernst Schusser – Maße und Münzen im Königreich Bayern von Werner Meier – Gedenktafel für Kiem Pauli in München – Das Musikleben in Bayern. Antwort des Bayerischen Staatsministers Professor Hans Maier auf die Interpellation der Abgeordneten.
Heft 3:
Haupttext: Altbayern – Franken – Schwaben. Der Bayerische Dreiklang – ein Dur- oder Mollakkord? von Kurt Becher.
Weitere Themen: Platt, kölsch, boarisch. Von Hermann Unterstöger. (aus Süddeutsche Zeitung) – Erinnerungen an das 1. Niederbayerische Preissingen 1931 in Landshut von Martin Bredl – Das Musikleben in Bayern. Antwort des Bayerischen Staatsministers Professor Hans Maier auf die Interpellation der Abgeordneten (2. Teil) – GEMA nimmt Rücksicht auf Volksmusik.
Heft 4:
Haupttext: Die Münchener Volkssänger um die Jahrhundertwende von Maximilian Seefelder.
Weitere Themen: Volksmusik, wo bist du? Was die Volksmusik für unser Dorf zustande bringen könnte von Hermann Härtl – Ausstellung in der Bayerischen Staatsbibliothek München. Volksmusik in Bayern. Quellen und Dokumente aus sechs Jahrhunderten von Robert Münster.
Heft 5:
Haupttext: Die Verbreitung der Zither in Altbayern. Nach literarischen Zeugnissen der 1. Hälfte des 19. Jahrhunderts von Fritz Markmiller. M
Weitere Themen: Das Raffele in Tirol von Karl Horak – Die Zither in Franken von Horst Steinmetz – „De Zither is a Zauberin". Literarische Zither-Funde von Beni Eisenberg.
Heft 6:
Haupttext: Geistliches Volksschauspiel von Fritz Markmiller.
Weitere Themen: Volksliedsammler in Niederbayern von Helmut Wagner – Gedanken eines jungen Zitherspielers von Reinhard Baumgartner – Franz Koch, der Maultrommelvirtuose aus dem Pinzgau. Eine literarische Quelle in Jean Pauls „Hesperus" von Hans Roth – Nachrufe auf Hannes Fink von Wastl Fanderl, auf Hans Müller (Starnberg) von Willi Großer, auf Alfons Maria Köbele, auf Willi Schaub (Allgäu) von Wastl Fanderl – Leserbrief von Dr. Edgar Umlauf (Garching): Sänger und Musikanten auf dem Podium und vor Publikum nicht im Sinne Kiem Paulis und Herzog Albrecht von Bayerns.

■ **Jahrgang 1986**
Heft 1:
Haupttext: Die Lenzwenger Musikanten und ihr Spielgut von Willi Merklein.
Weitere Themen: Bayerische Berufsmusikanten im 19. Jahrhundert. Gesetzliche Voraussetzungen zur Berufsausübung von Werner Meier – Gedenken an den 100. Geburtstag von Annette Thoma. Hinweis auf Heft 1/1975 – Über das Liedermachen von Kathi Greinsberger – Wichtige Regeln für das Zusammenspiel. Eine nicht durchaus ernstzunehmende Hilfestellung von E. Diaton – Philippinischer „Hoagascht". Reiseerinnerungen von Burgi Blamberger.
Heft 2:
Haupttext: Alte Steingadener Musikanten. Ihre Lebensumstände und ihre Notenhandschriften von Ilse und Gerhard Klein.

Weitere Themen: Dem Volk aufs Maul g'schaut (1.Teil). Volksmusikalische Einflüsse in ausgewählten Kompositionen des 19. und 20. Jahrhunderts von Robert Münster – Einladung zu einer Besuchsreise nach Brasilien.
Heft 3:
Haupttext: Dem Volk aufs Maul g'schaut (2.Teil). Volksmusikalische Einflüsse in ausgewählten Kompositionen des 19. und 20. Jahrhunderts von Robert Münster.
Weitere Themen: Alte Steingadener Musikanten (2.Teil) von Ilse und Gerhard Klein – „Aba des is do nix für a Hackbrettl!" von Wolfi Scheck – Sinn und Unsinn – mit und ohne Anstand. Kinderreime aus München von Sissy Mayrhofer – Nachruf auf Helene Stögmeier von Wastl Fanderl.
Heft 4:
Haupttext: Quellen zur historischen Volksmusik von Hartmut Braun.
Weitere Themen: Der „boarische Hiasl" in Österreich von Gerlinde Haid – Alte Steingadener Musikanten (3.Teil) von Ilse und Gerhard Klein – Nachruf auf Hermann Jülg.
Heft 5:
Haupttext: Das Bandoneon und die Volksmusik: Erfahrungen eines niederbayerischen Musikanten von Josef Regensburger.
Weitere Themen: „Waar ja doch zum Lacha, brachten mir nix z'samm!" Über das Musizieren mit Kindern von Sissy Mayrhofer – Überlegungen eines Volksmusikpflegers von Wolfi Scheck – Zur Erinnerung an den Roider Jackl – Zwei oberbayerischen Tanzmeistern zu Ehren von Wastl Fanderl – Nachruf auf Georg Kasmannshuber von Wastl Fanderl.
Heft 6:
Haupttext: Mozart und die Volksmusik. Betrachtungen über Einflüsse der Volksmusik auf Werke des Salzburger Meisters von Fritz Fahrenschon.
Weitere Themen: „Lost's, meine Nachbarn, i muaß enk was sagn!" Gedanken zum Adventsingen in Stadt und Land von Sissy Mayrhofer – Jubilar Felix Hoerburger von Ernst Schusser – Gruß in die Oberpfalz von Wastl Fanderl (Zum 70. Geburtstag von Otto Peisl)

■ **Jahrgang 1987**
Heft 1:
Haupttext: Grassauer Tanzl
Weitere Themen: Die Musik bei einer Bauernhochzeit im Miesbacher Oberland von ca. 1880 - ca. 1960. Blech-, Streich- und Harmoniemusik von Gerhard Maier – Hochzeitsbrauchtum in der Halsbacher Gegend (1.Teil) von Theresia Rothenaicher – Nachruf auf Josef Kammerlander (Ruhpolding) von Wastl Fanderl.
Heft 2:
Haupttext: Volkstanz im alten München. Ein geschichtlicher Rückblick von Volker D. Laturell.

Weitere Themen: Hochzeitsbrauchtum in der Halsbacher Gegend (2. Teil) von Theresia Rothenaicher.
Heft 3:
Haupttext: Geschichte der Zither in den Niederlanden von Joop de Jongh.
Weitere Themen: Ein ungarischer Graf und seine bairischen Stückln von Walter Deutsch. Mit Noten und Porträt von Moritz Graf Sándor von Szlavnicza – Mit Volksmusik zu deutschen und alpenländischen Siedlern von Andreas Grün.
Heft 4:
Haupttext: Das Akkordeon und die Volksmusik. Überlegungen und Anregungen für Akkordeonspieler von Wolfgang Neumüller.
Weitere Themen: Der „Bla-Lois" von Gerlinde Haid (zum 75. Geburtstag) – Der Malprofessor und sein Lied von Beni Eisenburg. (über den vor 25 Jahren verstorbenen Maler Prof. Thomas Baumgartner) – Ein Almsingen im vorigen Jahrhundert von Robert Münster – Sänger-Krieg auf der Alm von Arthur Achleitner.
Heft 5:
Haupttext: Volksmusik in der „Schanz" (Ingolstadt) von Wastl Biswanger. (1. Teil).
Weitere Themen: Der „Kraud'n-Sepp". Eine Erinnerung an den Isarwinkler Sänger und Zitherspieler von Heini Dreer mit Ein- und Ausleitung von Wastl Fanderl.
Heft 6:
Haupttext: Das deutsche Volkslied in fünf Jahrhunderten. Dargestellt an neun Liedbeispielen von Hartmut Braun.
Weitere Themen: Volksmusik in der „Schanz" (2. Teil) von Wastl Biswanger.

■ **Jahrgang 1988**
Heft 1:
Haupttext: Der Volkstanz im bayerischen Inn-Oberland von Karl Horak.
Weitere Themen: Die Schwegel im Musikunterricht von Wolfgang Putzinger – Ländlerische aus dem Bayerischen Wald von Helmut Wagner.
Heft 2:
Haupttext: Heile Welt Volkslied – Andere wollen andere Lieder. Von Erich Mayer.
Weitere Themen: Robert Münster zum 60. Geburtstag von Wolfi Scheck und Ernst Schusser. Volksmusik im Gottesdienst von Franz Niegel.
Heft 3:
Haupttext: „Liebe Leser" (über die vielfältigen Erwartungen an die neue Redaktion) von Wolfi Scheck. – Joseph Friedrich Lentner. Leben und Werk von Ernst Schusser.

Weitere Themen: Zur Entstehung von Lentners Ethnographie von Ernst Schusser. Feste und öffentliches Leben in Oberbayern um 1859. Ausgewählte Angaben zu Musik, Lied und Tanz aus den Beschreibungen J. F. Lentners – Berchtesgadener Volksleben um 1850. Auszüge aus der Landesbeschreibung von Joseph Friedrich Lentner um die Mitte des 19. Jahrhunderts – Aus dem Volksmusikarchiv des Bezirks Oberbayern. Das Liederbuch des Hofschaffer Linerl. Volkslieder aus Berchtesgaden um 1911.

Beilage 16
Annamirl, Zuckerschnürl.

Altbairische Kindersprüchl, Wiegenreime, viele schöne Liadl und lustige Gsangl, Bauernrätsel und Spiele. Hg. von Wastl Fanderl. München. Ehrenwirth Verlag 1961. Umschlaggestaltung und Textzeichnungen: Traudl Mayr. Wastl Fanderl: Vorwort

Kap. 1: Liadl an der Wiagn und etliche ergötzliche Spiele mit den ganz Kleinen
Kap. 2: Lustige Kurzweil mit Vogerln, Schafln, Rössern, Hendln, Hasen und Zwergln sowie mit allerhand interessanten Begebenheiten im Haus und in der Nachbarschaft
Kap. 3: Kleiner Jahrlauf

Das Buch enthält Lieder und Jodler (63 Beispiele), Wiegenreime und Spiele für die ganz Kleinen (7 Beispiele), Auszählreime (3 Beispiele), Bauernrätsel und Schnellsprechversl (5 Beispiele), Kinder-Schnadahüpfl (6 Beispiele, darunter Hirankl Horankl), „Verschiedenes" (7 Beispiele)

Gesammelte Kinderreime, denen Fanderl Melodien unterlegt hat:
Und auf a jeds Kindl – Schlaf, Büabei – Liabele – Sitzt a Oansiedl auf da Stiegn – Vögerl, Vögerl – Fingerspiel – Schutzi, schutzi, heita – Frauenkäferl – Hopp, mei Schimmerl – Steht a kloans Diandl draußt – Hinterm Bam, vordern Bam – Lauft das Spinnrad

Textbruchstück – Melodie von Wastl Fanderl:
Die heilig'n Drei König

Text und Melodie von Wastl Fanderl:
Kimmt daher die Wintazeit – Und a Schneeberl hat's g'schniebn – Die Bäurin sagt zur Kirtazeit – Heiliger Nikolaus (für Tochter Moni)

Gewährsleute und schriftiche Quellen für Texte und Melodien:
Maria Fanderl, Marie (Kindsdirn) vom Wirt in Feichten a. d. Alz (gehört 1946), K. M. Klier, Franz Friedrich Kohl, Hansl Reiter („Oberdonau"), Tobi Reiser, Raimund Zoder, Hans Commenda (Text von Mabeth von Treuberg, München), Ziska/Schottky: Österreichische Volkslieder 1818, Maria Vinzenz Süß: Salzburger Volkslieder 1865, Zeitschrift. „Das deutsche Volkslied" (O. Schmidt), Viktor Zack, Hans Neckheim: 222 Echte Kärntnerlieder (1895), Karl Liebleitner, Xaver Schröck (Laufen 1934), Hilde Schmitt (München), Lisl Fanderl (Leogang), Pauli Urstöger (Radstadt), Cesar Bresgen: „Fein sein, beinander bleiben", Friedl von Spaun (Salzburg 1939), Konrad Mautner, Heidi Stieber (Marquartstein 1936), Josef Pommer, R. Preiß, Geschwister Schiefer, Kiem Pauli, Salzburger Musikblätter 1941, Franz von Kobell: Alte und neue Jägerlieder, Jolanda Claus (Salzburg), „Gamsei" (Bergen), Benno Vachenauer (Bergen), Toni Göttle (Sonthofen), Schaller (Volkskundler) aus Ebensee (OÖ).

Regionen, aus denen die Texte und Melodien stammen:
Oberbayern (Erdinger Moos) und speziell Chiemgau (Frasdorf, Laufen, Marquartstein), Waldviertel (Niederösterreich), Orth an der Donau), Oberösterreich (Ampflwang, Ebensee), Steiermark, Kärnten (Ossiacher See), Salzburg (Leogang, Radstadt), Burgenland, Iglau, Tirol (Zell am Ziller), Osttirol (St. Justina im Kristein-Tal), Südtirol (Sterzing).

Beilage 17: Is's a Freud auf der Welt. Lieder von Wastl Fanderl.

**Hg. vom Bezirk Oberbayern. München 1987
(Mit einem Vorwort von Wolfi Scheck. Mit einer Einleitung von Wastl Fanderl. Neuauflage 2011)**

Der Sammelband hat mehrere Kapitel:
– Kinderlieder (10 Beispiele)
– Lustige und „verliabte" Sachen (18 Beispiele)
– Schöne Zeiten (5 Beispiele)
– Freud am Wasser (5 Beispiele)
– Weihnachten (2 Beispiele)
– Spielstückl (5 Beispiele): Boarischer, Polka, Langsamer Walzer/ Landler

Insgesamt handelt es sich um 45 Lieder und Musikstücke – zum Teil mit Worterläuterungen, Informationen zu den Anlässen und Entstehungsgeschichten der Lieder, zu Erstveröffentlichungen, zu Textvorlagen (z. B. das Nikolausspiel von Breitenbach im Unterinntal, alte Kinderreime, Lisl Fanderl, Hedi Scheck, Hella Schneider-Ewald, Franz von Kobell, Max Koch, Kiem Paulis „Oberbayerische Volkslieder" (1954), Hartmann/Abeles „Volkstümliche Weihnachtslieder" 1884).

Fanderl notiert auch die Erstaufführungen durch verschiedene Gesangsgruppen (z. B. den „Gamsstadl-Viergesang", die „Fischbachauer Sängerinnen", die Geschwister Weigl von Moos bei Plattling, den Oberbrunnenreuther Hausg'sang, den Schanzer Viergesang/Ingolstadt).

Er erinnert auch daran, dass seine Sängerfreunde Leo Döllerer, Bertl Witter und Schorsch Heindlmeier (Gamsstadl-Viergesang) das Nikololied „Es is die Liachtzeit" seit 1951 verbreitet haben, ebenso an das von ihm mit einer Melodie versehene und vom „Fanderl-Trio" erstmals gesungene „Im Fruahjahr, wann d'Vögal wieda singan", von dem Kiem Pauli nur den Text in seine „Sammlung Oberbayrische Volkslieder" (1934) unter dem Titel „Kuckucks-Lied" aufgenommen hatte. Kiem Pauli nahm Fanderls Melodie schließlich in die erweiterte Neuauflage seiner Sammlung (1954) auf.

Wie Bertl Witter, ehemaliges Mitglied in den Gesangsgruppen Wastl Fanderls, sich erinnert, wurden die von Fanderl erst auf den Fahrten zu Rundfunkaufnahmen oder Veranstaltungen neu geschaffenen oder eingerichteten Lieder für deren Gebrauch im Rahmen der verschiedenen Fanderl-Singwochen geprobt und sodann „aus der Taufe gehoben", etwa die folgenden Lieder, die schließlich in die Sammlung „Is's a Freud auf der Welt" aufgenommen wurden: „Hinten bei der Stadltür", „Kimmt daher die Wintazeit", „Is am Himmi koa Stern", „Im Fruahjahr, wann d'Vögal wieder singan", „Hansl spann ei", „Zwoa schwarzbraune Rössal", „Is's a Freud auf da Welt", „Die hl. drei König san hochgeborn".

Erst kürzlich konnte Erich Sepp einige Lieder Fanderls und Beispiele von dessen Sammelgut eruieren, die Ende der 1940er Jahre in der Zeitschrift „Almfried. Das Familienblatt für den Feierabend" des Erdl-Verlags in Trostberg meist unter der Rubrik „Unser Volkslied. Vom Fanderl Wastl" publiziert wurden und weitgehend in Vergessenheit geraten waren. Inzwischen hat Tobias Grill eine präzise Analyse dieses bemerkenswerten Fundes geliefert (vgl. Literaturverzeichnis). Es handelt sich um etwa 180 Lieder, die in den Jahren von 1948 bis 1961 veröffentlicht wurden. Unter diesen Liedern befindet sich u.a. auch ein bisher unbekanntes Nikolaus-Lied aus Fanderls Feder: „Taugt's was, so wird es vom Volk aufgenommen [...]. Taugt's nix, ja mei – da denk ich halt an den Rees-Vater von Bergen, der g'sagt hat: Wers besser kann, der mach es besser, / ein Bauer der ist kein Professor!"

Beilage 18: Schallplatten und CDs

Seit den 1960er Jahren produzierte Fanderl die folgenden Tonträger:

(1) Hausmusi bei Wastl Fanderl. Ariola-Eurodisc GmbH. (= Bairisches Bilder- und Notenbuch). Mit einem Kommentar eines Anonymus. Titelfoto: Lisl, Moni und Wastl Fanderl beim Musizieren. Nr. 71 267 IU. Interpreten: Fanderl-Quintett (Lisl, Moni und Wastl Fanderl, Sigi Ramstötter, Hansl Kain); Regina Fanderl, Geschwister Köppl, Die Fischbachauerinnen, Rupert Pfisterer (Handorgel), Geschwister Röpfl, Harfenduo Mohr-Fanderl, Waakirchner Sänger, Ramstötter Harmonikatrio, Gitarrenduo Eibl, Scherzither-Quartett Kain, Ramstötter Viergesang.

(2) Hausmusi bei Wastl Fanderl. Zweite Folge. Ariola-Eurodisc GmbH. (= Bairisches Bilder- und Notenbuch). Mit einem Kommentar von Wastl Fanderl. Nr. 74 453 IU. Wastl Fanderl stellt die Gruppen vor und schreibt: „Zusammenfassend wäre noch zu sagen, daß man sich bei keiner der hier genannten Gruppen vorstellen könnte, daß sie je von ihrer bodenständigen, natürlichen Art abweichen, so umworben sie auch ob ihres Singens und Spielens sind. Einfach, bescheiden, ohne die geringste Effekthascherei bringen sie zum Klingen das ewigschöne Lied ihrer Heimat."

Interpreten: Schönauer Musikanten, Aschauer Sängerinnen, Xaver und Heinz Stoiber, Kohlstatter Viergesang, Maultrommelduo Mayr von Au, Simon-Geigenmusi von Goisern, Gesangsgruppe Eberwein, Stelzenberger Hausmusi, Walchschmied-Buam, Fischbachauer Sängerinnen.

(3) Bairische Tanzmusi (= Bairisches Bilder- und Notenbuch). Ariola-Schallplatte Nr. 6097804 (CD 1991). Volkstänze, Zwiefache, Landler und Polka, insgesamt 16 Stücke. Interpreten: Teisendorfer Tanzmusi, Schusterbuam von Rottau, Kreuther Musikanten, Neukirchner Musikanten, Dellnhauser Musikanten.

(4) Südtirol (= Bairisches Bilder- und Notenbuch). Ariola Schallplatte Nr. 261808-217

Interpreten: Geschwister Oberhöller, Ritner Okarina-Spiel, Bozner Gitschen, Raffele-Trio Schuler, Durnholzer Sänger, Unterhofer-Duo, Geschwister Posch, Klobensteiner Stubenmusik, Reinswalder Sänger, Kofler Musikanten, Anni Treibenreif, Moser-Peter-Musikanten, Hofer-G'schwister, Gruppe Schuler-Höpperger.

(5) Freud' am Wasser (CD). Ariola 1964 (= Bairisches Bilder- und Notenbuch). Mit einem Kommentar von Paul Ernst Rattelmüller zur Geschichte der Fischerei. Interpreten: Marianne Röpfl, Pienzenauer Sänger, Fischbachauerinnen, Duo Winkler-Rehle, Gebrüder Rehm, Fanderl-Quintett, Geschwister Röpfl, Hörner-Duo Heibl-Schmitz, Starnberger Fischerbuam, Gitarren-Duo Eibl, Kreuther Stubenmusi, Stelzenberger-Quartett, Bibi Rehm, Reit im Winkler Sänger, Teisendorfer Tanzlmusi.

(6) Baierisches Spektaculum. Althergebrachte Moritaten und rauhe Gesänge von Wildschützen, Rebellierern und Verriegelten, von kuriosen Umgehern und sündhaften Brautwerbern, aber auch von bekehrten und bußfertigen Wallfahrern … so ihre Taten und Schicksale angedenklich bis zum heutigen Tage. Vorgebracht von Oberlandler, Isarwinkler, Pongauer und Innviertler Liedsängern, eingerahmt mit frischen Weisen Berchtesgadener und Chiemgauer Spielleute, zusammengerufen und angeführt von Wastl Fanderl. (= Bairisches Bilder- und Notenbuch). Mit einem Kommentar von Fritz Riethmüller zum „Kneißl Hiasl" mit bibliographischen Angaben zum Räuber Kneißl. Ariola 77 921 IU. Interpreten: Waakirchner Sänger, Gerstreuter Musikanten (Martin Schwab, Hedi Schuster, Hias Häusler, Herbert Lagler), Stelzenberger Hausmusik (Peter Lochmann, Erich Hofer, Lisl, Moni und Wastl Fanderl, Sigi Ramstötter, Hansl Kain), Pongauer Viergesang Windhofer-Dengg, Geschwister Simböck, Krauden Sepp.

(7) Jäger im Gebirg (= Bairisches Bilder- und Notenbuch). Mit einem kulturgeschichtlichen Kommentar von Paul Ernst Rattelmüller. Ariola 71 264/65 IU. Mit Zeichnungen von Arthur von Ramberg aus dem Buch „Oberbayerische Lieder" von Franz von Kobell (1858). Interpreten: Partenkirchner Sänger, Peifergruppe Schorsch und Ferdl Windhofer, Geschwister Röpfl, Gitarrenduo Eibl, Pienzenauer Sänger, Fanderl-Quintett, Oberförster Thomas Mayer, Rupert Pfisterer (Orgel), Reit im Winkler Sänger, Fischbachauerinnen, Teisendorfer Tanzlmusi, Gebrüder Rehm, Harfenduo Mohr-Fanderl, Duo Greinsberger-Rehm.

(8) Stubenmusi (= Bairisches Bilder- und Notenbuch). Mit Kommentaren zu den Fotos auf dem Cover (Herzog Maximilan in Bayern 1808–1888; Sepp Winkler und Rudi Rehle von der Kreuther Stubenmusi, La Musicienne des Alpes, Hedi Schuster von der Gerstreit Musi). Interpreten: Berchtesgadener Saitenmusi, Eichstätter Geigenmusi, Kreuther Stubenmusi, Hugel-Gitarrentrio, Gerstreiter Musikanten, Stelzenberger Hausmusik, Duo Winkler-Rehle, Kreuther Klarinettenmusi

(9) Advent und Weihnachten in Südtirol. Volksweisen zusammengetragen von Wastl Fanderl. Arrangeur, Bearbeitungen und musikalische Leitung: Wastl Fanderl. Kulturgeschichtlicher Kommentar von Paul Ernst Rattelmüller. Ariola. Interpreten: Geschwister Oberhöller, Harfentrio Schuler, Bozner Gitschen, Klobensteiner Stubenmusik, Anni Treibenreif, Durnholzer Sänger, Karl-Heinz Schickhaus, Geschwister Posch, Unterinner Hirtenbuben, Reinswalder Kirchensänger.

(10) Weihnachtszeit im Alpenland. Volksweisen zusammengetragen von Wastl Fanderl. Kommentar von Wastl Fanderl, in dem er u.a. schreibt: „Die Lieder und Weisen sollen Euch in ruhigen Stunden erfreuen, sie wollen nachgesungen und -musiziert werden, das ist alles. Eine große Einleitungsansprache haben sie nicht nötig, ein fachkundiges ‚Zerreden' zweimal nicht. [...] Hier sind Glaube und Heimat eins geworden." Fanderl betont den einfach-innigen Charakter der Verkündigungs-, Herbergs- und Hirtenlieder in der „auf den ersten Blick überraschenden Mischung von Humor und Andacht – Volkslieder halt." Die Schallplatte gebe ein „Bild der Volksmusik des 18. und 19. Jahrhunderts", die lange vergessen gewesen sei. Diese Lieder und Musikstücke gehörten nun in die Bürger- und Bauernstuben. Er zitiert schließlich Peter Roseggers Plädoyer für die Verwendung dieser Musik in der Kirche, „so lange wir nichts Besseres dafür hineinzustellen haben." Auf dem Cover werden die Texte der Lieder „Nun es nahen sich die Stunden", „Auf, auf, ihr Hirten" und „Es hat sich eröffnet" abgedruckt. Auch Worterklärungen bietet Fanderl an. Interpreten: Schönauer Musikanten, Roaner Sängerinnen, Martlhof-Stubenmusi, Inzeller Zweigesang, Stelzenberger Hausmusik, Geschwister Posch, Klobensteiner Stubenmusi, Waakirchner Sänger, Fischbachauer Sängerinnen, Geschwister Oberhöller, Harfendo Schuler

(11) Bairische Weihnachtszeit. Advents- und Hirtenlieder, zusammengetragen von Wastl Fanderl. Mit einem Kommentar von Wastl Fanderl. Er verweist auf August Hartmann und dessen Sammlung „Volkstümliche Weihnachtlieder" (1884). Ansonsten deckt sich dieser Kommentar mit jenem auf der Platte Nr. 10. Auf dem Cover werden die folgenden Lieder abgedruckt. „Maria, hör den Engel an". „Maxl, spring" und „Laufet, ihr Hirten" (Fanderl verweist auf die Verwendung des letzten Liedes bei W. A. Mozart, Michael Haydn und Max Reger). Interpreten: Schönauer Musikanten, Roaner Sängerinnen, Stelzenberger Hausmusik, Inzeller Zweigesang, Fischbachauer Sängerinnen, Waakirchner Sänger, Berchtesgadener Flötentrio, Maultrommelduo Mayr von Au, Sepp Eibl.

(12) Auf der Zugspitz. Life-Aufnahme [sic!]. Sänger und Musikanten aus Bayern und Tirol im Schneefernerhaus. Electrola Gesellschaft m.b.H. Köln Odeon 083 284 OPX 34. 1961. Mit Kommentar von Wastl Fanderl (1961).

(13) A weni kurz, a weni lang. Odeon SMO 83 895. 1965

(14) Aus dem Bairischen Bilder- und Notenbüchl. Benefiz-LP Ariola-Eurodisc 1973 im Rahmen der Aktion „Rette dein eigenes Leben". Es singen und musizieren: Das Hugel-Gitarrentrio, Geschwister Röpfl, Waakirchner Sänger, Schönauer Musikanten, Gerstreuter Musikanten, Berchtesgadener Saiten-Musik, Fischbachauer Sängerinnen, Thomas Mayer, Stelzenberger Hausmusik, Kreuther Klarinettenmusi, Harfenduo Mohr-Fanderl, Duo Winkler-Rehle, Aschauer Sängerinnen.

Die zahlreichen Lieder, Jodler, Balladen, Volkstänze, Gstanzln und Musikstücke (einige Stücke finden sich auf mehreren Tonträgern):
's kloa Dianai (5), „Deutscher" aus Berchtesgaden (2), „Mozart"-Pastorelle (9), Aber Hansl, spann ein (1), Adventliche Stubenweis' (11), Adventliche Weise (9), Adventlied (10), Adventmusik (10), Advent-Musik (9), Almawasserl (5), Als ein kleines Kind geboren (9), Als Kaiser Augustus (9), Alter Pfeifermarsch aus Tirol (7), Altes Söldnerlied (2), Amsel-Bayrischer (2), An Franz seina (1), An ihrem Fenster – Moni Boarischer (1), Auf der Gwahn (7), Auf, auf, ihr Hirten auf dem Feld (10, 11), Bayrischer (11), Berchtesgadener Boarischer (8), Bin ins Fischn ausganga (5), Boarischer aus dem Zillertal (7), Boarischer aus der Mühlau (5) , Boarischer aus St. Wolfgang (7), D'Lena. Boarischer (8), Da drunt bei der Mühl (5),Das Gamserlschiaßn (7), Das Jagen, das is ja mei Leben (7), Das jagerisch Leb'n (7), Das lustige G'spött (2), Das Münchner Soldatengefängnis (6), Dem Bauern sei' Hund (2), Dem Fidei seiner. Boarischer (8), Dem Luck seine (6), Dem Pauli seina. Polka (2), Der Dudlsackpfeifer (2), Der Holledauer Schimmel (2), Der Küahmelcherjodler (2), Der meineidige Bauer (6), Der Scheib'ndudler (2), Der schwarzbraune Schlossergesell (6), Der stoanerne Jager. Landler (8), Der Wirtssepperl z'Garching (6), Deutscher Tanz aus Berchtesgaden (10, 11), Die Flachauer Schützen (7), Die kloane Weis' (1), Die Pinzgauer Wallfahrt (6), Die schöne Burgi (5), Die schöne Gretl (1), Engelruf (10, 11), Es hat sich eröffnet das himmlische Tor (9, 10), Fischer-Gstanzl (5), Fischerlatein „Und z'nachst" (5), Fischerleut (5), Fischerruf (5), Frisch auf ghad hinaus (7), Fuchspassen mag i net (7), Gasteiner Polka (7), Geh i's abi nachn Wasserl (5), Gföller-Marsch (7), Glasmacher-Polka (2), Grassa-Jodler (2), Gstatterbodner-Boarischer (7), Guten Abend, liebe Hirten (9), Hahnpfalz (7), Halbreiter-Tanzl (8), Hammerschmied-Wassa (5), Heija Sumsasum (1), Heut geh'n ma zum Fischn (5), Hieronymus-Boarischer (1), Hirten auf dem Felde (9, 10), Hirtenlandler (10), Hirtenweise (9), Hochzeitslied (2), Horch, was gibt's denn (11), Hornerviertler-Boarischer (1), Huberpeter-Menuett (2, 8, 10), Hui, Nachbar, auf! (9), I bin a Oberlandler Bauer (1), I möcht' di scho liab'n (2), I tritt herein als Handwerksbursch (1), Im Fruahjahr (1), In der Schanz (5), Innviertler Gstanzln (6), Is a Freud, wann i geh (5), Jäger-Gstanzl (7), Jagersbua, sag mir (7), Jetzt kimmt des schö' Fruahjahr (7), Jodler aus dem Salzburgischen (1), Kaltbrünnl-Polka (5), Kalte Wasserl. Landler (6), Kettenpredigt (1), Kimmt schö hoamli die Nacht (1) , Kleines Hirtenspiel (9), Kneißl-Lied (6), Koa lustigers Leb'n (7), Köpplschneid-Boarischer (8), Kraillinger Polka (7), Landler aus dem Salzkammergut (2), Landler aus Oberbayern (8), Landler vom Gugg'n Sepp (8), Langsamer Landler (10, 11), Laufet, ihr Hirten (11), Liederweisen (6), Lorli-Boarischer (5), Lusti is's auf der Welt (2), Maria, hör den Engel an (11), Marienlied (10, 11), Mayer-Dama-Polka (7), Mitterbach-Bayrischer (2), Mödringer Tanzl (8), Moosbachei-Landler (5), Mühlviertler „Arien" (1, 8), Nacht hat's Wachterl g'schlag'n (1), Neukirchner-Boarischer (5), Nun es nahen sich die Stunden (9, 10, 11), O, edle, liebreiche, herzguldne Nacht (10, 11), O göttliche Liebe (9), O Maria, wie gefährlich (9), O Maria, wir Dich nennen (9), Pattenberger Landler (6), Pinzgauer Tanzei (1), Plankenauer Walzerl (1), Potztausend mal tausend (9), Priesberg-Landler (8), Rax-Alm-Dudler (2), Reiter-Alm-Polka (6), Rorate (10, 11), Roslwalzer (8), Scheibendraher-Polka (6), Schießstatt-Landler (2), Schön und lustig. Landler (7), Schöne Liadl. Liederweisen (8), Sei's gelobt, Herr Jesu Christ (11), Siebenhütten-Boarischer (8), Simandl-Bayrischer (6), Steh auf, laß dir sagen (9, 10), Stern-Polka (7), Stöger-Alm-Jodler (1), Suserl, du g'hörst mein (1), Tanzl (2), Tauch an! (5), Tiroler Landsturm (7), Tuet eilends erwachen (9), Turmweise (9), Überführn (5), Übern Laurenziberg (1), Übern See (5), Und die Schiffleut san a Leut! (5), Und i woaß a schöne Glock'n (1), Und im Lanks (1), Unkener Landler (1), Verdruß-Irgei-Polka (2), Von da Schwoag. Langsamer Landler (1), Wann die Bachstaud'n blühn (5), Wann i geh auf die Pirsch (7), Was waar's denn um's Leb'n (7), Wenn ma zum Fischn gehen (5), Wia wunderla is mia (1), Wie freut mi mei Bix (7), Wie ist die Zeit so freudenreich (11), Wildschützenlied (6), Willst du den Jäger lieben (7).

SängerInnen, JodlerInnen und MusikantInnen:
Anni Treibenreif, Aschauer Sängerinnen, Berchtesgadener Flötentrio, Berchtesgadener Saitenmusi, Bibi Rehm, Bozner Gitschen, Dellnhauser Musikanten, Duo Greinsberger-Rehm, Duo Winkler-Rehle, Durnholzer Sänger, Eichstätter Geigenmusi, Fanderl-Quintett (Lisl, Moni und Wastl Fanderl, Sigi Ramstötter), Hansl Kain, Fischbachauer Sängerinnen, Gebrüder Rehm, Gerstreuter Musikanten (Martin Schwab, Hedi Schuster, Hias Häusler, Herbert Lagler), Gesangsgruppe Eberwein, Geschwister Köppl, Geschwister Oberhöller, Geschwister Posch, Geschwister Röpfl, Gitarrenduo Eibl (3x), Klobensteiner Stubenmusik, Harfenduo Schuler, Harfenduo Mohr-Fanderl, Hörner-Duo Heibl-Schmitz, Hugel-Gitarrentrio, Inzeller Zweigesang, Karl-Heinz Schickhaus, Klobensteiner Stubenmusi, Kohlstatter Viergesang, Kreuther Klarinettenmusi,

Kreuther Stubenmusi, Marianne Röpfl, Martlhof-Stubenmusi, Maultrommelduo Mayr von Au, Neukirchner Musikanten, Oberförster Thomas Mayer, Partenkirchner Sänger, Pfeifergruppe Schorsch und Ferdl Windhofer, Pienzenauer Sänger, Pongauer Viergesang Windhofer-Dengg, Ramstötter Harmonikatrio, Ramstötter Viergesang, Regina Fanderl, Reinswalder Kirchensänger, Reit im Winkler Sänger, Roaner Sängerinnen, Rupert Pfisterer (Handorgel), Scherrzither-Quartett Kain, Schönauer Musikanten, Schusterbuam von Rottau, Sepp Eibl, Simon-Geigenmusi von Goisern, Starnberger Fischerbuam, Stelzenberger Hausmusik (Peter Lochmann, Erich Hofer, Lisl, Moni und Wastl Fanderl, Sigi Ramstötter, Hansl Kain), Stelzenberger-Quartett, Teisendorfer Tanzlmusi, Unterinner Hirtenbuben, Waakirchner Sänger, Xaver und Heinz Stoiber.

Beilage 19: Verein für Volkslied und Volksmusik e.V.

Vgl. Erich Mayer: Stoffsammlung; Nachrichten und Auskünfte des Vereins; „Verein für Volkslied und Volksmusik". In: SMZ 9, 1966, H. 4

Gründung: Februar 1965, seit Oktober 1966: Zusatz im Vereinsnamen: Kiem Pauli–Kurt Huber-Kreis.

Die Organisation des Vereins (Juni 1966):

Vorstand: Annette Thoma (Vorsitzende), Dr. Fritz Berthold, Ulrich Philipp Graf zu Arco-Zinneberg, Wastl Fanderl.

Verwaltungsrat: Herzog Albrecht von Bayern (Vorsitzender), Dr. Wilhelm Högner (Ministerpräsident a. D.), Dr. Dr. Alois Hundhammer (Stv. Ministerpräsident), Dr. Hans Dümmler (Bayerische Versicherungsbank-Allianz), Hans Dürrmeier (Generaldirektor Süddeutsche Zeitung), Dr. Alois Egger (Bayerischer Bauernverband), Gustl Feldmeier (Kaufhaus Ludwig Beck am Rathauseck), Siegfried Janzen (Direktor Siemens), Clara Huber, Karl Edelmann, Waldemar von Knörringen, Kurt Österreicher (Bayer. Landwirtschaftsverlag), Dr. Dr. Singer (Präsident des bayerischen Senats), Dr. Deinlein (Regierungspräsident von Oberbayern), Fürst von Donnersmarck, Erzbischöflicher Generalvikar Defregger.

Die Vereins-Satzung vom 5. 2.1965 hält u.a. fest: „Zweck des Vereins ist die Pflege und Förderung von Volksgesang, Volksmusik und Volkstanz. Der Verein sieht also seine Hauptaufgabe auf dem Gebiete der Erziehung, Ausbildung und Jugendpflege. Insbesondere der Unterricht in jeder Art von volkstümlicher Musik durch geeignete Wanderlehrer und die Ausbildung der Jugend in den Familien, aber auch besonders in den Schulen und die Pflege von Volks- und Hausmusik und der Volksbildung stellen den Kern seiner Aufgaben dar." Die Satzung enthält auch die Verpflichtung zur „kostenlosen Beratung und Vertretung der Interessen von Volksmusikgruppen gegenüber der GEMA, Unternehmen aller Art, Rundfunk, Schallplatten und Vergnügungsindustrie." Als Organ des Vereins wird die „Sänger- und Musikantenzeitung" genannt.

Aktivitäten, Veranstaltungen, Unterstützungen: beispielsweise Verschickung von Notenblättern – Zuschüsse für Teilnahme an der Fanderl-Ostersingwoche in Klobenstein – Mitfinanzierung des Dombergsingens in Freising – Einladung an die Abteilung Volksmusik des Bozener deutschen Rundfunks nach München – geplanter Aufbau eines bayerischen Volkliederarchivs – Schenkungen – Gitarrenlehrgang 1966 – Geselliger Erinnerungsabend anlässlich der Wiederkehr von Kiem Paulis Geburtstag (25. Oktober 1966) – 10.–15. Oktober 1966 Wien: 2. Seminar für Volksliedforschung – 1. Bayerisches Seminar für Volksmusikforschung (Juni 1967).

Studienfahrten 1967–2012: Bad Aussee (1967), Eichstätt, Solnhofen (1969), Giazza bei Verona/Terra Cimbria (1970), Aufkirchen im Pustertal (1971), St. Johann im Pongau, Maria Alm (1972), Reichersberg im Innviertel (1974), Alpbach / Tirol (1975), Altusried, Kempten (1976), Mariazell/Niederösterreich, Musikantenwallfahrt (1977), Stammsried/Oberpfalz (1977), Glentleiten, Freilichtmuseum des Bezirks Oberbayern (1978), Zipf, Neukirchen/Oberösterreich (1979), Beilngries/Altmühltal (1980), Garmisch-Partenkirchen (1981), Kramsach/Tirol (1982), Kremsmünster/Oberösterreich (1983), Terra Cimbria, Altbairische Sprachinseln (1984), Hallstatt (1984), Tittling, Thurmansbang (1985), Schwangau, Neuschwanstein (1986), Ramsau am Dachstein (1987), Rosenheim, Mattsee (1988), Massing, Bayerbach/Niederbayern (1989), Bad Windsheim/Franken (1991), Steyr/Oberösterreich (1992), Bruck an der Mur (1993), Tschagguns/Montafon (1995), Klobenstein (1996), Leutschau/Slowakei (1997), Krumau/Tschechien (1999), Melk, Dürnstein/Wachau (2001), Tiefencastl/Graubünden (2002), Bad Aussee, Gößl am Grundlsee/Ausseer Land (2003), Oberpullendorf, Raiding, Schloß Esterhazy/Burgenland (2004), Berchtesgaden (2005), Allgäu (2006), Salzburger Land (2007), Osttirol (2008), Mühlviertel (2009), Bregenzerwald (2010), Salzkammergut (2011), Graz und Umgebung (2012).

Beilage 20: Ehrungen, Auszeichnungen, Geburtstage, Benennungen nach „Wastl Fanderl"

1968 Bayerischer Poetentaler (Münchner Turmschreiber)
Hanns Vogel, der Sprecher der Turmschreiber, überreicht den „Poetentaler" an die Schriftsteller Anton und Friedrich Schnack, den Kunsthistoriker Dr. Herbert Schindler und an Wastl Fanderl. Hans F. Nöhbauer hielt die Laudatio auf Fanderl. Originalurkunde im Wastl-Fanderl-Nachlass (8.11.1968): „Für Verdienste um Wort und Brauch in Bayern" (vgl. Mit Bayern und dem Volk verbunden. In: Münchner Stadtzeitung, 11.11.1968).

1969 Bundesverdienstkreuz 1. Klasse
Regierungspräsident Dr. Adam Deinlein überreichte die Auszeichnung am 6. Mai 1969 in der Regierung von Oberbayern.

1973 Bayerischer Verdienstorden
Ministerpräsident Alfons Goppel verlieh an 158 Persönlichkeiten den Bayerischen Verdienstorden. Es gratulierten u.a. Max Streibl (Bayerischer Staatsminister für Landesentwicklung und Umweltfragen), Prof. Hans Maier (Bayerischer Staatsminister für Unterricht und Kultus), Dr. Hans Eisenmann (Staatsminister), Ministerialdirigent Prof. Dr. Dr. W. Keim (Bayerisches Staatsministerium für Unterricht und Kultus), Hans-Reinhard Müller (Münchner Kammerspiele), Dr. Freiherr von Stralenheim (Ministerialdirektor im Bayerischen Staatsministerium für Unterricht und Kunst), Freiherr von Feury (Präsident des Bayerischen Bauernverbandes), Dr. Pirkl (Bayerischer Staatsminister für Arbeit und Sozialordnung), Dr. Robert Münster (Leiter der Musiksammlung der Bayerischen Staatsbibliothek München), Bgm. der Stadt Altötting Lutz.

1979 Silbergedenkmünze des Stehrerhofs (Freilichtmuseum in Oberösterreich)
Im Rahmen eines Besuches des „Vereins für Volkslied und Volksmusik e.V." (vgl. Vöcklabrucker Wochenspiegel 28.6.1979) in Neukirchen a. d. Vöckla wurde Fanderl, der „deutsche ‚Volksliedpapst'", am 24. Juni 1979 ausgezeichnet. „Bayerisch-österreichischer Volksmusikabend" am 23. Juni 1979 (Zwanznleitnermusi, Eislkinder mit Berta Höller aus Vöcklabruck, Aurachtaler Viergesang, Padinger Sänger, Vöcklabrucker Flötengruppe, Innviertler Zithergruppe; die „Sparifankerln", Frasdorfer Saitnmusi), die Bauernmesse von Annette Thoma wird aufgeführt.

1980 Oberbayerischer Kulturpreis (Bezirk Oberbayern)
Erstmalige Verleihung in Eichstätt an den Bildhauer Hans Wimmer und Wastl Fanderl im Rahmen der oberbayerischen Kulturtage; Georg Klimm, der Bezirkstagspräsident von Oberbayern, überreichte den Preis; Laudatio für Wastl Fanderl durch Dr. Wilfrid Feldhütter. Festfolge des Festaktes zur Überreichung des neuen Preises im Spiegelsaal der ehemaligen fürsterzbischöflichen Residenz Eichstätt (12. Oktober 1980). Ausführliche Presseberichterstattung, u.a. im „Bayernkurier" durch Hermann Schuster: „Ein Kulturpreis stiftet Identität. Bewußtsein der Zusammengehörigkeit".

1982 Gotteszeller Volkstumspreis Fanderl erhielt diesen Preis „für sein unermüdliches Wirken um die Erhaltung und Verbreitung echten bayerischen Volksgutes."

1982 Ehrenmedaille für die Verdienste um die Volksmusik in München (Stadt München)

1982 Medaille „Für vorbildliche Heimatpflege" (Bayerischer Landesverein für Heimatpflege) am 3. November 1982 in München. Bericht in der Zeitschrift „Schönere Heimat".

1984 Goldene Medaille des Bayerischen Rundfunks
Intendant Reinhold Vöth überreicht die Medaille am 18. Oktober 1984 an Wastl Fanderl und den Karikaturisten Ernst Maria Lang.

1985 Goldenes Verdienstzeichen des Landes Salzburg
Der Landeshauptmann von Salzburg (Dr. Wilfried Haslauer) verleiht diese Auszeichnung „in Anerkennung der besonderen Verdienste um das Land Salzburg" am 18. März 1985. Im Rahmen des Salzburger Frühlingssingens am 11. Mai 1985 wurde die Auszeichnung in der Großen Aula der Salzburger Universität überreicht. Landesrat Dipl.Ing. Friedrich Mayr Melnhof vertrat den Landeshauptmann. Presseberichterstattung in der Salzburger Volkszeitung durch Wolf-Dietrich Iser und Willi Sauberer unter den Titeln „Zu Lebzeiten Legende" und „Wastl Fanderl und seine mittlere Heiligsprechung". Es sangen und spielten: Salzburger Volksliedchor unter Harald Dengg, Geigenmusik Tobi Reiser, Dellnhauser Musikanten, Kirchleitner Dreigesang (aus Frasdorf), Pongauer Viergesang, Zithertrio aus Bayern (mit Wolfgang Scheck), Familienmusik Schiestl aus Tirol.

1985 Bürgermedaille des Heimatortes Frasdorf

1985 „Volksmusik in Oberbayern", Geburtstagsbuch für den Fanderl Wastl, Herausgeber: Bezirk Oberbayern. Bearbeitet von Wolfi Scheck und Ernst Schusser. Zum 70. Geburtstag Fanderls.

1992 Tobi-Reiser-Preis (Verein „Freunde des Salzburger Adventsingens"). Posthume Verleihung (Februar 1992). Vgl. die

Dokumentation: Tobi-Reiser-Preis 1992. Hg. vom Verein Freunde des Salzburger Adventsingens. Salzburg 1992. Mit Reden u.a. des Landeshauptmannes von Salzburg Dr. Hans Katschthaler und der Laudatio von Walter Deutsch.

Totenbrett für Wastl Fanderl im Bayerischen Wald (Gotteszell im Landkreis Regen), Initiative durch den Heimatverein Gotteszell; neben Totenbrettern für Paul Friedl („Baumsteftenlenz"), Ferdinand Neumaier (Komponist der „Waldler-Messe"), Annette Thoma, Max Peinkofer, Eugen Hubrich, Karl Weinberger und Hans Keim.

„Fanderl-Brunnen" in Frasdorf:
Initiative des Heimat- und Kulturvereins Frasdorf 1994.

Gedenktafel für Wastl Fanderl
Frasdorfer Friedhofskapelle, 24. Juni 1995, gestiftet vom Heimat- und Kulturverein Frasdorf mit einem Text von Joseph von Eichendorff.

„Wastl-Fanderl-Schule" als neuer Beiname für die Münchner Schule für Bairische Musik anlässlich des 20jährigen Bestehens der Schule. Franz Mayrhofer berichtet in der SMZ 34 (1991), H. 5, S. 330 darüber. Initiative des Münchner Kreises für Volksmusik, Lied und Tanz e.V.

Beilage 21: Liedersammlungen und Anthologien, auf die sich Wastl Fanderl beruft

1. 222 echte Kärntnerlieder. Bearbeitet von Hans Neckheim unter Mitarbeit von Josef Pommer. Hg. vom Deutschen Volksgesangverein in Wien. Wien: Rebay & Robitschek 1891 (1895)
2. Anderluh, Anton (Hrsg.): Kärntens Volksliedschatz. Abt. II/2. Geistliche Volkslieder aus Kärnten. Klagenfurt: Verlag des Landesmuseums für Kärnten 1974.
3. Andrian-Werburg, Ferdinand Leopold von: Die Altausseer. Ein Beitrag zur Volkskunde des Salzkammergutes. Wien: Hölder 1905.
4. Arnim, Achim von/Brentano, Clemens (Hg.): Des Knaben Wunderhorn. 3 Bände. Heidelberg: Mohr und Zimmer 1806/1808.
5. Beuttner, Nikolaus (Schulmeister und Choralist zu St. Lorenzen/Mürztal): Catholisch Gesang-Buch. Graz 1602. (Hrsg. und mit einem wissenschaftlichen Nachwort versehen von Walther Lipphardt. Faksimile-Ausgabe der 1. Aufl., Graz: Akademische Druck- und Verlagsanstalt 1968).
6. Blattl-Lieder. Nach Wort und Weise verfaßt von dem Tiroler Bauerndichter Christian Blattl (1805-1865). Mit einem Anhang: Blattls Lieblingslieder fremden Ursprungs. Jedoch von der Familie Blattl liebevoll gepflegt und in des Vaters Art gesungen. Bearbeitet von Josef Pommer. Saalfelden: Verlag Georg Blattl 1910.
7. Blümml, Emil Karl: Quellen und Forschungen zur deutschen Volkskunde. 8 Bände. Wien. Verlag Dr. Rudolf Ludwig 1908 (Erotische Volkslieder. Vorwort von Karl Gaberl. Mit Singnoten. Privatdruck nur für Gelehrte 1906. Reprint Wien 1993)
8. Brunner, Johann: Heimatbuch des bayerischen Bezirksamtes Cham. Mit Notenbeispielen. München: Akademische Buchdr. 1922.
9. Buchner, Ernst (Hg): Lieder aus dem Oberland: 60 Lieder und Schnadahüpfln aus Bayern und den Alpenländern (mit Klampfenbegleitung). Unter Mitwirkung von Hans Fitz und Otto Kapferer. Leipzig: Hofmeister 1913.
10. Commenda, Hans: Hoamatklang: Sammlung oberösterreichischer Volksweisen. Heft 1 und 2. Linz: Fidelis Steurer 1920 und 1925.
11. Commenda, Hans: Von der Eisenstraße. Oberösterreichische Volkslieder. Wien, Leipzig 1926 (= Arbeitsausschuß für Oberösterreich, Band 2: Volkslieder aus dem oberösterreichischen Ennstale)
12. Das Ambraser Liederbuch vom Jahre 1582. Verfasser Anonym. Urfassung: Frankfurt 1578 („Frankfurter Liederbuch"), 1584 und 1599 nachgedruckt. Neu herausgegeben von Josef Ritter von Bergmann. Stuttgart 1845.
13. Das deutsche Volkslied, Zeitschrift für seine Kenntnis und Pflege, herausgegeben vom Deutschen Gesangsverein in Wien 1-50 (1899-1949).
14. Dengg, Harald (Redaktion): Volkslied und Volksmusik im Lande Salzburg (Reihe). Salzburg 1974ff.
15. Derschmidt, Hermann: Unsere Jodler. Oberösterreichische Jodler. Altenberg bei Linz 1930.
16. Deutscher Club in Wien (Hrsg.) Liederbuch für die Deutschen in Oesterreich. Wien: Verlag „Deutscher Club" 1884.
17. Die österreichischen Volksweisen in einer Auswahl von Liedern, Alpen-Melodien und Tänzen, gesammelt von weiland Anton Ritter von Spaun. Wien 1845
18. Ditfurth, Franz Wilhelm Freiherr von: Fränkische Volkslieder mit ihren zweistimmigen Weisen. 2 Teile. Leipzig 1855.
19. Erhard, Caspar: Catholischer Kirchen-Gesang... durch das gantze Jahr zu Hauß und in der Kirchen, bey Creutz-Gäng und Bitt-Fahrten. Augspurg 1743 (Nach: Wastl Fanderl: Liederbogen Nr. 25).
20. Erk, Ludwig/Böhme, Franz Magnus: Deutscher Liederhort. Auswahl der vorzüglicheren Deutschen Volkslieder nach Wort und Weise aus der Vorzeit und Gegenwart. Im Auftrage und mit Unterstützung der Königlich Preußischen Regierung nach Erks handschriftlichem Nachlasse und auf Grund eigener Sammlung neubearbeitet und fortgesetzt von Franz M. Böhme. 3 Bände. Leipzig: Breitkopf & Härtel 1893-94 (2. Aufl. 1925; spätere Faksimile-Ausgaben 1963, 1972)

21. Erlach, Friedrich Karl Freiherr von: Die Volkslieder der Deutschen. 5 Bände. Mannheim: Heinrich Hoff 1834
22. Gabler, Joseph (Hrsg.): Geistliche Volkslieder. Siebenhundertvierzehn religiöse Lieder mit 387 Melodien, gesammelt in der Diöcese St. Pölten. 2., verbesserte und sehr vermehrte Aufl. der „Neuen geistlichen Nachtigall". Linz: Verlag des kathol. Preßvereines 1890.
23. Gielge, Hans: Rund um Aussee. Volkslieder, Jodler und Rufe aus dem Steiermärkischen Salzkammergut. Wien und Leipzig 1935 (= Kleine Quellenausgabe, Bd. 2. Hg vom Österreichischen Volksliedunternehmen, Arbeitsausschuß für Steiermark, besorgt von Curt Rotter).
24. Glanner, Caspar: I. Theil Newer Teutscher Geistlicher und Weltlicher Liedlein, mit vier und fünff Stimmen, welche nit allein lieblich zu singen, sondern auch auff allerley Instrument zu gebrauchen. München 1578.
25. H.M. [Herzog Max]: Oberbayerische Volkslieder mit ihren Singweisen. München: Georg Franz 1846.
26. Hager, Franziska: Der Chiemgau. Ein Bayernbuch den Deutschen. München: Müller & Königer 1927.
27. Halbreiter, Ulrich: Sammlung auserlesener Gebirgslieder, herausgegeben und Seiner Hoheit Herrn Herzog Maximilian in Bayern in tiefster Ehrfurcht gewidmet. Heft 1-3. München 1839
28. Hartmann, August/Abele, Hyazinth: Volksschauspiele in Bayern und Österreich-Ungarn. Leipzig: Breitkopf & Härtel 1880.
29. Hartmann, August/Abele, Hyazinth: Volkslieder, in Bayern, Tirol und Salzburg gesammelt. Mit vielen Melodien nach dem Volksmund aufgezeichnet von Hyacinth Abele. Band 1: Volksthümliche Weihnachtlieder. Leipzig: Breitkopf & Härtel 1884.
30. Hartmann, August: Historische Volkslieder und Zeitgedichte vom 16. bis 19. Jahrhundert. 3 Bände. München 1907/1910/1913.
31. Huber, Kurt/Kiem, Pauli (Hg): Oberbayrische Volkslieder mit Bildern und Weisen. Herausgegeben mit Unterstützung der Deutschen Akademie und des Deutschen Volksliedarchivs. München 1930.
32. Jungbauer, Gustav (Hrsg.): Volkslieder aus dem Böhmerwalde, Band I und II. Prag: Calve 1930/1937.
33. Jungwirth, Ernst: Alte Lieder aus dem Innviertel, mit ihren Singweisen. Mit Lautenbaß nach dem Satze von August Falk. Wien: Österreichischer Bundesverlag für Unterricht, Wissenschaft und Kunst 1925.
34. Kiem, Pauli (Hg.): Lieder und Jodler aus Oberbayern. München 1938.
35. Kiem, Pauli (Hg.): Sammlung Oberbayerischer Volkslieder. Mit einem Nachwort von Karl Alexander von Müller. München: Verlag Georg D. W. Callwey 1934.
36. Klier, Karl Magnus: Wir lernen Volkslieder. Musikdruck. Aus der Lehrstunde des österreichischen Senders. Klosterneuburg bei Wien: Augustinus-Druckerei 1935.
37. Kobell, Franz von: Gedichte in oberbayerischer Mundart. München: Literarisch-artistische Anstalt der Cottaschen Buchhandlung 1855 (1852).
38. Kobell, Franz von: Oberbayerische Lieder mit ihren Singweisen. München 1860. (3. Aufl., mit einem Nachwort von Wastl Fanderl. Faksimile-Ausgabe. München: Süddeutscher Verlag 1972).
39. Kohl, Franz Friedrich (Hg.): Echte Volksgesänge aus Tirol. Wien 1903.
40. Kohl, Franz Friedrich: Echte Tiroler Lieder. Im Volke gesammelt und für das Volk eingerichtet. 2 Bde. Innsbruck: Kommissions-Verlag Gebr. Hug & Co 1913, 1915 (1. Aufl. 1899 im Selbstverlag).
41. Kohl, Franz Friedrich: Heitere Volksgesänge aus Tirol (Tisch- und Gesellschaftslieder). Wien: Ludwig 1908.
42. Köhler, Carl: Volkslieder von der Mosel und Saar. Mit ihren Melodien aus dem Volksmunde. Halle an der Saale: Niemeyer 1896.
43. Konturner, Adam [= Konrad Mautner]/Drudmair, Zeno [= Raimund Zoder]: Ein Hundert alte Lieder fürs Landvolk in 50 fliegenden Blättern. Wien: Stähelin und Lauenstein o. J.
44. Krauß, Friedrich Salomon: Anthropophyteia. Jahrbücher für folkloristische Erhebungen und Forschungen zur Entwicklungsgeschichte der geschlechtlichen Moral. Bd II. Leipzig: Deutsche Verlagsaktiengesellschaft 1905.
45. Kronfuß, Karl/ Pöschl, Alexander/Pöschl, Felix: Niederösterreichische Volkslieder und Jodler aus dem Schneeberggebiet. Wien, Leipzig 1930
46. Lasso, Orlando di: Newe teutsche Lieder geistlich vnd weltlich 1583. [Neuauflage]. Kassel: Bärenreiterverlag o. J.
47. Leoprechting, Karl Freiherr von: Aus dem Lechrain. Zur deutschen Sitten- und Sagenkunde. München: Literarisch-artistische Anstalt 1855.
48. Liebleitner, Karl: Wulfenia-Blüten. Einige fünfzig Lieder und Jodler aus Kärnten. Wien, Leipzig 1932.
49. Luterotti, Josef Anton Carl von: Gedichte im Tiroler Dialecte. Innsbruck: Gedruckt bei Felician Rauch 1854.
50. Maußer, Otto (Hg.): Soldatensang. Ein Strauß der schönsten Soldaten- und Volkslieder. Augsburg: Gebrüder Reichel 1932 (u.a. Liedbestand bayrischer Truppen im Weltkrieg 1916)
51. Mautner, Konrad: Alte Lieder und Weisen aus dem Steyermärkischen Salzkammergute. Wien 1918.
52. Mautner, Konrad: Steyerisches Rasplwerk. Wien: Stähelin & Lauenstein 1910.
53. Meier, John/Seemann, Erich: Lesebuch des deutschen Volksliedes. 2 Bände. Berlin: Junker und Dünnhaupt 1937.
54. Meinert, Joseph George (Hg): Alte teutsche Volkslieder in der Mundart des Kuhländchens. Wien: Perthes und Betzer 1817.
55. Mildheimsches Liederbuch (auch: Mildheimisches Liederbuch): Von acht hundert lustigen und ernsthaften Gesängen über

alle Dinge in der Welt und alle Umstände des menschlichen Lebens, die man besingen kann, gesammelt für Freunde erlaubter Fröhlichkeit und ächter Tugend, die den Kopf nicht hängt. Von Rudolph Zacharias Becker. Gotha (wahrscheinlich) 1799.

56. Mincoff-Marriage, M. Elizabeth (Hrsg): Bergliederbüchlein. Historisch-kritische Ausgabe [Jahresgabe für 1936]. Unter Mitarbeit von Gerhard Heilfurth. Leipzig: Karl W. Hiersemann 1936.

57. Mincoff-Marriage, M. Elizabeth (Hrsg.): Volkslieder aus der badischen Pfalz. Hg. mit Unterstützung des Großherzoglich Badischen Ministeriums der Justiz, des Kultus und Unterrichts. Halle an der Saale: Max Niemeyer 1902.

58. Neckheim, Hans: 222 Echte Kärntnerlieder. I./II. Abtheilung. 1. Aufl., Wien: Verlag des Deutschen Volksgesang-Vereines Wien 1891/93.

59. Pailler, Wilhelm (Hrsg.): Weihnachtlieder aus Oberösterreich. Mit 38 Singweisen. Innsbruck; Verlag der Wagner'schen Universitäts-Buchhandlung 1881.

60. Pailler, Wilhelm (Hrsg.): Krippenspiele aus Oberösterreich und Tirol. Mit 31 Singweisen. Innsbruck; Verlag der Wagner'schen Universitäts-Buchhandlung 1883.

61. Pfeifer, Johann (Hg.): Das Bayernliederbuch. Volksausgabe mit 246 Liedern. München 1925 (Schulausgabe mit 138 Liedern 1926).

62. Pinck, Louis (Hg.): Lothringer Volkslieder. Aus den „Verklingenden Weisen". Kassel: Bärenreiter 1937.

63. Pommer, Helmuth: Lieder des deutschen Alpenvolkes. München: Otto Halbreiter 1927.

64. Pommer, Josef (Hg) Turracher Lieder. 35 Volkslieder von der steirisch-kärntnerischen Grenze für eine oder zwei Singstimmen mit Begleitung des Flügels. Wien: Adolf Robitschek 1908.

65. Pommer, Josef: 444 Jodler und Juchezer aus Steiermark und dem steirisch-österreichischen Grenzgebiete. Wien 1902.

66. Pommer, Josef: Flugschriften und Liederhefte (III, IV, VII) Hg. vom Deutschen Volksgesang-Verein. Wien 1891ff.

67. Pommer, Josef: Steirer-Lieder für vierstimmigen Männerchor, Leipzig: Leuckart o. J.

68. Preiß Cornelius: Österreichischer Liederquell für allgemeine Volksschulen und für die Oberstufe niederorganisierter Schulen. Zweiter Teil, Heft 1. Linz: Verlag von K. Pirngruber 1935.

69. Queri, Georg: Die weltlichen Gesänge des Egidius Pfanzelter von Polykarpszell. München: Piper & Co. 1912.

70. Preiß, Rudolf/Zoder, Raimund (Hrsg.): Bauernmusi. Oesterreichische Volksmusik herausgegeben im Auftrag des Oesterr. Wandervogels. Band 1 und 2. Leipzig: Friedrich Hofmeister 1919/1925.

71. Reiterer, Karl: Lustige, altsteirische G›sangln. Vierzeiler und Lieder aus dem Ennstal und dem Ausseer Landl. Bad Aussee: Anton Grill 1906.

72. Rotter, Curt (Hrsg.): Salzburger Liederblatt 1-4. Hg. vom Österreichischen Volkslied-Unternehmen Arbeitsausschuß Salzburg Wien: Kommissionsverlag von Waldheim-Eberle 1937.

73. Salzburger Musikblätter. Hg. von Cesar Bresgen. Mitarbeiter: Otto Eberhard, Tobi Reiser, Franz Biebl. Potsdam: Ludwig Voggenreiter Verlag 1939-1942.

74. Schmeller, J. Andreas: Bayerisches Wörterbuch. Stuttgart, Tübingen: J. G. Cottasche Buchhandlung 1827, 1828, 1836, 1837.

75. Schmidkunz, Walter: Bauernballaden. Lustige und traurige Begebenheiten, Heldengsäng, Moritaten und Spitzbubenstückln nach dem Volksmund des Alpenlandes. Erfurt: Gebr. Richters Verlagsanstalt 1939.

76. Schonner, Paul: Tyroler Alpengesänge. Wien: Diabelli 1820.

77. Seidl, Johann Gabriel: Lieder aus dem letzten Fensterln. Feldkirch 1856.

78. Sing' ma oans. Salzburgische Volksweisen aus der Sammlung Otto Denggs und anderen Quellen für die Jugend ausgewählt von Dr. Curt Rotter. Wien: Deutscher Verlag für Jugend und Volk 1926.

79. Sitten, Bräuche und Meinungen des Tiroler Volkes. Gesammelt und herausgegeben von Ignaz Vinzenz Zingerle. Innsbruck: Verlag der Wagner'schen Buchhandlung 1857.

80. Sonnleithnersche Sammlung steirischer und alpenländischer Lieder 1819 (= Volksliedersammlung der Wiener Musikfreunde).

81. Stieler, Karl: Um Sunnawend. Stuttgart: Adolf Bonz & Co. 1878.

82. Süß, Vinzenz Maria: Salzburgische Volks-Lieder mit ihren Singweisen. Salzburg: Mayrische Buchhandlung 1865

83. Tiroler Heimatblätter. Redaktion: Georg Jäger. Hg. vom Verein für Heimatschutz und Heimatpflege in Nord- und Osttirol. Innsbruck: Verlagsanstalt Tyrolia 1924.

84. Waizer, Rudolf: Cultur- und Lebensbilder aus Kärnten. Klagenfurt: Joh. Leon sen. 1882.

85. Werle, Anton (Hrsg.): Almrausch. Almliada aus Steiermark. Graz: Josef Kienreich 1884

86. Zack, Viktor/Kienzl, Wilhelm (Hrsg.): Alpenlieder aus Deutsch-Österreich. 110 Lieder und 60 echte Volkstänze aus Kärnten, Steiermark und Tirol für Gesang und Klavier nebst einem Dialekt-Wörterbuch. Wien, Leipzig: Lyra Verlag 1919.

87. Zack, Viktor (Hrsg.): Volkslieder und Jodler aus dem obersteirischen Murgebiet. Wien und Leipzig: Österreichischer Bundesverlag für Unterricht, Wissenschaft und Kunst 1927.

88. Ziska, Franz/Schottky, Julius Max: Österreichische Volkslieder mit ihren Singweisen. Budapest [Pesth] 1819 [Pest: C. A. Hartleben 1844]. Nach der zweiten verbesserten und vermehrten Auflage herausgegeben von Dr. Friedrich Salomon Krauss. Leipzig: Deutsche Verlagsaktiengesellschaft 1906.

89. Zoder, Josef/Klier, Karl Magnus: 30 Neue Volkslieder aus dem Burgenlande. Wien 1931.

Beilage 22: Sänger und Musikanten (SMZ 1958–1988)

Erarbeitet von Reinhard Mayrhofer (A = mit Abbildung)

A

Achentaler Musikanten, SMZ 1981, H. 4
Achentaler Ziachmusi, SMZ 1983, H. 1
Achleitner Ludwig, SMZ 1984, H. 4
Affinger Tanzlmusi, SMZ 1973, H. 2 (A)
Aichacher Bauernmusi, SMZ 1983, H. 4, Titelbild
Allacher Stubenmusi, SMZ 1970, H. 3
Almer Dreigesang, Alm bei Saalfelden, SMZ 1971, H. 1, Titelbild
Alpbacher Tanzmusig [!], SMZ 1969, H. 1, Titelbild
Alztaler Klarinettenmusi, SMZ 1977, H. 5 (A)
Alzviertler Sänger, SMZ 1971, H. 4
Ameranger Sängerinnen, SMZ 1975, H. 2; SMZ 1977, H. 2
Ampertaler Kirtamusi, SMZ 1985, H. 1
Angstl, Leonhard, SMZ 1971, H. 5
Anreiter Dreigesang, Bozen, SMZ 1979, H. 6
Arnstorfer Stubenmusi, SMZ 1982, H. 4
Arzberger Christl, SMZ 1984, H. 2
Aschauer Dirndln, SMZ 1974, H. 5, Titelbild
Aschauer Dreigesang, SMZ 1979, H. 3 (A)
Aschauer Tanzlmusi, SMZ 1977, H. 4 (A)
Asselheimer Quartett, SMZ 1986, H. 5 (A)
Audorfer Stubenmusi und Sängerinnen, SMZ 1983, H. 6
Auer Friedrich, SMZ 1965, H. 4
Auer Pfeiferlbuam, SMZ 1980, H. 2
Augsburger Stubenmusik, SMZ 1977, H. 6 (A)
Ausseer Geigenmusi, SMZ 1981, H. 1

B

Bader Georg, „Klosn-Schorsch", Garmisch, SMZ 1968, H. 4
Bairer Sänger, SMZ 1975, H. 2
Bauer Hans, „Schmoderer Vater", SMZ 1967, H.6; SMZ 1980, H. 2
Bauer Josef, „Kraudn Sepp", SMZ 1966, H. 5, Titelbild; SMZ 1987, H. 5
Bauernkapelle Zauer, Pöttsching, Burgenland, SMZ 1981, H. 4
Baumgartner Anni, SMZ 1972, H. 5
Bäumler Michael, SMZ 1984, H. 3
Becher Alois, Angstlbauer von Waldhausen, SMZ 1978, H. 1
Berghammer Stephi, SMZ 1980, H. 5
Bernauer Alphornbläser, SMZ 1981 H. 3
Bergschuster Geigen- und Dudelsackmusi, Oberbernbach, SMZ 1985, H. 3
Bichler Josef, SMZ 1979, H. 2
Bindergaßler Hausmusik, SMZ 1970, H. 1
Birnbacher Hans, SMZ 1979, H. 4
Blamberger Lois, SMZ 1972, H. 5; SMZ 1981, H. 4
Bläsergruppe des Erzbischöfl. Studienseminars Traunstein, SMZ 1977, H. 6 (A)
Blaskapelle Partenkirchen, SMZ 1968, H. 4
Blaskapelle Steingaden, SMZ 1986, H. 2
Bogenhausener Dreigesang, SMZ 1987, H. 1 (A)
Bojern-Sängerinnen, SMZ 1975, H. 6
Brandenberger Dirndln, SMZ 1983, H. 5
Brandl Oskar, SMZ 1982, H. 4
Brandner Martin, SMZ 1967, H. 4
Brem Aurel, SMZ 1968, H. 4
Brüder Rehm, SMZ 1968, H. 4
Büchlstoana Stubenmusi, SMZ 1976, H. 5; SMZ 1987, H. 4
Buchner Josef, „Gamsei", SMZ 1970, H. 5
Burda Sepp, SMZ 1962, H. 5; SMZ 1973, H. 5; SMZ 1982, H. 1
Burwälder Musikanten, SMZ 1977, H. 3

D

Dachauer Viergesang, SMZ 1962, H. 1
Dachauer Dreigesang, SMZ 1985, H. 2
Darchinger Sänger, SMZ 1973, H. 6
Die drei Jettinger, SMZ 1975, H. 4
Dingolfinger Dreigesang, SMZ 1973, H. 4
Dirndlquartett Wolfratshausen, SMZ 1974, H. 2
Dirnharter Stubenmusi, SMZ 1974, H. 2
Dobler Burgmusi, SMZ 1975, H. 6
Dorfner Stubenmusik, SMZ 1983, H. 4 (A)
Dornacher Saitenmusi, SMZ 1985, H. 1 (A)
Dreigesang der Anreiter-Weinbauernfamilie, SMZ 1972, H. 1
Dreigesang Garmischer Madln, SMZ 1968, H. 4
Dreigesang Hans Stöger, Sepp und Xari Sontheim, SMZ 1975, H. 1
Dreigesang Höntze/Lämmlein, Großkarolinenfeld, SMZ 1984, H. 5
Drei-Quartl-Musi, SMZ 1987, H. 6
D'Saulocker, Regensburger Blaskapelle, SMZ 1981, H.3 (A)
Duo Garschhammer-Weinbuch (Weilheim), SMZ 1983, H. 1

E

Eberle Bernhard, SMZ 1983, H. 3
Eberle-Buam, SMZ 1983, H. 3
Ebersberger Volksmusik, SMZ 1971, H. 4
Eberwein Franze, SMZ 1964, H. 3
Eberwein Josef, SMZ 1975, H. 6; SMZ 1980, H. 5
Eberwein Michl, SMZ 1964, H. 3
Echtler Anderl, SMZ 1976, H. 4

Edelmann Karl, SMZ 1963, H. 3
　Egerländer Geigenmusi, SMZ 1984, H.1
Egerländer Moidla, SMZ 1984, H. 1 (A)
Eichstätter Geigenmusi, SMZ 1972, H. 2
Eisenhofener Stubenmusik, SMZ 1979, H. 4
Eitele Josef, SMZ 1981, H. 1

F
Falkensteiner Sepp, SMZ 1978, H. 3
Falkenstoana (Gitta und Sepp Gaisreiter, Schorsch Kötzinger, Friedl Egger), SMZ 1966, H. 2
Falkenstoaner Sänger, SMZ 1976, H. 2, Titelbild
Familie Brunner, Mietraching, SMZ 1988, H. 1
Familie Spindler, Roding, SMZ 1978, H. 1
Familie Schachinger, Andrichsfurt, SMZ 1982, H. 1
Familiengesang Ertl, SMZ 1988, H. 1
Familiengesang Kaufmann, Munderfing, SMZ 1984, H. 4, Titelbild
Familienmusik Eugen Eder, Landshut, SMZ 1984, H. 1, Titelbild
Familienmusik Hübner, Südtirol, SMZ 1978, H. 3
Familienmusik Hutter, Wagrain, SMZ 1971, H. 1; SMZ 1978, H. 6 (A)
Familienmusik Luis Brunner, SMZ 1978, H. 3 (A)
Familienmusik Lun, Meran-Untermais, SMZ 1984, H. 1 (A)
Familienmusik Neuburger, SMZ 1981, H. 3
Familienmusik in Obermenzing, SMZ 1970, H. 3
Familienmusik Sperr, SMZ 1977, H. 2
Familienmusik Viehhauser, Bergen, SMZ 1977, H. 1
Familienmusik Weigl (Nördlingen), SMZ 1977, H. 5
Familienmusik Wiebel, SMZ 1974, H. 6
Feilnbacher Soatnmusi, SMZ 1983, H. 1
Feldmeier Gustl, SMZ 1960, H. 5
Fink Hannes, SMZ 1985, H. 6
Finkengruppe, SMZ 1985, H. 6
Fischbachauer Sängerinnen, SMZ 1961, H. 4, Titelbild; SMZ 1967, H. 4; SMZ 1973, H. 5; SMZ 1977, H. 4
Fischbachauer Tanzlmusi, SMZ 1973, H. 3 (A)
Fischhauser Klarinettenmusi, SMZ 1984, H. 1
Flageolettmusi von Au, SMZ 1982, H. 5, Titelbild
Frasdorfer Tanzlmusi, SMZ 1978, H. 1 (A)
Frauenberger Hausmusi, SMZ 1986, H. 2 (A)
Friedl Paul, „Baumsteftenlenz", SMZ 1962, H. 5
Füssener Dreigesang, SMZ 1977, H. 4

G
Gaisreiter Sepp, SMZ 1986, H. 5
Gaißacher Pioniere und Pfeifer, SMZ 1971, H. 4
Garmischer Saitenmusik, SMZ 1978, H. 6 (A)

Geigenmusik von Frasdorf, SMZ 1979, H. 2
Geisreiter Stubenmusik (Siegsdorf), SMZ 1977, H. 1
Geisenhausner Stubenmusi, SMZ 1978, H. 5 (A)
Gerzener Hackbrettmusi, SMZ 1983, H. 1
Gesangsgruppe Eberwein, SMZ 1975, H. 5
Gesanggruppe Link, SMZ 1984, H. 2
Gesangsgruppe von Ramspau, SMZ 1979, H. 6
Gesangstrio Brüder Klemisch, SMZ 1971, H. 5
Geschwister Altstetter, Mittelschwaben, SMZ 1986, H. 3 (A)
Geschwister Arzberger, SMZ 1979, H. 4
Geschwister Estner, SMZ 1980, H. 1, Titelbild
Geschwister Gugenberger, SMZ 1977, H. 1, Titelbild
Geschwister Hartbichler (Familie Bauer) von Grainbach/Samerberg, SMZ 1975, H. 2
Geschwister Mayr von Au, SMZ 1981, H. 3
Geschwister Oberhöller, SMZ 1960, H. 1; SMZ 1970, H. 1
Geschwister Reschitzegger, SMZ 1979, H. 6
Geschwister Rainer, SMZ 1970, H. 4
Geschwister Röpfl von Hausham, SMZ 1968, H. 3
Geschwister Schmalzl, SMZ 1976, H. 3
Geschwister Siferlinger, SMZ 1976, H. 5; SMZ 1981, H. 5
Geschwister Unsin, SMZ 1979, H. 4 (A)
Gföller Musi, SMZ 1958, H. 1
Die „Gichtaler", SMZ 1988, H. 1 (A)
Gietl Steffi und Pepi, SMZ 1979, H. 6
Gilchinger Sängerinnen, SMZ 1977, H. 4 (A)
Gitarrenduo Eibl-Rehle, SMZ 1967, H. 5
Gitarren-Duo Gitte und Gundi Oberrauch, SMZ 1970, H. 1
Glonntaler Saitenmusik, SMZ 1979, H. 4
Goiserer Bradlgeiger, SMZ 1958, H. 4, Titelfoto
Goldbachbuam, SMZ 1979, H. 1
Goldbachsänger, SMZ 1978, H. 2
Goldbergler Buam, SMZ 1980, H. 4
Graßl Franz Seraph, Musikerfamilie, SMZ 1969, H. 3
Greilinger Sänger, SMZ 1979, H. 6
Greisberger Anton, SMZ 1981, H. 5
Greinsberger Kathi, SMZ 1964, H. 1
Greitl Karl, SMZ 1973, H. 4
Grassauer Stubenmusi, SMZ 1981, H. 5
Grassauer Musikanten, SMZ 1987, H. 1 (A)
Graßl Mariele, SMZ 1985, H. 2
Grubweger Sängerinnen, SMZ 1982, H. 4
Gruppe Kreppold, SMZ 1979, H. 4
Gruppe Link-Deuringer, Augsburg, SMZ 1980, H. 4
Gschwendtner Ursula, SMZ 1976, H. 4; SMZ 1982, H. 2
Guggenberger Alois, SMZ 1983, H. 4
„Guggn Sepp" (Maier Josef), SMZ 1980, H. 5

Guglhupf-Tanzlmusi, SMZ 1977, H. 5 (A)
Günther Christian, SMZ 1977, H. 6

H
Haberer Tanzlmusi, SMZ 1986, H. 3 (A)
Hachingertaler Musikanten und Sänger, SMZ 1985, H. 1
„Hackl vom Lust", Zitherspieler, SMZ 1962, H. 5
Hacklsperger-Rötzer Klara, SMZ 1981, H. 5
Halsbacher Sängerinnen, SMZ 1975, H. 6
Hannesla-Buam, SMZ 1968, H. 4
Haunshofener Sängerinnen und Sänger, SMZ 1980, H. 4
Haupt Nandl von, SMZ 1979, H. 2
Hauser Sepha, SMZ 1979, H. 3
Hausmusik Familie Six in Opponitz/NÖ, SMZ 1981, H. 5, Titelbild
Hausmusik im Krankenhaus der Barmherzigen Brüder in Regensburg, SMZ 1974, H. 1
Hausmusik Langenwalter, SMZ 1981, H. 4
Heldensteiner Sänger, SMZ 1971, H. 5, Titelbild
Hellmaier-Geschwister, SMZ 1971, H. 5
Hepberger Dreigesang, SMZ 1987, H. 6
Herrnauer Volksmusikgruppe, Salzburg, SMZ 1978, H. 1
Heubodenmusi Aich bei Vilsbiburg, SMZ 1982, H. 4 (A)
Hias von Karlstein, diatonische Harmonika, SMZ 1967, H. 4
Hinterskirchner Kindersinggruppe, SMZ 1971, H. 4
Hirschbichlmusik, SMZ 1978, H. 6
Hoangartnsänger, SMZ 1981, H. 1
Hochstadter, SMZ 1961, H 3.
Högler Sänger, SMZ 1984, H. 3
Hohenwarter Dreigesang, SMZ 1982, H. 4
Holl Karl, SMZ 1981, H. 1; SMZ 1982, H. 1
Holler Augustin, SMZ 1969, H. 6
Hollrieder Werner, SMZ 1982, H. 4
Holzfurtner Franz, SMZ 1966, H. 6
Höpperger Josef, SMZ 1964, H. 5
Hoerburger Felix, SMZ 1986, H. 6
Hornsteiner Sepp, SMZ 1986, H. 2 (A)
Huber Hans-Peter, SMZ 1983, H. 4
Huber Peter, „Müllnerpeter", SMZ 1965, H. 4
Hubert Herbert, SMZ 1979, H. 4
Hugel-Musi, Holzkirchen, SMZ 1971, H. 3; SMZ 1972, H. 1
Hummer Hermann, Salzburg, SMZ 1972, H. 3
Huttenstädter Sänger, SMZ 1983, H. 3
Huttensteiner Sänger, SMZ 1979, H. 1

I
Igl-Buam, SMZ 1961, H. 3
Illertisser Dreigesang, SMZ 1983, H. 6

Ingruber Isidor, SMZ 1980, H. 5
Inntaler Hackbrettmusi, SMZ 1971, H. 5

J
Jagerhäuser Dirndl (Maria Mayr, Frieda Rendl, Lisl Katschthaler), SMZ 1969, H. 1
Jenne Emil und Helmut, SMZ 1976, H. 4
Jodlergruppe Hindelang/Allgäu, SMZ 1985, H. 4
Jodlergruppe Steibis im Allgäu, SMZ 1967, H. 3
Jugendchor Fürstenfeldbruck, SMZ 1982, H. 5
Junge Pongauer Sänger, SMZ 1979, H. 4
Jungmair Dieter Arman, SMZ 1981, H. 1

K
Kaltenegger Josef, SMZ 1982, H. 1
Kammerer Hans, SMZ 1961, H. 3; SMZ 1972, H. 1; SMZ 1981, H. 3
Kammerlander Sepp, SMZ 1970, H. 5; SMZ 1987, H. 1
Kapelle Oberbauer, Großmehring, SMZ 1987, H. 5
Kapelle Rannetsperger, SMZ 1986, H. 1
Kapruner Sänger, SMZ 1975, H. 5
Kärntner Quintett, SMZ 1975, H. 3, Titelbild
Kasmannshuber Georg, SMZ 1986, H. 5
Kaufmann Georg von, SMZ 1970, H. 5; SMZ 1972, H. 4
Keim Hans, SMZ 1979, H. 2
Kiem Pauli, SMZ 1960, H 6; SMZ 1962, H. 5; SMZ 1970, H. 5 - Sonderheft; SMZ 1974, H. 4; SMZ 1977, H. 4; SMZ 1980, H. 4; SMZ 1982, H. 2; SMZ 1983, H. 5
Kiem Edi, SMZ 1980, H. 4
Kienast Max, SMZ 1980, H. 5
Kindergruppe der Hortleiterin Schwester Dionysia „Von der Hl. Familie", SMZ 1971, H. 6
Kletthamer Geigenmusi, SMZ 1978, H. 1 (A)
Kletthamer Stubenmusi, SMZ 1980, H. 4 (A)
Köbele Alfons Maria, SMZ 1985, H. 6
Köbele Alfons, SMZ 1979, H. 2
Koch Franz, SMZ 1985, H. 6
Kofler Franz, SMZ 1972, H. 1
Kohler Theo, SMZ 1980, H. 2
Koller Matthias, SMZ 1980, H. 4
Konzertinagruppe Pastyrik, SMZ 1985, H. 6
Kopfinger Dreigesang, SMZ 1984, H. 5
Köschinger Sängerinnen, SMZ 1987, H. 6
Köschinger Stubenmusi, SMZ 1987, H. 6
Kosterauer Sänger, SMZ 1984, H. 1
Kramer Ferdinand, SMZ 1980, H. 4
Kraus Hans, SMZ 1981, H. 1

Kraus Joseph, SMZ 1969, H. 2, Titelbild
Kreuther Klarinettenmusi, SMZ 1967, H. 4; SMZ 1982, H. 4
Kreuther Stubenmusi (Sepp Winkler, Rudi Rehle), SMZ 1965, H. 5
Kriegner Hias, SMZ 1979, H. 6
Kröhan Franz Josef, SMZ 1971, H. 6
Kupferthaler Stubenmusik, SMZ 1984, H. 6 (A)

L
Lackner Franz, SMZ 1970, H. 5
Lamerer Buam, SMZ 1968, H. 3
La Musicienne des Alpes, SMZ 1959, H. 4, Titelbild
Landsberger Stubenmusi, SMZ 1974, H. 1
Landshuter Geigen- und Tanzlmusi, SMZ 1985, H. 1 (A)
Lechfelder Stubenmusi, SMZ 1984, H. 2 (A)
Lechsender Sängerinnen, SMZ 1987, H. 2 (A)
Leininger Stubenmusik, SMZ 1986, H. 5
Leitbauernmusi, SMZ 1975, H. 5
Leitner Franz, SMZ 1974, H. 3
Lenerl vom Koglerhof, SMZ 1970, H. 5
Lenzwenger Musikanten, SMZ 1986, H. 1
Liedertafel Bad Feilnbach, SMZ 1976, H. 4
Lindacher Flötenbuam und Dirndl, SMZ 1972, H. 1
Lindacher Volksmusik, Burghausen, SMZ 1972, H. 1
Lindberger Volkssänger, SMZ 1962, H. 5
Lindner Georg jun., SMZ 1986, H. 2
Lindner Georg sen., SMZ 1986, H. 4
Link Gerda, SMZ 1975, H. 3
Loonharder Sänger und Musikanten, Nürnberg, SMZ 1985, H. 1

M
Maier Josef, „Guggn Sepp", SMZ 1980, H. 5
März Franz Xaver, Waakirchner Sänger, SMZ 1979, H. 6
Marcher Stubenmusi, SMZ 1974, H. 4
Markterer Sänger, Berchtesgaden, SMZ 1971, H. 2
Marquartsteiner Gruppe, SMZ 1986, H. 5, Titelbild
Marquartsteiner Hackbrettmusi, SMZ 1981, H. 3
Marquartsteiner Singdirndln, SMZ 1979, H. 2
Maultrommel-Duo Mayr von Au, SMZ 1967, H. 4, Titelbild; SMZ 1972, H. 4
Mederl Franz, SMZ 1974, H. 2
Meier Emerenz, SMZ 1976, H. 4
Meier Martl, SMZ 1984, H. 6
Meilinger Hausmusik, SMZ 1972, H. 5
Menzinger Stubenmusi, SMZ 1984, H. 3 (A)
Der Messerschmied von Harfenstein, SMZ 1984, H. 4
Miesbacher Buam, SMZ 1976, H. 4
Miesbacher Dirndln, SMZ 1967, H. 4

Miesbacher Dreigesang, SMZ 1977, H. 6 (A)
Miesbacher Stubenmusik, SMZ 1977, H. 6 (A)
Mietrachinger Musikanten (Deggendorf), SMZ 1983, H. 1
Mittbacher Tanzlmusi, SMZ 1977, H. 2 (A)
Moosacher Saitenspiel, SMZ 1985, H. 6 (A)
Mooskirchner Altsteirer, SMZ 1974, H. 3, Titelbild
Mühldorfer Frauen-Dreigesang, SMZ 1971, H. 5
Mühlrieder Hausg'sang, SMZ 1986, H. 2 (A)
Müller Hans, SMZ 1985, H. 6
Münchner Hoagart-Musi, SMZ 1976, H. 4 (A)
Münchner Petersturm-Musik, SMZ 1969, H. 6, Titelbild
Münchner Schrammlmusik, SMZ 1979, H. 1
Münchner Stubenmusi, SMZ 1963, H. 5, Titelbild
Murnauer Musikanten (Hedi und Wolfgang Scheck, Karl Kirchmayer), SMZ 1972, H. 6
musica classica popularis tegernsee, SMZ 1986, H. 2
Musikantenfamilie Reiser von Fraunberg, SMZ 1984, H. 5
Musikantenfamilie Reiser (Thalheim bei Erding), SMZ 1984, H. 5
Musikerfamilie „Luegerer", SMZ 1969, H. 3
Musikgruppe des Werdenfels-Gymnasiums (Martin Fanderl), SMZ 1968, H. 4
Musikkapelle Geisberger von Gilgenberg, SMZ 1981, H. 5

N
Nandlstädter Sänger (früher -Buam), SMZ 1976, H. 5
Neuhauser Stubenmusik, SMZ 1971, H. 2
Neumaier Ferdinand, SMZ 1969, H. 3
Neumaier Heinrich, SMZ 1976, H. 2
Neustädter Geigenmusi, SMZ 1983, H. 1

O
Oberallgäuer Maultrommeltrio, SMZ 1975, H. 4
Oberauer Sänger, SMZ 1973, H. 5
Oberndirndl (Chieming/Bernau), SMZ 1981, H. 2
Oberneukirchner Dirndl, SMZ 1971, H. 5
Oberpfälzer Volksliedkreis, SMZ 1959, H. 2
Oberroaner Musi, SMZ 1986, H. 1
Oberstaufner Geigenmusik, SMZ 1975, H. 4
Oberstdorfer Scherrzither-Duo (Max Schraudolf, Hans Garschhammer), SMZ 1966, H. 2
Oberwölzer Gesangsquartett, SMZ 1978, H. 3
Öttl-Dirndln, SMZ 1976, H. 2; SMZ 1981, H. 5
Ortner Rosina, „Nachtigall des Zillertales", SMZ 1976, H. 4
Osterhammer Franz, SMZ 1979, H. 4
Osterhammer Johann, SMZ 1981, H. 4
Österreichischer Dirndlchor, Zürich, SMZ 1959, H. 2

P

Partenkirchner Sänger und Musikanten, SMZ 1968, H. 4
Passeier Geigenmusik, SMZ 1972, H. 2
Passauer Viergesang, SMZ 1973, H. 1
Passauer Volkstanzmusik, SMZ 1983, H. 6
Paul-Küffner-Musi, Anzing, SMZ 1983, H. 5
Peintinger Jesukindlebuben, SMZ 1958, H. 6
Peisl Otto, SMZ 1976, H. 6; SMZ 1986, H. 6
Petzmayer Johann, SMZ 1959, H. 1; SMZ 1973, H. 5; SMZ 1980, H. 3
Piazzesi Reinald, SMZ 1971, H. 5
Pienzenauer Sänger, SMZ 1982, H. 6, Titelbild; SMZ 1983, H. 1
Pilstl-Dirndl (Eglsee bei Ruhstorf), SMZ 1984, H. 1
Poneder Stubenmusi, SMZ 1983, H. 4
Pongauer Geigenmusi, SMZ 1975, H. 5
Pongauer Okarinamusi, SMZ 1979, H.5
Pongauer Viergesang, SMZ 1969, H. 5
Preissler Josef, Harfenist, SMZ 1969, H. 1
Probst Max, SMZ 1975, H. 4; SMZ 1980, H. 2
Pruggerer Dreigesang, SMZ 1981, H. 4 (A)
Puchegger Spielleut (Aspang), SMZ 1969, H. 5
Pundinger Dirndln, SMZ 1978, H. 6 (A)
Putzbrunner Dreigesang, SMZ 1983, H. 6

R

Raith-Kinder, Oberdorf/Roding, SMZ 1983, H. 6
Rambold Franz Xaver, SMZ 1971, H. 5
Ramstötter Sissi und Regina, SMZ 1965, H. 3
Raschhofer Terzett, SMZ 1982, H. 1
Rauschberger Hackbrettmusi, SMZ 1980, H. 2
Rechelkopfmusi, Lenggries, SMZ 1983, H. 5
Regenstaufer Sänger, SMZ 1972, H. 4
Rehm Waggi, SMZ 1977, H. 3
Reichl Hans, SMZ 1961, H. 4; SMZ 1981, H. 1
Reimlinger Bläsergruppe, SMZ 1977, H. 5
Reiser Tobi, SMZ 1960, H. 3, Titelbild; SMZ 1967, H. 3; SMZ 1975, H. 1, Titelbild; SMZ 1979, H. 4
Reiter Hansl, SMZ 1962, H. 5; SMZ 1980, H. 4; SMZ 1981, H. 1; SMZ 1982, H. 1
Reit im Winkler Sänger, SMZ 1976, H. 1; SMZ 1985, H. 6
Reit im Winkler Soatnmusi, SMZ 1977, H. 3
Riederinger Sänger, SMZ 1963, H. 2, Titelbild
Riedhausener Stubenmusik, SMZ 1977, H. 5
Riemer Tanzlmusi, SMZ 1971, H. 3
Rittner Buabm; SMZ 1970, H. 1
Rittner Musikanten, SMZ 1972, H. 1
Roaga Buam, SMZ 1983, H. 5

Roaner Sängerinnen, SMZ 1965, H. 5; SMZ 1973, H. 5
Roider Jackl, SMZ 1966, H. 5; SMZ 1978, H. 4; SMZ 1986, H. 5
Roider Wastl, SMZ 1982, H. 2
Rothenhuber Lenz, SMZ 1985, H. 1
Rottaler Tanzlmusi, SMZ 1977, H. 3 (A)
Rottauscher Alois, SMZ 1985, H. 3
Rueper Jörgele, SMZ 1966, H. 6

S

Saalfeldener-Dirndl-Dreigesang, SMZ 1979, H. 6
Sageder Josef, SMZ 1982, H. 4
Sailer Dreigesang, SMZ 1977, H. 6 (A)
Saitenspiel am Sendlinger Wald, SMZ 1976, H. 5.
Salzburger Dreigesang, SMZ 1979, H. 4
Salzburger Schwegler, SMZ 1975, H. 5
Sarntaler Sänger, SMZ 1970, H. 1
Schanzer Vierg'sang, SMZ 1987, H. 6
Schaub Willi, SMZ 1985, H. 6
Schickhaus, Karl-Heinz, SMZ 1969, H. 6
Schieferln, SMZ 1962, H. 2; SMZ 1977, H. 4, Titelbild; SMZ 1980, H. 3
Schiefer Berta und Josefa, SMZ 1972, H. 3
Schlicht Josef, SMZ 1973, H. 6
Schlierseer Viergesang, SMZ 1977, H. 3; SMZ 1985, H. 6
Schlierseer Zithertrio, SMZ 1984, H. 5
Schloßberg-Dreigesang, SMZ 1985, H. 2 (A)
Schongauer Musikanten, SMZ 1969, H. 2; SMZ 1983, H. 4
Schongauer Stubnmusi (Gustl Malzer, Dieter Ullrich, Koli Lautenbacher, Sepp Kraus, Gerda Malzer) SMZ 1969, H. 2
Schröger Josef, „Schleifer Sepp", SMZ 1976, H. 4
Schummertaler Gitarrengruppe, SMZ 1975, H. 4
Schwab Franz, SMZ 1979, H. 4
Schwab Martin, SMZ 1976, H. 2
Schwegelgruppe der Musikhauptschule Feldkirchen, Kärnten, SMZ 1988, H. 1
Schwendberger Hochzeitsmusik, SMZ 1986, H. 3, Titelbild
Schwestern Kölml, SMZ 1979, H. 3
Schwestern Oberrauch von Bozen, SMZ 1972, H. 1
Schwestern Simböck von Braunau, SMZ 1972, H. 2
Schützenberger Erna, SMZ 1963, H. 1; SMZ 1967, H. 4; SMZ 1972, H. 4; SMZ 1975, H. 5
Seidl, Alois, SMZ 1965, H. 6
Seidl-Bauer-Maultrommelmusi Saalfelden, SMZ 1976, H. 1
Semmler Karl, SMZ 1983, H. 3
Simböck Heinrich, SMZ 1961, H. 5, Titelbild
Simon-Geigenmusi, SMZ 1967, H. 4; SMZ 1968, H. 2
Singgruppe Bozner Gitschen, SMZ 1970, H. 1

Sing- und Spielgruppe Hartberg, SMZ 1986, H. 3 (A)
Sontheim Sepp, SMZ 1970, H. 5; SMZ 1973, H. 5; SMZ 1978, H. 6; SMZ 1982, H. 1
Sopherl vom Huglschorsch, SMZ 1958, H. 5
Soyener Musikanten, SMZ 1982, H. 4 (A)
Speer Toni, SMZ 1971, H. 4
Sprendlinger Stubenmusi, SMZ 1983, H. 4
Staber Sepp, SMZ 1978, H. 4
Starnberger Dreigesang, SMZ 1962, H. 3
Starnberger Fischerbuam, SMZ 1962, H. 3
Starnberger Tanzlmusi, SMZ 1977, H. 5 (A)
Staudacher Hackbrettmusi, SMZ 1983, H. 1
Staudacher Sebastian, Riederinger Sänger, SMZ 1978, H. 3
Steibiser Sänger, SMZ 1980, H. 2
Steiner Thomas, SMZ 1971, H. 4; SMZ 1980, H. 1
Steingadener Tanzlmusi, SMZ 1973, H. 1, Titelbild
Steirische Tanzgeiger, SMZ 1981, H. 5
Stelzer Karl, SMZ 1983, H. 5
Stethaimer Familienmusik, SMZ 1978, H. 1
Stieferer Geigenmusi, SMZ 1987, H.3
Stoaberg-Musi, SMZ 1971, H. 1
Stöger Hans, SMZ 1975, H. 1
Stögmeier Helene, SMZ 1986, H. 3
Strobler Sänger, SMZ 1975, H. 5
Strohmayer-Dreigesang, SMZ 1985, H. 2
Stubenmusi „Berghüttn", München, SMZ 1980, H. 4
Stubenmusi D'Wolpertinger, SMZ 1986, H. 6 (A)
Stubenmusi von Großweil im Hodererhof, SMZ 1978, H. 3, Titelbild
Stubenmusi Karl Semmler, SMZ 1975, H. 3; SMZ 1979, H. 6
Stubenmusi Kellberg bei Passau, SMZ 1977, H. 1
Stubenmusi Mayrhofer, SMZ 1987, H. 6
Stubenmusik Schesser-Rauh, SMZ 1975, H. 2
Stubenmusik von Niedernfels bei Marquartstein, SMZ 1981, H. 3
Stuhlreiter Sebastian, SMZ 1969, H. 4
Subener Saitenmusi, SMZ 1982, H. 1

T
Tachertinger Dirndl Dreigesang, SMZ 1967, H. 4
Tanzlmusi der Musikschule Tegernseer Tal, SMZ 1982, H. 5
Tanzlmusi Neufahrn, SMZ 1977, H. 6 (A)
Tanzlmusi „Die Sechs von der Schanz", SMZ 1977, H. 5
Tanzlmusi „Schlierachtaler Buam", SMZ 1977, H. 5 (A)
Taufkirchener Dreigesang, SMZ 1971, H. 5
Tegernseer Musikanten, SMZ 1981, H. 1; SMZ 1982, H. 1, Titelbild
Tegernseer Zweigesang, SMZ 1973, H. 4
Teisendorfer Tanzlmusi (Sigi Ramstötter), SMZ 1976, H. 5

Thaler- Dirndl, Zeilhofen bei Dorfen, SMZ 1983, H. 3
Thalhofer Flötenmusi, SMZ 1980, H. 2, Titelbild
Thalhofener Flötenquartett, SMZ 1975, H. 4
Thalhofer Sänger, SMZ 1975, H. 4
Thalhofer Schwegelpfeifer, SMZ 1980, H. 2
Thalhofer Tanzlmusik, SMZ 1980, H. 2
Theyrl Anton, SMZ 1983, H. 6
Thonisl Musi, Herbertsfelden, SMZ 1983, H. 5
Tiefenbacher Stubenmusi, SMZ 1986, H. 2 (A)
Tobi-Reiser-Ensemble, SMZ 1970, H. 6; SMZ 1971, H. 6 ; SMZ 1980, H. 6, Titelbild
Tobi Reiser-Geigenmusik, Salzburg, SMZ 1972, H. 2
Tobi Reiser Quintett, SMZ 1961, H. 4
Toni-Goth-Sextett; SMZ 1969, H. 6
Trasner Buam, SMZ 1971, H. 5
Treibenreif Anni, SMZ 1970, H. 1
Treichl Lois, SMZ 1982, H. 1
Trio Armin Clemencon, Schweiz, SMZ 1983, H. 5 (A)
Tuxer Sänger (Tuxer Buam), SMZ 1976, H. 3

U
Untersberger Saitenmusi, SMZ 1982, H. 4
Unterwössner Kirchenchor, SMZ 1971, H. 6

V
Vögele Karl, SMZ 1970, H. 5; SMZ 1982, H. 1
Volksmusikgruppe der Städtischen Ludwig-Thoma-Realschule in München, SMZ 1980, H. 2
Volksmusikgruppe Dreer, SMZ 1976, H. 1
Volksmusikgruppe Gräfelfing, SMZ 1987, H. 1
Volksmusikgruppe Rupert Groß (Burgkirchen a. d. Alz), SMZ 1969, H. 4, SMZ 1975, H. 4
Volksmusikgruppe Kerber, Oberstaufen, SMZ 1983, H. 6
Volksmusikgruppe Lohhof, SMZ 1974, H. 2
Volksmusikgruppe Pemsl, Kissing, SMZ 1983, H. 2
Volksmusikgruppe Rasp, Rottenberg, SMZ 1984, H. 3 (A)
Volksmusikgruppe Sternecker, Landshut, SMZ 1968, H. 3
Volksmusikgruppe Willi Merklein, SMZ 1971, H. 5
Volksmusikgruppe Wohlmuth, SMZ 1981, H. 4

W
Waakirchner, SMZ 1963, H. 2
Wagner-Buam, SMZ 1978, H. 4
Wagner Clemens, SMZ 1986, H. 2
Walchschmiedbuam, SMZ 1970, H. 4, Titelbild; SMZ 1972, H. 4
Waldkraiburger Dreigesang, SMZ 1977, H. 6 (A)
Waldramer Geigenmusi, SMZ 1977, H. 5 (A)

Waldramer Tanzlmusi, SMZ 1977, H. 5 (A)
Wallersteiner Sänger, SMZ 1977, H. 5
Wanninger Therese, „Böschowa (Pechschaber) Resl",
    SMZ 1985, H. 6
Warngauer Dirndln, SMZ 1979, H. 3 (A)
Wartmannstettner Stubenmusik, SMZ 1985, H. 4
Wasserburger Hackbrett- und Geigenmusik, SMZ 1984, H. 2
Weberbuben, Gmund am Tegernsee, SMZ 1968, H. 5
Wegerbauer Alois, SMZ 1977, H. 4
Wegscheider Dirndln, SMZ 1966, H. 3
Wegscheider Musikanten, SMZ 1973, H. 3
Weilheimer Dietrich-Madln, SMZ 1978, H. 1
Weilheimer Sänger, SMZ 1975, H. 3
Weinschütz Georg, SMZ 1986, H. 5
Weintinger Volksmusikkreis, SMZ 1976, H. 1 (A)
Welser Rud, SMZ 1962 H. 4; SMZ 1969, H. 2
Wendlinger Thomas, SMZ 1986, H. 5
Westenhofener Stubenmusi, SMZ 1984, H. 3
Westermeier Ingrid, SMZ 1986, H. 3
Windhofer Schorsch, SMZ 1960, H. 3, Titelbild
Winkler Hans und Gretl, SMZ 1981, H. 1
Winkler Schrammln, SMZ 1981, H. 1
Wirtssepperl z' Garching, SMZ 1959, H. 1
Witzensteller Stubenmusi, SMZ 1984, H. 5 (A)
Wolfswinkler Rupert, SMZ 1987, H. 2
Wolkensteiner, SMZ 1961, H. 3
Wolpertinger Tanzlmusi, SMZ 1972, H. 6
Würmtaler Sängerinnen, SMZ 1981, H. 2

Z
Zandter Viergesang, SMZ 1987, H. 6
Zapf Rudi, SMZ 1986, H. 3
Zugspitz-Sängergesellschaft, SMZ 1968, H. 4
Zellerreither Dirndln, SMZ 1974, H. 2
Zellner Hans, SMZ 1969, H. 5; SMZ 1974, H. 4
Zither-Club Bad Brückenau, SMZ 1978, H. 1
Zitherclub Dachau, SMZ 1979, H. 4
Zitzelsberger Leo und Ludwig, SMZ 1983, H. 3
Zweigesang Sigl, SMZ 1981, H. 5
Zweigesang „Spindler-Boum", SMZ 1978, H. 1
Zwoag'sang Trellinger/März, Miesbach, (A)
Zucheringer Stuben- und Geigenmusik, SMZ 1983, H. 4 (A)

Quellen- und Literaturverzeichnis

1. Archive, Vor- und Nachlässe, unpublizierte Quellen

Archiv Fanderl (Frasdorf): Enthält u.a. (teilweise undatierte) Zeitungsausschnitte, z. B. aus
Gong-Rundfunkhörer, Hör zu, Bild und Funk, Chiemgauer Zeitung, Münchner Abendzeitung, Augsburger Allgemeine, Tiroler Tageszeitung, Sonntagsblatt Kufstein, Münchner Merkur, Neue Zürcher Zeitung, TV-Hören und -Sehen
Hausbuch der Familie Lisl und Wastl Fanderl (1952–1958)
Mappe Stammbäume (Familiengeschichte der Fanderls)
Familien-Jahrbücher 1970, 1971, 1973, 1975, 1976, 1977
Foto-Dokumentation (Fernsehsendung auf Frauenchiemsee, vom Juni 1968)
Dokumentation des Begräbnisses von Wastl Fanderl (1991)
Stoffsammlung Erich Mayer: 28 Kapitel, ca. 1000 Seiten. Enthält u.a. Ab- und Mitschriften von Rundfunk- und Fernsehsendungen, Moderationen, Tonaufnahmen, Interviews, Erinnerungen, Gesprächsaufzeichnungen, Zeitungs- und Zeitschriftenausschnitten. Die Zeitungs- und Zeitschriftenberichte stammen aus folgenden Quellen: Traunsteiner Wochenblatt (1935), Münchner Illustrierte Presse (1936), Rosenheimer Anzeiger (1937), Chiemgauer Regionalzeitung (1937), Österreichische Gebirgs- und Volks-Trachten-Zeitung (1937), Südost-Kurier (1946), Radiowelt (1949), Traunsteiner Nachrichten (1950), Altbayerische Heimatpost (1951, 1953, 1954, 1975), Dachauer Morgenblatt (1951), Münchner Merkur (1973, 2003), Dachauer Volksbote (1951), Sänger- und Musikantenzeitung = SMZ (1958ff), Südostbayerische Rundschau (1963), Oberbayerisches Volksblatt (1963), 8-Uhr-Blatt (1963), Gong-Rundfunkhörer (1963), Landeszeitung Lüneburg (1964), Bild und Funk (1965), Münchner Abendzeitung (1966/67, 1972, 1981, 1991), Wasserburger Zeitung (1969), Hannoversche Presse (1969), Schönere Heimat (1970), Augsburger Allgemeine (1973), Hör zu (1974), G'sunga und g'spielt (1978), Volksmusik in Bayern (1990), Süddeutsche Zeitung (1979–1982, 1991), Oberbayern Rundschau (1980), Isar-Loisachbote (1980–1981), Hören und Sehen (1982), Bayerland (1982), Charivari (1982), Chiemgauer Blätter (1985), Bild (1991), Dorfzeitung Frasdorf (2000).
Briefwechsel Erich Mayer – Karl Müller (2008–2011)
Bundesarchiv Berlin – „Geschädigte Juden", NSDAP-Parteikorrespondenz, Reichskulturkammerakte, NSDAP-Mitgliederkartei (Zentral- und Gaukartei), Reichsjustizministerium, „Das Ahnenerbe", Reichsministerium für Wissenschaft, Erziehung und Volksbildung, Reichsministerium für Volksaufklärung und Propaganda
Deutsche Dienststelle (WASt). Die Auskunftsstelle für Wehrmachtsnachweise, Berlin
Staatsarchiv München
Privatarchiv Helga Weeger-Kralik
Bayerischer Rundfunk, ORF-Salzburg (Dokumentation der Ton- und Fernsehaufnahmen)
Volksmusikarchiv des Bezirks Oberbayern (u.a. Liste der Nachlassbibliothek Wastl Fanderls)
Archiv der deutschen Jugendbewegung (Burg Ludwigstein, Witzenhausen)
Bayerischer Rundfunk: Historisches Archiv
Salzburg-Museum: Tobi-Reiser-Archiv
Archiv der Internationalen Stiftung Mozarteum (Mozart-Wohnhaus).
Fotosammlungen: Pepi Wimmer, Helga Weeger-Kralik, Willi Sauberer.

2. Primärliteratur Wastl Fanderl

2.1. Texte und Publikationen von Wastl Fanderl

Fanderl, Wastl: Volkswitz aus dem Chiemgau. In: Das deutsche Volkslied 39 (1937), S. 97.
Fanderl, Wastl: Kindersprüche aus Oberbayern. In: Das deutsche Volkslied 40 (1938), S. 42.
Fanderl, Wastl: Lustige Kindersprüchl zwischen Inn und Salzach. In: Das deutsche Volkslied 40 (1938), S. 139.
Fanderl, Wastl: Gebirgsjäger singen. In: Das deutsche Volkslied 42 (1940), S. 46–47.
Fanderl, Wastl: Die kleinsten Kinderversl rund um den Chiemsee. In: Das deutsche Volkslied 43 (1941), S. 122.
Fanderl, Wastl: Vier Dorfgedichtl. In: Das deutsche Volkslied 43 (1941), S. 44.
Fanderl, Wastl (Hg.): Lieber Herrgott, sing mit! 16 schöne Gsangl vom Alpenland für 3 Stimmen. (= Zeitschrift für Spielmusik. Hg. von Fritz Jöde. 40. Heft, Januar 1936. 2. vollständig erneuerte Auflage Juli 1942. Celle: Hermann Moeck Verlag 1942. Mit einem Vorwort von Fritz Jöde.
Fanderl, Wastl (Hg.): Hirankl – Horankl. Wiegensangl, Kinderversl, Bauernrätsl, Jodler und viele lustige Liadl für Dirndl und Buam vom Alpenland. Gesammelt und herausgegeben von Fanderl Wastl. Mit farbigen Bildern von Ingrid Sieck Voigtländer. Erfurt: Gebr. Richters Verlagsanstalt 1943. Mit einem Vorwort von Fanderl Wastl.
Fanderl, Wastl: Der Zigudia. In: Münchner Feldpost, 1. Februar 1943, 16. Ausgabe, S. 14.

Fanderl, Wastl: Das Bairische Liederstandl 1948. Published under Office of Military Government for Bavaria, Information Control Division. Seebruck am Chiemsee: Heering-Verlag. Illustriert von Franz Sindel. Mit einem Vorwort von Wastl Fanderl im 1. Heft, Grassau im Chiemgau 1947

Fanderl, Wastl: Wir lassen net aus, das Volkstum wollen wir erhalten. In: Traunsteiner Nachrichten, Sommer 1950.

Fanderl, Wastl: Volkslied-Singwochen. In: Annette Thoma (Hg.): Das Volkslied in Altbayern und seine Sänger. Ein Geburtstagsbuch für den Kiem Pauli. München: Verlag Georg D. W. Callwey 1952, S. 91–93.

Fanderl, Wastl: Vorwort. In: Ders. (Hg.): almerisch jagerisch. Oberbayrische Volkslieder gesammelt von Fr. von Kobell. Noten und graphische Gestaltung: P.E. Rattelmüller. München: Bayerischer Landwirtschaftsverlag 1957.

Fanderl, Wastl: Treffpunkt der Münchner Volksmusikfreunde. In: SMZ 1 (1958), H. 1, S. 10.

SMZ = Sänger- und Musikantenzeitung. Zweimonatsschrift für Volksmusikpflege. Hg. von Wastl Fanderl. Schriftleitung: Wastl Fanderl und Annette Thoma. München: Bayerischer Landwirtschaftsverlag Jg. 1 (1958)ff.

Fanderl, Wastl: Liebe Heimatfreunde, Sänger und Musikanten. In: SMZ 1 (1958), H. 1, S. 3.

Fanderl, Wastl (Hg.): Annamirl Zuckerschnürl. Altbairische Kindersprüchl, Wiegenreime, viele schöne Liadl und lustige Gsangl, Bauernrätsel und Spiele. München: Ehrenwirt Verlag 1961.

Fanderl, Wastl: Das Sarntal. In: SMZ 7 (1964), H. 6, S. 102.

Fanderl, Wastl: Weihnachtslieder aus Reinswald im Sarntal/Südtirol. In: SMZ 7 (1964), H. 6, S.103–104.

Fanderl, Wastl: Lieder für junge Leute. In: Jugendlust. Monatsschrift des Bayerischen Lehrer- u. Lehrerinnenverbands e.V. 83 (Oktober 1965), S. 160–165.

Fanderl, Wastl: Der Liederschatz eines Rupertiwinkler Bauerndirndls. [„Liederbuch für Pointner Monika von Wimmern 1911"]. In: SMZ 10 (1967), H. 3, S. 44–51.

Fanderl, Wastl: Volkslieder und Sänger im Traunsteiner Landkreis. Ein Beitrag von Wastl Fanderl. In: Festschrift „Alpenländisches Volksliedersingen – Volkstumswanderpreis 1968 der Stadt Traunstein". Hg. von der Stadt Traunstein 1968.

Fanderl, Wastl: Schwanthaler Krippen. Juhe! Viktori! Der Engel singt's Glori. Mit Fotos von Wilfried Bahnmüller und einem Beitrag von Benno Ulm. Rosenheim: Rosenheimer Verlagshaus Alfred Förg 1974.

Liederblätter für Kinder und Jugendliche. Hg. vom Verein für Volkslied und Volksmusik e.V. München. Zusammenstellung Wastl Fanderl und Hans Obermayr 1976ff.

Fanderl, Wastl: Pflege der Volksmusik. In: Der Aufstieg. Zeitschrift für Wissen. Bildung. Können. 11 (1978), S. 17–20.

Fanderl, Wastl: Wie es damals war. In: Traunsteiner Volksmusikpreis 1967–1981. 50. Jahrtag des 3. Bayerischen Preissingens in Traunstein 1931–1981. Hg.: Stadt Traunstein/Traunsteiner Volksmusikpreis. Traunstein 1981, S. 31–34.

Fanderl, Wastl: Die Wassertrinkerin von Frasdorf. Ein Lebensbild der Maria Furtner, Bauerstochter von Weizenreit. Mit einem Beitrag von Dr. med. Emeram Mayer: Der Fall der Maria Furtner im Lichte der heutigen Medizin. Im Anhang: Gesungenes und Gereimtes zu Lebzeiten der Wassertrinkerin. Prien am Chiemsee: Ecora Verlag 1985 (2. Aufl. 1995). Gewidmet den Frasdorfern.

SMZ (Register) = Sänger- und Musikantenzeitung. Register der Jahrgänge I bis XXV (1958–1982). Bearbeitet von Ernst Schusser mit einem Vorwort von Wolfi Scheck. München 1985. München, Wien, Zürich: BLV Verlagsgesellschaft 1985 – Archiv „Sänger- und Musikantenzeitung" 1 (1958) – 53 (2010): Aufsätze und Textbeiträge, Lieder und Vokalsätze, Stücke und Instrumentalsätze: http://www.saengerundmusikanten.de/

Fanderl, Wastl: Is's a Freud auf der Welt. Lieder von Wastl Fanderl. Hg. vom Bezirk Oberbayern. München 1987 (Mit einem Vorwort von Wolfi Scheck und einer Einleitung von Wastl Fanderl).

Fanderl, Wastl: „Der Gamsei". In: Hans Heyn (Hg.): Lesebuch aus der Provinz. Chiemgau. Rosenheim: Verlag Rosenheimer 1988, S. 342ff.

Fanderl, Wastl: Interview [Hörfunk-Sendung BR, Jänner 1988. Georg Impler im Gespräch mit Wastl Fanderl]. In: Wastl Fanderl im Bayerischen Rundfunk von 1931 bis 1991. München 1992, S. 151–162.

Fanderl, Wastl: Oberbayerische Lieder. Chiemgau. Rupertiwinkel. Berchtesgadener Land. München: Ehrenwirth Verlag 1988.

Fanderl, Wastl: „Fanderl-Singwochen". Entstehung – Konzeption – Erfahrungen. In: Volksmusik in Bayern. Mitteilungsblatt der Volksmusikberatungsstellen des Bayerischen Landesverein [!] für Heimatpflege e.V. 7 (1990), H. 2, S. 17–18.

Fanderl, Wastl: Meine Erfahrungen im Umgang mit dem Volkslied. Referat, gehalten beim 2. Seminar für Volksmusikforschung und -pflege vom 3.- 9.7.1979. In: Volksmusik in Bayern. Mitteilungsblatt der Volksmusikberatungsstellen des Bayerischen Landesvereins für Heimatpflege e.V. 7 (1990), Heft 2, S. 11–17 (Manu- und Typoskript-Varianten auch im Nachlass Fanderl).

Fanderl, Wastl: [Nachruf auf Karl List im Hörfunk des Bayerischen Rundfunks]. In: Wastl Fanderl im Bayerischen Rundfunk von 1931 bis 1991. München: Bayerischer Rundfunk, Oktober 1992, S. 21–23.

Fanderl, Wastl: Moderation der 358. Sendung. In: Wastl Fanderl im Bayerischen Rundfunk von 1931 bis 1991. München 1992, S. 59–62.
Fanderl, Wastl: Frühling in Südtirol. In: SMZ 36 (1993), S. 90.
Fanderl, Wastl: Das Bairische Liederstandl. Die Liederbogen des Wastl Fanderl. Reprint der beliebten Flugblattsammlung 2002 (Erstveröffentlichung 1947/48ff.)

2.2. Wastl Fanderl: Audios und Videos, Rundfunk und Fernsehen

Zu Fanderls Schallplattenproduktionen *vgl. Beilage 18.*
Auf der Zugspitze. Life-Aufnahme [sic!]. Sänger und Musikanten aus Bayern und Tirol im Schneefernerhaus. Electrola Gesellschaft m.b.H. Köln Odeon 083 284 OPX 34. 1961. Mit Kommentar von Wastl Fanderl.
A weni kurz, a weni lang. Odeon SMO 83 895. 1965
CD: Bayerischer Rundfunk – Aufnahme vom 27.3.1960 in Egern am Tegernsee (in Erinnerung an das 1. Volksliedpreissingen am 30.3.1930 in der „Überfahrt" zu Egern). Kiem Pauli spricht zum Festpublikum.
CD: Wastl Fanderl spricht am 7.5.1985 bei der Eröffnung der Ausstellung „Volksmusik in Bayern" in der Bayerischen Staatsbibliothek München. Erinnerungen an Kiem Pauli. Eine Sendung des Bayerischen Rundfunks von Robert Münster (privater Mitschnitt). Sondersendung des BR am 18. Mai 1985, 10.30–11.55 Uhr, Bayern Radio 2.
CD: Gedenksendung einen Tag nach dem Tod von Wastl Fanderl – April 1991 – ORF Salzburg „Gsunga und gspielt" von Pepi Wimmer (O-Ton Wastl Fanderl).
CD + booklet: Kiem Pauli und seine Sängerfreunde in den Dreißigerjahren. Frühe Tonaufnahmen. Hg. vom Volksmusikarchiv des Bezirks Oberbayern zusammen mit dem Deutschen Volksliedarchiv und dem Bayerischen Rundfunk. München 1995).
CD + booklet: „Bin a lustiger Bua, kreuzlustig vostehst..." Wastl Fanderl und seine Sängerfreunde 1936–1959. Frühe Tonbeispiele zur Volksmusikpflege in Oberbayern ca. 1935–1959. Dokumente regionaler Musikkultur. Hg. vom Volksmusikarchiv des Bezirks Oberbayern. Zusammenstellung: Eva Bruckner, Margit und Ernst Schusser. München 1996.
CD + booklet: Volksmusik im Chiemgau. Dokumente regionaler Musikkultur. Dokumente der Volksmusiksammlung und -pflege über 200 Jahre, zusammengestellt anlässlich der Ausstellung im Kloster Seeon 1994. Hg. vom Bezirk Oberbayern und dem Bayerischen Rundfunk. Zusammenstellung und Mitarbeit: Eva Bruckner, Fritz Mayr, Ernst und Margit Schusser. München 1994.

3. Weitere Liedersammlungen, Anthologien und Sammelwerke

Balladen. Moritaten und gesungene Geschichten. Nr. IV. Hg. vom Volksmusikarchiv des Bezirks Oberbayern 1993.
Begegnungen mit Wastl Fanderl (1915–1991). Erinnerungen in Wort und Bild, Liedern und Noten. Hg. vom Volksmusikarchiv des Bezirks Oberbayern in Zusammenarbeit mit dem Bayerischen Rundfunk München, Abteilung Volksmusik, Abteilungsleiter Fritz Mayr, München 1996 (= Persönlichkeiten der Volksmusik. Band 9).
Ehrenamt und Leidenschaft. Vereine als gesellschaftliche Faktoren, Salzburg 2002 (Salzburger Beiträge zur Volkskunde, Band 12. Hg. für das Salzburger Landesinstitut für Volkskunde von Ulrike Kammerhofer-Aggermann)
Eibl, Sepp: Oberbayerisches Preissingen. 29. und 30. März 1930 in Egern a. Tegernsee. Eine Dokumentation. Rosenheim: Rosenheimer Verlagshaus Alfred Förg 1980 (+ Schallplatte „Vermächtnis des Kiem Pauli«).
Ettmayr, Lisl: Mein Liederbuch. Liedln, die wir vom Fanderl Wastl gelernt haben. Begonnen im August 1951.
Fanderl, Josef: Liederbuch für Hermann Weber, Januar 1898. (Nachlass Fanderl, Volksmusikarchiv des Bezirks Oberbayern, Manuskript)
Fanderl, Lisl: Bäuerliches Stricken. Band 1: Alte Muster aus dem alpenländischen Raum – Band 2: Strümpfe, Jacken und Westen nach alten Mustern aus Museen und Privatbesitz – Band 3: 165 Muster aus Bauern- Bezauberhäusern. Bezaubernde Strickmuster aus Bozen, Innsbruck, Wien, Laufen a.d. Salzach, Nördlingen, Eichstätt sowie aus den Klöstern Niederalteich und Frauenchiemsee. Rosenheim: Rosenheimer Verlagshaus 1975 ff. (Neuauflage 2011).
Feldhütter, Wilfrid (Hg.): Lieder, Land und Leute. Musik, Tanz und Gsang in den bairisch-österreichischen Bergen, München: Süddeutscher Verlag 1980.
Greinsberger, Kathi: Fischbachauer Liederbüchl. Hg. vom Bayerischen Landesverein für Heimatpflege München. München 1968.
Höfer, Ina: Liederbuch (Handweberei, Breitbrunn/Chiemsee). Teil 1 und 2 (Volksmusikarchiv des Bezirks Oberbayern, Manuskript).
Huber, Kurt/Kiem, Pauli: Altbayerisches Liederbuch für Jung und Alt. Mit Bildern von Paul Neu. Mainz: Schott's Söhne o. J. (1936).
Huber, Kurt/Kiem, Pauli: Oberbayerische Volkslieder mit Bildern und Weisen. Hg. mit Unterstützung der Deutschen Akademie und des Deutschen Volksliedarchivs. Bilder von Eduard Thöny. Vorspruch von Karl Alexander von Müller. München: Verlag Knorr & Hirth 1930 (=Landschaftliche Volkslieder mit Bildern,

Weisen und einer Lautenbegleitung im Auftrage des Verbandes deutscher Vereine für Volkskunde. Hg. von Johannes Bolte, Max Friedländer und John Meier. 23. Heft. Musikalische Sätze von Kurt Huber).

Huber, Kurt (1893–1943) als Musikwissenschaftler und Volksmusikforscher. Verzeichnis. Ausstellung anläßlich des 80. Geburtstages. Bayerische Staatsbibliothek. Musiksammlung. 22.10.–28.12.1973.

Kaufmann, Georg von: 's rote Notenbüchl. 12 Musikstücke für altbayrische Hausmusik. o.0. (1953) – Ders.: 's blaue Notenbüchl. 12 Musikstücke für altbayrische Hausmusik o.0. (1956)

Kaufmann, Marianne von: Unsere Liedln. Das Liederbuch von Marianne von Kaufmann für ihren Ehemann Georg begonnen im Jahr 1941. Hg. von der Familie von Kaufmann und dem Volksmusikarchiv des Bezirks Oberbayern 2001 (= Quellen und Schriften zur Volksmusik. Band 16).

Kiem, Pauli (Hg.): Sammlung Oberbayrischer Volkslieder. Mit einem Nachwort von Karl Alexander von Müller. 4. Aufl., München: Verlag Georg D.W. Callwey 1971 (Erstauflage 1934, 2. Aufl. 1962).

Kiem, Pauli (Hg.): Oberbayrische Volkslieder. Erstes Heft. Mit Bildern und Weisen. Erw. Neuausgabe der von Kurt Huber und Paul Kiem hg. „Oberbayerische Volkslieder mit Bildern und Weisen" (1930). München: Süddeutscher Verlag 1954 (= Landschaftliche Volkslieder, 23. Heft).

Kiem, Pauli (1882–1960). Leben und Sammelwerk. 1. Teil. Eine Dokumentation in Bildern, Liedern und Noten mit Beiträgen von Kurt Becher, Karl Edelmann und Wolfi Scheck. 2./3. korr. und erw. Aufl., bearbeitet von Ernst Schusser. Neu hg. vom Volksmusikarchiv des Bezirks Oberbayern. München 1995 (= Persönlichkeiten der Volksmusik. Heft 1 – 1. Aufl. 1987).

Kiem, Pauli (1882–1960). 2. Teil. Leben im Kreuther Tal. Eine Dokumentation in Bildern, Liedern und Noten. Hg. vom Volksmusikarchiv des Bezirks Oberbayern. 2. Aufl., München 1999 (= Persönlichkeiten der Volksmusik. Heft 6 – 1. Aufl. 1992).

Klusen, Ernst (Hg.): Volkslieder aus 500 Jahren: Texte mit Noten und Begleitakkorden. Frankfurt am Main: Fischer-Taschenbuch-Verlag 1978.

Kohl, Franz Friedrich: Echte Tiroler Lieder. Hg. vom Tiroler Volksmusikverein, dem Südtiroler Volksmusikkreis in Zusammenarbeit mit dem Tiroler Volksliedwerk, dem Institut für Musikerziehung Bozen und dem Institut für musikalische Volkskunde der Universität Mozarteum Salzburg. Innsbruck, Wien: Verlag Tyrolia 1999.

Kronfuß, Karl / Pöschl, Alexander und Felix (Hg.): Niederösterreichische Volkslieder und Jodler aus dem Schneeberggebiet, Gesammelt von Karl Kronfuß und Alexander und Felix Pöschl. Wien, Leipzig: Universal-Edition A.G. und Österr. Bundesverlag 1930 (Österreichisches Volkslied-Unternehmen. AG für NÖ, Band 1). Als Nachdruck in: Auf den Spuren der alpenländischen Dreistimmigkeit im niederösterreichischen Schneeberggebiet, München: Volksmusikarchiv des Bezirks Oberbayern 1994, S. 17–68.

Lieder und Jodler aus Oberbayern. Gesammelt von Kiem Pauli mit Bildern von Thomas Baumgartner. München: Verlag Georg D.W. Callwey 1938.

Lieder, Reime und Spiele der Kinder im Burgenland. Gesammelt und herausgegeben von Adalbert Riedl und Karl M. Klier. Hg. vom Burgenländischen Landesmuseum Eisenstadt 1957. (= Wissenschaftliche Arbeiten aus dem Burgenland, H. 14).

Das Liederbuch des Hofschaffer Linerl. Volkslieder aus Berchtesgaden. Mit einem Nachwort von Wastl Fanderl. Hg. vom Bezirk Oberbayern. München 1987 (= Quellen und Schriften zur Volksmusik, Band 6).

Mautner, Konrad (Hg.): Alte Lieder und Weisen aus dem Steyermärkischen Salzkammergute. Mit einer Vorrede des Herausgebers. Wien 1918.

Mautner, Konrad (Hg.): Steyerisches Rasplwerk. Vierzeiler, Lieder und Gasslreime aus Goessl am Grundlsee. Wien: Verlag bey Stähelin und Lauenstein 1910.

Mayer, Erich (Hg.): Wastl Fanderl im Bayerischen Rundfunk von 1931 bis 1991. Zusammengestellt von Erich Mayer. München: Bayerischer Rundfunk, Oktober 1992.

Meier, Loni und Martl. Die Wirtsleute von St. Georgen im Chiemgau. Hg. vom Volksmusikarchiv des Bezirks Oberbayern, München 1992 (= Persönlichkeiten der Volksmusik, Heft 5).

Müller, Elisabeth: Liederbuch (Törwang-Samerberg). Teil 1 und 2. Begonnen anlässlich der Ersten Bergener Singwoche „Singend ins neue Jahr" vom 27.12.1936–3.1.1937 (Volksmusikarchiv des Bezirks Oberbayern, Manuskript).

Pommer, Josef: Vierhundertvierundvierzig Jodler und Juchezer aus Steiermark und dem steirisch-österreichischen Grenzgebiete. Wien 1902.

Robert Münster zum 60. Geburtstag. Eine Auswahl von Sammelergebnissen und Arbeiten zusammengestellt von Wolfi Scheck und Ernst Schusser. Hg. vom Volksmusikarchiv des Bezirks Oberbayern. München 1995 (= Persönlichkeiten der Volksmusik, Heft 2).

Ruttner, Adolf (Hg.): Pfeifermusik aus Bad Ischl. Mit einem Geleitwort von Alois Blamberger. Vöcklabruck 1971.

Schmidkunz, Walter (Hg.): Das leibhaftige Liederbuch. Herausgebracht von Walter Schmidkunz und seinen Mitarbeitern Karl List und Wastl Fanderl. Erfurt: Gebr. Richters Verlagsanstalt 1938. Mit einem Vorwort von Walter Schmidkunz. (Nachdruck

1940, Neuauflagen im Möseler Verlag/Wolfenbüttel 1959, 1988).

Soldatenliederbuch. Hg. vom Generalkommando des VII. Armeekorps. 4. Aufl., München: Zentralverlag der NSDAP 1940. 1. Aufl., 1938.

Stieber, Heidi, Altbayerisches Liederbuch. Landwirtschaftsschule Immenstadt, Aschau, Bad Tölz, Greifenberg. Rosenheim 1940.

Teisendorfer TanzImusi. Die erste „Tanzlmusi« in Oberbayern. Ein kleines Notenbuch mit Worten, Bildern, Dokumenten und Erinnerungen. Hg. vom Volksmusikarchiv des Bezirks Oberbayern. München 1999 (= Persönlichkeiten der Volksmusik, Heft 11).

Trachten nicht für jedermann? Heimatideologie und Festspieltourismus dargestellt am Kleidungsverhalten in Salzburg zwischen 1920 und 1938, Salzburg: Eigenverlag des Salzburger Landesinstituts für Volkskunde 1993 (Salzburger Beiträge zur Volkskunde, Band 6. Hg. vom Salzburger Landesinstitut für Volkskunde [Ulrike Kammerhofer-Aggermann, Alma Scope, Walburga Haas]).

Traunsteiner Liederbüchl. Hg. vom Bayerischen Landesverein für Heimatpflege e.V. München 1987.

Vo herent und drent. Die Liedersammlung der Geschwister Schiefer. Laufen. München 1977 (= Schriftenreihe des Bayerischen Landesvereins für Heimatpflege e. V., Heft 12).

Volksmusik in Oberbayern. Ein Geburtstagsbuch für den Wastl Fanderl zum 70. Geburtstag. Bearbeitet von Wolfi Scheck und Ernst Schusser. 1. Aufl., Hg. vom Volksmusikarchiv des Bezirks Oberbayern. München 1985.

Weitere Liederbücher: Allgemeines Deutsches Kommersbuch (1858), Feuerwehrliederbuch (ca. 1880), Feuerwerker-Liederbuch (1883), Weltkriegs-Liedersammlung (1926), Wander-Liederbuch für deutsche Mädchen (1927), Liederbuch der Fallschirmjäger (1983), Lieder aus Oberösterreich (Wien 1944). Fein sein, beinander bleiben (Salzburg 1947).

4. Weitere Forschungsliteratur

A.P.: Volksliedpreissingen in Traunstein, Bayern. In: Das deutsche Volkslied 33 (1931).

„isch" [Kurzsignatur]: „Abseits vom Trubel und ganz ohne „Duliöh-Seligkeit". Mit dem Fanderl Wastl bei der Pfingst-Singwoche in Südtirol. Auch die einheimische Bevölkerung dabei. In: Miesbacher Merkur, 20./21. Juni 1962.

Absolon, Rudolf: Die Wehrmacht im Dritten Reich. Band V: 1. September 1939 bis 18. Dezember 1941. Boppard am Rhein: Harald Boldt Verlag 1988 (=Schriften des Bundesarchivs 16/V) 1995. Band VI: 19. Dezember bis 9. Mai 1945 (= Schriften des Bundesarchivs 16/VI).

Antretter, Georg: Der „Fanderl"-Strick. Einführung und Verbreitung eines Trachtenattributs in unserer Zeit. Hg. von Walter Hartinger. Passau 1997 (= Passauer Studien zur Volkskunde, Band 13).

Artmeier, Alfred: Wichtige Daten und Veranstaltungen der Volksmusik in Bayern. In: Bayerland – Bayerische Volksmusik 84 (1982), Nr. 8, S. 57.

Aus einem Neujahrslied aus Hallstatt. Aufgezeichnet von K. M. Klier 1923. In: SMZ 1 (1958), H. 1, S. 3.

Bajohr, Frank/Pohl, Dieter: Der Holocaust als offenes Geheimnis. Die Deutschen, die NS-Führung und die Alliierten. München: C.H. Beck 2006.

Becher, Kurt: Pflege – wozu überhaupt? Mit einigen Gedanken zur Problematik des Verhältnisses zwischen Forschung und Pflege. In: SMZ 23 (1980), H.1, S. 3–19.

Benz, Wolfgang/Houwink ten Cate, Johannes/Otto, Gerhard (Hgg.): Anpassung Kollaboration Widerstand. Kollektive Reaktionen auf die Okkupation. Berlin: Metropol Verlag 1996 (= NS Besatzungspolitik in Europa 1939–1945. Band 1)

Bergmann, Werner/Körte, Mona (Hgg.): Antisemitismusforschung in den Wissenschaften. Berlin: Metropol Verlag 2004.

Blockade Leningrad 1941–1944. Dokumente und Essays von Russen und Deutschen. Übersetzungen aus dem Russischen von Günter Jäniche, Gennadi Kagan, Renate Landa und Antje Leetz. Reinbek bei Hamburg: Rowohlt 1992.

Boelcke, Willi A.: Die Macht des Radios. Weltpolitik und Auslandsrundfunk 1924–1976. Frankfurt a.M.: Ullstein Verlag 1977.

Brandauer, Kuno: Allerhand vom Salzburger Land. [Über das Lofener Volksliedsingen vom 3.10.1937]. In: Österreichische Gebirgs- und Volkstrachten-Zeitung 19 (1937), Nr. 11, S. 84–86.

Brandlhuber, Werner: Tonaufnahme vom 22.6.1975: Matinee zum 60. Geburtstag von Wastl Fanderl (Nach: Stoffsammlung Erich Mayer).

Brenner, Elisabeth: Nicht immer muß ein Redaktions-Team groß sein – es muß nur gut zusammenarbeiten. In: Begegnung mit Wastl Fanderl (1915–1991). München 1996, S. 114.

Bresgen, Cesar: Gewachsene und entartete Musik. In: Katalog der Ausstellung Kulturempfinden und Entartung im Rahmen der Kulturtage der Hitler-Jugend, Salzburg 1944, S. 21–23.

Bresgen, Cesar: Neues Singen und Musizieren. In: Salzburger Volksblatt, 15.4. 1939, S. 10.

Bruckbauer, Maria: „... und sei es gegen eine Welt von Feinden!" Kurt Hubers Volksliedsammlung und -pflege in Bayern. München 1991 (= Bayerische Schriften zur Volkskunde herausgegeben von der Kommission für bayerische Landesgeschichte bei der Bayerischen Akademie der Wissenschaften. Institut für Volkskunde, Band 2)

Bruckner, Eva/Holzapfel, Otto/Schusser, Ernst: Vom Vierzeiler zum Lied – vom Lied zum Vierzeiler. Eine kleine Materialsammlung mit Hinweisen. In: „Dableckt!" Gsangl – Gstanzl – Schnaderhüpfl. Über den Roider Jackl und sein Gstanzlsingen. Hg. in Zusammenarbeit mit dem Historischen Archiv des Bayerischen Rundfunks. München: Bayerischer Landesverein für Heimatpflege e.V. 2009 (=Volksmusiksammlung und -dokumentation in Bayern. Schriftenreihe des Bayerischen Landesvereins für Heimatpflege e.V., Band E 22), S. 35–56.

Bruckner, Eva: Die „Aschauer Dirndl" ab 1931. Der Frauendreigesang in Oberbayern als neue Singform in der oberbayerischen Volksliedpflege ab den 1930er Jahren. Vortrag im Rahmen der Tagung „Traditionen. Singen, Musizieren, Tanzen, Erzählen und Leben im Wandel der Überlieferung" des Volksmusikarchivs und der Volksmusikpflege des Bezirks Oberbayern, 25./26. September 2009, Typoskript (Arbeitsmaterialien).

Burghart, Heinz: Gstanzl sind auch im Wohnblock daheim – Neue Zeitschrift hilft Kiem Paulis Sängern und Musikanten. In: Münchner Merkur 20./21.9.1958.

Chiemgauer Trachtensänger-Wettstreit für die Arbeiter der Reichsautobahn. In: Völkischer Beobachter, 10.6. 1935.

Commenda, Hans Dr.: [Bericht über Singwochen in Deutschland]. In: Das deutsche Volkslied 28 (1926), S. 147–148.

Dahm, Annkatrin: Der Topos der Juden. Studien zur Geschichte des Antisemitismus im deutschsprachigen Musikschrifttum, Göttingen: Vandenhoeck & Ruprecht 2007.

Das Dorf der tausend Lieder. Die Reportage der Woche. 24.11.1935 (Name der Zeitung unbekannt), Ausgabe Nr. 47; S. 3f.

Daum, Wolfgang: Entnazifizierung in Landsberg am Lech. Das Befreiungsgesetz vom 5. März 1946 und seine praktische Durchführung. St. Ottilien. EOS Verlag 1996.

Daxelmüller, Christoph: Folklore vor dem Staatsanwalt. Anmerkungen zu antijüdischen Stereotypen und ihren Opfern. In: Helge Gerndt (Hg.): Stereotypvorstellungen im Alltagsleben. Beiträge zum Themenkreis Fremdbilder – Selbstbilder – Identität. Festschrift für Georg R. Schroubek zum 65. Geburtstag. München 1988, S. 20–32. (=Münchner Beiträge zur Volkskunde. Hg. v. Institut für deutsche und vergleichende Volkskunde der Universität München, Band 8).

Daxelmüller, Christoph: „Zersetzende Wirkungen des jüdischen Geistes". Von den Schwierigkeiten der Volkskunde mit den Juden. In: Bergmann, Werner/Körte, Mona (Hgg.): Antisemitismusforschung in den Wissenschaften. Berlin: Metropol 2004, S. 293–314.

Daxelmüller, Christoph: Volkskunde – eine antisemitische Wissenschaft? In: Hans Otto Horch/Horst Denkler (Hg.): Conditio Judaica. Judentum, Antisemitismus und deutschsprachige Literatur vom Ersten Weltkrieg bis 1933/38. Interdisziplinäres Symposion der Werner-Reimers-Stiftung Bad Homburg v.d.H. Dritter Teil. Tübingen: Niemeyer Verlag 1993, S. 190–226.

Demmelhuber, Eva (Hg.): Jörg Hube – Herzkasperls Biografíl. Ein Künstlerleben. Mit einem Vorwort von Gerhard Polt. München: Langen-Müller 2011.

Dengg, Harald: Danke, lieber Wastl Fanderl! In: Salzburger Volkskultur. Zeitschrift der Salzburger Heimatpflege 15 (1991), S. 125–126.

Der Kiem Pauli und seine Sänger. Zum 70. Geburtstag des bayerischen Volkslied-Sammlers am 25. Oktober. [Der Kiem Pauli erzählt]. In: Südost-Kurier, 25.10.1952. Nach: Kiem Pauli (1882–1960). 2. Teil. Leben im Kreuther Tal. Eine Dokumentation in Bildern, Liedern und Noten. Hg. vom Volksmusikarchiv des Bezirks Oberbayern. München 1995 (=Persönlichkeiten der Volksmusik. Heft 6), S. 152–154. (Ausschnitte auch In: Sänger- und Musikantenzeitung. Zweimonatsschrift für Volksmusikpflege 5 (1962), Umschlagseite.

Dermühl, Peter: D' Volksmusik is a staade Sach. In: Oberbayern Rundschau. Info - Illustrierte des Bezirks Oberbayern, Ausgabe 3 (1980), S. 19–21.

Der Wastl mag kein „Duliö". In: Zeitungsausschnitt, wahrscheinlich 1965, keine weiteren Angaben, Archiv Fanderl.

Deutsch, Walter/Hemetek, Ursula: Georg Windhofer (1887–1964). Sein Leben. Sein Wirken. Seine Zeit. Gelebte Volkskultur im Land Salzburg. Mit 51 Notenbeispielen und 95 Abbildungen, Wien: Verlag A. Schendl 1990 (=Schriften zur Volksmusik, Band 14. Hg. vom Institut für Volksmusikforschung an der Hochschule für Musik und darstellende Kunst Wien, Salzburger Heimatpflege, Salzburger Volksmusikwerk).

Deutsch, Walter: [Nachruf auf Karl Markus Klier]. In: SMZ 10 (1967), H. 1, S. 9.

Deutsch, Walter: [Volkslieder-Archiv anlegen]. In: SMZ 9 (1966), H. 5, S. 7.

Deutsch, Walter: Konrad Mautners Lebensbild. Konrad Mautners Aufzeichnungen in Garmisch-Partenkirchen 1915. In: SMZ 19 (1976), H. 1., S. 4–6 und 7–12.

Deutsch, Walter: Tobi Reiser 1907–1974. Eine Dokumentation. Unter der Mitarbeit von Lucia Luidold und Pepi Wimmer, Wien: Verlag Holzhausen 1997.

Deutsch, Walter: Volksmusikforschung in Österreich. In: SMZ 15 (1972), S. 58–61.

Deutsch, Walter: Wastl Fanderl – eine Rede als Preislied. In: Tobi-Reiser-Preis 1992. Hg. vom Verein Freunde des Salzburger Adventsingens. Salzburg 1992 (= Reihe Dokumentationen).

Deutsch, Walter: Wastl Fanderl 24.6.1915–25.4.1991. In: Jahrbuch des Österr. Volksliedwerkes 39/40 (1990/91), S. 298–300.

Die Aschauer Dirndl 1931 bis 1973 und Lieder von Maria Göser (1909–1992). Hg. anlässlich ihres 100. Geburtstages vom Heimat- und Geschichtsverein Aschau i. Chiemgau e.V. zusammen mit dem Volksmusikarchiv des Bezirks Oberbayern 2009.

Dohle, Oskar/Eigelsberger, Peter: Camp Marcus W. Orr. Glasenbach als Internierungslager nach 1945. Hgg.: Oberösterreichisches Landesarchiv/Salzburger Landesarchiv. Linz/Salzburg 2009.

Dreier, Wolfgang: Echt. In: Sänger & Musikanten 51 (2008), H. 2, S. 100.

Dreier, Wolfgang: „Nur echter, wahrer Volksgesang" – Wettsingen im Salzburg der 1930er Jahre (Teil 1), Vom Wettsingen zur Show – Volksmusikspektakel im Salzburg des Dritten Reiches (Teil 2). In: Sänger & Musikanten 51 (2008), H. 2, S. 108–109 – Sänger & Musikanten 51 (2008), H. 3, S. 174–176.

Dreier, Wolfgang: Zur Rolle der Pflege in der musikalischen Volkskultur in Salzburg von der Jahrhundertwende bis zum Zweiten Weltkrieg. Ein kritisch-historischer Abriss. In: Hochradner, Thomas (Hg.): Volksmusik in Salzburg. Lieder und Schnaderhüpfl um 1900 aus dem Sammelgut des „Arbeitsausschusses für das Volkslied in Salzburg". Wien: Böhlau 2008 (COMPA 19), S. 185–208.

Karl Edelmann und sein Leben mit der Volksmusik. Hg. vom Bezirk Oberbayern, Volksmusikarchiv und Volksmusikpflege. München 1998 (= Persönlichkeiten der Volksmusik, Heft 10).

Eisterer, Klaus/Steininger, Rolf (Hgg.): Die Option. Südtirol zwischen Faschismus und Nationalsozialismus. In: Innsbrucker Forschungen zur Zeitgeschichte. Band 5. Innsbruck: Haymon 1989.

Fabry, Johann: Volksmusik – fünfzigmal erwünscht. In: Gong 26.5.1963.

Falkenberg, Karin: Radiohören. Zu einer Bewusstseinsgeschichte 1933–1950. Haßfurt: Institut für Alltagskultur 2005.

Feil, Emil: Das „Münchner Treffen". In: SMZ 12 (1969), H. 6, S. 154–156.

Feldhütter, Wilfrid: Begegnung von Rundfunk und Volksmusik. Volkslied und Volksmusik im Bayerischen Rundfunk zwischen 1928 und 1944 – ein unbekannter Brief des Kiem Pauli aus dem Jahr 1929. In: SMZ 25 (1982), H. 1, S. 3–19.

Feldhütter, Wilfrid: Laudatio, gehalten anlässlich der erstmaligen Verleihung des Kulturpreises des Bezirkes Oberbayern im Oktober 1980. In: Wastl Fanderl im Bayerischen Rundfunk von 1931 bis 1991. München 1992, S. 50.

Feldhütter, Wilfrid: Seinerzeit, 1929 und 1930, am Tegernsee … In: Lieder, Land und Leute. Musi, Tanz und Gesang in den bairisch-österreichischen Bergen. Hg. von Wilfrid Feldhütter. München: Süddeutscher Verlag 1980, S. 15–23 (Auch in: SMZ 23, 1980, S. 161–165).

Feldhütter, Wilfrid: Volksmusik und Rundfunk – 30 Jahre Volksmusik im Bayerischen Rundfunk. In: SMZ 2 (1959), H. 2, S. 19–21.

Fischer, Karl [Kurzsignatur „KF"]: Eine Reise mit dem Fanderl Wastl zum Weltvolksmusiktreffen 1953 in Barritz/Pamplona. In: Chiemgauer Blätter. Unterhaltungsbeilage zum Traunsteiner Tagblatt, o.J. (vgl. online-Publikation: http://www.traunsteiner-tagblatt.de/).

Flickenschildt, Elisabeth: Kind mit roten Haaren. Ein Leben wie im Traum. Droemer Knaur 1975 (1. Aufl. 1973)

Focht, Josef: Preissingen. In: Sänger & Musikanten 44 (2001), H. 3, S. 195–196.

Focht, Josef: Preissingen 1930–1936. In: Historisches Lexikon Bayerns (vgl. online-Publikation).

Focht, Josef/Seefelder, Maximilian: Die SMZ – von der Mission zur Dokumentation. In: Sänger & Musikanten 51 (2008), H. 1, S. 12–13.

Focht, Josef: Sänger & Musikanten - Chronik einer Zeitschrift Teil 1 und 2. In: Sänger & Musikanten 51 (2008), S. 7–9 und 51 (2008), H. 4, S. 257–259.

Focht, Josef: Die Redaktion der Sänger- und Musikantenzeitung. Teil 1 und 2. In: Sänger & Musikanten 51 (2008), H. 1, S. 10–11 und 51 (2008), H. 6, S. 406–407.

Focht, Josef: Die SMZ feiert Geburtstag. In: Sänger & Musikanten 51 (2008), H. 1, S. 21.

Focht, Josef: Wastl Fanderl – Doyen des alpenländischen Volksliedes. In: Salzburger Volkskultur 32 (2008), S. 84–87.

Focht, Josef: Das Leibhaftige Liederbuch. Entstehungsgeschichte und Kontext. In: Sänger & Musikanten 52 (2009), H. 1, S. 41–44

Freud, Ernst L. (Hg.): Sigmund Freud und Arnold Zweig: Briefwechsel. Zürich: Buchclub Ex Libris 1980. (Sigmund Freud an Arnold Zweig: Brief vom 31. Mai 1936).

Ganzenmüller, Jörg: Das belagerte Leningrad 1941–1944. Die Stadt in den Strategien von Angreifern und Verteidigern. Hg. mit Unterstützung des Militärgeschichtlichen Forschungsamtes, Potsdam. Paderborn, München, Wien. Zürich: Ferdinand Schöningh 2005 (=Krieg in der Geschichte KRiG. Hg. von Stig Förster, Bernhard R. Kroener, Bernd Wegner. Band 22)

Gebirgsjäger in Griechenland und auf Kreta. Hg. vom Generalkommando XVIII. (Gebirgs-) A.K. und vom Stellv. Generalkommando XVIII. A.K. bearbeitet von Oberstleutnant Tietz und Oberstleutnant Manz Salzburg.

Georg von Kaufmann (1907–1972). Forstmeister, Sportler und Bergsteiger, Volksmusikant, Volkstanzsammler und -tanzmeister in Oberbayern. Hg. vom Volksmusikarchiv des Bezirks Oberbayern. 2. Aufl. München 2000 (= Persönlichkeiten der Volksmusik, Heft 3).

Geramb, Viktor von: Begegnungen mit dem Kiem Pauli. In: SMZ 27 (1984), H. 1, S. 20–26 (auch in: Das Volkslied in Altbayern und seine Sänger – ein Geburtstagbuch für den Kiem Pauli. Hg. von Annette Thoma München 1952).

Gerheuser, Ludwig: [Bericht von der 9. Singwoche auf der Wülzburg (August 1934)]. In: Das deutsche Volkslied 36 (1934), S. 135–136.

Gesetz zur Befreiung von Nationalsozialismus und Militarismus vom 5. März 1946 mit den Ausführungsvorschriften, der Anweisung für die Auswerter der Meldebogen und der Rangliste in mehrfacher Wiedergabe. In amtlichem Auftrag herausgegeben und mit Anmerkungen und Sachverzeichnis von Erich Schullze, Präsident der Berufungskammer für München. 3., durchgesehene und ergänzte Auflage. München: Biederstein Verlag 1948.

Goethe, Johann Wolfgang von: Aus meinem Leben. Dichtung und Wahrheit. Erster Teil. Goethes Werke. Band IX. Autobiographische Schriften I. Textkritisch durchgesehen von Lieselotte Blumenthal. Kommentiert von Erich Trunz. München 1998 (= Hamburger Ausgabe. Sonderausgabe zum 250. Geburtstag Goethes am 28.8.1999).

Gottscheer Preissingen am 3. und 4. August 1935. In: Das deutsche Volkslied 37 (1935), S. 33.

Greinsberger, Kathi: Über das Liedermachen. In: Volksmusik in Oberbayern – Ein Geburtstagbuch für den Fanderl Wastl. Hg. vom Bezirk Oberbayern. München 1985, S. 325–327.

Grimm, Peter: Schmidkunz, Walter. In: Neue Deutsche Biographie 23 (2007), S. 160–161 [Onlinefassung]. URL: http://www.deutsche-biographie.de/pnd118885154.html

Grill, Tobias: „Unser Volkslied vom Fanderl Wastl". Eine unbekannte Liedserie Wastl Fanderls in der Zeitschrift „Almfried". In: http://epub.ub.uni-muenchen.de/13841/ (9.8.2012)

Grull, Günter: Radio und Musik von und für Soldaten. Kriegs- und Nachkriegsjahre 1939–1960. Köln: Wilhelm Herbst Verlag 2000.

Grünefeld, H. C.: Die Revolution marschiert. Band 2: Kampflieder der Unterdrückten und der Verfolgten 1806–1930. Mannheim: Reinhard Welz Vermittler Verlag o.J. (online)

H. Schn.: A weni kurz – a weni lang. In: Münchner Merkur, 3.5.1963.

Haas, Elmar: Der Wastl pfeift auf Rock und Pop. Folklore contra Alpenbeatles. In: Süddeutsche Zeitung 15.1.1981.

Haas, Hanns: Zu den Anfängen der Salzburger Brauchtumspflege. Ländliches Brauchtum aus der Stadt. In: Salzburger Landesfest 1990. 100 Jahre Brauchtumspflege. Hg. von Roland Floimair und Harald Dengg. Salzburg 1990 (= Schriftenreihe des Landespressebüros und der Heimatpflege. Serie „Sonderpublikationen" Nr. 90, Doppelnummer Juni/November 1990 der Zeitschrift „Salzburger Volkskultur"), S. 9–25.

Habersdorff, Lenz: Der Fanderl Wastl. In: Löwe und Raute. CSU Landesleitung, Dezember/Jänner 1985/86.

Haid, Gerlinde: Das Österreichische Volksliedwerk. In: Volksmusik in Österreich. Hg. von Walter Deutsch. Wien: Österreichischer Bundesverlag 1984, S. 117–126.

Hanisch, Ernst: Heimatpflege im Konflikt der Kulturen. In: Bräuche im Salzburger Land. CD-Publikation. Hg. von Lucia Luidold/Ulrike Kammerhofer-Aggermann, Nr. 3: In Familie und Gesellschaft. Hg. vom Landesverband Salzburger Volkskultur 2005, S. 1–6.

Härtel, Hermann: Der Volksliedsammler Wastl Fanderl. In: Der Vierzeiler 11 (1991), Nr. 1, S. 174.

Härtel, Hermann: Vorträge. Leitartikel. Reden. Glossen. Zitate. Hg. vom Steirischen Volksliedwerk. Graz 1999 (= Sätze und Gegensätze. Beiträge zur Volkskultur.

Herzog Albrecht von Bayern: Was der Kiem Pauli gewollt hat ... In: Schönere Heimat. Erbe und Auftrag (Kiem-Pauli-Heft) 71 (1982), H. 3, S. 379.

Hp. [Kurzsignatur]: Die Pflege des deutschen Volksliedes im Bauerntum. Jungbäuerinnen aus dem Oberland sangen in Bad Tölz [Reihe: Jugend am Pflug]. In: Bauernzeitung o. J. (1937).

Heindlmaier, Georg: Erinnerungen an „Die Vier vom Gamsstadl". In: Begegnungen mit Wastl Fanderl. München 1996, S. 150.

Helmberger, Hans: „Als das Volkslied wieder erstand ..." Die „Gruppe Kurz" aus Chieming gewann den ersten Preis beim Oberbayerischen Preissingen in Traunstein 1931. In: SMZ 44 (2001), H. 3, S. 197–198.

Her über d' Alma. In: Süddeutsche Zeitung 10.5.1963.

Herder, Johann Gottfried: Stimmen der Völker in Liedern. Volkslieder. Zwei Teile 1778/79. Hg. von Heinz Rölleke. Stuttgart: Philipp Reclam jun., 1975. Nach: Volkslieder. Nebst untermischten andern Stücken. Zweiter Theil. Leipzig: in der Weygandschen Buchhandlung, 1779. In: Herders Poetische Werke. Hg. von Carl Redlich, Berlin: Weidmannsche Buchhandlung 1885, S. 311–546. (=Herders sämmtliche Werke. Hg. von Bernhard Suphan. Bd. 25).

Heyn, Hans: Annette Thoma (23.1.1886–26.11.1974). In: SMZ 18 (1975), H. 1, S. 3–5.

Hinrichsen, Alex W.: Paul Neu – Bayerischer Künstler in Deutschland. Holzminden: Eigenverlag 2010.

Hirsch, Stefan: Der Heimgarten. In: Zwiefach 1 (2012), H. 3, S. 22–23.

Hofner, Kurt: Im Gespräch. Wastl Fanderl. „Volksmusikpfleger in Oberbayern". In: Mittelbayerische Zeitung 29.6.1980.

Hörmann, Walter: Volksmusikpflege kann nicht Museumsarbeit sein. In: Charivari (1982), Nr. 6.

Hofmann, Fritz: Geschichte der Garnison Bad Reichenhall. Heimat der Gebirgsjäger. Mitterfelden: Ortmann Druck 1983.

Holzapfel, Otto: Lexikon folkloristischer Begriffe und Theorien (Volksliedforschung). Bern u.a.: Peter Lang 1996 (= Studien zur Volksliedforschung. Im Auftrag des Deutschen Volksliedarchivs. Hg. von Otto Holzapfel. Band 17).

Holzapfel, Otto: Vierzeiler-Lexikon. Schnaderhüpfel, Gesätzle, Gestanzeln, Rappeditzle, Neck-, Spott-, Tanzverse und verwandte Formen aus mündlicher Überlieferung. Ein kommentiertes Typenverzeichnis, Band 1–5. Bern, Wien u.a.: Peter Lang 1991–1995.

Holzapfel, Otto (Hg.): Studien zur Volksliedforschung. (= Schriftenreihe des deutschen Volksliedarchives in Freiburg im Breisgau) 1993.

Horn, Christa: Die Internierungs- und Arbeitslager in Bayern 1945–1952. Frankfurt a. M.: Peter Lang 1992 (= Erlanger Historische Studien. Hg. von Karl-Heinz Ruffmann und Hubert Rumpel. Bd. 16).

Hötzelsperger, Anton: Weihnachtsbesuch bei Wastl Fanderl. In: Heimat- und Trachtenbote. Zeitschrift der Vereinigten Bayerischen Trachtenverbände, 57 (1990), Nr. 24, S.1–2.

http://www.historisches-lexikon-bayerns.de; 29.5. 2008).

hwb.: Der Schatzgräber mit dem Notenschlüssel. In: Bayern-Österreich-Magazin (keine weiteren Angaben), Archiv Fanderl.

Huber, Clara (Hg.): Kurt Huber zum Gedächtnis. Regensburg: Verlag Josef Habbel 1947.

Huber, Kurt/Wünsch, Walther: Bosnienfahrt. In: Deutsche Musikkultur 3 (1938), H. 1.

Huber, Kurt: Altbaiern im Lied. In: Sepp Eibl: Oberbayerisches Preissingen. 29. und 30. März 1930 in Egern a. Tegernsee. Eine Dokumentation. Rosenheimer Verlagshaus Alfred Förg 1980, S. 26–30.

Huber, Kurt: Den „Meistersingern vom Tegernsee". Eine nicht gehaltene Rede zur Preisverteilung der Deutschen Akademie. In: Sepp Eibl: Oberbayerisches Preissingen. 29. und 30. März 1930 in Egern a. Tegernsee. Eine Dokumentation. Rosenheim: Rosenheimer Verlagshaus Alfred Förg 1980, S. 118–121.

Huber, Kurt: Kiem Pauli's Bibliothek [„Meine Volksliedbibliothek!", 1933 aufgelistet von Prof. Dr. Kurt Huber mit 288 Titeln]. In: Kiem Pauli (1882–1960). 2. Teil. Leben im Kreuther Tal. Eine Dokumentation in Bildern, Liedern und Noten. Hg. vom Volksmusikarchiv des Bezirks Oberbayern. München 1995 (=Persönlichkeiten der Volksmusik. Heft 6), S. 20–25.

Huber, Kurt: Student und Volksliedpflege. In: Annette Thoma (Hg.): Das Volkslied in Altbayern und seine Sänger – ein Geburtstagbuch für den Kiem Pauli. München 1952, S. 25–31.

Huber, Rudolf: Bayern ist ärmer geworden: Wastl Fanderl ist tot. Ein großer Bayer, der den Kitsch bekämpfte. In: Abendzeitung 26.4.1991.

„Immer gibt es Neuigkeiten ..." Eine Reise durch 200 Jahre Volksmusiksammlung und -pflege in Oberbayern. Begleitheft zur Ausstellung (Bauernhausmuseum Amerang, 15.5.–7.11.1993), Heft 2. Inhalt und Gestaltung der Ausstellung und des Heftes: Eva Bruckner, Ernst und Margit Schusser. München 1993 – Begleitheft zur Ausstellung (Freilichtmuseum des Bezirks Oberbayern an der Glentleiten, 26.3.–24.7.1994), Heft 3. Inhalt und Gestaltung der Ausstellung und des Heftes: Eva Bruckner, Ernst und Margit Schusser. München 1994.

Impler, Georg: Abschiedsgruß an Wastl Fanderl beim Trauergottesdienst in der Pfarrkirche Frasdorf am 29. April 1991. In: SMZ 34 (1991), S. 225–227.

Iser, Wolf-Dieter: Auszeichnung für den großen Volksmusiker Fanderl Wastl. Zu Lebzeiten Legende. Bekannt durch Radio und Fernsehen. In: Salzburger Volkszeitung 11.5.1985.

Jöde, Fritz: Die Singstunde. Wolfenbüttel und Zürich: Möseler Verlag 1957.

Jülg, Hermann: Warum deutscher Tanz? In: Die Feierstunde. Monatsheft der NS-Gemeinschaft »Kraft durch Freude«. Gau Salzburg. Juni 1939, S. 14.

Kaltenegger, Roland: Deutsche Gebirgsjäger im Zweiten Weltkrieg. Stuttgart: Motorbuch Verlag 1977.

Kammerhofer-Aggermann, Ulrike: Wem gehören Tracht und Alpen? Salzburger Trachten – ein Kampf zwischen städtischer Mode und völkischer Ideologie. Typoskript 2009.

Karner, Claudia: „Der Wastl hätt' sich sehr gefreut ..." Lisl Fanderl im Gespräch. In: Schriftenreihe für Freunde des Salzburger Adventsingens 7 (1992), H. 3, S. 6–7.

Keller, Wilhelm: Das Volkslied im salzburgisch-bayerischen Grenzgebiet. In: SMZ 10 (1967), H. 6, S. 111–125.

Kerschbaumer, Gert: Rekonstruktion und Dokumentation. „Volkskunde und Brauchtumspflege im Nationalsozialismus in Salzburg". In: Volkskunde und Brauchtumspflege im Nationalsozialismus in Salzburg. Referate, Diskussionen, Archivmaterial. Bericht der Tagung am 18. und 19. November 1994 in der Salzburger Residenz. Salzburg 1995/96 (= Salzburger Beiträge zur Volkskunde, Band 8. Hg. für das Salzburger Landesinstitut für Volkskunde von Walburga Haas), S. 255–357.

Kerschbaumer, Gert: Meister des Verwirrens. Die Geschäfte des Kunsthändlers Friedrich Welz. Wien: Czernin Verlag 2000.

Kiem, Pauli: „Mit Handschlag, dein Kiem Pauli". Ein ungewöhnlicher Brief vom 25.10.1929. In: Wilfrid Feldhütter (Hg.): Lieder, Land und Leute. Musi, Tanz und Gesang in den bairisch-österreichischen Bergen München: Süddeutscher Verlag 1980, S. 24–33.

Kiem, Pauli: Aus meiner Wanderzeit. In: SMZ 13 (1970), H. 5, S. 103–117.

Kiem, Pauli: Lebensrückblick (1950). In: Kiem, Pauli (1882–1960). Leben und Sammelwerk. 1. Teil. Eine Dokumentation in Bildern, Liedern und Noten mit Beiträgen von Kurt Becher, Karl Edelmann und Wolfi Scheck. 2./3. korr. und erw. Aufl. bearbeitet von Ernst Schusser. Neu hg. vom Volksmusikarchiv des Bezirks Oberbayern. München 1995 (= Persönlichkeiten der Volksmusik. Band 1), S. 9–21.

Kiem, Pauli: Vom echten Volkslied. In: Sepp Eibl: Oberbayerisches Preissingen. 29. und 30. März 1930 in Egern am Tegernsee. Eine Dokumentation. Rosenheim: Rosenheimer Verlagshaus Alfred Förg 1980 (Beilage: Schallplatte „Vermächtnis des Kiem Pauli"), S. 7–13.

Kleinschwärzer, Petra: Die „Fischbachauer Sängerinnen" nach dem Zweiten Weltkrieg. Der Frauendreigesang in Oberbayern als neue Singform in der oberbayerischen Volksliedpflege ab den 1930er Jahren. Vortrag im Rahmen der Tagung „Traditionen. Singen, Musizieren, Tanzen, Erzählen und Leben im Wandel der Überlieferung" des Volksmusikarchivs und der Volksmusikpflege des Bezirks Oberbayern, 25./26. September 2009, Typoskript.

Klier, Karl Magnus: [Rezension W.F.: Lieber Herrgott, sing mit!]. In: Das deutsche Volkslied 45 (1943), S. 20.

Klima, Josef: Die Maultrommel. In: SMZ 10 (1967), H. 4, S. 71–75.

Klönne, Arno: Jugendprotest und Jugendopposition. Von der HJ-Erziehung zum Cliquenwesen der Kriegszeit. In: Bayern in der NS-Zeit IV. Herrschaft und Gesellschaft im Konflikt. Teil C. Hg. von Martin Broszat, Elke Fröhlich, Anton Grossmann. München–Wien: R. Oldenbourg Verlag 1981, S. 527–620.

Klusen, Ernst: Volkslied. Fund und Erfindung. Köln: Gerig 1969.

Kotek, Georg Dr.: [Rezension „Das leibhaftige Liederbuch"]. In: Das deutsche Volkslied 41 (1939), S. 87.

Kriß, Rudolf: Sitte und Brauch im Berchtesgadener Land. München-Pasing: Filser 1947 (= Berchtesgadener volkskundliche Schriften).

Krützfeldt-Juncker, Hildegard (Hg.): Fritz Jöde. Ein Beitrag zur Geschichte der Musikpädagogik des 20. Jahrhunderts. Bericht über das Fritz Jöde Symposium vom 5.–7. Februar 1988 in der Hochschule für Musik und darstellende Kunst in Hamburg. Regensburg: Bosse 1988.

Kynass, Fritz: Der Jude im deutschen Volkslied. Eine Teilstudie. Phil. Diss. Greifswald 1934.

Lechner, Korbinian: Kiem Pauli hat nun das Erbe übernommen – Jubiläumstreffen in Rottach-Egern. In: Tegernseer Zeitung 27.3.1960.

Lamm, Marie-Helene: Liebe zu Menschen, Musik und Bayern. Volksmusik als lebendige Quelle der Freude. In: Zeitungsausschnitt (keine weiteren Angaben), Archiv Fanderl.

Lanz, Hubert: Gebirgsjäger. Die 1. Gebirgsdivision 1935–1945. Bad Nauheim: Verlag Hans-Henning Podzun o. J.

Lenk, Carsten: Geht's Buama, tanzt's a wenig. Otto Peisl und die Anfänge der Volksmusikpflege in der Oberpfalz 1948–1969. Bezirk Oberpfalz 1992 (= Oberpfälzer Freilandmuseum, Bd. 7).

Lindauer, Bert: „Jetz gib a Ruah, is doch wurscht – Hauptsach der Dreiklang stimmt!" In: Begegnung mit Wastl Fanderl. München 1996, S. 88–91.

Lipp, Franz Carl: Hans Gielge (1901–1970). Ein Leben für das Ausseerland. In: Oberösterreicher – Lebensbilder zur Geschichte, Bd. 6. Linz 1988.

Lisl Fanderl erzählt. In: SMZ 41 (1998), H. 3.

Lixfeld, Hannjost: Rosenbergs „braune" und Himmlers „schwarze" Volkskunde im Kampf um die Vorherrschaft. In: Jacobeit, Wolfgang, Hannjost Lixfeld, Olaf Bockhorn (Hg.): Völkische Wissenschaft. Gestalten und Tendenzen der deutschen und österreichischen Volkskunde in der ersten Hälfte des 20. Jahrhunderts. Wien, Köln, Weimar 1994, S. 255–269.

Lorenz, Nadine: Die Erfindung der Volksmusik. In: MUH 5 (Frühling 2012), S. 69–73.

Mayer, Erich: „Fanderl-Singwochen" in Südtirol. In: SMZ 32 (1989), H. 2, S. 100–101.

Mayer, Erich: Wastl Fanderls erste Singwoche 1936 auf Schloß Schwindegg. In: SMZ 44 (2001), H. 3, S. 199–200.

Mayer, Erich: Der Erfinder des Begriffs „Volksmusikpflege"? – Zum Tod des ehemaligen Bezirkstagspräsidenten von Oberbayern Georg Klimm. In: SMZ 44 (2001), H. 2, S. 125–26.

Mayer, Erich: Nachwort. In: Wastl Fanderl im Bayer. Rundfunk von 1931 bis 1991. München: Bayer. Rundfunk 1992, S. 193–195.

Mayer, Erich: Persönliche Erinnerungen an Wastl Fanderl und seine Sänger- und Musikantenzeitung. In: Begegnung mit Wastl Fanderl. München 1996, S. 98–113.

Mayer, Erich: Über's Schnadahüpfl. In: SMZ 21 (1978), H. 4, S. 179–192.

Mayer, Erich: Ein Leben lang ins Volkslied verliebt. Wastl Fanderl 75 Jahre. In: SMZ 33 (1990), H, 4, S. 217–248.

Mayer, Erich: Vier Jahrzehnte Sänger- und Musikantenzeitung. Chronik. Ein Spiegel der aktuellen Ereignisse. In: SMZ 41 (1998), H. 3, S. 219ff.

Mayer, Erich: Volkstanz in Oberbayern. Betrachtung einer 20jährigen Entwicklung und der dabei entstandenen Probleme. Referat bei den Teisendorfer Volksmusiktagen am 13.11.1976 (Jubiläumsveranstaltung der Teisendorfer Tanzlmusi). In: SMZ 20 (1977), H. 5, S. 207–217.

Mayer, Wolfgang: Man muß immer gegen den Strom schwimmen! Ein Gespräch mit Kurt Becher zu wichtigen Erfahrungen seines Lebens. In: Volksmusik in Bayern 11 (1994), S. 53–60.

Meyer, Hermann Frank: Blutiges Edelweiß. Die 1. Gebirgs-Division im Zweiten Weltkrieg. Berlin: Ch. Links Verlag 2008.

Mit den Moidlan [aus Alfeld] auf Tournee. In: Hersbrucker Zeitung 30.4.1964

Mochar-Kircher, Iris: Das echte deutsche Volkslied. Josef Pommer (1845–1918) – Politik und nationale Kultur. Frankfurt a. M. u.a.: Peter Lang 2004 (= Musikkontext. Studien zur Kultur, Geschichte und Theorie der Musik. Veröffentlichungen des Instituts für Analyse, Theorie und Geschichte der Musik an der Universität für Musik und darstellende Kunst Wien. Hg. von Manfred Permoser. Band 3).

Müller, Karl/Radauer, Josef: Tobi Reiser und Wilhelm Keller. Zur Weiterentwicklung des Salzburger Advensingens. In: Im Blickpunkt: Tobi Reiser. Dokumentation des Symposions in St. Johann i. Pongau 2007. Hg. von Wolfgang Dreier und Thomas Weidenholzer. Salzburg: Eigenverlag des Salzburger VolksLiedWerkes 2011, S. 249–258.

Müller, Karl: Tobi Reiser als Kind seiner Zeit(en). Volkskultur in den Diskursen politischer Systeme. In: Ebenda, S. 53–104.

Münster, Robert: … der berufene Vertreter der Volksmusikpraxis in Bayern. In: Begegnungen mit Wastl Fanderl (1915–1991). München 1996, S. 8–12,

Münster, Robert: Carl Orff und die Volksmusik. In: Volksmusik in Bayern 12 (1995), H. 4, S. 49–57.

Muth, Kerstin: Die Wehrmacht in Griechenland und ihre Kinder. Leipzig: Eudora Verlag Ralf C. Müller 2008.

Nickel, Gunther/Rotermund, Erwin/Wagner, Hans Ulrich (Hgg.): Zur Diskussion: Zuckmayers „Geheimreport" und andere Beiträge zur Zuckmayer-Forschung. Zuckmayer-Jahrbuch Bd. 5. Göttingen: Wallstein Verlag 2002.

Niegel, Franz/Langgassner, Wolfgang: Das Dombergsingen. Volkslied und Volksmusik bei den Freisinger Theologen. Ein Bericht in zwei Briefen. In: SMZ 4 (1961), H 6, S. 103–106.

Niegel, Franz: Prälat Dr. Michael Höck (1903–1996), Vater der Freisinger Dombergsingens. In: SMZ 39 (1996), H. 5, S. 292.

Nöhbauer, Hans F.: Bairische Schokoladenseiten – Besuch bei Wastl Fanderl in seinem Heim in Stelzenberg. In: Münchner Abendzeitung, Silvester 1966/67, S. 9.

Noll, Günther (Hg.): Traditions- und Vermittlungsformen musikalischer Volkskultur in der Gegenwart. Tagungsbericht Seeon 1996 der Kommission für Lied-, Musik und Tanzforschung in der Deutschen Gesellschaft für Volkskunde e.V. Bruckmühl: Bezirk Oberbayern. Volksmusikpflege und Volksmusikarchiv. München 1998.

Noll, Günther: Ernst Klusen 1909–1988. Köln: Institut für musikalische Volkskunde 1988.

Nußbaumer, Thomas: Das Ostmärkische Volksliedunternehmen und die ostmärkischen Gauausschüsse für Volksmusik. Ein Beitrag zur Geschichte des Österreichischen Volksliedwerkes. In: Volksmusik – Wandel und Deutung. Festschrift Walter Deutsch zum 75. Geburtstag. Hg. von Gerlinde Haid, Wien [u.a.]:Böhlau2000, S. 149–171 (= Schriften zur Volksmusik 19).

Oberbayrische Kulturpreise 1986–1990. Bezirk Oberbayern. München 1990.

Oberhöller, Sepp: Insr Lebm mit der Volksmusik. Kurze Lebensschilderung der Familie Oberhöller mit Liedern und Musikstücken. St. Lorenzen: Eigenverlag Familie Oberhöller 1992.

Pallaver, Günther/Steurer, Leopold (Hg.): Deutsche! Hitler verkauft euch! Das Erbe von Option und Weltkrieg in Südtirol. Bozen: Raetia 2011.

Perktold, Karl: Der Sänger von Bergen. Vom Fanderl Wastl und seinem „singenden Dorf". In: Altbayerische Heimatpost (ca.1951).

Pichler, Franz: Der Fanderl Wastl als „Hausierer". In: Begegnungen mit Wastl Fanderl (1915–1991). München 1996, S. 38.

Pius XII: Worte des Hl. Vaters über Volkstumspflege. In: SMZ 1 (1958), H. 6, S. 71.

Pommer, Josef: Lehrt die Kinder Volkslieder singen! In: Das deutsche Volkslied 16 (1914), S. 37.

Prieberg, Fred K.: Handbuch Deutsche Musiker 1933–1945. CD-Rom-Lexikon. Kiel 2004.

R. A.: Die Heimat-Reportage. In: Die Altbayerische Heimatpost 31 (1953).

Rastl, Albert: [Nachruf Hans Gielge]. In: SMZ 13 (1970), H. 2, S. 44.

Rattelmüller, Paul Ernst: Die Geschwister Schiefer von Laufen a. d. Salzach. In: SMZ 23 (1980), H. 3, S. 158–160.

Ratzinger, Joseph Kardinal: Ansprache beim Unterwössener Adventsingen 1978. In: Volksmusik in Oberbayern. Bearbeitet von Wolfi Scheck und Ernst Schusser. 1. Aufl., Hg. vom Volksmusikarchiv des Bezirks Oberbayern, München 1985, S. 9–12.

Ratzinger, Joseph: Der hl. Augustinus über die „Lieder ohne Worte". In: SMZ 4 (1961), H. 6, S. 106.

Rawitzer, Barbara: Die Maximilianshütte. In: Christian Soika: Bergen ein Heimatbuch Hg. von der Gemeinde Bergen im Chiemgau 1995, S. 101–129.

Rehm, Bibi: Volkslied und Volksmusik in Garmisch-Partenkirchen. In: SMZ 11 (1968), H. 4, S. 75–81.

Reichmayr, Johannes: Furor est Error!" Leserbrief zum Artikel von Eveline List über Igor A. Caruso. In: Zeitschrift für psychoanalytische Theorie und Praxis. Jahrgang XXIII, 2008, Ergänzung S. 56.

Reischek, Andreas: Das erste Volksliedwettsingen in Österreich. In: Radio Wien, Illustrierte Wochenschrift der Österreichischen Radioverkehrs-AG, 8. Jg., Nr. 45, Wien 1932.

Reitzer, Regina: „Unser Volk will singen …" Zur Tagung des Heimatverbandes Huosigau in Weilheim vom 29. bis 31. August 1931 mit dem ersten Huosigauer Heimatlieder-Wettsingen. In: SMZ 44 (2001), H. 6, S. 424–426.

Richter, Heinz R.: Griechenland im Zweiten Weltkrieg. Bodenheim: Syndikat Buchgesellschaft 1997 (= Peleus 2. Beiheft zu Thetis. Mannheimer Beiträge zur Klassischen Archäologie und Geschichte Griechenlands und Zyperns).

Riethmüller, Fritz: I bin von Weigertshofen … Matthias Kneißl und sein Lied. In: SMZ 16 (1973), H. 2, S. 31–36.

Ringl, Julius: Hurra, die Gams! Ein Gedenkbuch für die Soldaten der 5. Gebirgsdivision. 7. Aufl., Graz, Stuttgart: Leopold-Stocker-Verlag o. J.

Rotter, Curt Dr.: Das Volksliederwettsingen in St. Johann in Pongau. In: Das deutsche Volkslied 34 (1932), H. 9/10, S. 113f.

Ruef, Karl: Gebirgsjäger zwischen Kreta und Murmansk. Die Schicksale der 6. Gebirgsdivision. Ein Gedenkbuch. (1970), 2. Aufl. Graz, Stuttgart: Leopold-Stocker-Verlag o. J.

Rumschöttel, Hermann/Ziegler, Walter (Hgg.): Staat und Gaue in der NS-Zeit. Bayern 1933–1945. München: Verlag C.H. Beck 2004.

Sauberer, Willi: Wastl Fanderl und seine mittlere Heiligsprechung. In: Salzburger Volkszeitung, Mai 1985.

Scheck, Wolfi: Paßt des Gwand zu uns? Überlegungen eines Volksmusikpflegers zum 5. oberbayerisch-niederbayerischen Trachtenfortbildungstag am 6. November 1993 in Seeon (Nach: Stoffsammlung Erich Mayer, Kap. 7.14.).

Schiefer, Josefa: Kindersprüche aus Bayern. In: Das deutsche Volkslied 35 (1933), S. 27–28.

Schmidkunz, Walter: Das Kind. Märchen und Legenden um Christus. München: Paul Stangl Verlag 1925 (Neuauflage unter dem Titel „Christusmärchen", Leipzig: Hesse & Becker 1925).

Schmeller, Johann Andreas: Bayerisches Wörterbuch. Sammlung von Wörtern und Ausdrücken, die in den lebenden Mundarten sowohl, als in der ältern und ältesten Provincial-Litteratur des Königreichs Bayern, besonders seiner ältern Lande, vorkommen, und in der heutigen allgemein-deutschen Schriftsprache entweder gar nicht, oder nicht in denselben Bedeutungen üblich sind, mit urkundlichen Belegen, nach den Stammsylben etymologisch-alphabetisch geordnet. Vier Theile. 1. Ausg., Stuttgart u.a.: Verlag Cotta 1827–37 – Online-Ausgabe: Schmeller, Johann Andreas: Bayerisches Wörterbuch.

Schmidt, Inga: Das 2. Seminar für Volksliedforschung in Wien. In: SMZ 10 (1967), H. 1, S. 7–8.

Schmidt-Zesewitz, Gabriele: „Patrona Bavariae" – mir sträubt sich das Haar. In: Oberbayerisches Volksblatt Rosenheim (keine weiteren Angaben), Archiv Fanderl.

Schober, Gerhard: Paul Ernst Rattelmüller (1924–2004). Schriftsteller, Illustrator, Grafiker, Hörfunkautor, Fotograf, Heraldiker, Sammler, Heimatpfleger. Passau 2009 (= Begleitband/Katalog zur Ausstellung „Paul Ernst Rattelmüller" im Museum Starnberger See vom 25.6.–1.11.2009 und in Benediktbeuern vom 29.11.–30.12.2009).

Schulz, Reinhold: Der „Münchner Kreis für Volksmusik, Lied und Tanz". In: SMZ 12 (1969), H. 6, S. 149–154.

Schusser, Ernst: Kiem Paulis Quellenangaben und Anmerkungen in seiner „Sammlung Oberbayrischer Volkslieder". Versuch einer Zusammenstellung und Auswertung. In: Schönere Heimat. Erbe und Auftrag (Kiem-Pauli-Heft) 71 (1982), H. 3, S. 394–401.

Schusser, Ernst (Hg.): Hans Kammerer (1891–1968). Die Liebe zu Heimat, Hausmusik und Volksmusik eines angesehenen Lehrers und Bürgers von Burghausen. Eine Veröffentlichung des Volksmusikarchivs des Bezirks Oberbayern. Mitarbeit: Eva Bruckner, Helmut und Werner Pangerl. (= Persönlichkeiten der Volksmusik, Heft 7). München 1993.

Schusser, Ernst: [Vorwort]. In: Loni und Martl Meier. Die Wirtsleute von St. Georgen im Chiemgau. München 1992 (= Persönlichkeiten der Volksmusik, Heft 5, Hg. Bezirk Oberbayern), S. 3.

Schusser, Ernst: Die Volksmusik im Bayerischen Rundfunk von 1924–1945 und die Popularisierung des Heimatgedankens. Hg. vom Bezirk Oberbayern. 2 Bände. München 1987.

Schusser, Ernst: Volksmusik in der Zeit des Nationalsozialismus im Spiegel der Volksmusiksendungen des Bayerischen Rundfunks/ Reichssender München. In: „Volksmusik" in der NS-Zeit. Zielsetzung, Funktion, Praxis. Dingolfing 1992, S. 69–76 (= Niederbayerische Blätter für musikalische Volkskunde. Hg. von Fritz Markmiller, Nr. 13).

Schusser, Ernst: Wastl Fanderl (1915–1991) – Die Volksliedpflege in Oberbayern zwischen Überlieferung und Erneuerung, Ideologie und Idealismus, Lebensverbundenheit und medialer Darstellung – sporadisch-populäre Einlassungen. In: Noll, Günther (Hg.): Traditions- und Vermittlungsformen musikalischer Volkskultur in der Gegenwart. Tagungsbericht Seeon 1996 der Kommission für Lied-, Musik und Tanzforschung in der Deutschen Gesellschaft für Volkskunde e.V. Bruckmühl: Bezirk Oberbayern. Volksmusikpflege und Volksmusikarchiv. München 1998, S. 102–118.

Schusser, Ernst: „Heimat" hören? – Die Stellung der Volksmusik im Bayerischen Rundfunk. In: Der Ton – Das Bild. Die Bayern und ihr Rundfunk 1924–1949–1999. Hg. von Margot Hamm, Bettina Hasselbring und Michael Henker. Begleitbuch zur

Ausstellung des Hauses der Bayerischen Geschichte und des Bayerischen Rundfunks. Augsburg: Bayerisches Staatsministerium für Wissenschaft, Forschung und Kunst/Haus der Bayerischen Geschichte 1999, S. 163–175 (= Veröffentlichungen zur Bayerischen Geschichte und Kultur 40/99).

Seefelder, Maximilian: „Gute alte Volkslieder sind besonders willkommen …" Das 1. Niederbayerische Preissingen 1931 in Landshut. In: SMZ 44 (2001), H. 4, S. 271–275.

Seefelder, Maximilian: Volksmusik und Ideologie – Nachwirkungen aus den 1930er Jahren. Vortrag anlässlich des 20. Seminars für Volksmusikforschung und -pflege in Bayern in der Bayerischen Musikakademie Schloss Alteglofsheim 30.1.–1.2.2009. Typoskript.

Seifert, Manfred: Trachtenbewegung, Trachtenvereine. In: Historisches Lexikon Bayerns. Online-Publikation: http://www.historisches-lexikon-bayerns.de (1.12.2010).

Seifert, Manfred: Volksmusikpflege. In: Historisches Lexikon Bayerns. Online-Publikation: http://www.historisches-lexikon-bayerns.de (1.12.2010).

Sepp, Erich: 75 Jahre Deutsche Bauernmesse. In: Volksmusik in Bayern 25 (2008), H. 3, S. 40–42.

Sepp, Erich: Der Bayerische Dreiklang. Die Volksmusikpflege beim Bayerischen Landesverein für Heimatpflege nach dem Zweiten Weltkrieg. In: Wolfgang Pledl (Hg.): Heimat erleben – bewahren – neu schaffen. Festschrift des Landesvereins für Heimatpflege zum 100jährigen Bestehen. München 2002.

Sepp, Erich: Zu Besuch beim Fanderl Wastl. In: Volksmusik in Bayern. Mitteilungsblatt der Volksmusikberatungsstellen des Bayerischen Landesvereins für Heimatpflege e. V. 7 (1990), H. 2, S. 9–11.

Sepp, Erich: Weichenstellungen in der Volksmusikpflege. Kurt Bechers Volksmusikarbeit beim Bayerischen Landesverein für Heimatpflege. In: Volksmusik in Bayern 11 (1994), H. 4, S. 49–53.

Sepp, Erich: Wastl Fanderl zum Gedenken (24.6.1915–25.4.1991). In: Volksmusik in Bayern 8 (1991), S. 29–30.

Sessler, Stefan: Die Nachwuchsschmiede der Volksmusik. (Zur Schule für Bairische Musik: „Wastl-Fanderl-Schule"). In: Münchner Merkur 18.2.2011, S.12–13.

Simmerding, Gertrud: Wastl Fanderl für das Fernsehen entdeckt. In: Wastl Fanderl im Bayerischen Rundfunk von 1931 bis 1991, S. 83–84.

Soika, Christian: Bergen ein Heimatbuch. Hg. von der Gemeinde Bergen im Chiemgau. Bergen 1995.

Soika, Christian: Wastl Fanderl (1915–1991). In: Ebenda, S. 324–326.

Spiel, August: 1. Seminar für Volksliedforschung in München. In: SMZ 10 (1967), H. 4, S. 76–77.

Sporer, Helga: Der Fanderl Wastl sang mit einer großen Kinderschar. In: Süddeutsche Zeitung 7.7.1979.

Starnberger See G'schichten. Percha bei Starnberg: Verlag R.S. Schulz 1986.

Steinberger, Wilhelm Lambert: Köpfe in Altbayern. Hiesige und Zugereiste, die man kennen soll. München: Rudolf Rother 1949.

Thoma, Annette (= Kurzsignatur „A. Th."): Die Welser Rud. In: SMZ 5 (1962), H. 4, S. 68f.

Thoma, Annette (Hg.): Das Volkslied in Altbayern und seine Sänger. Ein Geburtstagsbuch für den Kiem Pauli. München: Verlag Georg D. W. Callwey 1952.

Thoma, Annette/Fanderl, Wastl: Dr. Wilfri(e)d Feldhütter zum Siebziger. In: SMZ 17 (1974), H. 5, S. 108–109.

Thoma, Annette/Müller, Karl Alexander von/Niegel, Franz: [Beiträge zum Tod von Kiem Pauli 25.10.1882–10.9.1960]. In: SMZ 3 (1960), H. 6., S. 83–86.

Thoma, Annette: [Nachruf auf Karl List (1902–1971)]. In: SMZ 15 (1972), H. 1, Umschlag.

Thoma, Annette: Singwochen. In: SMZ 11 (1968), H. 2, S. 27–30.

Thoma, Annette: Alpenländische Singwochen. In: SMZ 1 (1958), H. 2, S. 15f.

Thoma, Annette: Bei uns. 1. Aufl., Rosenheim: Rosenheimer Verlagshaus Alfred Förg 1974.

Thoma, Annette: Innentlang und durch den Chiemgau. In: Dies. (Hg.): Das Volkslied in Altbayern und seine Sänger. Ein Geburtstagsbuch für den Kiem Pauli. München: Verlag Georg D. W. Callwey 1952, S. 141–147.

Thoma, Annette: Kiem Pauli (1882–1960) und Kurt Huber (1893–1943) zum Gedächtnis. In: Alpenländisches Volksliedersingen. Volkstumspreis 1968 der Stadt Traunstein. Hg. v. d. Arbeitsgemeinschaft Traunsteiner Volkstums-Wanderpreis. o. J.

Thoma, Annette: Volksliedersingen der Chiemgauer Sänger in Bergen. In: Name der Zeitung unbekannt, 9./10.1.1935.

Thoma, Annette: Vom bäuerlichen Kindersingen. In: Das deutsche Volkslied 37 (1935), S. 46–47.

Thoma, Annette: Sänger-Treffen in Aschau (Chiemgau) Pfingsten 1948. In: Volkslied. Volkstanz. Volksmusik. Zeitschrift für deren Kenntnis und Pflege. Begründet von Josef Pommer. Hg. von der österreichischen Gesellschaft für Volkslied- und Volkstanzpflege (Volksgesang-Verein Wien). 49 (1948), S. 90–91.

Toni Goth und die Pflege bairischer Volkskultur in München seit 1950. München: Musikverlag Preißler 1997 (= Volksmusik in München, Heft 19, Landeshauptstadt München, Kulturreferat – Volkskulturpflege).

Trachten nicht für jedermann? Heimatideologie und Festspieltourismus dargestellt am Kleidungsverhalten in Salzburg zwischen 1920 und 1938. Salzburg: Eigenverlag des Salzburger Landesinstituts für Volkskunde 1993 (Salzburger Beiträge zur Volkskunde, Band 6. Hg. vom Salzburger Landesinstitut für Volkskunde von Ulrike Kammerhofer-Aggermann, Alma Scope, Walburga Haas).

Traunsteiner Volksmusikpreis 1967–1981. 50. Jahrtag des 3. Bayerischen Preissingens in Traunstein 1931–1981. Hg. Stadt Traunstein und Traunsteiner Volksmusikpreis. Verantwortlich für den Inhalt Fritz Dandl. Traunstein 1981

Tribus, Maria: Die Liedblätter [sic] des Fanderl Wastl – Liedquellen, regionale Herkunft und Publikationsform. Zulassungsarbeit zur Ersten Prüfung für das Lehramt an Volksschulen. München 1981

Trunz, Erich: Anmerkungen. Titel und Vorwort. In: Johann Wolfgang von Goethe: Aus meinem Leben. Dichtung und Wahrheit. Erster Teil. Goethes Werke. Band IX. Autobiographische Schriften I. Textkritisch durchgesehen von Lieselotte Blumenthal. Kommentiert von Erich Trunz. München 1998, S. 640.

Unterstöger, Hermann: Volksmusik mit Gewissenserforschung – Heute wird der Wastl Fanderl 65 Jahre alt. In: Süddeutsche Zeitung 24.7.1980.

Unterstöger, Hermann: Mit sich und der Welt im Reinen. Wie Wastl Fanderl in der Schöpfung verborgene Lieder zum Klingen brachte. In: Süddeutsche Zeitung 27.4.1991.

Vierzig Jahre Zeitschrift „Das deutsche Volkslied" und die oberbayerische Volksliedbewegung. In: Das deutsche Volkslied 40 (1938), S. 51ff.

Volksmusik in München. In: SMZ 12 (1969)/Sonderheft (Beiträge u.a. von Robert Münster, Walter Deutsch, Karl-Heinz Schickhaus und Willi Poneder).

Volkssingen im Postsaal von Grassau. Erstes großes Sängertreffen nach dem Krieg. In: Südost-Kurier 26./27.10.und 2.11.1946.

Wagner, Hans-Ulrich: Gute schlechte Zeiten für Humor. Carl Zuckmayer über die Kabarettisten Werner Finck, Karl Valentin und Weiß Ferdl. In: Gunther Nickel, Erwin Rotermund, Hans Ulrich Wagner (Hgg.): Zur Diskussion: Zuckmayers „Geheimreport" und andere Beiträge zur Zuckmayer-Forschung. Zuckmayer-Jahrbuch Bd. 5. Göttingen: Wallstein Verlag 2002, S. 229–245.

Walter, Fritz: Dem Fanderl sein Notenbüchl. In: Wastl Fanderl im Bayerischen Rundfunk von 1931 bis 1991, S. 88–91.

Weinold, Helene: Volksmusik. Wastl Fanderl sammelt alte Lieder. Mit Liedern gegen den Kitsch. In: Zenit. Die bunte Senioren Illustrierte 29.4.1991, S. 66–67.

Witter, Bertl: „Kennst Du noch einen, der singen kann?" In: Begegnungen mit Wastl Fanderl (1915–1991). München 1996, S. 144.

Witter, Bertl: Die Geburtsstunde des Fanderl-Trios (1992). In: Stoffsammlung Erich Mayer, Kap. 5.41

Witter, Bertl: Reisenotizen, Manuskript (1992). Stoffsammlung Erich Mayer, Kap. 5.

Witter, Bertl: Singen und Klingen im Inn- und Chiemgau. In: Traunsteiner Volksmusikpreis 1967–1981, 50. Jahrtag des 3. Bayerischen Preissingens in Traunstein 1931–1981.

Wünsch, Walter: Der Jude im balkanslawischen Volkstum und Volksliede. In: Die Musik 30 (1938), H. 9, S. 595–598.

Wünsch, Walter: Sudetendeutsche Musikkultur der Gegenwart im Kampf gegen jüdische Musikpolitik. In: Ebenda.

Wünsch, Walther: Volksmusik. In: SMZ 1 (1958), H. 1, S. 4–6.

Zapf, Heidrun: Eine Singstunde mit dem Wastl Fanderl. In: Hochschulanzeiger. Mitteilungen an die Mitglieder der Hochschule für Musik in München. Juli 1982, S. 30f.

50 Jahre Volksmusik im Bayerischen Rundfunk (1928–1978). Hg. vom Bayerischen Rundfunk in Verbindung mit der Bayerischen Rundfunkwerbung GmbH. München 1978.

5. Online Plattformen:

„Volksliederarchiv":
www.volksliederarchiv.de
Zur Geschichte des Vereins der Bayern in Berlin:
www.verein-der-bayern-in-berlin.de/start_geschichte.php
Ukrainerfriedhof Schönram
www.myheimat.de/homberg-ohm
Lexikon der Wehrmacht
www.lexikon-der-wehrmacht.de
Deutsche Biographien
www.deutsche-biographien.de
Historisches Lexikon Bayerns
www.historisches-lexikon-bayerns.de
Sänger und Musikanten:
www.saengerundmusikanten.de
Sudetendeutsches Volkstum:
www.ackermann-gemeinde.de
Wastl-Fanderl-Schule (Münchner Schule für bairische Musik):
www.schule-bairische-musik.de
Verein für Volkslied und Volksmusik:
www.volkslied-volksmusik.de

Personenverzeichnis
(Textteil und Endnoten)

A
Abele, Hyazinth 299
Aiblinger, Bartl 63, 278, 282
Aiblinger, Schorsch 63, 278, 282
Aicher, Anita 197, 296
Albers, Hans 286
Anderluh, Anton 272, 281, 298
Anders, Peter 286
Andersen, Lale 286
Angermayer, Prof. 294
Antretter, Georg 291, 295
Anzengruber, Ludwig 22
Arco-Zinneberg, Ulrich Philipp Graf 200, 248
Artmeier, Alfred 232, 241, 300, 301
Aulich, Bruno 55, 65, 78, 233, 276

B
Bach, Adolf 273
Bachleitner, Wolfgang
Barabas, Sari 286
Bartók, Béla 234
Bauböck, Max 301
Bauer, Alfons 164, 251-253
Bauer, Andreas, vulgo Bräubauer oder Bräu Anderl 48, 68, 275
Bauer, Anni 286
Bauer, Sepp (Joseph), vulgo Kraud'n Sepp 202, 238, 286, 297
Baumann, Gertraud 195
Baumann, Hans 117, 289
Bayern, Albrecht Luitpold Prinz von, Prinzregent von 272
Bayern, Herzog Ludwig Wilhelm von 272
Bayern, Herzog Max in 247, 299
Bayern, König Ludwig I. von 272
Becher, Kurt 25, 139, 219, 262, 272, 290, 291, 298, 300, 302
Beethoven, Ludwig van 279
Behrens, Jan 286
Berger, Erna 286
Bergmeier, Peter 281

Berthold, Dr. Fritz 190, 200, 201, 252, 277, 296, 297
Binder, Sepp 262
Biswanger, Sebastian 294, 302
Blamberger, Lois 239
Blumberger, Erika 293
Blümml, Emil Karl 299
Boeckmann, Kurt von 58
Böhm, Max 292
Böhmler, Heinz 300
Boelcke, Willi A. 285
Bogner, Willi sen. 42
Brahms, Johannes 234
Brandauer, Kuno 278, 280
Brandlhuber, Werner 274, 279, 286, 290, 301
Brecht, Sid Sindelar 233, 300
Bredl, Michael 202, 302
Brem, Aurel 298
Brenner, Elisabeth 258, 299
Bresgen, Cesar 17, 18, 102, 116, 117, 119, 289, 292, 298
Bruckbauer, Maria 277
Bruckner, Eva 281, 287, 298
Brückner, Barbara 292
Buchner, Josef, vulgo Gamsei 48, 49, 51, 275, 276, 291
Burda, Josef 21, 171, 281
Burgmair, Wolfgang 288

C
Castelpietra, Cassio 280
Cziffra, Géza von 287
Clauß, Jolanda 117, 119
Commenda, Hans 268, 272, 281, 297, 298, 301, 303
Comploier, Elfriede, geb. Paregger 190

D
Daum, Wolfgang 283
Daxelmüller, Christoph 272, 273, 287
Demmelhuber, Eva 303
Dengg, Adolf 293
Dengg, Herta 222
Dengg, Reinfried 222

Dengg, Sepp 293
Dermühl, Peter 302
Derschmidt, Hermann 181, 290, 298
Derwart, Fritz 287
Deutsch, Prof. Walter 29, 202, 203, 206, 216, 227, 272, 273, 278, 280-282, 294, 297-299, 302
Dieß, Wilhelm 292
Dietl, General Eduard 84, 88, 95, 286
Dietrich, Marlene 286
Ditfurth, Franz Wilhelm Freiherr von 299, 300
Döllerer, Leo 165, 166, 169, 293
Döpfner, Julius Kardinal 294
Dohle, Oskar 283
Domgraf-Faßbaender, Willi 286
Dorsch, Käthe 287
Dreier, Wolfgang 277, 290
Drexler (Berufsschullehrer) 62
Dylan, Bob 222

E
Eberhard, Otto 272
Eberle, Raimund 294, 298, 302
Eberwein, Josef 301
Eberwein, Michl 239
Eberwein, Franzi 239
Eckermann, Johann Peter 10
Edelmann, Karl 272, 296, 297
Egk, Werner 279
Ehbauer, Michl 120, 122
Eibl, Sepp 202, 272, 275, 277, 278, 297
Eibner, Franz 297
Eichendorff, Joseph von 270
Eigelsberger, Peter 283
Eisenburg, Beni 192, 298
Eisenrichter, Alois 273
Eisenrichter, Anna Maria 273
Eisl, Alois 284
Endrös, Dr. Anton 113
Engel, Familie 252

F
Fabry, Johann 235, 300
Falkenberg, Karin 286

Fanderl, Alois 274
Fanderl, Anna 31-34, 38
Fanderl, Elisabeth Anna 151, 152, 180, 250, 268
Fanderl, Elisabeth Charlotte Ludowika (Liselotte, Lilo, Lisl, geb. Lisl Mayer) 20, 90, 91, 102, 118, 120, 122, 123, 140, 150-153, 156, 162, 164, 167, 180, 182, 185, 189, 191, 199, 208, 213, 239, 241, 250, 262, 264, 268, 273, 284, 285, 289, 291, 292, 295, 298
Fanderl, Franz 274
Fanderl, Georg 32, 274
Fanderl, Hans 274
Fanderl, Josef 31, 32, 34, 36, 274
Fanderl, Joseph 273
Fanderl, Karl 274
Fanderl, Maria 32, 34
Fanderl, Maria Anna, geb. Greiner 273
Fanderl, Regina Maria 151, 152, 250, 268
Fanderl, Wilhelm 274
Fanderl-Günther, Monika Elisabeth 11, 91, 151-153, 156, 167, 169, 180, 199, 250, 268, 272, 291, 298
Fassbinder, Rainer Werner 287
Fauler, Wilhelm 299
Feil, Emil 296
Feiler, Hertha 286
Feldhütter, Wilfrid 17, 18, 65, 77, 78, 204, 232, 272, 273, 277, 279, 281, 282, 292, 297, 298, 300, 301
Feurstein, General Valentin 286
Finck, Werner 99, 287
Fink, Alois 156
Fischer, Karl 293
Flickenschildt, Elisabeth 56
Focht, Josef 24, 105, 212, 273, 277, 279, 288, 297
Forcher, Sepp 149, 246
Freud, Sigmund 9, 272
Freytag, Gustav 273
Friedl, Paul, vulgo Baumsteftenlenz 281, 302
Friesacher, Michael 284
Fritsch, Theodor 273
Frühbeis, Xaver 297, 298

Furtner, Maria, gen. „Wassertrinkerin von Frasdorf" 39, 248, 274, 298, 301
Furtwängler, Wilhelm 286

G
Gabler, Joseph 299
Gabriel, Pater 294
Ganzer, Karl 114
Gartner, Josefine 299
Geramb, Viktor von 87, 220, 239, 282, 283, 284, 292, 299
Gerheuser, Ludwig 281
Gielge, Hans 87, 283, 293
Goebbels, Joseph 95, 99, 111, 281, 285, 286
Goedecke, Heinz 286
Goethe, Johann Wolfgang von 9, 10, 36, 44, 45, 272
Göring, Hermann 287
Göser, Maria 281
Göttl, Bertl 149
Göttle, Toni 100
Goisern, Hubert von 222
Goppel, Alfons 261
Goth, Toni 196, 296
Gottner, Georg 18, 281
Grabowski, Olaf 289
Graßl, Franz-Seraph 214, 298
Greinsberger, Kathi 20, 163, 202, 230, 294, 297, 299, 300
Groß, Gerald 274
Groh, Herbert 286
Grünefeld, H.C. 275
Grull, Günter 286
Gschoßmann, Lisl 68, 279, 282, 286
Gschwandtner, Hans 280
Günther, Wolfgang 22, 260, 265, 303
Gungl, Josef 35

H
Haack, Axel 283
Haas, Elmar 290
Haas, Hanns 299
Habamerin siehe: Krohn-Stanggassinger
Habersdorff, Lenz 291
Habsburg, Otto von 297

Härtel, Hermann 273, 299
Häusler, Hias 205
Hahn, Elfriede 196
Haid, Gerlinde 223, 294, 296, 299
Haid, Hans 136
Halbreiter, Ulrich 299
Hallweger, Maria, genannt Moidl 33, 43, 46-48, 276
Hallweger, Vinzenz 33
Hanisch, Ernst 299
Harnoncourt, Philipp 299
Hartmann, August 299
Haupt, Nandl von 111, 287, 288
Hausstätter, Martin 49, 276
Haydn, Johann Michael 279
Haydn, Joseph 22
Heidacher, Tanja 266
Heimbach, Anton 277
Heindlmeier, Georg 129, 166, 167, 169, 293
Heinrich, Helga Margarete 288
Hellwig, Maria 33, 86, 95, 96, 274, 286
Helmberger, Hans 278
Hemetek, Ursula 278, 280, 281, 299
Hensel, Walther, eigentlich Julius Janiczek 181, 281
Herder, Johann Gottfried 14, 44, 45, 129, 226, 272
Herrgott, Fritz 290, 299
Hildebrandt, Maria 211
Himmler, Heinrich 282
Hinterholzer, Sepp 280
Hirsch, Stefan 272, 295
Hitler, Adolf 53, 58, 64, 71, 83, 190, 274, 278, 279, 285
Höck, Dr. Michael 174, 294
Höfer, Ina 281
Hörbiger, Paul 56, 157, 164, 286
Hofer, Andreas 35, 110
Hofer, Franz 287
Hofner, Kurt 290
Hofschaffer siehe Krohn-Stanggassinger
Holl, Carl/Karl 42, 272
Holzapfel, Otto 281, 287
Homer 285
Horak, Karl 272, 294, 297, 299
Horn, Christa 283

Hornung, Maria 299
Hosp, Bruno 192
Hribar, Lisl 153, 292
Hube, Jörg 265, 303
Huber, Clara (Witwe von Prof. Dr. Kurt Huber) 199, 200, 262, 296
Huber, Peter, vulgo Müllner Peter 247
Huber, Prof. Dr. Kurt 11, 14, 18, 34, 44, 58-60, 65, 71, 74, 105, 116, 127, 135, 157, 171, 190, 199, 201, 225, 273, 277-280, 282, 288, 292, 296, 298, 299
Hummer, Hermann 299
Hundhammer, Wolfgang 301
Huter, Otto 287
Huth, Oskar 250, 301
Hutter, Monika 218

I
Impler, Georg 269, 273, 299
Iser, Wunibald 294

J
Jahn, Friedrich Ludwig 273
Jochum, Eugen 286
Jöde, Fritz 95, 115-119, 288, 289, 294
Johann von Österreich, Erzherzog 272, 284
Jülg, Hermann 281

K
Käutner, Helmut 287
Kaltenegger, Roland 284
Kammerer, Hans 280
Kammerhofer-Aggermann, Ulrike 272, 299
Kammerlander, Josef, vulgo Kammei 171, 276, 291
Karajan, Herbert von 286
Karlstadt, Liesl 168, 293
Karow, Karl 38
Kaufmann, Georg von 196, 197, 203, 220, 283, 291, 293, 299
Kaum, Valtl 276
Keller, Wilhelm 299
Kerschbaumer, Gert 273, 289, 299

Kiem, Anna Katharina 47
Kiem, Georg 275
Kiem, Pauli, eigentlich Emanuel Kiem 11-14, 17, 19-22, 28, 33-35, 37, 42-51, 54, 57, 58, 65-67, 69, 71, 74, 80, 84, 104-107, 111, 116, 122, 125-130, 133-135, 141, 147, 148, 153, 157, 159, 161, 162, 165, 170-174, 176, 177, 179, 180, 185, 186, 189, 190, 199, 201, 209, 210, 220, 224, 225, 230, 237, 249, 272, 273, 275-283, 286, 288, 291-296, 299, 300
Klee, Toni 297
Klein, Gerhard 294
Klier, Karl Magnus 14, 119, 202, 215, 272, 289, 292, 297, 299, 301
Klimm, Georg 258, 302
Klöckl, Marile 196
Klusen, Ernst 298
Knebelsberger, Leopold 35
Kneißl, Matthias 302
Knorr, Angelo 285
Knorr, Ludwig 285
Kobell, Franz von 225, 270, 294, 298, 299
Koch, Johannes 117
Köbele, Alfons Maria 297
Kohl, Franz Friedrich 189, 224, 295, 299
Korb, Horst 166, 167
Kotek, Georg 272, 280, 288, 292, 299
Kranz, Lois 98, 289
Krauß, Werner 286
Kriß, Rudolf 298
Krohn-Stanggassinger, Lina, vulgo Hofschaffer Linerl 291
Kronfuß, Alexander 224
Kronfuß, Karl 28, 224, 272, 273, 278
Künzig, Johannes 76
Kurringer, Anna 290
Kurz, Liesl 63
Kurz, Lois 63, 279
Kurz, Nanni 63, 230
Kynass, Fritz 101, 287

L
Lackner, Otto 287
Läpple, Alfred 294
Lagler, Herbert 218

Lamm, Felix 299
Landmann, Sepp 257
Lang, Ernst Maria 262
Lang, Hans 292
Langgassner, Wolfgang 174, 294
Lanz, General Hubert 89, 284
Larsen, Egon 286
Lawatsch, Gundl 292
Leander, Zarah 286
Lechner, Korbinian 272
Leip, Hans 286
Leoprechting, Karl Freiherr von 299
Liebhaber, Otto 288
Liebknecht, Karl 276
Liebleitner, Karl 225, 272, 299
Lindauer, Bert 302
Linhuber, Josef 218
Lipp, Franz Carl 283
Lippert, Major Dr. Julius 285
List, Karl 65, 78, 104-106, 203, 205, 232, 236, 239, 279, 282, 293
Lixfeld, Hannjost 299
Löffler, Matthias 290
Lorenz, Nadine 290, 301
Ludwig, Walther 286
Luxemburg, Rosa 276

M
Mackensen, Lutz 273
März, Xaver 137, 280
Markmiller, Fritz 299
Mautner, Konrad 14, 39, 107, 216, 225, 272, 280, 283, 288, 299
Mayer, Anna, geb. Kurringer 123
Mayer, Erich 11, 138, 139, 167, 189, 195-197, 200, 201, 210, 213, 214, 217, 223, 225, 239, 272-302
Mayer, Heinrich 282
Mayer, Steffi 200, 297
Mayer, Thomas 122, 162, 290
Mayer, Wolfgang 291, 294, 299
Mayr, Fritz 156, 266, 274, 291, 300, 302
Mayr, Helmut 156
Mayr-Melnhof, Friedrich 262
Mayrhofer, Franz 191, 269, 296, 299

Meier, Loni, geb. Apollonia Zeltsperger 76, 77, 278, 281, 282
Meier, Martin (Martl) 55, 62-64, 68, 70, 71, 73, 76, 77, 122, 278, 279, 281, 282, 287, 291
Meran, Gräfin von 284
Merklein, Willi 299
Messmer, Hans 293
Metzger, Erika 117
Meyer, Hermann Frank 284
Mohr, Irmgard 167
Moik, Karl 144, 244, 291
Molière, Gisela, ev. Pseudonym 289
Mosen, Julius 35
Moser, Hans 98, 286
Mozart, Wolfgang Amadeus 23, 36, 279, 291
Müller, Elisabeth 280
Müller, Hans 194, 195, 296
Müller, Hugo 301
Müller, Karl 273, 290, 291, 297
Müller, Karl Alexander von 277, 292
Müller-Tolk, Erika 295
Münster, Robert 291, 294, 299

N
Nadler, Josef 106
Neckheim, Hans 299
Neu, Paul 106, 107, 108, 288
Neureuther, Eugen Napoleon 247, 299
Neuwirth, Roland 222
Nieder, Maria 273
Niegel, Pfarrer Franz 174, 176, 268, 290, 292, 294, 299
Niels, Herm 286
Ninnig, Kurt 163, 293
Nöhbauer, Hans F. 297
Noll, Günther 298
Nußbaumer, Thomas 296

O
Oberbauer, Pfarrer Alfons 268
Oberhöller, Familie 190, 296
Oberhöller, Luis 296
Oberhöller, Sepp 296

Ophüls, Max 287
Orff, Carl 277, 282
Ortner, Michl, vulgo Schnupftabakmichi 279, 291
Ostler, Anderl 115, 252
Öttinger, M. 38

P
Pailler, Wilhelm 225, 301
Papst Pius XII. 160, 293
Patzak, Julius 286
Pazeller, Jakob 47
Peisl, Otto 302
Perktold, Karl 179, 294
Peterson, Erik 176, 294
Petrei, Bertl 297
Peyer, Franz 172
Pflieger, Hans 40, 53, 276
Pichler, Franz 292
Pietsch, Rudolf 297, 299
Pledl, Wolfgang 290
Pöschl, Alexander 28, 272, 273, 278
Pöschl, Felix 28, 224, 273, 278
Pohl, Hugmar 287
Pommer, Josef 14, 44, 57, 106, 116, 159, 185, 198, 203, 209, 224, 280, 281, 287, 299
Pommer, Helmuth 181, 185, 203, 281
Preussner, Eberhard 118
Prieberg, Fred K. 276
Prodinger, Friederike 299

Q
Quaglio, Lorenz 247
Queri, Georg 288

R
Raffl, Franz 63
Rainer, Friedrich, Gauleiter 117
Ramstötter, Sigi 164, 166, 167, 192, 196, 197, 202, 283, 291, 293
Rastl, Albert 283
Rattelmüller, Paul Ernst 194, 254, 255, 282, 296, 299

Ratzinger, Joseph Aloisius, später Kardinal und Papst Benedikt XVI 176, 177, 268, 294
Rawitzer, Barbara 276
Rehle, Rudi 297
Rehm, Bibi 253, 297, 299
Rehm, Waggi 253, 299
Reintgen, Karl-Heinz 285
Reischek, Andreas 278
Reichl, Hans 162, 168, 293
Reiser, Gretl 288
Reiser, Tobi 17-19, 26, 79, 137, 170-173, 203, 210, 211, 215, 220, 221, 227, 241, 252, 264, 273, 282, 283, 289, 291-293, 295, 297, 299
Reiser, Tobi jun. 264
Reiter, Hans 42, 272
Reitter, Albert 95, 115, 118
Reitzer, Regina 277, 278
Riedl, Adalbert 299
Riedle, Fritz 167
Riehl, Wilhelm Heinrich 273
Riethmüller, Fritz 254, 302
Ringel, Alfred Julius 89, 284
Ritz, Joseph Maria 292
Rökk, Marika 286
Roider, Jakob, vulgo Roider Jackl 238, 281
Rosvaenge, Helge 286
Roth, Adolf 195
Roth, Hans 220
Rottenaicher, Theresia 260, 303
Rotter, Curt 60, 61, 272, 278
Rühmann, Heinz 286

S
Samsonow, Alexander 239, 246
Sausgruber, Anton 53
Schaller, Ferdinand 301
Scheck, Hedi 299
Scheck, Wolfgang 184, 186, 191, 210, 211, 227, 272, 294, 295, 299
Scheck-Pointner, Monika, das Doppelbauer-Bauerndirndl 205, 231, 291, 298
Scheffel, Josef Victor von 34, 35
Schemm, Hans 279
Schepping, Wilhelm 129

Schickhaus, Karl-Heinz 299
Schiefer, Bertha 223, 282, 288
Schiefer, Josefa 101, 223, 282, 287, 288
Schlosser, Gertraud 47
Schmidkunz, Walter 36, 65, 71, 82, 104-109, 111, 114, 274, 282, 287, 288
Schmidseder, Alfons 167, 236, 237, 293, 300
Schmidt, Inga 192, 202, 297
Schmidt, Leopold 299
Schmitt, Hilde 288
Schmitt-Walter, Karl 286
Schneider-Ewald, Hela 288
Schönherr, Karl 22
Schöningh, Franz Josef 292
Schottky, Julius Max 225, 272, 299
Schrank, Max-Günther 284
Schreiber, Alfons 63
Schreiber, Mini 202
Schrems, Theobald 286
Schricker, Michael 299
Schroll, Luise 196
Schubert, Franz 279
Schultze, Norbert 286
Schulz, Reinhold 296
Schuricke, Rudi 286
Schusser, Ernst 17, 24, 55, 76, 78, 109, 131, 132, 273, 276, 277, 280, 281, 286, 287, 288, 290, 294, 299
Schwab, Franzi 172
Schwanthaler, Franz 301
Schwanthaler, Johann Georg 301
Schwanthaler, Johann Peter d. Ä. 301
Schwanthaler, Thomas 301
Schweiger, Josef 281
Seefelder, Maximilian 212, 277, 297
Seibold, Kaspar 258
Seidl, Hans 18, 162, 167, 292, 293
Seifert, Manfred 291, 301
Sepp, Erich 280, 291, 302
Serrano, Rosita 286
Shelton, Anne 286
Siebert, Ludwig 289
Sieck, Rudolf 288
Sieck-Voigtländer, Ingrid 110, 288
Siferlinger, Geschwister 222
Simmerding, Gertrud 195, 236, 239, 300

Sindel, Franz 154
Soellner, Christian 297
Soellner, Gitta 297
Soika, Christian 273, 274, 276
Solcher, Maria 196, 297
Sonnleitner, Joseph von 272
Sontheim, Josef 21, 201, 281, 292, 293
Sontheim, Xaver 293
Spaun, Anton Ritter von 157, 272, 293
Spaun, Friedl von 288
Spengler, Karl 301
Spiel, August 297
Springenschmid, Karl 274, 282
Staber, Sepp 171
Staudte, Wolfgang 287
Steets, Hans 284
Steinberger, Wilhelm Lambert 290
Steiner, Albert, vulgo Scheuerl 48, 275
Stief, Karl 274
Stieler, Karl 299
Strauss, Richard 279
Strawinsky, Igor 234
Strienz, Wilhelm 286
Süß, Vinzenz Maria 272, 299
Suppan, Wolfgang 297, 299
Surauer, Bäckermeisterin 294

T
Tannhäuser 68, 280
Tanzer, Sepp 252
Thoma, Annette 11, 14, 54, 61, 65-67, 70, 72, 77, 80, 101, 105, 114, 122, 126, 130, 132, 134, 135, 141, 153, 157-159, 161, 171, 174-177, 179, 181-183, 189, 190, 197, 200, 209, 210, 220, 230, 236, 237, 250, 275-282
Thoma, Gertraud 288
Thoma, Ludwig 14, 22, 57, 159, 247
Thomas, Georg, vulgo Schorsch 195, 296
Trapp, Baronin Maria von 173
Trapp, Familie 294
Trattler, Anna 273
Treibenreif, Anni 192, 296
Treichl, Lois 21, 281
Trenker, Luis 274
Trunz, Erich 272

U
Ulm, Benno 301
Unterkircher, Vinzenz 290
Unterstöger, Hermann 213, 275, 297, 298

V
Valentin, Dr. Erich 289
Valentin, Karl, eigentlich Valentin Ludwig Fey 41, 56, 275
Vögele, Carl 21, 201, 281
Voggenauer, Johann Georg 32

W
Wagner, Hans-Ulrich 278
Wagner, Richard 278
Waldheim, Kurt 94
Walter, Fritz 192, 236, 239, 300
Wasner, Inge 196
Weber, Hermann 36
Weckerlein, Dori 283
Weeger-Kralik, Helga 288
Weidinger, Axel 296
Weinold, Helene 290
Weiß, Ferdl, eigentlich Ferdinand Weisheitinger 63, 278
Well-Buam 222
Welz, Friedrich 289
Werlin, Pater Johannes 265, 303
Werner, Ilse 286
Westermeier, Fritz 196, 293
Wetter, Friedrich Kardinal 268
Wieland, Dieter 303
Wieninger, Max 277
Wimmer, Hans 285
Wimmer, Schorsch, vulgo Lankl Schorsch 63, 279, 282
Windhofer, Georg 60, 215, 221, 222, 264, 278, 280, 281, 299
Winhard, Wolfgang 268
Winkler, Sepp 297
Wiora, Walter 76, 299
Witter, Anna 273
Witter, Albert 273
Witter, Bertl 91, 122, 157, 163, 165-167, 169-172, 280, 293, 294

Witter, Georg 273
Witter, Maria 273
Wittrich, Marcel 286
Wolfram, Richard 278, 299
Wörndl, Rupert 301
Wünsch, Walther 215, 216, 217, 218, 277, 298

Z
Zachmeier, Erwin 291, 302
Zack, Victor 225
Zantl, Bärbel 202
Zapf, Hans 296
Zelter, Carl Friedrich 272
Zierl, Hubert 297
Zink, Rudolf 286
Ziska, Franz 225, 272, 299
Zoder, Raimund 14, 272, 292, 299
Zöller, Ulrike 293
Zoglmann, Lisl 117
Zweig, Arnold 272

Dank

Dieses Buch hätte ohne die tatkräftige Hilfe und sachkundige wie kritische Begleitung von Moni Fanderl, Erich Mayer und Ernst Schusser mit seinen Mitarbeiterinnen nicht geschrieben werden können. Ihnen bin ich sehr verbunden. Mein herzlicher Dank gilt auch meinem Studienkollegen Reinhard Mayrhofer, meinen StudienassistentInnen Marlen Mairhofer und Sebastian Hartmann sowie meiner Lektorin Petra Nagenkögel. Ich habe mich überdies auf Rat und Tat von Stefan Hirsch, Eva Bruckner und Hubert Lechner verlassen können. Das Buch hätte ohne die großzügige finanzielle Unterstützung durch den Bezirk Oberbayern nicht publiziert werden können. Meiner Frau Silvia danke ich für ihre große Geduld und ihr Verständnis.

Dieses Buch ist Moni Fanderl gewidmet.

Karl Müller

Quellen und Schriften zur Volksmusik, QSV 19

herausgegeben vom
Volksmusikarchiv des Bezirks Oberbayern
83052 Bruckmühl, Krankenhausweg 39,
Tel. 0 80 62/51 64, Fax 0 80 62/86 94, www.volksmusikarchiv.de
verantwortlich: Ernst Schusser

mit finanzieller Unterstützung durch den „Verein für Volkslied und Volksmusik e.V. (VVV)" München, den „Förderverein für das Volksmusikarchiv des Bezirks Oberbayern" sowie die „Stiftungs- und Förderungsgesellschaft der Paris-Lodron-Universität Salzburg"

Bildnachweis

Archiv Fanderl; Archiv der Jugendmusikbewegung, Burg Ludwigstein (S. 115); Archiv der Internationalen Stiftung Mozarteum; Bundesarchiv; Deutsche Dienststelle (WASt); Historisches Archiv Bayerischer Rundfunk; Volksmusikarchiv des Bezirks Oberbayern; Salzburg-Museum (Tobi-Reiser-Archiv); private Fotobestände (Willi Sauberer, Pepi Wimmer, Helga Weeger-Kralik).

Satz und Litho: Lorenz & Zeller, Inning a.A.
Druck: Theiss GmbH, St. Stefan im Lavanttal
Printed in Austria 2012